사무자동화산업기사

필기

총정리

시험에 나오는 것만 공부한다!

시나공

길벗

지은이 **길벗알앤디**

강윤석, 김용갑, 김우경, 김종일

IT 서적을 기획하고 집필하는 출판 기획 전문 집단으로 2003년부터 길벗출판사의 IT 수험서인 〈시험에 나오는 것만 공부한다!〉 시리즈를 기획, 집필 및 편집하고 있다.

30여 년간 자격증 취득에 관한 교육, 연구, 집필에 몰두해 온 강윤석 실장을 중심으로 IT 자격증 시험의 분야별 전문가들이 모여 국내 IT 수험서의 수준을 한 단계 높이기 위한 다양한 연구와 집필 활동을 벌이고 있다.

사무자동화산업기사 필기 – 시나공 시리즈 ⑬

The Written Examination for Industrial Engineer Office Automation – Comprehensive Overview

초판 발행 · 2023년 11월 27일
초판 3쇄 발행 · 2024년 6월 3일

발행인 · 이종원
발행처 · (주)도서출판 길벗
출판사 등록일 · 1990년 12월 24일
주소 · 서울시 마포구 월드컵로 10길 56(서교동)
주문 전화 · 02)332-0931   팩스 · 02)323-0586
홈페이지 · www.gilbut.co.kr   이메일 · gilbut@gilbut.co.kr

기획 및 책임 편집 · 강윤석(kys@gilbut.co.kr), 김미정(kongkong@gilbut.co.kr), 임은정(eunjeong@gilbut.co.kr), 정혜린(sunriin@gilbut.co.kr)
디자인 · 강은경, 윤석남   제작 · 이준호, 손일순, 이진혁   마케팅 · 조승모, 유영은
영업관리 · 김명자   독자지원 · 윤정아

편집진행 및 교정 · 길벗알앤디(강윤석 · 김용갑 · 김우경 · 김종일)   일러스트 · 윤석남
전산편집 · 예다움   CTP 출력 및 인쇄 · 정민   제본 · 정민

ISBN 979-11-407-0732-4 13000
(길벗 도서번호 030923)

가격 20,000원

독자의 1초까지 아껴주는 정성 길벗출판사

(주)도서출판 길벗 | IT교육서, IT단행본, 경제경영서, 어학&실용서, 인문교양서, 자녀교육서 www.gilbut.co.kr
길벗스쿨 | 국어학습, 수학학습, 어린이교양, 주니어 어학학습, 학습단행본 www.gilbutschool.co.kr

인스타그램 · @study_with_sinagong

시나공 총정리 시리즈

시나공 총정리 시리즈는 공부할 시간이 부족한 학생, 최대한 빨리 공부해서 빨리 합격하고 싶은 수험생을 위해 핵심요약과 기출문제, 실전모의고사로 구성한 초단기 합격 전략집입니다.

• 핵심요약 & 기출문제

합격에 꼭 필요한 핵심 개념 195개를 관련된 모든 기출문제와 함께 수록했습니다. 자세한 해설은 기본이죠!

• 실전 모의고사 5회

실제 시험에 출제될 만한 문제들을 전문가가 선별하여 구성하였습니다. 시험 전 마무리로, 실력 테스트 하기에 딱! 좋으니 꼭! 풀어보세요.

• 기출문제 & 전문가의 조언 15회

기출문제라고 다 같은 기출문제가 아닙니다. 개념과 함께 더 공부해야 할 문제, 문제와 지문을 외워야 할 문제, 답만 기억하고 넘어갈 문제들을 전문가가 콕 짚어서 꼼꼼하게 알려줍니다.

시나공 총정리

시리즈는 아래와 같은 방식으로 읽으면 더욱 효과적입니다.

핵심요약
❶ 핵심요약을 전체적으로 가볍게 읽으세요.
❷ 핵심요약과 관련된 기출문제가 나오면 핵심요약을 보면서 기출문제를 풀어 보세요.
❸ 핵심요약을 정독하면서 외울 건 외우고, 이해할 건 이해하고 넘어 가세요.

기출 &모의
❹ 실제 시험을 치르는 것처럼 기출문제와 모의고사를 풀어 보세요.
❺ 틀린 문제는 꼭 체크해서, 나중에 다시 풀어 보세요.

정리
❻ 시험이 임박하면 핵심요약의 기출문제를 처음부터 다시 풀어 보세요.
❼ 기출문제와 모의고사에서 체크해 두었던 틀린 문제만 다시 풀어 보세요.

목차

0 준비운동

1 핵심요약 & 대표기출문제

2 기출문제 & 전문가의 조언

3 실전 모의고사

> 시나공 홈페이지(sinagong.co.kr)의 [자료실] → [학습자료] 코너에 PDF 파일로 등록되어 있으니 다운받아 사용하시면 됩니다.

1등만이 드릴 수 있는 1등 혜택!!
수험생을 위한 아주 특별한 서비스

서비스 하나
시나공 홈페이지
시험 정보 제공!

IT 자격증 시험, 혼자 공부하기 막막하다고요? 시나공 홈페이지에서 대한민국 최대, 50만 회원들과 함께 공부하세요.

지금 sinagong.co.kr에 접속하세요!

시나공 홈페이지에서는 최신기출문제와 해설, 시험대비 자료, 선배들의 합격 수기와 합격 전략, 책 내용에 대한 문의 및 관련 자료 등 IT 자격증 시험을 위한 모든 정보를 제공합니다.

서비스 둘
수험생 지원센터
무엇이든 물어보세요!

공부하다 답답하거나 궁금한 내용이 있으면, 시나공 홈페이지 '묻고 답하기' 게시판에 질문을 올리세요. 길벗알앤디의 전문가들이 빠짐없이 답변해 드립니다.

서비스 셋
합격을 위한
학습 자료

시나공 홈페이지 회원으로 가입하면 시험 준비에 필요한 학습 자료를 내려받을 수 있습니다.

- **기출문제** : 최근에 출제된 기출문제를 제공합니다. 최신기출문제로 현장 감각을 키우세요.

서비스 넷
실기 시험 대비
온라인 특강 서비스

(주)도서출판 길벗에서는 실기 시험 준비를 위한 온라인 특강을 제공하고 있습니다. 다음과 같은 방법으로 이용하세요.

실기 특강 온라인 강좌는 이렇게 이용하세요!

1. 시나공 홈페이지(sinagong.co.kr)에 접속하여 로그인 하세요!
2. 상단 메뉴 중 [동영상 강좌] → [실기특강(무료)]를 클릭하세요!
3. 실기 특강 목록에서 원하는 강좌를 클릭하여 시청하세요.
※ '실기특강' 서비스는 시나공 홈페이지 회원 중 구입 도서를 등록한 분께 제공됩니다.

서비스 다섯
시나공 만의
동영상 강좌

독학이 가능한 친절한 교재가 있어도 준비할 시간이 부족하다면?

길벗출판사의 '동영상 강좌(유료)' 이용 안내

1. 시나공 홈페이지(sinagong.co.kr)에 접속하여 로그인 하세요.
2. 상단 메뉴 중 [동영상 강좌]를 클릭하세요.
3. '유료 강좌' 카테고리에서 원하는 강좌를 선택하고 [수강 신청하기]를 클릭하세요.
4. 우측 상단의 [마이길벗] → [나의 동영상 강좌]로 이동하여 강좌를 수강하세요.
※ 기타 동영상 이용 문의 : 독자지원(02-332-0931)

시나공 홈페이지 회원 가입 방법

1. 시나공 홈페이지(sinagong.co.kr)에 접속하여 우측 상단의 〈회원가입〉을 클릭하고 〈이메일 주소로 회원가입〉을 클릭합니다.
   ※ 회원가입은 소셜 계정으로도 가입할 수 있습니다.
2. 가입 약관 동의를 선택한 후 〈동의〉를 클릭합니다.
3. 회원 정보를 입력한 후 〈이메일 인증〉을 클릭합니다.
4. 회원 가입 시 입력한 이메일 계정으로 인증 메일이 발송됩니다. 수신한 인증 메일을 열어 이메일 계정을 인증하면 회원가입이 완료됩니다.

이 책의 구성

시험에 나오는 것만 골라 볼 수 있다!

핵심요약 & 대표기출문제

기출문제 유형을 핵심의 틀 안에 담아 두어 출제 유형 파악이 용이합니다. 뿐만 아니라 이론은 각 핵심에서 짧게 공부하고, 기출문제로 바로 확인할 수 있어 학습이 지루하지 않습니다.

핵심

시험에 꼭 나오는 내용만 엄선하여 문제가 출제될 수 있는 최소 단위로 정리한 내용입니다. 자세히 읽어서 이해할 건 이해하고 외울 건 외우세요.

토막 강의

혼자 공부하다가 어려운 부분이 나와도 고민하지 말고 QR코드를 이용하세요!

방법1 스마트폰으로 QR코드를 스캔하세요.

방법2 시나공 홈페이지의 [동영상 강좌] → [토막강의(무료)]에서 QR코드 번호를 입력하세요.

방법3 유튜브 검색 창에 "시나공"+QR코드 번호를 입력하세요.
예 시나공1360001

대표기출문제

이론에 충실한 대표기출문제, 이론 학습을 마쳤다면 이 문제들을 재미있게 풀 수 있습니다. 이론이 어떻게 문제로 출제되는지 확인할 수 있을 뿐만 아니라 공부했던 내용을 문제로 다시 확인하니 머리에 쏙쏙 들어옵니다.

출제 연도

해당 문제가 출제된 년, 월을 나타냅니다. 횟수가 많을수록 자주 나오는, 기본에 충실한 문제겠죠?

해설

명쾌한 해설로 여러분의 궁금증을 속 시원히 해결해 드립니다. 틀린 문제는 왜 틀렸는지 확실히 이해하고 넘어가세요.

1과목 사무자동화 시스템

핵심요약 & 대표기출문제

23.9, 21.3, 16.10, 16.5, 15.9, 14.5, 13.6, 12.9, 12.5, 11.3, 09.5, 08.7, 07.8   050101

핵심 001 사무자동화의 정의 및 발전 과정

사무자동화(OA; Office Automation)의 정의

- 생산성 증대를 목적으로 일반 사무원이 편하고 용이하게 사용할 수 있도록 컴퓨터 기술, 통신 기술, 시스템 과학 및 행동 과학을 융화시켜 통합한 정보 시스템이다.
- 사무자동화는 사무실을 공장과 같이 완전 기계화나 무인화를 추구하는 것이 아니라, 인간과 기계 사이(Man-Machine Interface)의 거리감을 좁혀 사무업무의 생산성 향상과 인간의 창조적 능력을 증대시키기 위한 업무처리의 자동화를 의미한다.
- 학자에 따른 사무자동화의 정의
  - Michael D. Zisman : 종래의 자료 처리 기술로는 다루기 어렵고 데이터 양이 많으면서 그 구조가 불명확한 모든 사무 업무에 대하여 컴퓨터 기술, 통신 기술, 시스템 공학, 행동 과학 등을 적용한 학문
  - Vincent Lum : 어떤 조직체의 목적이나 정책을 수행하기 위하여 사무실의 기능을 자동화하는 것
  - Marcus : 컴퓨터에 대한 전문 지식이 없는 사용자들이 편리하게 사용할 수 있는 분산자료 처리 시스템의 특별한 경우
- 사무자동화를 ABCD로 정의하기
  - A : Automated Office(자동화 사무실)
  - B : Business Machine(사무기기)
  - C : Communication System(통신 시스템)
  - D : Data Processing System(자료 처리 시스템)

사무자동화의 발전 과정

실무관리 시대 → 집중처리 시대 → 분산처리 시대 → OA 도입 시대 → 분산적 OA 시대 → 분산형 Office 시대

> **01.** 종래의 자료 처리 기술로는 다루기 어렵고 데이터의 양이 많으면서 그 구조가 불명확한 모든 사무 업무에 대하여 컴퓨터 기술, 통신 기술, 시스템 공학, 행동 과학 등을 적용한 학문으로 사무자동화를 정의한 인물은? 21.3, 16.10
>
> ① Vincent Lum ② Michael D. Zisman
> ③ Bill Gates ④ Steve Jobs
>
> **02.** 사무자동화 시스템의 시대별 발전 과정을 순서대로 옳게 나열한 것은? 23.9, 14.5
>
> ① 집중처리 → 실무관리 → 분산처리
> ② 분산처리 → 집중처리 → 실무관리
> ③ 실무관리 → 집중처리 → 분산처리
> ④ 실무관리 → 분산처리 → 집중처리

22.9, 22.3, 21.5, 18.3, 13.6, 13.3, 10.5, 09.5, 09.3, 06.8, 05.3, 04.5, 02.3, 01.6, 00.3

핵심 002 통합 사무자동화 시스템/공장 · 빌딩 · 점포 · 사무관리 자동화

통합 사무자동화 시스템

- 조직 내에서 개별적으로 진행되던 OA기기를 일관성 있게 통합함으로써 개별적으로 사용했을 때 보다 더 큰 효과를 얻기 위한 시스템이다.
- OA기기 간의 통합은 기기의 공유와 데이터의 공유 등 OA 자원의 공유를 포함한다.
- 시스템 통합은 OA기기의 통합화와 시스템의 통합화를 기반으로 한다.

공장 자동화(FA; Factory Automation)

- 기계제조공정 자동화로 수치제어 기계와 산업용 로봇에 의한 제어를 통해 다품종 소량생산을 가능하게 한 자동화 시스템이다.
- 공장 자동화 단계는 부분적인 자동화, 단위기계의 완전 자동화, 생산 라인의 자동화, 모든 공정의 자동화로 나뉜다.

빌딩 자동화(BA; Building Automation)

건물 내의 각종 설비를 원격 제어하거나 감시하는 시스템이다.

점포 자동화(SA; Sales Automation)

POS 시스템에 의한 자동화로, 재고에서 판매, 배달까지의 일괄 시스템 확립과 관계되는 자동화 시스템이다.

사무관리 자동화

- 자동화 기술을 사무관리 전반에 적용하는 것이다.
- 물건생산과 유통의 자동화, 정보의 작성과 정보처리의 자동화, 자금의 운용과 유통의 자동화 등이 있다.

> **01.** 통합 사무자동화 시스템의 개념에 대한 설명으로 알맞지 않은 것은? 22.9, 09.3, 06.8, 02.3
>
> ① OA기기 간의 통합은 기기의 공유와 데이터의 공유 등 OA 자원의 공유를 포함한다.
> ② OA의 통합화는 복합화된 OA에서 단순 OA로 분리시키는 방향을 의미한다.
> ③ OA의 통합화는 조직 내에서 개별적으로 진행되던 OA를 일관성 있게 통합함을 의미한다.
> ④ OA의 통합화는 OA기기의 통합화와 시스템의 통합화를 기반으로 한다.
>
> 사무자동화(OA)의 통합화는 분리되어 있는 OA 시스템을 하나의 시스템으로 일관성 있게 통합시키는 것을 말합니다.

16 핵심요약 & 대표기출문제

정답 001 1.②, 2.③ 002 1.②

초단타 합격 전략을 아시나요?
기출문제 & 전문가의 조언

기출문제를 확실하게 이해하세요! 시나공 문제집에 들어 있는 기출문제는 실력 테스트용이 아닙니다. 짧은 시간 안에 시험에 나왔던 내용을 파악하고, 나올 내용을 공부하는 초단타 합격 전략 문제입니다. 전문가의 조언을 통해 기출문제와 주변 지식만 확실히 습득해도 초단타 합격의 주인공은 내가 될 수 있습니다.

2023년 9월 시행
01회 **기출문제** & 전문가의 조언

1과목 사무자동화 시스템

01 전자우편을 엽서가 아닌 밀봉된 봉투에 넣어서 보낸다는 개념으로 IETF(Internet Engineering Task Force)에서 인터넷 초안으로 채택한 것은?
① PEM
② PGP
③ S/MEME
④ PGP/MIME

전문가의 조언 PEM(Privacy Enhanced Mail)은 전자우편을 발송하기 전에 미리 암호화하여 전송 도중에 데이터의 유출이 발생해도 내용을 확인할 수 없도록 하는 프로토콜로, IETF에서 인터넷 초안(표준)으로 채택하였습니다.
• PGP : 공개키 암호화 방식을 사용하여 전자우편을 암호화하는 것으로, 전자우편 암호화에 보편적으로 사용되고 있음
• S/MIME : 전자우편에서 인증, 메시지 무결성, 송신처의 부인방지, 데이터 보안과 같은 보안 서비스를 제공함
• PGP/MIME : 기존에 전자우편 보안을 위해 널리 이용되던 PGP 보안 모듈을 기반으로 한 전자우편 보안 시스템으로써 PGP가 제공하는 암호 기법과 전자우편 시스템을 통합한 시스템

02 전자우편 시스템을 이용해서 사내 야유회 공고를 하고 싶을 때 전자우편 시스템 기능 중 어느 것을 이용하는 것이 가장 좋은가?
① 반송
② 일시지정송신
③ 동보 지정
④ 회부

전문가의 조언 한 사람이 동시에 여러 사람에게 동일한 전자우편을 보낼 때 사용하는 기능은 동보 지정 기능입니다.

03 데이터베이스의 모형에 속하지 않는 것은?
① 네트워크형 데이터베이스
② 집중형 데이터베이스
③ 계층형 데이터베이스
④ 관계형 데이터베이스

전문가의 조언 • 데이터베이스의 모형에 집중형 데이터베이스라는 것은 없습니다.
• 데이터베이스의 모형에는 계층형, 망형(네트워크), 관계형, 객체 지향형 데이터베이스가 있습니다.

04 데이터베이스 시스템의 트랜잭션의 속성은 ACID로 정의한다. ACID에 각각 해당하는 용어로 가장 옳지 않은 항목은?
① A : Atomicity
② C : Circumstance
③ I : Isolation
④ D : Durability

전문가의 조언 ACID에서 C는 Consistency(일관성)을 의미합니다.

05 저장매체인 DVD에서 특히 영상 데이터 저장 시 적용되는 압축 방식은?
① MPEG1
② JPEG
③ MPEG2
④ MPEG4

전문가의 조언 DVD에서 영상 데이터 저장 시 적용되는 압축 방식은 MPEG2입니다.
• MPEG-1 : CD와 같은 고용량 매체에서 동영상을 재생하기 위한 것으로, CD-나 비디오CD 등이 이 규격을 따르고 있음
• MPEG-4 : 통신, PC, 방송 등을 결합하는 복합 멀티미디어 서비스의 통합 표준을 위한 것으로, 공중망이나 무선 이동 통신 등을 대상으로 함
• JPEG : 정지 영상 압축의 국제표준 방식

06 사무자동화 시스템의 부분별 서브 시스템에 관한 사실의 분석에서 고려해야 할 사항과 거리가 가장 먼 것은?
① 업무의 부분 최적화가 가능한가의 여부를 판단해야 한다.
② 계획과 일치하고 있는지를 검토해야 한다.
③ 추가적인 개선의 필요성에 대해서 분석해야 한다.
④ 총괄 시스템에 대한 투자의 효과를 측정해야 한다.

전문가의 조언 부분별 서브 시스템은 총괄 시스템이 아니라 해당 부분 시스템에 대한 투자의 효율을 측정해야 합니다.

07 클라이언트-서버 시스템에 대한 설명으로 옳지 않은 것은?
① 데이터베이스는 서버로 운영될 수 없다.
② 서버용 운영체제가 필요하다.
③ 클라이언트를 사용자 단말기로 하고 서버를 호스트 컴퓨터로 하는 네트워크 시스템이다.
④ 서버는 공유된 다양한 시스템 기능과 자원을 클라이언트에게 제공한다.

전문가의 조언 데이터베이스는 서버로 운영될 수 있습니다.

최신기출문제 15회
실제 시험을 치르는 기분으로 혼자 풀어 보고 정답을 확인하세요. 문제를 풀어보고 전문가의 조언을 읽어 보면 무엇을 공부해야 할지 턱! 감이 잡힙니다.

전문가의 조언
나왔던 문제가 또 나온다는 것을 알고 있는지요? 한 번 풀어본 기출문제는 절대 틀릴 수 없도록 답이 되는 이유를 여러분의 머릿속에 콕! 박아 드립니다.

정답
기출문제에 대한 답을 바로 표시해서 초단기 합격 전략으로 공부하는 수험생의 편의를 최대한 배려했습니다.

정답 1.① 2.③ 3.② 4.② 5.③ 6.④ 7.①

이 책의 구성 미리 보기

실전 모의고사 10회 ●

수험서의 핵심은 문제 풀이 — 실전 모의고사 10회
실제 나올 만한 문제들을 추려 엮었습니다. 틀린 문제나 이해 안되는 문제가 있다면 해설을 꼭 읽어 보세요.

01회 실전 모의고사

1과목 사무자동화 시스템

01 사무자동화와 관련된 요소로서 알맞지 않는 것은?

① 컴퓨터 기술
② 시스템 과학 및 행동 과학
③ 통신 기술
④ 명확한 구조의 사무업무

02 사무자동화의 등장 요인이 될 수 없는 것은?

① 정보화 사회의 출현으로 사무실에서 처리해야 할 정보의 양이 증대되었다.
② 사무업무에 대한 기존의 인식이 변화되었다.
③ 이미지, 소리, 그래픽과 같은 다양한 형태의 정보처리가 가능하게 되었다.
④ 공장의 자동화가 이루어졌기 때문에 사무자동화의 차례가 되었다.

03 사무자동화의 목적으로 적당하지 않은 것은?

① 사무처리의 질적 향상
② 사무원의 건강 증진
③ 사무처리의 비용 절감
④ 사무부분의 생산성 향상

04 다음 중 사무자동화를 위한 기본 요소들로 묶인 것은?

㉠ 철학(Philosophy)	㉡ 장비(Equipment)
㉢ 기술(Technology)	㉣ 제도(System)
㉤ 조직(Organization)	㉥ 사람(People)

① ㉠, ㉢, ㉤, ㉥
② ㉡, ㉣, ㉤, ㉥
③ ㉠, ㉡, ㉣, ㉥
④ ㉠, ㉡, ㉢, ㉣

06 OA 추진 방법 중 전사적 접근법에 대한 설명으로 적절하지 않은 것은?

① 각 부문의 공통적 과제를 선정하여 추진하는 방법이다.
② OA 추진에서 이상적인 방법 중 하나이다.
③ 기업의 모든 부문 및 사무업무, 조직계층을 대상으로 추진하는 방식이다.
④ 계획이 성공하면 매우 큰 효과를 볼 수 있으나 추진이 상당히 어렵다.

07 사무자동화 구현 시 성능에 대한 분석을 하기 위해 필요한 평가 방법은?

① 사전 평가
② 중간 평가
③ 사후 평가
④ 최종 평가

08 다음은 문제 분석단계 중 환경 분석 내용이다. 외적 환경 분석 내용에 해당되는 것은?

① 조직체계의 분석
② 사무업무 구조의 분석
③ 사무자동화기기의 분석
④ 사무기기 활용의 분석

09 다음 설명 중 바르게 기술되지 않은 것은?

① 사무자동화는 맨-머신 시스템의 하나이다.
② 맨-머신 인터페이스는 입력 기술과 출력 기술로 구별할 수 있다.
③ 맨-머신 시스템에서 사람은 항상 출력에만 관계된다.
④ 인터페이스란 기계끼리 접속 또는 사람이 기계를 조작할 때 양자 간의 경계 조건이다.

실전 모의고사 정답 및 해설 ●

정확한 해설로 여러분의 궁금증을 속시원히 해결해 드립니다. 틀린 문제는 또 틀릴 수 있으니 꼭 체크를 해두었다가 시험 직전에 다시 한번 보세요.

실전 모의고사 정답 및 해설

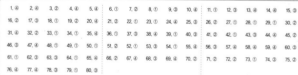

01회

1. ④	2. ④	3. ②	4. ④	5. ④	6. ①	7. ②	8. ①	9. ④	10. ④	11. ①	12. ③	13. ④	14. ④	15. ③
16. ②	17. ③	18. ①	19. ②	20. ④	21. ②	22. ②	23. ①	24. ④	25. ①	26. ②	27. ①	28. ①	29. ①	30. ②
31. ④	32. ②	33. ①	34. ①	35. ④	36. ①	37. ③	38. ④	39. ①	40. ③	41. ②	42. ④	43. ③	44. ④	45. ②
46. ③	47. ④	48. ①	49. ①	50. ①	51. ②	52. ①	53. ④	54. ①	55. ④	56. ③	57. ④	58. ④	59. ④	60. ③
61. ①	62. ③	63. ③	64. ①	65. ④	66. ②	67. ④	68. ③	69. ④	70. ②	71. ②	72. ②	73. ①	74. ③	75. ②
76. ④	77. ④	78. ③	79. ①	80. ③										

1. 사무자동화는 생산성 증대를 목적으로 컴퓨터 기술, 통신 기술, 시스템 과학 및 행동 과학을 융화시켜 통합한 정보 시스템입니다.

2. ①, ②, ③번과 같은 이유로 사무자동화가 등장한 것이지 공장자동화가 이루어졌기 때문에 사무자동화가 등장한 것은 아닙니다.

3. 사무자동화는 사무부분의 생산성을 향상시키기 위해 사무실의 기능을 자동화하는 것으로, 사무자동화가 실행된다고 해서 사무원의 건강이 좋아지는 것은 아닙니다.

4. 사무자동화의 기본 요소는 철학, 장비, 제도, 사람입니다.

5. 사무자동화 생산성 평가기준 항목에는 효율성, 유효성, 창조성, 인간성이 있습니다.
   • **효율성** : 시스템에 유입되는 투입량과 산출물의 양적 비율을 의미함
   • **유효성** : 사무업무에 있어서 산출물의 질적 개념으로, 목표에 맞는 일을 수행했느냐의 여부를 나타냄
   • **창조성 및 인간성** : 단순 반복적인 업무를 감소시켜 사무실의 활성화를 증대함

6. 각 부문의 공통적 과제를 선정하여 추진하는 방식은 공통 과제적 접근 방식입니다.

7. 사무자동화 구현 시 성능에 대한 분석을 하기 위한 평가 방법은 중간 평가입니다.
   • **사전 평가** : 경제성 평가
   • **사후 평가** : 시스템 가치 평가, 기술적 평가, 운영에 대한 평가, 경제성 평가

8. 외적 환경 분석에 해당하는 것은 조직체계의 분석입니다. 나머지 보기는 모두 내부 환경 분석에 해당됩니다.

9. 맨-머신 시스템에서 사람은 입력과 출력에 모두 관계됩니다.

10. 도트(Dot) 매트릭스 프린터는 충격식 프린터입니다. 나머지는 모두 비충격식 프린터입니다. 충격식 프린터에는 도트(Dot) 매트릭스 프린터, 라인(Line) 프린터, 시리얼(Serial) 프린터가 있습니다.

11. • 캐시 메모리(Cache Memory)는 중앙처리장치(CPU)와 주기억장치 사이에 위치하여 컴퓨터의 처리 속도를 향상시키는 역할을 하는 메모리로, 자주 참조되는 데이터나 프로그램을 기억합니다.

13. 통합용 소프트웨어 패키지(Package)는 한 개의 프로그램으로 여러 기능을 수행할 수 있는 것으로, 여러 개의 프로그램을 별도로 구매할 때보다 경제적입니다.

14. 분산 처리 시스템은 소규모 처리에 대한 적용성이 큽니다. 대규모 처리에 대한 적용성이 큰 것은 집중 처리 시스템입니다.

15. 문제에 제시된 내용은 동글(Dongle)에 대한 설명입니다.

16. 데이터베이스 구조를 테이블 형태로 기술하는 모델은 관계 데이터 모델입니다.

17. 종이에 인쇄된 정보를 마이크로필름에 저장하는 기계는 COM, 컴퓨터를 이용하여 마이크로필름에 저장된 내용을 고속으로 검색하는 것은 CAR입니다.

18. 데이터베이스를 응용하고, 외부 스키마를 처리하는 것은 응용 프로그래머의 역할입니다.

19. 계층형 데이터베이스는 각 레코드가 트리 구조 형식으로 구성된 모형입니다. ①번은 망형 데이터베이스, ③, ④번은 관계형 데이터베이스에 대한 설명입니다.

20. ④번의 내용은 인트라넷에 대한 설명입니다.

21. 회사의 경우 거래처를 자주 방문할 경우에는 가능한 가까운 곳에 위치해야 합니다. 거래처와의 연락에 있어서 편리하도록 위치를 선정해야 합니다.

22. 워크 샘플링법(Work Sampling)은 말 그대로 일에 대한 샘플링을 취하는 것으로, 임의 시간 간격에서의 통계적 확률을 이용하는 방법입니다.

23. 행정기관에서 사무관리 방법상 필요에 따라 나누는 자료의 종류에는 행정간행물, 행정자료, 일반자료가 있습니다.

24. 우리나라에서 사용하는 자료의 십진자료분류법은 KDC (Korean Decimal Classification)입니다. UDC는 국제(Universal) 십진분류법, NDC는 일본(Nippon) 십진분류법, DDC는 듀이(Dewey) 십진분류법(최초로 고안된 십진분류법)입니다.

25. EDI는 사무실과 사무실 또는 거래처 간에 상호 합의된 메시지를 컴퓨

사무자동화산업기사 시험은 인터넷을 통해서만 접수할 수 있습니다.

① 한국산업인력공단 인터넷 원서 접수 사이트(www.q-net.or.kr)에 접속합니다.

② 회원가입을 해야만 인터넷으로 접수할 수 있습니다. 오른쪽 상단 메뉴 중 〈회원가입〉을 클릭하면 해당 가입자 연령 범위를 선택할 수 있는 회원 선택 창이 나타납니다.

③ 회원선택 창에서 '만14세 이상'을 선택하고 〈선택 완료〉를 클릭하면 약관동의 단계가 진행됩니다.

④ 회원가입 약관 창에서 약관에 체크하고 〈약관동의〉를 클릭하면 실명 확인 단계가 진행됩니다. 실명이 확인되면, 인적사항 입력 창이 열립니다. 인적사항 입력 창에서는 아이디, 비밀번호, 전화번호, 주소 등을 입력하고 수험표와 자격증에 사용할 사진을 등록합니다. 입력 항목 중 빨간색 * 표시가 있는 항목은 반드시 입력해야 합니다.

※ 알림서비스를 〈예〉로 선택하면 응시한 시험의 합격여부 및 과목별 득점 내역을 핸드폰 메시지로 무료 전송해주므로 편리합니다.

> ※ 사진 스캔할 때 주의사항
> • 사진 크기는 3×4cm(규격 : 90×120 픽셀)이 적당합니다.
> • 사진은 6개월 이내에 촬영한 컬러 사진으로 하세요.
> • 사진의 흰색 테두리 부분은 빼고 이미지 영역만 스캔하세요.
> • 등록 가능한 파일 형식은 JPG이고 크기는 200KB이하입니다.
> ※ 등록한 사진은 한국산업인력공단에서 시행하는 모든 시험에 사용할 수 있으므로 잘 나온 사진으로 올리는 것이 좋습니다.

⑤ 회원가입 화면에서 필수 항목을 모두 입력하고 〈작성완료〉를 클릭하면 가입이 완료됨과 동시에 자동으로 로그인됩니다.

⑥ 화면 왼쪽 상단의 〈원서접수〉를 클릭하면 현재 접수 가능한 응시 시험이 나타납니다.

⑦ 응시할 시험의 〈접수하기〉를 클릭하면 나타나는 응시 종목 선택 창에서 응시 종목을 선택하고 〈다음〉을 클릭합니다.

⑧ 응시자격 자가진단 과정이 학력정보입력 → 경력정보입력 → 기능대회 수상경력 입력 순으로 진행되며, 각 단계 중 정보를 입력할 단계에서 정보를 입력한 후 〈진단결과 보기〉를 클릭하면 진단결과가 표시됩니다.

⑨ 진단결과에서 응시가능 여부를 확인한 후 〈다음〉을 클릭합니다(진단결과가 "응시불가"로 진단될 경우 더 이상 원서접수를 진행할 수 없습니다).

⑩ 응시자격 자가진단 과정에서 입력한 정보외에 추가적으로 선택 입력할 항목이 제시되며 해당되는 항목을 선택한 후 〈다음〉을 클릭합니다.

⑪ 선택 가능한 응시 유형이 표시되면 알맞은 응시 유형을 선택하고 〈다음〉을 클릭합니다.

⑫ 장애 여부를 선택하고 〈다음〉을 클릭합니다.

⑬ 시험 장소 선택 과정이 진행됩니다. 시험 장소 선택 화면이 나타나면 시험 장소를 조회하여 표시된 장소 중 원하는 장소를 선택한 후 〈접수하기〉를 클릭합니다.

⑭ 수검 비용 결제 과정이 진행됩니다. 화면에 표시된 접수종목, 시험장소와 일시, 검정수수료를 확인한 후 〈결제하기〉를 클릭합니다.

⑮ 〈신용카드〉, 〈계좌이체〉, 〈가상계좌〉 중에서 원하는 결제 방법을 선택하여 결제를 진행합니다.

⑯ 결제를 정상적으로 마친 후 〈수험표출력하기〉를 클릭하면 나의 접수내역 창으로 이동합니다.

⑰ 나의 접수내역 창에서 〈수험표출력〉을 클릭하여 수험표를 출력합니다. 수험표는 시험 볼 때 꼭 필요하므로 반드시 인쇄하여 보관해야 합니다. 아울러 정확한 시험 날짜 및 장소를 확인하세요.

※ 자세한 사항은 www.q-net.or.kr에 접속하여 화면 상단의 [이용안내]를 클릭한 후 왼쪽 메뉴의 [큐넷 체험하기]를 클릭하세요.

필기 시험

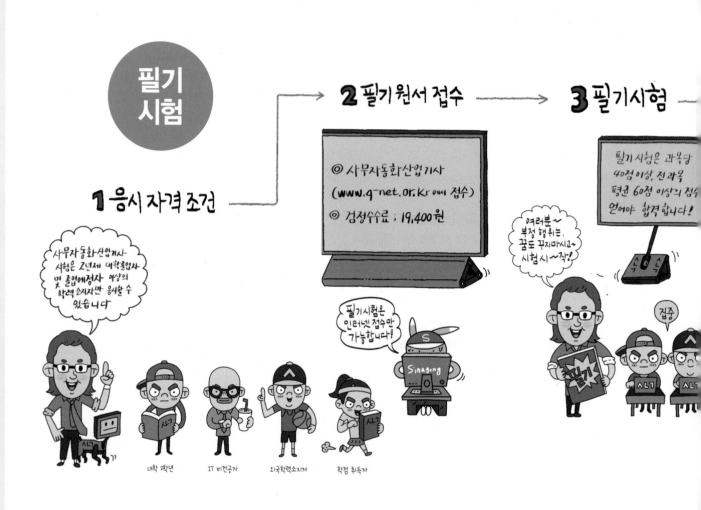

2 필기원서 접수 → **3 필기시험**

1 응시 자격 조건

○ 사무자동화산업기사
(www.q-net.or.kr에서 접수)
○ 검정수수료 : 19,400원

필기시험은 인터넷 접수만 가능합니다!

사무자동화산업기사 시험은 2년제 대학졸업자 및 졸업예정자 이상의 학력 소지자만 응시할 수 있습니다

필기 시험은 과목당 40점 이상, 전과목 평균 60점 이상의 점수 얻어야 합격합니다!

여러분~ 부정 행위는, 꿈도 꾸지마시고 시험 시~작!

대학 2학년   IT 비전공자   외국학력소지자   학점 취득자

★ 자격증 신청및 수령 ★

신청방법
⇊
인터넷 신청만 가능!

수령 방법
⇊
등기 우편으로만 수령가능!

※ 신청할 때 준비할 것은~
▶ 인터넷 신청 : 접수 수수료 3,100원, 등기 우편 수수료 3,010원

4 합격여부 확인 →

실기 시험

1 실기원서 접수

◎ 사무자동화산업기사
(www.q-net.or.kr 에서 접수)
◎ 검정수수료 : 31,000원
◎ 시험장별로 설치된 프로그램 버전
(오피스 2010 / 2016 / 2021)이 다릅니다.
접수전에 공지되는 시험장별 프로그램
버전을 반드시 확인하세요.

설마 필기시험에
떨어진건
아니겠지~?

대~박 저도
필기 합격했어요!

축합격

합격

실기 시험은
인터넷 접수만
가능합니다!

최종 합격

3 합격여부 확인 ←

2 실기 시험

실기시험은 60점 이상의
점수를 얻어야 합니다.
(단, 3과목중 1과목
이라도 0점 이면
불합격 처리 됩니다.)

필기는 합격
하셨군요~ 실기도
편안한 마음으로
시작하세요~ 고고!

우리 합격이야!
축하해~!

합격여부 확인은
www.q-net.or.kr에서
하면 됩니다.

축하
해요~

사무자동화산업기사 시험, 이것이 궁금하다!

Q 사무자동화산업기사 자격증 취득 시 독학사 취득을 위한 학점이 인정된다고 하던데, 학점 인정 현황은 어떻게 되나요?

A

종목	학점
정보처리기사	20
정보처리산업기사	16
사무자동화산업기사	16
컴퓨터활용능력 1급	14
컴퓨터활용능력 2급	6
워드프로세서	4

※ 자세한 내용은 평생교육진흥원 학점은행 홈페이지(https://www.cb.or.kr)를 참고하세요

Q 사무자동화산업기사 필기 시험은 어디서 접수해야 하나요?

A 인터넷으로만 접수할 수 있습니다. www.q-net.or.kr에 접속하여 접수하면 됩니다.

Q 사무자동화산업기사 필기 시험 응시 수수료와 실기 시험 응시 수수료는 각각 얼마인가요?

A 필기는 19,400원이고, 실기는 31,000원입니다.

Q 필기 시험에 합격한 후 실기 시험에 여러 번 응시할 수 있다고 하던데 몇 번이나 응시할 수 있나요?

A 필기 시험에 합격한 후 실기 시험 응시 횟수에 관계 없이 필기 시험 합격자 발표일로부터 2년 동안 실기 시험에 응시할 수 있습니다.

Q 필기 시험 볼 때 입실 시간이 지나서 시험장에 도착할 경우 시험 응시가 가능한가요?

A 필기 시험에 합격한 후 실기 시험 응시 횟수에 관계 없이 필기 시험 합격자 발표일로부터 2년 동안 실기 시험에 응시할 수 있습니다.

Q 사무자동화산업기사는 정기 검정만 있나요? 아니면 상시 검정도 있나요?

A 사무자동화산업기사는 상시 검정이 없습니다.

Q 필기 시험 시 입실 시간이 지난 후 시험장에 도착할 경우 시험 응시가 가능한가요?

A 입실 시간 미준수 시 시험에 응시할 수 없습니다. 반드시 시험 시간 30분 전에 입실해야 합니다.

Q 필기 시험 시 챙겨야 할 준비물에는 어떤 것들이 있나요?

A 수검표, 신분증(주민등록증, 운전면허증 등)을 지참해야 합니다.

Q 사무자동화산업기사 필기 시험은 총 몇 과목이고, 어떤 과목들이 있나요?

A 사무자동화산업기사 필기는 총 4과목입니다. 사무자동화 시스템, 사무경영관리 개론, 프로그래밍 일반, 정보 통신 개론입니다.

Q 사무자동화산업기사 필기 시험에 합격하려면 몇 점 이상 되어야 하나요?

A 과목당 40점 이상, 평균 60점 이상 되어야 합격입니다. 즉 평균 60점 이상이지만 어느 한 과목이라도 40점 미만이면 불합격입니다.

Q 응시 자격 서류는 필기 시험을 접수한 한국산업인력공단 또는 지방 사무소에 제출해야 하나요?

A 아닙니다. 필기시험 접수 지역과 관계없이 한국산업인력공단 지역 본부 또는 각 지방 사무소에 응시 자격 서류를 제출하면 됩니다.

Q 필기 시험 합격자 발표 후 언제까지 응시 자격 서류를 제출해야 하나요? 응시 자격 서류를 제출하면 반드시 첫 실기 시험에 응시해야 하나요?

A 필기 시험 합격자 발표 후 첫 실기 시험에 응시하려면 필기 시험 합격자 발표일로부터 4일 이내에 응시 자격 서류를 제출해야 합니다. 그렇지 않고 다음 실기 시험에 응시하려면 필기 시험 합격자 발표일로부터 8일 이내에 응시 자격 서류를 제출하면 됩니다.

Q 응시 자격 서류를 제출한 후 실기 시험을 보았는데 불합격됐어요. 다음 실기 시험을 볼 때 응시 서류를 또 제출해야 하나요?

A 아닙니다. 시험에 불합격되었다고 하더라도 응시 자격 서류를 제출하지 않아도 됩니다.

Q 자격증 분실 시 재발급을 받으려면 어떻게 해야 하나요?

A 인터넷(www.q-net.or.kr)으로 신청하면 됩니다.

Q 사무자동화산업기사 실기 시험의 스프레드시트, 데이터베이스, 파워포인트의 각 배점은 몇 점인가요?

A 스프레드시트 35점, 데이터베이스 35점, 파워포인트 30점으로 총 100점입니다.

Q 사무자동화산업기사 실기 시험 접수 시 오피스 버전을 선택할 수 있나요?

A 시험장별로 오피스 버전이 다릅니다. 실기 시험 접수 전에 공지되는 시험장별 오피스 버전 현황을 확인한 후 원하는 오피스 버전이 설치되어 있는 시험장을 선택하여 접수해야 합니다.

memo

핵심요약 &
대표기출문제

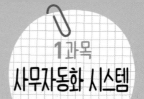

23.9, 21.3, 16.10, 16.5, 15.9, 14.5, 13.6, 12.9, 12.5, 11.3, 09.5, 08.7, 07.8, …   050101

핵심 001 **사무자동화의 정의 및 발전 과정**

사무자동화(OA; Office Automation)의 정의

- 생산성 증대를 목적으로 일반 사무원이 편하고 용이하게 사용할 수 있도록 컴퓨터 기술, 통신 기술, 시스템 과학 및 행동 과학을 융화시켜 통합한 정보 시스템이다.
- 사무자동화는 사무실을 공장과 같이 완전 기계화나 무인화를 추구하는 것이 아니라, 인간과 기계 사이(Man-Machine Interface)의 거리감을 좁혀 사무업무의 생산성 향상과 인간의 창조적 능력을 증대시키기 위한 업무처리의 자동화를 의미한다.
- 학자에 따른 사무자동화의 정의
  - Michael D. Zisman : 종래의 자료 처리 기술로는 다루기 어렵고 데이터 양이 많으면서도 그 구조가 불명확한 모든 사무 업무에 대하여 컴퓨터 기술, 통신 기술, 시스템 공학, 행동 과학 등을 적용한 학문
  - Vincent Lum : 어떤 조직체의 목적이나 정책을 수행하기 위하여 사무실의 기능을 자동화하는 것
  - Marcus : 컴퓨터에 대한 전문 지식이 없는 사용자들이 편리하게 사용할 수 있는 분산자료 처리 시스템의 특별한 경우
- 사무자동화를 ABCD로 정의하기
  - A : Automated Office(자동화 사무실)
  - B : Business Machine(사무기기)
  - C : Communication System(통신 시스템)
  - D : Data Processing System(자료 처리 시스템)

사무자동화의 발전 과정

실무관리 시대 → 집중처리 시대 → 분산처리 시대 → OA 도입 시대 → 분산적 OA 시대 → 분산형 Office 시대

---

01. 종래의 자료 처리 기술로는 다루기 어렵고 데이터의 양이 많으면서도 그 구조가 불명확한 모든 사무 업무에 대하여 컴퓨터 기술, 통신 기술, 시스템 공학, 행동 과학 등을 적용한 학문으로 사무자동화를 정의한 인물은?   21.3, 16.10

① Vincent Lum 　　② Michael D. Zisman
③ Bill Gates 　　　④ Steve Jobs

02. 사무자동화 시스템의 시대별 발전 과정을 순서대로 옳게 나열한 것은?   23.9, 14.5

① 집중처리 → 실무관리 → 분산처리
② 분산처리 → 집중처리 → 실무관리
③ 실무관리 → 집중처리 → 분산처리
④ 실무관리 → 분산처리 → 집중처리

22.9, 22.3, 21.5, 18.3, 13.6, 13.3, 10.5, 09.5, 09.3, 06.8, 05.3, 04.5, 02.3, 01.6, 00.3
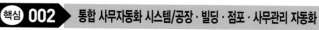

핵심 002 **통합 사무자동화 시스템/공장·빌딩·점포·사무관리 자동화**

통합 사무자동화 시스템

- 조직 내에서 개별적으로 진행되던 OA기기를 일관성 있게 통합함으로써 개별적으로 사용했을 때 보다 더 큰 효과를 얻기 위한 시스템이다.
- OA기기 간의 통합은 기기의 공유와 데이터의 공유 등 OA 자원의 공유를 포함한다.
- 시스템 통합은 OA기기의 통합화와 시스템의 통합화를 기반으로 한다.

공장 자동화(FA; Factory Automation)

- 기계제조공정 자동화로 수치제어 기계와 산업용 로봇에 의한 제어를 통해 다품종 소량생산을 가능하게 한 자동화 시스템이다.
- 공장 자동화 단계는 부분적인 자동화, 단위기계의 완전 자동화, 생산라인의 자동화, 모든 공정의 자동화로 나뉜다.

빌딩 자동화(BA; Building Automation)

건물 내의 각종 설비를 원격 제어하거나 감시하는 시스템이다.

점포 자동화(SA; Sales Automation)

POS 시스템에 의한 자동화로, 재고에서 판매, 배달까지의 일괄 시스템 확립과 관계되는 자동화 시스템이다.

사무관리 자동화

- 자동화 기술을 사무관리 전반에 적용하는 것이다.
- 물건생산과 유통의 자동화, 정보의 작성과 정보처리의 자동화, 자금의 운용과 유통의 자동화 등이 있다.

---

01. 통합 사무자동화 시스템의 개념에 대한 설명으로 알맞지 않은 것은?   22.9, 09.3, 06.8, 02.3

① OA기기 간의 통합은 기기의 공유와 데이터의 공유 등 OA 자원의 공유를 포함한다.
② OA의 통합화는 복합화된 OA에서 단순 OA로 분리시키는 방향을 의미한다.
③ OA의 통합화는 조직 내에서 개별적으로 진행되던 OA를 일관성 있게 통합함을 의미한다.
④ OA의 통합화는 OA기기의 통합화와 시스템의 통합화를 기반으로 한다.

> 사무자동화(OA)의 통합화는 분리되어 있는 OA 시스템을 하나의 시스템으로 일관성 있게 통합시키는 것을 말합니다.

02. 정보화시대의 자동화의 분류 중 설명이 가장 바르게 표현된 것은?
21.5, 13.6, 04.5

① 사무 자동화 : POS 시스템을 기본으로 한 스토어 컨트롤러로 구성

② 빌딩 자동화 : 가전기기운용, 방범 방재 및 비디오폰 기능의 구성

③ 공장 자동화 : 부분적인 자동화, 단위기계의 완전 자동화, 생산 라인의 자동화 시스템

④ 점포 자동화 : 각종 설비를 원격 제어, 감시하는 시스템

> ① 사무 자동화는 컴퓨터 기술, 통신 기술, 시스템 과학 및 행동 과학을 융화시켜 통합한 정보 시스템입니다.
> ② 빌딩 자동화는 건물 내의 각종 설비를 원격 제어하거나 감시하는 시스템입니다.
> ④ 점포 자동화는 POS 시스템에 의한 자동화로, 재고에서 판매, 배달까지의 일괄 시스템 확립과 관계되는 자동화 시스템입니다.

22.4, 21.3, 20.8, 16.10, 15.3, 05.5, 03.8, 02.5, 02.3, 00.3

핵심 003 사무자동화의 특징

- 사무자동화는 컴퓨터 기술, 통신기술, 시스템 과학, 행동 과학을 적용하여 사무의 생산성을 높이는 일이다.
- 사무자동화를 도입하면 인건비나 관리비가 이전에 비해 감소한다.
- 사무의 생산성을 높이기 위해 정형적인 업무를 자동화하는 것이다.
- 사무자동화는 사용자 중심이어야 하며, 종합적인 체제로 구성되어야 한다.
- 경영 정보 시스템(MIS) 중 데이터 처리 시스템이 담당하지 못하는 부분을 담당한다.
- 어떤 조직체의 목적이나 정책 수행을 위해 사무실 기능을 자동화하는 것이다.
- 인간과 기계 간의 인터페이스(Man-Machine Interface)이다.
- 주로 비구조적(Unstructured)인 과제를 지원한다.
- 생산성을 높이기 위해 사람이 사용하는 장비에 수행하는 업무를 통합시키는 것이다.

01. 사무자동화의 특징으로 가장 거리가 먼 것은? 22.4, 21.3, 15.3

① 사무의 생산성 향상

② 사무처리 시간의 단축

③ 정형적인 업무의 자동화

④ 인건비, 관리비 증가

> 사무자동화를 도입하면 인건비나 관리비가 이전에 비해 감소합니다.

23.4, 23.2, 22.9, 21.5, 19.4, 18.9, 16.10, 16.5, 16.3, 15.3, 14.9, 14.3, 13.8, 11.6, ··· 050102

핵심 004 사무자동화의 배경 요인

사회적 요인	• 산업구조가 농업 및 공업 중심 사회에서 정보화 사회로 변화되었음 ※ 정보화 사회의 특징 : 협동화, 분산화, 시스템화, 다양화 등 • 정보화 사회의 출현으로 사무실에서 처리해야 할 정보의 양이 증가하였음 • 소품종 대량생산에서 다품종 소량생산 체제로 변경되었음 • 고학력화 및 고령화, 여성화로 인한 사무자동화의 필요성이 증가하였음 • 단순 노동보다는 지적 노동이 부각화되었음 • 생산부문의 합리화, 자동화에 부응하여 오피스에 대한 관심의 증가로 인해 기업의 구조가 변화되었음
기술적 요인	• 통신 기술의 발달과 함께 컴퓨터 기술의 발달로 인하여 컴퓨터 이용이 보편화되었음 • 컴퓨터의 하드웨어와 소프트웨어가 급진적으로 발전되었음 • 통신 기술의 발달로 고속정보전송 및 다양한 정보통신 서비스를 제공함 • 이미지, 소리, 그래픽과 같은 다양한 형태의 정보처리가 가능하게 되었음 • 첨단과학기술의 발달로 시스템의 고성능화, 소형화, 저렴화가 이루어졌음
생산성 (경제적) 요인	• 문서 작성비 상승 : 인건비, 각종 자재비 등이 상승하였음 • 문서 보관비 상승 : 건물, 임대료 및 유지비가 상승하였음 • 사무 부분의 저생산성 : 임금 상승, 사무 근로자수 증가 등 투자액에 비해 사무부분의 생산성이 저조함

01. 다음 중 사무자동화의 사회적 배경 요인이 아닌 것은?
23.4, 21.5, 16.3

① 정보화 사회로의 변화

② 컴퓨터 및 통신 기술의 발달

③ 노동인구의 고령화 및 고학력화

④ 생산 부문의 합리화, 자동화에 부응한 기업 구조의 변화

> 컴퓨터 및 통신 기술의 발달은 사무자동화의 기술적 배경 요인에 해당됩니다.

02. 사무자동화의 배경 요인 중 사회적 요인에 가장 거리가 먼 것은?
23.2, 19.4, 16.3, 09.8, 02.8

① 정보화 사회의 출현으로 사무실에서 처리해야 할 정보의 양이 증가하였다.

② 단순 노동보다는 지적 노동이 부각화되었다.

③ 생산 부문의 합리화, 자동화에 부응하여 오피스에 대한 관심의 증가로 인해 기업 구조가 변화하였다.

④ 이미지, 소리, 그래픽과 같은 멀티미디어 기술의 등장으로 다양한 형태의 정보처리가 가능하게 되었다.

> ④번은 사무자동화의 사회적 요인이 아닌 기술적 요인에 해당합니다.

핵심 005 ▶ 사무자동화의 목적

- 사무부문 생산성의 향상
- 효과적인 정보관리
- 사무업무의 신속화, 정확화, 효율화, 투명화
- 사무처리의 비용 절감
- 사무처리의 질적 향상
- 유효성과 창조성 향상
- 서류의 감소화와 삭감
- 사무처리의 시간 단축
- 업무처리 및 서류의 표준화와 매뉴얼화
- 개개인의 업무처리 과정의 간소화
- 다양한 욕구의 대처
- 창조적 인간능력 향상
- 비전문가도 사용할 수 있는 시스템 추구
- 기업의 이윤 증대

잠깐만요 사무자동화의 장애 요소
- 참여자의 의식 등 사무실 주변의 환경적인 문제
- 실제 상황에 적합한 시스템 구축의 문제
- 숙련된 사무기기 활용 등 개인의 문제

01. 다음 중 사무자동화의 목적으로 적당하지 않은 것은?

① 사무처리의 비용 절감
② 사무부분의 생산성 향상
③ 사무처리의 질적 향상
④ 사무원의 건강 증진

사무자동화는 사무부분의 생산성을 향상시키기 위해 사무실의 기능을 자동화하는 것으로, 사무원의 건강 검진은 사무자동화 시스템의 목적과는 거리가 멉니다.

02. 사무자동화의 목표를 달성하는 장애 요소가 아닌 것은?

① 참여자의 의식 등 사무실 주변 환경의 문제
② 사무자동화 기기 효용성 문제
③ 실제 상황에 적합한 시스템 구축의 문제
④ 숙련된 사무기기 활용 등 개개인의 문제

사무자동화 기기의 효용성은 이미 검증된 사항이기 때문에 사무자동화의 목표 달성을 위한 장애 요소라고 볼 수 없습니다.

핵심 006 ▶ 사무자동화의 주요 기능

문서화(Documentation) 기능	문서 작성, 편집, 검색, 보관, 전송, 축적 등의 문서관리
통신(Communication) 기능	회의, 대화, 통신 등으로 정보교류 원활화
정보(Information) 활용 기능	문자 정보, 음성 정보, 화상 정보 등의 정보를 효율적으로 활용
업무의 자동화 (Automation) 기능	문서화 기능, 통신 기능, 정보 활용 기능을 유기적으로 결합하는 문서 처리의 자동화

01. 사무자동화 시스템의 주요 기능이 아닌 것은?

① 집중처리 기능
② 정보 활용 기능
③ 업무의 자동화 기능
④ 문서화 기능

02. 사무자동화 기능 중 모든 기능을 합리적으로 결합시켜 업무 처리를 신속, 정확하게 하는 것은?

① 문서화 기능
② 통신 기능
③ 자동화 기능
④ 정보 활용 기능

핵심 007 ▶ 사무자동화의 기본 요소

철학 (Philosophy)	사무자동화에 대한 명료한 개념을 파악하고 계획 및 실천에 대한 확고한 신념과 의지
장비 (Equipment)	사무자동화를 위해 필요한 사무기기 등을 총괄하는 것으로 하드웨어와 소프트웨어로 나눌 수 있음
제도 (System)	어떤 목적 또는 목표를 수행하기 위해 상호 관련성이 있는 처리 방법이나 활동 또는 사무의 집합
사람 (People)	• 업무를 실제로 담당하는 사람 • 사람은 사무자동화기기를 활용하여 실제 업무를 창조적이고 능률적으로 해결하므로 사무자동화의 주체는 사람임

01. 다음 중 사무자동화의 기본 요소로 구성된 것은?

① 철학 – 인터넷 – 제도 – 사람
② 철학 – 장비 – 제도 – 사람
③ 철학 – 장비 – 제도 – 로봇
④ 종교 – 장비 – 제도 – 사람

15.3, 13.3, 12.5, 03.8, 007, 00.3

핵심 008 사무자동화 생산성

- 일반적으로 생산성이란 제품을 생산할 때 생산을 위해서 투입한 인원과 비용에 대한 산출비율을 말하는 것으로 사무의 생산성도 마찬가지이다. 하지만 관리자, 기술자, 사무 담당자는 제품을 생산하지 않으므로 제품 대신 성과를 이용하여 생산성을 산출한다.

- 사무 생산성의 특징
  - 사무 생산성은 근로자의 지적 능력, 경험에 의한 것이 많기 때문에 산출성과를 높은 수준으로 안정되게 유지할 수 없다.
  - 사무의 생산성은 간접적으로 평가할 수 있지만 직접적으로는 평가할 수 없다.
  - 사무 생산성은 효율성과 유용성 양면에 대한 기준을 명확하게 규정할 방법이 없다.
  - 사무 생산성의 산출에 사용되는 성과는 투입(투자)의 시점에서부터 뒤늦게 나타난다.
  - 직접 산출효과와 축적 산출효과가 있다.

01. 사무자동화의 생산성에 대한 설명 중 알맞지 않은 것은?

15.3, 12.5, 03.8, 00.7, 00.3

① 오피스의 생산성은 유형적, 무형적인 효과를 여러 측정법으로 완벽하게 계량화할 수 있다.
② 오피스의 생산성은 간접적으로는 평가할 수 있지만 직접적으로는 평가할 수 없다.
③ 오피스에서는 생산성의 효율성과 유용성 양면에 대한 기준을 명확하게 규정할 방법이 없다.
④ 오피스 근로자의 지적 능력, 경험에 의한 것이 많기 때문에 산출성과를 높은 수준으로 안정되게 유지할 수 없다.

> 사무 생산성은 효율성과 유효성을 모두 고려해야 하므로 완벽하게 계량화하기가 어렵습니다.

23.9, 23.2, 16.3, 15.3, 14.5, 13.8, 13.3, 12.9, 11.6, 10.9, 07.8, 09.3, 08.7, 08.3, ...   050104

핵심 009 사무자동화 생산성의 평가 기준

효율성 (정량적, 양적)	• 시스템에 유입되는 투입량과 산출량의 양적 비율을 의미함 • 사무업무를 적은 시간과 적은 인원, 적은 비용을 들여 처리하고자 하는 것 • 효과 : 인원 감축, 인건비 절약, 관리비 절약, 업무처리 비용 감소 등
유효성 (정성적, 질적)	• 사무업무에 있어서 산출물의 질적 개념으로, 목표에 맞는 일을 수행했느냐의 여부를 나타냄 • 산출물의 정확성, 신속성, 확실성, 품질의 향상 등을 의미함 • 효과 : 적시성 증대, 불필요한 정보 감소, 경영 관리에 공헌 등
창조성 및 인간성	• 단순 반복적인 업무를 감소시켜 사무실의 활성화를 증대함 • 효과 : 정확한 의사결정 지원, 직장 내 직원의 사기 증대

01. 사무자동화를 통한 생산성 향상의 척도 기준으로 적합하지 않은 것은?

23.9, 12.9, 09.3, 06.5, 04.8, 04.5, 03.5, 02.8, 02.3, 01.6, 00.7, 00.5

① 효율성
② 기기의 독립성
③ 유효성
④ 창조성

22.3, 19.9, 17.9, 14.5, 13.8, 10.9, 08.3, 07.8

핵심 010 사무자동화 시스템의 평가방법

투자 효율 산정법	직접적 투자비와 투자이익효과(산출효과/투자비용)를 이용하여 계량화 하는 방법
상대적 평가법	사무자동화 실시 전과 후의 연도, 부서별로 심사 분석 자료를 이용해 생산성 지표를 비교하는 방법
정성적 평가법	정량적으로 측정하기 어려운 자료를 설문조사 등을 이용해 간접적으로 평가하는 방법

01. 사무자동화 시스템의 평가 방법 중 설문조사 등을 통해 간접적으로 평가하는 방법은?

19.9, 13.8

① 투자 효율 산정법
② 정성적 평가법
③ 상대적 평가법
④ 절대적 평가법

02. 사무자동화 시스템을 평가하는 방법에 속하지 않는 것은?

22.3, 17.9, 14.5, 10.9, 07.8

① 투자 효율 산정법
② 상대적 평가법
③ 정성적 평가법
④ 직무별 비교법

23.4, 22.4, 21.9, 21.3, 20.6, 16.3, 15.9, 15.3, 14.9, 13.6, 10.5, 07.8, 07.3, 05.3, 04.8, 04.3, 01.9, 01.3, 00.5

핵심 011 사무자동화의 기대 효과

생산성 향상	• 자동화에 따른 업무의 정확성 및 생산성의 증가 • 단위 시간당 작업량 증대 • 개인별 작업 시간의 단축으로 창조적인 시간 활용 증대 • 사무기기의 고장시간 단축 • 권태감 등의 감소로 각 직원의 사기 앙양 및 능력 향상
조직의 최적화	• 각 직원의 능력 향상 • 사무실에 적절한 인력 구성 • 단순 반복 업무의 최소화 • 개인과 조직의 융통성 향상 • 조직 내외의 의사소통 원활화 • 공간 효율화 증대
경쟁력 증대	• 정보를 얻는 데까지 걸리는 시간(정보 획득 시간) 단축 • 정확하고 신속한 의사결정 • 서비스의 개선

01. 다음 중 사무자동화의 기대 효과와 가장 거리가 먼 것은?

23.4, 21.3, 15.3, 04.3, 01.9, 01.3

① 개인의 업무처리 능력 향상

② 업무처리 시간의 단축

③ 신속한 의사결정

④ 정보 획득 시간의 증가

> 사무자동화를 구현하면 정보를 찾는데 걸리는 정보 획득 시간이 증가하는 것이
> 아니라 감소합니다.

02. 사무자동화의 궁극적인 기대 효과가 아닌 것은? 22.4, 21.9, 15.9

① 생산성의 개선   ② 조직의 최적화

③ 의사소통의 원활   ④ 경쟁력의 증대

---

01. 사무자동화(OA)의 접근방법의 유형에 속하지 않는 것은?

21.5, 19.9, 17.5, 14.9, 14.5, 13.6, 10.5, 09.8, 08.3, 03.3

① 부문 전개 접근방법   ② 업무별 접근방법

③ 사원별 접근방법   ④ 계층별 접근방법

02. 사무자동화를 추진하는데 있어 먼저 적용할 특정 부문을 선정하여 사무자동화를 추진해 가는 접근방식은? 23.9, 22.3, 12.9, 11.8, …

① 공통과제형 접근방식   ② 전사적 접근방식

③ 부문 전개 접근방식   ④ 업무별 접근방식

23.9, 22.3, 21.5, 19.9, 17.9, 17.5, 17.3, 15.3, 14.9, 14.3, 14.5, 13.8, 13.6, 13.3, …   050105

핵심 012   사무자동화의 접근방식

사무자동화의 접근방식은 사무자동화를 추진하는 대상의 범위 혹은 사무자동화를 추진하게 된 동기에 따라 아래와 같이 분류된다.

전사적 접근방식	• 사무자동화 추진의 가장 이상적인 접근방식으로, 사무자동화의 대상이 되는 모든 시스템, 모든 업무, 모든 계층에 걸쳐 사무자동화를 추진하는 방식 • 소규모 조직이나 신설되는 조직 혹은 조직 개편을 하고자 할 때 적당한 방식 • 사무자동화가 종합적으로 이루어지기 때문에 계획이 성공하면 매우 큰 효과를 볼 수 있음 • 시스템 도입의 낭비를 줄일 수 있음 • 시간, 인력, 비용의 문제를 제외하면 매우 이상적인 접근방식임 • 검토 개시에서 시스템 구축 운용까지의 시간이 많이 걸림
부문(分) 전개 접근방식	• 가장 일반적으로 적용하고 있는 접근방식으로, 사무자동화를 추진하는 데 있어 먼저 인사, 관리 등 적용할 특정 부문을 선정하여 사무자동화를 추진해가는 접근방식 • 사무자동화의 요구가 큰 부문, 전시효과가 큰 부문, 사무자동화의 추진이 쉬운 부문부터 수행함 • 사무자동화의 요구가 큰 부서부터 고려하므로 비품, 인력, 시간이 절약됨 • 시행 착오가 적음 • 부문적, 이면적 개선으로 효과가 한정되어 있음 • 정확한 업무 파악이 어려움
공통 과제형 접근방식	문서보안, 사무환경 개선 등과 같은 각 부문의 공통 과제를 대상으로 사무자동화를 추진하는 방식
기기 도입형 접근방식	사무자동화기기를 시험적으로 도입하여 사용함으로써, 사용자의 이해도를 높이고 단계적으로 적용 분야를 넓혀가며 사무자동화를 추진하는 방식
계층별 접근방식	업무의 계층, 직위(최고 관리층, 중간 관리층, 하위 관리층, 실무층)에 따라 사무자동화를 추진하는 방식
업무별 접근방식	개선이 필요한 사무업무부터 시작하여 완료까지, 일련의 흐름을 대상으로 사무자동화를 추진하는 방식

21.9, 21.5, 21.3, 19.4, 19.3, 17.5, 16.3, 14.9, 12.5, 12.3, 08.7, 08.3, 07.8, 07.5, …   050106

핵심 013   사무자동화의 수행방식

누구를 중심으로 사무자동화를 추진하느냐에 따라 상향식 접근방식, 하향식 접근방식, 전사적 접근방식으로 나뉜다.

상향식 접근방식 (Bottom-Up approach)	• 기업의 최하위 단위부터 자동화하여 그 효과를 점차 증대시키면서 사무자동화를 추진하는 방식 • 업무개선, 기계화, 재편성의 단계를 거쳐 자동화가 이루어짐 • 기본 조직에 거부반응이 없고 자연스럽게 활용이 가능함 • 단기적으로 기업의 부담이 적음 • 최고 경영자 수준에서 요구되는 정보의 긴급성을 도외시하기 때문에 실효성이 적음 • 잦은 시행착오로 인해 전체적인 비용이 증가할 수 있음 • 요구되는 사무자동화 시스템을 구축하는 데 시간이 많이 걸림 • 전체적인 참여의식이나 의식개혁이 희박함
하향식 접근방식 (Top-Down approach)	• 전체 조직을 총괄 분석하여 자동화에 방해되는 요인을 배제하고 최고 경영자가 요구하는 최적의 시스템을 구축할 수 있도록 사무자동화를 추진하는 방식 • 최고 경영자가 필요한 정보를 즉시 수용할 수 있으므로 실효성이 큼 • 단기간에 사무자동화 시스템을 구축할 수 있음 • 기존 조직의 반발이 큼 • 초기에 많은 투자가 필요함 • 전체 조직을 총괄하는 상설기구가 필요함
전사적 접근방식	상/하향식의 문제점을 분석하여 구조화시킨 방식으로, 두 가지 방식의 문제점을 분석하고 융합하여 최적 시스템을 구축하고 추진 효과를 극대화함

01. 사무자동화 추진을 위한 하향식 접근방식의 특징으로 맞는 것은?

21.9, 21.3, 19.4, 16.3, 12.5, 08.7, 07.8, 00.5, 99.4

① 최고 경영자에게 필요한 정보를 즉시 제공할 수 있어 실효성이 크다.

② 기업의 최하위 단위부터 자동화하여 그 효과를 점차 증대시키는 방식이다.

③ 시행 착오로 인한 전체적인 비용이 증가되는 경우가 발생할 수 있다.

④ 요구되는 사무자동화 시스템을 구축하는 시간이 많이 소요된다.

> ②, ③, ④번은 상향식 접근방식의 특징입니다.

22.9, 20.6, 15.9, 14.9, 14.3, 12.5, 11.3, 09.5, 09.3, 05.8, 02.3, 00.3, 01.3

핵심 014 사무자동화 추진 시 선결 과제

조직의 생산성을 향상시키기 위해 사무자동화를 추진하려면 우선 아래와 같은 선결 과제를 해결하여야 한다.

- 사무환경의 정비
- 사무관리제도의 개혁
- 조직 및 체제의 재정비
- 실시안의 결정
- 도입교육 실시
- 추진 목표의 설정
- 한계선의 설정
- 전사적 캠페인의 실시

01. 사무자동화 추진의 선결 과제로 옳지 않은 것은?

20.6, 15.9, 12.5, 09.5, 09.3, 05.8, 02.3, 00.3

① 사무환경 재정비   ② 데이터베이스 정비
③ 사무관리제도 개혁   ④ 조직 및 체계의 재정비

> 데이터베이스 정비는 사무자동화 추진을 위한 선결 과제가 아니라 사무자동화 추진 시 해야 하는 작업입니다.

23.4, 22.4, 21.5, 19.9, 17.5, 15.5, 14.9, 14.3, 13.3, 12.3, 11.6, 11.3, 10.9, 10.3, …   050107

핵심 015 사무자동화의 추진 단계

피드백(Feed Back)

환경 분석	• 각 기관의 사무환경과 문제점을 분석하는 단계
	• 내부 환경 분석
	  – 사무 구성원 분석 : 사무 구성원의 사무자동화에 대한 의식 구조, 호응도 파악, 사무자동화 추진의 주체자 파악
	  – 사무기기 분석 : 자동화기기의 배경 및 사용 가능성 분석
	  – 사무구조 분석 : 업무 분석, 문서 분석, 자료 분석, 시스템 분석
	• 외부 환경 분석 : 사무기기 생산업자, 공공 정보 서비스 현황, 통신에 관한 사항, 응용 소프트웨어 개발 현황, 전문 용역업체, 조직체계 등

요구 분석	• 업무 담당자의 사무자동화 요구를 분석하여 사용하기 편리한 사무자동화 시스템을 구축하기 위한 단계
	• 분석 사항
	  – 인적 요소 : 사용자의 인적 요소에 관한 특성
	  – 처리 요소 : 자동화기기의 기능과 특성
	  – 관리 요소 : 기계실의 위치 및 면적, 소프트웨어 확보 등 기기의 관리·유지 등
	  – 환경 요소 : 기기 도입 후 관리 및 사용 효율화 등

목표 설정	• 기업의 경영방침과 경영목표를 토대로 추진하고자 하는 사무자동화의 적용범위 및 요구사항에 맞는 목표를 세우는 단계
	• 목표 설정 기준 : 목적을 명확히 할 것, 목적에 따라 신중하게 계획하고 조직을 편성할 것, 과감하게 실행할 것, 시행에 따른 세밀한 분석과 검토를 할 것
	• 시간에 따른 목표 설정
	  – 단기 목표 : 1년에서 2년 이내에 실행이 가능한 목표
	  – 중기 목표 : 4년에서 5년 사이에 실행이 가능한 목표
	  – 장기 목표 : 10년 이내 실행이 가능한 목표

계획 수립	설정된 목표를 달성하기 위하여 사무자동화 추진의 기본이 되는 지침을 정하는 단계로 사무자동화 추진 단계 중 가장 중요한 과정임
계획 추진	수립한 계획을 실시하는 단계로, 사무기기의 활용, 사무실 구조 및 환경 개선, 사무실 구조 개선 등을 병행하여 시행함
평가	운영 결과에 대한 분석을 통하여 시스템의 효과를 평가하는 단계 • 사전 평가 : 경제성 평가 • 중간 평가 : 성능에 대한 분석 • 사후 평가 : 시스템 가치 평가, 기술적 평가, 운영에 대한 평가, 경제성 평가 • 평가 방법 : 투자 효율 산정법, 상대적 평가법, 정성적 평가법
오차 수정 (디버깅) 및 피드백	운용 결과에 대한 평가에서 기대 효과에 미치지 못한다는 평가가 내려지면 목표 설정 또는 계획 수립부터 다시 검토·수정하여 사무자동화를 추진함
최적 시스템 구축 및 유지 보수	• 운용 평가의 결과가 기대효과를 만족하면 최적시스템이 구축되는 것으로 판단함 • 최적 시스템이 구축되었다 하더라도 시간이 흐르면서 변경되는 사항이나 발생하는 문제점들을 해결하는 등의 유지 보수를 통하여 항상 최적 시스템이 되도록 함

01. 다음의 보기에서 사무자동화의 추진 단계를 올바르게 나열한 것은?

22.4, 21.5, 19.9, 15.5, 14.9, 12.3, 11.6, 07.5, 06.8

> ㉠ 목표 설정   ㉡ 계획 추진   ㉢ 요구 분석
> ㉣ 환경 분석   ㉤ 계획 수립   ㉥ 오차 수정
> ㉦ 최적 시스템 구성   ㉧ 운영 및 결과 분석

① ㉣ → ㉢ → ㉠ → ㉤ → ㉡ → ㉧ → ㉥ → ㉦
② ㉠ → ㉤ → ㉡ → ㉣ → ㉢ → ㉥ → ㉧ → ㉦
③ ㉥ → ㉣ → ㉢ → ㉠ → ㉤ → ㉡ → ㉧ → ㉦
④ ㉦ → ㉠ → ㉤ → ㉢ → ㉣ → ㉡ → ㉧ → ㉥

02. OA의 외적 환경 분석의 구체적인 사항에 포함되지 않는 것은?

23.4, 15.5, 14.3

① 컴퓨터 및 사무자동화 기기 생산업체
② 공공서비스 업체
③ 전문 용역업체
④ 사무 요원의 의식 구조

> 사무 요원의 의식 구조는 내적 환경 분석의 사무 구성원 분석에 해당합니다.

핵심 016 ▶ 경영 정보 시스템

- 경영 정보 시스템(MIS; Management Information System)은 기업 내·외부의 비즈니스, 데이터를 수집해서 가공하고 기업을 관리하는 모든 계층 사람들의 의사결정에 필요한 정보를 제공해주는 시스템이다.
- 경영을 위한 의사결정에 필요한 정보를 공급하기 위하여 다양한 공급원들로부터 자료를 통합할 수 있는 형식화된 컴퓨터 정보 시스템이다.
- 기업의 전략, 계획, 조정, 관리, 운영 등의 결정을 보조해 준다.
- 분석과 진단에 의해 기업 업무의 정보 요구가 정의되어야 하고, 정의된 정보를 효율적으로 처리할 수 있는 시스템을 개발하고 관리한다.
- MIS의 전문성은 기업의 업무를 분석하고 기업 경영을 진단하는 능력이다.
- PC, 팩스, 워드, 통신장치 등을 이용하여 의사소통을 담당한다.
- 컴퓨터 등의 정보기술 뿐만 아니라 인적자원도 포함하는 인간-기계 시스템이다.
- 경영 정보 시스템의 도입 목적
  - 의사결정 지원 : 단순 예측과 운에 의지하던 의사결정을 보다 확실하게 할 수 있도록 도와줌
  - 운영 효율성 : 기업 운영의 효율성을 개선하여 생산성을 증대시킴
  - 새로운 비즈니스 모델 : 새로운 상품, 서비스, 비즈니스 모델을 창출할 수 있음
  - 고객-공급자 친밀성 : 고객의 요구에 즉각적으로 반응할 수 있고, 잠재적 요구까지 분석해낼 수 있음
  - 생존 : 기업의 생존에 필수적인 요소가 되기도 함
- 경영 기능별 경영 정보 시스템의 종류 : 인적자원(인사)정보 시스템, 생산정보 시스템, 마케팅정보 시스템, 회계정보 시스템, 재무정보 시스템
- 기본 구성 요소

의사결정 서브시스템	MIS의 지휘기능에 해당하며, 시스템 설계 기능도 포함
프로세스 서브시스템	각종 정보의 자료 저장·검색 기능
데이터베이스 서브시스템	체계적으로 축적된 데이터의 집합 기능
통신 서브시스템	인터폰, 디스플레이, 미니 컴퓨터, 자동프로젝트 등 MIS 통신시설
시스템 설계 서브시스템	MIS의 유지, 개발, 통합 등을 의미

- 기업 구조에 따른 경영 정보 시스템의 피라미드 구조(하위 → 상위) : 거래처리 시스템 → 정보보고 시스템 → 의사결정 지원 시스템 → 중역정보 시스템
- 경영 정보 시스템과 관계된 시스템 : 거래처리 시스템(TPS), 정보보고 시스템(IRS), 의사결정 지원 시스템(DSS), 중역정보 시스템(EIS), 전략정보 시스템(SIS), 전문가 시스템(ES), 전자자료처리 시스템(EDPS), 집단의사결정 시스템(GDSS), 고객 관계 관리(CRM), 전사적 자원 관리(ERP)

01. 경영 정보 시스템의 기능별 분류로서 적절하지 않은 것은?
22.4, 21.9, 19.4, 16.5

① 운영통제정보 시스템
② 회계정보 시스템
③ 생산정보 시스템
④ 마케팅정보 시스템

02. 다음 중 MIS(경영 정보 시스템)에 대한 설명으로 가장 관계가 먼 것은?
22.3, 21.9, 19.4, 16.10, 08.3, 05.8

① MIS는 기업의 전략, 계획, 조정, 관리, 운영 등의 결정을 보조하는 특징을 갖고 있다.
② MIS는 창조적이고 지적인 공학과 관계없는 프로그래밍을 통한 단순 업무 전산화를 말한다.
③ MIS의 전문성은 기업의 업무를 분석하고 기업경영을 진단하는 능력이다.
④ MIS는 분석과 진단에 의해 기업 업무의 정보 요구가 정의되어야 하고, 정의된 정보를 효율적으로 처리할 수 있는 시스템을 개발하고 관리하는 특징을 갖고 있다.

> MIS는 단순하게 업무 전산화만을 의미하는 것이 아니라 기업이 관리하는 모든 계층 사람들의 의사결정에 필요한 정보를 제공해주기 위한 시스템입니다.

핵심 017 ▶ 의사결정 지원 시스템

- 의사결정 지원 시스템(DSS; Decision Support System)은 의사결정에 필요한 정보를 데이터베이스로부터 검색하여 필요한 분석을 행하고 보기 쉬운 형태로 편집, 출력하는 시스템을 의미한다.
- 초기 의사결정 지원 시스템은 주로 비구조적 혹은 반구조적 문제를 해결하기 위해 의사결정자가 데이터와 모델을 활용할 수 있게 해주는 대화식 컴퓨터 시스템이었다.
- 의사결정자가 신속하고 다양한 문제를 해결할 수 있는 정보 시스템 환경을 제공한다.
- 전통적인 데이터 처리와 경영과학의 계량적 분석기법을 통합하여 사용한다.
- 의사결정 지원 시스템 설계 시 고려사항
  - 다양한 데이터를 획득하여 의사결정에 필요한 정보처리를 할 수 있어야 한다.
  - 의사결정 과정 중에 발생하는 환경의 변화를 반영할 수 있도록 유연하게 설계되어야 한다.
  - 의사결정자와 시스템 간의 대화식 정보처리가 가능해야 한다.
  - 그래픽을 이용하여 정보처리 결과를 보여주고 출력하는 기능이 있어야 한다.

01. 의사결정에 필요한 정보를 데이터베이스로부터 검색하여 필요한 분석을 행하고 보기 쉬운 형태로 편집, 출력하는 시스템으로 가장 적합한 것은? 22.3, 17.5, 16.5, 06.3, 03.5, 01.9

① 사무자동화 시스템
② 그룹웨어 시스템
③ 전자출판 시스템(DTP)
④ 의사결정 지원 시스템(DSS)

02. 의사결정 시스템의 특성이 아닌 것은? 22.4, 22.3, 16.5

① 다양한 데이터를 획득하여 의사결정에 필요한 정보처리를 할 수 있도록 설계되어야 한다.
② 그래픽을 이용하여 정보처리 결과를 보여주고 출력하는 기능이 있어야 한다.
③ 의사결정자와 시스템 간의 대화식 정보처리가 가능하도록 설계되어야 한다.
④ 의사결정 과정 중에 발생한 환경의 변화는 제외하고 유연하게 설계되어야 한다.

> 의사결정 시스템은 의사결정이 이루어지는 과정 중에 발생하는 환경의 변화를 반영할 수 있도록 유연하게 설계되어야 합니다.

23.9, 23.2, 22.3, 21.5, 21.3, 20.8, 19.9, 18.9, 18.3, 17.9, 17.3, 15.5, 12.5, 11.8, 11.3, 09.3, 07.8, 07.5, 07.3, …

핵심 018   사무자동화 경영 관리

RTE(Real-Time Enterprise, 실시간 기업)

• 기업 내·외부에 걸친 지속적인 프로세스의 개선과 실시간 정보 제공을 통해 업무지연을 최소화하고 의사결정 스피드를 높여 경쟁력을 극대화하는 기업을 말한다.
• 기업의 차세대 정보 기술 전략으로 프로세스 혁신, 6시그마 품질관리, ERP 등의 정보기술 솔루션을 경영에 활용하여 현재 기업의 경영 상태를 한눈에 파악할 수 있게 한다.

ERP(Enterprise Resource Planning, 전사적 자원 관리)

기업의 생산, 판매, 자재, 인사, 회계 등 기업 전 부문에 걸쳐 있는 인력, 자금, 정보 등 모든 경영 자원을 하나의 체계로 통합, 계획, 관리함으로써 기업 생산성을 높이는 종합 경영 관리 시스템이다.

CRM(Customer Relationship Management, 고객 관계 관리)

• 기업이 고객 관계를 관리해 나가기 위해 필요한 방법론이나 소프트웨어 등을 가리키는 용어이다.
• 현재의 고객과 잠재 고객에 대한 정보 자료를 정리, 분석해 마케팅 정보로 변환함으로써, 고객의 구매 관련 행동을 지수화하고, 이를 바탕으로 마케팅 프로그램을 개발, 실현, 수정하는 고객 중심의 경영 방법이다.
• CRM의 기본 요소 : 지식(Know), 목표(Target), 판매(Sell), 서비스(Service)

SCM(Supply Chain Management, 공급망 관리)

• 기업 간 또는 기업 내부에서 제품이나 부품의 생산자로부터 사용자에 이르는 공급 체인을 효율화해서 불필요한 시간과 비용을 절감하려는 관리 기법이다.
• 제품 계획, 자재 구매, 생산, 배송 등 공급망에 관련된 구성 요소를 유기적으로 통합하고, 그 결과로 생성된 가치를 고객에게 전달한다.

POS(Point Of Sales) 시스템, 판매시점 정보 관리

• 상품에 대한 정보를 담고 있는 바코드를 스캔하여 판독하는 순간 판매가격을 보여주는 것은 물론 재고, 매출액 등 상품 판매에 관한 모든 자료가 자동으로 표시되는 시스템을 의미한다.
• 상품을 판매하는 시점에 재고관리 및 주문, 통계에 이르는 모든 관리가 이루어지기 때문에 '판매시점관리 시스템'이라고도 한다.
• POS 단말장치 : 상품 정보나 고객 정보 등을 수집·기억·전송하는 장치로, 광학 문자 판독기(OCR), 바코드 판독기(BCR), 자기 잉크 문자 판독기(MICR) 등과 접속이 가능함

---

01. 다음 고객 관계 관리(CRM)의 기대 효과와 가장 거리가 먼 것은? 23.9, 23.2, 22.3, 19.9

① 고객 관계 강화를 통한 수익성 증대
② 목표 마케팅 가능
③ 고객의 수익 기여도와 무관
④ 휴면 고객 활성화

> 고객 관계 관리(CRM)는 고객 관계 강화를 통한 수익성 증대를 기대할 수 있으므로 고객의 수익 기여도와 밀접한 관계가 있습니다.

02. 다음 설명에 가장 부합하는 것은? 21.5, 21.3, 18.9, 07.5

> • 기업경영에 필요한 모든 자원의 흐름을 언제든지 정확히 추출하여 기업에서 소요되는 자원의 효율적인 배치와 평가를 목적으로 함
> • 전 부문에 걸쳐있는 경영자원을 최적화된 방법으로 통합하는 통합 정보 시스템이라 할 수 있음

① ERP
② MIS
③ EDI
④ CRM

핵심 019 ▶ 하드웨어 기술 – 입력 기술

키보드	컴퓨터의 가장 기본적인 입력장치로, 문자나 기호의 입력, 커서 이동 등의 작업에 사용됨
마우스	볼의 회전이나 빛의 반사를 감지하는 센서로 마우스 포인터의 움직임을 제어하여 컴퓨터에 입력하는 장치
스캐너	• 그림이나 사진 등의 영상(Image) 정보에 빛을 쪼인 후 반사되는 빛의 차이를 감지(Scan)하여 디지털 그래픽 정보로 변환해 주는 장치 • 정지화상 자료를 컴퓨터 내의 자료 표현 방식으로 바꾸어줌
디지타이저/ 태블릿	• 3차원의 모형이나 2차원의 설계도면과 같이 정해진 좌표를 디지털 형식으로 변환시켜 컴퓨터 내부로 입력하는 장치 • 태블릿과 스타일러스 펜으로 구성됨 • 2차원의 평면 작업에 사용되는 사각형의 평판을 태블릿(Tablet)이라고 함
트랙볼	볼마우스를 뒤집어놓은 형태로, 볼을 손으로 움직여 포인터의 움직임을 제어하여 컴퓨터에 입력하는 장치
조이스틱	스크린상의 점(Dot)을 이동시키기 위해 사용되는 입력장치로, 주로 게임에 사용됨
디지털 카메라	촬영된 광학영상을 필름에 기록하지 않고 전자 데이터로 변환시켜 디지털 저장매체에 저장하는 장치
라이트 펜 (Light Pen)	• 빛을 인식할 수 있는 모니터의 특정 부분을 눌러 해당 점의 위치를 컴퓨터에 입력하는 장치 • 그림을 그리거나 메뉴를 선택할 때 사용함
광학 마크 판독기(OMR)	• 컴퓨터용 수성 사인펜으로 표시(Mark)한 OMR 카드에 빛(Optical)을 비추어 표시 여부를 판독(Reader)하는 장치 • 객관식 시험용 답안지 채점에 사용함
광학 문자 판독기(OCR)	• 특정 글꼴로 인쇄된 문자(Character)에 빛(Optical)을 비추어 반사된 빛의 차이를 이용하여 문자를 판독(Reader)하는 장치 • 세금고지서나 공공요금 청구서를 판독할 때 사용함
자기 잉크 문자 판독기 (MICR)	• 자성을 띤 특수 잉크(Magnetic Ink)로 인쇄된 문자(Character)나 기호를 판독(Reader)하는 장치 • 수표나 어음의 판독에 사용함
바코드 판독기 (BCR)	• 굵기가 서로 다른 선(Bar Code)에 빛을 비추어 반사된 값을 코드화하여 판독(Reader)하는 장치 • 편의점, 백화점에서 POS(Point Of Sales) 시스템의 입력장치로 사용함

01. 다음 중 입력장치에 해당하지 않는 것은? 21.5, 18.9, 13.3

① Plotter   ② Mouse

③ Keyboard   ④ Scanner

> 플로터(Plotter)는 용지의 크기에 제한 없이 고해상도 출력이 가능한 그래픽 출력 장치입니다.

02. 문자나 그림, 설계도면을 읽어 디지털 신호로 변환시켜 컴퓨터 내부로 입력하는 장치로서 Tablet과 Stylus Pen으로 구성된 장치는? 22.4, 19.4, 04.3

① CRT(Cathode Ray Tube)

② 디지타이저(Digitizer)

③ 도트 매트릭스 프린터(Dot Matrix Printer)

④ LCD(Liquid Crystal Display)

핵심 020 ▶ 하드웨어 기술 – 출력 기술

모니터(Monitor)

• 입력한 내용이나 컴퓨터 내부에서 처리된 결과를 사람이 알아볼 수 있도록 보여주는 장치이다.

• 디스플레이 표준 해상도(높음 → 낮음) : XGA(1024×768) → VGA(640×480) → EGA(640×350) → CGA(320×200)

• 모니터 종류 : CRT, LCD, PDP 등

프린터(Printer)

• 컴퓨터로 만든 결과물을 종이에 출력해 주는 장치로, 충격식 프린터와 비충격식 프린터로 나뉜다.

• 충격식 프린터 : 도트 매트릭스 프린터, 라인 프린터, 시리얼 프린터

• 비충격식 프린터 : 잉크젯(Ink-Jet) 프린터, 레이저(Laser) 프린터, 감열식 프린터, 열전사 프린터

• 스풀링(Spooling) : 출력할 자료를 보조기억장치에 저장해 두었다가 프린터가 출력 가능한 시기에 출력할 수 있도록 해주는 기능

• 프린터 관련 단위

CPS(Character Per Second)	• 1초에 출력되는 글자 수 • 도트 매트릭스 및 시리얼 프린터의 속도 단위
LPM(Line Per Minute)	• 1분에 출력되는 줄(Line) 수 • 라인 프린터의 속도 단위
PPM(Page Per Minute)	• 1분에 출력되는 페이지 수 • 잉크젯 및 레이저 프린터의 속도 단위
DPI(Dot Per Inch)	• 1인치에 출력되는 점(Dot)의 수 • 출력물의 인쇄 품질(해상도)을 나타내는 단위

플로터(Plotter)

• 용지의 크기에 제한 없이 고해상도 출력이 가능한 그래픽 출력장치이다.

• 다양한 형식으로 설계도면, 광고물, 현수막 등을 제작한다.

01. 충격식에 해당하는 프린터는? 22.4, 17.9, 17.5, 15.9, 11.8, 07.5, 06.5

① 도트 매트릭스   ② 레이저

③ 열전사   ④ 잉크젯

02. 모니터 등의 디스플레이나 프린터의 해상도 단위이며 1 inch 당 몇 개의 dot(점)가 들어가는지를 말하는 것은? 23.9, 20.8, 19.3, 17.9, 13.6, 07.8

① DPI   ② BPS

③ PPT   ④ LPM

22.9, 16.3, 11.6, 09.3, 07.8, 05.8, 05.3, 02.8, 02.5, 01.3

핵심 021 ▶ 채널(Channel)

- 중앙처리장치(CPU)를 대신하여 주기억장치와 입·출력(I/O)장치 사이에서 입·출력을 제어하는 입·출력 전용 프로세서(IOP)이다.
- 채널은 CPU로부터 입·출력 전송을 위한 명령어를 받으면 CPU와는 독립적으로 동작하여 입·출력을 완료한다.
- 채널은 CPU가 입·출력을 제어해야 하는 부담을 덜어줌으로써 전체 시스템의 처리속도를 향상시킨다.
- 채널에는 고속의 입·출력장치를 제어하는 셀렉터(Selector) 채널과 저속의 입·출력장치를 제어하는 멀티플렉서(Multiplexer) 채널, 그리고 두 기능이 혼합된 블록 멀티플렉서(Block Multiplexer) 채널이 있다.

01. CPU의 명령에 따라 독립적으로 입·출력장치와 기억장치 간의 데이터를 주고받을 수 있는 것은? 22.9, 16.3, 11.6, 07.8, 05.8

① 버퍼 메모리 ② 캐시 메모리
③ 채널 ④ 가상 메모리

01. 컴퓨터 시스템에 사용되는 메모리에 대한 설명으로 가장 거리가 먼 것은? 22.3, 16.10

① RAM은 일반적으로 주기억 메모리(Main Memory)로 사용되며, 휘발성이 없다.
② 캐시 메모리는 CPU와 기억장치 간의 속도 차를 해소하기 위한 메모리이다.
③ 가상 메모리는 보조기억장치의 일부를 주기억장치처럼 사용하기 위한 메모리이다.
④ 버퍼 메모리는 2개의 장치가 데이터를 주고 받을 때 두 장치 간의 속도 차를 해소하기 위한 장치이다.

> 램(RAM)은 전원이 꺼지면 기억된 내용이 모두 사라지는 휘발성 메모리입니다.

02. 다음 중 자외선을 이용하여 기억된 내용을 지우고 다시 사용할 수 있는 ROM을 무엇이라 하는가? 23.2

① Mask ROM ② PROM
③ EPROM ④ EEPROM

23.2, 22.3, 20.6, 17.9, 17.3, 16.10, 11.6, 05.5, 04.5, 03.8, 03.5

핵심 022 ▶ 주기억장치

ROM(Read Only Memory)

개념	• 기억된 내용을 읽을 수만 있는 기억장치로서 일반적으로 쓰기는 불가능함 • 전원이 꺼져도 기억된 내용이 지워지지 않는 비휘발성 메모리임
종류	• Mask ROM : 제조 과정에서 미리 내용을 기억시킨 ROM으로, 사용자가 임의로 수정할 수 없음 • PROM : 특수 프로그램을 이용하여 한 번만 기록할 수 있으며, 이후엔 읽기만 가능한 ROM • EPROM : 자외선을 이용하여 기록된 내용을 여러 번 수정하거나 새로운 내용을 기록할 수 있는 ROM • EEPROM : 전기적인 방법을 이용하여 기록된 내용을 여러 번 수정하거나 새로운 내용을 기록할 수 있는 ROM

RAM(Random Access Memory)

개념	• 자유롭게 읽고 쓸 수 있는 기억장치로 CPU가 사용중인 프로그램이나 데이터가 저장되어 있음 • 전원이 꺼지면 기억된 내용이 모두 사라지는 휘발성 메모리임
종류	• 동적램(DRAM) : 전원이 공급되어도 일정 시간이 지나면 전하가 방전되어 주기적인 재충전(Refresh)이 필요한 램 • 정적램(SRAM) : 전원이 공급되는 동안에는 기억 내용이 유지되는 램으로, 접근 속도가 빨라 캐시 메모리로 사용됨

잠깐만요 DRAM과 SRAM의 특징

구분	DRAM	SRAM
구성 소자	콘덴서	플립플롭
전력 소모	적음	많음
접근 속도	느림	빠름
집적도	높음	낮음
구조	간단함	복잡함
용량	큼	적음
가격	저가	고가
용도	일반 주기억장치	캐시 메모리

22.9, 22.4, 21.9, 21.3, 20.8, 20.6, 19.3, 18.9, 18.3, 16.10, 15.5, 15.3, 14.9, 14.3, … 050108

핵심 023 ▶ 기타 메모리

캐시 메모리 (Cache Memory)	• 컴퓨터의 성능을 높이기 위하여 명령어의 처리 속도를 CPU와 같도록 할 목적으로 기억장치와 CPU 사이에 사용하는 기억장치 • 용량은 주기억장치 보다 작지만 속도는 CPU와 유사함 • 캐시 메모리에는 자주 참조되는 데이터나 프로그램을 기억시킴
가상 메모리 (Virtual Memory)	• 보조기억장치(하드디스크)의 일부를 주기억장치처럼 사용하는 메모리 기법 • 주기억장치보다 큰 프로그램을 불러와 실행해야 할 때 유용하게 사용됨 • 가상 메모리의 일반적인 구현 방법에는 블록의 종류에 따라 페이징 기법과 세그먼테이션 기법이 있음 • 페이징 기법 : 프로그램을 동일한 크기로 나눈 단위를 페이지라 하며, 이 페이지를 블록으로 사용하는 기법 • 세그먼테이션 기법 : 프로그램을 배열이나 함수 등과 같은 논리적인 크기로 나눈 단위를 세그먼트라 하며, 이 세그먼트를 블록으로 사용하는 기법
버퍼 메모리 (Buffer Memory)	• 2개의 장치가 데이터를 주고받을 때 두 장치 간의 속도 차이를 해결하기 위해 중간에 데이터를 임시로 저장해 두는 공간 • 캐시 메모리도 일종의 버퍼임 • 버퍼에 데이터가 입·출력하는 것을 버퍼링(Buffering)이라 함
연관 메모리 (Associative Memory)	주소를 참조하여 데이터를 읽어오는 방식이 아니라 저장된 내용의 일부를 이용하여 기억장치에 접근하여 데이터를 읽어오는 기억장치
플래시 메모리 (Flash Memory)	• EEPROM의 일종으로 비휘발성 메모리임 • MP3 플레이어, 개인용 정보 단말기, 휴대전화, 디지털 카메라 등에 널리 사용됨

01. 다음 중 주기억장치와 CPU의 속도 차이를 줄여 처리의 효율을 높이기 위해 사용되는 장치로서 기억용량은 적으나 속도가 매우 빠른 것은? <small>21.9, 21.3, 20.8, 15.5, 15.3, 12.9, 08.5, 08.3, 07.5, 04.5, 03.5, 02.3</small>

① ROM　　　　　　　② HDD

③ Cache　　　　　　④ EPROM

02. CPU와 입·출력장치와의 속도 차이를 줄이기 위해 사용하는 기법은? <small>22.9, 22.4, 20.6, 19.3, 12.5, 09.3, 05.5</small>

① Storage Protection　　② Storage Interleaving

③ Polling　　　　　　　④ Buffering

반도체 기반 보조기억장치

- **Secure Digital Card** : 우표 크기만한 플래시 메모리 카드로, PDA, 스마트폰, 디지털 카메라, 디지털 캠코더, MP3 플레이어, 휴대용 메모리 장치 등에 사용됨
- **Compact Flash Drive** : SanDisk 사에서 개발한 성냥갑만한 크기의 플래시 메모리 카드로, 디지털 카메라, 휴대용 컴퓨터 등에 사용됨
- **SSD(Solid State Drive)**
  - 하드디스크(HDD)와 비슷하게 동작하지만 반도체를 이용하여 정보를 저장하는 보조기억장치
  - 하드디스크(HDD)에 비해 가격이 비쌈
  - 속도가 빠르고, 작고 가벼움
  - 기계적 지연, 실패율, 발열, 소음이 적음

01. HDD와 같은 S-ATA 인터페이스를 사용하고 기계적 부품이 아닌 반도체를 기반으로 제작되어 기존 하드디스크를 대체할 수 있는 저장장치는? <small>21.9, 19.9, 19.4, 17.3, 15.5, 11.8</small>

① Blu-ray　　　　　② SSD

③ WORM　　　　　④ RAM

02. 데이터를 복수 또는 분할 저장하여 병렬로 데이터를 읽는 보조기억장치 또는 그 방법으로 디스크의 고장에 대비하여 데이터의 안정성을 높이는 기술은? <small>22.3, 20.6, 15.9</small>

① SASD　　　　　② DASD

③ RAID　　　　　④ NAC

<small>22.3, 21.9, 20.6, 19.9, 19.4, 19.3, 18.9, 17.9, 17.3, 16.5, 15.9, 15.5, 15.3, 11.8, 11.6, 09.8, 08.3, 06.3, 04.8, …</small>

핵심 024　보조기억장치

자기 디스크

- 자성 물질을 입힌 금속 원판을 여러 장 겹쳐서 만든 기억매체이다.
- 용량이 크고 접근 속도가 빠르다.
- 자기 디스크는 순차, 비순차(직접, 랜덤) 처리가 모두 가능한 DASD(Direct Access Storage Device) 방식으로 데이터를 처리한다.
- 종류

하드디스크 (Hard Disk)	자성 물질을 입힌 금속 원판을 여러 장 겹쳐서 만든 기억매체로, 개인용 컴퓨터에서 보조기억장치로 널리 사용됨
집 디스크 (Zip Disk)	• 대용량 데이터를 이동하거나 백업할 때 사용하는 휴대용 디스크 • 크기는 3.5인치 플로피디스크와 비슷하지만 100~750MB의 데이터를 저장할 수 있음
플로피디스크 (Floppy Disk)	일반적으로 디스켓이라 불리며, 적은 양의 데이터를 이동하는 데 편리함

> **잠깐만요** RAID(Redundant Array of Inexpensive Disk)
> 여러 개의 하드디스크를 병렬로 연결하여 마치 하나의 하드디스크처럼 관리하는 것으로, 데이터의 입출력 속도 및 안정성을 높이는 기술입니다.

자기 테이프(Magnetic Tape)

- 주소의 개념이 없고, 처음부터 차례대로 처리하는 순차처리(SASD; Sequential Access Storage Device)만 할 수 있는 대용량 저장매체이다.
- 가격이 저렴하고 용량이 커서 자료의 백업용으로 많이 사용한다.
- 블록화 인수 : 하나의 블록을 구성하는 논리 레코드의 수
  - 블록화 인수 = 블록의 크기 / 레코드의 크기

> **잠깐만요** LTO(Linear Tape-Open, 개방 선형 테이프)
> HP, IBM, Seagate 사가 공동으로 개발한 대용량 데이터 기록을 위한 개방형 테이프 저장 기술의 표준으로, 데이터를 순차처리(SASD)만 할 수 있는 자기 테이프의 일종입니다.

<small>21.9, 20.6, 19.4, 18.3, 16.5, 13.3, 12.9, 11.8, 11.6, 10.9, 08.7, 07.3, 06.8, 05.8, …</small>　050109

핵심 025　보조기억장치 – 광(Optical) 매체

- 얇은 금속막으로 코팅된 플라스틱 디스크에 강한 레이저 광선을 쏘아 정보를 기록하고, 약한 레이저 광선을 쏘아 반사되는 반사율로 데이터를 읽어내는 기술을 이용한다.
- 순차, 비순차 처리가 모두 가능하며 장기 보존이 가능하다.
- 종류

CD-ROM (Compact Disk Read Only Memory)	• 두께 1.2mm, 지름 12cm의 크기에 약 650MB의 대용량 정보를 저장하는 매체 • 화상이나 음성 정보 등의 멀티미디어 데이터를 저장하기에 적합함 • 780nm 파장의 적외선 레이저를 사용함 • 제작 시 이미 내용을 기록한 것으로, 사용자는 읽기만 가능함 • 하이시에라 표준 : CD-ROM 상의 디렉터리/파일/레코드의 구조 등에 대한 표준안
DVD(Digital Video Disk)	• 화질과 음질이 뛰어난 멀티미디어 데이터를 저장할 수 있는 대용량(4.7~17GB) 영상 기록매체 • 650nm 파장의 적색 레이저를 사용함 • 외형은 CD와 같으나 다른 포맷으로 저장됨 • DVD 드라이브에서는 CD-ROM의 데이터를 읽을 수 있지만 반대의 경우는 불가능함

Blu-ray	• 고선명(HD) 비디오를 위한 디지털 데이터를 저장할 수 있도록 소니가 주도한 광 기록방식의 저장매체 • 405nm 파장의 청자색 레이저를 사용함 • DVD에 비해 약 10배 이상의 데이터(단면 25GB, 듀얼 50GB)를 저장할 수 있음 • 비디오/오디오 데이터 포맷은 DVD와 동일함 • Blu-ray 드라이브에서는 DVD의 데이터를 읽을 수 있지만 반대의 경우는 불가능함
WORM (Write Once Read Many)	• 한 번 기록이 가능한 일반 공시디를 의미하는 것으로 한 번 기록한 후 여러 번 읽을 수 있음 • 안전이나 법적인 이유로 한 번 기록된 후에는 변경해서는 안 될 자료, 즉 은행이나 중개소의 거래내역 등을 보호하기 위한 용도로 사용됨

잠깐만요 CD 형식
• CD-ROM : 읽을 수만 있음
• CD-R : 한 번만 기록할 수 있음
• CD-RW : 기록과 삭제를 반복할 수 있음

01. 사용자가 한 번만 기록할 수 있으며 한 번 기록된 것은 다시 지울 수 없는 형태의 기록장치는? 20.6, 18.3

① DVD-RW
② CD-R
③ CD-RW
④ DVD+RW

02. 블루레이 디스크(Blu-ray Disc)에 대한 설명으로 옳지 않은 것은? 21.9, 19.4, 16.5, 13.3, 10.9

① 고선명 비디오를 위한 디지털 데이터를 저장할 수 있다.
② DVD 디스크에 비해 훨씬 짧은 파장을 갖는 레이저를 사용한다.
③ 단층 기록면을 갖는 블루레이 디스크는 최대 10GB까지 데이터를 기록할 수 있다.
④ DVD와 같은 크기인데도 더 많은 데이터를 저장할 수 있다.

단층 기록면을 갖는 블루레이 디스크는 최대 25GB까지 데이터를 기록할 수 있습니다.

22.3, 21.3, 20.8, 19.4, 18.4, 16.10, 16.5, 15.5, 14.9, 14.5, 13.8, 12.5, 11.6, 11.3, 09.5, 08.7, 08.3, 07.8, 07.5, …

핵심 026 자기 디스크 관련 용어

트랙(Track)	회전축(스핀들 모터)을 중심으로 데이터가 기록되는 동심원
섹터(Sector)	트랙을 일정하게 나눈 구간으로 정보 저장의 기본 단위
실린더 (Cylinder)	• 여러 장의 디스크 판에서 같은 위치에 있는 트랙의 모임 • 논리적 구성 요소임 • 한 면의 트랙의 수와 실린더의 수는 동일함
클러스터 (Cluster)	• 여러 개의 섹터를 모은 것 • 운영체제가 관리하는 파일 저장의 기본 단위
TPI(Tracks Per Inch)	• 1인치(Inch)에 기록할 수 있는 트랙의 수 • 디스크의 기록밀도 단위

Seek Time (탐색 시간)	읽기/쓰기 헤드가 지정된 트랙(실린더)에 도달하는 데 걸리는 시간
Search Time (=Latency Time, 지연시간)	읽기/쓰기 헤드가 지정된 트랙(실린더)을 찾은 후 원판이 회전하여 원하는 섹터의 읽기/쓰기가 시작될 때까지의 시간
Transmission Time(전송시간)	읽은 데이터를 주기억장치로 보내는 데 걸리는 시간
Access Time (접근시간)	• 데이터를 읽고 쓰는 데 걸리는 시간의 합(Seek Time + Search Time + Transmission Time) • 어떤 데이터를 기억장치로부터 읽거나 기억시킬 때 명령이 시작된 순간부터 명령의 수행이 완료되는 순간까지 소요되는 시간

01. 어떤 디스크 팩이 7장으로 구성되어 있고 한 면당 200개의 트랙으로 구성되어 있을 때, 이 디스크 팩에서 사용 가능한 실린더의 수는? 20.8, 15.5, 11.3, 09.5, 07.8, 06.5, 06.3, 02.3, 01.6

① 200
② 400
③ 1200
④ 1400

트랙의 수와 실린더의 수는 동일하므로 실린더의 수는 200개입니다.

02. 다음 중 어떤 데이터를 기억장치로부터 읽거나 기억시킬 때 소요되는 시간은? 21.3, 18.4, 16.5, 14.5, 08.7, 00.7

① Access Time
② Seek Time
③ Search Time
④ Read Time

21.5, 20.8, 19.9, 17.5, 17.3, 16.10, 10.5, 10.3, 08.7, 08.5, 06.5, 05.8, 04.3, 03.8, 01.9, 00.10

핵심 027 기억장치 관련 단위

기억 용량 단위

단위	Byte	KB	MB	GB	TB	PB
기억 용량	8Bit	1024Byte	1024KB	1024MB	1024GB	1024TB

작음 ◄──────────────► 큼

처리 속도 단위

단위	ms	μs	ns	ps	fs	as
처리 속도	10^{-3}	10^{-6}	10^{-9}	10^{-12}	10^{-15}	10^{-18}

느림 ◄──────────────► 빠름

기억장치 접근 속도(빠름 → 느림)

CPU(레지스터) → 주기억장치(캐시(SRAM) → DRAM → ROM) → 보조기억장치(SSD → 하드디스크 → Zip Disk → CD-ROM → 플로피디스크 → 자기 테이프)

01. 다음 중 기억장치 용량 단위가 가장 큰 것은? 21.5, 20.8, 17.3

① KB
② MB
③ PB
④ TB

핵심 028 ▶ 소프트웨어 기술

소프트웨어(Software)는 컴퓨터 전체를 작동시키거나 사용자가 컴퓨터를 이용하여 특정 업무를 처리할 수 있게 개발된 프로그램을 말한다.

시스템(System) 소프트웨어

• 컴퓨터 전체를 작동시키는 프로그램으로 기능에 따라 제어 프로그램과 처리 프로그램으로 구분한다.

제어 프로그램 (Control Program)	• 컴퓨터 전체의 작동 상태 감시, 작업의 순서 지정, 작업에 사용되는 데이터 관리 등의 역할을 수행하는 것 • 제어 프로그램의 종류에는 감시 프로그램(Supervisor Program), 작업 관리 프로그램(Job Management Program), 데이터 관리 프로그램(Data Management Program)이 있음
처리 프로그램 (Processing Program)	• 제어 프로그램의 지시를 받아 사용자가 요구한 문제를 해결하기 위한 프로그램을 말하며 언어 번역 프로그램과 서비스 프로그램 등으로 구분됨 • 언어 번역 프로그램 : 사용자가 고급언어로 작성한 원시 프로그램을 기계어 형태의 목적 프로그램으로 변환시키는 것으로 컴파일러(Compiler), 어셈블러(Assembler), 인터프리터(Interpreter)가 있음 • 서비스 프로그램 : 사용자가 컴퓨터를 더욱 효율적으로 사용할 수 있도록 제작된 프로그램으로 정렬/병합(Sort/merge) 프로그램, 유틸리티가 있음

• 대표적인 시스템 소프트웨어에는 운영체제(Operating System)가 있다.

> **잠깐만요** IME(Input Method Editor)
> Windows 시스템에서 일본어, 중국어 등 문자수가 많은 언어를 입력해 주는 시스템 소프트웨어

응용(Application) 소프트웨어

• 사용자가 컴퓨터를 이용하여 특정 업무를 처리할 수 있게 개발된 프로그램을 말한다.
• 워드프로세서(Word Processor) : 흔글, MS-워드 등
• 스프레드시트(SpreadSheet) : 엑셀, 로터스 등
• 프레젠테이션(Presentation) : 파워포인트, 구글 프레젠테이션 등
• 데이터베이스 관리 시스템(DBMS; Database Management System) : dBase IV, 액세스, SQL 등
• 멀티미디어 저작 도구 : 디렉터, 오소웨어, 멀티미디어 툴북 등
• 그래픽 프로그램 : 포토샵, 페인트샵 프로, 일러스트레이터, AutoCAD 등

---

01. 사무자동화(OA)를 위한 응용 소프트웨어가 아닌 것은?

① 스프레드시트   ② 워드프로세서
③ 컴파일러   ④ 프레젠테이션

> 컴파일러는 언어 번역 프로그램으로, 시스템 소프트웨어에 해당됩니다.

02. Windows 시스템 상에서 일본어, 중국어 등 문자수가 많은 언어를 입력하기 위해 필요한 소프트웨어는?

① OLE   ② IME
③ OCX   ④ Active X

핵심 029 ▶ 스프레드시트 / 프레젠테이션

스프레드시트

• 최초의 스프레드시트는 1978년 댄 브릭클린(Dan Bricklin)이 개발한 비지칼크(Visicalk)이다.
• 셀 단위의 데이터 처리 및 연산이 가능하며, 셀의 참조 방식은 절대 참조와 상대 참조가 있다.
• 행과 열로 구성되어 있다.
• 반복적이고 규칙적인 대량의 작업을 일괄적으로 자동 처리할 수 있다.
• 간단한 표와 같은 문서 작성이 가능하다.
• 수식, 함수, 차트를 이용하여 데이터 계산, 통계, 재무 분석을 쉽게 할 수 있다.
• 주요 함수 및 기능
  – LOOKUP(찾을값, 범위1, 범위2) : '범위1'에서 '찾을값'과 같은 데이터를 찾은 후 같은 행의 '범위2'에 있는 데이터를 반환함
  – COUNTA(인수1, 인수2, …) : '인수(범위)'로 주어진 값 중 자료(문자, 숫자, 기호 등)가 입력되어 있는 셀의 개수를 구함
  – NDIRECT(텍스트) : 주소 형식을 갖춘 '텍스트'를 셀 주소로 변환하여 해당 주소에 있는 값을 표시함
  – 피벗 테이블 : 기존 목록이나 표에 있는 데이터를 요약하고 분석할 수 있도록 해주는 대화형 테이블
• 스프레드시트 패키지 : 수치 계산 업무를 처리하는데 필요한 프로그램들의 모임으로, 템플릿(Template), 민감도 분석 도구, 계획과 통제의 도구 등이 포함되어 있음

프레젠테이션

기업의 제품소개나 연구발표, 회의내용 요약 등을 할 때 각종 그림이나 도표, 그래프 등을 이용하여 효과적으로 의미를 전달할 수 있어 많이 사용되는 응용 프로그램이다.

---

01. 엑셀 등 스프레드시트에서 수식 자체는 변경하지 않고서 수식 안에 있는 셀에 대한 참조를 변경하려는 경우 가장 적당한 함수는?

① Match 함수   ② Lookup 함수
③ Row 함수   ④ Indirect 함수

02. 회의나 발표, 브리핑 등에서 효과적으로 활용할 수 있는 텍스트를 비롯한 그래픽과 같은 멀티미디어 작업을 좀 더 간편하게 작성하고 자동화 시켜주는 소프트웨어로 가장 옳은 것은?

① 워드프로세서   ② 데이터베이스
③ 스프레드시트   ④ 프레젠테이션

핵심 030 ▶ 통신 응용 기술 – 정보처리 시스템

• 정보처리는 수집된 자료를 여러 가지 방법으로 처리하여 유용한 정보로 가공하는 일련의 과정이다.

- 정보처리 시스템은 입력장치를 통해 입력된 자료(Data)를 일련의 처리(Processing) 과정을 통해 가공하여 가치 있는 정보(Information)로 변환하는 시스템이다.
- 정보처리 시스템의 변천 과정은 '비집중 처리 시스템 → 집중 처리 시스템 → 분산 처리 시스템' 순이다.

비집중 처리 시스템	• 초기의 정보처리 시스템으로 자료가 발생하는 각각의 장치에 컴퓨터 시스템을 설치하여 자료가 발생하는 곳에서 직접 자료를 처리하는 시스템 • 자료가 발생하는 곳에서 자료를 직접 처리하기 때문에, 자료 처리의 효율성은 높으나 이들 각각의 시스템 사이에서 자료의 공유가 이루어지지 못한다는 단점을 가지고 있음 • 개별 처리 시스템 또는 단일 처리 시스템이라고도 함
집중 처리 시스템	• 중앙에 설치되어 있는 컴퓨터 시스템에서 모든 작업을 수행하는 시스템 • 작업에 필요한 모든 처리를 담당하는 중앙 컴퓨터와 데이터의 입·출력 기능을 담당하는 단말기로 구성된 시스템 • 데이터의 양이 많아지면 중앙 컴퓨터가 과부하에 걸리거나 다운될 수 있음 • 전사적 관리가 용이하고 회선 비용이 적게 들며, 전체적인 운영 요원이 감소함 • 대규모 처리에 대한 적응성이 우수함 • 정보처리의 과도한 집중화로 인해 시스템 운용상의 문제점, 시스템 사용상의 불편함, 사용자 적용업무의 개발상의 문제점이 등장하게 되었음
분산 처리 시스템	• 지리적으로 분산되어 있는 여러 대의 컴퓨터(프로세서)를 통신 회선으로 연결하여 논리적으로 하나의 시스템을 사용하는 것처럼 운영하는 방식 • 여러 사용자들이 데이터를 공유할 수 있고, 유연성, 확장성 등이 우수함 • 사용자 중심의 시스템 • 하나의 시스템을 여러 시스템이 처리함으로써 연산 속도, 응답성, 신뢰도가 향상됨 • 컴퓨터의 과부하를 줄일 수 있고, 조직 전체의 융통성 및 현장 적응성이 증가함 • 시스템 설계가 복잡하여 시스템을 구축하기가 어렵고, 보안 문제가 발생함 • 시스템 설치 비용이 많이 들지만 처리 효율성이 좋아 생산성 대비 전체 비용이 절감됨 • 분산 처리의 형태에는 계층형 분산 처리 시스템, 수평형 분산 처리 시스템, 혼합형 분산 처리 시스템이 있음 • 수평·혼합형 분산 처리 시스템의 발전된 형태로 클라이언트/서버 시스템이 있음

01. 다음 중 집중 처리 시스템의 특징에 가장 적합한 것은?

22.3, 08.5, 04.8, 00.10

① 확장성이 우수하다.
② 전사적 관리가 용이하다.
③ 시스템 전체의 신뢰성이 높다.
④ 조직 요구에 대한 대응이 용이하다.

02. 분산 처리 시스템에 관한 설명 중 옳지 않은 것은?

23.4

① 수평·계층 혼합형 분산 처리 시스템의 발전된 형태로서 클라이언트/서버 시스템이 있다.
② 시스템의 응답성과 신뢰성이 높다.
③ 유연성, 신뢰성, 확장성 등이 우수하다.
④ 시스템 구축 비용이 적게 든다.

> 분산 처리 시스템은 시스템 구축 비용이 많이 들지만 처리 효율성이 좋아 생산성 대비 전체 비용이 절감됩니다.

23.2, 19.4, 08.7, 05.3, 04.8, 03.3, 01.9, 00.3

핵심 031 ▶ 인텔리전트 빌딩

- 기존의 일반 빌딩 개념에서 벗어나 빌딩 자동제어 시스템(BA)에 의해 효율적으로 빌딩을 운영 및 관리하고 사무자동화 기능과 통신 기능을 부가한 통합 시스템으로 구축한 최첨단 빌딩으로, IBS(Intelligent Building System)라고도 한다.
- 인텔리전트 빌딩의 최대 목표는 인간의 능력을 최대로 발휘할 수 있는 이상적인 환경을 창조하는 것이다.
- 정보통신 시스템, 사무자동화 시스템, 빌딩 관리 시스템, 환경 관리 시스템, 보안 시스템 등으로 구성된다.
- 사무생산성의 향상, 사무작업의 노동생활 향상을 가져올 수 있다.
- 인텔리전트 빌딩에서 요구되는 기능에는 빌딩 자동화 기능, 정보처리 기능, 통신 기능, 환경개선 기능 등이 있다.

01. 다음 중 인텔리전트 빌딩에서 요구되는 기본적인 기능과 가장 관계가 적은 것은?

23.2, 19.4, 05.3

① 정보통신 기능
② 생산관리 기능
③ 정보처리 기능
④ 빌딩 자동화 기능

23.2, 21.5, 19.4, 17.5, 16.3, 12.9, 12.5, 11.3, 07.5, 06.3, 04.5, 02.3, 01.6, 01.3

핵심 032 ▶ 사무자동화기기

- 사무업무를 효율적으로 처리하여 사무생산성을 증대시키기 위해 사용되는 컴퓨터, 사무기기, 통신기기 등을 사무자동화기기라고 부른다.
- 사무자동화기기는 여러 가지 기능을 하나의 기기가 모두 처리하는 복합화 또는 통합화가 이루어진다.
- 근거리 통신망(LAN)의 발달은 사무자동화기기의 통합을 촉진시켰다.
- 사무실의 공간을 적게 차지하기 위해 기기의 소형화가 이루어진다.
- 기술의 발달로 기능 및 성능이 향상되었다.
- 설치 및 유지보수비가 감소하였다.
- 사무자동화기기의 정보처리 유형에 따른 분류

자료준비기기	워드프로세서, 단말기, 복사기, 프린터
자료처리기기	워드프로세서, 컴퓨터(개인용/사무용 컴퓨터), 워크스테이션
자료전송기기	팩시밀리, 전자우편, EDI, 원격회의 시스템, 다기능 전화기
자료저장기기	마이크로필름, SSD, 하드디스크, 광 디스크, COM, CAR, LTO

01. 자료 송·수신 기기(시스템)가 아닌 것은?

23.2, 11.3, 07.5

① 팩시밀리
② 전자우편
③ EDI
④ 전자출판

> 전자출판은 컴퓨터와 전자출판용 소프트웨어를 이용해서 출판 작업이 이루어지는 것을 의미하는 것으로, 자료 송·수신 기기가 아닙니다.

핵심 033 자료준비기기 / 자료처리기기

워드프로세서 (Word Processor)	• 문서를 생성, 편집, 저장, 그리고 인쇄하는 기능을 갖춘 시스템 이나 소프트웨어를 말함 • 워드프로세서는 스프레드시트, 데이터베이스와 함께 사무자동 화(OA)의 중추적인 역할을 담당함 • 작성된 문서의 보존 및 검색이 유리함 • 문서 작성/수정 및 관리를 전산화함으로써 유지 관리가 쉬움
워크스테이션 (Workstation)	개인이나 소수 인원의 사람들이 특수한 분야에서 사용하기 위해 만들어진 고성능 컴퓨터
사무용 컴퓨터	• 사무처리를 주된 업무로 하는 컴퓨터로 하드웨어, 소프트웨어 가 사무처리에 적합하도록 구성되어 있음 • 통신회선을 사용하여 다른 컴퓨터와 접속하면 온라인 처리가 가능함
개인용 컴퓨터	• 문서 작성 및 편집 등 개인의 전산처리 용도로 많이 사용되는 기기로, 마이크로프로세서(MPC)를 중앙처리장치로 사용함 • 개인용 컴퓨터의 본체는 마더보드, 디스크 드라이브, 전원장치 등으로 구성되어 있음

> **잠깐만요** 워드프로세서의 매크로 기능
> • 일련의 작업 순서를 기록해 두었다가 필요할 때 한번에 재생해 내는 기능입니다.
> • 작성한 매크로는 별도의 파일로 저장할 수 있으며 편집이 가능합니다.
> • 동일한 도형이나 문단 형식, 서식 등에 매크로를 사용할 수 있습니다.
> • 키보드 입력을 기억하는 '키 매크로'와 마우스 동작을 포함한 사용자의 모든 동작을
　기억하는 '스크립트 매크로'가 있습니다.

---

01. 다음 중 워드프로세서의 기본 기능으로 가장 거리가 먼 것은?

23.2, 11.8

① 데이터 처리 기능
② 문서 인쇄 기능
③ 문서 보관 기능
④ 문서 편집 및 교정 기능

> 데이터 처리 기능은 액세스와 같은 데이터베이스 처리 프로그램의 기능에 속합니다.

핵심 034 중앙처리장치(CPU)

• 중앙처리장치(CPU; Central Processing Unit)는 사람의 두뇌와 같이 컴퓨터 시스템에 부착된 모든 장치의 동작을 제어하고 명령을 실행하는 장치이다.
• 중앙처리장치는 제어장치, 연산장치, 레지스터로 구성된다.
• 제어장치(Control Unit) : 컴퓨터의 모든 장치들의 동작을 지시하고 제어하는 장치

구성 요소	기능
프로그램 카운터, 프로그램 계수기(PC; Program Counter)	다음 번에 실행할 명령어의 번지를 기억하는 레 지스터
명령 레지스터 (IR; Instruction Register)	현재 실행중인 명령의 내용을 기억하는 레지스터
명령 해독기(디코더, Decoder)	명령 레지스터에 있는 명령어를 해독하는 회로
부호기(엔코더, Encoder)	해독된 명령에 따라 각 장치로 보낼 제어신호를 생성하는 회로
메모리 주소 레지스터(MAR; Memory Address Register)	기억장치를 출입하는 데이터의 번지를 기억하는 레지스터
메모리 버퍼 레지스터(MBR; Memory Buffer Register)	기억장치를 출입하는 데이터가 잠시 기억되는 레 지스터

• 연산장치(ALU; Arithmetic & Logic Unit) : 제어장치의 명령에 따라 실제로 연산을 수행하는 장치

구성 요소	기능
가산기(Adder)	2진수의 덧셈을 수행하는 회로
보수기(Complementor)	뺄셈의 수행을 위해 입력된 값을 보수로 변환 하는 회로
누산기(AC; Accumulator)	연산된 결과를 일시적으로 저장하는 레지스터
데이터 레지스터(Data Register)	연산에 사용될 데이터를 기억하는 레지스터
상태 레지스터 (Status Register, PSWR (Program Status Word Register))	• 오버플로, 언더플로, 자리올림, 계산상태, 인 터럽트 등의 PSW를 저장하고 있는 레지스터 • PSW : 시스템 내부의 순간순간의 상태가 기 록된 정보

---

01. 다음 중 중앙처리장치 내에 존재하는 레지스터가 아닌 것은?

21.5, 17.9, 17.5

① Instruction Register ② Accumulator
③ Program Counter ④ Multiplexer

> Multiplexer(다중화기)는 하나의 통신 회선에 여러 개의 단말장치가 동시에 접속하여 사용할 수 있도록 하는 장치로, 네트워크 장비에 해당됩니다.

02. 프로그램의 실행 중 인터럽트(Interrupt)가 발생할 경우에 현재의 프로그램 상태가 저장되어 있는 레지스터를 무엇이라 하는가?

22.4, 21.9, 16.10

① PSW ② PC
③ PCW ④ ACC

23.9, 23.4, 23.2, 22.9, 22.4, 22.3, 21.9, 21.3, 20.6, 19.9, 18.4, 18.3, 17.9, 17.5, 15.9, 15.3, 13.8, 13.3, 12.3, …

핵심 035 ▶ 자료전송기기 – 전자우편

- 인터넷을 통해 편지, 그림, 동영상 등의 다양한 데이터를 주고받을 수 있는 서비스이다.
- 전자메일(전자우편) 시스템 : 정보전달방식을 전자적으로 하는 것으로서 메시지를 컴퓨터에 축적하여 아무때나 수신자가 검색 및 출력하여 볼 수 있는 시스템
- 전자우편에서 사용되는 프로토콜

SMTP	작성한 메일을 다른 사람의 계정이 있는 곳으로 전송해 주는 프로토콜
POP3	메일 서버에 도착한 메일을 사용자 컴퓨터로 가져올 수 있도록 메일 서버에서 제공하는 프로토콜
MIME	웹 브라우저가 지원하지 않는 각종 멀티미디어 파일의 내용을 확인하고 실행시켜 주는 프로토콜
IMAP	• 로컬 서버에서 프로그램을 이용하여 전자우편을 액세스하기 위한 표준 프로토콜 • 메일의 제목(헤더)만을 다운로드할 수 있으므로, 사용자는 도착한 메일의 제목과 송신자를 확인한 후 메일을 실제로 다운로드할 것인지를 결정함 • 메일 전체를 다운로드할 때는 POP3를 이용함

- 전자우편의 특징
  - 전자우편은 보내는 즉시 수신자에게 도착하므로 빠른 의견교환이 가능하다.
  - 한 사람이 동시에 여러 사람에게 동일한 전자우편을 보낼 수 있는 동보 기능을 제공한다.
  - 이용시간 및 장소의 제약 없이 사용할 수 있다.
  - 저렴한 비용으로 편지교환이 가능하다.
  - 개인적인 정보보호 조치가 필요하다.
  - 수신자의 ID가 정확하지 않으면 메일이 정상적으로 전달되지 않는다.

01. 전자우편(E-mail) 보낼 때와 받을 때 사용하는 프로토콜로만 나열된 것은? 23.4, 21.9, 21.3, 20.6, 19.9, 15.3, 06.8, 04.8

① FTP, HTTP   ② SMTP, HTTP
③ FTP, POP3   ④ SMTP, POP3

02. 전자우편 시스템을 이용해서 사내 야유회 공고를 하고 싶을 때 전자우편 시스템 기능 중 어느 것을 이용하는 것이 가장 좋은가? 23.9, 22.4, 18.4, 13.3, 12.3, 09.3, 05.3, 04.5

① 반송   ② 일시지정송신
③ 동보 지정   ④ 회부

> 사내 야유회 공고처럼 한 사람이 동시에 여러 사람에게 동일한 전자우편을 보낼 때 사용하는 기능은 동보 지정 기능입니다.

23.9, 22.9, 20.8, 20.6, 15.9, 13.8, 11.8, 11.6, 09.8

핵심 036 ▶ 전자우편 관련 보안 기법

- S/MIME : MIME 데이터를 안전하게 송 · 수신하는 방법을 제공하는 것으로 인증, 메시지 무결성, 송신처의 부인방지, 데이터 보안과 같은 암호학적 보안 서비스를 제공함
- PEM(Privacy Enhanced Mail) : 전자우편을 엽서가 아닌 밀봉된 봉투에 넣어서 보낸다는 개념으로 전자우편을 발송하기 전에 미리 암호화하여 전송 도중에 데이터의 유출이 발생해도 내용을 확인할 수 없도록 하는 프로토콜
- PGP(Pretty Good Privacy) : 인터넷에서 전달하는 전자우편을 다른 사람이 받아볼 수 없도록 암호화하고, 받은 전자우편의 암호를 해석해 주며, 기밀성, 무결성, 인증을 제공함

01. 전자우편을 엽서가 아닌 밀봉된 봉투에 넣어서 보낸다는 개념으로 IETF(Internet Engineering Task Force)에서 인터넷 초안으로 채택한 것은? 23.9, 22.9, 20.6, 13.8, 09.8

① PEM   ② PGP
③ S/MEME   ④ PGP/MIME

23.4, 22.4, 21.9, 21.3, 20.6, 19.3, 18.9, 18.3, 17.9, 15.5, 14.5, 13.6, 10.9, 09.8, 07.3, 04.8, 04.3, 03.8, 01.9, …

핵심 037 ▶ 팩시밀리

- 문자, 도표, 사진 등의 정지 화상을 다수의 작은 화소로 분해하여 전기적 신호로 변환한 후 전기통신회선이나 전파로 전송하여 원래대로 복원 기록하는 전송기기이다.
- 동일한 내용을 동시에 여러 명의 수신자에게 전송할 수 있는 '동보 기능'과 원하는 시간에 전송할 수 있는 '예약 기능'을 제공한다.

- 주사(Scan) : 전송 화면을 다수의 작은 화소로 분해하거나 분해된 화소를 조립하는 과정

> **잠깐만요** 송신주사 방식
> • 기계식 : 원통주사, 반원통주사
> • 전자식 : 고체주사

- 변조(Modulation) : 디지털 데이터를 아날로그 신호로 변환하는 과정
- 복조(Demodulation) : 아날로그 신호를 디지털 데이터로 변환하는 과정
- 팩시밀리의 특징 : 정보 전달의 특수성, 정보 내용의 임의성, 정보 전달의 정확성

01. 다음 중 팩시밀리에서 사진, 문자, 그림 등을 정해진 방식으로 다수의 화소로 분해하는 과정은? 21.9, 18.9, 13.6, 03.8, 00.10

① 반사
② 변조
③ 주사
④ 동기

02. 팩시밀리의 특징으로 옳지 않은 것은? 21.3, 20.6, 15.5

① 원하는 시간에 원하는 정보 전송이 가능하다.
② 동일 내용을 한 번에 한 명의 수신자에게만 보낼 수 있다.
③ 일반 전화회선을 이용하여 즉시 전송 가능하다.
④ 종이원고의 내용을 원격지에서 충실하게 기록 재생할 수 있다.

> 팩시밀리는 동일 내용을 한 번에 여러 명의 수신자에게 보낼 수 있습니다.

23.9, 22.9, 21.9, 17.9, 16.10, 15.3, 09.5, 08.3, 06.5, 04.3, 02.3

핵심 038 ▶ 원격회의 시스템

- 원격회의 시스템(VCS; Video Conference System)은 서로 멀리 떨어진 지역의 회의실을 화상과 음성통신회선으로 연결해 회의 참가자가 화면을 보면서 회의하는 시스템으로, Teleconference라고도 한다.
- 음성 및 영상은 대부분 Full Duplex(양방향) 전송 방식으로 전송된다.
- 이동시간 및 비용을 절약할 수 있다.
- 장소의 크기에 구애받지 않고 회의에 많은 사람이 참가할 수 있다.
- 정보전달이 신속하며, 빠른 의사결정을 지원한다.

01. 원격지간 상호 통신매체를 이용하여 동일한 시간에 회의를 할 수 있는 시스템은? 23.9, 17.9

① Intelligent Typewriter
② Electronic Private Branch Exchange
③ Teleconference
④ Keyphone

22.3, 18.3, 11.8, 08.3, 07.5, 05.5, 05.3, 01.9, 01.3, 00.5

핵심 039 ▶ 자료저장기기 – 마이크로필름

- 문서, 도면, 재료 등 각종 정보를 고도로 축소 촬영하여 마이크로필름 형태로 보관하는 장치이다.
- 사용 용도에 따라 롤필름과 시트필름으로 나눈다.
- 고밀도 기록이 가능하여 대용량화 하기가 쉽고, 기록품질이 좋다.
- 비용이 적게 들고, 장기 보존이 가능하다.

- 빛에 민감하지 않아 다루기 쉽다.
- 기밀유지에 효과적이다.
- 마이크로필름에 기록한 내용을 확대하면 원화를 그대로 재현할 수 있다.
- 마이크로필름에 기록할 때 처리가 복잡하고 시간이 오래 걸린다.
- 문서로 보존할 경우 영구 보존으로 표시한다.

01. 다음 중 정보의 축소, 확대, 검색이 자유롭고 COM 시스템, CAR 시스템 등에서 사용되는 기억매체는? 22.3, 18.3

① 마이크로필름
② 광디스크
③ 자기 디스크
④ 감광지

19.3, 16.10, 15.5, 14.5, 13.6, 12.3, 10.3, 07.3 02.3, 00.7

핵심 040 ▶ 자료저장기기 – COM

- COM(Computer Output Microfilm)은 종이에 인쇄된 정보를 축소 촬영하여 마이크로필름에 저장하는 기기이다.
- 컴퓨터와 통신회선으로 연결된 온라인 방식과 컴퓨터와 독립된 오프라인 방식이 있다.
- 문서 · 파일의 작성 및 복사 비용이 저렴하다.
- 대량 복사 및 고속 인쇄가 가능하다.
- 기록과정이 복잡하고 시간이 많이 걸린다.

01. 다음 중 자료저장 기기로서 종이에 인쇄된 정보를 축소 촬영한 필름에 저장하는 기기는? 19.3, 14.5, 07.3, 02.3

① CAR(Computer Assisted Retrieval)
② COM(Computer Output Microfilm)
③ 광디스크
④ CD-ROM

20.8, 18.4, 16.3, 15.5, 11.8, 10.9, 10.5, 08.5, 07.5, 06.8, 04.8, 04.3

핵심 041 ▶ 데이터베이스

- 특정 조직의 업무를 수행하는 데 필요한 상호 관련된 데이터들의 모임이다.
- 데이터베이스는 자료의 집중화를 통해 중복된 자료를 최소화시킴으로써 다양한 응용분야를 효과적으로 컴퓨터에서 지원할 수 있도록 체계적으로 구성된 자료의 집합이다.
- 특징
  - 데이터의 동시 공용
  - 데이터의 무결성
  - 데이터의 보안성
  - 데이터의 독립성
  - 데이터의 실시간 접근성
  - 데이터의 계속적인 변화 등

• 데이터베이스 설계 순서

요구 분석	요구 조건 명세서 작성
↓	
개념적 설계	개념 스키마, 트랜잭션 모델링 수행, E-R 모델 작성
↓	
논리적 설계	논리 스키마 설계, 트랜잭션 인터페이스 설계
↓	
물리적 설계	물리적 구조의 데이터로 변환
↓	
구현	DBMS의 DDL로 데이터베이스 생성, 트랜잭션 작성

01. 데이터베이스 설계 순서에서 가장 먼저 수행해야 하는 것은?

20.8

① 개념적 설계   ② 논리적 설계
③ 물리적 설계   ④ 요구사항 분석

01. 윈도우즈 응용 프로그램에서 다양한 데이터베이스 관리 시스템(DBMS)에 접근하여 사용할 수 있도록 개발한 표준 개방형 응용 프로그램 인터페이스 규격은?

22.4, 21.9, 18.9, 17.5, 14.3, 09.8, 08.3

① SQL   ② ACCESS
③ API   ④ ODBC

02. 데이터베이스 시스템의 트랜잭션의 속성은 ACID로 정의한다. ACID에 각각 해당하는 용어로 가장 옳지 않은 항목은?

23.9, 21.9, 17.5

① A : Atomicity   ② C : Circumstance
③ I : Isolation   ④ D : Durability

ACID에서 C는 Consistency(일관성)을 의미합니다.

23.9, 22.9, 22.4, 22.3, 21.9, 21.5, 20.8, 19.9, 19.3, 18.9, 18.4, 17.5, 17.3, 16.5, 16.3, 15.9, 14.3, 09.8, 08.5, …

핵심 042   데이터베이스 관련 용어

• **데이터 웨어하우스(Data Warehouse)** : 조직이나 기업체의 중심이 되는 주요 업무 시스템에서 추출되어 새로이 생성된 데이터베이스로서 의사결정지원 시스템을 지원하는 주체적, 통합적, 시간적 데이터의 집합체

• **데이터 웨어하우징(Data Warehousing)** : 데이터 웨어하우스를 구축 · 유지 · 운영하는 일련의 프로세스로, 다양한 형태의 데이터베이스 자원을 통합 및 가공하여 의사 결정 지원을 목적으로 설계한 주제 중심의 정보 저장소

• **데이터 마이닝(Data Mining)** : 데이터 웨어하우스에서 수집되고 분석된 자료를 사용자에게 제공하기 위한 분류 및 가공 기술

• **데이터 마트(Data Mart)** : 조직 내 부서 또는 전략적 비즈니스 유닛 등 특정 사용자들의 목적에 맞게 설계된 비교적 작은 규모의 데이터 웨어하우스를 의미함

• **빅 데이터(Big Data)** : 기존의 관리 방법이나 분석 체계로는 처리하기 어려운 막대한 양의 정형 또는 비정형 데이터 집합

• **ODBC** : 데이터베이스 관리 시스템(DBMS)의 종류에 관계없이 모든 응용 프로그램에서 데이터베이스에 편리하게 접근할 수 있도록 마이크로소프트 사에서 개발한 표준 데이터베이스 연결 방법

• **정규화(Normalization)** : 데이터 중복을 최소화하고 데이터의 정확성을 최대화하기 위하여 관계형 데이터베이스를 분석하여 능률적인 형태로 변환하는 방법

• **ACID(트랜잭션의 특성)**

Atomicity (원자성)	한 개의 트랜잭션은 전체가 실행되거나 취소되어야 한다는 것. 즉, 일부분만 실행할 수 없음
Consistency (일관성)	트랜잭션이 실행을 완료하면 언제나 일관성 있는 상태를 유지해야 한다는 것
Isolation (고립성)	여러 트랜잭션이 동시에 수행되더라도 다른 트랜잭션의 결과에 개입하지 못한다는 것
Durability (영속성)	성공적으로 완료된 트랜잭션의 결과는 영구적으로 반영되어야 한다는 것

23.9, 23.4, 23.2 , 22.4, 21.9, 21.5, 19.3, 18.9, 17.9, 16.5, 15.5, 15.3, 13.3, 14.9, …   050112

핵심 043   DBMS

• DBMS(Database Management System, 데이터베이스 관리 시스템)는 사용자와 데이터베이스 사이에 위치하여 데이터베이스를 관리하고, 사용자의 요구에 따라 정보를 생성해 주는 소프트웨어를 말한다.

• 기존 파일 시스템이 갖는 데이터의 중복성과 종속성의 문제를 해결하기 위해 제안된 시스템이다.

• 데이터베이스 관리 시스템은 데이터베이스 내의 자료 관계 설정, 자료 회복 및 보안 유지, 질의어(Query Language) 기능을 가지고 있다.

• DBMS의 필수 기능 : 정의 기능, 조작 기능, 제어 기능

• DBMS의 종류 : Oracle, MySQL, MS SQL, DB2 등

• DBMS의 장 · 단점

장점	단점
• 데이터의 논리적, 물리적 독립성이 보장됨 • 데이터의 중복을 줄일 수 있음 • 저장된 자료를 공동으로 이용할 수 있음 • 데이터의 일관성, 무결성을 유지할 수 있음 • 보안을 유지할 수 있음 • 데이터를 표준화할 수 있음 • 데이터를 통합하여 관리할 수 있음 • 항상 최신의 데이터를 유지함 • 데이터의 실시간 처리가 가능함 • 데이터를 이용하여 참조 및 검색이 가능함	• 데이터베이스의 전문가가 부족함 • 전산화 비용이 증가함 • 대용량 디스크로의 집중적인 Access로 과부하(Overhead)가 발생함 • 파일의 예비(Backup)와 회복(Recovery)이 어려움 • 시스템이 복잡함

01. 데이터베이스 관리 시스템(DBMS)이 가지는 기능으로 옳지 않은 것은?　　　23.4, 22.4, 21.5, 16.5, 15.3, 09.3

① 탐색 기능　　　　　　② 정의 기능
③ 조작 기능　　　　　　④ 제어 기능

02. 데이터베이스(Database)의 목적과 가장 거리가 먼 것은?
　　　　　　　　　　　　　　　　　　　　23.2, 18.9

① 데이터의 무결성　　　② 데이터 중복의 최대화
③ 데이터의 공유　　　　④ 데이터의 독립성

> 데이터베이스의 목적 중 하나는 데이터 중복의 최대화가 아니라 최소화입니다.

01. 데이터베이스를 구성하는 자료 객체, 이들의 성질, 이들 간의 관계, 자료의 조작 및 이들 자료 값들이 갖는 제약 조건에 관한 정의를 총칭해서 스키마(Schema)라 한다. 다음 중 3단계 스키마에 속하지 않는 것은?　　　21.3, 20.8, 19.4, 18.3, 14.3, 06.8, 05.5

① 외부 스키마　　　　　② 관계 스키마
③ 내부 스키마　　　　　④ 개념 스키마

02. 데이터베이스의 전체적인 논리적 구조로서, 모든 응용 프로그램이나 사용자들이 필요로 하는 데이터를 종합한 조직 전체의 데이터베이스이며, 하나만 존재하는 스키마는?　　　23.9

① 외부 스키마　　　　　② 개념 스키마
③ 내부 스키마　　　　　④ 관계 스키마

23.9, 23.4, 21.5, 21.3, 20.8, 19.4, 18.9, 18.3, 17.3, 14.3, 12.9, 06.8, 05.5, 04.5, 01.3

핵심 044　　스키마

- 스키마(Schema) 또는 스킴(Schem)이란 데이터베이스에 관한 전반적인 구조를 기술하는 것이다.
- 데이터베이스를 구성하는 데이터 개체(Entity), 속성(Attribute), 관계(Relation)에 대한 정의와 이들이 유지해야 될 제약조건 등에 관해 전반적으로 정의한다.
- 스키마는 데이터 사전(Data Dictionary)에 저장된다.

> **잠깐만요** 데이터 사전(Data Dictionary)
> 데이터베이스에 저장되어 있는 모든 데이터 개체들에 대한 정보를 유지·관리하는 시스템으로, 데이터에 관한 데이터가 저장되어 있다고 하여 메타 데이터(Meta Data)라고도 합니다.

- 스키마는 사용자의 관점에 따라 외부 스키마, 개념 스키마, 내부 스키마로 나눈다.

외부 스키마	사용자나 응용 프로그래머가 각 개인의 입장에서 필요로 하는 데이터베이스의 논리적 구조를 정의함
개념 스키마	• 데이터베이스의 전체적인 논리적 구조로서, 모든 응용 프로그램이나 사용자들이 필요로 하는 데이터를 종합한 조직 전체의 데이터베이스로, 하나만 존재함 • 개체 간의 관계와 제약 조건을 나타내고, 데이터베이스의 접근 권한, 보안 및 무결성 규칙에 관한 명세를 정의함
내부 스키마	물리적 저장장치의 입장에서 본 데이터베이스 구조로서, 실제로 데이터베이스에 저장될 레코드의 형식을 정의하고 저장 데이터 항목의 표현 방법, 내부 레코드의 물리적 순서 등을 나타냄

23.2, 22.9, 21.5, 21.3, 19.9, 19.4, 17.5, 13.3, 11.8, 03.3, 02.8

핵심 045　　데이터베이스 언어

데이터베이스 언어(Database Language)는 데이터베이스를 구축하고 접근하기 위한 언어를 말한다.

데이터 정의어 (DDL; Data Definition Language)	• 데이터베이스 구조와 관계, 이름, 액세스 방법 등 데이터베이스를 구축하거나 수정할 목적으로 사용하는 언어 • 데이터베이스 관리자나 데이터베이스 설계자가 사용함 • 종류 : CREATE, ALTER, DROP
데이터 조작어 (DML; Data Manipulation Language)	• 사용자가 응용 프로그램을 통하여 데이터베이스에 저장된 데이터를 실질적으로 처리하는 데 사용되는 언어 • 데이터 처리는 데이터의 검색, 삽입, 삭제, 변경 등을 말함 • 종류 : SELECT, UPDATE, INSERT, DELETE
데이터 제어어 (DCL; Data Control Language)	• 데이터 보안, 무결성, 데이터 회복, 병행 수행 제어 등을 정의하는 데 사용되는 언어 • 데이터베이스 관리자가 데이터 관리를 목적으로 사용함 • 종류 : COMMIT, ROLLBACK, GRANT, REVOKE

01. 데이터베이스 언어 중 DCL(Data Control Language)이 아닌 것은?　　　23.2

① GRANT　　　　　　　② REVOKE
③ ALTER　　　　　　　④ ROLLBACK

> ALTER는 데이터 정의어(DDL)입니다.

02. 데이터베이스 구조와 관계, 이름, 액세스 방법 등을 규정하는 목적으로 사용하는 언어는?　　　21.5, 21.3, 13.3, 11.8

① DCL　　　　　　　　② DDL
③ DML　　　　　　　　④ DBMS

21.9, 18.3, 15.9, 14.5, 07.8, 06.3, 05.3, 03.3, 00.3

핵심 046 ▶ 데이터베이스 사용자

데이터베이스 관리자(DBA)	• 데이터베이스 관리 시스템의 기능을 원활하게 수행하기 위하여 관리를 책임지는 사람 • 데이터베이스를 설계하고 행정 감독 및 분석에 대해 책임이 있는 사람 • 데이터베이스 구성 요소 결정, 데이터베이스의 저장 구조 및 접근 방법 정의, 무결성을 위한 제약 조건 등을 지정함
응용 프로그래머	• 일반 호스트 언어로 작성된 프로그램에 데이터 조작어(DML)를 삽입해서 일반 사용자가 응용 프로그램을 사용할 수 있게, 인터페이스를 제공할 목적으로 데이터베이스에 접근하는 사람 • 데이터베이스를 응용하고, 외부 스키마를 처리함
일반 사용자	질의어나 응용 프로그램을 이용하여 데이터베이스에 접근하는 사용자들

01. 다음 중 데이터베이스 관리 시스템의 기능을 원활하게 수행하기 위하여 관리 책임을 지는 사람은? 21.9, 18.3, 07.8, 06.3, 05.3

① 응용 프로그래머
② 데이터베이스 관리자
③ 시스템 프로그래머
④ 단말기 사용자

02. 데이터베이스를 설계하고 행정 감독 및 분석에 대한 책임이 있는 자는? 15.9, 03.3, 00.3

① 터미널 사용자
② 오퍼레이터
③ 데이터베이스 관리자
④ 응용 프로그래머

01. 다음 중 일반적으로 널리 사용되는 데이터베이스 프로그램의 종류와 관계가 없는 것은? 23.9, 22.4, 21.3, 17.9, 15.3, 14.5, 11.6, 09.3, 05.3, …

① 사용자 데이터베이스(User Database)
② 관계형 데이터베이스(Relational Database)
③ 계층형 데이터베이스(Hierarchical Database)
④ 네트워크 데이터베이스(Network Database)

02. 관계형 데이터베이스에서 기본키(Primary Key)가 가져야 할 성질은? 23.2, 22.3, 18.4, 15.3, 12.3, 08.7

① 공유성
② 중복성
③ 식별성
④ 연결성

23.9, 23.2, 22.9, 22.4, 22.3, 21.3, 20.8, 20.6, 18.4, 17.9, 17.3, 15.5, 15.3, 14.5, … 050113

핵심 047 ▶ 데이터베이스의 종류

계층형 (Hierarchical) 데이터베이스	• 트리 구조를 이용해서 데이터 상호관계를 계층적으로 정의한 DB 구조 • 상위와 하위 레코드가 일 대 다(1 : N)의 대응관계로 이루어진 구조
망(Network, 네트워크)형 데이터베이스	• 그래프 구조를 이용해서 데이터 상호관계를 계층적으로 정의한 DB 구조 • 상위와 하위 레코드가 다 대 다(N : M)의 대응관계로 이루어진 구조
관계형 (Relational) 데이터베이스	• 계층 모델과 망 모델의 복잡한 구조를 단순화시킨 모델 • 계층구조가 아닌 단순한 표(Table)를 이용하여 데이터의 상호관계를 정의하는 DB 구조 • 1:1, 1:N, M:N 관계를 자유롭게 표현할 수 있음 • 속성(Attribute) : 데이터베이스를 구성하는 가장 작은 논리적 단위 • 도메인(Domain) : 하나의 애트리뷰트가 가질 수 있는 원자 값들의 집합 • 기본키(Primary Key) : 후보키 중에서 특별히 선정된 주키(Main Key)로, 한 테이블에서 특정 튜플을 유일하게 식별할 수 있는 속성을 의미함
객체지향형 (Object Oriented) 데이터베이스	• 객체 개념을 데이터베이스에 도입한 것으로, 공학 분야 또는 멀티미디어 데이터와 같이 복잡한 관계를 가진 데이터들을 표현하는 데 효과적임 • 모든 것을 클래스(Class) 또는 객체(Object)로 표현함 • 클래스(Class) : 특정 데이터 구조와 메소드(동작, 연산)들로 구성된 객체들의 모임이며, 객체의 일반적인 타입(Type)을 의미함

23.2, 22.4, 21.3, 20.8, 19.9, 19.4, 18.3, 17.3, 16.10, 15.5, 15.3, 14.9, 12.9, 11.8, … 050114

핵심 048 ▶ 전자상거래(EC; Electronic Commerce)

• 인터넷이라는 가상공간을 통해 소비자와 기업이 상품과 서비스를 사고파는 행위로, 일반적인 상거래뿐만 아니라 고객 마케팅, 광고, 조달, 서비스 등을 포함하는 광범위한 개념이다.
• 전자상거래는 인터넷을 이용한 유통의 편리함과 저비용을 목표로 개발된 상거래의 새로운 형태이다.
• 관점에 따른 전자상거래의 정의

통신 관점	전화선, 컴퓨터 네트워크 등의 매체를 이용한 결제 분야
비즈니스 프로세스 관점	상거래와 업무흐름 자동화를 위한 기술의 적용 분야
서비스 관점	상품의 품질과 서비스 배달 속도를 향상 시키며 서비스 비용 절감관리를 통해 기업, 소비자의 욕망을 충족시키는 분야
온라인 관점	인터넷과 다른 온라인 서비스 상에서 상품과 정보를 팔고 사는 능력을 제공하는 분야

• 전자상거래를 위한 정보보안 목표 : 기밀성(Confidentiality), 무결성(Integrity), 가용성(Availability)
• 전자상거래의 구성 요소 : 정보통신 네트워크, 통합 데이터베이스, 전자문서 교환, 멀티미디어 기술
• 전자상거래의 기능 : 통합물류 기능, 고객 서비스 기능, 전자적 상품정보 제공 기능
• 전자상거래의 우선적 추진 사항 : 전자 결제 시스템, 개인 정보 보호, 보안 문제

• 전자상거래의 장·단점

장점	단점
• 기존 상거래가 갖고 있는 물리적, 시간적, 공간적 한계를 극복할 수 있음 • 구매자는 다양한 상품을 볼 수 있고, 저렴한 가격으로 구매할 수 있음 • 상품 구매와 관련된 의사결정에 있어 효율적인 구매 결정이 가능함 • 판매자는 저렴한 비용으로 상품 광고가 가능함 • 365일, 24시간 언제든지, 누구나 상품을 구매할 수 있음 • 유통비용, 운송비, 건물 임대료 등의 운영비를 크게 줄일 수 있음 • 전 세계 네티즌을 대상으로 판매할 수 있음 • 정보의 활용을 통한 국제 경쟁력을 향상시킬 수 있음	• 직접 상품을 보지 못하므로 상품의 품질을 정확히 확인하기 어려움 • 원하는 상품의 탐색이 어려움 • 지급 및 결제 시 개인정보(신용정보)의 노출이 우려됨 • 정보의 과잉으로 인한 혼선이 발생할 수 있음 • 전자거래 이후 거래 차체를 부인할 수 있음

01. 전자상거래와 전통적인 상거래에 대한 내용 중 전자상거래에 해당하는 것은? 23.2, 06.3

① 판매 거점이 가상공간 속에서 일어난다.
② 기업 중심의 일방적인 마케팅이 일어난다.
③ 영업사원에 의하여 수요가 파악된다.
④ 주로 한정된 지역에서 영업이 일어난다.

②~④번은 전통적인 상거래에 대한 설명입니다.

02. 다음 중 전자상거래에 관한 특징으로 틀린 것은? 22.4, 21.3

① 소비자는 상품을 선택할 기회가 적다.
② 운송비가 절감되고 상품 조사가 용이하다.
③ 생산자는 소자본 창업이 가능하다.
④ 근로자는 시공간을 초월하여 업무를 수행할 수 있다.

전자상거래는 물리적, 시간적, 공간적 제약을 받지 않으므로 소비자는 상품을 선택할 기회가 많습니다.

23.9, 23.4, 22.9, 22.4, 22.3, 21.9, 21.3, 19.3, 18.9, 16.10, 14.9, 14.5, 12.9, 12.3, 09.8, 08.5, 07.3, 06.8, 04.5, …

핵심 049 ▶ 전자상거래의 발전 순서

전자상거래의 발전 순서 : EFT → EDI → CALS → EC → M-Commerce

EFT(Electronic Funds Transfer, 전자자금 이체)	은행 거래에서 서비스 요금이나 상품 대금을 직접 현금으로 지불하는 대신 신용카드나 지로 등으로 처리하는 방법
EDI(Electronic Data Interchange, 전자문서 교환)	• 사무실과 사무실 또는 거래처 간에 상호 합의된 메시지를 컴퓨터를 통하여 상호 교환함으로써 거래업무에 따르는 문서처리업무를 자동화하는 것 • 표준양식을 가지고 구조화된 데이터를 전송해서 수신측의 컴퓨터가 직접 처리할 수 있도록 함

CALS(Commerce At Light Speed)	• 제품의 발주, 수주 및 구매 절차로부터 생산과 유통, 폐기까지 전 과정을 관리할 수 있는 정보체계로, EDI, BPR, ECR 등이 해당됨 • 생산, 전송, 저장, 관리, 유통에 활용됨 • 신속한 정보 제공, 처리시간 단축, 품질 향상, 비용 및 인력 감소 등의 효과를 얻을 수 있음
M-Commerce (Mobile Commerce)	• 스마트폰, 개인 정보 단말기 등의 휴대용 무선기기를 이용하여 무선으로 콘텐츠를 제공하고 상거래 영역까지 확대하여 비즈니스 서비스를 제공함 • m-커머스의 가장 중요한 요소는 안전한 지불 업무이며, 즉시성, 편의성, 개인성, 위치 인지성 등의 특징이 있음

01. 휴대용 무선기기를 이용하여 콘텐츠를 제공하고 상거래 영역까지 무선 인터넷을 사용하여 비즈니스 서비스를 제공하는 것은? 22.4, 22.3, 21.9, 18.9, 14.9, 09.8

① M-Commerce
② Virtual Communication
③ Collaboration Platforms
④ Information Brokerage

02. 다음 중 전자상거래와 가장 거리가 먼 것은? 23.4, 22.9

① EDI
② CALS
③ Cyber Education
④ M-Commerce

가상 교육(Cyber Education)은 정보통신기술을 기반으로 한 사이버 공간에서 이루어지는 교육으로 전자상거래와는 관계가 없습니다.

22.3, 20.8, 19.3, 16.10, 15.3, 12.5, 11.3, 09.8, 03.3

핵심 050 ▶ 전자상거래의 유형

B2C(기업과 소비자)	소비자를 대상으로 하는 서비스업으로 소비자에게 유·무형의 재화를 제공, 판매 및 중개하는 기업과 개인 간의 전자상거래
B2B(기업과 기업)	특정 기업 간의 CALS 및 EDI를 통한 수주, 구매, 조달 및 납품 등과 관련된 기업 간의 전자상거래
B2G(기업과 정부)	조달, 행정, 인증 등과 관련된 기업과 정부 간의 전자상거래
C2C(소비자와 소비자)	소비자 간의 일대일 거래가 이뤄지는 것을 뜻하며, 소비자가 상품 구매자인 동시에 공급자가 됨
e-마켓플레이스	인터넷 상에서 수요와 공급 관계에 있는 다수의 기업 간에 유발되는 비즈니스 거래를 총칭하는 가상 시장을 의미함

잠깐만요 CITIS
기업 간 통합 정보 서비스로 기업 간 전자상거래의 핵심이며, 조달측과 공급측 사이에서 정보수수의 과정 전체를 전자화하려는 것입니다.

01. 특정 기업 간의 CALS 및 EDI를 통한 수주, 구매, 조달 및 납품 등과 관련된 기업 간의 전자상거래를 의미하는 용어로 가장 적합한 것은? 22.3, 19.3, 16.10

① B2C
② B2B
③ C2C
④ C2G

정답 048 1.①, 2.① 049 1.①, 2.③ 050 1.②

23.2, 20.6, 19.4, 18.4, 14.3, 13.8, 13.6, 13.3, 12.9, 12.5, 11.8, 11.6, 11.3, 10.9, … 050115

핵심 051 전자상거래 관련 규정

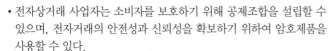

- 전자상거래 사업자는 소비자를 보호하기 위해 공제조합을 설립할 수 있으며, 전자거래의 안전성과 신뢰성을 확보하기 위하여 암호제품을 사용할 수 있다.
- 전자상거래 사업자는 전자서명을 한 전자문서의 효력과 출력방법을 전자우편의 본문에 표시하거나 미리 소비자에게 고지하여야 한다.
- 전자상거래를 행하는 사이버몰의 운영자가 표시해야 할 사항 : 상호 및 대표자 성명, 영업소 주소, 전화번호, 전자우편주소, 사업자등록번호, 사이버몰의 이용 약관 등
- 전자상거래 사업자는 상호, 주소 등의 신고 항목을 변경할 경우 변경사항이 발생한 날로부터 15일 이내에 신고해야 한다.
- 통신판매업자의 신고 항목 : 상호, 주소, 전화번호, 전자우편주소, 인터넷 도메인 이름, 호스트서버의 소재지 등
- 전자적 대금지급 관련자 : 전자결제수단의 발행자, 전자결제서비스 제공자, 전자결제서비스 이행의 보조자
- 결제수단 발행자의 고지 사항
  - 대표자 성명, 사무실 주소, 전화번호, 전자우편, 자본금 규모 및 자기 자본현황
  - 잔여금의 현금 환불 관련 사항
  - 반품 시 처리기준 관련 사항
  - 결제수단을 사용할 수 있는 사이버몰 현황
  - 결제수단 사용상 제한 및 주의사항
  - 결제수단 사용 시 소비자에게 피해를 줄 우려가 있는 사항
- 전자상거래 사업자가 보존하는 거래기록 대상
  - 표시 · 광고에 관한 기록 : 6개월
  - 계약 또는 청약철회 등에 관한 기록 : 5년
  - 대금결제 및 재화 등의 공급에 관한 기록 : 5년
  - 소비자의 불만 또는 분쟁처리에 관한 기록 : 3년
- 전자상거래 사업자의 금지행위
  - 거짓 또는 과장된 사실이나 기만적 방법으로 소비자와 거래하는 행위
  - 청약철회나 계약의 해지를 방해하는 행위
  - 주소, 전화번호, 인터넷 도메인 이름 등을 변경하거나 폐지하는 행위
  - 분쟁, 불만처리에 필요한 인력이나 설비의 부족을 상당기간 방치하는 행위

01. 통신판매중개자가 자신의 정보처리시스템을 통하여 처리한 기록 중 표시 · 광고에 관한 기록의 보존 기준은? 23.2, 14.3
① 6개월   ② 1년   ③ 3년   ④ 5년

02. 통신판매중개자가 자신의 정보처리시스템을 통하여 처리한 기록 중 소비자의 불만 또는 분쟁처리에 관한 기록의 보존 기준은? 19.4, 18.4, 13.8, 10.5
① 6개월   ② 1년
③ 3년   ④ 5년

22.3, 18.3, 13.8, 13.3, 12.5, 09.3, 08.7, 08.3, 03.5

핵심 052 전자상거래의 결제

전자화폐	• 기존의 화폐가 가지는 성질을 전자정보로 전환하여 정보통신망에서 상품을 거래하는 데 사용되는 화폐 • 다른 사람에게 이전이 가능하며, 사적인 비밀이 보장됨 • 전자화폐의 보안성이 물리적인 존재에 의존해서는 안 됨 • 작은 액수로 나눌 수 있음
전자 결제 시스템	• 컴퓨터, 통신장치와 각종 단말장치를 통신회선으로 연결하여 고객이 직접 거래 및 결제를 할 수 있는 전자금융 서비스 • 사용자 프라이버시와 익명성, 보안성 등을 보장함 • 안전하고도 다양한 대금 지불 방법을 지원함 • 거래 당사자의 신용확인을 위한 기반을 조성함

01. 다음 중 전자 결제 시스템의 요건으로 옳지 않은 것은? 22.3, 18.3, 13.8, 08.7
① 사용자 프라이버시와 익명성을 보장한다.
② 안전한 결제를 위한 소액 결제를 방지한다.
③ 안전하고도 다양한 대금 지불 방법을 지원한다.
④ 거래 당사자의 신용확인을 위한 기반을 조성한다.

전자 결제 시스템은 결재 금액의 크기에 상관없이 안전하게 결재할 수 있도록 보안 프로그램이 설치되어야 합니다.

23.4, 22.4, 21.5, 21.5, 19.9, 19.3, 18.9, 18.4, 17.9, 17.5, 15.9, 12.9, 12.3

핵심 053 정보 보안

- 보안이란 컴퓨터 시스템 및 컴퓨터에 저장된 정보들을 외부의 불법적인 침입으로부터 보호하는 것을 의미한다.
- 정보 보안의 3요소 : 기밀성(Confidentiality), 무결성(Integrity), 가용성(Availability)
- 암호화 기법

비밀키 암호화 기법	• 동일한 키로 데이터를 암호화하고 복호화함 • 복호화 키를 아는 사람은 누구나 암호문을 복호화할 수 있으므로 복호화 키의 비밀성을 유지하는 것이 중요함 • 대칭키 또는 단일키 암호화 기법이라고도 하며, 대표적으로 DES(Data Encryption Standard)가 있음 ※ DES : 64Bit의 평문 블록을 56Bit의 16개 키를 이용하여 16회의 암호 계산 단계를 거쳐 64Bit의 암호문을 얻음
공개키 암호화 기법	• 서로 다른 키로 데이터를 암호화하고 복호화하며, 비대칭 암호화 기법이라고도 함 • 데이터를 암호화할 때 사용하는 공개키는 공개하고, 복호화할 때의 비밀키는 비밀로함 • 대표적으로 RSA(Rivest Shamir Adleman)가 있음 ※ RSA : 큰 숫자를 소인수분해 하기 어렵다는 것에 기반하여 만들어 졌으며, 공개키와 비밀키를 사용하는데, 여기서 키란 메시지를 열고 잠그는 상수(Constant)를 의미함

01. 소인수분해 하기 어렵다는 사실을 기반으로 한 암호화 알고리즘은?
23.4

① RSA
② DES
③ ARIA
④ AES

02. 정보 보안의 3요소가 아닌 것은? 23.4, 22.4, 21.5, 19.9, 18.4, 17.9, 17.5

① 기밀성
② 무결성
③ 가용성
④ 책임성

23.4, 19.4, 15.5, 13.3, 08.5, 07.5, 03.8

핵심 054 ▶ 정보 보안 관련 용어

- ESM(Enterprise Security Management, 기업 보안 관리) : 방화벽 (Firewall), 침입탐지 시스템(IDS), 가상사설망(VPN) 등의 보안 솔루션을 하나로 모은 통합 보안 관리 시스템
- DRM(Digital Rights Management, 디지털 저작권 관리) : 디지털 콘텐츠의 무단사용을 막고, 제공자의 권리와 이익을 보호해 주는 기술과 서비스를 말하며, 불법 복제와 변조를 방지하는 기술 등을 제공함
- PKI(공개키 기반 구조) : 공개키 알고리즘을 통한 암호화 및 전자서명을 제공하기 위한 보안 시스템 환경을 의미함

01. 방화벽, 침입탐지 시스템, 가상사설망 등의 보안 솔루션을 하나로 모은 통합 보안 관리 시스템은? 23.4, 19.4, 15.5, 07.5

① ESM
② IDS
③ NAT
④ VPN

23.4, 21.9, 21.3, 19.9, 19.4, 18.9, 18.4, 16.10, 15.9, 13.6, 13.3, 10.3, 09.8, 09.3, 08.7, 08.5, 05.8, 03.8, 03.5, …

핵심 055 ▶ 그룹웨어(Groupware)

그룹웨어의 정의

- 공동 작업이나 공동 목표에 참여하는 다양한 작업 그룹을 근거리통신망(LAN) 등으로 연결하여 구성원들이 원활하게 정보를 공유하고, 신속·정확한 의사결정을 내릴 수 있도록 지원하므로써 업무의 생산성을 높이기 위한 소프트웨어이다.
- C.A 엘리스(Ellis)는 그룹웨어를 '공동으로 일을 하는 사람들 사이를 지원하거나 공유 환경 인터페이스를 제공하는 컴퓨터 지원시스템'이라고 정의했다.
- 지리적으로 서로 떨어져 있는 한 명 이상의 사람들이 함께 협동 작업을 가능하게 하는 하드웨어 및 소프트웨어이다.
- 그룹웨어는 주로 전자메일, 문서 및 규정 관리, 전자게시판, 자료실, 전자결재, 일정관리, 커뮤니티, 의견 모으기 등에 사용되며 원격/화상회의에 사용되는 경우도 있다.
- 그룹웨어의 구성 요소 : 서버, 클라이언트, 네트워크

그룹웨어의 특징

- 구성원들 간에 정보를 주고받으면서 생산성을 높이는데 주안점을 둔다.
- 정보를 공유하여 신속한 결정을 내릴 수 있도록 지원한다.
- 지역적으로 떨어져 있는 경우 컴퓨터를 이용하여 전자적으로 회의를 할 수도 있다.
- 공동 작업이나 공동 목표에 참여하는 다양한 작업 그룹을 지원한다.
- 전자우편이나 게시판을 통하여 정보를 공유할 수 있다.
- 클라이언트/서버(Client/Server) 환경에서 많이 구현된다.
- 통신망(LAN)에 구현된다.

01. 공동 작업이나 공동 목표에 참여하는 다양한 작업 그룹을 지원하는 응용 시스템은? 23.4, 13.3, 10.3, 09.3, 05.8

① 데이터베이스 관리 시스템(DBMS)
② 운영체제(Operating System)
③ 그룹웨어 시스템(Groupware System)
④ 입·출력 시스템(I/O System)

22.9, 21.9, 21.5, 19.3, 18.3, 16.5, 14.9, 13.8, 12.9, 04.3, 02.8, 02.5

핵심 056 ▶ 그룹웨어의 기능

기본 기능	문서작성 기능 및 이미지 작성 등 사용자가 작업하는데 기본적으로 필요한 기능 제공
정보공유 기능	조직 내의 구성원 간에 전자메일, 전자게시판 등을 이용하여 정보를 교환하고 이를 수정, 삭제, 저장 및 검색할 수 있도록 지원함
커뮤니케이션 (Communication)	양식이 미리 작성되어 있어 양식에 따라 메시지를 전달함
의사결정 기능	신속하게 의사결정을 내릴 수 있도록 지원하는 시스템으로 전자결재 기능과 전자회의 기능이 있음
컴퓨터 회의	지역적으로 떨어져 있는 경우 컴퓨터를 이용하여 전자적으로 회의를 할 수 있는 기능
워크플로우 (Workflow)	비즈니스 규칙이나 작업자들의 역할에 따라 그룹의 업무처리 흐름을 자동화하는 기능으로, 문서 이미지 관리시스템을 기반으로 발전하였음
흐름관리 기능	업무흐름의 자동화 및 관리 기능으로, 일의 흐름과 의사결정을 위해 필요한 작업의 진행순서 등을 관리하는 기능

01. 다음 중 그룹웨어의 기능과 거리가 먼 것은?
22.9, 21.9, 21.5, 19.3, 18.3, 16.5, 02.5

① 의사결정 기능
② 이미지 편집 기능
③ 정보공유 기능
④ 업무흐름 관리 기능

22.9, 21.9, 21.5, 20.8, 19.3, 18.9, 18.3, 17.3, 15.5, 14.3, 13.3, 12.3, 11.3, 10.9, 10.3, 08.7, 08.5, 07.8, 07.3, …

핵심 057 ▶ 사무의 정의

- 좁은 의미 : 사무실에서 이루어지는 문서 작업(Paper Work)만을 의미함
- 넓은 의미 : 문서 작업(Paper Work)뿐만 아니라 조직의 목표 달성을 위해 의사결정에 필요한 다양한 정보의 수집, 기록, 처리, 전달, 보관, 관리 등의 모든 기능을 포함함
- 학자에 따른 사무의 정의

학자	정의
포레스터(Forrester)	경영의 정보를 행동으로 결합시키는 과정(Process)
달링톤(Darlington)	경영체는 인체요, 사무는 신경계통
리틀필드(Littlefield)	사무상의 계획, 조직, 인사, 조정, 지휘, 통제와 같은 무형의 역할을 통해 조직의 목적을 달성하는 과정
레핑웰(Leffingwell)	경영체 내부의 여러 기능과 활동을 능률적이고 효과적으로 조성하기위해 조정, 지휘, 통제하는 관리 활동의 일부로서, 경영 활동 전체의 흐름 과정을 도모하게 하고 각각의 기능을 결합시켜 주는 기능을 가지고 있음
테리(Terry)	모든 부분의 조직 활동을 활발하게 움직이게 하는 상호 결합 기능을 갖게 하는 동적인 결합이며, 모체임
힉스(Hicks)	일의 진행 과정에 대한 기록과 보고를 준비하는 작업, 기록물을 파일하고 폐기하는 작업, 계산 작업, 서신, 전화, 보고, 회의 등으로 이루어지는 상호간의 의사 소통이라고 함

잠깐만요 사무(직무)의 3면 등가 원칙
사무(직무)를 명확히 수행하기 위해서 '직무의 책임, 직무의 권한, 직무의 의무'를 같게 해야 한다는 원칙입니다.

01. "사무는 경영의 정보를 행동으로 결합시키는 과정(Process)" 이라고 주장한 사람은?   22.9, 21.9, 18.9, 14.3, 13.3, 10.9, 07.3, 03.8, 03.5

① 레핑웰(Leffingwell, W.H.)
② 달링톤(Darlington, G.M.)
③ 포레스터(Forrester, J.K.)
④ 테리(Terry, G.R.)

02. 다음 중 사무와 관련된 설명으로 틀린 것은?
   20.8, 19.3, 11.3, 05.5, 03.5

① 사무관리는 관리 비용의 절감, 관리의 용이성을 증대시켜 경영의 생산성을 이루려 한다.
② 사무작업에는 기록, 계산, 통신, 회의, 분류, 정리 등의 작업이 포함 된다.
③ 집에서 가계부를 쓰는 것도 사무라 할 수 있다.
④ 사무실은 사무원이 사무작업을 능률적으로 관리하도록 설치된 곳이다.

> 집에서 가계부를 쓰는 것은 사무라고 할 수 없습니다. 사무는 조직의 목표 달성을 위해 필요한 여러 작업을 의미합니다.

23.4, 23.2, 22.9, 22.4, 20.8, 19.9, 17.3, 15.5, 14.3, 11.6, 10.3, 09.5, 09.3, 08.3, … 050116

핵심 058 ▶ 사무의 본질

사무의 본질은 관리에 필요한 정보를 만드는 '작업'이며, 작업적 측면과 기능적 측면으로 분류할 수 있다.

작업적 측면	• 사무원이 일상적으로 책상 위에서 처리해 나가는 일련의 작업 • 대상 : 기록(Writing), 독해(Read Check), 계산(Computing), 의사소통(Communication, 통신), 분류 및 정리(Classifying & Filing), 면담(Interviewing, Thinking), 사무기기 조작(Operating) 등
기능적 측면	• 정보를 수집하고 가공, 저장, 활용하는 것 • 정보(처리) 기능 : 정보를 필요한 사람에게 필요한 시간에 의사결정을 신속히 내릴 수 있도록 적절히 제공하는 기능 • 경영 활동의 결합 기능 : 조직체의 각 경영 활동을 상호 연결시켜 주는 기능 • 경영 활동의 보조 및 촉진 기능 : 문서를 작성하고 처리하는 작업으로, 사무가 조직의 목표 달성을 위한 수단으로 존재하는 것

01. 사무를 위한 작업의 구성 요소에 해당되지 않는 것은?
   23.4, 23.2, 22.9, 22.4, 20.8, 19.9, 17.3, 15.5, 14.3, 11.6, 10.3, 09.5, 09.3, 08.3, 02.5, …

① 계산
② 분류 정리
③ 정보 예측
④ 기록 또는 면담

> 작업의 구성 요소에는 기록, 독해, 계산, 의사소통, 분류 및 정리, 면담, 사무기기 조작 등이 있습니다.

02. 다음 중 사무의 본질은 무엇인가?   23.4, 03.5

① 작업
② 계획
③ 통제
④ 지휘

23.2, 20.6, 19.9, 19.4, 17.9, 16.5, 15.9, 15.3, 14.9, 12.9, 11.8, 09.8, 08.5, 06.3, 05.8, 04.3, 03.8, 02.8, 00.10, …

핵심 059 ▶ 사무의 분류

목적에 의한 분류

본래 사무	• 행정 목적의 달성을 위해 직접 수행하는 사무 • 업무라고도 함
지원 사무	• 행정 목적 달성을 위한 수단과 방법을 제공하는 사무 • 참모 부분이 담당하는 사무

기능의 정도에 의한 분류

판단 사무	경영자나 간부 등이 수행하는 결재, 관리자의 계획, 입안, 견적 등과 같이 전문적인 지식이나 경험에 기초한 판단을 요하는 사무로, 경영 사무, 관리 사무, 감독 사무 등이 있음
작업 사무(서기 사무, 단순 사무)	생산, 판매, 구매 등의 직접 활동, 인사, 재무 등의 간접 활동에서의 운영에 필요한 사무
잡무	운반, 청소, 포장 등과 같이 특별한 지식이나 경험을 요하지 않는 사무로, 판단 사무나 작업 사무에 부수된 사무

사무실(Office)의 업무 내용에 의한 분류

의사결정 업무	• 방침이나 전략 및 일상 업무 수행 시에 발생하는 여러 가지 문제를 해결하기 위한 업무 • 사고, 결재 등
데이터 처리 업무	• 업무 수행 결과로 새로운 정보를 생성하는 업무로, 사무실에서는 정보의 전달, 보관 등 대부분 이 문서 형태에 의하므로 문서 처리라고도 함 • 문서의 작성, 인쇄, 읽기, 분류, 정리, 계산 등
커뮤니케이션 (통신) 업무	• 사무실 또는 그 하부 조직 간에 있어서 문서나 구두 등으로 정보를 상호 전달하며 각각의 업무를 촉구하는 것 • 회의, 협의, 전화 등

레핑웰(W.H. Leffingwell)과 힉스(C.B. Hicks)의 사무 분류

레핑웰의 분류	• 여러 가지 형태로 일의 내용을 기록하는 것 • 일의 수행 과정에서 필요한 사람을 만나 면담하는 것 • 사무에 필요한 다양한 계산을 하는 것 • 서류와 자료들을 체계적으로 분류하는 것 • 보관과 검색이 용이하도록 효율적으로 보관하는 것
힉스의 분류	• 기록과 보고서의 준비(송장, 수표, 세금 등) • 기록의 보존(기록의 파일 및 폐기 포함) • 계산(급여 대장, 송장, 원가계산, 회계관리) • 커뮤니케이션(편지, 전화, 보고서, 회의, 명령, 면담 등)

반복성의 유무에 의한 분류

상례사무	거의 매일 똑같이 반복해서 발생하는 사무
예외사무	• 반복 없이 예외적으로 발생하는 사무 • 특별한 처리를 요하는 사무

---

01. 힉스(Hicks)의 사무업무 내용에 의한 분류가 아닌 것은?

23.2, 19.9, 17.9, 14.9, 06.3, 05.8, 03.8

① 기록의 보존
② 기록과 보고서의 준비
③ 커뮤니케이션
④ 정보의 검색과 가공

02. 사무의 의의와 종류에 대한 설명으로 틀린 것은? 20.6, 15.3, 08.5

① 사무는 조직의 목적을 수행하는 수단이다.
② 행정 목적을 직접 수행하는 것은 본래 사무이다.
③ 본래 사무는 참모 부분이 담당하는 참모 사무이다.
④ 사무는 본래 사무와 지원 사무로 구분하기도 한다.

> 본래 사무는 각 부문 본래의 업무를 처리하기 위한 사무로, 각 담당부서에서 수행해야 합니다. 참모 부분이 담당하는 것은 지원 사무입니다.

핵심 060 ▶ 관리

• 계획을 세우고 이를 달성하기 위하여 인간, 기계, 자료, 방법 등을 조정하는 모든 활동을 의미한다.
• 학자에 따른 관리의 정의

쿤츠(H. Koontz)와 오도넬(C. O'donnell)	조직의 목표 달성을 목적으로 조직되어 내부적으로 환경을 조정하는 과정
데이비스 (R.C. Davis)	조직의 목표를 달성하기 위하여 타인의 활동을 계획하고 조직화하며 통제하는 것
페이욜 (H. Fayol)	• 경영 활동의 하나로 계획 기능, 조직 기능, 지휘 기능, 조정 기능, 통제 기능으로 분류됨 • 경영 활동은 기술(Technical) 활동, 영업(Commercial) 활동, 재무(Financial) 활동, 보전(Security) 활동, 회계(Accounting) 활동, 관리(Managerial) 활동으로 분류됨

• 관리의 특징 : 연속성, 향상성, 통일성 등
• 관리의 기능 : 일반적으로 계획화, 조직화, 통제화, 조정화, 지시, 인사, 예산 등으로 분류하고, 순환 구조는 '계획화 → 조직화 → 통제화' 순임

계획화 (Planning)	• 목적을 달성하기 위해 장래에 수행할 일을 계획하는 것 • 목적 설정, 예측, 수행 절차 확립 등이 있음
조직화 (Organizing)	• 계획이 실현되도록 직무를 명확히 하고 유기적으로 결합하여, 직무 상호 간의 전체적 관련을 객관적으로 규정, 기타 필요한 재원 등을 투입하면서 통합적으로 추진해 나가는 것 • 조직 구조 확립, 일 처리 절차 개발, 재원의 할당, 직무의 할당, 권한의 책임과 명확화, 자격 조건의 결정 등이 있음
통제화 (Controlling)	• 계획에 준한 기준을 설정하는 것 • 업무가 특정한 지시 및 규제에 따라 실시되고 있는지를 확인하고 감독하는 기능
조정화 (Adjusting)	작업 실시의 시기와 순서의 관점에서 그 조직의 활동을 원활히 수행하도록 업무 수행에 필요한 이해나 견해를 마찰없이 결합하고 조화시키는 기능
지시 (Directing)	업무를 원활히 수행하기 위해 직원들을 지휘 및 감독하는 것
인사(Staffing)	경영 활동에 필요한 인적 자원을 적절히 충원, 배치하는 것
예산 (Budgeting)	조직에 필요한 예산을 편성, 회계, 통제 및 관리하는 것

---

01. 경영 관리 단계 중에서 가장 우선적으로 실시하여야 하는 것은?

22.9, 20.8, 06.5, 04.8

① 조직화   ② 계획화
③ 통제화   ④ 조정화

02. 다음 중 페이욜(H. Fayol)이 주장한 관리의 고유 기능의 활동 범주에 속하지 않는 것은?

22.9, 22.4, 16.10, 06.5, 04.3

① Accounting   ② Technical
③ Financial   ④ Audit

23.4, 22.4, 21.5, 21.3, 20.6, 18.3, 17.3, 16.10, 16.3, 14.9, 14.5, 14.3, 13.8, 12.9, … 050118

핵심 061 사무관리의 개념

- 조직의 운영에 필요한 유용한 정보를 효율적으로 관리하는 것을 의미한다.
- 조직의 목표 달성을 위하여 의사결정에 필요한 다양한 정보를 수집 · 처리 · 전달 · 보관하는 기능에 대해 계획 · 조직 · 통제 등의 관리 원칙을 적용하여 효율적으로 달성하는 것이다.
- 테리(Terry)는 사무관리를 눈에 보이지 않는 힘으로, 기업의 목적을 달성하기 위하여 지휘, 통제하는 행위라고 정의했다.
- 사무실의 사무작업을 효과적으로 수행하여 기업의 목표를 달성하도록 관리하는 것이다.
- 조직의 목적 달성을 위해 기본 지침, 방법, 조직 구조나 체계의 설정 등을 수행한다.
- 사무작업을 능률화(작업, 정신, 균형, 표준, 종합 능률)하고, 사무 비용을 경제화하기 위한 제반 관리 활동이다.
- 사무관리는 전통적 조직의 수평적 구조인 재무관리, 생산관리, 판매관리 등과 상호 독립해서 존재하는 것이 아니라 공통적인 요소에 관점을 둔다.
- 사무관리의 작업적 접근방법 : 사무의 실체를 작업으로 규정하며, 정보관리와 사무관리의 핵심이 됨
- 사무관리의 절차적 접근방법 : 사무의 실체를 과정으로 규정하는 것
- 사무관리의 원칙

용이성	사무관리를 더 쉽게 할 수 있도록 사무처리 절차 개선
정확성	의도하는 방향대로 정확하게 처리되도록 관리
신속성	업무수행을 제 때 처리하여 시기를 놓치지 않도록 관리
경제성	사무처리에 소요되는 비용을 최소화하기 위한 관리 활동

- 사무관리의 기능

연결 기능	조직의 인사, 재무, 판매, 생산 등 각 경영 활동을 연결해주는 기능을 가지고 있으며, 각 부문의 공통적인 요소에 관점을 둠
정보(처리) 기능	조직 내의 문서 처리에 국한된 것이 아니라 모든 정보를 처리하는 기능을 가지고 있음
관리(보조) 기능	조직체를 구성하는 개개의 직능이 본래의 직무를 효율적으로 수행할 수 있도록 조언하고 뒷받침하는 기능

01. 사무관리의 원칙에서 용이성을 옳게 설명한 것은?　23.4, 14.9

① 사무관리를 더 쉽게 할 수 있도록 사무처리의 절차개선

② 의도하는 방향대로 정확하게 처리되고 관리

③ 업무수행을 제 때 처리하여 시기를 놓치지 않도록 관리

④ 사무처리에 소요되는 비용을 최소화하기 위한 관리 활동

②번은 정확성, ③번은 신속성, ④번은 경제성에 대한 설명입니다.

02. 다음 중 사무관리의 원칙과 가장 관계 없는 것은?

22.4, 21.5, 21.3, 18.3, 17.3, 14.5, 12.9, 10.9, 10.5, 08.7, 01.3

① 용이성　　　　　　② 주관성

③ 정확성　　　　　　④ 신속성

21.5, 16.3, 15.9, 12.9, 06.8, 05.5, 03.3, 01.6, 00.10, 00.7, 00.5

핵심 062 사무관리 관리층과 사무관리자

사무관리 관리층

최고 경영층 (전략 기획)	• 경영자 또는 경영자 집단으로 기업 목적 및 목적 달성을 위한 계획 등을 수립하는 계층 • 회사 목표, 방침 설정, 인사, 재무 방침 설정 등을 담당함 • 사장, 부사장, 회장 등이 이에 속함
중간 관리층 (관리 통제)	• 최고 경영층과 하위 관리층 사이에 위치하는 계층 • 목적 달성에 필요한 자원 획득 및 조직 결정, 예산의 편성 및 기획 등을 담당함 • 부장, 과장, 공장장 등이 이에 속함
하위 관리층 (운영 통제)	최하층에 속하는 계층으로 구체적인 업무들이 효과적이고, 효율적으로 완수되도록 통제함

사무관리자

사무관리를 전문적으로 수행하기 위해 조직된 전담자로, 사무작업의 계획화, 조직화, 통제화에 관한 책임을 진다.

사무관리 조직 작성	각종 직무 숙지, 사무직원의 조직화 및 권한 설정, 인간 관계 개선, 사무 활동 조정 등
사무계획 수립	하루 업무량 파악, 직무에 대한 계획 · 분석 · 지시 등
사무작업 통제	사무 절차 및 사무직원 배치, 사무에 관한 교육 계획, 통신, 파일링, 전신 등과 같은 서비스 업무 유지 등

01. 다음 중 사무관리 관리층 또는 사무관리자의 역할이 틀린 것은?　21.5, 16.3

① 최고 경영층 – 회사설립 목적의 설정

② 중간 관리층 – 예산의 편성 및 기획

③ 하위 관리층 – 사무 진행 계획 수립

④ 사무관리자 – 부하직원 통제

사무관리자의 역할은 부하직원 통제가 아니라 사무관리 조직 작성, 사무계획 수립, 사무작업 통제입니다.

21.9, 19.9, 19.4, 18.4, 17.9, 17.5, 16.10, 16.3, 13.3, 12.9, 11.3, 10.3, 09.3, 07.5, 07.3, 05.8, 04.3, 03.5, 03.3, …

핵심 063 현대 사무관리의 특징

- 현대 사무관리는 과거의 인습적이고 무계획적으로 행하던 전통적 관리법에서 벗어나 일을 계획적인 방법론을 가진 것으로 전환시키는 과학적 관리법을 지향하고 있다.
- 현대적(과학적) 사무관리의 목표 : 생산성 향상(증대), 능률 향상, 낭비 배제
- 현대적(과학적) 사무관리의 3S
  - 표준화(Standardization)
  - 간소화(Simplification)
  - 전문화(Specialization) : 개인적 · 집단적 · 기계적 · 기술적 전문화
- 현대적(과학적) 사무관리의 5단계 : 문제 인식 → 자료 수집 → 가설의 공식화 → 가설의 검증 → 업무에 해결책 적용

19.9, 18.9, 17.5, 15.3, 09.5, 09.3, 08.7

01. 과학적 사무관리가 추구하는 3S가 아닌 것은?

21.9, 19.9, 18.4, 17.9, 16.10, 16.3, 13.3, 05.8, 03.5, 01.6, 01.3, 00.7

① 표준화(Standardization)
② 신속화(Speed)
③ 간소화(Simplification)
④ 전문화(Specialization)

핵심 065 앤소프에 의한 의사결정의 분류

전략적 의사결정 (Strategic)	• 기업의 경영 활동과 기업 외부의 환경과의 관계에서 발생하는 문제로서, 기업의 경영 활동에 근본적인 영향을 미치는 문제들에 대한 의사결정 • 경영전략에 따른 의사결정 대상 : 제품시장 분야, 성장 벡터, 경쟁상의 이점, 시너지(Synergy)
관리적(전술적, Administrative) 의사결정	• 전략적 의사결정의 구체적인 실행을 위해 조직 내부의 자원을 구조화하는 의사결정 • 주로 조직의 중간 경영층에서 이뤄지며 조직의 목표 달성을 위한 자원의 배분, 책임, 권한 등과 관련된 의사결정임 • 개인 목표와 조직 목표의 갈등을 해소시키는 의사결정을 함 • 경제적 변수와 사회적 변수를 결합시키는 의사결정을 함 • 전략과 운영 사이의 조정을 위한 의사결정을 함
업무적(운영적, Operating) 의사 결정	• 중간 관리층 이하의 계층에서 이뤄지며 생산 일정이나 재고 등과 같은 사항에 대한 의사결정을 함 • 부서 혹은 사업부가 독자적으로 의사결정을 함

01. 경영 전략에 따른 의사결정에 대한 안소프(Ansoff)의 주장과 가장 관계없는 것은?

19.9, 17.5

① 의사결정에는 상품의 시장 선택이 포함된다.
② 의사결정에는 경쟁상의 이점이 포함된다.
③ 의사결정에는 성장 벡터가 포함된다.
④ 의사결정에는 환경 변화 정보가 포함된다.

17.5, 15.3, 09.5, 09.3, 08.7, 06.3, 05.8, 04.5, 03.8, 00.10, 00.7

핵심 064 경영과 사무

데이터 (자료)	현실 세계에서 관찰이나 측정을 통해 수집한 단순한 사실이나 결과값으로, 가공되지 않은 상태
정보	• 생산 활동을 지배하는 기본 요소 중 하나로, 사실 내지 데이터에 지적인 처리를 가하여 얻어진 지식 • 정보는 데이터에 특정 의미가 주어진 것으로서 행동에 직접적인 영향을 미침 • 유용한 정보가 되기 위한 조건 : 관련성, 충분성, 경제성, 객관성, 적시성, 적합성, 통합성 등
의사결정	특정 목적을 달성하기 위해 여러 대체 수단 중 특정 수단을 선택하는 합리적인 인간의 행동
경영	• 조직의 목적을 달성하기 위해 구성원들이 능력을 최대한 발휘하도록 조직을 운영하는 것으로, 목적을 결정하는 기능 • 셀든(O. Sheldon) : 경영은 기업의 목표를 설정하는 기능, 관리는 설정된 목표를 지향 및 실천하는 기능이라고 주장함

01. 경영과 사무의 관계를 잘못 서술한 것은?

17.5, 15.3

① 판매전표를 작성하는 경우 이는 사무이며, 동시에 경영의 판매활동을 처리하는 것이다.
② 경영의 목적은 사무에 있고, 사무활동은 작업적 측면과 기능적 측면으로 분류할 수 있다.
③ 사무의 간소화, 표준화, 기계화는 동시에 경영활동의 간소화, 표준화, 기계화를 성취하는 것이다.
④ 사무기능도 경영기능과 같이 생산사무, 재무사무, 인사사무, 판매사무 등으로 나눌 수 있다.

> 경영의 목적은 사람들이 성과를 내는 능력을 발휘하게 하는 데 있습니다.

23.4, 20.8, 19.4, 18.3, 15.5, 10.5, 09.5, 08.5, 06.5, 05.5, 04.5, 04.3, 03.5, ···   050119

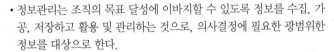

핵심 066 정보관리

• 정보관리는 조직의 목표 달성에 이바지할 수 있도록 정보를 수집, 가공, 저장하고 활용 및 관리하는 것으로, 의사결정에 필요한 광범위한 정보를 대상으로 한다.
• 정보관리는 기업경영에 필요한 모든 정보를 적시에 적절한 형태로 가공 · 처리하여 제공하기 위한 의도적인 노력으로, 기업의 전사적 측면에서 이루어진다.
• 정보관리는 의사결정에 필요한 정보를 정확 · 신속 · 용이하게 제공하는 것을 목적으로 한다.
• 정보관리는 정보의 생산과 수집에서 검색 및 제공에 이르는 매우 광범위한 것이다.
• 드럭커(Drucker)는 현대 경영을 정보와의 싸움으로 보고 더욱 풍부하고 질이 좋은 정보를 보다 빨리 얻고, 신속하게 이해하는 것만이 경쟁에서 승리할 수 있다고 정보관리의 중요성을 강조하였다.
• 정보관리의 단계 : 정보수요 파악 → 수집계획 수립 → 정보가공 → 정보활용
• 정보관리의 기능 : 정보계획, 정보통제, 정보처리, 정보제공 및 보관

01. 다음 중 정보관리의 기능과 가장 거리가 먼 것은?

18.3, 10.5, 08.5, 05.5, 04.3, 03.5, 02.5, 00.5

① 정보의 계획　　　　② 정보의 처리
③ 정보의 조정　　　　④ 정보의 보관

02. 현대 경영을 정보와의 싸움으로 보고 더욱 풍부하고 질이 좋은 정보를 보다 빨리 얻고 신속하게 이해하는 것만이 경쟁에서 승리할 수 있다고 강조한 인물은?

23.4, 20.8, 15.5, 02.8, 00.3

① 힉스　　　　　　　② 래핑웰
③ 드러커　　　　　　④ 맥도노우

02. 정보관리에 관한 설명으로 적합하지 않은 것은?

19.3, 15.9, 12.3, 11.6, 11.3, 10.9, 06.8, 02.5, 02.3, 00.7

① 정보관리의 목적은 정보를 신속, 정확, 편리하게 제공함에 있다.
② 정보관리의 활동 범위는 사무관리보다 광범위하다고 볼 수 있다.
③ 정보관리의 범위는 정보통제 기능에 한한다.
④ 정보관리의 대상은 정보의 계획, 처리 및 보관, 제공 등의 기능으로 한다.

> 정보관리의 범위에는 정보계획, 정보통제, 정보처리, 정보제공 및 보관이 있습니다.

21.9, 20.6, 19.3, 15.9, 13.6, 13.3, 12.3, 11.6, 11.3, 10.9, 09.8, 08.5, 06.8, 06.3, 05.5, 02.5, 02.3, 01.9

핵심 **067** 　정보관리와 사무관리

- 정보관리와 사무관리는 사무 활동을 대상으로 하는 점에서 같으나, 정보관리는 기업의 전사적 측면에서 정보를 관리하므로 범위가 넓고, 사무관리는 범위가 좁다는 것이 다르다.
- 정보관리의 목적은 의사결정에 필요한 정보를 신속, 정확, 용이하게 제공하는 것이고, 사무관리의 목적은 지정된 데이터를 지정된 기일 및 방법으로 작성하는 것이다.
- 정보관리의 범위는 정보계획, 정보통제, 정보처리, 정보제공 및 보관 등의 넓은 활동 범위를 가지고 있고, 사무관리의 범위는 정보통제 기능과 정보처리 기능만을 대상으로한다.
- 사무관리는 일상 업무를 처리하는 보고서를 작성하는 반면에 정보관리는 경영 정보 시스템의 도입으로 데이터베이스를 구축하는 것도 포함된다.
- 경영 활동의 의사결정을 지원하는 것이 정보관리이고, 사무처리 방법의 합리화 및 시스템화는 사무관리이다.

01. 다음 중 사무관리와 정보관리의 관계를 올바르게 설명한 것은?

21.9, 20.6

① 사무관리는 기업체 정보처리와 통제를 담당한다.
② 사무관리는 정보관리를 포함한다.
③ 정보관리는 의사결정에 필요한 광범위한 정보를 대상으로 한다.
④ 정보관리의 목적은 지정된 데이터를 지정된 기일 및 방법으로 작성하는 것이다.

> ① 기업체의 정보처리와 통제를 담당하는 것은 정보관리입니다.
> ② 관리 범위에 있어서 정보관리는 넓고 사무관리는 좁습니다.
> ④ 지정된 데이터를 지정된 기일 및 방법으로 작성하는 것은 사무관리의 목적입니다.

23.4, 22.9, 22.3, 21.3, 19.9, 18.4, 18.3, 17.9, 17.3, 15.9, 14.9, 14.5, 12.3, 11.8, …　050201

핵심 **068** 　사무계획화

- 기업경영에 필요한 사무관리의 목표를 정한 후 그 목표를 효과적으로 수행할 수 있도록 필요한 활동의 방향과 지침, 절차 등을 수립하는 것이다.
- 목표 달성을 위해 미래의 사무행동노선(수행순서)을 사전에 준비하는 과정이다.
- 기업의 경영자 계층에서 하위(작업자) 계층에 이르기까지 모든 계층에서 필요하며, 결과에 대한 목표의 선정과 평가를 포함한다.
- 사무계획의 구성 요소 : 예측(Forecast), 목표(Objective), 방침(Policy), 프로그램(Program), 스케줄(Schedule), 절차(Procedure), 예산(Budget)

예측(Forecast)	계획 설정의 기초가 되는 것으로 정보의 수집과 분석을 통해 나타나며, 미래를 예지하려는 시도임
목표(Objective)	경영 활동을 하기 위한 지표
방침(Policy)	목표를 달성하기 위한 행위에 대한 원칙 또는 룰(Rule)
프로그램(Program)	• 방침을 구체화하고 목표를 달성하기 위한 행위의 계획으로, 스케줄, 절차, 예산으로 나눔 • 스케줄(Schedule) : 해야할 일에 대한 시간적인 순서 • 절차(Procedure) : 스케줄(Schedule)에 방법이 추가된 것 • 예산(Budget) : 미래 활동을 수치로 나타낸 것

01. 다음 중 사무계획화를 가장 옳게 설명한 것은?　22.9, 22.3, 18.4

① 사무계획화는 기업의 모든 계층에 필요한 것은 아니고 특정한 계층인 경영진에서만 필요로 한 것이다.
② 사무계획화는 기업경영에 필요한 사무관리 목표를 정한 후 그것을 효과적으로 수행할 수 있도록 하고자 함이다.
③ 사무계획화의 기본 내용은 사무인력을 예측하여 미리 예산을 확정하고자 하는 것이다.
④ 사무계획화의 기본 내용은 정보만을 지속적으로 가공하여 생산하는 것이다.

02. 사무계획 요소와 내용에 관한 설명 중 옳지 않은 것은?

23.4, 12.3

① 예측(Forecast)은 경영 활동을 하기 위한 지표이다.

② 방침(Policy)은 목표를 달성하기 위한 원칙이다.

③ 스케줄(Schedule)은 해야 할 일에 대한 시간적 순서이다.

④ 프로그램(Program)은 목표를 달성하기 위한 행위의 계획이다.

> • 예측은 계획 설정의 기초가 되는 것으로 정보의 수집과 분석을 통해 나타나며, 미래를 예지하려는 시도입니다.
> • 경영 활동을 하기 위한 지표는 목표(Objective)입니다.

23.9, 20.6, 18.9, 13.3, 12.9, 11.8, 09.8, 09.5, 09.3, 05.5, 04.8, 04.5, 02.8, …   050202

핵심 069 ▶ 사무계획의 필요성 및 효과

사무계획의 필요성	• 미래의 목표를 위해 관련된 요소를 지휘하고 통제하는 기준 및 수단이 됨 • 예산, 인력, 정보 등의 중복과 낭비를 최소화함 • 목표를 달성하기 위한 의사소통과 의사결정을 위한 경로를 수립함 • 관리의 다른 부분에 대하여 경제적, 효과적인 방법으로 서비스를 제공함
사무계획의 효과	• 최소한의 노력으로 최대한의 효과를 기대할 수 있음 • 의사결정에 대한 위험을 최소화하고, 잠재적인 기회와 도전을 인식하게 해줌 • 사무량의 증가에 따른 우선순위를 설정하고, 경영의 경쟁력 등을 확립함 • 중요한 업무를 중요하지 않은 업무보다 선행하여 처리함 • 사무량을 평준화시킴으로서 혼란과 낭비를 제거할 수 있고, 업무가 매끄럽게 진행됨 • 사무자원을 적재적소에 배치할 수 있음 • 사무기기 및 자동화 설비의 구입을 비교적 쉽게 할 수 있음 • 업무의 지연을 방지하고, 사무량을 시간별로 균등하게 구분할 수 있음 • 사무원과 관리자 간의 친밀한 관계를 형성해줌 • 사무의 기계화를 추진하거나 사무실의 설비구입 및 개선을 필요로 할 때 이에 대한 의사결정이나 정확한 소요 예산을 결정할 수 있음 • 환경 변화에 따라 신축성 있게 적응할 수 있음 • 인적 · 물적 자원 및 시간의 낭비를 막을 수 있음 • 사무 처리를 지휘 및 통제할 수 있음

---

01. 다음 중 사무계획을 함으로써 얻어지는 효과로서 가장 적합한 것은?

20.6, 18.9, 13.3, 11.8, 09.8, 09.5, 09.3, 02.8

① 사무원의 여유시간이 단축됨에 따라 사무업무가 중복된다.

② 중요한 업무를 중요하지 않은 업무보다 선행하여 처리한다.

③ 관리자보다 작업자가 행동방침을 결정하게 되어 능률적인 작업을 한다.

④ 업무량이 늘어나게 되어 고용증대 효과가 발생한다.

> ① 사무 계획을 수행함에 따라 사무 업무가 중복되지 않습니다.
> ③ 관리자가 행동방침을 결정하고, 작업자는 방침에 따라 수행합니다.
> ④ 사무량을 평준화함으로써 혼란과 낭비가 제거됨으로 업무량 증가 및 고용 증대는 발생하지 않습니다.

22.9, 21.5, 21.3, 19.3, 17.3, 16.3, 15.9, 11.6, 11.3, 10.3, 09.5, 09.3, 07.8, 07.5, 06.8, 06.3, 04.3, 03.5, 03.3, …

핵심 070 ▶ 사무계획의 내용/대상 사무

사무계획의 내용

필요 정보의 확정	데이터의 양식(사무관리를 하는 데 필요한 대상(제품))을 결정하는 것
사무량의 예측	• 사무량을 예측하는 것 • 사무량에 맞는 적정 인원을 배치하기 위해 수행함
사무처리 방침(식)의 결정	• 사무관리의 전가 방향을 결정하는 것으로 사무계획의 마지막 작업 • 개별처리 방식 : 한 명의 사무원이 정보 수집부터 작성까지 모든 처리를 수행하는 방식 • 로트(Lot)처리 방식 : 여러 사람이 정보의 수집부터 작성까지 분담하여 처리하며, 각 사무원은 맡은 일을 처리한 후 다른 사람에게 넘기는 방식 • 자동화(Automation) 방식 : 사무자동화기기를 사용하여 자동으로 사무처리를 하는 방식 • 유동처리(작업) 방식 : 사무의 처리 순서대로 사무원을 배치하여 사무 공정을 진행하는 방식

• 사무계획의 수립 절차 : 목표 설정 → 정보 수집 및 분석 → 전제 설정 → 대안 구상 → 최종안 결정

사무계획화의 대상 사무

• 반복적이거나 관례적인 사무활동

• 비반복적인 사무활동 중에서 반복적인 성질을 갖는 사무활동

• 자발성 및 창조성을 요구하는 사무활동 : 자발적이거나 창조적인 노력을 필요로 하는 작업일지라도 그 행위를 연구하고 계획하면 표준화가 될 수 있음

• 예외 사항의 사무활동 : 예외 사항의 사무활동에도 특수한 직무가 요구될 수 있으며, 이러한 요구가 있을 경우 사무작업은 특별히 채용된 사무원에게 할당할 수 있음

---

01. 다음 사무처리 방식에 대한 설명으로 가장 옳은 것은?

21.5, 21.3, 17.3, 02.5

① 개별처리 방식은 다수의 사무원이 자료 수집에서 작성까지의 모든 사무처리를 하는 방식이다.

② 로트처리 방식은 여럿이 분담하여 사무처리를 하는 방식으로 각 사무원이 각자 맡은 사무를 처리한다.

③ 유동작업 방식은 임의로 사무기계 및 사무원을 배치하여 사무처리를 행하는 방식이다.

④ 자동화 방식은 컴퓨터 및 사무기기를 사용하여 사무를 수동적으로 처리하는 방식이다.

> ① 개별처리 방식은 다수가 아닌 한 명의 사무원이 모든 사무처리를 수행하는 방식입니다.
> ③ 유동작업 방식은 사무를 임의로 처리하는 것이 아니라 처리 순서에 맞게 사무 공정을 진행하는 방식입니다.
> ④ 자동화 방식은 사무자동화기기를 사용하여 수동이 아닌 자동으로 사무를 처리하는 방식입니다.

---

02. 사무계획 수립 절차를 순서대로 바르게 나열한 것은?

22.9, 06.8

① 대안 구상 → 전제의 설정 → 정보의 수집 → 최종안결정

② 대안 구상 → 정보의 수집 → 목표 설정 → 최종안결정

③ 정보의 수집 → 정보 분석 → 목표 설정 → 최종안결정

④ 목표 설정 → 정보 수집 분석 → 대안 구상 → 최종안 결정

23.9, 23.4, 22.3, 21.9, 21.5, 21.3, 20.8, 19.4, 17.5, 16.5, 16.3, 14.9, 14.5, 13.6, ···　050121

핵심 071 ▶ 사무조직화

- 사무활동을 관리할 수 있는 단위로 나누고, 각 활동이 다른 활동과 조화를 이룰 수 있도록 직무 평가를 통해 조직 구성원의 직무를 확정하는 등 직무의 상호관계를 합리적으로 편성하는 것이다.
- 조직 구조 확립, 일 처리 절차 개발, 재원의 할당, 직무의 할당, 권한의 책임과 명확화, 자격 조건의 결정 등을 수행한다.

> **잠깐만요** 직무 평가
> 직무에 필요한 정신적, 육체적 요건을 정하고, 직무들의 상대적 가치를 평가하여 직무별로 상대적 서열을 결정하는 절차입니다.

- 사무조직화의 일반 원칙

목적의 원칙	조직이 가지고 있는 목적을 분명히 해야 함
기능화의 원칙	조직에서는 기능(업무)이 가장 중요하므로 기능(업무)을 중심으로 조직화할 필요가 있음
책임·권한의 원칙	책임과 권한을 명확히 할당하고 일치시켜야 함
명령 계통의 일원화의 원칙	조직원은 한 사람의 상사에게 명령을 받아야 함
권한 위임의 원칙	각 계층에 할당된 책임을 명확히 하기 위해 권한을 위임함
통제방위의 적정화 (관리 한계)의 원칙	한 사람의 관리자가 직접 감독할 수 있는 부하 직원의 수나 조직의 수는 관리자의 능력에 따라 적절히 조정해야 함
계선과 참모의 원칙	계선(직접 업무를 수행하는 조직)과 참모(목적 수행을 원활히 할 수 있도록 자문, 권고하는 전문가의 집단)의 기능을 수행함
전문화의 원칙	업무 특성과 전문적인 기술, 지식에 적합한 상태에서 업무를 수행하게 함

01. 정신적, 육체적 난이도를 평가하여 각종 직무 간 상대적 서열을 결정하는 절차는?　　　22.3, 19.4, 12.3, 99.8

① 직무분석　　　　② 인사고과
③ 인사관리　　　　④ 직무평가

02. 조직 구성원의 능력이나 사정 등을 고려하지 않고 해야 할 일을 중심으로 조직을 구성해야 한다는 사무 조직화의 원칙으로 가장 옳은 것은?　　　22.3, 21.5, 20.8, 19.4, 17.5, 12.3, 07.5

① 통솔 범위의 원칙　　　② 전문화의 원칙
③ 명령 일원화의 원칙　　④ 기능화의 원칙

23.4, 22.9, 17.9, 17.5, 15.3, 14.3, 12.9, 11.6, 08.7, 08.3, 07.3, 05.5, 04.3, 03.3, 02.5 01.6, 00.5

핵심 072 ▶ 사무의 집중(권)화와 분산화

- 집중화는 조직 내 별도의 사무관리자와 전담 부서를 두어 사무관리 업무만을 전담하도록 하는 형태이다.
- 물리적 집중화 : 모든 사무작업을 한 장소에서 수행하는 형태

장점	• 감독 및 작업량의 증감이 용이함 • 부문 간의 의견 조정이 쉬움 • 사무집행 처리에 대한 감독이 철저함 • 제한된 인력을 효과적으로 활용할 수 있음 • 사무작업의 측정이 용이함 • 사무처리 기능의 전문화와 기능별 인력을 양성할 수 있음 • 전문적, 기술적 작업이 가속화됨
단점	• 사무단위 간의 작업을 주고받아야 하기 때문에 업무처리가 지연됨 • 사무처리의 획일화에 따라 작업이 부정확함 • 전문적, 기술적, 감독 비용 등 비밀 작업이 보장되지 못함 • 환경 변화에 신속하게 대응할 수 없음

- 기능의 집중화 : 사무의 물리적 처리는 발생 장소에서 수행하고, 한 사람의 최고 사무관리자가 각 부서에 있는 사무관리자에게 자문과 협조를 해주는 형태

장점	• 각 부서의 분산적 요구를 어느 정도 충족시켜 줌 • 각 부서의 비밀이 유지됨 • 사무가 발생된 장소에서 업무를 처리할 수 있으므로 시간이 절약됨
단점	• 통합적 및 전문적인 관리가 어려움 • 설비나 처리의 기계화가 어려움 • 직원의 전문화 및 훈련, 생산성 향상이 불리함

- 분산화 : 전사적 사무관리자 없이 사무가 발생한 부서별로 사무관리자를 두어 모든 작업을 처리하는 형태

장점	• 환경 변화에 신속하게 대응할 수 있음 • 작업시간, 거리, 운반 등의 간격을 줄일 수 있음 • 사무작업자의 사기 저하를 방지할 수 있음 • 사무의 중요도에 따라 순조롭게 처리할 수 있음 • 비밀을 요하는 사무작업을 해당 부서에서 처리할 수 있음
단점	• 사무작업의 전문화, 표준화, 사무량의 측정 등이 어려움 • 직원의 전문화 및 사무작업의 기계화가 어려움 • 사무원의 관리가 어려움 • 원가 및 인건비 절감이 용이하지 않음

01. 사무작업의 분산화 목적과 거리가 먼 것은?　　　23.4, 22.9, 17.5, ···

① 작업 시간, 거리, 운반 등의 간격을 줄일 수 있다.
② 사무 작업자의 사기 저하를 방지할 수 있다.
③ 사무의 중요도에 따라 순조롭게 처리할 수 있다.
④ 사무원 관리가 용이하다.

> 사무작업의 분산화는 사무가 발생한 부서별로 사무관리자를 두어 모든 작업을 처리하므로 사무원의 관리가 어렵습니다.

핵심 073 ▶ 사무조직의 형태

사무조직의 형태에는 라인 조직, 스탭 조직, 라인과 스탭 조직, 위원회 조직, 프로젝트 조직, 행렬 조직이 있으며 주요 조직의 특징은 다음과 같다.

라인(Line) 조직

- 최고 경영자의 명령과 권한이 최하위자에게 직선적으로 전달되는 조직 형태로, 군대에서의 명령 전달 방식과 비슷하여 군대식 또는 직선식 조직이라고도 한다.
- 라인 조직의 장 · 단점

장점	• 단순하고 이해하기가 쉬움 • 결정과 집행이 신속하고 정확하게 수행됨 • 책임과 권한이 명확하고, 전체의 통일성과 질서가 유지됨 • 하위자의 조정이 용이하고, 소기업에서 경제적임
단점	• 상위자에게 많은 책임이 맡겨짐 • 독단적인 처사에 의한 폐단을 막기 어려움 • 조직 구성원의 의욕과 창의력이 저하됨 • 각 부문 간의 유기적 조정이 어렵고, 혼란이 우려됨 • 전문화가 결여되고, 능력 있는 관리자를 얻기가 어려움

스탭(Staff) 조직

- 라인 조직의 단점인 전문화 결여에 대한 사항을 개선하기 위한 것으로, 기능식 조직이라고도 한다.
- 모든 일은 기능 담당의 전문가에 따라 기능별로 계획되며 수행된다.
- 스탭 조직의 장 · 단점

장점	• 보다 좋은 감독이 가능하고, 교육 훈련이 용이함 • 상위자의 부담이 적고, 작업의 표준화가 가능함
단점	• 권한이 분산됨 • 책임이 불명확하고, 전가가 가능함 • 통일성 및 의견 일치가 어려움 • 관리 비용이 많이 들고, 경영 전체의 조정이 곤란함

라인과 스탭 조직

- 라인 조직의 지휘 · 명령의 통일성을 유지하면서 전문화의 원리를 살리기 위하여 스탭 제도를 절충시킨 형태로 에머슨식 조직, 직계참모 조직, 스탭제 직계 조직이라고도 한다.
- 라인과 스탭 조직의 장 · 단점

장점	• 스탭 조직의 전문화 원리를 살릴 수 있음 • 지휘 · 명령에 대한 일관성을 유지할 수 있음 • 책임에 대한 명확한 구분이 가능하고, 조직의 조정이 용이함
단점	• 명령 계통과 참모 계통이 혼동되고, 명령 계통과 참모 계통에 의존심이 생김 • 관리비가 많이 소요될 수 있음

---

01. 사무조직의 형태 중 라인 조직의 장점으로 가장 적합하지 않은 것은?　　22.4, 20.6, 17.9, 12.9

① 전문화의 결여　　　② 단순하고 이해하기 쉬움
③ 결정과 집행의 신속　④ 책임소재의 명확

전문화의 결여는 라인 조직의 단점입니다.

핵심 074 ▶ 사무통제

- 쿤츠(H. Koontz)와 오도넬(C. O'Donnell)은 통제를 '어떠한 일의 성취도를 계획에 비추어 측정하고, 계획상의 목표 달성을 보장할 수 있도록 계획으로부터의 차질을 시정하는 조치' 라고 정의했다.
- 사무통제는 실제 사무작업이 처음 계획대로 진행되고 있는가의 여부를 확인하는 수단으로, 계획과 실행 간의 차이를 시정하는 관리 활동이다.
- 통제는 작업이 모두 끝난 후에 이루어지는 것보다는 작업이 진행되는 전 과정에 걸쳐서 수행하는 것이 효과적이다.
- 통제기준을 설정하여 비교, 검토 및 평가를 한다.
- 통제는 객관성이 수반된 사실에 적합해야 한다.
- 사무통제 절차 : 계획 → 일정수립 → 준비 → 전달 → 지시 → 감독 → 비교 → 시정

> **잠깐만요** 사무 공정관리 / 표준의 원칙
> - **사무 공정관리** : 사무통제를 위한 관리기술 중 사무표준을 사용하여 매일 발생하는 사무를 능률적으로 처리하는 것을 목적으로 하는 관리 활동을 의미함
> - **표준의 원칙** : 통제 원칙 중 하나로, 계획의 집행을 잘못하였거나 계획 집행상 예상하지 못한 변화가 생긴 경우 적용함

---

01. 사무통제를 위한 관리기술 중 사무표준을 사용하여 매일 발생하는 사무를 능률적으로 처리하는 것을 목적으로 하는 관리 활동으로 가장 옳은 것은?　19.9, 18.4, 13.6, 03.5, 99.4, 98.5

① 사무 외주관리　　② 사무 보증관리
③ 사무 공정관리　　④ 사무 기획관리

핵심 075 ▶ 사무통제의 방법

정책	모든 통제의 근본을 이루는 것으로, 생각이나 행동의 지침이 되는 기본적인 규칙
예산	• 계획 및 관리적 통제를 위한 기구로, 작업 내용, 설비, 인사, 절차 등은 예산에 의해서 제약됨 • 관리적 성과를 높이기 위하여 기업의 경영 활동에 대한 모든 계획을 화폐가치로 나타낸 예산으로 수립하고, 그것에 기초하여 경영 활동을 수행하며, 최초의 예산과 실제 업무 성과의 차이를 분석하는 것
감사	조사 · 검사 · 조회 혹은 평가 등의 방법으로써, 무질서하게 행해지는 산발적인 체크 정도이거나 혹은 일정한 룰에 기초한 표본 조사인 통제 방법
장표	가장 강제력이 있는 방법의 하나로, 장표는 모순 없이 잘 작성되어야 함
집중화	일반적으로 감독자에 의해서 실시되고 관리되는 것
절차	일을 수행하며 따라야 하는 하나의 규정
기록	하나의 상황을 입증해주는 것으로 권한 확립, 방향 제시, 결과 표시 등의 기능을 함
보고	조직 전체를 통해서 종횡의 의사소통을 꾀하는 것
일정	표준, 기계의 능력, 개인의 능력, 활동 계획에 따라 수립되며, 잘 짜여진 일정은 명확한 목표 제시와 효과적인 산출량 통제를 가져옴
표준	측정을 위한 기준으로 사용되며, 표준에 따라 교정시킬 수 있으면 가장 정확한 통제 방법이 됨
기계	기계의 능력에 따라 생산의 속도, 제품의 형상 등이 정해짐

01. 사무통제의 방법 중 조사 · 검사 · 조회 혹은 평가 등을 말하는 것으로 무질서하게 행해지는 산발적인 체크 정도나 일정한 규칙에 기초한 표본 조사는? 19.4, 14.5, 05.8, 05.5, 02.8

① 집중화
② 감사
③ 예산
④ 절차

23.2, 22.3, 21.9, 21.5, 21.3, 20.8, 19.9, 19.3, 18.9, 18.3, 17.9, 17.3, 16.10, 16.5, 14.5, 14.3, 13.6, 13.3, 12.3, …

핵심 076 ▶ 사무의 통제 수단

일정표	효과적인 사무의 통제를 위해 가장 많이 사용되는 방법의 하나로 특정 업무를 통제할 때 필요하며 주로 감독자가 많이 사용함
카드	• 계획, 일정 기타의 통제 기능용으로 사용됨 • 해야할 일, 진행중인 일, 종료된 일, 현재의 업무 상태에 대한 내용을 일목요연하게 표시해줌
전달판	• 각 사무원에게 업무를 지시할 수 있는 도구 • 사무원의 이름이 표시된 위치에 업무지시서를 놓아 업무를 지시함
간트 도표	• 각 작업들이 언제 시작하고 종료되는지에 대한 작업 일정을 막대 도표를 이용하여 표시하는 일정표 • 작업진도의 통제를 위한 관리에 유용하며 사무를 계획하고 통제할 때에 쉽게 이해할 수 있음
자동독촉제도 (Come-up System)	사무진행통제를 전담하는 부서에 처리해야 할 서류를 정리 및 보관하여 두었다가 처리할 시기에 사무처리 담당자에게 자동으로 전달되도록 하는 제도
티클러제도 (Tickler System)	• 자동독촉제도와 같은 형식이나 전담 부서 대신 티클러 파일을 이용함 • 티클러 파일(Ticker File, 색인 파일)에 날짜별로 해야할 일을 끼워두었다가 해당 날짜에 그 서류를 찾아 처리함
Pert/Time	• 명확한 목표를 가진 프로그램을 조직화하여 최단 시간 내에 완성할 수 있는 방법을 찾는 기법으로, 진행시간표를 작성하여 프로그램 진행사항을 추적하는 매우 유용한 관리 도구 • 일정기간 동안에 성취해야 할 행사들을 규정하고 통합하는 데 도움을 주는 관리 도구로, 완성될 프로젝트에 관하여 정확히 요구된 시간의 추정치를 창출할 수 있음
목표에 의한 관리(MBO; Management By Objectives)	장기적, 미래지향적인 관리 통제를 통해서 이익 · 목표의 달성이라는 조직의 욕구를 조정하고 통합하는 관리 기법으로, 높은 수준의 욕구 충족이 가능함

01. 다음 중 Tickler System, Come up System이 속하는 사무관리의 관리 수단 체제는? 23.2, 22.3, 21.3, 19.9, 16.10, 06.3, 98.5

① 사무조직
② 사무조정
③ 사무통제
④ 사무계획

02. 다음 중 사무통제의 수단과 거리가 먼 것은? 23.2, 19.9, 19.3, …

① Tickler System
② Come Up System
③ PERT
④ Taylor System

> Taylor System은 테일러에 의해 주장된 것으로 과학적 관리법을 의미합니다.

23.9, 23.2, 22.9, 22.4, 20.8, 20.6, 18.4, 18.3, 15.3, 13.8, 13.6, 11.8, 11.6, 10.5, 08.5, 06.8, 06.5, 06.3, 05.8 …

핵심 077 ▶ 사무의 표준화

사무표준화의 개요

• 사무에 있어서 정책, 규격, 방법, 절차 등에 관하여 획일성 또는 통일성을 기하는 것으로, 표준을 만들어 내는 작업 또는 수단이다.
• 일정 시간 내에 일정 생산량을 정해주는 작업 또는 수단이 된다.
• 사무 표준의 종류에는 질 표준, 양 표준, 양 및 질 표준이 있다.
• 현실적으로 달성 가능한 표준
  – 보통의 작업 환경 속에서 달성 가능한 표준
  – 작업이나 작업 환경을 과학적으로 분석하여 엄격하지만 달성 가능한 표준
  – 보통의 작업자들이 열심히 노력하기만 하면 달성 가능한 표준
  – 근로자에게 동기를 부여할 수 있고 객관적으로 성과를 평가할 수 있는 표준

사무표준화의 목적 및 효과

• 사무업무 용어나 개념, 부서별 평가 기준 등을 통일한다.
• 사무원들 간의 공동 관심사에 대한 이해가 촉진된다.
• 사무원들의 사기를 향상시키고, 직원들을 능력별로 활용한다.
• 사무관리자의 관리 활동이 편리하다.
• 사무원들에 대한 효과적인 감독 및 통제가 가능하다.
• 사무원의 생산성 향상으로 비용이 절감된다.
• 낭비 요소를 제거함으로써 원가가 절감된다.

01. 사무표준화의 목적에 가장 부합되지 않는 것은? 23.9, 23.2, 20.8

① 사무원들을 감독 및 통제하고 사무용어 등의 표준화를 위하여
② 직원들 간의 공동 관심사에 대한 이해 촉진과 생산성 향상을 위하여
③ 직원들의 사기를 향상시키고 직원들을 능력별로 활용하기 위하여
④ 작업의 구성을 다양화하여 생산성을 향상시키기 위하여

> 작업의 구성을 다양화하기 위해 사무표준화를 하는 것은 아닙니다.

핵심 078 ▶ 사무표준화의 구비 조건

- 사무표준은 정확해야 한다.
- 실제 적용에 무리가 없고 당사자인 사무원들이 납득할 수 있어야 한다.
- 구체적이고 객관적이며 통일적으로 기술되어 있어야 한다.
- 어느 정도 융통성이 있어야 한다.
- 사무작업 내용과 근무조건을 분석한 후 만들어야 한다.
- 주기적으로 재검토하여 수정해야 한다.

01. 사무표준의 구비 조건으로 틀린 것은?　19.3, 15.3, 08.3, 05.5, 03.5

① 사무표준은 정확해야 한다.

② 사무작업 내용과 근무조건을 분석하기 전에 만들어야 한다.

③ 주기적으로 재검토하여 수정하여야 한다.

④ 실제 적용에 무리가 없고 당사자인 사무원들이 받아 들일 수 있어야 한다.

> 사무표준은 사무작업 내용과 근무조건을 분석한 후 만들어야 합니다.

01. 작업의 정확도를 향상시키기 위한 표준으로 작업 단위의 수가 아닌 보통 %로 표시하는 사무표준의 종류는?　17.3, 13.8, 11.8, 05.5

① 양 표준

② 질 표준

③ 양 및 질 표준

④ 시간 표준

02. 다음 중 사무표준화의 대상이 아닌 것은?　18.9, 07.3

① 정책(Policy)

② 재료(Materials)

③ 방법(Methods)

④ 보안(Security)

핵심 079 ▶ 사무표준화의 대상 / 사무표준의 종류

사무표준화의 대상

정책	조직의 일반적 목적과 이를 세분화한 목적들을 문서화하여 배포
사무설비(비품)	책장, 의자, 파일링 설비, 금고, 기타 사무도구의 표준
재료	종이, 지우개, 클립, 연필 등
장표 · 기록 · 절차	장표, 기록, 절차의 표준
사무 기계	사무작업에 관한 장치, 즉 수표 발행기, 분류기 등에 대한 표준
인사	직무명, 직무기술서, 직무분석, 직무명세서, 직무분류, 채용 시험, 신원 증명, 배치, 인사기록 등에 대한 표준
물리적 · 심리적 요소	장소, 환경, 건물의 구조, 난방, 환기, 소음, 안전성, 식당 등에 대한 표준
방법	작업 수행 절차와 방법에 관한 표준

사무표준의 종류

양(Quantity) 표준	일정 기간 내에 생산되는 작업 단위의 수를 의미하며, 시간 표준을 포함함
질(Quality) 표준	사무작업의 정확도를 향상시키기 위한 표준으로, 보통 %로 표시함
양 및 질 표준	하나의 사무작업에 양 표준과 질 표준을 함께 적용하는 것

핵심 080 ▶ 사무실 배치(Office Layout)의 목표

- 사무작업의 흐름이 효율적으로 수행되도록 한다.
- 사무실의 경제성을 높이고, 사무원가가 저하될 수 있도록 고려한다.
- 사무원의 근로 의욕을 높일 수 있는 건강하고 쾌적한 근무 환경을 만들어야 한다.
- 고객들이나 방문객들에게 좋은 인상을 줄 수 있어야 한다.
- 사무원의 편의를 촉진시키고 만족감을 줄 수 있어야 한다.
- 업무의 성격이 잘 표현되어야 한다.
- 사무직원의 감독 및 관리가 용이해야 한다.
- 내 · 외부 환경의 변화에 적응되도록 사무실이 배치되어야 한다.

01. 사무실 배치의 일반적인 목표라고 할 수 없는 것은?　19.9, 09.3

① 사무 작업의 흐름이 효율적으로 수행되도록 한다.

② 사무실의 경제성을 높이고 사무 원가가 절감될 수 있도록 고려한다.

③ 사무원의 근로 의욕을 높일 수 있는 근무 환경을 만들어야 한다.

④ 업무의 성격이 표현되지 않도록 한다.

> 사무실 배치는 사무 작업 시 능률을 향상시키기 위하여 부서나 사무기기 등의 배치 문제를 다루는 것으로, 업무의 성격이 잘 표현되도록 해야 합니다.

23.4, 22.9, 22.4, 22.3, 21.3, 19.3, 18.9, 18.4, 18.3, 16.10, 15.5, 12.5, 11.3, 09.8, 09.5, 07.3, 05.8, 04.8, 04.3, …

핵심 081 ▶ 사무실 부·과의 배치에 대한 원칙

• 업무상 관련이 깊은 부·과는 가능한 한 가깝게 배치하고, 방문객이 많은 부서는 입구 근처에 배치한다.

• 장래의 확장을 고려하여 부·과 사이를 탄력적으로 결정한다.

• 소음이 많은 부·과나 산란한 부·과는 다른 구역에 격리하여 배치한다.

• 주된 부서를 먼저 배치하고 타부서는 나중에 배치한다.

• 비밀을 보장해야 하는 부·과는 특별히 다른 구역에 배치한다.

• 전기 배선이나 수도 배관 등이 필요한가의 여부를 생각하여 신중히 배치한다.

• 부·과 등의 단독 사무실과 일반 사무실, 회의실 등을 우선 배치한 후 사무실의 실내 배치를 수행한다.

• 대실(큰 방) 주의
  – 사무실을 너무 세분화하는 것(소실 주의)보다는 여러 과를 한 사무실에 배정하여 사용하는 것이 바람직하다고 생각하는 사무실의 배정 방식이다.
  – 실내 공간의 이용도를 높일 수 있다.
  – 사무 흐름의 직선화에 용이하다.
  – 직원 상호 간 친밀도를 높일 수 있다.
  – 행동상의 비교가 가능해 자유 통제가 쉽다.

01. 다음 중 사무실 배치 원칙과 가장 거리가 먼 것은?
23.4, 22.9, 22.4, 19.3, 16.10

① 대실주의(큰방주의)는 사무실 배치에 있어서 가능한 독방을 늘인다.

② 사무의 성격이 유사한 부서는 가깝게 배치한다.

③ 내부 및 외부 민원 업무 등 대중과 관계가 많은 부서는 가급적 입구 근처에 배치한다.

④ 장래 확장에 대비하여 탄력성 있는 공간을 확보한다.

> 대실주의(큰방주의)는 사무실을 너무 세분화(독방)하는 것보다는 여러 과를 한 사무실에 배정하여 사용하는 것이 바람직하다고 생각하는 사무실 배정 방식입니다.

02. 일반 직원들이 사용하는 사무실의 배치에서 대실(大室)주의의 이점으로 가장 옳지 않은 것은?
22.3, 21.3, 18.3

① 실내 공간의 이용도를 높일 수 있다.

② 상관의 감독을 어렵게 하며 그 범위를 좁힐 수 있다.

③ 사무의 흐름을 직선화하는데 편리하며 직원 상호간 친밀도를 높인다.

④ 부서별로 직원 상호 간에 행동상의 비교가 이루어져 자유 통제가 쉽다.

> 한 사무실에 여러 과가 배정되므로 상관의 감독이 용이하며, 관리 범위를 넓힐 수 있습니다.

23.2, 20.6, 19.4, 16.5, 15.5, 14.5, 14.3, 12.9, 11.6, 10.3, 08.3, 07.8, 07.5, 05.3, 03.5, 03.3, 00.10

핵심 082 ▶ 사무원 / 사무기기 / 사무환경에 대한 배치 원칙

• 관리자는 하위자의 뒤쪽에 횡으로 배치한다.

• 사무원 및 기기는 사무작업의 업무처리 흐름에 따라 직선으로 배치한다.

• 사무기기를 통일해서 사용한다.

• 작업자가 빈번히 사용하는 사무용구나 비품은 가능한 한 집무자 곁에 배치한다.

• 책상은 동일한 방향을 향해서 나란히 배치한다.

• 마주 보아야 할 때는 한 쪽을 측면으로 옮긴다.

• 1인당 필요한 면적, 통로의 폭, 책상 간격 등 사무업무에 필요한 적당한 면적을 할당한다.

• 타인과 등을 맞댈 경우 최저 70cm, 통로는 90cm 이상의 간격이 확보되어야 한다.

• 의사소통을 원활하게 할 필요가 있을 경우 관리자의 시야 범위인 10m 이내에 배치한다.

• 채광은 왼쪽에서 잡히도록 해야 하고, 입사광이 시선 위에 오면 안 된다.

• 책상 배치 : 사무실 내에 책상을 배치하는 형태를 의미하는 것으로 대향식, 동향식, 좌우 대향식 등이 있음

대향식 배열	서로 마주보는 형태로, 점유 공간이 적고 의사소통이 원활하지만 집중이 어려움
동향식 배열	동일한 방향을 향해서 나란히 배치하는 형태로, 업무시 집중이 잘되고 관리 감독이 용이하지만 의사소통이 불편함
좌우 대향식 배열	자유롭고 불규칙한 배치 형태

01. 사무실 내의 책상배치 방식 중 점유 면적이 적으며 직무상 의사소통이 원활한 배치 방식은?
19.4, 14.5, 07.5

① 대향식 배열　　　　② 동향식 배열

③ 좌우 대칭식 배열　　④ S 자형 배열

02. 다음은 사무실 사무 환경의 배치를 설명한 것이다. 이 중 가장 적절하게 설명한 것은?
20.6, 15.5, 12.9, 10.3, 08.3, 03.5, 03.3, 00.10

① 광선은 우측 어깨로부터 받을 수 있도록 배치한다.

② 관리자, 감독자는 가능한 부하 직원의 전면에 위치시키도록 한다.

③ 방문객의 접촉 기회가 많은 부서는 입구와 거리가 먼 자리에 배치한다.

④ 캐비넷 등 작업자가 빈번히 사용하는 사무용구나 비품은 가능한 한 집무자 곁에 배치한다.

> ① 광선은 좌측에서 받을 수 있도록 배치해야 합니다.
> ② 관리자, 감독자는 가능한 한 부하 직원의 후면에 위치시키도록 해야 합니다.
> ③ 방문객의 접촉 기회가 많은 부서는 입구와 가까운 자리에 배치해야 합니다.

핵심 083 사무실의 물리적 보안 대책

- 근접 탐지 시스템, 적외선 감시 시스템이나 폐쇄회로 텔레비전, 지문 인식기, 디지털 도어록 등을 설치하여 출입이 인가되지 않은 외부인의 접근을 차단한다.
- 화재에 대비하여 각종 화재 감지기를 설치 운용한다.
- 주요 전산 시스템이 설치된 곳에 항온 항습기를 설치하여 계절 변화에 따른 온·습도 영향을 줄인다.

01. 사무실의 물리적 보안을 위한 장치 또는 기술이 아닌 것은?

23.4, 23.2, 17.3

① 폐쇄회로 텔레비전　　② 안티 바이러스
③ 지문 인식기　　　　　④ 디지털 도어록

안티 바이러스는 바이러스에 감염된 컴퓨터를 치료하기 위한 백신 프로그램으로, 사무실의 논리적 보안을 위한 소프트웨어입니다.

02. 산업안전보건기준에 관한 규칙 상 사업주가 근로자를 안전하게 통행할 수 있도록 통로에 하여야 하는 채광 또는 조명 기준은?

23.9, 22.4, 21.5, 20.6, 14.3, 13.6, 12.9

① 50럭스 이상의 채광 또는 조명 시설
② 75럭스 이상의 채광 또는 조명 시설
③ 150럭스 이상의 채광 또는 조명 시설
④ 300럭스 이상의 채광 또는 조명 시설

근로자의 통로 통행은 기타 작업으로 분류할 수 있으므로 최저 조도는 75Lux 이상입니다.

핵심 084 사무작업 환경 – 조명

- 사무작업 환경 요소에는 조명, 소음, 온도, 습도, 공기, 색채 등이 있다.
- 조명은 자연 광선을 이용하는 자연 조명(채광)과 인공적으로 만들어 낸 빛을 이용하는 인공 조명(직접, 간접, 반간접 조명)으로 나뉜다.
- 사무실의 조명은 눈의 피로와 가장 밀접한 관계가 있으며 사무실의 조명이 너무 밝거나 어두우면 눈이 쉽게 피로해지고, 두통을 일으킬 수 있으므로 사무 착오나 생산성 저하를 초래하게 된다.
- 조명의 단위는 LUX(룩스)를 사용하며, 각 작업에서의 조도 기준은 다음과 같다.

일반 사무실 표준 조도	500 Lux
초정밀 작업 시 최저 조도	750 Lux 이상
정밀 작업 시 최저 조도	300 Lux 이상
보통 작업 시 최저 조도	150 Lux 이상
기타 작업 시 최저 조도	75 Lux 이상

※ 근로자의 안전한 통행을 위해 통로에 시설해야 하는 조명 기준은 기타 작업 시 조도에 해당하는 75Lux 이상이 되어야 한다.

01. 다음 중 집무환경의 중요한 요소와 가장 거리가 먼 것은?

23.9, 16.10, 15.3, 13.8, 10.3, 05.5, 03.8, 00.7

① 색채 조절　　　　　② 소음 조절
③ 시간 조절　　　　　④ 공기 조절

핵심 085 사무작업 환경 – 소음

- 일반적으로 사무실에 알맞은 소음 허용 한도는 50~55 폰(Phone)이다.
- 산업안전보건기준에 관한 규칙에 제정된 소음 관련 사항
  - 소음 작업 : 1일 8시간 작업을 기준으로, 85 데시벨 이상의 소음이 발생하는 작업
  - 강렬한 소음 작업 : 90/95/100/105/110/115 데시벨 이상의 소음이 1일 8시간/4시간/2시간/1시간/30분/15분 이상 발생되는 작업
  - 청력 보존 프로그램을 수립, 시행해야 할 사업장 : 소음 수준이 90 데시벨을 초과하는 사업장과 소음으로 인하여 근로자에게 건강장해가 발생한 사업장
- 사무실 내의 소음 방지 요령
  - 사무실 내에서의 불필요한 대화는 가급적 자제한다.
  - 사무실 내에서 보행 시나 사무용 기기 사용 시에는 소리가 크게 나지 않도록 사전에 노력한다.
  - 사무실 배치를 합리적으로 하여 불필요한 보행을 줄인다.
  - 소음이 많이 발생하는 사무기기는 칸막이를 설치하여 소음을 줄인다.
  - 소음이 발생하는 기계 아래쪽에는 속이 채워져 있는 물체를 배치한다.
  - 소음 발생원을 소음실로 격리시킨다.
  - 천장, 벽, 바닥 등의 재료는 소음이 적게 나도록 탄력성(흡음성) 있는 것을 사용한다.
  - 방문객을 가급적 사무실에서 만나지 않도록 사무실 가까이에 공용 응접실을 마련한다.
  - 방과 방 사이의 벽은 두껍게 하여 소음을 차단시키고, 이중 유리 시설을 한다.

01. 사무실내 소음을 막기 위한 방법으로 가장 옳지 않은 것은?

20.8, 14.3

① 소음이 많이 발생하는 사무기기는 칸막이를 설치하여 소음을 줄인다.
② 사무실내 바닥은 탄력성이 있는 재료를 사용하여 소음을 줄인다.
③ 천장이나 벽 등에 방음재, 흡음재를 사용하여 소음을 줄인다.
④ 기계를 놓은 책상 바로 밑에 음의 공명작용을 막기 위하여 속이 비어있는 서랍을 설치한다.

> 서랍과 같이 속이 비어있는 물체는 음의 공명작용, 즉 울림 현상을 높이는 원인이 되므로 소음이 발생하는 기계 아래쪽에 배치해서는 안 됩니다. 소음이 발생하는 기계 아래쪽에는 속이 채워져 있는 물체를 배치해야 합니다.

19.9, 18.9, 13.8, 13.3, 12.5, 11.8, 11.3, 10.9, 10.3, 06.3, 04.8, 04.5, 01.9, 01.6, 00.7

핵심 086 사무작업 환경 – 온도/습도/공기

온도/습도

- 일반 사무실에서의 실내 표준 온도는 20~24℃이고, 습도는 50~70%이다.
- 전산 시스템을 보호하기 위한 허용 온도는 16~28℃이다.

공기

- 산업안전보건기준에 관한 규칙에 제정된 적정한 공기 : 산소 농도 18 ~ 23.5% 미만, 탄산가스 농도 1.5% 미만, 일산화탄소 농도 30ppm 미만, 황화수소 농도 10ppm 미만인 수준의 공기
- 환경부에서 고시한 공기 중에 포함되는 포름알데히드 기준치 : 0.1ppm 이하
- 산업안전보건기준에 관한 규칙에 제정된 기압 기준
  - 이상(以上) 기압 : 압력이 cm²당 1kg 이상인 기압
  - 가스 등 인체에 해로운 잔재물을 취급하는 근로자가 섭씨 10도 이하인 상태에서 환기를 하는 경우에는 매초 1미터 이상의 기류에 닿지 않도록 해야 한다.

01. 쾌적한 사무실 공기를 유지하기 위한 포름알데히드의 관리 기준은?

19.9, 10.9

① 0.01ppm 이하
② 0.1ppm 이하
③ 0.5ppm 이하
④ 1ppm 이하

02. 산업안전보건기준에 관한 규칙에 의거 "적정공기"의 최저 산소 농도는?

18.9, 11.3

① 10퍼센트
② 15퍼센트
③ 18퍼센트
④ 25퍼센트

16.5, 16.3, 12.9, 03.8, 00.7

핵심 087 사무작업 환경 – 색채

- 자주 접촉하는 책상, 사무용품, 벽 등은 되도록 자극성이 적은 색을 사용하고, 단조롭고 정적인 사무를 처리하는 사무실은 활기를 조장하기 위하여 비교적 명쾌한 자극성이 높은 색을 사용한다.
- 사무실 벽의 윗부분과 아랫부분은 가능한 한 명도 차를 적게 한다.
- 색채는 운동성을 지니고 있다.
  - 밝은 색은 활동적이고 팽창감을 느끼게 한다.
  - 붉은 색은 친근감을 느끼게 하고, 청색 계통의 색은 침체감과 소외감을 느끼게 한다.
- 색채는 온도 감각을 지니고 있다.
  - 붉은 색은 따뜻한 느낌을 주고, 청색은 차가운 느낌을 준다.
- 차이가 큰 색을 오래 바라보면 피곤감을 준다.
- 색채는 대조적인 색깔과 비교될 때 더 잘 나타난다.
- 색채는 무게 감각을 지니고 있으므로 명도가 낮아 무거운 느낌을 주는 어두운 색은 아랫부분에, 명도가 높아 가벼운 느낌을 주는 밝은 색은 윗부분에 사용한다.
- 사무 공간에 따른 적합한 색체

일반 사무실	천장	백색, 크림색, 연한 녹색
	벽	황색, 황록색, 녹색, 청색
	문 또는 벽 아랫부분	다색(갈색), 짙은 녹색
	북쪽 사무실	난색 계통
	남북쪽 사무실	한색 계통
회의실		강한 색채를 띤 밝은 중간색
접대실		보색을 피하고 중간색
복도		사무실보다 밝은 연한 색 계통

01. 사무실 색채 조절 요령 중 가장 적합하지 않은 것은?

16.3

① 책상, 사무용품, 벽 등은 되도록 자극성이 적은 색을 사용한다.
② 사무실벽의 아랫부분은 윗부분에 비해 명도가 높은 색을 사용한다.
③ 사무실의 활기를 조장하기 위해서는 자극성이 높은 색을 사용한다.
④ 사무실벽의 윗부분과 아랫부분은 가능한 한 명도의 차를 적게 한다.

> 사무실벽의 아랫부분은 윗부분에 비해 명도가 낮은 색을 사용해야 합니다.

핵심 088 ▶ 정보기기 관련 환경 기준

- 컴퓨터 시스템 설치를 위한 입지 선정 시 지반이 약한 지역을 피한다.
- 컴퓨터 센터의 주요 건물 구조는 내화구조로 하여야 한다.
- 컴퓨터실은 장비나 데이터의 관리 및 보안을 위해 출입구는 최소한으로 한다.
- 정전, 전압의 불안정 등에 대비하여 UPS, AVR, CVCF 등의 전원 관리 장치를 사용한다.

UPS(무정전 전원 공급장치)	정전되었을 때, 시스템에 일정 시간 동안 전원을 공급해 주는 장치
AVR(자동 전압 조절기)	입력 전압의 변동에 관계없이 항상 일정한 출력 전압을 유지시켜 주는 장치
CVCF(정전압 정주파장치)	전압과 주파수를 항상 일정하게 유지시켜 주는 장치

01. 일정한 전압을 유지시켜 주면서 순간 정전(Power Failure)에 대비하여 배터리 장치를 갖추어 정전이 되어도 일정 시간동안 전압을 보내주는 장치는? 19.4, 06.3

① AVR
② ADAPTER
③ MODEM
④ UPS

핵심 089 ▶ VDT 증후군

- VDT(Visual Display Terminal)는 TV, CRT와 같은 영상표시장치를 총칭한다.
- VDT 증후군은 VDT를 장시간 사용할 경우 전자파에 의해 발생되는 질병이다.
- VDT 전자파에 의해 발생되는 질병에는 시력 장애, 두통, 어깨·팔·허리 통증, 빈혈, 생리불순, 유산 등이 있다.
- 전자파로 인해 50분 작업 시 10분 휴식, 1일에 5시간 미만 작업, 1주일에 5일 미만 작업, 작업 시 바른 자세를 권장한다.

01. VDT 증후군은 주로 어느 사무환경에 의하여 기인되는가? 17.9, 07.8, 05.5, 05.3

① 소음 발생
② 공기조절 불량
③ 배선 고장
④ 영상표시장치

핵심 090 ▶ 자료/자료 관리

자료

- 일반적으로 자료는 현실 세계에서 관찰이나 측정을 통해 수집한 단순한 사실이나 결과값을 의미하는 것으로 정보수집의 처리가 가능한 형태의 모든 기록물을 의미한다.
- 공문서는 자료에서 제외된다.
- 자료의 적합성 평가 항목 : 유용성, 신뢰성, 효과성, 자료수집시간
- 행정기관에서 사무관리 방법상 필요에 따라 나누는 자료의 종류에는 행정간행물, 행정자료, 일반자료가 있다.

자료 관리

- 자료를 계획적으로 수집·분류·정리하여 유효한 정보가 필요할 때 제공하며 자료의 검색에서 자료의 폐기까지의 일련 과정을 의미한다.
- 자료의 대출, 전시, 복사, 번역 서비스, 전달 등의 내용을 모두 포함한다.
- 자료의 이동 과정을 신속하게 파악할 수 있으며, 자료 처리에 따르는 경비를 절약할 수 있다.
- 자료의 자연 증가를 통제할 수 있으며 필요한 정보를 효과적으로 획득할 수 있다.
- 자료관리의 기능에는 자료의 수집, 분류, 가공, 검색, 제공이 있다.

01. 행정기관에서 사무관리 방법상 필요에 따라 나누는 자료의 종류로 옳은 것은? 22.3, 20.6

① 행정간행물, 행정자료, 일반자료
② 행정간행물, 행정자료, 사무내규자료
③ 행정간행물, 법률고시자료, 일반자료
④ 행정간행물, 회사규정자료, 일반자료

02. 자료 관리에 대한 설명으로 가장 옳지 않은 것은? 19.3, 16.10, 03.5, 00.3

① 자료의 자연 증가를 통제할 수 있다.
② 자료 처리에 따르는 경비를 절감할 수 있다.
③ 자료를 서식화할 수 있다.
④ 자료를 필요로 하는 곳에 신속하게 전달할 수 있다.

> 자료 관리를 통해 자료의 자연 증가를 통제할 수 있고 자료의 이동 과정을 신속하게 파악할 수 있으며, 자료의 작성, 수정에 따른 경비를 절약할 수 있습니다.

22.9, 22.3, 21.5, 21.3, 19.9, 18.9, 18.4, 17.9, 17.3, 16.10, 15.5, 13.8, 09.5, 08.7, 08.3, 07.3, 03.8, 03.5, 02.3, …

핵심 091 자료의 분류

각 자료는 주제, 형식, 기능, 기타 특성에 따라 자료 분류표에 맞게 체계적으로 구분한다.

• 우리나라의 일반자료는 한국십진분류법(KDC)을 사용하여 분류하지만 행정간행물 및 행정자료는 기관번호 · 기능분류번호, 형식구분번호로 구성되는 특수 분류 방법을 사용하고 있다.

• 한국 십진분류법에 의한 분류

000	총류	500	기술과학
100	철학	600	예술
200	종교	700	어학
300	사회과학	800	문학
400	순수(자연)과학	900	역사

• 듀이 십진분류법(DDC)에 의한 분류 : 듀이에 의해 창안된 것으로, 최초의 십진 분류법

000	총서, 전집	500	순수(자연)과학
100	철학	600	기술과학
200	종교	700	예술
300	사회과학	800	문학
400	언어학	900	역사, 지리, 인물

01. 듀이 십진분류법(DDC)에 의한 분류 중 900에 해당하는 것은? 22.9

① 철학 ② 사회과학
③ 기술과학 ④ 역사

> 철학은 100, 사회과학은 300, 기술과학은 600입니다.

02. 듀이 십진분류법(DDC)에서 기술과학에 해당하는 코드는? 22.3, 21.5, 21.3, 16.10

① 200 ② 400
③ 600 ④ 800

23.4, 17.5, 14.5, 06.5, 06.3, 05.8, 03.3

핵심 092 자료의 열람/폐기

자료의 열람

• 자료의 열람제한 : 자료관리기관의 장은 비밀 · 대외비 및 열람제한 자료와 기타 특별한 사유가 있는 경우로서 열람을 제한할 필요가 있다고 인정하는 자료에 대하여 열람제한 표시를 하여 열람 또는 복사를 제한할 수 있음

• 열람제한 자료는 자료관리대장의 비고란에 '열람제한' 표시를 한 후 자료실에 따로 관리하거나 서류 보관함 등에 넣어 관리한다.

자료의 폐기

• 자료의 소장 가치가 없을 경우 자료관리기관의 장 또는 처리과의 장이 폐기할 수 있으며, 자료 폐기 시 자료관리대장에서 해당 자료의 분류번호 및 제목을 두 줄로 삭제하고 비고란에 '폐기'를 표시한 후 그 일자를 기재한다.

• 폐기 대상
  – 자료로서 가치가 떨어진 자료
  – 2본 이상의 복사본을 소장하고 있는 자료로서 열람 빈도가 적어 복사본을 소장할 필요가 없게 된 자료
  – 심한 훼손으로 더 이상 활용이 곤란하게 된 자료
  – 해당 자료관리기관의 장이 소장할 필요가 없다고 인정하는 자료

01. 다음 중 폐기대상 자료에 해당되지 않는 것은? 23.4, 14.5, 06.3, 03.3

① 자료로서 가치가 떨어진 자료
② 열람 빈도가 적어 복사본을 소장할 필요가 없는 자료
③ 판독 불능 정도로 훼손된 자료
④ 자료 가치나 상태와 상관없이 일정기간이 지난 자료

23.9, 22.9, 18.4, 17.5, 15.5, 12.3, 12.3, 10.9, 10.5, 10.3, 09.3, 08.3, 05.3, 04.5, 02.3, 01.9, 01.6, 01.3

핵심 093 문서작성의 일반원칙/문서처리의 원칙

문서는 일반적으로 글이나 기호 등으로 의사, 사상 등을 나타낸 것이며, 행정기관에서 공무상 작성하거나 시행하는 문서와 행정기관이 접수한 모든 문서를 공문서라고 한다. 이후 문서는 공문서를 의미한다.

문서작성의 일반원칙

• 쉬운 내용의 글, 쉬운 말을 사용하고, 항목 구분을 활용한다.
• 정확한 내용 · 표현 · 문장 · 용어를 사용한다.
• 과격한 용어, 중복된 어구를 피한다.
• 문장을 간결 · 간명하게 쓰고, 표준 어구를 이용한다.
• 수식어는 가능한 한 많이 사용하지 않는다.
• 결론은 앞에 넣는다.
• 문서의 여백 : 왼쪽 · 오른쪽 · 위쪽 여백 20mm, 아래쪽 여백 10mm

문서처리의 원칙

즉일처리의 원칙, 책임처리의 원칙, 법령적합의 원칙

01. 문서처리의 원칙으로 볼 수 없는 것은? 23.9, 22.9, 18.4, 17.5 …

① 즉일처리의 원칙 ② 책임처리의 원칙
③ 폐쇄처리의 원칙 ④ 법령적합의 원칙

23.4, 22.3, 21.9, 21.5, 20.8, 18.9, 16.10, 16.5, 15.9, 14.5, 13.6, 12.9, 12.3, 11.8, 08.5

핵심 094 ▶ 문서의 기안

- 전자문서로 하는 것을 원칙으로 한다.
- 행정안전부령으로 정하는 기안문으로 하여야 하고, 관계 서식이 있는 경우에는 서식을 이용한다.
- 둘 이상의 행정기관의 장의 결재가 필요한 문서는 그 문서 처리를 주관하는 행정기관에서 기안하여야 한다.
- 기안문에는 발의자(기안하도록 지시하거나 스스로 기안한 사람)와 보고자를 알 수 있도록 표시(발의자 : ★, 보고자 : ⊙)해야 하지만 다음 문서에서는 발의자와 보고자의 표시를 생략할 수 있다.
  - 검토나 결정이 필요하지 아니한 문서
  - 각종 증명 발급, 회의록, 그 밖의 단순 사실을 기록한 문서
  - 일상적 · 반복적인 업무로서 경미한 사항에 관한 문서
- 문서의 내용을 둘 이상의 항목으로 구분하려면 상위에서 하위 항목으로 다음과 같이 지정한다.

첫째	1., 2., 3., 4., …	다섯째	(1), (2), (3), (4), …
둘째	가., 나., 다., 라., …	여섯째	(가), (나), (다), (라), …
셋째	1), 2), 3), 4), …	일곱째	①, ②, ③, ④, …
넷째	가), 나), 다), 라), …	여덟째	㉮, ㉯, ㉰, ㉱, …

---

01. 기안문에서 발의자와 보고자의 표시가 옳게 짝지어진 것은?

23.4, 20.8, 15.9, 13.6

① 발의자 : ⊙ 보고자 : ★   ② 발의자 : ★ 보고자 : ⊙
③ 발의자 : ◎ 보고자 : ●   ④ 발의자 : ● 보고자 : ◎

23.4, 21.5, 18.9, 16.5, 14.5

핵심 095 ▶ 문서의 서식 설계 원칙

- 서식은 글씨의 크기, 항목 간의 간격, 적어 넣을 칸의 크기 등을 균형 있게 조절하여 알기 쉽도록 한다.
- 서식은 특별한 사유가 없으면 별도의 기안문과 시행문을 작성하지 않고, 서식 자체를 기안문과 시행문으로 사용할 수 있도록 생산등록번호 · 접수등록번호 · 수신자 · 시행일 및 접수일 등의 항목을 넣는다.
- 누구나 쉽게 이해할 수 있는 용어를 사용하고, 불필요하거나 활용도가 낮은 항목은 넣지 않는다.
- 행정기관의 로고 · 상징 · 마크 · 홍보문구 등을 표시하여 행정기관의 이미지를 높일 수 있도록 한다.

---

01. 다음 서식에 대한 행정업무의 운영 및 혁신에 관한 규정에서 괄호에 들어갈 항목으로 적합하지 않은 것은? 23.4

> 서식은 특별한 사유가 없으면 별도의 기안문과 시행문을 작성하지 아니하고 그 서식 자체를 기안문과 시행문으로 갈음할 수 있도록 ( ) 등의 항목을 넣어야 한다.

① 생산등록번호   ② 접수등록번호
③ 기안자   ④ 시행일

23.9, 22.9, 21.5, 21.3, 19.9, 19.3, 18.9, 18.4, 16.10, 16.3, 12.5, 09.5, 09.3

핵심 096 ▶ 문서의 종류

법규문서	• 헌법 · 법률 · 대통령령 · 총리령 · 부령 · 조례 · 규칙 등에 관한 문서 • 조문 형식에 의하여 작성하고, 누년 일련번호를 사용함
지시문서	행정기관이 그 하급기관이나 소속 공무원에 대하여 일정한 사항을 지시하는 문서
공고문서	• 행정기관이 일정한 사항을 일반인에게 알리기 위한 문서 • 효력 발생 시기가 명시되지 않은 문서는 고시 또는 공고가 있은 후 5일이 경과한 때부터 효력이 발생함
비치문서	행정기관이 일정한 사항을 기록하여 행정기관 내부에 비치하면서 업무에 활용하는 문서로, 비치대장, 비치카드 등이 있음
민원문서	민원인이 행정기관에 허가 · 인가 · 기타 처분 등 특정한 행위를 요구하는 문서
일반문서	위의 내용에 속하지 아니한 모든 문서

---

01. 카드, 도면, 대장 등과 같이 주로 사람, 물품 또는 권리 관계 등에 관한 사항의 관리나 확인 등에 수시로 사용되는 기록물은?

23.9, 22.9, 19.9

① 비치기록물   ② 전자기록물
③ 서류기록물   ④ 관용기록물

02. "행정업무의 운영 및 혁신에 관한 규정"에 따른 공문서의 분류에 해당하지 않은 것은? 22.9, 09.3

① 법규문서   ② 비치문서
③ 일반문서   ④ 비밀문서

23.2, 22.9, 22.3, 21.5, 21.3, 20.8, 19.9, 19.4, 18.4, 17.3, 16.5, 15.9, 13.8

핵심 097 ▶ 문서의 결재

- 결재란 기관의 의사를 결정할 권한을 가진 자(주로 행정기관의 장)가 직접 그 의사를 결정하는 행위를 말하며, 결재가 있음으로써 문서로 성립된다.
- 결재 시 결재권자의 서명란에는 서명날짜를 함께 표시한다.
- 결재의 종류

전결	• 최고 책임자가 자기 권한에 속하는 업무의 일부를 일정한 자격자에게 위임하여, 그 위임을 받은 자가 일정 범위의 위임사항에 대하여 최고 책임자를 대신하여 결재하는 것 • 전결하는 경우 서명란에 '전결'을 쓰고 서명함
대결	• 결재권자가 휴가 · 출장 등 기타의 사유로 결재할 수 없을 때 그 직무를 대리하는 자가 행하는 결재 • 대결하는 경우 서명란에 '대결'을 쓰고 서명함 • 위임 전결 사항을 대결하는 경우에는 전결하는 사람의 서명란에 "전결" 표시를 한 후 대결하는 사람의 서명란에 "대결" 표시를 하고 서명함

- 문서의 오류 정정 : 원안의 글자를 알 수 있도록 해당 글자의 중앙에 가로로 두 선을 그어 삭제 · 수정하고, 삭제 · 수정한 자가 그곳에 서명이나 날인을 함

---

01. 문서의 결재에 관한 설명으로 가장 옳지 않은 것은?

23.2, 22.9, 21.5, 19.9, 17.3, 13.8

① 결재권자의 서명란에는 서명 날짜를 함께 표시한다.

② 위임 전결하는 경우에는 전결하는 사람의 서명란에 "전결" 표시를 한 후 서명하여야 한다.

③ 대결하는 경우에는 대결하는 사람의 서명란에 "대결" 표시를 하고 서명하여야 한다.

④ 위임 전결 사항을 대결하는 경우에는 전결하는 사람의 서명란에 "대결" 표시를 하고 서명하여야 한다.

> 위임 전결 사항을 대결하는 경우에는 전결하는 사람의 서명란에 "전결" 표시를 하고 대결하는 사람의 서명란에 "대결" 표시를 한 후 서명해야 합니다.

02. 2장 이상으로 이루어진 문서 중 문서의 순서 또는 연결 관계를 명백히 할 필요가 있는 문서에 하지 않아도 되는 것은? 23.2, 13.3

① 접수번호 ② 쪽 번호

③ 발급번호 ④ 간인

23.4, 23.2, 22.4, 21.5, 21.3, 20.6, 17.9, 16.10, 16.5, 15.9, 14.3, 13.3, 12.9, 12.5, 11.8, 11.6, 11.3, 10.9, 10.5, 09.5, …

핵심 098 ▶ 문서관리의 기본원칙

- 문서관리는 문서업무의 절차와 방법을 합리화하여 모든 문서가 효율적으로 운영되도록 하는 과정이다.
- 문서관리의 기본원칙 : 표준화, 신속화, 경제성, 용이성, 자동화, 전문화, 간소화, 정확화, 절감화, 능률화 등
  - ※ 표준화 : 문서 사무처리에 있어서 여러 가지 수단이나 방법 중에 가장 합리적인 것을 선정하여 적용함
- 문서관리카드 : 문서의 정보출처 및 문서의 속성을 기록, 관리하기 위한 것으로, 문서관리카드는 기안한 내용, 의사결정 내용, 의사결정 과정에서 제기된 의견, 수정된 내용 및 지시사항을 기록·관리할 수 있도록 구성되어야 함
- 공공기관 및 기록물관리기관의 장은 문서의 생산부터 활용까지의 모든 과정에 걸쳐 진본성(眞本性), 무결성, 신뢰성 및 이용가능성이 보장될 수 있도록 관리하여야 한다.
- 문서 생산현황 작성 시기 : 문서 정리가 완료되어 그 결과가 전자기록생산시스템의 등록정보에 반영된 후 작성
- 문서철의 분류번호 표시 : 전자적 형태로 생산되지 않은 기록물은 기록물철의 표지, 보존상자 등에 해당 기록물철의 분류번호를 표시하고, 전자기록물은 해당 전자기록물철의 등록정보로 관리함
- 문서의 쪽 번호 등 표시 : 2장 이상으로 이루어진 문서 중 순서 또는 연결 관계를 명백히 해야 하는 문서에는 쪽 번호 또는 발급번호를 표시하거나 간인 등을 해야 함

01. 다음 설명의 (ㄱ), (ㄴ)에 가장 적합한 것은? 23.4, 22.4, 21.5, …

> 전자기록물로 구성되어 있는 기록물철의 (ㄱ)는(은) 해당 전자기록물철의 (ㄴ)(으)로 관리한다.

① (ㄱ) : 색인번호, (ㄴ) : 등록정보

② (ㄱ) : 등록정보, (ㄴ) : 생산정보

③ (ㄱ) : 분류번호, (ㄴ) : 등록정보

④ (ㄱ) : 분류번호, (ㄴ) : 생산정보

23.9, 23.4, 23.2, 22.9, 22.4, 21.9, 21.3, 20.6, 19.9, 18.3, 17.3, 15.3, 14.9, 14.3 …   050205

핵심 099 ▶ 문서의 정리

- 문서처리가 완결된 문서를 필요로 할 때 이용하기 쉬운 상태로 정리하기 위해 일정한 기준에 따라 문서나 자료를 분류하는 것이다.
- 문서정리의 절차는 분류, 보관, 보존, 폐기 순으로 진행한다.

분류	문서의 분류표를 이용하여 조직적이고 일관성 있게 문서를 분류함
보관	• 문서자료의 처리가 완결된 후부터 보존되기 전까지의 관리를 의미함 • 문서보관의 유형에는 집중식 관리, 분산식 관리, 집중·분산(절충식) 관리가 있음 • 문서는 파일캐비넷(또는 이에 준하는 것)에 보관하고, 서류함 외부에는 서류함 번호와 문서철의 분류번호를 기재함 • 활용빈도가 높은 보관문서는 서류함의 윗단에 보관하고, 보존문서는 아랫단에 보존함 • 완결되지 않은 미결문서는 1건으로 철하여 완결될 때까지 지정된 서류함에 보관해야 함 • 미결문서의 문서철 표지에는 단위 업무별 기능 명칭을 표시하여 문서를 쉽게 찾아볼 수 있도록 보관함

보존	• 보존은 보존기간의 기산일인 다음 연도의 1월 1일부터 기산하여 정해진 보존기간 동안 관리하는 것
	• 문서보존의 원칙
	  – 보존 문서는 가능한 한 줄일 것
	  – 문서 보존 규정을 만들어 준수할 것
	  – 권위가 없는 문서는 되도록 작성하지 말고, 작성한 경우 보존기간을 최소화함
	  – 보존기간이 경과한 문서는 폐기할 것
	  – 규정에 의거 보존문서의 정리 및 폐기를 자주 할 것
	• 행정기관의 경우 보존기간은 영구 보존, 준영구 보존, 30년 보존, 10년 보존, 5년 보존, 3년 보존, 1년 보존으로 구분함
	• 영구 보존 문서 중 중요한 문서는 복제본 제작, 보존 매체에 보존, 이중으로 보존 등의 방법을 통해 보존해야 함
	• 기록물을 이관하려는 경우에는 기록물의 공개 여부를 재분류하여 이관하여야 함
	• 비공개 기록물은 생산연도 종료 후 30년이 지나면 모두 공개하는 것을 원칙으로 함
	• 보존기간이 종료된 전자기록물 중 보존기간이 10년 이상인 경우 중앙기록물관리기관의 장이 정하는 바에 따라 문서보존포맷 및 장기보존포맷으로 변환하여 관리해야 함
	• 문서 보존 시 충해를 방지하려면 온·습도를 유지하고 소독을 실시해야 함
	• 심각한 훼손으로 복원이 불가능한 문서는 폐기함

폐기	• 보존기간이 만료되었거나 불필요한 문서를 처분하는 것을 의미함 • 폐기 시에는 원내용을 알아볼 수 없도록 절단하거나 소각해야 함

잠깐만요 문서 보관관리 중 집중관리의 장·단점

문서의 집중관리는 문서 전담관리 부서에서 모든 문서를 관리하므로 다음과 같은 장·단점이 있습니다.

장점	• 경비 및 공간이 절약됨 • 종합된 정보를 제공 받을 수 있음 • 문서 관리 및 업무의 조정과 통제가 용이함
단점	• 자료의 열람 시 이용 방법과 절차가 복잡함 • 자료의 열람 시 시간이 오래 걸림

01. 문서정리 보존의 일반원칙과 관계 없는 것은?

21.9, 19.9, 17.3, 12.9, 08.5, 06.5, 04.8, 02.8, 02.3

① 보존할 문서는 가능한 한 줄인다.
② 규정에 의거 보존문서의 정리 및 폐기를 자주 한다.
③ 문서 보존 규정을 제정하고 이를 준수한다.
④ 훼손되어 활용이 불가능한 문서도 영구 보존해야 한다.

훼손되어 활용이 불가능한 문서는 폐기해야 합니다.

02. 일반적인 비공개 기록물의 공개원칙 기준으로 옳은 것은?

23.2, 22.9, 22.4, 14.3, 10.9

① 생산연도 발생 후 10년 경과
② 생산연도 발생 후 30년 경과
③ 생산연도 종료 후 10년 경과
④ 생산연도 종료 후 30년 경과

잠깐만요 배타적 발행권

저작물을 발행하거나 복제·전송할 권리를 가진 사람이 그 저작물을 발행 등에 이용하고자 하는 사람에 대하여 가지는 배타적 권리로, 설정행위에 대한 특약이 없는 때에는 맨 처음 발행 등을 한 날로부터 3년간 존속할 수 있습니다.

01. 저작권은 언제부터 발생하는가?

23.9, 22.4, 18.9, 14.3, 12.3, 11.6, …

① 저작물이 실용화된 때로부터
② 저작물이 창작(완료)된 때로부터
③ 저작물이 등록된 때로부터
④ 저작물이 공고된 때로부터

02. 저작권법에 의한 프로그램 보호 관리에서 컴퓨터 프로그램 저작물의 정의로 옳은 것은?

21.3, 16.3, 13.6

① 특정한 결과를 얻기 위하여 컴퓨터 등 정보처리 능력을 가진 장치 내에서 직접 또는 간접으로 사용되는 일련의 지시·명령으로 표현된 창작물
② 저작물이나 부호·문자·음성·영상 그 밖의 형태의 자료의 집합물
③ 소재의 선택·배열 또는 구성에 창작성이 있는 편집물
④ 소재를 체계적으로 배열 또는 구성한 편집물로서 개별적으로 그 소재에 접근하거나 그 소재를 검색할 수 있는 창작물

23.9, 22.4, 22.3, 21.5, 21.3, 20.6, 18.9, 16.5, 16.3, 14.9, 14.3, 13.8, 13.6, 12.9, 12.5, 12.3, 11.8, 11.6, 10.9, 10.5, …

핵심 100 ▶ 프로그램 저작권

• 저작권은 저작물을 창작한 자에게 주어지는 권리로, 저작물에는 소설, 시, 논문, 음악 저작물, 연극 저작물, 미술 저작물, 사진 저작물, 영상 저작물, 도형 저작물, 컴퓨터 프로그램 저작물 등이 있다.
• 컴퓨터 프로그램 저작물 : 특정한 결과를 얻기 위하여 컴퓨터 등 정보처리 능력을 가진 장치 내에서 직접 또는 간접으로 사용되는 일련의 지시·명령으로 표현된 창작물을 말함
• 저작권 발생 : 저작물이 창작된 때로부터 발생되며, 어떠한 절차나 형식의 이행을 필요로 하지 않음
• 유효(존속)기간 : 업무상 작성된 프로그램은 프로그램이 공표된 때부터 70년간 존속됨
• 데이터베이스 제작자의 권리 발생과 존속기간 : 데이터베이스 제작을 완료한 때부터 권리가 발생하며, 그 다음 해부터 기산하여 5년간 존속함
• 공동저작물은 저작권자 전원의 합의를 통해서만 권리를 행사할 수 있다.
• 저작 재산권의 제한
  - 영리를 목적으로 하지 않는 공연·방송인 경우
  - 학교 교육 목적 등에 이용할 경우
  - 재판 절차 등에 복제할 경우

21.9, 16.5, 15.9, 15.3, 14.5, 13.3, 11.3, 09.3, 08.7, 08.3, 07.8, 07.5, 05.3, 04.5, 03.3, 02.8, 02.5, 01.9, 01.3

핵심 101 ▶ 프로그램 저작재산권

저작자가 프로그램을 복제, 개작, 공표, 공연, 전시, 배포, 발행 등을 할 수 있는 권리를 가지고 있는 것을 의미한다.

복제	저작물을 유형물에 고정시켜 새로운 창작성을 더하지 아니하고 다시 제작하는 것
개작	원 저작물의 일련의 지시·명령의 전부 또는 상당 부분을 이용하여 새로운 프로그램을 창작하는 것
배포	원 저작물 또는 그 복제물을 공중에게 양도 또는 대여하는 것
발행	저작물을 공중의 수요를 충족할 수 있을 정도로 복제하여 배포하는 것
공표	저작물을 공중에게 공개하거나 발행하는 것

잠깐만요 프로그램 코드 역분석

독립적으로 창작된 컴퓨터 프로그램 저작물과 다른 컴퓨터 프로그램과의 호환에 필요한 정보를 얻기 위하여 컴퓨터 프로그램 저작물 코드를 복제 또는 변환하는 것입니다.

01. 저작권법에 제2조(정의) 내에 명시된 독립적으로 창작된 컴퓨터 프로그램 저작물과 다른 컴퓨터 프로그램과의 호환에 필요한 정보를 얻기 위하여 컴퓨터 프로그램 저작물 코드를 복제 또는 변환하는 것을 무엇이라 하는가?
21.9, 15.9, 08.7

① 프로그램 순공학
② 프로그램 코드 분석
③ 프로그램 역공학
④ 프로그램 코드 역분석

02. 저작물 등의 원본 또는 그 복제물을 공중에게 대가를 받거나 받지 아니하고 양도 또는 대여하는 것을 의미하는 것은?
16.5, 15.3, 11.3

① 발행
② 배포
③ 공표
④ 양도

21.3, 20.8, 19.3, 17.5, 17.3, 14.5, 12.5, 12.3, 11.8, 11.6, 11.3, 10.9

핵심 102 ▶ **정보통신망/정보통신서비스 제공자 관련 규칙**

• 정보통신망에서 개인정보의 안전성 확보에 필요한 조치

기술적 조치	• 개인정보에 대한 접근 권한을 확인하기 위한 식별 및 인증 • 개인정보에 대한 접근을 차단하기 위한 암호화와 방화벽 설치 • 접속기록의 위조 · 변조 방지 • 침해사고 방지를 위한 보안 프로그램의 설치 및 운영
관리적 조치	• 개인정보의 안전한 취급을 위한 내부 관리 계획의 수립 및 시행 • 개인정보 관리 책임자의 의무와 책임을 규정한 내부 지침 마련 • 개인정보의 안전한 보관을 위한 잠금장치 등 물리적 접근방지 • 개인정보 보호를 위한 정기적인 자체 감사 실시

• 정보통신망을 통해 유통되는 해로운 정보로부터 청소년을 보호하기 위한 시책
  – 내용 선별 소프트웨어의 개발 및 보급
  – 청소년 보호를 위한 교육 및 홍보
  – 청소년 보호를 위한 기술의 개발 및 보급
• 정보통신서비스 제공자가 개인정보 수집 시 알려야 할 사항
  – 개인정보의 수집 · 이용 목적
  – 수집하는 개인정보의 항목
  – 개인정보의 보유 · 이용 기간
• 주민등록번호를 사용하지 않고 회원으로 가입할 수 있는 방법을 제공해야 하는 경우
  – 전년도 말 기준 직전 3개월간의 일일평균 이용자수가 5만명 이상인 포털 서비스 제공자
  – 전년도 말 기준 직전 3개월간의 일일평균 이용자수가 1만명 이상인 게임 서비스, 전자상거래 서비스 제공자
• 정보통신서비스 제공자 및 이용자의 책무
  – 정보통신서비스 제공자 : 이용자를 보호하고 건전하고 안전한 정보통신서비스를 제공하여 이용자의 권익보호와 정보이용 능력의 향상에 이바지하여야 함
  – 이용자 : 건전한 정보사회가 정착되도록 노력하여야 함

01. 정보통신망에서 개인정보의 안전성 확보에 필요한 기술적인 조치에 해당하지 않는 것은?
19.3, 17.3, 12.3, 11.8, 11.3

① 개인정보에 대한 접근 권한을 확인하기 위한 식별 및 인증 조치
② 접속기록의 위조, 변조 방지를 위한 조치
③ 침해사고 방지를 위한 보안 프로그램의 설치 및 운영
④ 개인정보보호를 위한 정기적인 자체 감사 실시

02. 정보통신망 이용촉진 및 정보보호 등에 관한 법률에 의해 다음 중 정보통신서비스 제공자의 책무에 해당하지 않은 것은?
21.3, 20.8, 17.3, 14.5

① 이용자의 개인정보를 보호하여야 한다.
② 건전하고 안전한 정보이용통신서비스를 제공하여야 한다.
③ 이용자의 권익보호와 정보이용 능력의 향상에 이바지하여야 한다.
④ 건전한 정보사회가 정착되도록 노력하여야 한다.

④번은 이용자의 책무에 해당합니다.

23.4, 22.4, 22.3, 19.3, 16.3, 14.9, 13.6, 12.5, 12.3, 10.3, 09.3, 08.7, 08.5, 05.8, 02.5, 01.9, 01.6, 00.7

핵심 103 ▶ **주요 기관**

한국지능 정보사회 진흥원	국가기관 · 지방자치단체 등의 국가정보화 추진과 관련된 정책의 개발과 건강한 정보문화 조성 및 정보격차 해소 등을 지원하기 위한 기구
한국인터넷 진흥원	인터넷 이용 촉진, 인터넷 정보보호, 해킹 · 바이러스, 사고 대응, 개인정보보호, 방송통신 국제협력 등을 효율적으로 추진하기 위해 설립한 기구
국가기록원	기록물 관리를 총괄, 조정하고 기록물의 영구 보존 및 관리를 위한 기관
한국저작권 위원회	• 저작권에 관한 사항 심의 및 저작권법에 의해 보호되는 권리에 관한 분쟁조정 등을 주요 업무로하는 기관 • 분쟁의 알선 및 조정, 저작권 정책 수립 지원, 저작권 보호를 위한 국제 협력, 저작권 연구 · 교육 및 홍보, 저작권의 침해 등에 관한 감정, 저작권 정보 제공을 위한 정보관리 시스템 구축 및 운영 등의 업무를 수행함
정보통신 산업진흥원	소프트웨어 산업의 진흥 · 발전을 효율적으로 지원하기 위한 기구

01. 정보화 추진과 관련된 정책을 개발하고, 정보문화 조성, 정보격차 해소 등을 지원하려는 목적으로 만들어진 대한민국의 국가기관은?
23.4, 22.4, 22.3, 19.3, 16.3

① 한국방송통신전파진흥원
② 한국지능정보사회진흥원
③ 한국인터넷진흥원
④ 한국기초과학지원연구원

핵심 104 > 사무 분석

• 사무활동의 개선을 목적으로 사무 작업이나 사무처리 방법 등의 실태를 분석하고 검토하는 것이다.

• 사무 작업의 순조로운 흐름을 방해하는 문제를 해결하여 사무작업의 효율을 꾀한다.

• 사무공정분석과 사무작업분석으로 나뉜다.

사무공정분석	• 전체적인 사무 절차의 형태, 내용, 방법, 사무 환경 등을 파악하고 그 사무처리 과정의 합리화를 꾀하고자 이루어지는 활동으로 문장에 의한 방법과 도표에 의한 방법이 있음 • 문장에 의한 방법 : 사무절차를 그 흐름에 따라 서술적으로 기록하여 분석하는 방법 • 도표에 의한 방법 : 사무절차의 분석 내용을 도표로써 일목요연하게 표현하여 분석하는 방법
사무작업분석	• 사무담당자별로 사무작업을 분석하여 능률화시키는 활동 • 사무원의 동작을 시간 연구나 동작 연구 기법에 의해 관찰하고 업무방법을 개선하여 표준화하려는 것

• 사무작업 효율화의 원칙 : 목적성의 원칙, 집중화의 원칙, 평균화의 원칙, 전체성의 원칙, 간소화의 원칙, 표준화의 원칙, 전문화의 원칙 등

01. 사무분석의 기법 중 사무공정분석에 관한 내용이 아닌 것은?
19.3, 16.3

① 결재권한의 합리화

② 사무작업 시간의 적정화

③ 사무서식의 분석 및 개선

④ 사무흐름의 표준화

> 사무작업 시간의 적정화는 사무공정분석이 아니라 사무작업분석에 관한 내용입니다.

핵심 105 > 사무 분석 – 동작/시간 연구

동작 연구	• 전체 작업 동작을 세밀하게 검토하여 불필요한 동작은 제거하고, 필요한 동작은 최대한 쉽고 간편한 동작으로 개선하는 동작의 간소화를 의미함 • 서브릭 분석 방법을 사용하여 작업 동작을 연구함 • 서브릭은 길브레스 부부에 의해 인간의 동작을 18가지의 기본 미세 동작으로 나눈 것을 말하며, 이를 기호화한 것을 서블릭(Therblig) 기호라고 함
시간 연구	• 스톱워치 등과 같은 계측기를 이용해서 작업자가 행동하는 기본 동작에 필요한 시간을 정밀하게 측정하여 그 표준시간을 산출하기 위한 것 • 표준시간은 정해진 1단위의 작업을 정상의 속도로 수행하는 데 필요한 시간이며, 정규 작업시간 + 여유시간을 의미함

• 동작 및 시간 연구의 기법 : 인간 절차 도표, 작업 도표, 서식 절차 도표, 서식 경략 도표

01. 사무작업의 효율성을 높이기 위한 동작 연구의 목적이 아닌 것은?
23.2, 21.5, 19.3

① 필요한 동작은 쉽고 간편하게 개선한다.

② 불필요한 작업을 제거한다.

③ 스톱워치를 사용하여 동작에 필요한 표준시간을 산출한다.

④ 적절한 절차배정이 끝난 작업에 대한 방법을 표준화 한다.

> 스톱워치를 사용하여 동작에 필요한 표준시간을 산출하는 것은 시간 연구의 목적입니다.

02. 사무 간소화에 이용되는 동작 연구와 시간 연구의 기법과 가장 거리가 먼 것은?
23.9, 18.3, 10.5, 07.3

① 인간 절차 도표

② 변형 도표

③ 작업 도표

④ 서식 경략 도표

핵심 106 > 사무 분석 – 동작경제의 원칙

신체(인체)의 사용에 관한 원칙	• 양손의 동작은 동시에 시작하고 동시에 멈춤 • 휴식시간 이외에는 동시에 양손을 쉬지 않음 • 양손은 좌우 반대 방향으로 동시에 동작함 • 가능한 곳에서는 손을 쓰는 대신 발을 사용하고 동시에 손도 유효하게 사용해야 함 • 왼손으로 할 수 있는 일은 왼손을 사용함 • 모든 동작은 작업에 만족할 수 있을 정도의 최저 동작 단위로 제한함 • 될 수 있는 한 리듬을 갖고 작업할 수 있도록 함
작업장의 배열에 관한 원칙	• 공구 및 재료 등의 위치는 정해진 곳에 둠 • 동작이 원활하게 잘 연결되도록 재료나 도구를 배치함 • 작업장소 및 의자의 높이는 서서 하는 작업이나 앉아서 하는 작업 어느 경우에도 쉽게 할 수 있게 함 • 작업자가 올바른 자세를 취할 수 있는 모양의 올바른 높이의 의자를 각 작업자에게 배치해 줌
공구 및 장비의 설계에 관한 원칙	• 될 수 있는 한 발을 사용하게 함 • 조작에 사용되는 힘과 무게는 작업자의 체력에 알맞도록 함 • 허리를 굽히지 않고, 기계의 조작이 가능하도록 함

01. 동작의 경제 원칙을 가장 잘 나타내고 있는 것은?
21.9, 20.6, 13.8, 10.9, 08.5

① 발로 할 수 있는 일은 오른손을 사용한다.

② 왼손으로 할 수 있는 것은 오른손을 사용하지 않는다.

③ 가능한 한 양쪽이 동시에 작업을 시작하되 끝날 때는 각각 끝나도록 한다.

④ 동작의 경제 원칙은 본래 생산작업을 대상으로 만들어졌기 때문에 사무작업에는 응용할 수 없다.

> ① 발로 할 수 있는 일은 발을 사용합니다.
> ③ 양손의 동작은 동시에 시작하고 동시에 멈춥니다.
> ④ 동작의 경제 원칙은 본래 생산작업을 대상으로 만들어졌지만 현재 사무작업에도 응용하여 사용되고 있습니다.

23.4, 19.4, 19.3, 17.3, 15.3, 14.5, 14.3, 07.8, 06.8, 06.5, 06.3, 05.5, 04.8, 03.8, 02.8, 00.3

핵심 107 ▶ 사무 간소화

- 사무작업의 효율화를 기하기 위해서 사무의 내용, 절차, 서식, 작업 시간을 단축하거나 간소화하는 것이다.
- 본질적이 아닌 작업을 제거한다.
- 사무작업에서 불필요한 단계나 복잡성을 제거한다.
- 작업의 사무 중복을 최소화시킨다.
- 본질적인 작업을 단순화하는 것을 목표로 한다.
- 사무 간소화의 목적 : 용이성, 신속성, 정확성, 경제성
- 사무 간소화의 대상
  - 사무 간소화를 하면 시간이 많이 단축되는 작업
  - 사무 간소화를 하면 비용이 많이 절약되는 작업
  - 정보의 상호전달, 자료의 배분 등이 어렵거나 시간 외 근무를 자주하는 작업
  - 작업 방법의 어려움, 업무량의 과중 등으로 불평불만의 대상이 되는 작업
- 사무 간소화 프로그램

비공식 프로그램	• 사무 간소화 프로그램에 참가하는 모든 사무 관계자의 자발적 자세를 전제로 하는 것 • 기업내 훈련 과정에서 시청각이나 매뉴얼, 회합, 강연 등을 통해 모든 직원에게 참가를 유도함
공식 프로그램	사무 간소화를 최고 경영자의 책임으로 보고, 외부의 전문가나 컨설턴트 같은 자문기관이나 내부의 특정한 스텝에 의해 사무 간소화가 추진되는 형태
기타 프로그램	• 자발적 접근법 : 감독자가 직원에게 사무 간소화의 필요성, 방법 등을 교육시키고 그 이후에는 직원들의 자발적인 노력을 기대하는 것 • 문제 해결식 접근법 : 부하, 상사, 교관이 하나의 문제를 놓고 함께 해결하여 사무 간소화를 추진해 가는 것 • 순수 계선(개발식) 접근법 : 부서장이 사무 간소화의 훈련을 받은 후 자기의 직원을 훈련하는 것으로, 이런 과정을 마지막 하위 직원에게까지 이르게 하는 것

01. 사무 간소화의 의미를 가장 잘 설명한 것은? 23.4, 19.4, 06.8

① 사무시간의 양적 축소를 의미한다.
② 사무의 내용, 방법, 절차 등을 감소시키는 것을 뜻한다.
③ 사무자동화기기의 축소를 뜻한다.
④ 사무를 수행하는 인원의 감축을 의미한다.

23.9, 23.4, 22.9, 21.3, 20.6, 19.9, 19.4, 18.9, 18.4, 17.9, 17.5, 16.3, 14.5, 13.8, 13.6, 11.8, 11.6, 10.5, 10.3, 09.8, …

핵심 108 ▶ 사무량 측정

- 사무량 측정은 한 단위의 사무량을 세분·분류하고 적은 단위의 사무작업이나 동작 등을 일정한 척도에 의하여 정량적으로 측정한 후 그 사무량의 처리에 필요한 표준 시간을 정하는 것을 의미한다.

- 사무량 측정 대상

사무량 측정이 적합한 대상	• 일상적으로 일정한 처리 방법으로 반복되는 사무 • 상당 기간 내용적으로 처리 방법이 균일하여 변동이 별로 없는 사무 • 성과 또는 진행상황을 수치화하여 일정단위로서 계산할 수 있는 사무 • 업무의 구성이 동일한 사무
사무량 측정이 부적합한 대상	• 조사 기획과 같은 비교적 판단 및 사고력이 요구되는 사무 • 사무량이 적은 잡다한 사무 • 반복성이 없는 사무 • 소요시간과 성과측정이 곤란한 사무 • 사무량 측정이 필요 없는 사무

- 사무량 측정 방법

시간 연구(관측)법, 스톱워치(Stop Watch)	가장 일반적으로 알려진 관측법으로, 업무를 직접 관찰하여 소요시간을 측정한 후 여기서 얻은 수치로써 표준시간을 계정하는 방법
워크 샘플링법 (WS; Work Sampling)	• 시간 연구법의 하나로, 임의의 시간 간격으로 관측하여 시간적 구성 비율을 통계적으로 추측 하는 방법 • 모집단에서 임의의 표본을 추출하여 조사하고 이 표본조사에서 얻은 결과를 분석하여 모집단의 상태를 판정함 • 사람의 작업, 기계설비의 가동 등 특정 기간에 있어서의 시간적 추이, 상황, 특정 사건의 발생률 등을 통계적 확률을 이용하여 파악하는 방법 • 비교적 싸고 적은 시간으로 측정이 가능하지만 관찰 대상자들이 사무를 달리 수행할 수 있어 신뢰성이 떨어질 수 있음
요소시간 측정법 (PTS, 표준시간 자료법)	기본적인 공통 동작 또는 동작요소에 대하여 미리 표준시간을 설정해 놓고, 이 자료를 이용하여 특정 작업에 대한 표준시간을 결정하는 방법
경험적 측정법 (주관적 판단법, 청취법)	담당자나 그 업무에 정통한 사람에게 문의한 후 사무량을 측정하는 방법으로 간단하지만 과학적인 논리가 부족함
실적 기록법 (CMU)	일정 단위의 사무량과 소요시간을 계속적으로 기록하고 통계적 분석을 통해 표준시간을 결정 하는 것

01. 사무량을 측정하기에 부적당한 사무는? 23.4, 19.9, 18.9, 14.5, …

① 일상적으로 일정한 처리방법으로 반복되는 사무
② 상당기간 내용적으로 처리방법이 균일하여 변동이 별로 없는 사무
③ 성과 또는 진행 상황을 수치화하여 일정 단위로서 계산할 수 있는 사무
④ 조사기획과 같은 비교적 판단 및 사고력이 요구되는 사무

02. 다음 중 워크 샘플링(Work Sampling)법에 대한 설명으로 옳은 것은? 23.9, 23.4, 22.9, 18.9, 18.4, 11.8, 11.6, 07.5, 06.8, 03.5

① 사이클이 짧고 반복 작업에 적합하다.
② 책상에서 비용을 전부 측정할 수 있다.
③ 임의의 시간 간격으로 관측하여 시간적 구성 비율을 통계적으로 추측하는 방법이다.
④ 과거의 실적에 준하여 기억을 더듬으며 업무마다 시간치를 측정하는 방법이다.

핵심 109 EDI의 개요

- EDI는 Electronic Data Interchange의 약자로, 사무실과 사무실 또는 거래처 간에 상호 합의된 메시지를 컴퓨터를 통하여 상호 교환함으로써 거래 업무에 따르는 문서처리 업무를 자동화하는 것을 의미한다.
- 조직 간 전자상거래에 주로 사용되며, 전자상거래 데이터의 교환 및 공유를 위한 EDIFACT을 제정하여 활용한 것이다.

> **잠깐만요 EDIFACT**
> - EDI 운용을 위한 국제 표준 규약입니다.
> - **EDIFACT의 기본 요소** : 문법과 구문규칙, 데이터 엘리먼트 디렉터리, 표준 메시지

- 사무생산성을 향상시키기 위해 서류 없는 거래를 기본 원칙으로 하며, 다양한 범주의 자료 교환을 포함하는 자료 전달 방식이다.
- 표준 양식을 가지고 구조화된 데이터를 전송해서 수신측의 컴퓨터가 직접 처리 가능하도록 하는 전송이다.
- 서로 다른 조직 간에 표준화된 양식을 사용하여 상업적 또는 행정상의 거래를 통신 표준에 따라 컴퓨터 간에 교환하는 전자식 데이터 교환 시스템이다.
- 기업 간 또는 공공기관 사이에 교환되는 문서로 작성된 거래 정보를 컴퓨터 간의 전자적 수단으로 표준화된 형태와 코드 체계를 이용하여 교환하는 시스템이다.
- 사무작업에서 종이로 이루어진 문서를 전자식으로 대체할 때 사용하는 데이터 교환 방식이다.
- EDI의 데이터 형식, 용어, 규약 등의 국제적 표준을 정하는 국제기구는 ISO이다.
- EDI 발생 배경 : 정보통신 기술의 발전과 첨단 정보처리에 대한 요구 증대, 업무처리의 신속성과 대량의 정보 처리에 대한 요구 증대, 외부 정보에의 의존 증대, 수작업 비용의 증가 등

01. 거래 상대방 간에 상호 합의된 메시지를 컴퓨터를 이용하여 상호 교환함으로써 거래업무에 따른 문서처리 업무를 자동화하는 것은? 23.4, 22.9, 20.6, 19.9, 18.4, 18.3, 14.9, 13.3, 12.9, 07.3, 05.5, 04.3, 03.8, ···

① EDP
② MIS
③ EDI
④ MIPS

02. EDIFACT의 구성 요소에서 3가지 기본 요소가 아닌 것은?
22.3, 19.3, 16.10

① 문법과 구문규칙
② 데이터 엘리먼트 디렉터리
③ 표준 메시지
④ 코드집

핵심 110 EDI의 특징

- 거래처 간 쌍방의 자주성과 독립성이 보장되며 관계가 증진된다.
- 독립된 데이터베이스를 가진다.
- 데이터 통신망을 이용하는 컴퓨터와 컴퓨터 간의 통신 방법이므로 서류 없는 거래(Paperless Trade)가 가능하다.
- 사용되는 데이터는 구조화되어 있어야 하고, 기계처리가 가능한 표준 양식이어야 한다.
- 사용되는 데이터는 수신한 컴퓨터가 직접 처리하기 때문에 변환과 재입력이 필요 없다.
- 거래 시간이 단축되고, 업무처리 오류가 감소되며 비용이 절감된다.
- CAD/CAM과 같은 디자인 엔지니어링 부분에서도 기술적인 데이터 교환에 이용된다.
- 다른 경영관리 시스템과의 통합이라는 전략적 효과를 얻을 수 있다.

01. EDI에 관한 특징으로 가장 옳지 않은 것은? 23.2, 21.9, 20.8, ···

① 거래 쌍방의 자주성과 독립성이 보장된다.
② 독립된 데이터베이스를 가진다.
③ 구조화되지 않은 데이터를 전송할 수 있다.
④ 서류없는 거래(Paperless Trade)가 가능하다.

> EDI에 사용되는 데이터는 구조화되어 있어야 합니다.

핵심 111 EDI의 구성 요소

EDI 표준 (Standard)	• 전달 받은 문서에 대해 재입력 과정이 배제되므로 문서나 자료들을 컴퓨터가 직접 인식할 수 있는 공통의 표준안을 마련해야 함 • EDI 표준에는 양식 표준과 통신 표준이 있음
사용자 시스템 (EDI 소프트웨어 및 하드웨어)	• EDI를 이용하여 자료를 교환하기 위해 EDI 사용자가 갖추어야 할 컴퓨터 소프트웨어 및 하드웨어, 통신장비 등을 의미함 • 소프트웨어에는 응용 소프트웨어, 변환 소프트웨어, 통신 소프트웨어가 있음
EDI 네트워크 (Network)	• EDI의 표준화된 전자문서를 실질적으로 전송하기 위한 것으로, 크게 직접 방식 네트워크와 간접 방식 네트워크로 나눌 수 있음 • 전화선을 이용한 직접 연결 방식 − 거래 상대방의 수가 증가하면, 회선 비용이 증가되고 회선의 유지가 어려움 − 송·수신 시간의 조정이 어려움 − 통신 보안에 취약함 • VAN을 이용한 간접 연결 방식 − 가장 발전된 형태가 일 대 다중 접속 방식임 − 송·수신 시간의 조정이 용이함

01. 다음 중 EDI의 직접적인 구성 요소와 가장 거리가 먼 것은?

20.8, 18.9, 18.4, 15.5, 15.3, 14.5, 06.8, 05.8, 03.5, 01.6, 00.7

① 표준화
② 통신 네트워크
③ 통합 데이터베이스
④ 변환 소프트웨어

02. EDI의 표준을 크게 나누고자 할 때 가장 적합한 방식은?

22.3, 21.5, 18.4, 15.5

① 수치코드 표준, 통신 표준
② 양식 표준, 통신 표준
③ 수치코드 표준, 문자코드 표준
④ 문서 표준, 수치코드 표준

23.9, 23.4, 23.2, 22.4, 19.4, 15.9, 09.8

핵심 112 EDI의 종류

일괄처리방식 EDI	가장 일반적인 방식으로, 부가가치 통신망(VAN)을 이용한 축적전송방식(전송된 데이터를 저장한 후 일괄 발송)을 사용함
즉시응답방식 EDI	거래 문서를 받은 즉시 신속한 응답이 요구될 때 사용하는 방식
대화형방식 EDI	거래 당사자 간에 실시간으로 질의와 응답을 주고 받음으로써 상호작용이 가능한 방식

01. 거래 상대방의 응용 시스템들이 질의와 응답으로 구성된 두 개 이상의 짧은 메시지를 한 번의 접속 상태에서 주고받는 EDI 방식은?

23.2, 22.4, 19.4, 15.9

① 참여형 EDI
② 대화형 EDI
③ 일괄 처리형 EDI
④ 즉시 응답형 EDI

23.2, 22.4, 21.9, 20.8, 18.4, 18.3, 17.9, 17.3, 15.9, 14.9, 14.5, 14.3, 13.8, 13.6, 12.5, 11.6, 11.3, 10.9, 10.5, 10.3, …

핵심 113 전자문서 및 관련 용어

- 전자문서는 컴퓨터 등 정보처리 능력을 가진 장치에 의하여 전자적인 형태로 작성되어 송·수신 또는 저장된 문서 형식의 자료로서 표준화된 것을 의미한다.
- 전자문서는 결재권자에게 결재를 받음으로써 성립한다.
- 전자문서의 송·수신

송신(발송)	송신한 전자문서가 정보 시스템에 전자적으로 기록된 때
수신	• 송신한 전자문서가 수신자가 지정한 정보 시스템에 입력된 때 • 지정한 정보 시스템 등이 없는 경우 수신자가 관리하는 정보 시스템에 입력된 때

- 전자문서 내용에 대해 다툼이 있을 경우 전자문서중계자의 컴퓨터 파일에 기록된 전자문서의 내용을 실제 작성된 것으로 추정하여 서로의 이해관계를 조정해야 한다.
- 정보통신망을 이용하여 문서를 작성·처리하고자 하는 자는 개인별 사용자계정(ID), 비밀번호, 전자이미지서명을 등록하여 사용해야 한다.
- 국가기관 또는 지방자치단체의 장이 전자문서 처리를 위하여 고시하여야 할 사항 : 전자문서로 처리하는 대상 업무 및 그 표준화 방식, 전자문서중계설비를 관리하는 자, 전자문서의 보관기간 등
- 전자문서 관련 용어

전자(문자)서명	• 전자문서를 작성한 작성자의 신원과 당해 전자문서가 그 작성자에 의하여 작성되었음을 나타내는 전자적 형태의 서명 • 전자 서명을 생성하기 위하여 이용하는 전자적 정보를 전자서명 생성정보라고함
행정전자서명	기안·검토·협조·결재권자의 신원과 전자문서의 변경 여부를 확인할 수 있도록 전자문서에 첨부되거나 논리적으로 결합된 전자적 형태의 정보로서 인증을 받은 것
공인전자서명	다음의 요건을 갖추고 공인인증서에 기초한 전자서명을 말함 • 전자서명 생성정보가 가입자에게 유일하게 속할 것 • 서명 당시 가입자가 전자서명 생성정보를 지배·관리하고 있을 것 • 전자서명이 있는 후에 당해 전자서명에 대한 변경 여부를 확인할 수 있을 것 • 전자서명이 있는 후에 당해 전자문서의 변경 여부를 확인할 수 있을 것

01. '컴퓨터 등 정보처리 능력을 가진 장치에 의하여 전자적인 형태로 작성되어 송·수신 또는 저장된 문서 형식의 자료로서 표준화된 것'을 의미하는 것은? 23.2, 22.4, 14.9, 14.3, 07.3, 05.5, 04.5, 00.10, 00.3

① 공문서
② 전자문서
③ 프로그램
④ 프로토콜

02. 다음 ( ) 안에 알맞은 것은? 23.2, 22.4, 20.8, 18.4, 13.8, 07.5, 06.8

> 행정기관에 송신한 전자문서는 당해 전자문서의 송신시점이 컴퓨터에 의하여 전자적으로 ( )된 때에 그 송신자가 발송한 것으로 본다.

① 입력
② 전송
③ 기록
④ 발송

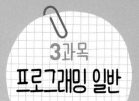
22.3, 21.3, 18.3, 16.10, 16.5, 15.9, 15.5, 15.3, 14.9, 14.5, 14.3, 13.8, 13.6, 13.3, … 050208

핵심 114 프로그래밍 언어의 종류 – 저급 언어

기계어	• 기계 중심의 저급 언어임 • 2진수 0과 1만 사용하여 명령어와 데이터를 나타냄 • 컴퓨터가 직접 이해할 수 있어 실행 속도가 빠름 • 전문적인 지식이 없으면 이해하기 어려움 • 기계마다 언어가 달라 호환성이 없음 • 프로그램의 작성 및 유지보수가 어려움
어셈블리어	• 어셈블리어(Assembly)는 기계어와 1:1로 대응되는 기호로 이루어진 언어 • 니모닉(Mnemonic) 언어라고도 함 • 하드웨어 제어에 주로 사용되며, 처리 속도가 빠름 • 기계어와 가장 유사하며 호환성이 떨어짐 • 기계어로 번역하기 위해 어셈블러(Assembler)라는 번역기가 필요함 • 어셈블리어에서 상수의 정의 – 2진 상수 정의 : BL **예** DC BL3 "101" – 16진 상수 정의 : XL **예** DC XL2 "A2"

01. 기계어에 대한 설명으로 옳지 않은 것은?

22.3, 21.3, 18.3, 16.10, 16.5, 15.9, 15.5, 15.3, 14.9, 14.5, 14.3, 13.8, 13.3, 12.5, 11.8, …

① 컴퓨터가 직접 이해할 수 있는 언어이다.

② 기종마다 기계어가 다르므로 언어의 호환성은 없다.

③ 0과 1의 2진수 형태로 표현되며 수행 시간이 빠르다.

④ 프로그램 작성이 용이하다.

기계어는 프로그램의 이해가 어려운 2진수를 이용하여 명령어와 데이터를 표현하기 때문에 프로그램 개발과 유지보수가 어렵습니다.

22.4, 22.3, 21.3, 19.4, 17.5, 17.3, 16.10, 16.3, 15.9, 15.3, 14.5, 14.3, 13.6, 13.3, … 050209

핵심 115 프로그래밍 언어의 종류 – 고급 언어

• 사람 중심의 언어로 배우기 쉽다.

• 호환성이 좋아 상이한 기계에서 별다른 수정 없이 실행이 가능하다.

• 실행을 위해서는 번역하는 과정이 필요하다.

FORTRAN	• John Backus에 의하여 개발된 최초의 컴파일러형 고급 언어 • 수학, 과학, 공학 등과 같은 수리 계산 분야에 널리 사용됨 • 명령문이 일반 수식과 비슷하여 사용이 용이함
COBOL	• 대표적인 사무용 자료처리 언어 • 구어체로 기술하므로 작성과 이해가 쉬움 • 4개의 Division으로 구성됨 – IDENTIFICATION DIVISION – ENVIRONMENT DIVISION – DATA DIVISION – PROCEDURE DIVISION • 기계 종속적인 부분과 기계 독립적인 부분이 분리됨
LISP	• 리스트 처리용 언어임 • 인공지능형 문제 처리에 적합함 • 프로그램과 데이터를 동일시함 • 순환 호출(되부름, Recursion) 중심의 언어 • 선언문을 전혀 사용하지 않음

SNOBOL	• 패턴 비교, 문자열 대치, 복사, 치환 등과 같은 문자열의 조작을 편리하게 수행할 수 있도록 여러 가지 기능을 제공하는 문자처리용 언어 • 프로그래밍 언어 가운데 스트림 자료의 활용이 가장 많음
BASIC	• 교육용 언어이며, 초보자를 위한 간단한 대화형(Interpreter) 언어 • goto문을 많이 사용하기 때문에 프로그램의 판독이 어려움
PROLOG	• 논리 기반 언어이며, 비절차적인 언어 • 데이터베이스 관리 시스템이나 인공지능 분야에서 사용됨
PASCAL	• 프로그래밍 교육 목적으로 개발됨 • ALGOL60을 모체로 개발됨 • 구조적 프로그램이 가능한 블록 구조 언어임
C	• 1972년 데니스 리치에 의하여 개발됨 • 시스템 프로그래밍 언어로 널리 사용됨 • 고급 프로그래밍 언어이면서 저급 프로그램 언어의 특징을 모두 갖춤 • UNIX의 일부가 C 언어로 구현됨 • 이식성이 우수함 • CPL → BCPL → B → C 언어의 순서로 발전됨
ADA	• 미 국방성에서 군사용 목적으로 개발된 언어 • 데이터 추출과 정보 은폐에 주안점을 두고 개발됨 • 입출력 기능이 뛰어나서 대량 자료 처리에 적합하며, 범용 언어로 사용됨 • 빠른 응답을 요구하는 실시간 처리에 적합함 • 병렬처리 기능이 있으며, 이식성과 확장성이 좋음
JAVA	• 객체 지향 언어 • 운영체제 및 하드웨어에 독립적이며, 이식성이 강함 • 다중 상속 및 캡슐화가 가능하고 재사용성이 높음

01. 다음 중 시스템 프로그래밍에 가장 적당한 언어는?

22.3, 16.10, 15.9, 14.5, 14.3, 13.3, 12.5, 11.8, 11.6, 08.7, 07.3, 06.8, 04.8, 03.8, 03.5, …

① BASIC   ② C

③ COBOL   ④ FORTRAN

23.2, 22.9, 22.4, 21.9, 21.5, 20.8, 20.6, 19.9, 19.4, 18.4, 17.9, 17.5, 16.5, 16.3, 15.9, 15.5, 14.3, 12.9, 12.5, 11.6, …

핵심 116 객체지향 프로그래밍 언어의 개요

• 현실 세계의 개체(Entity)를 기계의 부품처럼 하나의 객체로 만들어, 기계적인 부품들을 조립하여 제품을 만들 듯이 소프트웨어를 개발할 때도 객체들을 조립해서 프로그램을 작성할 수 있도록 한 프로그래밍 기법이다.

• 프로시저보다는 명령과 데이터로 구성된 객체를 중심으로 하는 프로그래밍 기법으로, 한 프로그램을 다른 프로그램에 이용할 수 있도록 한다.

• 유지보수가 쉽고 재사용이 용이하다.

• 객체지향 프로그래밍 언어의 종류 : Smalltalk, JAVA, ADA, C++, C++.NET 등

• 객체지향 프로그래밍 언어의 구성 요소

객체 (데이터 + 함수)	데이터(Data) • 객체가 가지고 있는 정보로 속성이나 상태, 분류 등을 나타냄 • 속성, 상태, 변수, 상수, 자료 구조라고도 함 함수(Function), 메소드(Method) • 객체가 메시지를 받아 실행해야 할 구체적인 연산 또는 명령문의 집합 • 메소드 또는 요소 함수(Member Function)라고 함 • 객체가 수행하는 기능으로 객체가 갖는 데이터를 처리하는 알고리즘 • 객체의 외부적인 활동을 연산이라는 전제하에서 구현한 것 • 객체의 상태를 참조하거나 변경하는 수단이 되는 것으로 동작, 연산이라고도 함 • 절차지향 프로그램 기법에서의 함수, 프로시저에 해당됨
클래스	• 하나 이상의 유사한 객체들을 묶어서 하나의 공통된 특성으로 표현한 것 • 객체의 일반적인 타입(Type)을 의미함 • 각각의 객체들이 갖는 속성과 연산을 정의하는 틀
메시지	• 객체들 간에 상호작용을 하는데 사용되는 수단으로 객체의 메소드(동작, 연산)를 일으키는 외부의 요구 사항 • 객체와 클래스(Class)가 정보를 교환하기 위한 통신 명령

잠깐만요 생성 함수와 소멸 함수
• 생성(Constructor) 함수 : 특정 객체의 생성시에, 초기화 처리를 행하는 역할을 하는 함수
• 소멸(Destructor) 함수 : 특정 객체(Object)가 종료하는 경우, 종료처리를 행함

01. 객체지향 언어(Object-Oriented Programming Language)에서 하나 이상의 유사한 객체(Object)들을 묶어서 하나의 공통된 특성으로 표현한 것을 무엇이라 하는가?
23.2, 22.9, 22.4, 21.5, 20.8, 18.4, 16.5, 15.5, 14.3, 12.9, 11.6, 10.5, 06.5, …
① 클래스(Class) ② 행위(Behavior)
③ 사건(Event) ④ 메시지(Message)

23.2, 21.9, 20.8, 19.9, 19.3, 18.9, 18.4, 17.9, 17.5, 17.3, 16.10, 15.9, 15.5, 14.5, 11.8, 11.6, 10.3, 09.5, 08.7, …
핵심 **117** 객체지향 프로그래밍 언어의 주요 개념

캡슐화 (Encapsulation)	• 데이터와 데이터를 처리하는 함수를 하나로 묶는 것 • 캡슐화된 객체의 세부 내용이 외부에 은폐되어 변경이 발생해도 오류의 파급 효과가 적음 • 캡슐화된 객체들은 재사용이 가능함 • 객체들 간의 인터페이스가 단순해짐
정보 은닉(은폐) (Information Hiding)	• 캡슐화에서 가장 중요한 개념으로 다른 객체에게 자신의 정보를 숨기고 연산만을 통하여 접근할 수 있도록 허용하는 것 • 각 개체의 수정이 다른 객체에게 주는 영향을 최소화하는 기술
상속성 (Inheritance)	• 이미 정의된 상위 클래스의 모든 속성과 연산을 하위 클래스가 물려받는 것 • 상속성을 이용하면 하위 클래스는 상위 클래스의 모든 속성과 연산을 자신의 클래스 내에서 다시 정의하지 않고서도 즉시 자신의 속성으로 사용할 수 있음
추상화 (Abstraction)	• 불필요한 부분을 생략하고 객체의 속성 중 가장 중요한 것에만 중점을 두어 개략화하는 것, 즉 모델화하는 것 • 소프트웨어 설계에 사용되는 대표적인 추상화 기법 : 제어 추상화, 기능 추상화, 자료 추상화
다형성 (Polymorphism)	• 메시지에 의해 객체가 연산을 수행하게 될 때, 하나의 메시지에 대해 각 객체가 가지고 있는 고유한 방법으로 응답할 수 있는 능력 • 매개 변수의 개수 및 데이터 형(Data Type)에 따라 수행하는 행위가 다른 동일한 이름의 메소드를 여러 개 정의할 수 있음

01. 객체지향 언어(Object-Oriented Programming Language)에서 상위의 클래스가 정의한 기능과 특성을, 하위의 클래스가 이어 받는 것을 무엇이라 하는가?
21.9, 19.3, 18.9, 18.4, 16.10, 15.5, 11.8, 09.5, 08.7, 02.3
① 자료 추상화(Data Abstraction)
② 다형성(Polymorphism)
③ 은닉화(Encapsulation)
④ 상속(Inheritance)

21.9, 19.3, 16.10, 15.3, 14.5, 14.3, 13.8, 13.6, 13.3, 12.9, 12.5, 11.8, 11.6, 11.3, 10.9, 10.5, 10.3, 09.8, 09.5, 09.3, …
핵심 **118** 프로그래밍 언어의 구문

• 구문이란 프로그래밍 언어로 작성된 프로그램의 문법적 구조를 말한다.
• 구문 형식을 사용하면 프로그램 언어의 표현을 다양하게 할 수 있고, 문맥의 의미를 명확하고 간결하게 할 수 있다.
• 주요 구문 요소

핵심어 (Key Word)	특별한 의미를 갖고 고정된 부분으로 사용되는 식별자 예 FOR, DO, IF 등

예약어
(Reserved Word)
	• 시스템이 알고 있는 특수한 기능을 수행하도록 이미 용도가 정해져 있는 단어로서, 변수 이름이나 다른 목적으로 사용할 수 없는 핵심어
	• 대부분의 프로그래밍 언어는 핵심어를 그대로 예약어로 사용함
	• 새로 개발되는 프로그램 언어에서는 점차 예약어의 사용이 늘고 있음
	• 예약어 사용 시 장점
	  – 프로그램 구조를 간단하게 하고 판독성을 좋게 함
	  – 프로그램을 번역할 때 심벌 테이블 검색 시간을 단축시켜주므로 번역 속도가 빨라짐
	  – 오류가 발생했을 때 오류 회복(Error Recovery)을 가능하게 함
	  – 프로그램의 신뢰성을 향상시켜줌
	• 예약어 사용 시 단점 : 예약어의 수가 필요 이상으로 늘어나면 프로그래머가 모두 기억하기가 어려우므로 프로그래밍이 번거롭게 될 수도 있음

구분 문자	• 문장이나 식과 같은 구문적인 단위의 시작과 끝을 나타내기 위하여 사용되는 요소 • 특정 구문 구조의 경계를 명시적으로 정의하여 모호함을 없앰 예 begin … end, { }, [ ] 등
연산자 (Operator)	변수나 상수, 함수의 호출값에 대한 연산을 수행할 때 사용하는 기호 예 +, −, *, / 등
주석 (Comment)	• 프로그램의 이해를 돕기 위해 설명을 적어두는 부분으로 프로그램의 실행과는 관계가 없고, 프로그램의 판독성을 향상시키는 요소임 • 프로그램 문서화의 중요한 부분을 담당함 • 대부분의 프로그래밍 언어는 형식은 달라도 주석을 허용함 예 a = a+1 /* 지금부터가 주석입니다. */
잡음어	특별한 정보는 갖고 있지 않으나 판독성을 위해 사용하는 요소 예 goto에서 go는 필수적이나 to는 판독성을 향상시키기 위해 추가한 잡음어임

잠깐만요 "프로그램의 판독성이 좋다"는 의미
프로그램 코드가 읽기 쉽게 코딩되어 있으므로 특별한 설명서 없이 프로그램 코드를 이해할 수 있다는 의미입니다.

01. 프로그래밍 언어에서 시스템이 알고 있는 특수한 기능을 수행하도록 이미 용도가 정해져 있는 단어로서, 프로그래머가 변수 이름이나 다른 목적으로 사용할 수 없는 것은?

21.9, 16.10, 14.5, 14.3, 13.3, 10.9, 09.8

① 예약어
② 배열
③ 상수
④ 포인터

01. 프로그램 개발 과정에서 프로그램 안에 내재해 있는 논리적 오류를 발견하고 수정하는 작업을 무엇이라고 하는가?

23.9, 21.5, 19.3, 18.3, 15.5, 15.3, 14.9, 14.3, 13.3, 12.9, 12.5, 11.6, 10.9, 09.8, 09.5, …

① 링킹(Linking)
② 바인딩(Binding)
③ 로딩(Loading)
④ 디버깅(Debugging)

02. 로더의 기능에 해당하지 않는 것은?

23.2, 22.9, 20.8, 19.3, 17.9, 17.3, 14.5, 13.8, 11.6, 10.9, 10.3, 08.7, 07.5, 06.5, 05.8

① 할당(Allocation)
② 링킹(Linking)
③ 번역(Compile)
④ 로딩(Loading)

> 번역은 컴파일러의 기능입니다.

23.9, 23.4, 23.2, 22.9, 22.3, 21.9, 21.5, 21.3, 20.8, 20.6, 19.9, 19.4, 19.3, 18.9, … 050127

핵심 119 언어 번역 과정

원시 프로그램 →(번역)→ 목적 프로그램 →(링커)→ 로드 모듈 →(로더)→ 실행

원시 프로그램 (Source Program)	사용자가 프로그래밍 언어를 이용하여 작성한 프로그램으로 기계어로 번역되기 전의 프로그램을 말함
번역(Compile)	컴파일러, 어셈블러, 인터프리터 등의 번역기를 사용하여 원시 프로그램을 번역하여 기계어로 된 목적 프로그램을 생성함
목적 프로그램 (Object Program)	언어 번역 프로그램을 이용해 원시 프로그램을 번역한 것으로 기계어 형태임
링커(Linker, Likage Editor)	기계어로 된 여러 개의 모듈을 묶어서 로드 모듈을 작성하는 것
로드 모듈 (Load Module)	링커에 의해 생성된 것으로 즉시 실행 가능한 상태의 프로그램
로더(Loader)	• 실행 가능한 프로그램을 보조기억장치에서 주기억장치로 읽어와서 실행될 수 있도록 하는 프로그램 • 로더의 기능 – 할당(Allocation) : 실행 프로그램을 실행시키기 위해 기억장치 내에 옮겨놓을 공간을 확보하는 기능 – 연결(Linking) : 부프로그램 호출시 그 부프로그램이 할당된 기억장소의 시작주소를 호출한 부분에 등록하여 연결하는 기능 – 재배치(Relocation) : 디스크 등의 보조기억장치에 저장된 프로그램이 사용하는 각 주소들을 할당된 기억장소의 실제주소로 배치시키는 기능 – 적재(Loading) : 실행 프로그램을 할당된 기억공간에 실제로 옮기는 기능 • 절대 로더의 기능별 행위 주체 – 할당(Allocation) : 프로그래머 – 연결(Linking) : 프로그래머 – 재배치(Relocation) : 어셈블러 – 적재(Loading) : 로더

> **잠깐만요** 디버깅(Debugging)
> 프로그램 개발 과정에서 프로그램 안에 내재해 있는 논리적 오류를 발견하고 수정하는 작업을 말하며, 이때 사용하는 소프트웨어를 디버거(Debugger)라고 합니다.

22.9, 22.4, 21.9, 21.5, 21.3, 19.9, 19.4, 18.9, 18.4, 18.3, 17.3, 16.10, 16.3, 15.3, … 050128

핵심 120 언어 번역 프로그램

언어 번역기는 언어의 구분에 따라 어셈블러, 컴파일러, 인터프리터가 있으며, 언어 번역기를 보충하는 프리프로세서와 크로스 컴파일러가 있다.

컴파일러 (Compiler)	• FORTRAN, COBOL, C, ALGOL 등의 고급 언어로 작성된 프로그램을 기계어로 번역하는 프로그램 • 목적 프로그램을 생성함
어셈블러 (Assembler)	저급 언어인 어셈블리어로 작성된 프로그램을 기계어로 번역하는 프로그램
인터프리터 (Interpreter)	• 원시 프로그램을 줄 단위로 번역하여 바로 실행해 주는 프로그램 • 목적 프로그램을 생성하지 않음
프리프로세서 (Preprocessor)	• 원시 프로그램을 컴파일러가 처리하기 전에 먼저 처리하여 확장된 원시 프로그램을 생성하는 것으로, 선행 처리기라고도 함 • 주석(comment)의 제거, 상수 정의의 치환, 매크로 확장, 조건부 컴파일 등을 처리함
크로스 컴파일러 (Cross Compiler)	원시 프로그램을 컴파일러가 수행되고 있는 컴퓨터의 기계어로 번역하는 것이 아니라, 다른 기종에 맞는 기계어로 번역하는 프로그램

01. 원시 프로그램을 컴파일러가 수행되고 있는 컴퓨터의 기계어로 번역하는 것이 아니라, 다른 기종에 맞는 기계어로 번역하는 것은?

22.9, 21.3, 19.4, 18.9, 18.4, 18.3, 17.3, 15.3, 14.5, 13.8, 12.3, 11.8, 10.5, 05.8

① Debugger
② Preprocessor
③ Cross Compiler
④ Linker

정답 118 1.① 119 1.④, 2.③ 120 1.③

22.4, 22.3, 21.9, 21.5, 20.6, 19.9, 19.4, 19.3, 17.9, 17.3, 16.3, 08.3, 07.8, 07.5, 05.8, 05.5, 05.3, 04.5, 04.3, …

핵심 121 바인딩

바인딩의 개념

- 어떤 변수의 명칭과 그 메모리 주소, 데이터 형 또는 실제값을 연결하는 것을 의미한다.
- 바인딩에는 정적 바인딩과 동적 바인딩이 있다.
  - 정적 바인딩 : 프로그램 실행 이전에 일어나는 바인딩
  - 동적 바인딩 : 실행 시간에 이루어지는 바인딩

바인딩 시간

- 바인딩이 발생하는 시간은 프로그램 언어의 특징에 영향을 준다.
- 프로그램에서 변수들이 갖는 속성이 완전히 결정되는 시간이다.

동적 바인딩	• 프로그램 호출 시간 • 모듈의 기동 시간 • 실행 시간 중 객체 사용 시점
정적 바인딩	• 번역 시간 • 링크 시간 • 언어 정의 시간 • 언어 구현 시간

> **잠깐만요** 주요 정적 바인딩
> - 번역 시간 : 자료 구조의 형과 크기, 변수의 형, 레코드 각 항목들의 형 등이 확정됨
> - 언어 정의 시간 : 프로그래밍 언어의 구조가 정의되고, 프로그램의 자료 구조, 택일(선택)문 등이 확정됨
> - 언어 구현 시간 : 정수의 자릿수, 실수의 유효 자릿수, 숫자의 기계 내 표기법 등이 확정됨

01. 정적 바인딩에 해당하지 않는 것은?

21.9, 21.5, 20.6, 19.4, 17.9, 17.3, 07.8, 05.5, 05.3, 04.3, 03.5, 02.8, 02.5, 01.6, 01.3, 00.7

① 실행 시간 ② 번역 시간
③ 언어 구현 시간 ④ 언어 정의 시간

> 실행 시간에 이루어지는 바인딩을 동적 바인딩이라고 합니다.

21.3, 16.3, 14.3, 10.9, 09.8, 09.5, 08.5, 07.8, 07.5, 06.8, 06.5, 06.3, 05.3, … 050129

핵심 122 컴파일러와 인터프리터

- 기계어로 번역된 목적 프로그램의 생성 여부에 따라 컴파일러 언어와 인터프리터 언어로 구분된다.
- 인터프리터 언어는 번역 즉시 실행되기 때문에 해석 언어라고도 한다.

컴파일러와 인터프리터의 비교

구분	컴파일러	인터프리터
번역 단위	전체	행
번역 속도	느림	빠름
목적 프로그램	생성함	생성하지 않음
실행 속도	빠름	느림
원시 언어	고급 언어	고급 언어
종류	FORTRAN, COBOL, PASCAL, C, ALGOL 등	BASIC, LISP, SNOBOL, APL 등
특징	• 정적 자료 구조 • 실행 시간의 효율성을 중요시하는 처리에 유리함 • 기억장소가 많이 필요함 • 반복문이 많은 경우 유리함	• 동적 자료 구조 • 융통성을 중요시하는 처리에 유리함 • 기억장소가 적게 필요함 • 소프트웨어로 시뮬레이션하는 방법으로 적절함 • 오류를 쉽게 발견할 수 있음

01. 인터프리터(Interpreter) 기법을 사용하는 언어는?

21.3, 09.5, 08.5, 07.8, 06.8, 06.5, 06.3, 05.3, 03.3, 02.8, 01.9, 01.6, 01.3

① C ② BASIC
③ COBOL ④ FORTRAN

23.9, 23.4, 22.9, 22.4, 22.3, 21.9, 20.8, 20.6, 19.9, 19.4, 18.4, 18.3, 17.9, 17.5, 17.3, 16.10, 15.5, 15.3, 14.9, …

핵심 123 어휘 분석(Lexical Analysis)

- 번역의 가장 기본적인 단계로서 나열된 문자들을 기초적인 구성 요소들인 식별자, 구분 문자, 연산 기호, 핵심어, 주석 등으로 그룹화하는 단계이다.
- 구문 단위를 형성하는 어휘 항목을 식별하고 분석하여 토큰(Token)을 생성한다.
  - 토큰 종류
    - ▶ 일반 형태 : 명칭(식별자), 상수
    - ▶ 특수 형태 : 지정어(예약어), 연산자, 구분자
- 일반적으로 파서가 파스 트리를 형성해 나가는 과정에서 새로운 토큰을 요구하면, 원시 프로그램을 읽어 생성한 토큰을 파서에게 주는 방식으로 구성된다.
- 어휘 분석기(Lexical Analyzer)
  - 원시 프로그램을 하나의 긴 스트링으로 보고 원시 프로그램을 문자 단위로 스캐닝하여 문법적으로 의미 있는 일련의 문자들로 분할하는 역할을 한다.
  - 원시 프로그램(Source Program)을 읽어 들여 토큰(Token)이라는 문법적 단위(Syntactic Entity)로 분석한다.
  - 일명 스캐너(Scanner)라고도 한다.
  - 주석(Comment)을 처리한다.

01. 컴파일 과정 중 원시 프로그램을 하나의 긴 스트링으로 보고 원시 프로그램을 문자 단위로 스캐닝하여 문법적으로 의미 있는 일련의 문자(토큰)들로 분할해 내는 작업은?

23.4, 22.9, 21.9, 20.6, 17.9, 13.8, 12.9, 12.3, 10.5, 08.5, 07.3, 03.5, 01.3

① 구문 분석
② 원시 분석
③ 선행처리
④ 어휘 분석

02. 어휘 분석에 대한 다음 설명의 ( ) 안 내용으로 옳은 것은?

23.9, 22.9, 22.4, 19.9, 19.4, 18.4, 18.3, 16.10, 15.5, 15.3, 14.9, 14.5, 13.6, 12.5, 09.3, 08.7

> 어휘 분석의 주된 역할은 원시 프로그램을 하나의 긴 스트링으로 보고 원시 프로그램을 문자 단위로 스캐닝 하여 문법적으로 의미 있는 일련의 문자들로 분할해 내는 것을 말한다. 이때 분할된 문법적인 단위를 (   )(이)라고 한다.

① 모듈
② BNF
③ 오토마타
④ 토큰

23.9, 21.9, 21.5, 19.3, 17.3, 16.10, 16.3, 07.5, 06.3, 05.5, 03.8, 03.5, 03.3, 02.8, 02.5, 02.3, 00.5

핵심 124 구문 분석(Syntax Analysis)

• 주어진 문장이 정의된 문법 구조에 따라 정당하게 하나의 문장으로서 합법적으로 사용될 수 있는가를 확인하는 작업으로 토큰들을 문법에 따라 분석하는 작업을 수행한다.

• 원시 프로그램에 대한 문장 에러를 검사하는 단계이다.

• 구문 분석에는 하향식 파싱(Top-Down Parsing)과 상향식 파싱(Bottom-Up Parsing)이 있다.

상향식 파싱	• 터미널 노드에서 루트(뿌리) 쪽으로 파스 트리를 구성함 • Shift-Reduce 파싱이라고도 함 • 주어진 문자열이 시작 기호(심벌)로 축약될 수 있으면 올바른 문장이고, 그렇지 않으면 틀린 문장으로 간주함 • 종류 : Shift Reduce Parser, LR Parser
하향식 파싱	• 루트로부터 터미널 노드 쪽으로 파스 트리를 구성함 • 생성 규칙이 잘못 적용될 경우 문자열을 다시 입력으로 보내는 반복 강조 방법을 사용함 • 입력 문자열에 대한 좌측 유도(Left Most Derivation) 과정으로 입력 문자열을 루트로부터 왼쪽 우선순으로 트리의 노드를 만들어감 • 종류 : Recursive Descent Parser, LL Parser, Predictive Parser

01. 주어진 문장이 정의된 문법 구조에 따라 정당하게 하나의 문장으로서 합법적으로 사용될 수 있는가를 확인하는 작업으로 토큰들을 문법에 따라 분석하는 작업을 수행하는 단계는?

23.9, 21.9, 19.3, 03.8, 02.8

① 어휘 분석(Lexical Analyzer) 단계
② 구문 분석(Syntax Analyzer) 단계
③ 중간 코드 생성(Intermediate Code Generation) 단계
④ 코드 최적화(Code Optimization) 단계

23.9, 23.4, 23.2, 22.9, 22.4, 22.3, 21.5, 21.3, 20.6, 19.4, 19.3, 18.9, 18.4, 18.3, … 050130

핵심 125 BNF(Backus-Naur Form) 표기법

• BNF는 프로그래밍 언어의 구문 형식을 정의하는 데 가장 일반적인 표현 방식이다.

• BNF 표기법에 사용되는 기호

기호	의미
::=	정의
|	선택(택일)
〈 〉	Non-Terminal 기호(재정의 대상)

• BNF를 확장하여 반복되는 부분이나 선택적인 부분을 쉽고 간결하게 표현한 것을 EBNF(Extended BNF)라고 한다.

• EBNF 표기법에 사용되는 기호

기호	의미
{ }	반복
[ ]	선택 사항(옵션), 생략 가능
(|)	선택(택일), 둘 중 하나 선택

01. BNF 심볼에서 정의를 나타내는 것은?

23.2, 22.9, 21.3, 20.6, 19.4, 19.3, 18.3, 17.9, 17.5, 17.3, 16.10, 16.5, 14.9, 14.3, 13.8, …

① ::=
② 〈 〉
③ \|
④ →

02. BNF에 사용되는 기호 중 선택(택일)의 의미를 갖는 것은?

23.4, 22.4, 18.9, 15.9, 13.3, 12.9, 11.6, 10.5, 09.8, 06.8

① ::=
② 〈 〉
③ \|
④ { }

23.9, 23.4, 21.3, 19.9, 19.4, 19.3, 18.9, 18.4, 18.3, 17.5, 16.10, 16.5, 15.9, 15.5, 15.3, 14.9, 14.3, 13.6, 13.3, …

핵심 126 파스 트리(Parse Tree)

• 작성된 표현식이 BNF의 정의에 의해 바르게 작성되었는지를 확인하기 위해 만들어진 트리이다.

• 고급 언어로 작성된 프로그램을 구문 분석하여 올바른 문장에 대해 그 문장의 구조를 트리로 표현한 것으로 루트, 중간, 단말 노드로 구성된다.

• 구문 분석기가 처리한 올바른 문장에 대해 그 문장의 구조를 트리로 표현한 것이다.

• 문법의 시작 기호로부터 적합한 생성 규칙을 적용할 때마다 트리의 가지치기가 이루어지며, 가지치기가 끝난 상태의 트리를 파스 트리라고 한다.

01. 작성된 표현식이 BNF에 의해 바르게 작성되었는지를 확인하기 위해 만들어진 트리는?

23.9, 21.3, 18.4, 18.3, 16.10, 15.5, 14.3, 13.3, 12.9, 12.3, 10.9, 10.3, 08.3, 04.8, …

① Root Tree
② Binary Normal Tree
③ Parse Tree
④ Level Tree

23.9, 23.4, 23.2, 22.9, 20.8, 19.9, 18.9, 17.9, 04.8, 04.3, 03.8, 01.9, 00.10, 00.7, 00.3

핵심 127 ▶ 형식 언어

- 언어 번역을 명확히 하기 위해 형식적인 기호를 사용하여 정의한 언어이다.
- 알파벳, 스트링, 언어, 언어에 대한 연산으로 구성된다.
- 형식 문법의 계층 구조

Type 0 문법	• 형식에 아무런 제한이 없는 무제한 문법 • 인식기 : 튜링 기계(Turing Machine)
Type 1 문법	• 너무 복잡해 프로그래밍 언어에 적용하지 않음 • 인식기 : 선형 제한 오토마타(Linear Bounded Automata)
Type 2 문법	• 문맥 자유 문법(Context-Free Grammar) • 파스 트리를 자동적으로 생성하는 데 이용함 • 프로그래밍 언어 구조를 표현하는 데 사용함 • 인식기 : 푸시-다운 오토마타(Push-Down Automata)
Type 3 문법	• 정규 문법(Regular Grammar) • 토큰 구조 표현에 사용함 • 프로그래밍 언어의 어휘 구조를 표현하는 데 사용함 • 생성 규칙으로 우선형과 좌선형이 있음 • 인식기 : 유한 오토마타(Finite Automata)

01. 형식 문법에서 Type 1 문법을 인식하는데 사용되는 인식기는?

23.4, 19.9, 04.8, 00.7

① Finite Automata

② Push Down Automata

③ Linear Bounded Automata

④ Turing Machine

23.9, 23.2, 22.9, 22.4, 22.3, 21.5, 20.8, 19.4, 18.3, 17.3, 16.10, 16.5, 15.9, 15.5, 15.3, 14.9, 14.3, 13.8, 13.6, …

핵심 128 ▶ 변수와 상수

변수(Variable)

- 프로그래머가 프로그램 내에서 정의하고 이름을 줄 수 있는 자료 객체이다.
- 프로그램에서 하나의 값을 저장할 수 있는 기억장소의 이름이다.
- 프로그램 수행중에 변경될 수 있는 값이다.
- 변수는 이름, 값, 속성, 참조 등의 요소로 구성된다.
- 변수명은 선언문을 사용하여 선언할 수도 있고 선언하지 않고 묵시적으로 사용할 수도 있다.

상수(Constant)

- 프로그램이 동작되는 동안 하나의 값과 이름을 갖는 자료이다.
- 프로그램이 동작되는 동안 저장된 값이 절대 변하지 않는다.
   예 a＝5 ← a는 변수이고 5는 상수로서 a에 5를 기억시키라는 의미이다.

01. 기억장치의 한 장소를 추상화한 것으로 프로그램이 동작하는 동안 값이 수시로 변할 수 있는 것은?

23.2, 22.9, 22.3, 17.3, 16.10, 16.5, 15.9, 15.5, 15.3, 12.3, 11.3, 08.3, …

① 상수   ② 변수

③ 주석   ④ 디버거

02. 프로그래밍 언어에서 수명 시간 동안 고정된 하나의 값과 이름을 가진 자료로서 프로그램이 동작하는 동안 값이 절대로 바뀌지 않는 것을 의미하는 것은?

23.9, 21.5, 20.8, 19.4, 16.10, 14.9, 13.8, 13.6, 09.5, 08.7

① 상수   ② 변수

③ 예약어   ④ 주석

23.9, 23.4, 21.5, 13.8, 13.3, 10.9, 10.3, 07.3, 06.5, 04.5, 04.3, 02.8, 02.5

핵심 129 ▶ 스택과 큐

스택 (Stack)	• 리스트의 한쪽 끝으로만 자료의 삽입, 삭제 작업이 이루어지는 자료 구조 • 가장 나중에 삽입된 자료가 가장 먼저 삭제되는 후입선출(LIFO; Last-In, First-Out) 방식의 자료 구조 • 서브루틴 호출(Subroutine Call) 처리 작업 시 복귀주소를 저장하고 조회하는 용도에 적합한 자료 구조임
큐 (Queue)	• 2개의 포인터를 사용하여 한쪽 끝에서 자료를 삽입하고, 반대쪽 끝에서 자료를 삭제하는 선입선출(FIFO; First-In, First-Out) 방식의 자료 구조 • 요소 선택과 삭제는 한쪽에서, 삽입은 다른 쪽에서 일어나도록 제한함

01. 서브루틴 호출(Subroutine Call) 처리 작업 시 복귀주소를 저장하고 조회하는 용도에 적합한 자료 구조는?

23.9, 23.4, 21.5, 13.8, 10.3, 04.5, 02.5

① 데크   ② 큐

③ 스택   ④ 연결 리스트

02. 요소 선택과 삭제는 한쪽에서, 삽입은 다른 쪽에서 일어나도록 제한하는 것은?

23.9, 23.4, 13.3, 10.9, 07.3, 06.5, 04.3, 02.8

① 큐   ② 스택

③ 트리   ④ 방향 그래프

정답 127 1.③   128 1.②, 2.①   129 1.③, 2.①

핵심 130   순서 제어

묵시적 순서 제어	• 프로그래머가 직접 제어를 표현하지 않는 경우 미리 정해진 순서에 의해 제어가 이루어지는 순서 제어 구조 • 수식에서 괄호가 없으면 연산 우선순위에 의해 계산됨

명시적 순서 제어	• 프로그래머가 직접 제어를 표현하여 제어의 순서를 변경하는 순서 제어 구조
	• GOTO문이나 반복문으로 실행 순서를 변경함
	• 수식의 괄호를 사용하여 연산의 순서를 조절함
	• GOTO문
	  – 현재의 위치에서 임의의 문장으로 직접 이동함
	  – 원하는 문장으로의 이동을 쉽게 할 수 있음
	  – 프로그램의 실행을 효율적으로 할 수 있음
	  – GOTO문을 많이 사용하면 프로그램의 이해가 어려워 프로그램의 유지보수를 어렵게 함
	• 선택
	  – 2가지 이상의 수행 경로에 있는 일련의 문장들 중 하나가 선택되어 수행되는 구조
	  – 종류 : IF, 계산형 GOTO문, CASE, SWITCH 등
	• 반복
	  – 조건을 만족 또는 만족하지 않는 동안 반복문 내의 내용을 반복하여 수행하는 구조
	  – 종류 : For, While, Do~While, Do~Until 등

---

01. 묵시적 순서 제어에 해당하는 것은?

23.4, 22.9, 22.3, 21.9, 21.3, 18.4, 18.3, 17.5, 15.3, 14.5, 13.8, 13.6, 11.6, 11.3, 09.8

① 일반 언어에서 문장 나열 순서대로 제어한다.

② 해당 언어에서 각 문장이나 연산의 순서를 프로그래머가 직접 변경한다.

③ 반복문을 사용해서 문장의 실행 순서를 변경한다.

④ 수식의 괄호를 사용해서 연산의 순서를 변경한다.

②, ③, ④번은 명시적 순서 제어에 해당합니다.

핵심 131   수식의 표기법 – 전위 표기법

연산자(연산기호)를 먼저 표시하고 연산에 필요한 피연산자를 표시하는 표기법이다.

예제   (A + B) * (C – D)를 전위(Prefix) 표기법으로 변경하시오.

❶ 연산 우선순위에 따라 괄호로 묶습니다.

  ((A + B) * (C – D))

❷ 연산자를 해당 괄호의 앞(왼쪽)으로 옮깁니다.

  ((A + B) * (C – D)) → * (+(AB) – (CD))

❸ 괄호를 제거합니다.

  * + A B – C D

---

01. (A+B)*(C–D)를 전위(Prefix) 표기법으로 변환한 것은?

23.4, 22.9, 19.4, 18.9, 16.10, 15.3, 11.8, 10.5, 09.5, 05.5

① A B + C D – *
② * + A B – C D
③ + * – A B C D
④ + – A B * C D

중위(Infix) 표기법을 전위(Prefix) 표기법으로 변경하기
❶ 연산 우선순위에 따라 괄호로 묶습니다.
  ((A + B) * (C – D))
❷ 연산자를 해당 괄호의 앞(왼쪽)으로 옮깁니다.
  ((A + B) * (C – D) → * (+(AB) – (CD)
❸ 괄호를 제거합니다.
  * + AB – CD

핵심 132   수식의 표기법 – 중위 표기법

• 연산자를 두 피연산자 사이에 표시하는 표기법으로 가장 일반적으로 사용되는 프로그램 표현 방법이다.

• 2개의 피연산자를 취하는 이항(Binary) 연산자 표현에 적합하다.

• 산술 연산, 논리 연산, 비교 연산 등에 주로 사용된다.

예제   후위(Postfix) 표기법으로 표기된 A B + C D – * 를 중위(Infix) 표기법으로 변경하시오.

❶ 피연산자 2개와 연산자를 괄호로 묶으면 연산 순위가 결정됩니다. 피연산자, 피연산자, 연산자 순서일 때만 묶을 수 있습니다.

  ((A B +) (C D –) *)

❷ 연산자를 두 개의 피연산자 사이로 옮깁니다.

  ((A B +) (C D –) *) → ((A + B) * (C – D))

❸ 필요없는 괄호를 제거합니다.

  (A + B) * (C – D)

---

01. 2개의 피연산자를 취하는 이항(Binary) 연산자 표현에 적합하며, 연산 기호가 두 피연산자 사이에 놓여지는 표기법은?

21.5, 21.3, 15.5, 14.9, 13.6, 12.3, 11.6, 10.3, 08.7, 08.5, 06.8

① 전위
② 후위
③ 복합
④ 중위

23.9, 22.4, 22.3, 21.9, 20.8, 20.6, 19.9, 19.3, 18.4, 17.3, 15.9, 14.5, 14.3, 13.8, ⋯   050212

핵심 133 수식의 표기법 – 후위 표기법

피연산자를 먼저 표시하고 연산자를 나중에 표시하는 표기법이다.

예제 (A + B) ＊ (C − D)를 후위(Postfix) 표기법으로 변경하시오.

❶ 연산 우선순위에 따라 괄호로 묶습니다.

((A + B) ＊ (C − D))

❷ 연산자를 해당 괄호의 뒤(오른쪽)로 옮깁니다.

((A + B) ＊ (C − D)) → ((AB) + (CD) −) ＊

❸ 괄호를 제거합니다.

A B + C D − ＊

---

01. 수학적 수식 "A+B＊C−D"를 후위(Postfix) 표기법으로 표현한 것은? 22.4, 22.3, 20.8, 20.6, 19.9, 19.3, 18.4, 17.3, 15.9, 14.5, 13.8, 13.3, 12.5, ⋯

① A B C ＊ D − +   ② A B + C ＊ D −

③ A B C + + ＊ D −   ④ A B C ＊ + D −

> 중위(Infix) 표기법을 후위(Postfix) 표기법으로 변경하기
> ❶ 연산 우선순위에 따라 괄호로 묶습니다.
> ((A + (B ＊ C)) − D)
> ❷ 연산자를 해당 괄호의 뒤(오른쪽)로 옮깁니다.
> ((A + (B ＊ C)) − D) → ((A (B C) ＊) + D) −
> ❸ 괄호를 제거합니다.
> A B C ＊ + D −

23.2, 21.3, 20.8, 20.6, 19.3, 17.9, 16.5, 16.3, 15.5, 14.5, 13.8, 12.9, 12.3, 11.3, ⋯   050133

핵심 134 단항 연산자와 이항 연산자

- NOT A처럼 피연산자가 1개만 필요한 연산자를 단항 연산자라 하고, A+B 처럼 피연산자가 2개 필요한 연산자를 이항 연산자라 한다.
- 단항 연산자(Unary Operator) : NOT, COMPLEMENT, SHIFT, ROTATE, MOVE 등
- 이항 연산자(Binary Operator) : 사칙연산, AND, OR, XOR, XNOR 등

---

01. 01. 단항 연산에 해당하지 않는 것은?

21.3, 20.8, 20.6, 19.3, 16.5, 14.5, 13.8, 12.3, 11.3, 09.5, 09.3, 07.5, 07.3, 05.8, 04.5, ⋯

① AND   ② MOVE

③ NOT   ④ SHIFT

02. 이항 연산자가 아닌 것은?

23.2, 17.9, 16.3, 15.5, 12.9, 10.9, 10.3, 08.7, 08.5, 08.3, 06.8, 06.5, 06.3, 04.8, 02.8, ⋯

① AND   ② XOR

③ SHIFT   ④ OR

16.10, 16.3, 13.6, 11.8, 11.3, 10.5, 08.3, 07.8, 07.5, 07.3, 06.8, 06.5, 06.3, ⋯   050134

핵심 135 구조적 프로그램

- 구조적 프로그램은 신뢰성 있는 소프트웨어의 생산과 코딩의 표준화 등을 위해 개발된 방법이다.
- 단일 입구(입력)와 단일 출구(출력)만 가지게 하고, GOTO문은 사용하지 않는다.
- 프로그램의 이해와 디버깅 작업이 쉽다.
- 구조화 이론의 3가지 기본 논리 구조인 순차, 선택(조건), 반복만을 사용하여 프로그램을 개발한다.

순차 구조 (Sequence Structure)	논리적으로 나열된 순서에 따라 차례대로 수행되는 구조
선택(조건) 구조 (Selection Structure)	2가지 이상의 수행 경로에 있는 일련의 문장들 중 하나가 선택되어 수행되는 구조(If, 계산형 Goto, Case, Switch 등)
반복 구조 (Iteration Structure)	조건을 만족 또는 만족하지 않는 동안 일련의 문장들을 반복 수행하는 구조(While, For, Do 등)

---

01. 구조적 프로그램의 기본 구조가 아닌 것은?

16.10, 16.3, 13.6, 11.8, 11.3, 10.5, 08.3, 07.8, 06.8, 06.5, 06.3, 05.3, 04.3, 03.5, 02.8, ⋯

① 순차(Sequence) 구조   ② 조건(Condition) 구조

③ 일괄(Batch) 구조   ④ 반복(Iteration) 구조

21.5, 21.3, 18.9, 18.4, 17.5, 00.5

핵심 136 매개 변수 전달 방법

Call by Reference (참조에 의한 호출)	• 주프로그램의 매개 변수(Parameter)가 부프로그램으로 넘어갈 때 매개 변수의 주소가 전달되는 방식 • 부프로그램이 자신을 호출한 주프로그램과 매개 변수의 값을 공유함
Call by Value (값에 의한 호출)	• 주프로그램의 매개 변수(Parameter)가 부프로그램으로 넘어갈 때 실제값(변수 자체)이 전달되는 방식 • 부프로그램을 호출한 주프로그램이 부프로그램으로부터 결과를 돌려받지 못함
Call by Name (이름에 의한 호출)	주프로그램의 매개 변수(Parameter)가 부프로그램으로 넘어갈 때 변수의 이름이 전달되는 방식

---

01. 매개 변수 전달 방법 중 실매개 변수들의 주소를 대응되는 형식 매개 변수들에게 보내어 기억장소를 공유시키는 전달 방식은?

21.5, 18.9, 18.4

① 값에 의한 전달   ② 결과에 의한 전달

③ 참조에 의한 전달   ④ 이름에 의한 전달

17.3, 13.3, 09.5, 07.5, 06.5, 06.3, 05.3, 04.8, 04.5, 04.3, 03.3, 01.9, 00.10, 00.7

핵심 137 프로그래밍 언어에서 유해한 특징

별명(Alias)	• 하나의 객체에 서로 다른 두 이름이 동시에 바인딩되어 있는 것 • 자료 객체는 생존 기간 중 여러 별명을 가질 수 있음 • 일반적으로 별명의 사용이 많은 경우 프로그램의 이해를 매우 어렵게 함 • 같은 참조 환경에서 다른 이름으로 같은 자료 객체를 참조할 수 있는 언어의 경우, 프로그래머에게 심각한 어려움을 줄 수 있음 • 자료 객체가 여러 가지 별명을 갖는 경우 프로그램의 무결점 검증이 어려워짐
부작용 (Side Effect)	• 연산의 결과로 예상할 수 없는 다른 변수의 값이 변하는 경우를 의미함 • 전역 변수를 사용하여 함수의 결과를 반환하는 경우, 함수에 전달되는 입력에 따라 파라미터의 값이 같아도 전역 변수의 상태에 따라 함수에서 반환되는 값이 달라질 수 있는 현상 • 비지역 변수들의 값을 변화시킴

01. 프로그램을 구성하는 함수에서 전역 변수를 사용하여 함수의 결과를 반환하는 경우, 함수에 전달되는 입력 파라미터의 값이 같아도 전역 변수의 상태에 따라 함수에서 반환되는 값이 달라질 수 있는 현상을 무엇이라 하는가? 13.3, 09.5, 06.5, 04.5, 03.3, 01.9, 00.7

① Reference ② Side Effect
③ Monitor ④ Recursive

23.9, 23.2, 22.9, 22.4, 22.3, 21.5, 20.8, 20.6, 19.9, 19.4, 18.9, 18.3, 17.9, 17.5, … 050135

핵심 138 운영체제(OS)의 정의/목적/기능

정의	• 컴퓨터 자원을 효율적으로 관리해 주는 시스템 프로그램으로 사용자가 컴퓨터를 편리하고 효과적으로 사용할 수 있도록 환경을 제공하는 여러 프로그램의 모임 • 제어 프로그램과 처리 프로그램으로 구분됨 • 종류 : Windows, MS-DOS, UNIX, Linux, MacOS 등
목적	• 처리 능력 향상 • 신뢰도 향상 • 사용 가능도 향상 • 응답(반응)시간 단축 • 성능 평가 기준 : 처리 능력, 응답(반응)시간, 사용 가능도, 신뢰도
기능	• 프로세서, 기억장치, 입·출력장치, 파일 및 정보 등의 자원 관리 • 자원의 스케줄링 기능 제공 • 사용자와 시스템 간의 편리한 인터페이스 제공 • 시스템의 오류 검사 및 복구

잠깐만요 커널(Kernel)
• UNIX의 가장 핵심적인 부분입니다.
• 컴퓨터가 부팅될 때 주기억장치에 적재된 후 상주하면서 실행됩니다.
• 하드웨어를 보호하고, 프로그램과 하드웨어 간의 인터페이스 역할을 담당합니다.
• 프로세스(CPU 스케줄링) 관리, 기억장치 관리, 파일 관리, 입·출력 관리, 프로세스간 통신, 데이터 전송 및 변환 등 여러 가지 기능을 수행합니다.

01. 운영체제의 목적으로 거리가 먼 것은?
23.2, 22.3, 20.8, 19.9, 17.5, 14.9, 11.8, 11.3, 10.5, 07.3, 06.5, 03.5, 02.8, 02.5

① 응답시간(Trunaround Time) 증가
② 신뢰성(Reliability) 향상
③ 처리 능력(Throughput) 향상
④ 사용의 용이성(Availability) 향상

> 운영체제의 목적 중 하나는 응답시간의 증가가 아니라 응답시간의 감소입니다.

02. 운영체제의 성능 평가 항목으로 거리가 먼 것은?
23.9, 22.9, 22.4, 21.5, 19.4, 18.3, 17.9, 15.5, 15.3, 14.3, 13.8, 13.3, 12.9, 12.3, 09.8, …

① 비용 ② 처리 능력
③ 반환시간 ④ 사용 가능도

23.9, 23.2, 18.4, 16.5, 16.3, 15.9, 09.3, 06.8, 06.5, 06.3, 05.5, 05.3, … 050137

핵심 139 운영체제의 운영 방식

• 일괄 처리(Batch Processing) 시스템 : 일정량 또는 일정 기간 동안 데이터를 모아서 한꺼번에 처리하는 방식으로, 월급 계산, 수도 요금, 전기 요금 계산 등에 사용함
• 다중 프로그래밍 시스템(Multi-Programming System) : 하나의 CPU와 주기억장치를 이용하여 여러 개의 프로그램을 동시에 처리하는 방식
• 시분할 시스템(Time Sharing System) : 여러 명의 사용자가 사용하는 시스템에서 컴퓨터가 사용자들의 프로그램을 번갈아가며 처리해 줌으로써, 각 사용자에게 독립된 컴퓨터를 사용하는 느낌을 주는 것(라운드 로빈(Round Robin) 방식)
• 다중 처리 시스템(Multi-Processing System) : 여러 개의 CPU와 하나의 주기억장치를 이용하여 여러 개의 프로그램을 동시에 처리하는 방식
• 실시간 처리 시스템(Real Time Processing System) : 데이터 발생 즉시, 또는 데이터 처리 요구가 있는 즉시 처리하여 결과를 산출하는 방식으로, 은행 창구업무, 항공권 예약업무 등에 사용함
• 다중 모드 처리(Multi-Mode Processing) : 일괄 처리 시스템, 시분할 시스템, 다중 처리 시스템, 실시간 처리 시스템을 한 시스템에서 모두 제공하는 방식
• 분산 처리 시스템(Distributed Processing System) : 여러 개의 컴퓨터(프로세서)를 통신 회선으로 연결하여 하나의 작업을 처리하는 방식

01. 다음 중 은행 창구업무 및 항공권 예약업무와 같이 데이터 발생 즉시 처리하는 시스템은? 23.9, 18.4, 15.9, 06.8

① 분산 자료 시스템 ② 일괄 처리 시스템
③ 실시간 처리 시스템 ④ 오프라인 시스템

15.9, 15.5, 14.9, 14.5, 13.6, 11.3, 10.9, 10.3, 08.3, 07.3

핵심 140 ▶ 프로세스의 정의

- 실행중인 프로그램
- PCB를 가진 프로그램
- 실기억장치에 저장된 프로그램
- 프로세서가 할당되는 실체
- 프로시저가 활동중인 것
- 비동기적 행위를 일으키는 주체
- 지정된 결과를 얻기 위한 일련의 활동
- 목적 또는 결과에 따라 발생되는 사건들의 과정

01. 프로세스의 정의로 적당하지 않은 것은?

15.9, 15.5, 14.9, 14.5, 13.6, 11.3, 10.9, 10.3, 08.3, 07.3

① PCB를 가진 프로그램
② 동기적 행위를 일으키는 단위
③ 프로세서가 할당되는 실체
④ 실행중인 프로그램

> 프로세스는 동기적 행위를 일으키는 단위가 아니라 비동기적 행위를 일으키는 주체입니다.

23.2, 07.3, 04.3, 03.3, 01.3

핵심 141 ▶ PCB(Process Contorl Block, 프로세서 제어 블록)

- 운영체제가 프로세스에 대한 중요한 정보를 저장해 놓은 곳으로 각 프로세스가 생성될 때마다 고유의 PCB가 생성되고, 프로세스가 완료되면 PCB가 제거된다.
- PCB에 저장되는 정보
  - 프로세스의 현재 상태
  - 포인터
  - 프로세스의 고유 식별자
  - 스케줄링 및 프로세서의 우선순위
  - CPU 레지스터 정보
  - 주기억장치의 관리 정보

01. PCB(Process Control Block)의 포함 정보가 아닌 것은?

23.2, 07.3, 04.3, 03.3, 01.3

① 프로세스의 현재 상태
② 프로세스의 생성율 및 부재율
③ 프로세스의 고유 식별자
④ 프로세스의 우선순위

23.2, 22.9, 20.8, 18.4, 17.3, 15.3, 14.5, 13.8, 11.8, 10.5, 09.8, 09.5, 08.3

핵심 142 ▶ 비선점(Non-Preemptive) 스케줄링

- 이미 할당된 CPU를 다른 프로세스가 강제로 빼앗아 사용할 수 없는 스케줄링 기법이다.
- 종류
  - FCFS(First-Come First-Service) = FIFO(First In First Out) : 준비상태 큐에 도착한 순서에 따라 차례로 CPU를 할당하는 기법
  - SJF(Shortest Job First) : 실행 시간이 가장 짧은 프로세스에 먼저 CPU를 할당하는 기법
  - HRN(Highest Responseratio Next) : 실행 시간이 긴 프로세스에 불리한 SJF 기법을 보완하기 위한 것으로, 대기 시간과 서비스(실행) 시간을 이용하는 기법이며, 긴 작업과 짧은 작업 간의 지나친 불평등 해소함

※ 우선순위 계산 공식 : $\dfrac{(대기\ 시간 + 서비스\ 시간)}{서비스\ 시간}$

01. HRN(Highest Response-ratio Next) 방식으로 스케줄링할 경우, 입력된 작업이 다음과 같을 때 가장 먼저 처리되는 작업은?

23.2, 22.9, 20.8, 15.3, 09.5

작업	대기 시간	서비스 시간
A	5	5
B	10	6
C	15	7
D	20	8

① A ② B
③ C ④ D

> HRN 방식에서 우선순위를 구하는 계산식은 '(대기 시간+서비스 시간)/서비스 시간'이므로 계산 결과는 다음과 같습니다.
> • 작업 A : (5+5)/5 = 2
> • 작업 B : (10+6)/6 = 2.67
> • 작업 C : (15+7)/7 = 3.14
> • 작업 D : (20+8)/8 = 3.5
> 결과 값이 클수록 우선순위가 높습니다.

23.2, 20.8, 19.3, 16.3, 13.8, 12.3, 10.9, 07.8

핵심 143 ▶ 선점(Preemptive) 스케줄링

- 하나의 프로세스가 CPU를 할당받아 실행하고 있을 때 우선순위가 높은 다른 프로세스가 CPU를 강제로 빼앗아 사용할 수 있는 스케줄링 기법이다.
- 종류
  - SRT(Shortest Remaining Time) : 비선점 기법인 SJF 알고리즘을 선점 형태로 변경한 기법으로, 현재 실행중인 프로세스의 남은 시간과 준비상태 큐에 새로 도착한 프로세스의 실행 시간을 비교하여 가장 짧은 실행 시간을 요구하는 프로세스에게 CPU를 할당하는 기법
  - RR(Round Robin) : 시분할 시스템(Time Sharing System)을 위해 고안된 방식으로, FCFS 알고리즘을 선점 형태로 변형한 기법
  - 다단계 큐(MQ, Multi-level Queue) : 프로세스를 특정 그룹으로 분류할 수 있을 경우 그룹에 따라 각기 다른 준비상태 큐를 사용하는 기법

01. 다음 중 선점 스케줄링 알고리즘이 아닌 것은? 23.2, 20.8, 07.8

① RR　　　　　　② SRT
③ HRN　　　　　④ MQ

> HRN은 비선점 스케줄링 알고리즘입니다.

01. 각 페이지마다 계수기나 스택을 두어 현 시점에서 가장 오랫동안 사용하지 않은 페이지를 교체하는 페이지 교체 기법은?

23.9, 21.9, 21.3, 20.6, 18.3, 17.5, 17.3, 16.5, 13.6, 11.6, 10.5, 10.3, 09.8, 07.5

① SCR　　　　　　② FIFO
③ RR　　　　　　　④ LRU

23.9, 23.4, 23.2, 22.9, 19.9, 18.4, 18.3, 17.5, 09.8, 09.5, 09.3, 08.5, 07.8, 04.5

핵심 144　교착 상태(Deadlock)

- 정의 : 상호 배제에 의해 나타나는 문제점으로, 둘 이상의 프로세스들이 자원을 점유한 상태에서 서로 다른 프로세스가 점유하고 있는 자원을 요구하며 무한정 기다리는 현상

- 교착 상태 발생의 필요 충분 조건

상호 배제 (Mutual Exclusion)	한 번에 한 개의 프로세스만이 공유 자원을 사용할 수 있어야 함
점유와 대기 (Hold & Wait)	최소한 하나의 자원을 점유하고 있으면서 다른 프로세스에 할당되어 사용되고 있는 자원을 추가로 점유하기 위해 대기하는 프로세스가 있어야 함
비선점 (Non-preemptive)	다른 프로세스에 할당된 자원은 사용이 끝날 때까지 강제로 빼앗을 수 없어야 함
환형 대기 (Circular Wait)	공유 자원과 공유 자원을 사용하기 위해 대기하는 프로세스들이 원형으로 구성되어 있어 자신에게 할당된 자원을 점유하면서 앞이나 뒤에 있는 프로세스의 자원을 요구해야 함

01. 교착 상태 발생의 필요 조건이 아닌 것은?

23.4, 23.2, 22.9, 19.9, 18.4, 18.3, 09.8, 09.5, …

① 상호 배제 조건　　　② 선점 조건
③ 점유 및 대기 조건　④ 환형 대기 조건

23.4, 23.2, 22.3, 21.9, 21.5, 20.8, 19.9, 19.4, 19.3, 18.9, 18.4, 18.3, 16.10, 15.9, …　050214

핵심 146　기억장치 배치 기법

최초 적합(First-Fit)	프로그램이나 데이터가 들어갈 수 있는 크기의 빈 영역 중에서 첫 번째 분할 영역에 배치시키는 방법
최적 적합(Best-Fit)	프로그램이나 데이터가 들어갈 수 있는 크기의 빈 영역 중에서 단편화를 가장 작게 남기는 분할 영역에 배치시키는 방법
최악 적합(Worst-Fit)	프로그램이나 데이터가 들어갈 수 있는 크기의 빈 영역 중에서 단편화를 가장 많이 남기는 분할 영역에 배치시키는 방법, 즉 입력된 작업을 가장 큰 공백에 배치하는 방법

01. 다음 그림과 같은 기억장소에서 15K를 요구하는 프로그램이 두 번째 공백인 16K의 작업 공간에 배치되는 기억장치 배치 전략은?

23.2, 22.3, 21.9, 21.5, 19.3, 15.9, 15.5, 14.5, 14.3, 13.3, 12.5, 11.8, 11.6

운영체제
사용중인 공간
30K 공백
사용중인 공간
16K 공백
사용중인 공간
50K 공백
사용중인 공간

① First Fit Strategy　　② Best Fit Strategy
③ Worst Fit Strategy　④ Big Fit Strategy

> 15K를 요구하는 프로그램을 16K 작업 공간에 배치하였다면 단편화를 가장 작게 남기는 분할 영역에 배치시킨 것으로, 최적 적합(Best-Fit)이 적용된 것입니다.

23.9, 22.9, 21.9, 21.3, 20.6, 19.3, 18.3, 17.5, 17.3, 16.5, 15.3, 13.6, 12.5, 11.6, …　050213

핵심 145　기억장치 교체 기법

OPT(OPTimal replacement, 최적 교체)	가장 오랫동안 사용하지 않을 페이지를 교체하는 기법
FIFO(First In First Out)	각 페이지가 주기억장치에 적재될 때마다 그때의 시간을 기억시켜 가장 먼저 들어와서 가장 오래 있었던 페이지를 교체하는 기법
LRU (Least Recently Used)	각각의 페이지마다 계수기나 스택을 두어 현시점에서 가장 오랫동안 사용하지 않은 페이지를 교체하는 기법
LFU (Least Frequently Used)	사용 빈도가 가장 적은 페이지를 교체하는 기법
NUR (Not Used Recently)	각 페이지당 두 개의 하드웨어 비트를 두어서 가장 최근에 사용하지 않은 페이지를 교체하는 기법

23.2, 22.9, 21.5, 20.8, 20.6, 19.4, 18.9, 15.9, 15.5, 15.3, 14.9, 12.5, 12.3, 11.8, 09.8, 09.3

핵심 147 구역성(Locality, 국부성)

- 프로세스가 실행되는 동안 주기억장치를 참조할 때 일부 페이지만 집중적으로 참조하는 성질이 있다는 이론으로 Denning 교수에 의해 증명되었다.
- 스래싱을 방지하기 위한 워킹 셋 이론의 기반이 된다.
- 프로세스가 집중적으로 사용하는 페이지를 알아내는 방법 중 하나로, 가상기억장치 관리의 이론적인 근거가 된다.

잠깐만요 워킹 셋 / 스래싱
워킹 셋(Working Set)
프로세스가 일정 시간 동안 자주 참조하는 페이지들의 집합입니다.
스래싱(Thrashing)
다중 프로그래밍 시스템이나 가상기억장치를 사용하는 시스템에서 하나의 프로세스 수행 과정중 자주 페이지 교체가 발생함으로써 나타나는 현상으로, 전체 시스템의 성능이 저하됩니다.

01. 프로세스가 일정 시간 동안 자주 참조하는 페이지들의 집합을 의미하는 것은? 22.9, 21.5, 20.6, 18.9, 15.5, 15.3, 14.9, 12.5, 11.8, 09.8, 09.3

① PCB
② Thrashing
③ Locality
④ Working Set

02. 가상기억장치 관리에서 너무 자주 페이지 교체가 일어나서 시스템의 심각한 성능저하를 초래하는 현상은? 23.2, 20.8, 19.4, 15.9, 12.5, 12.3

① Locality
② Segmentation
③ Thrashing
④ Working Set

23.9, 22.4, 20.8, 20.6, 18.4, 17.5, 12.9, 10.9, 05.5, 02.5

핵심 148 구역성(Locality)의 종류

시간 구역성 (Temporal Locality)	• 프로세스가 실행되면서 하나의 페이지를 일정 시간 동안 집중적으로 액세스하는 현상 • 시간 구역성이 이루어지는 기억장소 : 반복·순환(Loop), 스택(Stack), 부 프로그램(Sub Program), 1씩 증감(Counting), 집계(Totaling)에 사용되는 변수(기억장소)
공간 구역성 (Spatial Locality)	• 프로세스 실행 시 일정 위치의 페이지를 집중적으로 액세스하는 현상 • 공간 구역성이 이루어지는 기억장소 : 배열 순례(Array Traversal), 순차적 코드의 실행, 프로그래머들이 관련된 변수(데이터를 저장할 기억장소)들을 서로 근처에 선언하여 할당되는 기억장소, 같은 영역의 변수 참조

01. 시간 구역성과 관련이 없는 것은?
23.9, 22.4, 20.6, 18.4, 17.5, 12.9, 05.5, 02.5

① 순환(Loop)
② 배열 순회(Array Traversal)
③ 부 프로그램(Sub Program)
④ 집계(Totaling)

배열 순회는 공간 구역성의 예입니다.

23.4, 14.3, 06.8, 06.5, 06.3, 04.5, 03.3, 01.9, 01.6, 01.3

핵심 149 인터럽트(Interrupt)

- 프로그램을 실행하는 도중에 예기치 않은 상황이 발생할 경우, 현재 실행중인 작업을 즉시 중단하고 발생된 상황을 우선 처리한 후 실행 중이던 작업으로 복귀하여 계속 처리하는 것을 말하며, 일명 '끼어들기'라고도 한다.
- 종류

외부 인터럽트	• 전원 이상 인터럽트(Power Fail Interrupt) : 정전이 되거나 전원에 이상이 있는 경우
	• 기계 착오 인터럽트(Machine Check Interrupt) : CPU의 기능적인 오류 동작이 발생한 경우
	• 외부 인터럽트(External Interrupt)
	  – 타이머에 의해 규정된 시간(Time Slice)을 알리는 경우
	  – 키보드로 인터럽트 키를 누른 경우
	  – 외부장치로부터 인터럽트 요청이 있는 경우
	• 입·출력 인터럽트(Input–Output Interrupt)
	  – 입·출력 Data의 오류나 이상 현상이 발생한 경우
	  – 입·출력장치가 데이터의 전송을 요구하거나 전송이 끝났음을 알릴 경우

내부 인터럽트	• 잘못된 명령이나 데이터를 사용할 때 발생하며, 트랩(Trap)이라고도 부름
	• 프로그램 검사 인터럽트(Program Check Interrupt)
	  – 0으로 나누기가 발생한 경우
	  – Overflow 또는 Underflow가 발생한 경우
	  – 프로그램에서 명령어를 잘못 사용한 경우
	  – 부당한 기억장소의 참조와 같은 프로그램 상의 오류

소프트웨어 인터럽트	• 프로그램 처리중 명령의 요청에 의해 발생하는 것
	• 가장 대표적인 형태는 감시 프로그램을 호출하는 SVC(SuperVisor Call) 인터럽트임
	• SVC(SuperVisor Call) 인터럽트
	  – 프로그래머가 SVC 명령을 써서 의도적으로 호출한 경우
	  – 복잡한 입·출력 처리를 해야 하는 경우
	  – 기억장치 할당 및 오퍼레이터와 대화를 해야 하는 경우

01. 인터럽트의 종류 중 프로그래머에 의해 발생하는 인터럽트로서 보통 입·출력의 수행, 기억장치의 할당 및 오퍼레이터와의 대화 등의 작업 수행 시 발생하는 것은? 23.4, 06.8, 06.5, 06.3, 03.3, 01.6, 01.3

① 입·출력 인터럽트
② 외부 인터럽트
③ 기계 검사 인터럽트
④ SVC 인터럽트

22.3, 21.9, 16.10, 15.9, 15.5, 15.3, 14.5, 14.3, 12.9, 12.5, 12.3, 10.3, 08.7, 08.5, …   050139

핵심 150 **C 언어의 개요 및 특징**

개요

- 1972년 미국 벨 연구소의 데니스 리치에 의해 개발되었다.
- 시스템 소프트웨어를 개발하기 편리하여 시스템 프로그래밍 언어로 널리 사용된다.

특징

- 고급 프로그래밍 언어이면서 저급 프로그래밍 언어의 특징을 모두 갖고 있다.
- 자료의 주소를 조작할 수 있는 포인터를 제공한다.
- 이식성이 좋아 컴퓨터 기종에 관계없이 프로그램을 작성할 수 있다.
- UNIX 운영체제의 일부가 C 언어로 작성되었다.
- 컴파일러 방식의 언어이다.
- 구조적 프로그래밍이 가능하다.
- 효율성이 좋아 대규모의 프로그램을 만들 수 있다.
- 많은 데이터형과 다양한 연산 기능을 가지고 있어 적용 분야가 넓다.
- 수행 속도나 기능면에서 고급 언어와 어셈블리어의 중간 기능을 수행한다.

---

01. C 언어의 특징으로 옳지 않은 것은?

22.3, 21.9, 15.9, 15.5, 15.3, 14.3, 12.9, 10.3

① 포인터에 의한 번지 연산 등 다양한 연산 기능을 가진다.
② 기호 코드(Mnemonic Code)라고도 한다.
③ UNIX 운영체제를 구성하는 시스템 프로그램이다.
④ 이식성이 뛰어나 컴퓨터 기종에 관계없이 프로그램을 작성할 수 있다.

> 기호 코드(Mnemonic Code)라고도 불리는 것은 어셈블리어입니다.

23.9, 23.2, 22.9, 21.9, 20.6, 19.9, 19.4, 19.3, 17.9, 17.5, 15.9, 15.5, 15.3, 14.9, …   050140

핵심 151 **C 언어의 기본 데이터 형식**

형식	의미	크기
int	정수형	2Byte
long	정수 확장형	4Byte
float	실수형	4Byte
double	배정도 실수형	8Byte
char	문자형	1Byte
void	값이 없음	–

---

01. C 언어에서 자료형 선언 시 사용되는 것이 아닌 것은?

21.9, 19.3, 17.9, 15.9, 14.9, 14.5, 14.3, 12.5, 12.3, 11.6, 10.9, 09.5, 09.3, 08.5, 07.8, …

① long   ② char
③ double   ④ integer

> C 언어에 integer라는 데이터 형식은 없습니다. 정수형 변수를 선언할 때 사용하는 예약어는 int입니다.

02. C 언어에서 문자 데이터를 나타내는 자료형은?

23.2, 22.9, 19.9, 17.5, 15.3, 13.6, 11.8, 11.3, 08.3, 07.3

① void   ② char
③ float   ④ int

23.2, 22.9, 22.3, 21.5, 21.3, 19.4, 16.10, 16.3, 15.9, 15.5, 15.3, 14.9, 14.5, 14.3, …   050215

핵심 152 **C 언어의 기억 클래스**

형식	의미
auto (자동 변수)	• 필요할 때만 기억 영역을 사용하는 변수로 기억 클래스를 생략하면 기본적으로 auto로 인식됨 • 함수가 호출되면 함수에서 선언한 변수가 기억 영역에 생성되고 함수의 실행이 끝나면 기억 영역에 생성되었던 변수가 사라짐
static (정적 변수)	• 함수의 호출과 관계없이 항상 메모리에 남아 있는 변수 • 함수를 외부에서 선언할 경우 프로그램 전체에서 사용이 가능함
register (레지스터 변수)	• 자동 변수로 선언된 변수 중에서 자주 사용하는 변수들을 레지스터라는 임시 기억장소에 따로 보관 해 두는 것 • 프로그램의 처리 속도가 빨라짐
extern (외부 변수)	• 다른 프로그램에 있는 변수를 참조할 때 사용함 • 분할된 프로그램 간에 데이터를 주고받을 때 사용함

---

01. C 언어에서 사용하는 기억 클래스의 종류가 아닌 것은?

23.2, 22.9, 22.3, 21.5, 21.3, 19.4, 16.3, 15.9, 15.5, 15.3, 14.9, 14.5, 14.3, 13.8, 13.3, 12.5, …

① 자동 변수(Automatic Variables)
② 레지스터 변수(Register Variables)
③ 메시지 변수(Message Variables)
④ 정적 변수(Static Variables)

23.9, 23.4, 21.9, 20.8, 19.9, 19.3, 16.5, 16.3, 15.9, 15.3, 14.5, 13.6, 12.9, 12.5, … 　050142

핵심 153 ▶ C 언어의 표준 입 · 출력

표준 입 · 출력 함수

printf( )	표준 출력 함수
scanf( )	표준 입력 함수
getchar( )	한 문자 입력 함수
putchar( )	한 문자 출력 함수
gets( )	문자열 입력 함수
puts( )	문자열 출력 함수

주요 서식 지정자

%d	정수형 10진수로 출력
%o	정수형 8진수로 출력
%x	정수형 16진수로 출력
%c	한 문자 출력
%s	문자열 출력
%f	실수형 10진수로 출력

예 a 변수에 6704가 기억되어 있다. 다음과 같이 출력할 때 출력 결과를 표시하시오.

> printf("%-8d", a) → 6704∨∨∨∨ (∨는 빈 칸을 의미함)

- % : 형 변환 문자임을 지정
- − : 왼쪽부터 출력
- 8 : 출력 자릿수를 8자리로 지정
- d : 10진수로 출력

01. C 언어의 출력문에서 데이터 형식을 규정하는 서술자로서 의미가 옳지 않은 것은? 　23.9, 23.4, 15.3, 12.3, 06.8, 05.5, 03.5, 01.3

① %d : 8진 정수(octal integer)
② %c : 문자(character)
③ %s : 문자열(string)
④ %x : 16진 정수(hexadecimal integer)

> C 언어에서 입 · 출력 시 형식을 규정하는 서술자 %d는 10진(decimal) 정수를 지정할 때 사용합니다.

02. C 언어에서 문자열 출력 함수는? 　23.9, 21.9, 20.8, 11.8

① main( )
② gets( )
③ puts( )
④ getchar( )

21.9, 21.5, 20.6, 19.9, 18.4, 15.9, 15.5, 15.3, 14.9, 13.8, 13.6, 12.9, 12.5, 11.8, … 　050143

핵심 154 ▶ C 언어의 제어 문자(Escape-Sequence)

문자	의미	기능
\n	new line	커서를 다음 줄 앞으로 이동
\b	backspace	커서를 뒤로 한 칸 이동
\t	tab	커서를 일정 간격으로 띄움
\r	carriage return	커서를 현재 줄의 처음으로 이동
\0	null	널 문자 출력
\'	single quote	작은 따옴표 출력
\"	double quote	큰 따옴표 출력
\a	alert	벨 소리 발생
\\	backslash	역 슬래시 출력
\f	form feed	한 페이지 넘김

01. C 언어에서 이스케이프 시퀀스(Escape Sequence)의 설명이 옳지 않은 것은? 　21.9, 21.5, 20.6, 19.9, 18.4, 15.5, 15.3, 14.9, 13.8, 13.6, 12.9 12.5, 11.8, 11.6, 11.3, 10.3, …

① \n : null character
② \r : carriage return
③ \f : form feed
④ \b : backspace

> \n은 뉴 라인(new line)을 의미합니다. null character를 지정하려면 \0이라고 지정해야 합니다.

23.4, 22.4, 22.3, 20.8, 18.9, 18.3, 16.5, 14.3, 12.9, 11.8, 11.3, 09.5, 09.3, 08.3, … 　050144

핵심 155 ▶ C 언어 연산자의 종류 및 우선순위

대분류	중분류	연산자	결합규칙	우선순위
일반식		( ) → [ ]	→	높음
단항 연산자	단항 연산자	!(논리 not) ~(비트 not) ++(증가) −−(감소) *(포인터) &(주소) sizeof	←	
이항연산자	산술 연산자	* / %(나머지)	→	
	시프트 연산자	+ −		
	관계 연산자	〈 〈= 〉= 〉		
		==(같다) !=(같지 않다)		
	비트 연산자	&(비트 and) ^(비트 xor) |(비트 or)		
	논리 연산자	&&(논리 and) ‖(논리 or)		
삼항 연산자	조건	? :	→	
대입 연산자	대입	= += −= *= /= %= 〈〈= 〉〉= 등	←	
순서 연산자	순서	,	→	낮음

※ 우선순위가 같을 경우 어느 연산자를 먼저 연산할지를 알려주는 것으로, ←는 오른쪽에 있는 연산자부터, →은 왼쪽에 있는 연산자부터 연산한다는 뜻입니다.

잠깐만요 캐스트(CAST) 연산자

캐스트 연산자는 데이터 유형을 변환할 때 사용합니다.

예
int a;
float b;
b=123.45
a=(int)b * 10; → float형을 int형으로 변환하였으므로 123*10이 되어 a에는 1230이 기억됩니다.

예 연산자의 사용
• a++; → a=a+1;
• a--; → a=a-1;
• ++a; → a=a+1;
• a = &b; → b 변수의 주소를 a에 저장함
• c = *a; → a 변수가 가지고 있는 값은 주소임. 그 주소에 저장된 값을 c에 저장함
• a = 5 % 2; → 5를 2로 나눈 후 나머지 1을 a에 저장함
• a += 5; → a = a + 5;
• a %= 5; → a = a % 5;
• a = b << 4; → b의 값을 4비트 왼쪽으로 이동시킨 결과를 a에 저장함
• c = a == b → a의 값과 b의 값이 같으면 참(1)을, 같지 않으면 거짓(0)을 c에 저장함
• a = b > c ? b - c : c - b; → b가 c보다 크면 b - c의 결과를 a에 저장하고, 그렇지 않으면 c - b의 결과를 a에 저장함
• a = 5 & 4 ; → 5와 4를 비트별로 and 연산한 결과가 a에 저장됨
　　　 0 0 0 0　0 1 0 1 (5)
　and 0 0 0 0　0 1 0 0 (4)
　　　 0 0 0 0　0 1 0 0 (8비트로 가정했음)

01. 다음의 C 언어 연산자 기호 중에서 우선순위가 가장 먼저인 것은? 　　　　　　　　　23.4, 03.3, 01.9, 01.6, 00.5

① && 　　　　　　　　　② ||
③ = 　　　　　　　　　④ /

보기에 제시된 연산자를 우선순위가 가장 빠른 것에서 느린 것 순으로 나열하면 '산술 연산자(/) → 논리 연산자(&& → ||) → 대입 연산자(=)' 순입니다.

02. C 언어에서 나머지를 구하기 위한 연산자는? 　　　　　　　　　22.4, 20.8, 16.5, 14.3, 11.8

① % 　　　　　　　　　② @
③ # 　　　　　　　　　④ !

23.2, 22.4, 22.3, 21.9, 19.9, 19.3, 18.4, 16.10, 16.3, 15.5, 13.3, 12.9, 12.3, 10.3, …　050145

핵심 156 ▶ C 언어의 제어문

선택문

if ~ else	• 조건에 따라 프로그램의 흐름을 서로 다른 2개중 하나의 방향으로 바꾸는 제어문 • 조건이 맞으면 if 다음의 문장을, 틀리면 else 다음의 문장을 수행함
switch ~ case	• 조건에 따라 프로그램의 흐름을 서로 다른 여러 개 중 하나의 방향으로 바꾸는 다중 선택문 • 각각의 조건(case)에 맞는 처리를 수행함

반복문

for	지정된 조건이 만족되는 동안 반복문을 수행함
while	• 조건식이 참인 동안 반복문을 수행함 • 조건을 만족하지 않는 경우 한 번도 실행되지 않을 수 있음
do ~ while	• 조건을 만족하는 동안 반복문을 수행함 • 반복문을 우선 수행한 후 조건식을 검사하므로 최소한 한 번은 반복문을 수행함

01. COBOL 언어의 PERFORM문, C 언어의 FOR문에 해당되는 것은? 　　　　　　22.3, 19.3, 16.10, 12.3, 06.8, 02.3, 01.6

① 반복문 　　　　　　② 종료문
③ 입 · 출력문 　　　　④ 선언문

02. C 언어의 do ~ while문에 대한 설명 중 틀린 것은? 　　　　　　　　　23.2, 15.5, 12.9, 09.3, 07.8

① 문의 조건이 거짓인 동안 루프 처리를 반복한다.
② 문의 조건이 처음부터 거짓일 때도 문을 최소 한 번은 실행한다.
③ 무조건 한 번은 실행하고 경우에 따라서는 여러 번 실행하는 처리에 사용하면 유용하다.
④ 맨 마지막에 " ; "이 필요하다.

C 언어의 do ~ while문은 조건이 참인 동안 루프 처리를 반복합니다.

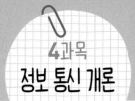

4과목 정보 통신 개론

핵심요약 & 대표기출문제

핵심

핵심 157 정보 통신 시스템의 특징

- 고속 · 고품질의 전송이 가능하다.
- 고도의 오류 제어 방식으로 시스템의 신뢰도가 높다.
- 대형 컴퓨터와 대용량 파일을 공동으로 이용할 수 있다.
- 분산 처리가 가능하다.
- 통신 회선을 효율적으로 이용할 수 있다.
- 대용량 · 광대역 전송이 가능하다.
- 거리와 시간의 한계를 극복한다.
- 통신 비밀을 유지하기 위한 보안 시스템의 개발이 필요하다.

---

01. 정보 통신 시스템의 특징에 대한 설명 중 틀린 것은?

16.5, 15.3, 07.8

① 통신 회선을 효율적으로 이용 가능함
② 에러 제어 방식을 사용하여 시스템의 신뢰도가 높음
③ 협대역 전송에만 주로 사용함
④ 고품질의 통신 서비스를 제공함

핵심 158 정보 통신 시스템의 기본 구성

데이터 전송계	단말장치, 데이터 전송 회선(신호 변환장치, 통신 회선), 통신 제어장치
데이터 처리계	컴퓨터(하드웨어, 소프트웨어)

통신 시스템의 구성 요소

- 통신 시스템의 4대 구성 요소 : 단말장치(DTE), 데이터 전송 회선(신호 변환장치(DCE), 통신 회선), 통신 제어장치(CCU), 컴퓨터
- 정보 통신 시스템의 3대 요소 : 단말장치, 전송장치(통신 회선, 신호 변환장치), 컴퓨터
- 데이터 통신 시스템의 3대 요소 : 단말장치, 전송장치, 통신 제어장치
- 정보 통신망의 3대 구성 요소 : 단말장치, 교환장치, 전송장치

---

01. 정보 통신 System의 구성 요소 중 정보 전송계 요소에 맞지 않는 것은?

16.3, 13.6, 11.6, 10.5, 10.3, 08.3, 06.5, 04.3, 03.8, 02.8, 00.5

① 신호 변환장치   ② 전송 회선
③ 중앙처리장치   ④ 통신제어장치

> 중앙처리장치는 컴퓨터의 가장 핵심적인 장치로 정보 통신 시스템의 구성 요소 중 데이터 처리계에 해당됩니다.

050146

핵심 159 정보 통신 시스템의 처리 형태 및 응용

- 정보 통신 시스템의 처리 형태

온라인 시스템	• 데이터가 발생한 단말장치와 데이터를 처리할 컴퓨터가 통신 회선을 통해 직접 연결된 형태 • 데이터 송 · 수신 중간에 사람 혹은 기록 매체가 개입되지 않음 • 정보 통신 업무의 대부분을 차지하는 실시간 처리가 요구되는 작업에 주로 사용됨
실시간 처리 시스템	• 데이터가 발생한 즉시 처리하여 그 결과를 되돌려 주는 방식 • 은행업무, 예약업무, 각종 조회 업무 등에 사용
시분할 처리 시스템	컴퓨터를 사용할 수 있는 시간을 일정하게 쪼개 여러 개의 단말장치가 정해진 시간(Time Slice) 동안 번갈아가며 컴퓨터의 자원을 공동으로 사용하는 방식

- 정보 통신 시스템의 응용

온라인 실시간 처리	거래 처리, 질의/응답, 메시지 교환
온라인 일괄 처리	데이터 수집과 입력, 원격 일괄 처리

---

01. 시분할(Time-Sharing) 시스템과 가장 관계없는 것은?

16.5, 15.9, 14.5, 13.8, 10.9, 03.8, 03.3

① 실시간(Real-Time) 응답이 주로 요구된다.
② 컴퓨터와 이용자가 서로 대화형으로 정보를 교환한다.
③ 컴퓨터 파일 자원의 공동 이용이 불가능하다.
④ 다수 단말기가 1대의 컴퓨터를 공동으로 사용한다.

핵심 160 단말장치(DTE)

- 데이터 통신 시스템과 외부 사용자와의 접점에 위치하여 최종적으로 데이터를 입 · 출력하는 장치이다.
- 기능

```
입 · 출력 기능
전송 제어 기능 ─ 입·출력 제어 기능
              ─ 회선 제어 기능 ─ 송·수신 제어 기능
                               ─ 오류 제어 기능
              ─ 회선 접속 기능
기억 기능
```

- 내장 프로그램의 유무에 따른 분류

지능형(스마트) 단말장치	• CPU와 저장장치가 내장된 단말장치 • 프로그램을 설치하여 단독으로 일정 수준 이상의 작업 처리가 가능
비지능형(더미) 단말장치	• 입력장치와 출력장치로만 구성 • 단독으로 작업을 처리할 수 있는 능력이 없음

- 원격 일괄 단말장치(Remote Batch Terminal) : 멀리 떨어진 장소(원격지)에서 컴퓨터로 처리할 작업을 한꺼번에 모아서 처리(일괄 처리)하는 단말장치

---

01. 데이터 통신 시스템과 외부 사용자와의 접점에 위치하여 최종적으로 데이터를 입·출력하는 장치는?

23.9, 12.5, 06.8

① DCE
② Ender
③ DTE
④ CCU

23.4, 22.4, 20.8, 17.3, 16.3, 15.5, 13.8, 13.6, 13.3, 12.9, 12.5, 11.8, 11.6, 10.9, … 050147

핵심 161 ▶ 신호 변환장치(DCE)

컴퓨터나 단말장치의 데이터를 통신 회선에 적합한 신호로 변경하거나 통신 회선의 신호를 컴퓨터나 단말장치에 적합한 데이터로 변경하는 신호 변환 기능을 수행하는 장치로 데이터 회선종단장치라고도 한다.

모뎀 (MODEM)	• 컴퓨터나 단말장치로부터 전송되는 디지털 데이터를 아날로그 회선에 적합한 아날로그 신호로 변환하는 변조(MOdulation) 과정과 그 반대의 복조(DEModulation) 과정을 수행함 • 디지털 데이터를 공중 전화 교환망(PSTN)과 같은 아날로그 통신망을 이용하여 전송할 때 사용함 • 기능 : 변·복조 기능, 자동 응답 기능, 반복 호출 기능, 자동 속도 조절 기능, 모뎀 시험 기능
DSU (Digital Service Unit)	• 컴퓨터나 단말장치로부터 전송되는 디지털 데이터를 디지털 회선에 적합한 디지털 신호로 변환하는 과정과 그 반대의 과정을 수행 • 신호의 변조 과정 없이 단순히 유니폴라(단극성) 신호를 바이폴라(양극성) 신호로 변환하여 주는 기능만 제공하기 때문에 모뎀에 비하여 구조가 단순함 • 디지털 데이터를 공중 데이터 교환망(PSDN)과 같은 디지털 통신망을 이용하여 전송할 때 사용됨 • 송·수신 기능과 타이밍 회복 기능을 DSU 자체에서 수행함 • 속도가 빠르고, 오류율이 낮음
코덱 (CODEC)	• 아날로그 데이터를 디지털 통신 회선에 적합한 디지털 신호로 변환하거나 그 반대의 과정을 수행함 • 펄스 코드 변조(PCM) 방식을 이용하여 데이터를 변환

01. 다음 중 데이터 회선 종단장치와 관련이 없는 것은?

22.4, 16.3, 09.5

① DCE
② DTE
③ MODEM
④ DSU

> DTE는 단말장치로 데이터 회선 종단장치와 관련이 없습니다.

02. 코덱(CODEC)에 대한 설명으로 옳은 것은?

23.4, 20.8, 13.6, 12.9, 11.8, 03.8, 00.7

① 데이터 통신망 관리를 위한 디지털 장치이다.
② 데이터 통신망에 의해 정보를 제어하는 장치이다.
③ 데이터를 모아 일괄로 처리하는 장치이다.
④ 아날로그 신호를 디지털 전송로에 맞게 디지털 신호로 바꾸어 전송해 주는 장치이다.

23.2, 22.4, 21.5, 21.3, 20.8, 19.9, 19.3, 17.5, 17.3, 15.9, 14.9, 13.8, 12.9, 11.8, 11.6, … 050148

핵심 162 ▶ DTE/DCE 접속 규격

• 단말장치(DTE)와 회선 종단 장치(DCE) 간의 접속을 정확하게 수행하기 위한 기계적, 전기적, 물리적, 논리적(기능적) 조건을 사전에 정의해 놓은 규격으로, OSI 참조 모델의 물리 계층에 관계된다.
• 접속 규격 표준안

ITU-T	V시리즈	공중 전화 교환망(PSTN)을 통한 DTE/DCE 접속 규격 • V.24 : 기능적, 절차적 조건에 대한 규정, 데이터 터미널과 데이터 통신기기의 접속 규격 • V.28 : 전기적 조건에 대한 규정
	X시리즈	공중 데이터 교환망(PSDN)을 통한 DTE/DCE 접속 규격 • X.20 : 비동기식 전송을 위한 DTE/DCE 접속 규격 • X.21 : 동기식 전송을 위한 DTE/DCE 접속 규격 • X.24 : DTE/DCE 회로 접속 규격 • X.25 : 패킷 전송을 위한 DTE/DCE 접속 규격
EIA	RS-232C	공중 전화 교환망(PSTN)을 통한 DTE/DCE 접속 규격 • V.24, V.28, ISO 2110을 사용하는 접속 규격과 기능적으로 호환성을 가지며, 현재 가장 많이 사용됨
	RS-449	고속 데이터 통신을 위한 DTE/DCE 접속 규격 • RS-232C의 단점을 보완하기 위한 새로운 표준 • 거리에 제한이 없고, RS-232C에 비해 속도가 빠름

• RS-232C 커넥터 : 25핀으로 구성, 전송 거리는 15m 이하, 데이터 신호 속도는 최고 20Kbps이며, 전이중/반이중, 동기/비동기 모두에 대응함

01. ITU-T 권고안의 X 시리즈에서 패킷형 DTE와 DCE 간의 인터페이스는?

23.2, 22.4, 21.5, 21.3, 20.8, 19.9, 19.3, 17.5, 15.9, 14.9, 12.9, 11.8, 05.5, 05.3, 01.6

① X.21
② X.22
③ X.24
④ X.25

22.4, 21.9, 21.3, 19.9, 19.3, 18.9, 18.4, 17.5, 16.10, 15.9, 15.5, 15.3, 14.9, 14.5, … 050149

핵심 163 ▶ 주파수 분할 다중화기(FDM)

• 통신 회선의 주파수를 여러 개로 분할하여 여러 대의 단말장치가 동시에 사용할 수 있도록 한 것이다.
• 전송 신호에 필요한 대역폭보다 전송 매체의 유효 대역폭이 큰 경우에 사용한다.
• 다중화기 자체에 변·복조 기능이 내장되어 있어 모뎀을 설치할 필요가 없다.
• 시분할 다중화기에 비해 구조가 간단하고 가격이 저렴하다.
• 대역폭을 나누어 사용하는 각 채널들 간의 상호 간섭을 방지하기 위한 보호 대역(Guard Band)이 필요하다.
• 보호 대역(Guard Band)의 사용으로 인한 대역폭의 낭비가 초래된다.
• 저속(1,200bps 이하)의 비동기식 전송, 멀티 포인트 방식, 아날로그 신호 전송에 적합하다.

> **잠깐만요** 다중화(Multiplexing)
> 하나의 고속 통신 회선을 다수의 단말기가 공유하여 복수의 채널을 전송할 수 있도록 하는 것으로, 다중화를 위한 장치에는 다중화기, 집중화기, 공동 이용기가 있습니다.

01. 두 개의 채널 사이에 보호대역(Guard Band)을 사용하여 인접한 채널 간의 간섭을 막는 다중화 방식은?

22.4, 21.9, 21.3, 19.3, 18.9, 18.4, 17.5, 16.10, 15.3, 14.9, 14.3, 13.6

① 시분할 다중화 방식   ② 주파수 분할 다중화 방식

③ 코드 분할 다중화 방식   ④ 공간 분할 다중화 방식

23.9, 22.4, 19.9, 17.9, 16.3, 15.5, 14.5, 14.3, 11.3, 09.3, 06.3, 00.5   050150

핵심 164   시분할 다중화기(TDM)

- 통신 회선의 대역폭을 일정한 시간 폭(Time Slot)으로 나누어 여러 대의 단말장치가 동시에 사용할 수 있도록 한 것이다.
- 대역폭의 이용도가 높아 고속 전송에 용이하다.
- 디지털 회선에서 주로 이용하며, 대부분의 데이터 통신에 사용된다.
- 다중화기의 내부 속도와 단말장치의 속도 차이를 보완하기 위한 버퍼가 필요하다.
- 모든 단말장치에 균등한(고정된) 시간 폭(Time Slot)을 제공하는 동기식 시분할 다중화기와 전송할 데이터가 있는 단말장치에만 시간 폭(Time Slot)을 제공하는 비동기식 시분할 다중화기가 있다.

동기식 시분할 다중화기 (STDM)	• 모든 단말장치에 균등한(고정된) 시간 폭(Time Slot)을 제공함 • 전송되는 데이터의 시간 폭(Time Slot)을 정확히 맞추기 위한 동기 비트가 필요함 • 통신 회선의 데이터 전송률이 전송 디지털 신호의 데이터 전송률을 능가할 때 사용함 • 전송할 데이터가 없는 경우에도 시간 폭(Time Slot)이 제공되므로 효율성이 떨어짐 • 다중화된 회선의 데이터 전송률은 접속장치들의 데이터 전송률의 합과 같음
비동기식 시분할 다중화기 (ATDM)	• 전송할 데이터가 있는 단말장치에만 시간 폭(Time Slot)을 제공하므로, 전송 효율이 높음 • 동기식 시분할 다중화기보다 많은 수의 단말들이 전송 매체에 접속할 수 있음 • 데이터 전송량이 많아질 경우 전송 지연이 생길 수 있음 • 동기식 시분할 다중화기에 비해 접속에 소요되는 시간이 김 • 주소 제어, 흐름 제어, 오류 제어 등의 기능을 하므로 복잡한 제어 회로와 임시 기억장치가 필요하고, 가격이 비쌈 • 지능 다중화기, 확률적 다중화기, 통계적 시분할 다중화기라고도 함 • 다중화된 회선의 데이터 전송률은 접속장치들의 데이터 전송률의 합보다 작음

01. 다중화 방식 중 실제로 전송할 데이터가 있는 단말장치에만 타임 슬롯을 할당함으로써 전송 효율을 높이는 특징을 가진 것은?

22.4, 17.9, 14.5, 11.3, 06.3

① 동기식 TDM   ② FDM

③ 비동기식 TDM   ④ MODEM

02. 전송 시간을 일정한 간격의 시간 슬롯(Time Slot)으로 나누고, 이를 주기적으로 각 채널에 할당하는 다중화 방식은?

23.9, 19.9, 15.5, 14.3

① 주파수 분할 다중화기   ② 파장 분할 다중화기

③ 동기식 시분할 다중화기   ④ 회선 분할 다중화기

23.9, 23.2, 22.9, 22.3, 21.9, 21.5, 21.3, 20.6, 19.4, 19.3, 18.3, 17.5, 17.3, 16.10, ...   050151

핵심 165   광섬유 케이블(Optical Fiber Cable)

- 유리를 원료로 하여 제작된 가느다란 광섬유를 여러 가닥 묶어서 케이블의 형태로 만든 것이다.
- 데이터를 빛으로 바꾸어 빛의 반사 원리를 이용하여 전송한다.
- 유선 매체 중 가장 빠른 속도와 높은 주파수 대역폭을 제공한다.
- 대용량, 장거리 전송이 가능하다.
- 도청이 어려워 보안성이 뛰어나다.
- 무누화의 성질을 가진다.
- 무유도 성질을 가지므로 전자기적 잡음에 강하다.
- 감쇠율이 적어 리피터의 설치 간격이 넓으므로 리피터의 소요가 적다.
- 설치 비용은 비싸지만 단위 비용은 저렴하다.
- 광섬유 간의 연결이 어려워 설치 시 고도의 기술이 필요하다.
- 광섬유 케이블의 주요 손실
  - 산란 손실 : 재료의 불균질성으로 인해 발생하는 손실
  - 흡수 손실 : 재료의 불순물 정도에 따라 빛 에너지의 일부가 열 에너지로 변환되면서 발생하는 손실
  - 불균등 손실 : 코어와 클래드 경계면이 균일하지 않아 발생되는 손실
  - 코어 손실 : 코어 내부에서 시간에 따라 변하는 자기장에 의해 발생되는 손실
- 광섬유 케이블의 전송 모드 : 단일 모드, 계단형 다중 모드, 언덕형 다중 모드
- 광섬유 케이블의 구성

코어(Core)	빛이 전파되는 영역으로, 클래드보다 높은 굴절률을 가짐
클래드(Clad)	코어보다 약간 낮은 굴절률을 가지므로 코어의 빛을 반사시켜 외부로 빠져나가지 못하게 하고, 외부의 압력으로부터 코어를 보호함
재킷(Jacket)	습기, 마모, 파손 등의 위험으로부터 내부를 보호함

잠깐만요 광통신의 3요소

발광기(LD; Laser Diode)	• 전광 변환(전기 에너지 → 빛 에너지) • 송신 측 요소
수광기(PD; Photo Diode)	• 광전 변환(빛 에너지 → 전기 에너지) • 수신 측 요소
광심선(광 케이블)	• 중계부 • 유리 섬유를 여러가닥 묶어서 구성

01. 다음 중 광섬유 케이블의 설명이 아닌 것은?

23.2, 22.9, 22.3, 20.6, 17.5

① 대역폭이 넓어 정보 전송 능력은 향상되나 동축 케이블보다 신호 감쇠 현상이 심하다.

② 전기적 잡음 영향을 받지 않기 때문에 신뢰성이 높다.

③ 광을 이용하여 전송하기 때문에 보안성이 뛰어나다.

④ 동축 케이블에 비해 무게와 크기면에서 이점을 갖는다.

> 광섬유 케이블은 감쇠율이 적어 리피터의 설치 간격이 넓습니다.

---

02. 광섬유 케이블에서 클래드의 표면이 불규칙할 때 발생하는 손실은? 23.9

① 흡수 손실
② 산란 손실
③ 불균등 손실
④ 코어 손실

> 클래드의 표면이 불규칙할 때와 같이 재료의 불균질성으로 인해 발생하는 손실은 산란 손실입니다.

23.9, 23.4, 23.2, 22.9, 22.4, 21.9, 21.5, 21.3, 20.8, 20.6, 19.9, 19.4, 19.3, 18.4, … 050152

핵심 166 통신 속도와 통신 용량

- 통신 속도

변조 속도	• 1초 동안 몇 번의 신호 변화가 있었는가를 나타내는 것 • 단위 : Baud • 1개의 신호가 변조되는 시간을 T초라 할 때 변조 속도 Baud = 1/T임
신호 속도	• 1초 동안 전송 가능한 비트의 수 • 단위 : Bps(Bit/Sec) • 데이터 신호 속도(Bps) = 변조 속도(Baud) × 변조 시 상태 변화 수 • 변조 속도(Baud) = 데이터 신호 속도(Bps) / 변조 시 상태 변화 수
전송 속도	단위 시간에 전송되는 데이터의 양(문자, 블록, 비트, 단어 수 등)
베어러 속도	• 데이터 신호에 동기 문자, 상태 신호 등을 합한 속도 • 단위 : Bps(Bit/Sec)

- 변조 시 상태 변화 수 : 모노비트(Monobit) – 1비트, 디비트(Dibit) – 2비트, 트리비트(Tribit) – 3비트, 쿼드비트(Quadbit) – 4비트
- 통신 용량 : 단위 시간 동안 전송 회선이 최대로 전송할 수 있는 통신 정보량
- 샤논(Shannon)의 정의
  ① 잡음이 있는 경우

$$C = W \cdot \log_2\left(1 + \frac{S}{N}\right)[bps]$$

  – C : 통신 용량   – W : 대역폭   – S : 신호 전력   – N : 잡음 전력
  ② 잡음이 없는 경우

$$C = 2B \cdot \log_2(M)[bps]$$

  – C : 통신 용량   – B : 대역폭   – M : 신호 레벨
- 전송로의 통신 용량을 늘리기 위한 방법 : 주파수 대역폭을 늘림, 신호 세력을 높임, 잡음 세력을 줄임

---

01. 8위상 변조와 2진폭 변조를 혼합하여 변조 속도가 1,200 [Baud]인 경우, 이는 몇 [Bps]에 해당 되는가?

23.4, 23.2, 22.4, 21.5, 21.3, 20.8, 20.6, 19.9, 18.4, 18.3, 17.5, 11.3, 09.8, 09.3, 08.5, …

① 1,200
② 2,400
③ 3,600
④ 4,800

> • 8위상(2^3)은 3비트, 2진폭(2^1)은 1비트를 의미하는 것으로, 변조 시 상태 변화 수는 3 + 1 = 4입니다.
> • 데이터 신호 속도 = 변조 속도 × 변조 시 상태 변화 수 = 1,200 × 4 = 4,800Bps

02. 다음은 잡음이 있는 통신 채널의 통신 용량을 표시하는 식이다. 여기서 기호가 바르게 표현된 것은? 23.4, 07.3, 03.5

$$C = B \cdot \log_2(1 + S/N)$$

① C : 신호 전력
② B : 대역폭
③ S : 잡음 전력
④ N : 통신 용량

> C는 통신 용량, S는 신호 전력, N은 잡음 전력에 해당합니다.

03. 9,600[Bps]의 비트열(Bit Stream)을 8진 PSK로 변조하여 전송하면 변조 속도는? 23.9, 22.9, 21.3, 19.4, 16.5, 12.3, 10.9, 10.5, 09.5, 08.7

① 1,200[Baud]
② 3,200[Baud]
③ 9,600[Baud]
④ 76,800[Baud]

> • 8진 PSK 변조란 진폭과 위상을 상호 변환하여 한 번에 8개의 서로 다른 데이터를 보낸다는 의미로, 8개의 데이터라면 2진수 3Bit로 표현할 수 있습니다.
> • 변조 속도(Baud) = 전송 속도(Bps) / 변조 시 상태 변화 수 = 9,600 / 3 = 3,200[Baud]

23.9, 23.2, 22.9, 22.4, 22.3, 21.5, 20.8, 20.6, 19.9, 19.4, 19.3, 18.9, 18.4, 18.3, … 050153

핵심 167 신호 변환 방식 – 디지털 변조

디지털 변조란 디지털 데이터를 아날로그 신호로 변환하는 것을 의미하며, 브로드밴드 변조 또는 키잉(Keying)이라고도 한다.

진폭 편이 변조(ASK)	2진수 0과 1을 서로 다른 진폭의 신호로 변조
주파수 편이 변조(FSK)	• 2진수 0과 1을 서로 다른 주파수로 변조 • 1,200Bps 이하의 저속도 비동기식 모뎀에서 사용됨
위상 편이 변조(PSK)	• 2진수 0과 1을 서로 다른 위상을 갖는 신호로 변조 • 한 위상에 1비트(2위상), 2비트(4위상), 또는 3비트(8위상)를 대응시켜 전송하므로, 속도를 높일 수 있음 • 중·고속의 동기식 모뎀에 많이 사용됨 • 반송파 간의 위상차는 $\frac{2\pi}{M}$ (M은 위상)
직교 진폭 변조(QAM) = 진폭 위상 변조, 직교 위상 변조	• 반송파의 진폭과 위상을 상호 변환하여 신호를 얻는 변조 방식 • 고속 전송 가능, 9,600Bps 모뎀의 표준 방식으로 권고

---

01. 다음 중 반송파의 진폭과 위상을 상호 변환하여 신호를 얻는 변조 방식은?

23.9, 22.9, 22.3, 20.8, 20.6, 18.4, 15.5, 12.3, 11.6, 10.5, 09.8, 09.5, 07.8, 05.5, 03.5

① PSK
② ASK
③ QAM
④ FSK

02. 반송파로 사용하는 정현파의 위상에 정보를 실어 보내는 변조 방식은?

22.9, 20.8, 19.4, 15.3, 11.3

① ASK
② DM
③ PSK
④ ADPCM

01. 다음 중 음성 신호를 PCM(Pulse Code Modulation) 방식을 통해 송신측에서 디지털 신호로 변환하는 과정이 옳은 것은?

23.2, 22.9, 22.3, 21.9, 20.8, 20.6, 19.4, 19.3, 18.4, 17.9, 17.5, 16.5, 15.9, 15.3, 14.3, …

① 표본화 → 양자화 → 부호화
② 부호화 → 양자화 → 표본화
③ 양자화 → 표본화 → 부호화
④ 표본화 → 부호화 → 양자화

23.4, 23.2, 22.9, 22.3, 21.9, 21.5, 20.8, 20.6, 19.4, 19.3, 18.4, 17.9, 17.5, 16.5, … 050154

핵심 168 신호 변환 방식 – 펄스 코드 변조(PCM)

- 화상, 음성, 동영상 비디오, 가상 현실 등과 같이 연속적인 시간과 진폭을 가진 아날로그 데이터를 디지털 신호로 변조하는 방식으로, CODEC을 이용한다.
- 펄스 변조 : 펄스파의 진폭, 폭, 위상 등을 변화시키는 변조 방식
- 펄스 코드 변조(PCM) 순서 : 송신측(표본화 → 양자화 → 부호화) → 수신측(복호화 → 여과화)

표본화 (Sampling)	• 음성, 영상 등의 연속적인 신호 파형을 일정 시간 간격으로 검출하는 단계 • 샤논(Nyquist Shanon)의 표본화 이론 : 어떤 신호 $f_{(t)}$가 의미를 지니는 최고 주파수보다 2배 이상의 주파수로 균일한 시간 간격 동안 채집된다면 이 채집된 데이터는 원래의 신호가 가진 모든 정보를 포함함 • 표본화에 의해 검출된 신호를 PAM 신호라고 하며, 아날로그 형태임 • 표본화 횟수 = 2배 × 최고 주파수 • 표본화 간격 = $\dfrac{1}{\text{표본화 횟수}}$
양자화 (Quantizing)	• 표본화된 PAM 신호를 유한 개의 부호에 대한 대표값으로 조정하는 과정 • 실수 형태의 PAM 신호를 반올림하여 정수형으로 만듦 • 양자화 잡음 : 표본 측정값과 양자화 파형과의 오차를 말하며, 주로 PCM 단국장치에서 발생함 • 양자화 잡음은 양자화 레벨을 세밀하게 함으로써 줄일 수 있으나, 이 경우 데이터의 양이 많아지고 전송 효율이 낮아짐 • 양자화 레벨 : PAM 신호를 부호화할 때 2진수로 표현할 수 있는 레벨(양자화 레벨 = $2^{\text{표본당 전송 비트 수}}$)
부호화 (Encoding)	양자화된 PCM 펄스의 진폭 크기를 2진수(1 또는 0)로 표시하는 과정
복호화 (Decoding)	수신된 디지털 신호(PCM 신호)를 PAM 신호로 되돌리는 단계
여과화 (Filtering)	PAM 신호를 원래의 입력 신호인 아날로그 신호로 복원하는 과정

23.9, 23.4, 22.4, 22.3, 21.9, 21.3, 20.8, 18.9, 18.3, 17.9, 17.5, 16.5, 16.3, 15.9, 15.5, 14.5, 13.8, 13.6, 13.3, …

핵심 169 통신 방식

단방향(Simplex) 통신	한쪽 방향으로만 전송이 가능한 방식 例 라디오, TV
반이중(Half-Duplex) 통신	양방향 전송이 가능하지만 동시에 양쪽 방향에서 전송할 수 없는 방식 例 무전기, 모뎀을 이용한 데이터 통신
전이중(Full-Duplex) 통신	동시에 양방향 전송이 가능한 방식으로, 전송량이 많고, 전송 매체의 용량이 클 때 사용 例 전화, 전용선을 이용한 데이터 통신

01. 한 통신로를 이용하여 송신과 수신 중 한 가지 기능만으로 사용하되, 송·수신 기능을 번갈아 사용함으로써 상호 정보를 교환하는 방법은? 23.9, 22.3, 21.9, 21.3, 18.9, 17.5, 16.5, 16.3, 15.9, 15.5, 14.5, 13.8, …

① 단방향(Simplex)
② 반 단방향(Half Simplex)
③ 전이중 방향(Full Duplex)
④ 반이중 방향(Half Duplex)

02. 데이터 통신에서 송·수신이 쌍방으로 동시에 통신이 가능한 전송 방식은? 23.4, 22.4, 20.8, 06.8

① Simplex
② Half-Duplex
③ Full-Duplex
④ Multiplex

핵심 170 ▶ 비동기식 전송

• 한 문자를 나타내는 부호(문자 코드) 앞뒤에 Start Bit와 Stop Bit를 붙여서 Byte와 Byte를 구별하여 전송하는 방식이다.

• 시작 비트, 전송 문자(정보 비트), 정지 비트로 구성된 한 문자를 단위로 하여 전송하며, 오류 검출을 위한 패리티 비트(Parity Bit)를 추가하기도 한다.

• 문자와 문자 사이의 휴지시간(Idle Time)이 불규칙하다.

• 2,000Bps(약 2Kbps) 이하의 저속, 단거리 전송에 사용한다.

• 문자마다 시작, 정지를 알리기 위한 비트가 2~3Bit씩 추가되므로, 전송 효율이 떨어진다.

---

01. 비동기식(Asynchronous) 데이터 전송 방식에 관한 설명으로 틀린 것은?   23.9, 21.9, 15.5, 14.3, 13.3, 11.6, 08.5, 07.3, 03.8

① 동기식보다 주로 저속도의 전송에 이용된다.

② 문자의 앞쪽에 Start Bit가 위치한다.

③ 문자의 뒤쪽에 Stop Bit를 갖는다.

④ 데이터 묶음의 앞에 동기 문자가 있다.

> 동기 문자를 사용하는 것은 동기식 전송 방식입니다.

핵심 172 ▶ 전송 제어 문자

문자	기능
SYN(SYNchronous idle)	문자 동기
SOH(Start Of Heading)	헤딩의 시작
STX(Start of TeXt)	본문의 시작 및 헤딩의 종료
ETX(End of TeXt)	본문의 종료
ETB(End of Transmission Block)	블록의 종료
EOT(End of Transmission)	전송 종료 및 데이터 링크의 해제
ENQ(ENQuiry)	상대편에 데이터 링크 설정 및 응답 요구
DLE(Data Link Escape)	전송 제어 문자 앞에 삽입하여 전송 제어 문자임을 알림 (문자의 투과성을 위해 삽입)
ACK(ACKnowledge)	수신된 메시지에 대한 긍정 응답(에러가 없음)
NAK(Negative AcKnowledge)	수신된 메시지에 대한 부정 응답(에러가 있음)

---

01. 전송 제어 문자의 내용을 기술한 것 중 옳지 않은 것은?   22.9, 13.8, 11.8

① STX : 본문의 개시 및 헤딩의 종료를 표시한다.

② EOT : 블록의 종료를 표시한다.

③ ACK : 수신된 메시지에서 대한 긍정 응답을 알린다.

④ DLE : 전송 제어 문자 앞에 삽입하여 전송 제어 문자임을 알린다.

> EOT(End of Transmission)는 전송 종료 및 데이터 링크의 해제를 의미합니다. 블록의 종료를 의미하는 전송 제어 문자는 ETB(End of Transmission Block)입니다.

050156

핵심 171 ▶ 회선 제어 방식

경쟁 (Contention) 방식	• 회선 접속을 위해 서로 경쟁하는 방식 • 데이터 링크가 설정되면 정보 전송이 종료되기 전까지는 데이터 링크의 종결이 이루어지지 않고 독점적으로 정보를 전송함 • 대표적인 시스템으로는 ALOHA가 있음
폴링/셀렉션 (Polling/ Selection) 방식	• 주컴퓨터에서 송·수신 제어권을 가지고 있는 방식 • 폴링(Polling) : 주컴퓨터에서 단말기에게 전송할 데이터가 있는지를 물어 전송할 데이터가 있다면 전송을 허가하는 방식으로, 단말기에서 주컴퓨터로 보낼 데이터가 있는 경우에 사용 • 셀렉션(Selection) : 주컴퓨터가 단말기로 전송할 데이터가 있는 경우 그 단말기가 받을 준비가 되었는가를 묻고, 준비가 되어 있다면 주컴퓨터에서 단말기로 데이터를 전송하는 방식

---

01. 데이터 통신에서 컴퓨터가 단말기에게 전송할 데이터의 유무를 묻는 것은?   21.3, 18.9, 17.5, 15.9, 14.5, 13.8, 13.3, 03.3, 01.9, 01.3

① Polling

② Calling

③ Selection

④ Link up

핵심 173 ▶ HDLC

• 비트(Bit) 위주의 프로토콜로, 각 프레임에 데이터 흐름을 제어하고 오류를 보정할 수 있는 비트 열을 삽입하여 전송한다.

• 포인트 투 포인트 및 멀티 포인트, 루프 방식에서 모두 사용 가능하다.

• 단방향, 반이중, 전이중 통신을 모두 지원하며 동기식 전송 방식을 사용한다.

• 에러 제어를 위해 Go-Back-N과 선택적 재전송(Selective Repeat) ARQ를 사용한다.

• 흐름 제어를 위해 슬라이딩 윈도 방식을 사용한다.

• 전송 제어 상의 제한을 받지 않고 자유로이 비트 정보를 전송할 수 있다(비트 투과성).

• 전송 효율과 신뢰성이 높다.

• HDLC 프레임 구조

플래그	주소부	제어부	정보부	FCS	플래그

– 플래그(Flag) : 프레임의 시작과 끝을 나타내는 고유한 비트 패턴(01111110)으로, 프레임의 시작과 끝을 구분, 동기 유지(통화로의 혼선을 방지하기 위해), 비트 투과성을 이용한 기본적인 오류 검출 등의 기능을 함

– 주소부(Address Field) : 송·수신국을 식별하기 위해 사용

– 제어부(Control Field) : 프레임의 종류를 식별하기 위해 사용. 제어부의 첫 번째, 두 번째 비트를 사용하여 다음과 같이 프레임 종류를 구별함

정보(Information) 프레임	사용자 데이터 전달
감독(Supervisor) 프레임	오류 제어와 흐름 제어 수행
비번호(Unnumbered) 프레임	링크의 동작 모드 설정 및 관리

– FCS(프레임 검사 순서 필드) : 프레임 내용에 대한 오류 검출을 위해 사용되는 부분으로 일반적으로 CRC 코드가 사용됨

– HDLC의 데이터 전송 모드 : 표준(정규) 응답 모드(NRM), 비동기 응답 모드(ARM), 비동기 균형(평형) 모드(ABM)

---

01. 다음 중 HDLC 프레임의 구조가 순서대로 옳은 것은?

23.9, 21.3, 20.8, 20.6, 19.4, 19.3, 18.3, 17.5, 17.3, 15.9, 15.3, 13.8, 13.6, 11.6, 10.9, …

① 플래그 – 주소부 – 제어부 – 정보부 – FCS – 플래그
② 플래그 – 제어부 – FCS – 정보부 – 주소부 – 플래그
③ 플래그 – 주소부 – 정보부 – FCS – 제어부 – 플래그
④ 플래그 – 제어부 – FCS – 주소부 – 정보부 – 플래그

21.5, 21.3, 16.5, 14.3, 09.5, 09.3, 08.3   050157

핵심 174   오류의 발생 원인

• 감쇠(Attenuation) : 전송 신호 세력이 전송 매체를 통과하는 과정에서 거리에 따라 약해지는 현상

• 지연 왜곡(Delay Distortion) : 하나의 전송 매체를 통해 여러 신호를 전달했을 때 주파수에 따라 그 속도가 달라짐으로써 생기는 오류

• 백색 잡음(White Noise) : 전송 매체 내부에서 온도에 따라 전자의 운동량이 변화함으로써 생기는 잡음으로, 가우스 잡음, 열 잡음이라고도 함

• 상호 변조(간섭) 잡음(Intermodulation Noise) : 서로 다른 주파수들이 하나의 전송 매체를 공유할 때 주파수 간의 합(合)이나 차(差)로 인해 새로운 주파수가 생성되는 잡음

• 누화 잡음(Cross Talk Noise) = 혼선 : 인접한 전송 매체의 전자기적 상호 유도 작용에 의해 생기는 잡음

• 충격성 잡음(Impulse Noise) : 번개와 같은 외부적인 충격 또는 통신 시스템의 결함이나 파손 등의 기계적인 충격에 의해 순간적으로 생기는 잡음으로, 디지털 데이터를 전송하는 경우 중요한 오류 발생 요인이 됨

---

01. 다음 중 전송 오류의 주원인이 아닌 것은?   21.5, 21.3, 16.5, 14.3, 08.3

① 신호 감쇠   ② 지연 왜곡
③ 신호 잡음   ④ 변조 복조

23.9, 23.4, 22.4, 22.3, 21.9, 21.3, 21.5, 20.8, 20.6, 19.4, 18.9, 18.4, 18.3, 17.9, …   050158

핵심 175   전송 오류 제어 – 자동 반복 요청(ARQ)

자동 반복 요청이란 오류가 발생한 경우 수신 측은 이를 송신 측에 통보하고, 송신 측은 오류가 발생한 블록을 재전송하는 모든 절차를 의미한다.

정지-대기 (Stop and Wait) ARQ	• 송신 측에서 한 개의 블록을 전송한 후 수신 측으로부터 응답을 기다리는 방식 • 구현 방법이 가장 단순하지만, 전송 효율이 떨어짐
연속 (Continuous) ARQ	• 연속적으로 데이터 블록을 보내는 방식 • Go–Back–N ARQ : 오류가 발생한 블록 이후의 모든 블록을 재전송하는 방식 • 선택적 재전송(Selective Repeat) ARQ : 오류가 발생한 블록만을 재전송하는 방식
적응적 (Adaptive) ARQ	• 블록 길이를 채널의 상태에 따라 그때그때 동적으로 변경하는 방식 • 전송 효율이 제일 좋음 • 제어 회로가 복잡하고, 비용이 많이 들어 현재 거의 사용되지 않음

---

01. 데이터 프레임을 연속적으로 전송해 나가다가 NAK를 수신하게 되면 오류가 발생한 프레임 이후에 전송된 모든 데이터 프레임 재전송하는 ARQ 방식은? 22.3, 21.5, 21.3, 20.8, 18.4, 18.3, 15.9, 15.5, 12.9, 10.9

① Go–back–N ARQ   ② Selective–Repeat ARQ
③ Stop and Wait ARQ   ④ Parity Check ARQ

---

02. 전송 효율을 최대한 높이려고 데이터 블록의 길이를 동적으로 변경시켜 전송하는 ARQ 방식은? 23.4, 21.5, 20.6, 17.3, 14.5

① Adaptive ARQ   ② Stop–And–Wait ARQ
③ Selective ARQ   ④ Go–back–N ARQ

---

03. 데이터 전송 시 오류가 검출되면 자동적으로 재전송을 요청하는 ARQ 기법에 해당하지 않는 것은?

23.9, 22.4, 21.9, 20.6, 18.9, 18.3, 16.10, 14.9, 14.3, 13.8

① Stop–and–Wait ARQ   ② Go–back–N ARQ
③ Responsive–send ARQ   ④ Selective–Repeat ARQ

핵심 176 ▶ 오류 검출 방식

패리티 검사 (Parity Check)	• 데이터 블록에 1비트의 검사 비트인 패리티 비트(Parity Bit)를 추가하여 오류를 검출함 • 가장 간단한 방식이지만, 2개의 비트에 동시에 오류가 발생하면 검출이 불가능함 • 오류를 검출만 할 수 있고, 수정은 하지 못함 • 홀수/짝수 수직 패리티 체크와 홀수/짝수 수평 패리티 체크가 있음

해밍 코드 (Hamming Code)	• 수신 측에서 오류가 발생한 비트를 검출한 후 직접 수정하는 방식
	• 1비트의 오류만 수정이 가능하며, 정보 비트 외에 잉여 비트가 많이 필요함
	• 전송 비트 중 1, 2, 4, 8, 16, 32, 64, …, 2^n번째를 오류 검출을 위한 패리티 비트로 사용함
	• 송신한 데이터와 수신한 데이터의 각 대응하는 비트 중 서로 다른 비트의 수를 해밍거리(Hamming Distance)라고 한다.
	• 최소 해밍 거리를 dmin이라고 할 때 검출 및 정정 가능한 최대 오류 수에 대한 공식은 다음과 같다.
	  – 검출 가능한 최대 오류 수(tc) $\langle= dmin - 1$
	  – 정정 가능한 최대 오류 수(tc) $\langle= (dmin - 1) / 2$

순환 중복 검사 (CRC; Cyclic Redundancy Check)	• 다항식 코드를 사용하여 오류를 검출하는 방식 • 동기식 전송에서 주로 사용하며, 후진(역방향) 오류 수정 방식임 • HDLC 프레임의 FCS(프레임 검사 순서 필드)에 사용되는 방식 • 집단 오류를 검출할 수 있고, 검출률이 높으므로 가장 많이 사용함
블록합 검사 (BSC; Block Sum Check)	• 패리티 검사의 단점을 보완한 방식 • 프레임 내의 모든 문자의 같은 위치 비트들에 대한 패리티를 추가로 계산하여 블록의 맨 마지막에 추가 문자를 부가함

01. 데이터 전송에서 1차원 Parity에 대한 설명으로 적합한 것은?

① 수신된 데이터에서 전송 오류를 무시한다.
② 수신된 데이터에서 전송 오류의 검출을 행한다.
③ 수신된 데이터에서 전송 오류의 정정을 행한다.
④ 수신된 데이터에서 전송 오류의 검출과 정정을 행한다.

핵심 177 ▶ 통신 프로토콜

• 정의 : 서로 다른 기기들 간의 데이터 교환을 원활하게 수행할 수 있도록 표준화시켜 놓은 통신 규약
• 기본 요소 : 구문(Syntax), 의미(Semantics), 시간(Timing)
• 기능 : 단편화, 재결합, 캡슐화, 흐름 제어, 오류 제어, 동기화, 순서 제어, 주소지정, 다중화, 경로 제어, 전송 서비스(우선순위, 서비스 등급, 보안성)
• 캡슐화할 때 제어 정보에 포함되는 것 : 송·수신지 주소, 오류 검출 코드, 프로토콜 제어 정보

01. 프로토콜(Protocol)에 대한 설명으로 옳은 것은?

① 시스템 간 정확하고 효율적인 정보 전송을 위한 일련의 절차나 규범의 집합이다.
② 아날로그 신호를 디지털 신호로 변환하는 방법이다.
③ 자체적으로 오류를 정정하는 오류 제어 방식이다.
④ 통신 회선 및 채널 등의 정보를 운반하는 매체를 모델화한 것이다.

02. 다음 중 프로토콜의 구성 요소가 아닌 것은?

① 구문(Syntax)   ② 의미(Semantics)
③ 순서(Timing)   ④ 접속(Connection)

핵심 178 ▶ OSI 7계층의 기능

• 다른 시스템 간의 원활한 통신을 위해 ISO(국제 표준화 기구)에서 제안한 통신 규약(Protocol)이다.
• OSI 7계층 : 하위 계층(물리 계층 → 데이터 링크 계층 → 네트워크 계층) → 상위 계층(전송 계층 → 세션 계층 → 표현 계층 → 응용 계층)

물리 계층 (Physical Layer)	전송에 필요한 두 장치 간의 실제 접속과 절단 등 기계적, 전기적, 기능적, 절차적 특성을 정의
데이터 링크 계층 (Data Link Layer)	• 2개의 인접한 개방 시스템들 간에 신뢰성 있고 효율적인 정보 전송을 할 수 있도록 함 • 링크 연결의 설정 및 해제, 흐름 제어, 프레임 동기화, 오류 제어, 순서 제어
네트워크 계층 (Network Layer, 망 계층)	• 개방 시스템들 간의 네트워크 연결 관리(네트워크 연결을 설정, 유지, 해제), 데이터의 교환 및 중계 • 경로 설정(Routing), 트래픽 제어, 패킷 정보 전송
전송 계층 (Transport Layer)	• 종단 시스템(End-to-End) 간에 투명한 데이터 전송을 가능하게 함 • 전송 연결 설정, 데이터 전송, 연결 해제 기능 • 주소 설정, 다중화, 에러 제어, 흐름 제어
세션 계층 (Session Layer)	• 송·수신(이용자) 측 간의 연결, 즉 세션을 관리하고 대화 제어를 담당 • 대화(회화) 구성 및 동기 제어, 데이터 교환 관리 기능 • 체크점(=동기점) : 오류가 있는 데이터의 회복을 위해 사용하는 것으로 소동기점과 대동기점이 있음
표현 계층 (Presentation Layer)	• 응용 계층으로부터 받은 데이터를 세션 계층에 맞게, 세션 계층에서 받은 데이터는 응용 계층에 맞게 변환하는 기능 • 코드 변환, 데이터 암호화, 데이터 압축, 구문 검색, 정보 형식(포맷) 변환, 문맥 관리 기능
응용 계층 (Application Layer)	• 사용자(응용 프로그램)가 OSI 환경에 접근할 수 있도록 서비스를 제공함 • 응용 프로세스 간의 정보 교환, 전자 사서함, 파일 전송(FTP), 가상 터미널 등의 서비스를 제공함

- 계층별 프로토콜 데이터 유닛(PDU)
  - 물리 계층 : 비트
  - 데이터 링크 계층 : 프레임
  - 네트워크 계층 : 패킷
  - 전송 계층 : 세그먼트
  - 세션, 표현, 응용 계층 : 메시지

---

01. OSI-7참조 모델 중 데이터 링크 계층의 주요 기능이 아닌 것은?

23.9, 22.4, 17.5, 16.10, 13.3, 12.9, 11.6, 10.5, 10.3, 06.8

① 데이터 링크 연결의 설정과 해제

② 프레임의 순서 제어

③ 오류 제어

④ 경로 선택 및 다중화

경로 선택 및 다중화는 네트워크 계층의 기능입니다.

02. OSI 7계층에 해당하지 않는 것은?

23.2, 22.9, 11.8, 09.5, 03.8

① Application Layer

② Presentation Layer

③ Data Link Layer

④ Packet Access Layer

03. OSI 7계층 모델에서 기계적, 전기적, 절차적 특성을 정의한 계층은?

22.3, 21.3, 20.6, 18.9, 17.3, 12.5

① 전송 계층

② 데이터링크 계층

③ 물리 계층

④ 표현 계층

- 전송 계층 : 호스트들 간의 통신 제공(TCP, UDP)
- 인터넷 계층 : 데이터 전송을 위한 주소 지정, 경로 배정 제공(IP, ICMP, IGMP, ARP, RARP 등)
- 네트워크 액세스 계층 : 실제 데이터(프레임)를 송·수신하는 역할 (Ethernet, IEEE 802, HDLC, X.25, RS-232C 등)

> **잠깐만요**
>
> TCP/IP 계층 구조
> 네트워크 액세스 계층을 물리 계층과 데이터 링크 계층으로 세분화하여 물리 계층, 데이터 링크 계층, 인터넷 계층, 전송 계층, 응용 계층 이렇게 5계층으로 구분하기도 합니다.
> ARP/RARP
> • ARP(Address Resolution Protocol, 주소 분석 프로토콜) : 호스트의 IP 주소를 호스트와 연결된 네트워크 접속 장치의 물리적 주소(MAC Address 또는 이더넷 주소)로 변환함
> • RARP(Reverse Address Resolution Protocol) : ARP와 반대로 물리적 주소를 IP 주소로 변환하는 기능을 함

---

01. TCP 프로토콜에 대한 설명으로 틀린 것은? 22.3, 17.5, 13.8, 11.8

① 전송 계층 서비스를 제공한다.

② 전이중 서비스를 제공한다.

③ 비 연결형 프로토콜이다.

④ 에러 제어 프로토콜이다.

TCP 프로토콜은 연결형 서비스를 제공합니다.

02. TCP/IP 모델에서 인터넷 계층에 해당되는 프로토콜은?

22.3, 19.9, 17.3, 11.8

① SMTP

② ICMP

③ SNA

④ FTP

23.2, 22.3, 21.9, 20.8, 19.9, 19.3, 18.4, 17.9, 17.5, 17.3, 15.3, 14.5, 14.3, 13.8, 11.8, 10.9, 09.5, 08.3, 07.8, 07.5, …

핵심 179 ▶ TCP/IP

- 인터넷에 연결된 서로 다른 기종의 컴퓨터들 간에 데이터를 주고받을 수 있도록 하는 표준 프로토콜이다.
- 60년대말 ARPA에서 개발하여 ARPANET(1972)에서 사용하기 시작했다.
- UNIX의 기본 프로토콜로 사용되었고, 현재 인터넷 범용 프로토콜로 사용된다.
- TCP/IP는 TCP 프로토콜과 IP 프로토콜이 결합된 것을 의미한다.

TCP (Transmission Control Protocol)	• OSI 7계층의 전송 계층에 해당함 • 신뢰성 있는 연결형 서비스를 제공함 • 패킷의 다중화, 순서 제어, 오류 제어, 흐름 제어, 전이중 통신 기능을 제공함
IP (Internet Protocol)	• OSI 7계층의 네트워크 계층에 해당함 • 데이터그램을 기반으로 하는 비연결형 서비스를 제공함 • 패킷의 분해/조립, 주소 지정, 경로 선택 기능을 제공함

- TCP/IP 계층 구조
  - 응용 계층 : 응용 프로그램 간의 데이터 송·수신 제공(TELNET, FTP, SMTP, SNMP, E-Mail 등)

23.9, 22.9, 22.4, 22.3, 21.9, 20.6, 19.4, 17.9, 17.5, 17.3

핵심 180 ▶ 라우팅 프로토콜

- 효율적인 경로 제어를 위해 네트워크 정보를 생성, 교환, 제어하는 프로토콜을 총칭한다.
- 대표적인 라우팅 프로토콜에는 RIP, OSPF, EGP, BGP, EIGRP가 있다.
  - 거리 벡터(Distance Vector) 방식 : RIP, EIGRP, BGP 등
  - 링크 상태(Link State) 방식 : OSPF

---

01. 라우팅 프로토콜 중 Distance Vector 방식이 아닌 것은?

22.9, 24.4, 22.3, 19.4

① RIP

② BGP

③ EIGRP

④ OSPF

02. 라우팅 프로토콜 중 'Link State' 방식을 사용하는 것은?

23.9, 20.6, 17.5

① RIP

② BGP

③ EIGRP

④ OSPF

① Bus 형   ② Token Ring 형
③ Star 형   ④ Peer to Peer 형

02. 다음과 같은 특성을 갖는 네트워크 형상은?

22.9, 15.9, 13.8, 13.6, 13.3, 11.6, 08.3, 06.3, 03.3

> 통신의 제어 노드가 중앙에 있으며, 이 중앙 제어 노드가 통신상의 모든 제어에 대한 권한과 책임을 가진다. 중앙제어 노드는 전형적으로 컴퓨터이며, 자신에게 접속되어 있는 DTE들에 대하여 책임을 지고 제어한다.

① 성형   ② 망형
③ 트리형   ④ 링형

22.9, 21.5, 18.3, 16.5, 15.9, 14.5, 13.8, 13.6, 13.3, 11.6, 08.3, 06.3, 04.5, 03.3, …   050161

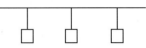

핵심 **181** ▶ 망(Network)의 구성 형태

성형(Star, = 중앙 집중형)

- 중앙에 중앙 컴퓨터가 있고, 이를 중심으로 단말기들이 포인트 투 포인트(Point-to-Point)로 연결되어 있는 중앙 집중식의 네트워크 구성 형태이다.
- 단말기의 추가와 제거가 쉽다.
- 교환 노드의 수가 가장 적다.

링형(Ring, = 루프형)

- 컴퓨터와 단말기들을 서로 이웃하는 것끼리 포인트 투 포인트 방식으로 연결시킨 형태이다.
- 데이터는 단방향 또는 양방향으로 전송할 수 있다.
- 단방향 링의 경우 컴퓨터, 단말기, 통신 회선 중 어느 하나라도 고장이나면 전체 통신망에 영향을 미친다.
- 양방향 링의 경우 한 노드(Node)가 절단되어도 우회로를 구성하여 통신이 가능하다.

버스형(Bus)

- 한 개의 통신 회선에 여러 대의 단말기가 연결되어 있는 형태이다.
- 물리적 구조가 간단하다.
- 단말기의 추가와 제거가 용이하다.

계층형(Tree, = 분산형)

- 중앙 컴퓨터와 일정 지역의 단말기까지는 하나의 통신 회선으로 연결시키고, 이웃하는 단말기는 일정 지역 내에 설치된 중간 단말기로부터 다시 연결시키는 계층적인 형태이다.
- 분산 처리 시스템을 구성하는 방식이다.

망형(Mesh)

- 모든 지점의 컴퓨터와 단말기를 서로 연결한 형태로, 노드의 연결성이 높다.
- 많은 단말기로부터 많은 양의 통신을 필요로 하는 경우에 유리하다.
- 공중 데이터 통신망에서 사용된다.
- 통신 회선의 총 경로가 가장 길다.
- 통신 회선 장애 시 다른 경로를 통하여 데이터를 전송할 수 있다.
- 모든 노드를 망형으로 연결할 때 필요한 회선 수(노드 = n)는 $\frac{n(n-1)}{2}$개이고, 포트의 수는 n-1개이다.

22.9, 22.3, 21.5, 21.3, 20.8, 18.9, 18.4, 17.9, 16.3, 10.9, 08.3, 06.3, 04.8, 03.8, 00.5

핵심 **182** ▶ 회선 교환 방식

- 통신을 원하는 두 지점을 교환기를 이용하여 물리적으로 접속시키는 방식이다.
- 데이터 전송 전에 먼저 물리적 통신 회선을 통한 연결이 필요하다.
- 접속이 되고 나면 그 통신 회선은 전용 회선에 의한 통신처럼 데이터가 전달된다(고정 대역 전송).
- 접속에는 긴 시간이 소요되나 일단 접속되면 전송 지연이 거의 없어 실시간 전송이 가능하다.
- 데이터 전송에 필요한 전체 시간이 축적 교환 방식에 비해 길다.
- 일정한 데이터 전송률을 제공하므로 동일한 전송 속도가 유지된다.
- 전송된 데이터의 오류 제어나 흐름 제어는 사용자에 의해 수행된다.
- 공간 분할 교환 방식과 시분할 교환 방식으로 나뉘고, 시분할 교환 방식에는 TDM 버스 교환 방식, 타임 슬롯 교환 방식, 시간 다중화 교환 방식이 있다.
- 통신 과정 : 호(링크) 설정 → 데이터 전송 → 호(링크) 해제

01. 회선 교환 방식에 대한 설명으로 거리가 먼 것은?

22.9, 22.3, 21.3, 20.8, 08.3

① 속도나 코드 변환이 용이하다.
② 점대점 방식의 전송 구조를 갖는다.
③ 접속에는 긴 시간이 소요되나 전송 지연은 거의 없다.
④ 고정적인 대역폭을 갖는다.

> 속도나 코드 변환이 용이한 것은 패킷 교환 방식입니다.

23.9, 23.4, 23.2, 22.4, 22.3, 21.9, 20.8, 20.6, 19.9, 19.4, 19.3, 18.9, 18.3, 17.9, … 050162

핵심 183 패킷 교환 방식

- 메시지를 일정한 길이의 패킷으로 잘라서 전송하는 방식이다.
- 패킷(Packet) : 전송 혹은 다중화를 목적으로, 메시지를 일정한 비트 수로 분할하여 송·수신 측 주소와 제어 정보 등을 부가하여 만든 데이터 블록
- 수신 측이 비패킷형 단말기인 경우 PAD를 이용해 분할된 패킷을 재조립해야 한다.
- 응답시간이 빠르므로, 대화형 응용이 가능하다.
- 음성(아날로그) 전송보다 데이터(디지털) 전송에 더 적합하다.
- 패킷 교환 방식은 트래픽 용량이 큰 경우, 즉 데이터 교환이 많은 경우 유리하다.
- 패킷망 상호 간의 접속을 위한 프로토콜은 X.75이다.
- 하나의 회선을 여러 사용자가 공유할 수 있으므로 회선 이용률이 높다.
- 통신량의 제어를 통한 망의 안전성을 높일 수 있다.
- 전송 시 교환기, 회선 등에 장애가 발생하여도 다른 정상적인 경로를 선택하여 우회할 수 있다.
- 대량의 데이터 전송 시 전송 지연이 많아진다.
- 패킷 교환망의 기능 : 패킷 다중화, 경로 제어, 논리 채널, 순서 제어, 트래픽 제어, 오류 제어
- 패킷 교환 방식의 종류

가상 회선 방식	• 단말기 상호간에 논리적인 가상 통신 회선을 미리 설정하여 송신지와 수신지 사이의 연결을 확립한 후에 설정된 경로를 따라 패킷들을 순서적으로 운반하는 방식 • 통신이 이루어지는 컴퓨터 사이의 데이터 전송의 안정, 신뢰성이 보장됨 • 패킷의 송·수신 순서가 같음 • 통신 과정 : 호 설정 → 데이터 전송 → 호 해제
데이터 그램 방식	• 연결 경로를 설정하지 않고 인접한 노드들의 트래픽(전송량) 상황을 감안하여 각각의 패킷들을 순서에 상관없이 독립적으로 운반하는 방식 • 패킷마다 전송 경로가 다르며, 송·수신 순서가 다를 수 있으므로 패킷마다 도착지 정보와 같은 오버헤드 비트가 필요함 • 속도 및 코드 변환이 가능함 • 부하가 적거나 데이터의 양이 적은 간헐적인 통신에 적합함 • 네트워크의 상황에 따라 적절한 경로로 패킷을 전송하기 때문에 신뢰성이 높음

01. 가상 회선 패킷 교환 방식에 대한 설명으로 옳은 것은?

23.9, 23.2, 22.4, 20.8, 18.3, 13.8, 10.5

① 수신은 송신된 순서대로 패킷이 도착한다.
② 우회 경로로 패킷을 전달할 수 있어 신뢰성이 높다.
③ 비연결형 서비스 방식이다.
④ 먼저 전송했더라도 최적의 경로를 찾지 못하면 나중에 전송한 데이터보다 늦게 도착할 수 있다.

> ②, ③, ④번은 데이터그램 패킷 교환 방식의 설명입니다.

23.9, 23.4, 23.2, 22.9, 22.4, 22.3, 21.9, 21.3, 20.8, 19.9, 19.4, 18.4, 18.3, 17.9, 17.5, 17.3, 16.10, 16.5, 16.3, …

핵심 184 LAN(근거리 통신망)

- 광대역 통신망과는 달리 학교, 회사, 연구소 등 한 건물이나 일정 지역 내에서 컴퓨터나 단말기들을 고속 전송 회선으로 연결하여 프로그램 파일 또는 주변장치를 공유할 수 있도록 한 네트워크 형태이다.
- 단일 기관의 소유, 제한된 지역 내의 통신이다.
- 광대역 전송 매체의 사용으로 고속 통신이 가능하다.
- 경로 선택이 필요 없고, 오류 발생률이 낮다.
- 전송 매체로 꼬임선, 동축 케이블, 광섬유 케이블 등을 사용한다.
- 전송 방식으로 베이스 밴드와 브로드 밴드 방식이 있다.
- 망의 구성 형태에 따라서 스타형, 버스형, 링형, 트리형으로 분류할 수 있다.
- LAN의 계층 구조는 물리 계층과 데이터 링크 계층으로 나뉜다.

물리 계층	OSI 7계층의 물리 계층과 동일한 기능을 제공함
데이터 링크 계층	• 매체 접근 제어(MAC) 계층과 논리 링크 제어(LLC) 계층으로 나뉨 • 매체 접근 제어(MAC) 방식의 종류 : CSMA, CSMA/CD, 토큰 버스, 토큰 링

- IEEE 802의 주요 표준 규격

802.1	전체의 구성		
802.2	논리 링크 제어(LLC)	802.6	도시형 통신망(MAN), DQDB(이중 버스 통신망)
802.3	CSMA/CD 방식		
802.4	토큰 버스 방식	802.11	무선 LAN
802.5	토큰 링 방식	802.15	WPAN, 블루투스

> **잠깐만요** WPAN(Wireless Personal Area Network, 개인용 무선 네트워크)
> • 사용자를 중심으로 근거리에서 개인화 장치들을 연결시키는 무선 통신 규약입니다.
> • 전파 대신 적외선을 사용하여 장치들 간의 통신을 수행합니다.

01. 다음 중 LAN의 기본적인 회선망의 형태가 아닌 것은?

23.9, 23.2, 22.9, 22.4, 21.3, 20.8, 19.4, 18.4, 18.3, 17.5, 16.10, 14.3, 12.5, 12.3, 07.5, …

① 스타형
② 버스형
③ 베이스밴드형
④ 링형

02. IEEE 802 시리즈의 표준화 모델이 바르게 연결된 것은?

23.4, 20.8, 12.5, 11.8, 10.5

① IEEE 802.2 - 매체접근 제어(MAC)
② IEEE 802.3 - 광섬유 LAN
③ IEEE 802.4 - 토큰 버스(Token Bus)
④ IEEE 802.5 - 논리 링크 제어(LLC)

> ① IEEE 802.2 : 논리 링크 제어(LLC) 계층
> ② IEEE 802.3 : CSMA/CD 방식의 매체 접근 제어 계층
> ④ IEEE 802.5 : 토큰 링 방식의 매체 접근 제어 계층

03. 다음 중 비교적 좁은 지역(구내 건물 등)에 구성하여 이용하는 대표적인 정보통신망은?

22.3, 20.8, 18.4, 17.9, 16.5, 15.9, 14.9, …

① LAN
② WAN
③ VAN
④ ISDN

23.4, 21.5, 20.6, 18.9, 18.4, 15.9, 15.5, 15.3, 12.5, 12.3, 11.6, 10.9, 07.8, 06.8, 06.5, 05.3, 03.5, 01.9, 00.5, 00.3

핵심 185 ▶ CSMA/CD 방식

- 통신 회선이 사용중이면 일정 시간 동안 대기하고, 통신 회선 상에 데이터가 없을 때에만 데이터를 송신하며, 송신중에도 전송로의 상태를 계속 감시한다.
- 버스형 또는 성형 LAN에 가장 일반적으로 사용된다.
- Ethernet의 표준이다.
- IEEE 802.3의 표준 규약이다.
- 일정 길이 이하의 데이터를 송신할 경우 충돌을 검출할 수 없다.
- 전송량이 적을 때 매우 효율적이고 신뢰성이 높다.
- 전송량이 많아지면 채널의 이용률이 떨어지고 전송 지연 시간이 급격히 증가한다.
- 충돌 발생 시 다른 노드에서는 데이터를 전송할 수 없으며, 지연 시간을 예측하기 어렵다.
- 송신 도중 충돌이 발생하면 송신을 중지하고, 모든 노드에 충돌을 알리는 재밍 신호를 전송한 후 일정 시간이 지난 다음 데이터를 재송신한다.

01. LAN에서 데이터의 충돌을 막기 위해 송신 데이터가 없을 때에만 데이터를 송신하고, 다른 장비가 송신 중일 때에는 송신을 중단하며 일정시간 간격을 두고 대기 하였다가 다시 송신하는 방식은? 23.4, 21.5, 20.6, 18.9, 15.9, 15.3, 12.5, 12.3, 10.9, 03.5

① TOKEN BUS ② TOKEN RING
③ CSMA/CD ④ CDMA

21.9, 19.9, 15.3, 14.5, 09.3, 07.5, 06.3, 05.3, 03.5, 02.8, 02.5, 02.3, 00.7, 00.5

핵심 187 ▶ VAN(부가가치 통신망)

- 공중 통신 사업자로부터 통신 회선을 임대하여 하나의 사설망을 구축하고 이를 통해 정보의 축적, 가공, 변환 처리 등 가치를 첨가한 후 불특정 다수를 대상으로 서비스를 제공하는 통신망이다.
- 계층 구조 : 정보 처리 계층, 통신 처리 계층, 네트워크 계층, 기본 통신 계층
- 기능 : 전송 기능, 교환 기능, 통신 처리 기능, 정보 처리 기능
- 통신 처리 기능은 축적 교환 기능과 변환 기능으로 나누어진다.

축적 교환 기능	전자 사서함, 데이터 교환, 동보 통신, 정시 수집, 정시 배달
변환 기능	속도 변환, 프로토콜 변환, 코드 변환, 데이터 형식(Format) 변환, 미디어 변환

01. 기간 통신 사업자의 회선을 임차하여 부가가치를 부여한 음성이나 데이터 정보를 제공하여 주는 서비스의 집합체는? 21.9, 19.9, 14.5, 09.3, 06.3, 03.5

① LAN ② VAN
③ ISDN ④ PSDN

23.9, 23.4, 20.8, 16.5, 13.3, 11.6, 11.3, 10.3, 07.3, 06.3, 05.8, 05.3, 04.3, 00.10

핵심 186 ▶ 네트워크 관련 장비

허브(Hub)	• 한 사무실이나 가까운 거리의 컴퓨터들을 연결하는 장치 • 각 회선을 통합적으로 관리함 • 신호 증폭 기능을 하는 리피터의 역할도 포함함
리피터 (Repeater)	• 물리 계층의 장비 • 전송되는 신호를 재생해 줌
브리지 (Bridge)	• 데이터 링크 계층의 장비 • LAN과 LAN을 연결하거나 LAN 안에서의 컴퓨터 그룹을 연결함
라우터 (Router)	• 네트워크 계층의 장비 • LAN과 LAN의 연결 및 경로 선택, 서로 다른 LAN이나 LAN과 WAN을 연결함
게이트웨이 (Gateway)	• 프로토콜 구조가 전혀 다른 네트워크의 연결을 수행하는 장비 • 세션 계층, 표현 계층, 응용 계층 간을 연결하여 데이터 형식 변환, 주소 변환, 프로토콜 변환 등을 수행

01. 통신망 간의 접속 장치 중 OSI 7계층의 네트워크 계층까지를 담당 하면서 통신망의 경로 선택 등을 전담하는 장치는? 23.9, 23.4., 20.8, 11.3, 05.3, 04.3

① 리피터(Repeater) ② 브리지(Bridge)
③ 라우터(Router) ④ 모뎀(Modem)

23.9, 20.6, 17.3, 11.3, 09.8, 09.3, 08.7, 05.3, 03.5, 02.3, 00.3

핵심 188 ▶ 위성 통신

- 지상에서 쏘아올린 마이크로 주파수를 통신 위성을 통해 변환, 증폭한 후 다른 주파수로 지상에 송신하는 방식이다.
- 통신 위성은 약 36,000km 정도의 정지 궤도 상에 위치하여 지구의 자전 속도로 운행한다.
- 대역폭이 넓어 고속 · 대용량 통신이 가능하다.
- 통신 비용이 저렴하다.
- 오류율이 적어 고품질의 정보 전송이 가능하다.
- 통신 범위가 넓다.
- 전송 비용이 거리에 관계없이 일정하다.
- 전송 지연 시간이 길다.
- 보안성이 취약하다.
- 다중 접속 방식 : FDMA(주파수 분할 다중 접속), TDMA(시분할 다중 접속), CDMA(코드 분할 다중 접속)

01. 다중 접속 방식이 아닌 것은? 23.9, 20.6, 17.3, 11.3, 09.3

① FDMA ② TDMA
③ CDMA ④ XDMA

23.2, 22.9, 19.3, 18.3, 17.3, 12.9, 11.6, 10.9, 10.3, 08.7, 08.5, 08.3

핵심 189 **셀룰러(Cellular) 시스템**

• 서비스 지역을 셀(Cell)이라는 여러 개의 영역으로 나눈 후 각 셀마다 하나의 기지국을 설치하여 인접 셀 간에는 상호 간섭을 받지 않도록 하고, 어느 정도 떨어진 셀 간에는 동일 주파수 채널을 사용하도록 하는 방식이다.

• 셀룰러 시스템은 이동 전화 교환국(MTSO, MSC), 방문자 위치 등록기(VLR), 홈 가입자 위치 등록기(HLR), 기지국(BS), 이동국(MS)으로 구성되어 있다.

• 셀룰러 시스템의 특징

주파수 재사용 (Frequency Reuse)	인접하지 않는 셀은 같은 주파수를 사용함으로써 통화량을 늘리고, 회선의 사용을 극대화할 수 있음
핸드오프(Hand-off, Hand-over)	가입자가 서비스 중인 기지국 영역을 벗어나 다른 기지국으로 이동할 때, 통화가 단절되지 않도록 통화 채널을 자동으로 전환하는 기능
로밍(Roaming) 서비스	가입자가 자신의 홈 교환국을 벗어나 타교환국에 있어도 서비스를 받을 수 있는 것을 의미하는 것으로 한 사업자의 교환국 사이에서 뿐만 아니라 사업자 간, 국가 간에도 가능함

잠깐만요 도플러 효과(Doppler Effect)
• 이동체의 움직임에 따라 소리의 세기(음량)가 변하는 현상입니다.
• 이동체가 수신단에 가까워지면 소리의 세기가 커지고 멀어지면 소리의 세기가 약해집니다.

01. 이동통신 시스템에서 이동체의 움직임에 따라 수신 주파수의 세기가 변하는 현상은? 23.2, 22.9, 17.3

① 동일 채널 간섭 ② 페이딩 현상
③ 열잡음 효과 ④ 도플러 효과

02. 통화 중에 이동전화가 한 셀에서 다른 셀로 이동할 때, 자동으로 다른 셀의 통화 채널로 전환해 줌으로써 통화가 지속되게 하는 기능은? 19.3, 18.3, 12.9, 11.6, 10.3

① 핸드오프 ② 핸드쉐이크
③ 셀의 분할 ④ 페이딩

23.4, 23.2, 22.3, 21.9, 21.5, 20.6, 19.4, 18.3, 17.9, 17.3, 15.5, 14.5, 12.9, 12.5, 12.3, 10.9, 10.5, 10.3, 09.3, …

핵심 190 **ATM(비동기 전송 모드)**

• 교환 전화 등에 쓰이는 회선 교환과 패킷 교환의 장점을 결합한 교환 및 다중화 기술이다.

• ATM은 모든 데이터를 셀(Cell)로 분할하여 비동기식 시분할 다중화 방식으로 전송한다.

• 셀은 53Byte(5Byte : 헤더, 48Byte : 사용자 정보)의 작은 크기이며, 고정 길이이다(Byte와 Octet는 같은 의미임).

• ATM은 보낼 정보가 있을 때만 셀에 정보를 실어 전송하고 나머지는 Idle Cell을 보낸다. 이때 Idle Cell은 망에서 폐기되므로 회선의 낭비를 막을 수 있다.

• 음성, 문자, 영상 등 모든 정보를 통합화하여 서비스할 수 있다.

• 고속, 광대역, 멀티미디어 통신을 모두 수용할 수 있는 기술이다.

• 정보량에 따라 유동적으로 통신 채널의 대역폭을 바꿀 수 있다.

• 속도가 빠르고, 대용량이며, 효율이 높다.

• 고정 길이의 셀 단위로 전송하므로 전송 지연 시간을 예측할 수 있고, 처리가 간단하며 신뢰성은 높다.

• 다양한 서비스를 실시간으로 지원한다.

01. 다음 중 정보통신 시스템의 ATM에 대한 설명으로 틀린 것은? 23.4, 23.2, 22.3, 21.9, 21.5, 20.6, 19.4, 18.3, 17.3, 14.5, 12.9, 12.5, 10.9, 10.5, …

① 48Byte의 페이로드(Payload)를 갖는다.
② 5Byte의 헤더를 갖는다.
③ 멀티미디어 서비스에 적합하다.
④ 동기식 전달 모드로 고속 데이터 전송에 사용된다.

ATM은 Asynchronous Transfer Mode의 약자로 비동기 전송 모드를 의미합니다.

23.9, 23.4, 23.2, 22.4, 18.9, 16.5, 14.3, 10.3

핵심 191 **인터넷 주소 체계**

IP 주소	• 인터넷에 연결된 모든 컴퓨터 자원을 구분하기 위한 고유한 주소 • 숫자로 8비트씩 4부분, 총 32비트로 구성됨 • A~E 클래스까지 총 5단계로 구성됨 • 각 클래스별 IP 주소 범위 – A Class : 1.0.0.0 ~ 127.255.255.255 – B Class : 128.0.0.0 ~ 191.255.255.255 – C Class : 192.0.0.0 ~ 223.255.255.255
서브넷 마스크 (Subnet Mask)	4바이트의 IP 주소 중 네트워크 주소와 호스트 주소를 구분하기 위한 비트
IPv6	• IPv4의 주소 부족 문제를 해결하기 위해 개발된 것 • 16비트씩 8부분, 총 128비트로 구성됨 • 각 부분을 16진수로 표현하고, 콜론(:)으로 구분함
도메인 네임	• 숫자로 된 IP 주소를 사람이 이해하기 쉬운 문자 형태로 표현한 것 • 호스트 컴퓨터이름, 소속 기관 이름, 소속 기관의 종류, 소속 국가명 순으로 구성됨
DNS(Domain Name System)	문자로 된 도메인 네임을 컴퓨터가 이해할 수 있는 IP 주소로 변환하는 역할을 하는 시스템

01. IP 주소 체계에서 B 클래스의 주소 범위는? 23.9, 22.4

① 0.0.0.0 ~ 127.255.255.255
② 128.0.0.0 ~ 191.255.255.255
③ 192.0.0.0 ~ 223.255.255.255
④ 224.0.0.0 ~ 239.255.255.255

23.9, 23.4, 23.4, 22.9, 14.5, 11.8, 11.8, 09.8

핵심 192 ▶ 인터넷 관련 용어

웹 브라우저	인터넷 사이트에 접속하여 문자, 영상, 소리 등 다양한 형태로 저장되어 있는 정보를 찾아서 보여주는 프로그램
WWW	• 텍스트, 그림, 동영상, 음성 등 인터넷에 존재하는 다양한 정보를 거미줄처럼 연결해 놓은 종합 정보 서비스 • HTTP 프로토콜을 사용하는 하이퍼텍스트 기반으로 되어 있음
FTP(File Transfer Protocol)	• 컴퓨터와 컴퓨터 또는 컴퓨터와 인터넷 사이에서 파일을 주고받을 수 있도록 하는 원격 파일 전송 프로토콜 • 포트 번호 : 21번
Telnet	• 멀리 떨어져 있는 컴퓨터에 접속하여 자신의 컴퓨터처럼 사용할 수 있도록 해주는 서비스 • 프로그램을 실행하는 등 시스템 관리 작업을 할 수 있는 가상의 터미널(Virture Terminal) 기능을 수행함
USENET	분야별로 공통의 관심사를 가진 인터넷 사용자들이 서로의 의견을 주고받을 수 있게 하는 서비스
소셜 네트워크 서비스 (SNS; Social Network Service)	• 인터넷에서 다른 사람과 관계를 만들어 주는 서비스로 트위터, 싸이월드, 페이스북 등이 대표적임 • 초기에는 지인들과 친목 도모나 엔터테인먼트 용도로 활용되었으나, 이후 스마트폰과 같은 모바일 기기와 결합하면서 정치와 경제는 물론 사회와 문화 전반에 걸쳐 미래를 개척해 나갈 새로운 성장 동력으로 떠오르고 있음
트위터 (Twitter)	• '작게 지저귀다'라는 의미의 트위터는 최대 140자 이내의 단문을 전송할 수 있는 서비스 • 팔로우(Follow) 기능을 이용하여 다른 사용자가 자신의 계정에 연결되면 연결된 사용자와 정보를 공유할 수 있게 됨
페이스북 (Facebook)	• 상대방과 대화하고 정보를 교환할 수 있도록 해주는 소셜 네트워크 웹사이트 • 플랫폼이 개방되어 외부의 개발자나 회사가 자신의 프로그램을 등록할 수 있으므로 페이스북 이용자에게 자신의 프로그램이나 서비스를 홍보할 수 있는 용도로도 사용됨
웹2.0	제공된 데이터를 활용하여 사용자가 정보 생성에 참여하고 가치를 부여함으로써 누구나 다양한 신규 서비스를 생산해 낼 수 있는 웹 환경을 말함
와이브로 (Wibro; Wireless Broadband)	휴대폰, 노트북, PDA 등의 휴대 인터넷 단말장치를 이용하여 언제 어디서나 이동하면서 2.3GHz 주파수 대역의 고속 무선 인터넷 접속이 가능한 서비스

01. 다음 중 인터넷 응용 서비스에서 가상 터미널(VT) 기능을 갖는 것은? 23.9, 23.4, 14.5

① FTP
② Gopher
③ Telnet
④ Archie

21.5, 21.3, 18.4, 16.10, 15.3, 12.3, 11.8, 10.3, 09.3, 06.5, 05.8, 05.3, 04.5, 03.5, 02.8, 02.3, 01.9, 01.3

핵심 193 ▶ 뉴미디어(New Media)

• '새로운'이란 뜻의 New와 '정보 전달 수단' 이란 뜻의 Media의 합성어로, 최근의 정보 통신 기술의 발달로 새롭게 나타나게 되는 다양한 매체들을 의미한다.
• 쌍방향성, 탈대중화, 비동시성, 광대역성의 특징을 갖는다.
• 기존의 미디어와 융합되어 발전을 이룬다.

• 유선계와 무선계로 분류

유선계	CATV, 비디오텍스, VRS, 원격 회의, ARS, 텔레비전 전화, 팩시밀리, 퍼스널 컴퓨터 통신, LAN, VAN, ISDN 등
무선계	위성통신, 텔레텍스트(Teletext), HDTV, PCM 음성 방송, 팩시밀리 방송, 개인 휴대 통신 등
독립계(패키지계)	비디오 디스크, 디지털 오디오 디스크, VTR, 광 디스크 등

• 방송계와 통신계로 분류

방송계	CATV, PCM 음성 방송, 텔레텍스트, HDTV, 팩시밀리 방송 등
통신계	원격회의, 비디오텍스, 텔레텍스, VRS, 개인 휴대 통신, 퍼스널 컴퓨터 통신, LAN, VAN, ISDN 등

01. 다음 중 뉴미디어의 특징과 거리가 먼 것은?
21.5, 21.3, 16.10, 13.3, 12.3, 10.3, 06.5, 05.3, 04.5, 02.3

① 고속성
② 상호 작용성
③ 쌍방향성
④ 획일성

뉴미디어는 다양한 매체의 이용으로 획일성이 아니라 다양성의 특징을 갖습니다.

23.9, 23.2, 22.9, 22.3, 21.5, 21.3, 19.3, 16.3, 15.9, 15.5, 14.9, 14.5, 13.3, 12.9, 12.5, 12.3, 11.6, 11.3, 10.9, …

핵심 194 ▶ 주요 뉴미디어(New Media)

CATV	• 원래 난시청 해소를 목적으로 설치했던 공동시청 안테나를 이용하여 수신한 TV 신호를 일정한 전송로를 통하여 사용자에게 제공함 • 양방향 통신이 가능함 • 사용자의 범위가 한정적임 • 다채널로서 방송뿐만 아니라 종합 정보 서비스가 가능함 • 전송로는 동축 케이블이나 광섬유 케이블을 사용함 • 기존 TV와 방송 방식이 동일하여 기존 TV를 단말장치로 사용할 수 있음 • CATV 시스템의 기본 구성 : 헤드엔드(Head-End), 중계 전송망(전송로), 가입자 설비(단말장치)
비디오텍스 (Videotex)	• 각종 정보를 모아 데이터베이스(DB)를 구축하고, 전화망을 통해 TV나 단말장치에 접속하여 필요한 정보를 문자나 그림의 형태로 검색할 수 있도록 하는 서비스 • 정보 검색, 거래 처리, 메시지 전달, 예약업무, 원격 감시 서비스 등이 있음 • 대화형 양방향 미디어로서, 요구하는 정보를 즉시 제공받을 수 있음 • 문자 및 도형 정보의 표현 형식 　- 알파 모자이크 방식 : 도형 정보를 미리 정해진 모자이크 패턴의 조합으로 표현하며, 수신 단말기에서는 내부의 문자 발생기에 의해 정해진 모자이크 패턴으로 그림을 표시함 　- 알파 지오메트릭 방식 : 문자 정보는 알파 모자이크 방식과 동일하지만 그래픽 정보는 점, 선, 원, 다각형 등을 결합하여 표시함 　- 알파 포토그래픽 방식 : 팩스와 같은 원리로 문자와 그래픽 정보를 점(Dot)의 형태로 분해하여 단말 장치에 전송함
HDTV(High Definition TV)	• 기존의 TV 주사선을 늘리고 주파수 대역폭을 확대하여 선명한 화상과 양질의 음성을 제공하는 TV • 위성 TV 방송, TV 회의 등의 새로운 매체의 단말장치로 사용됨

텔레텍스트 (Teletext)	• TV 전파의 빈틈을 이용하여 TV 방송과 함께 문자나 도형 정보를 제공하는 문자 다중 방송 • 일기예보, 프로그램 안내나 방송되는 프로의 세부 설명, 교통안내 등 방송국에서 제공하는 정보를 일방적으로 수신하는 형태
텔레텍스 (Teletex)	• 워드프로세서 전용기와 같이 문서 작성 및 편집 기능을 갖는 기기에 통신 기능을 부가하여 공중 전화망이나 공중 데이터망을 통해서 문서를 교환하는 시스템 • 문서를 작성중이거나 부재중에도 수신이 가능
텔렉스 (Telex)	• 문자, 숫자 및 기호 등의 정보를 텔렉스 교환기를 사용해서 전송하는 시스템 • 최초의 문자 전송 시스템으로 가입 전신이라고도 함 • 사용자 부재중에도 통신이 가능하며, 사용하는 문자 수에 제한이 있음
MHS(Message Handling System)	• 문자, 도형, 화상, 음성 등 다양한 메시지의 생성, 전송, 축적, 수신에 대한 전반적인 서비스를 수행하는 전자우편 (E-Mail) 시스템 • 통신 수단에 관계없이 상대방의 통신 단말기 번호만 알면 국내외 어디서나 메시지를 교환할 수 있음 • ITU-T에서 X.400 권고안으로 규정
텔레미터링 시스템 (TeleMetering System)	원거리에서 전기나 수도, 가스 등의 사용량을 수시로 검침하여 자동으로 계산해 주는 원격 검침 시스템
빌링 시스템 (Billing System)	통신 서비스를 이용 중인 가입자에 대한 사용 요금의 계산, 청구, 수납 등 모든 요금관련 업무를 자동으로 처리해 주는 전산 시스템
UMS(Unified Messaging System)	음성, 팩스, 전자우편 등 다양한 형태의 모든 메시지 유형들을 하나의 논리적 우편함에서 통합 관리할 수 있는 시스템

01. MHS(Message Handling System)에 대한 설명으로 바르지 않은 것은?

21.5, 21.3, 16.3, 06.5

① MS는 메시지를 축적하는 사서함 기능을 갖는다.

② 사용자 간의 메시지를 송수신 하는 기능을 갖는다.

③ MHS는 UA, MTA, MS 등으로 구성된다.

④ 신호변환 및 정보처리가 가능하다.

> MHS는 메시지 전송과 관련된 기능 외에 신호변환이나 정보처리 기능은 제공되지 않습니다.

02. 화상 정보가 축적된 정보센터의 데이터베이스를 TV수신기와 공중전화망에 연결해서 이용자가 화면을 보면서 상호 대화 형태로 각종 정보검색을 할 수 있는 것은?

22.9, 22.3, 15.9, 14.9, 12.5, 08.9, 06.9, 05.3, 04.5, 03.8

① Teletext   ② Videotex

③ HDTV   ④ CATV

23.9, 23.4, 17.3, 15.3, 14.9, 14.3, 11.8, 11.6, 11.3, 10.9, 09.5, 09.3, 08.7, 08.5, 08.3, 00.5

핵심 195 ▶ 멀티미디어(Multimedia)

• 다중 매체(정보 전달 수단)를 의미하는 것으로, 텍스트, 그래픽, 사운드, 동영상, 애니메이션 등의 다양한 매체를 디지털 데이터로 통합하여 전달한다.

• 특징 : 디지털화, 쌍방향성, 비선형성, 정보의 통합성

• JPEG : 정지 영상 압축의 국제 표준 방식

• MPEG : 동영상 압축을 위한 ISO 국제 표준 규격으로 손실 압축 기법을 사용

MPEG-1	• CD-ROM과 같이 전송 속도가 약 1.5Mbps인 저장 매체에 가정용 VTR 수준의 동영상과 음향을 압축 · 저장하기 위한 것 • CD나 비디오 CD 등이 이 규격을 따르고 있음
MPEG-2	• 차세대 텔레비전 방송이나 ISDN, 케이블 망 등을 이용한 영상 전송을 위하여 제정되었음 • HDTV, 위성 방송, DVD 등이 이 규격을 따르고 있음
MPEG-4	• 통신, PC, 방송 등을 결합하는 복합 멀티미디어 서비스의 통합 표준을 위한 것으로, 공중망이나 무선 이동 통신 등을 대상으로 함 • 화상통신을 위해 64Kbps급의 초고속 · 고압축률 실현을 목적으로 하고 있음
MPEG-7	멀티미디어 정보 검색이 가능한 동영상, 데이터 검색 및 전자상거래 등에 사용하도록 개발되었음
MPEG-21	위의 MPEG 기술들을 통합해 디지털 콘텐츠의 제작, 유통, 보안 등 전 과정을 관리할 수 있는 기술임

• MHEG : 멀티미디어나 하이퍼미디어에서 사용되는 데이터 부호화 및 압축을 위한 국제 표준

• IMS(IP Multimedia Subsystem) : 음성, 오디오, 비디오 및 데이터 등의 멀티미디어 서비스를 인터넷 프로토콜(IP)을 기반으로 하여 제공하는 시스템

01. 저장매체인 DVD에서 특히 영상 데이터 저장 시 적용되는 압축 방식은?

23.9, 08.3

① MPEG1   ② JPEG

③ MPEG2   ④ MPEG4

> DVD에서 영상 데이터 저장 시 적용되는 압축 방식은 MPEG2입니다.

기출문제 & 전문가의 조언

1과목 사무자동화 시스템

01 전자우편을 엽서가 아닌 밀봉된 봉투에 넣어서 보낸다는 개념으로 IETF(Internet Engineering Task Force)에서 인터넷 초안으로 채택한 것은?

① PEM
② PGP
③ S/MEME
④ PGP/MIME

> **전문가의 조언** PEM(Privacy Enhanced Mail)은 전자우편을 발송하기 전에 미리 암호화하여 전송 도중에 데이터의 유출이 발생해도 내용을 확인할 수 없도록 하는 프로토콜로, IETF에서 인터넷 초안(표준)으로 채택하였습니다.
> • PGP : 공개키 암호화 방식을 사용하여 전자우편을 암호화하는 것으로, 전자우편 암호화에 보편적으로 사용되고 있음
> • S/MIME : 전자우편에서 인증, 메시지 무결성, 송신처의 부인방지, 데이터 보안과 같은 보안 서비스를 제공함
> • PGP/MIME : 기존에 전자우편 보안을 위해 널리 이용되던 PGP 보안 모듈을 기반으로 한 전자우편 보안 시스템으로써 PGP가 제공하는 암호 기법과 전자우편 시스템을 통합한 시스템

02 전자우편 시스템을 이용해서 사내 야유회 공고를 하고 싶을 때 전자우편 시스템 기능 중 어느 것을 이용하는 것이 가장 좋은가?

① 반송
② 일시지정송신
③ 동보 지정
④ 회부

> **전문가의 조언** 한 사람이 동시에 여러 사람에게 동일한 전자우편을 보낼 때 사용하는 기능은 동보 지정 기능입니다.

03 데이터베이스의 모형에 속하지 않는 것은?

① 네트워크형 데이터베이스
② 집중형 데이터베이스
③ 계층형 데이터베이스
④ 관계형 데이터베이스

> **전문가의 조언** • 데이터베이스의 모형에 집중형 데이터베이스라는 것은 없습니다.
> • 데이터베이스의 모형에는 계층형, 망형(네트워크), 관계형, 객체 지향형 데이터베이스가 있습니다.

04 데이터베이스 시스템의 트랜잭션의 속성은 ACID로 정의한다. ACID에 각각 해당하는 용어로 가장 옳지 않은 항목은?

① A : Atomicity
② C : Circumstance
③ I : Isolation
④ D : Durability

> **전문가의 조언** ACID에서 C는 Consistency(일관성)을 의미합니다.

05 저장매체인 DVD에서 특히 영상 데이터 저장 시 적용되는 압축 방식은?

① MPEG1
② JPEG
③ MPEG2
④ MPEG4

> **전문가의 조언** DVD에서 영상 데이터 저장 시 적용되는 압축 방식은 MPEG2입니다.
> • MPEG-1 : CD와 같은 고용량 매체에서 동영상을 재생하기 위한 것으로, CD-나 비디오CD 등이 이 규격을 따르고 있음
> • MPEG-4 : 통신, PC, 방송 등을 결합하는 복합 멀티미디어 서비스의 통합 표준을 위한 것으로, 공중망이나 무선 이동 통신 등을 대상으로 함
> • JPEG : 정지 영상 압축의 국제표준 방식

06 사무자동화 시스템의 부분별 서브 시스템에 관한 사실의 분석에서 고려해야 할 사항과 거리가 가장 먼 것은?

① 업무의 부분 최적화가 가능한가의 여부를 판단해야 한다.
② 계획과 일치하고 있는지를 검토해야 한다.
③ 추가적인 개선의 필요성에 대해서 분석해야 한다.
④ 총괄 시스템에 대한 투자의 효율을 측정해야 한다.

> **전문가의 조언** 부분별 서브 시스템은 총괄 시스템이 아니라 해당 부분 시스템에 대한 투자의 효율을 측정해야 합니다.

07 클라이언트-서버 시스템에 대한 설명으로 옳지 않은 것은?

① 데이터베이스는 서버로 운영될 수 없다.
② 서버용 운영체제가 필요하다.
③ 클라이언트를 사용자 단말기로 하고 서버를 호스트 컴퓨터로 하는 네트워크 시스템이다.
④ 서버는 공유된 다양한 시스템 기능과 자원을 클라이언트에게 제공한다.

> **전문가의 조언** 데이터베이스는 서버로 운영될 수 있습니다.

08 모니터 등의 디스플레이나 프린터의 해상도 단위이며 1 inch 당 몇 개의 dot(점)가 들어가는지를 말하는 것은?

① DPI
② BPS
③ PPT
④ LPM

> **전문가의 조언** 1인치에 출력되는 점(Dot)의 수로, 디스플레이나 프린터의 해상도 단위는 DPI(Dot Per Inch)입니다.
> • BPS(Bit Per Second) : 초당 전송되는 비트 수
> • Bit(Binary Digit) : 두 가지 상태(0과 1)를 표시하는 2진수 1자리
> • LPM(Line Per Minute) : 1분에 출력되는 줄(Line) 수

09 데이터 분산 처리 시스템의 장점이 아닌 것은?

① 신뢰성의 증가
② 자원의 공유
③ 비용의 절감
④ 통제의 용이

> **전문가의 조언** 분산 처리 시스템은 지리적으로 분산되어 있는 여러 대의 컴퓨터를 연결하여 처리하는 방식으로 시스템의 통제가 어렵습니다.

10 원격지간 상호 통신매체를 이용하여 동일한 시간에 회의를 할 수 있는 시스템은?

① Intelligent Typewriter
② Electronic Private Branch Exchange
③ Teleconference
④ Keyphone

> **전문가의 조언** 원격지간 상호 통신매체를 이용하여 동일한 시간에 회의를 할 수 있는 시스템은 Teleconference(원격 회의 시스템)입니다.

11 제품의 설계, 개발, 생산, 판매, 유지보수, 폐기 등에 이르는 제품 수명 전 주기를 관리하기 위해 기업 활동 전반을 전자화하는 것을 무엇이라 하는가?

① CALS
② EC
③ ERP
④ EDI

> **전문가의 조언** 제품 수명 전 주기를 관리하기 위해 기업 활동 전반을 전자화하는 것을 CALS(Commerce At Light Speed)라고 합니다.
> • 전자상거래(EC; Electronic Commerce) : 인터넷이라는 가상공간을 통해 소비자와 기업이 상품과 서비스를 사고파는 행위로, 일반적인 상거래뿐만 아니라 고객 마케팅, 광고, 조달, 서비스 등을 포함하는 광범위한 개념
> • ERP(Enterprise Resource Planning, 전사적 자원 관리) : 생산, 판매, 자재, 인사, 회계 등 기업 전 부문에 걸쳐 있는 인력, 자금, 정보 등 모든 경영 자원을 하나의 체계로 통합, 계획, 관리함으로써 기업 생산성을 높이는 종합경영 관리 시스템
> • EDI(Electronic Data Interchange, 전자 문서 교환) : 사무실과 사무실 또는 거래처 간에 상호 합의된 메시지를 컴퓨터를 통하여 상호 교환함으로써 거래 업무에 따르는 문서처리 업무를 자동화하는 것

12 데이터베이스 처리의 장점은?

① 자료의 중복
② 프로그램과 자료 간의 의존성
③ 용이한 자료 접근
④ 변화에 대한 적응성 결여

> **전문가의 조언** 데이터베이스 처리의 장점은 용이한 자료 접근입니다.

13 사무자동화 시스템의 시대별 발전 과정을 순서대로 옳게 나열한 것은?

① 집중처리 → 실무관리 → 분산처리
② 분산처리 → 집중처리 → 실무관리
③ 실무관리 → 집중처리 → 분산처리
④ 실무관리 → 분산처리 → 집중처리

> **전문가의 조언** 사무자동화의 발전 과정을 순서대로 나열하면 '실무관리 → 집중처리 → 분산처리' 순입니다.

14 다음 중 사무자동화의 생산성 평가 기준 항목들로 적합한 것은?

① 신속성, 확실성, 가치성
② 다양성, 안전성, 연계성
③ 가치성, 연계성, 기록성
④ 효율성, 유효성, 창조성

> **전문가의 조언** 사무자동화 생산성의 평가 기준 항목에는 효율성, 유효성, 창조성, 인간성 등이 있습니다.

15 사무자동화를 추진하는데 있어 먼저 적용할 특정 부문을 선정하여 사무자동화를 추진해 가는 접근방식은?

① 공통과제형 접근방식
② 전사적 접근방식
③ 부문 전개 접근방식
④ 업무별 접근방식

> **전문가의 조언** 특정 부문을 선정하여 사무자동화를 추진해 가는 접근방식은 부문 전개 접근방식입니다.
> • 공통 과제형 접근방식 : 문서보안, 사무환경 개선 등과 같은 각 부문의 공통 과제를 대상으로 사무자동화를 추진하는 방식
> • 전사적 접근방식 : 사무자동화 추진의 가장 이상적인 접근방식으로, 사무자동화의 대상이 되는 모든 시스템, 모든 업무, 모든 계층에 걸쳐 사무자동화를 추진해가는 방식
> • 업무별 접근방식 : 개선이 필요한 사무업무부터 시작하여 완료까지, 일련의 흐름을 대상으로 사무자동화를 추진하는 방식

16 데이터베이스의 전체적인 논리적 구조로서, 모든 응용 프로그램이나 사용자들이 필요로 하는 데이터를 종합한 조직 전체의 데이터베이스로, 하나만 존재하는 스키마는?

① 외부 스키마 ② 개념 스키마

③ 내부 스키마 ④ 관계 스키마

전문가의 조언 모든 응용 프로그램이나 사용자들이 필요로 하는 데이터를 종합한 조직 전체의 데이터베이스로, 하나만 존재하는 스키마는 개념 스키마입니다.
- **외부 스키마** : 사용자나 응용 프로그래머가 각 개인의 입장에서 필요로 하는 데이터베이스의 논리적 구조를 정의한 것
- **내부 스키마** : 물리적 저장장치의 입장에서 본 데이터베이스 구조로서, 실제로 데이터베이스에 저장될 레코드의 형식을 정의하고 저장 데이터 항목의 표현 방법, 내부 레코드의 물리적 순서 등을 나타냄

17 서브루틴 호출 처리 작업 시 복귀주소를 저장하고 조회하는 용도에 적합한 자료 구조는?

① 데크 ② 큐

③ 스택 ④ 연결 리스트

전문가의 조언 서브루틴 호출 처리 작업 시 복귀주소를 저장하고 조회하는 용도에 적합한 자료 구조는 스택(Stack)입니다.
- **데크(Deque)** : 삽입과 삭제가 리스트의 양쪽 끝에서 모두 발생할 수 있는 자료 구조
- **큐(Queue)** : 2개의 포인터를 사용하여 한쪽 끝에서 자료를 삽입하고, 반대쪽 끝에서 자료를 삭제하는 선입선출(FIFO) 방식의 자료 구조
- **연결 리스트(Linked List)** : 자료들을 반드시 연속적으로 배열시키지는 않고 임의의 기억공간에 기억시키되, 자료 항목의 순서에 따라 노드의 포인터 부분을 이용하여 서로 연결시킨 자료 구조

18 요소 선택과 삭제는 한쪽에서, 삽입은 다른 쪽에서 일어나도록 제한하는 것은?

① 큐 ② 스택

③ 트리 ④ 방향 그래프

전문가의 조언 한쪽에서는 삽입, 다른 한쪽에서는 삭제가 이루어지는 자료 구조는 큐(Queue)입니다.
- **스택(Stack)** : 리스트의 한쪽 끝으로만 자료의 삽입, 삭제 작업이 이루어지는 후입선출(LIFO) 방식의 자료 구조
- **트리(Tree)** : 정점(Node, 노드)과 선분(Branch, 가지)를 이용하여 사이클을 이루지 않도록 구성한 그래프(Graph)의 특수한 형태
- **그래프(Graph)** : G는 정점 V(Vertex)와 간선 E(Edge)의 두 집합으로 이루어지는 것으로, 간선의 방향성 유무에 따라 방향 그래프와 무방향 그래프로 구분함

19 비디오텍스 방식 중 도형 정보는 미리 정해진 모자이크 패턴의 조합으로 표현하며, 수신 단말기에서는 내부의 문자 발생기에 의해 정해진 모자이크 패턴으로 그림을 표시하는 것은?

① 알파 모자이크 방식

② 알파 앤 오메가 방식

③ 알파 지오메트릭 방식

④ 알파 포토그래픽 방식

전문가의 조언 도형 정보를 미리 정해진 모자이크 패턴의 조합으로 표현하는 비디오텍스 방식은 알파 모자이크 방식입니다.
- **알파 지오메트릭 방식** : 문자 정보는 알파 모자이크 방식과 동일하지만 그래픽 정보는 점, 선, 원, 다각형 등을 결합하여 표시함
- **알파 포토그래픽 방식** : 팩스와 같은 원리로 문자와 그래픽 정보를 점의 형태로 분해하여 단말 장치에 전송함

20 데이터가 발생하는 즉시 처리하여 주어진 시간 내에 그 결과를 반환하는 시스템은?

① Batch ② Off-Line

③ Real-Time ④ Time Sharing

전문가의 조언 데이터가 발생하는 즉시 처리하여 주어진 시간 내에 그 결과를 반환하는 시스템은 실시간 처리 시스템(Real Time Processing System)입니다.
- **일괄 처리(Batch Processing) 시스템** : 일정량 또는 일정 기간 동안 데이터를 모아서 한꺼번에 처리하는 방식으로, 월급 계산, 수도 요금, 전기 요금 계산 등에 사용함
- **시분할 시스템(Time Sharing System)** : 여러 명의 사용자가 사용하는 시스템에서 컴퓨터가 사용자들의 프로그램을 번갈아가며 처리해 줌으로써, 각 사용자에게 독립된 컴퓨터를 사용하는 느낌을 주는 것

2과목 **사무경영관리 개론**

21 부가가치 통신망(VAN)을 이용한 축적전송방식이 많이 사용되는 EDI 방식은?

① 일괄처리방식 EDI ② 즉시응답방식 EDI

③ 대화형방식 EDI ④ 쌍방향방식 EDI

전문가의 조언 축적전송방식은 데이터를 저장했다가 한꺼번에 전송하는 방식으로, 일괄처리 방식의 EDI에서 사용됩니다.
- **즉시응답방식 EDI** : 거래 문서를 받은 즉시 신속한 응답이 요구될 때 사용하는 방식
- **대화형방식 EDI** : 거래 당사자 간에 실시간으로 질의와 응답을 주고 받음으로써 상호작용이 가능한 방식

22 고객 관계 관리를 의미하는 용어로 가장 옳은 것은?

① CRM
② SCM
③ ERP
④ POS

> **전문가의 조언** CRM(Customer Relationship Management, 고객 관계 관리)은 기업이 고객 관계를 관리해 나가기 위해 필요한 방법론이나 소프트웨어 등을 가리키는 용어입니다.
> - SCM(Supply Chain Management, 공급망 관리) : 기업 간 또는 기업 내부에서 제품이나 부품의 생산자로부터 사용자에 이르는 공급 체인을 효율화해서 불필요한 시간과 비용을 절감하려는 관리 기법
> - ERP(Enterprise Resource Planning, 전사적 자원 관리) : 기업의 생산, 판매, 자재, 인사, 회계 등 기업 전 부문에 걸쳐 있는 인력, 자금, 정보 등 모든 경영 자원을 하나의 체계로 통합, 계획, 관리함으로써 기업 생산성을 높이는 종합 경영 관리 시스템
> - POS(Point Of Sales, 판매시점 정보 관리) 시스템 : 상품에 대한 정보를 담고 있는 바코드를 스캔하여 판독하는 순간 판매가격을 보여주는 것은 물론 재고, 매출액 등 상품 판매에 관한 모든 자료가 자동으로 표시되는 시스템을 의미함

23 문서 처리의 원칙으로 볼 수 없는 것은?

① 즉일처리의 원칙
② 책임처리의 원칙
③ 폐쇄처리의 원칙
④ 법령적합의 원칙

> **전문가의 조언** 문서처리의 기본 원칙에는 즉일처리의 원칙, 책임처리의 원칙, 법령적합의 원칙이 있습니다.

24 카드, 도면, 대장 등과 같이 주로 사람, 물품 또는 권리관계 등에 관한 사항의 관리나 확인 등에 수시로 사용되는 기록물은?

① 비치기록물
② 전자기록물
③ 서류기록물
④ 관용기록물

> **전문가의 조언** 주로 사람, 물품 또는 권리관계 등에 관한 사항의 관리나 확인 등에 수시로 사용되는 기록물은 비치기록물입니다.

25 다음 통신망에 대한 설명 중 잘못된 것은?

① LAN은 회사, 학교, 연구소 등 구내에서 사용하는 짧은 거리의 고속 통신망이다.
② VAN은 통신 회선을 빌려 기존의 정보에 새로운 가치를 더해 이용자들에게 판매하는 통신망이다.
③ WAN은 LAN과 MAN의 중간 형태로 지역을 연결하는 통신망이다.
④ MAN은 도시 단위의 넓은 지역을 연결하는 통신망이다.

> **전문가의 조언** WAN(광대역 통신망)은 MAN보다 넓은 범위인 국가와 국가 혹은 대륙과 대륙을 하나로 연결하는 통신망입니다.

26 다음 중 워크 샘플링(Work Sampling)법에 관한 설명은?

① 싸이클이 짧고 반복 작업에 적합하다.
② 책상에서 비용을 전부 측정할 수 있다.
③ 임의의 시간 간격으로 관측하여 시간적 구성비율을 통계적으로 추측하는 방법이다.
④ 과거의 실적에 준하여 기억을 더듬으며 업무마다 시간치를 측정하는 밥법이다.

> **전문가의 조언** 워크 샘플링법은 말 그대로 일에 대한 샘플을 취하는 것입니다. 즉 임의의 시간 간격에서의 통계적 확률을 이용하는 방법입니다.

27 산업보건기준에 관한 규칙상 사업주가 근로자를 안전하게 통행할 수 있도록 통로에 하여야 하는 채광 또는 조명 기준은?

① 50럭스 이상의 채광 또는 조명 시설
② 75럭스 이상의 채광 또는 조명 시설
③ 150럭스 이상의 채광 또는 조명 시설
④ 300럭스 이상의 채광 또는 조명 시설

> **전문가의 조언** 단순히 통로를 통행하는 것은 기타 작업으로 분류할 수 있으며, 기타 작업 시 최저 조도는 75Lux 이상입니다.

28 페이욜(H. Fayol)이 주장하는 관리의 정의에 대해 올바르게 설명한 것은?

① 조직의 목적을 달성하기 위하여 타인의 활동을 계획하고 조직화하며 통제하는 것이다.
② 조직의 목표 달성을 목적으로 조직되어 내부적으로 환경을 조정하는 과정이다.
③ 계획, 조직, 지휘, 조정, 통제로 분류되는 전반적인 요소들을 관리 감독해 나가는 것이다.
④ 노동과정을 시간적인 상호관계에서 취급하고, 그 작업 과정에 대해서는 조직적인 경과를 논하는 것이다.

> **전문가의 조언** 페이욜이 주장하는 관리의 정의에 해당하는 것은 ③번입니다.
> - ①번은 데이비스, ②번은 쿤츠와 오도넬에 따른 관리의 정의입니다.

29 전자데이터교환(EDI) 시스템의 직접적인 구성 요소와 가장 거리가 먼 것은?

① EDI 소프트웨어
② EDI 네트워크
③ EDI 데이터베이스
④ EDI 하드웨어

> **전문가의 조언** - EDI 데이터베이스는 EDI의 구성 요소에 해당하지 않습니다.
> - EDI의 구성 요소에는 EDI 표준, 사용자 시스템(응용·변환·통신 소프트웨어, 하드웨어), EDI 네트워크가 있습니다.

30 다음 중 집무환경의 중요한 요소와 가장 거리가 먼 것은?

① 색채 조절　　　　　② 소음 조절

③ 시간 조절　　　　　④ 공기 조절

31 경영 전략에 따른 의사결정에 대한 안소프(Ansoff)의 주장과 가장 관계없는 것은?

① 의사결정에는 상품의 시장 선택이 포함된다.

② 의사결정에는 경쟁상의 이점이 포함된다.

③ 의사결정에는 성장 벡터가 포함된다.

④ 의사결정에는 환경 변화 정보가 포함된다.

32 문서의 보관관리 유형 중 집중관리의 장점이 아닌 것은?

① 부서별 문서보관·보존에 따른 여러 설비가 필요치 않게 되어 경비 및 공간이 절약된다.

② 통일적으로 한 장소에서 관리하기 때문에 종합된 정보를 제공 받을 수 있다.

③ 문서 관리 및 업무의 조정과 통제가 용이하다.

④ 자료를 열람하고 이용하기 위한 방법과 절차가 매우 용이하다.

33 사무 표준화의 효과로서 타당하지 않은 것은?

① 관리자의 관리 활동이 편리해진다.

② 스탭 조직과 라인 조직의 업무 구분을 없앨 수 있다.

③ 직원들에 대한 감독에 있어서 통제를 철저히 할 수 있다.

④ 직원들을 그 능력별로 활용하기가 유리하다.

34 정보유출 등 침해사고를 방지하기 위한 대책으로 가장 옳지 않은 것은?

① 정보시스템의 악의적인 외부 침입을 1차적으로 차단하기 위한 방화벽을 설치한다.

② 침입탐지시스템 및 침입방지시스템을 이용하여 인바운드(Inbound) 패킷을 모니터링하고 의심되는 패킷은 차단한다.

③ 무선 네트워크의 전파 도달 범위를 조절하여 건물 외부에서 접속이 불가능하도록 한다.

④ 비밀 정보는 복호화가 불가능하도록 강력한 암호화 알고리즘을 적용하여 암호화 한다.

35 사무 간소화에 이용되는 동작 연구와 시간 연구의 기법과 가장 거리가 먼 것은?

① 인간 절차 도표　　　② 변형 도표

③ 작업 도표　　　　　④ 서식 경략 도표

36 사무 표준화의 목적에 가장 부합되지 않는 것은?

① 사무원들을 감독 및 통제하고 사무용어 등의 표준화를 위하여

② 직원들 간의 공동 관심사에 대한 이해 촉진과 생산성 향상을 위하여

③ 직원들의 사기를 향상시키고 직원들을 능력별로 활용하기 위하여

④ 작업의 구성을 다양화하여 생산성을 향상시키기 위하여

37 사무관리의 기능에 대한 설명으로 옳은 것은?

① 계획화는 경영활동을 합리적으로 수행하기 위하여 활동목표 및 실시과정에 가장 유리하게 도달할 수 있도록 사후에 결정짓는 것을 말한다.

② 조직화는 직무가 능률적으로 달성될 수 있도록 인적자원을 적재적소 배치, 물적요소의 명확화, 그리고 이들을 유기적으로 결합하여 직무가 능률적으로 달성될 수 있도록 하는 관리 활동이다.

③ 동기화는 경영조직의 횡적조직과 계층별 조직에 있어서 업무수행에 필요한 이해나 견해가 대립된 활동과 노력을 결합하고 동일화해서 조화를 기하는 기능이다.

④ 조정화는 기준과 지시에 따라 실행되고 있는가를 확인 대조하면서 오류를 범하지 않도록 사전에 방지하는 기능이다.

전문가의 조언 사무관리의 기능에 대한 설명으로 옳은 것은 ②번입니다.
①계획화는 사무관리 중 가장 먼저 수행되는 기능으로 사후에 결정짓는 것이 아니라 사전에 결정짓는 것입니다.
③번은 조정화에 대한 설명입니다.
④번은 통제화에 대한 설명입니다.

---

38 저작권의 발생 시점으로 옳은 것은?

① 저작물을 입법예고한 때부터

② 저작물을 공표한 때부터

③ 저작물을 창작한 때부터

④ 저작물을 등록한 때부터

전문가의 조언 저작권은 저작물이 창작된 때로부터 발생되며, 어떠한 절차나 형식의 이행을 필요로 하지 않습니다.

---

39 다음이 설명하는 원칙은 무엇인가?

> 사무조직은 비합리적 사람중심이 아니라 목적달성을 위해 해야 할 업무중심의 조직이 마련되어야 한다.

① 위양의 원칙   ② 통솔범위의 원칙

③ 전문화의 원칙   ④ 기능화의 원칙

전문가의 조언 사무조직은 목적달성을 위해 해야 할 업무중심의 조직이 마련되어야 한다는 것을 의미하는 원칙은 기능화의 원칙입니다.

---

40 자료 관리에 대한 설명으로 가장 옳지 않은 것은?

① 자료의 자연 증가를 통제할 수 있다.

② 자료 처리에 따르는 경비를 절감할 수 있다.

③ 자료를 서식화할 수 있다.

④ 자료를 필요로 하는 곳에 신속하게 전달할 수 있다.

전문가의 조언 자료 관리를 통해 자료의 자연 증가를 통제할 수 있고 자료의 이동 과정을 신속하게 파악할 수 있으며, 자료의 작성, 수정에 따른 경비를 절약할 수 있습니다.

3과목 프로그래밍 일반

41 프로그램 개발 과정에서 프로그램 안에 내재해 있는 논리적 오류를 발견하고 수정하는 작업을 무엇이라고 하는가?

① 링킹(Linking)   ② 바인딩(Binding)

③ 로딩(Loading)   ④ 디버깅(Debugging)

전문가의 조언 프로그램 개발 과정에서 프로그램 안에 내재해 있는 논리적 오류를 발견하고 수정하는 작업을 디버깅이라고 하고, 이때 사용하는 소프트웨어를 디버거라고 합니다.
• **링킹(Linking)** : 기계어로 된 여러 개의 모듈을 묶어서 로드 모듈을 작성하는 것
• **로딩(Loading)** : 실행 프로그램을 할당된 기억공간에 실제로 옮기는 것

---

42 어휘 분석은 원시 프로그램을 하나의 긴 스트링으로 보고 원시 프로그램을 문자 단위로 스캐닝하여 문법적으로 의미 있는 일련의 문자들로 분할해 낸다. 이때 분할된 문법적인 단위는?

① TOKEN   ② PATTERN

③ PARSE   ④ ID

전문가의 조언 어휘 분석기에 의해 분할된 문법적인 단위를 TOKEN이라고 합니다.

---

43 주어진 문장이 정의된 문법 구조에 따라 정당하게 하나의 문장으로서 합법적으로 사용될 수 있는가를 확인하는 작업으로 토큰들을 문법에 따라 분석하는 작업을 수행하는 단계는?

① 어휘 분석(Lexical analyzer) 단계

② 구문 분석(Syntax analyzer) 단계

③ 중간 코드 생성(Intermediate code generation) 단계

④ 코드 최적화(Code optimization) 단계

전문가의 조언 토큰들을 문법에 따라 분석하는 작업을 수행하는 단계는 구문 분석 단계입니다.
• **어휘 분석** : 번역의 가장 기본적인 단계로서 나열된 문자들을 기초적인 구성 요소들인 식별자, 구분 문자, 연산 기호, 핵심어, 주석 등으로 그룹화하는 단계

---

44 다음 EBNF 구문 표기 방법 중 반복을 나타내는 것은?

① A ::= a   ② A ::= [a1 | a2]

③ A ::= a1 | a2 | a3   ④ A ::= {a}

45 구문에 의한 문장 생성 과정을 나타내는 것으로서, 어떤 표현이 BNF에 의해 바르게 작성되었는지 확인하기 위해 만드는 트리는?

① 문법 트리   ② 파스 트리

③ 어휘 트리   ④ 구문 트리

46 촘스키 문법 구조에서 문법의 종류에 따라 사용되는 인식기의 연결이 틀린 것은?

① Type 0 문법 – 오토마타

② Type 1 문법 – 선형 제한 오토마타

③ Type 2 문법 – 푸시 다운 오토마타

④ Type 3 문법 – 유한 오토마타

47 수명 시간 동안 고정된 하나의 값과 이름을 가지며, 프로그램이 동작하는 동안 절대로 값이 변하지 않는 것은?

① 상수   ② 변수

③ 포인터   ④ 블록

48 시간 구역성과 관련이 없는 것은?

① 순환(loop)

② 배열 순회(array traversal)

③ 부 프로그램(sub program)

④ 집계(totaling)

49 후위 표기법으로 표현된 수식 "A B C * + D −"를 중위 표기법으로 옳게 표현한 것은?

① A B C * D − +   ② A + B * C − D

③ A B + C * D −   ④ A B C + * D −

50 운영체제의 성능 평가 항목으로 거리가 먼 것은?

① 사용 가능도   ② 반환 시간

③ 처리 능력   ④ 비용

51 4개의 페이지를 수용하는 주기억장치가 현재 완전히 비어 있으며, 어떤 프로세스가 다음과 같이 페이지 번호를 요청한다고 가정할 경우 페이지 정책으로 LFU(Least Frequently Used) 기법을 사용한다면 페이지 부재가 몇 번 발생하는가?

> 요청 페이지 번호 순서 : 1, 2, 3, 4, 1, 2, 5, 1, 2

① 3   ② 4

① 5   ② 6

4개의 페이지를 수용할 수 있는 주기억장치이므로 아래 그림과 같이 표현할 수 있습니다.

참조 페이지	1	2	3	4	1	2	5	1	2
페이지 프레임	1	1	1	1	1	1	1	1	1
		2	2	2	2	2	2	2	2
			3	3	3	3	5	5	5
				4	4	4	4	4	4
부재 발생	●	●	●	●			●		

※ ● : 페이지 부재 발생, 요청 페이지 번호가 페이지 프레임에 없을 경우는 페이지 결함(부재)이 발생됩니다.

LFU 기법은 각 페이지가 참조될 때마다 그때의 횟수를 계산하여 사용된 횟수가 가장 작은 페이지를 교체하는 기법입니다. 요청 페이지 번호 5를 참조할 때 빈 페이지가 없으므로 페이지 하나를 제거해야 하는데 페이지 3과 4 모두 1번씩만 사용되었으므로 좀 더 오래전에 페이지 프레임에 적재된 3번 페이지를 제거한 후 5를 가져오게 됩니다. 이런 방식으로 모든 페이지를 참조하면 총 페이지 결함 발생 수는 5회입니다.

52 각 페이지마다 계수기나 스택을 두어 현 시점에서 가장 오랫동안 사용하지 않은 페이지를 교체하는 페이지 교체 기법은?

① LFU
② FIFO
③ RR
④ LRU

각 페이지마다 계수기나 스택을 두어 페이지를 교체하는 페이지 교체 기법은 LRU입니다.
• LFU : 사용 빈도가 가장 적은 페이지를 교체하는 기법
• FIFO : 각 페이지가 주기억장치에 적재될 때마다 그때의 시간을 기억시켜 가장 먼저 들어와서 가장 오래되었던 페이지를 교체하는 기법
• RR : 시분할 시스템(Time Sharing System)을 위해 고안된 방식으로, FCFS 알고리즘을 선점 형태로 변형한 스케줄링 기법

53 C 언어에서 정수형 자료 선언 시 사용하는 데이터 유형이 아닌 것은?

① int
② float
③ long
④ short

float는 실수형 자료 선언 시 사용됩니다.

54 C 언어에서 문자열을 출력하기 위해 사용되는 것은?

① %x
② %d
③ %s
④ %h

C 언어에서 문자열을 출력하기 위해 사용되는 것은 %s입니다.
• %x : 정수형 16진수로 출력
• %d : 정수형 10진수로 출력

55 C 언어에서 문자열 출력 함수는?

① main( )
② gets( )
③ puts( )
④ getchar( )

C 언어에서 문자열 출력 함수는 puts( )입니다.
• gets( ) : 문자열 입력 함수
• getchar( ) : 한 문자 입력 함수

56 UNIX 명령어에서 현재 작업 중인 디렉터리 경로를 보여주는 명령어는?

① dir
② cat
③ pwd
④ write

디렉터리 경로를 보여주는 UNIX 명령어는 pwd입니다.
• dir : 파일 목록을 표시하는 DOS 명령어
• cat : 파일 내용을 화면에 표시하는 UNIX 명령어

57 컴파일러의 단계에서 코드 최적화는 개선 대상에 따라 그 분류가 다양하다. 코드 최적화의 분류에 속하지 않는 것은?

① 색인 최적화
② 지역 최적화
③ 전역 최적화
④ 프로시저 간 최적화

• 색인 최적화는 컴파일러 코드 최적화의 종류가 아닙니다.
• 코드 최적화의 종류에는 지역 최적화, 전역 최적화, 루프 최적화, 프로시저 간 최적화, 기계어 최적화 등이 있습니다.

58 컴파일러의 논리적 단계 중 자료형 검사(Type Checking)를 수행하는 단계는?

① 의미 분석
② 구문 분석
③ 어휘 분석
④ 코드 분석

의미 분석 단계는 구문 분석기에 의해 인식된 구문 구조가 처리되고 실행 가능한 코드를 생성하는 단계로, 자료형을 검사하는 것도 이때 수행합니다.
• 구문 분석 : 주어진 문장이 정의된 문법 구조에 따라 정당하게 하나의 문장으로서 합법적으로 사용될 수 있는가를 확인하는 단계
• 어휘 분석 : 번역의 가장 기본적인 단계로서 나열된 문자들을 기초적인 구성 요소들인 식별자, 구분 문자, 연산 기호, 핵심어, 주석 등으로 그룹화하는 단계

59 다음 C 코드의 수행 결과로 나타나는 값은?

```
#include 〈stdio.h〉
main( ) {
    int c = 4 & 7;
    printf("%d", c);
}
```

① 1 　　　　　　　　② 4

③ 6 　　　　　　　　④ 7

전문가의 조언 지문에 사용된 코드의 의미는 다음과 같습니다.

```
#include 〈stdio.h〉
main( ) {
❶ int c = 4 & 7;
❷ printf("%d", c);
}
```

❶ 정수형 변수 c를 선언하고 4와 7을 비트별로 and(&) 연산한 결과로 초기화합니다.

```
        0000 0100 (4)
and(&)  0000 0111 (7)
        0000 0100 (4)
```

❷ c의 값 4를 정수형 10진수로 출력합니다.

60 다음 중 교착 상태를 배제하기 위한 방법으로 옳지 않은 것은?

① 하나의 자원을 점유하고 있으면서 다른 프로세스에 할당되어 사용되고 있는 자원을 추가로 점유할 수 없도록 한다.

② 다른 프로세스에 할당된 자원은 사용이 끝날 때까지 강제로 빼앗을 수 없도록 한다.

③ 한 번에 한개의 프로세스만이 공유 자원을 사용할 수 있도록 한다.

④ 공유 자원과 공유 자원을 사용하기 위해 대기하는 프로세서들이 원형으로 구성되는 환형 대기를 용인한다.

전문가의 조언 공유 자원과 공유 자원을 사용하기 위해 대기하는 프로세서들이 원형으로 구성되는 환형 대기는 교착 상태의 원인이 됩니다. 그러므로 교착 상태를 배제하기 위해서는 환형 대기를 용인하지 않아야 합니다.

4과목 　정보 통신 개론

61 데이터 통신 시스템과 외부 사용자와의 접점에 위치하여 최종적으로 데이터를 입 · 출력하는 장치는?

① DCE 　　　　　　② Ender

③ DTE 　　　　　　④ CCU

전문가의 조언 최종적으로 데이터를 입 · 출력하는 장치는 DTE(단말장치)입니다.
- **DCE(신호 변환장치)** : 컴퓨터나 단말장치의 데이터를 통신 회선에 적합한 신호로 변경하거나, 통신 회선의 신호를 컴퓨터나 단말장치에 적합한 데이터로 변경하는 신호 변환 기능을 수행하는 장치로, 데이터 회선종단장치라고도 함
- **CCU(통신제어장치)** : 데이터 전송 회선과 주컴퓨터 사이에 위치하여, 컴퓨터가 데이터 처리에 전념할 수 있도록 컴퓨터를 대신해 데이터 송 · 수신에 관한 전반적인 제어 기능을 수행함

62 전송 시간을 일정한 간격의 시간 슬롯(Time Slot)으로 나누고, 이를 주기적으로 각 채널에 할당하는 다중화 방식은?

① 주파수 분할 다중화기

② 파장 분할 다중화기

③ 동기식 시분할 다중화기

④ 회선 분할 다중화기

전문가의 조언 전송 시간을 일정한 간격의 시간 슬롯(Time Slot)으로 나누는 다중화 방식은 동기식 시분할 다중화기에서 사용합니다.
- **주파수 분할 다중화기** : 통신 회선의 주파수를 여러 개로 분할하여 여러 대의 단말장치가 동시에 사용할 수 있도록 한 다중화기
- **파장 분할 다중화기** : 빛의 파장을 여러 개로 분할하여 여러 대의 단말장치가 동시에 사용할 수 있도록 한 다중화기

63 광섬유 케이블에서 클래드의 표면이 불규칙할 때 발생하는 손실은?

① 흡수 손실 　　　　② 산란 손실

③ 불균등 손실 　　　④ 코어 손실

전문가의 조언 클래드의 표면이 불규칙할 때와 같이 재료의 불균질성으로 인해 발생하는 손실은 산란 손실입니다.
- **흡수 손실** : 재료의 불순물 정도에 따라 빛 에너지의 일부가 열 에너지로 변환되면서 발생하는 손실
- **불균등 손실** : 코어와 클래드 경계면이 균일하지 않아 발생되는 손실
- **코어 손실** : 코어 내부에서 시간에 따라 변하는 자기장에 의해 발생되는 손실

64 전송 속도가 9,600[bps]인 데이터를 8진 PSK로 변조하여 전송할 때 변조 속도는 몇 [Baud]인가?

① 1,600
② 2,400
③ 3,200
④ 4,800

전문가의 조언 • 8진 PSK로 변조한다는 것은 한 번에 8개의 서로 다른 데이터를 보낸다는 의미이고, 8개의 데이터라면 한 번에 2진수 3Bit로 표현할 수 있습니다. 그러므로 변조 시 상태 변화 수는 3Bit입니다.
• 변조 속도(Baud) = 전송 속도(bps) / 변조 시 상태 변화 수 = 9,600 / 3 = 3,200[Baud]입니다.

65 반송파의 진폭과 위상을 변화시켜 정보를 전달하는 디지털 변조 방식은?

① QAM
② FM
③ FSK
④ PSK

전문가의 조언 반송파의 진폭과 위상을 변화시켜 정보를 전달하는 디지털 변조 방식은 QAM입니다.
• FM : 변조 파형에 따라 주파수를 변조하는 방식
• FSK : 2진수 0과 1을 서로 다른 주파수로 변조하는 방식
• PSK : 2진수 0과 1을 서로 다른 위상을 갖는 신호로 변조하는 방식

66 다음에서 설명하는 정보 교환 방식은?

두 지점 사이에서 한쪽이 정보를 송신(수신)하면 다른 한쪽에서는 수신(송신)만 가능한 방식이다.

① 단방향(Simplex) 통신
② 반이중(Half Duplex) 통신
③ 전이중(Full Duplex) 통신
④ 저장 후 전송(Store and Forward) 통신

전문가의 조언 한쪽이 정보를 송신(수신)하면 다른 한쪽에서는 수신(송신)만 가능한 방식은 반이중 통신입니다.
• 단방향 통신(Simplex) : 한쪽 방향으로만 전송이 가능한 방식
• 전이중 통신(Full-Duplex) : 양방향으로 동시에 송 · 수신이 가능한 방식

67 HDLC의 프레임 구조에 포함되지 않는 것은?

① 스타트 필드(Start Field)
② 플래그 필드(Flag Field)
③ 주소 필드(Address Field)
④ 제어 필드(Control Field)

전문가의 조언 스타트 필드(Start Field)는 HDLC의 프레임 구조에 포함되지 않습니다.

68 ARQ(Automatic Repeat reQuest) 방식에 해당하지 않는 것은?

① Stop and Wait ARQ
② Adaptive ARQ
③ Receive Ready ARQ
④ Go back N ARQ

전문가의 조언 Receive Ready ARQ는 ARQ 방식의 종류가 아닙니다.

69 OSI 7계층 중 데이터 링크 계층에 대한 설명으로 틀린 것은?

① 프레임 단위의 전송을 규정
② 하위 제 2계층에 해당
③ 통신망의 접속, 다중화 등에 관한 기능
④ 전송 데이터의 흐름제어 및 오류제어

전문가의 조언 통신망의 설정, 유지, 해제 등은 네트워크 계층의 기능이고, 다중화는 전송 계층의 기능입니다.

70 가상 회선 패킷 교환 방식에 대한 설명으로 옳은 것은?

① 수신은 송신된 순서대로 패킷이 도착한다.
② 우회 경로로 패킷을 전달할 수 있어 신뢰성이 높다.
③ 비연결형 서비스 방식이다.
④ 먼저 전송했더라도 최적의 경로를 찾지 못하면 나중에 전송한 데이터보다 늦게 도착할 수 있다.

전문가의 조언 가상 회선 패킷 교환 방식에 대한 설명으로 옳은 것은 ①번입니다. ②, ③, ④번은 데이터그램 패킷 교환 방식의 설명입니다.

71 둘 이상의 서로 다른 네트워크에 접속하여 서로 간에 데이터를 주고 받을 수 있도록 경로 선택, 혼잡 제어, 패킷 폐기 기능을 수행하는 것은?

① Hub
② Repeater
③ Router
④ Bridge

전문가의 조언 데이터를 주고받을 수 있도록 경로 선택, 혼잡 제어, 패킷 폐기 기능을 수행하는 것은 Router입니다.
• 허브(Hub) : 한 사무실이나 가까운 거리의 컴퓨터들을 연결하는 장치로, 각 회선을 통합적으로 관리하며, 신호 증폭 기능을 하는 리피터의 역할도 포함함. 물리 계층에서 사용
• 리피터(Repeater) : 전송되는 신호가 전송 선로의 특성 및 외부 충격 등의 요인으로 인해 원래의 형태와 다르게 왜곡되거나 약해질 경우 원래의 신호 형태로 재생하여 다시 전송하는 역할을 수행함. 물리 계층에서 사용
• 브리지(Bridge) : LAN과 LAN을 연결하거나 LAN 안에서의 컴퓨터 그룹(세그먼트)을 연결하는 기능을 수행함. 데이터링크 계층까지 사용

72 다중 접속 방식이 아닌 것은?

① FDMA　　　　　　② TDMA

③ CDMA　　　　　　④ XXUMA

> **전문가의 조언** · XXUMA는 다중 접속 방식이 아닙니다.
> · FDMA는 주파수 분할 다중 접속, TDMA는 시분할 다중 접속, CDMA는 코드 분할 다중 접속 방식입니다.

73 LAN의 토폴로지 형태로 가장 적절하지 않은 것은?

① Star　　　　　　② Bus

③ Ring　　　　　　④ Square

> **전문가의 조언** Square는 LAN의 토폴로지 형태가 아닙니다.

74 다음 중 인터넷 응용 서비스에서 가상 터미널(VT) 기능을 갖는 것은?

① FTP　　　　　　② Gopher

③ Telnet　　　　　④ Archie

> **전문가의 조언** · 인터넷 응용 서비스에서 가상 터미널(VT) 기능을 갖는 것은 Telnet입니다.
> · **FTP** : 컴퓨터와 컴퓨터 또는 컴퓨터와 인터넷 사이에서 파일을 주고받을 수 있도록 하는 원격 파일 전송 서비스
> · **Gopher** : 메뉴 방식을 이용해 손쉽게 정보 검색을 할 수 있도록 하는 서비스
> · **Archie** : 익명의 FTP 사이트에 있는 FTP 서버와 그 안의 파일 정보를 데이터베이스에 저장해 두었다가 FTP 서버의 리스트와 파일을 제공함으로써 정보를 쉽게 검색할 수 있도록 하는 서비스

75 IP 주소 체계에서 B 클래스의 주소 범위는?

① 0.0.0.0 ~ 127.255.255.255

② 128.0.0.0 ~ 191.255.255.255

③ 192.0.0.0 ~ 223.255.255.255

④ 224.0.0.0 ~ 239.255.255.255

> **전문가의 조언** IP 주소 체계에서 B 클래스는 128~191로 시작합니다.
> · A 클래스 : 0~127로 시작
> · C 클래스 : 192~223으로 시작

76 다음 중 라우팅 프로토콜에 해당하는 것은?

① FTP　　　　　　② ICMP

③ OSPF　　　　　④ SMTP

> **전문가의 조언** 보기 중 라우팅 프로토콜은 OSPF입니다.
> · **FTP** : 컴퓨터와 컴퓨터 또는 컴퓨터와 인터넷 사이에서 파일을 주고받을 수 있도록 하는 원격 파일 전송 서비스
> · **ICMP** : IP와 조합하여 통신중에 발생하는 오류의 처리와 전송 경로 변경 등을 위한 제어 메시지를 관리하는 역할을 함
> · **SMTP** : 전자 우편을 전송하는 프로토콜임

77 LAN의 매체 접근 제어 방식 중 Token Passing 방식에 사용되는 Token의 기능으로 맞는 것은?

① 채널의 사용권　　　② 노드의 수

③ 전송매체　　　　　④ 패킷 전송량

> **전문가의 조언** Token Passing 방식에 사용되는 Token의 기능은 채널의 사용권입니다.

78 OSI 7계층에 해당하지 않는 것은?

① Application Layer

② Presentation Layer

③ Data Link Layer

④ Network Access Layer

> **전문가의 조언** Network Access Layer는 OSI 7계층에 해당하지 않습니다.

79 FM에서 변조지수가 10, 변조신호의 최고 주파수를 4kHz라 할 때 소요 대역폭(kHz)은?

① 8　　　　　　② 40

③ 88　　　　　④ 400

> **전문가의 조언** 소요 대역폭(KHz) = 2 × (변조지수 + 1) × 최고 주파수
> = 2 × (10 + 1) × 4kHz
> = 88kHz

80 라우팅 프로토콜 중 'Link State' 방식을 사용하는 것은?

① RIP　　　　　　② BGP

③ EIGRP　　　　　④ OSPF

> **전문가의 조언** 라우팅 프로토콜 중 링크 상태(Link State) 방식을 사용하는 것은 OSPF입니다.
> · 거리 벡터 방식 : RIP, EIGRP, BGP 등

1과목 사무자동화 시스템

01 OA의 외적 환경 분석의 구체적인 사항에 포함되지 않는 것은?

① 컴퓨터 및 사무자동화 기기 생산업체

② 공공서비스 업체

③ 전문 용역업체

④ 사무 요원의 의식구조

> **전문가의 조언** 사무 요원의 의식구조는 내적 환경 분석의 사무 구성원 분석에 해당합니다.

02 사무실의 물리적 보안을 위한 장치 또는 기술이 아닌 것은?

① 폐쇄회로 텔레비전　　② 안티 바이러스

③ 지문 인식기　　　　　④ 디지털 도어록

> **전문가의 조언** 안티 바이러스는 바이러스에 감염된 컴퓨터를 치료하기 위한 백신 프로그램으로 사무실의 논리적 보안을 위한 소프트웨어입니다.

03 EDI에 대한 설명으로 옳지 않은 것은?

① 팩시밀리와 우편을 통해 기업 간 데이터와 문서를 교환한다.

② 구조화되지 않은 데이터도 전송할 수 없다.

③ EDI를 사용하면 송·수신 측에서 비용이 절감된다.

④ 거래처 간에 상호 합의된 메시지를 컴퓨터를 통해 상호 교환한다.

> **전문가의 조언** EDI는 정보통신망을 통해 기업 간 데이터와 문서를 교환합니다.

04 다음 중 사무자동화의 기대 효과와 가장 거리가 먼 것은?

① 개인의 업무처리 능력 향상

② 업무처리 시간의 단축

③ 신속한 의사결정

④ 정보 획득 시간의 증가

> **전문가의 조언** 사무자동화를 구현하면 정보를 찾는데 걸리는 정보 획득 시간이 증가하는 것이 아니라 감소합니다.

05 다음 설명에 해당하는 용어는?

- 일련의 데이터를 정의하고 설명해 주는 데이터이다.
- 컴퓨터에서는 데이터 사전의 내용이나 스키마 등을 의미한다.
- 여러 용도로 사용되나 주로 빠른 검색과 내용을 간략하고 체계적으로 하기 위해 많이 사용된다.

① 시맨틱 데이터　　② 멀티미디어 데이터

③ 메타 데이터　　　④ 흐름 데이터

> **전문가의 조언** 메타 데이터(Metadata)는 일련의 데이터를 정의하고 설명해 주는 데이터로, 컴퓨터에서는 데이터 사전의 내용이나 스키마 등을 의미합니다.

06 물리적 저장장치의 입장에서 본 데이터베이스 구조로서, 실제로 데이터베이스에 저장될 레코드의 형식을 정의하는 스키마는?

① 개념 스키마　　② 내부 스키마

③ 외부 스키마　　④ 탐색 스키마

> **전문가의 조언** 실제로 데이터베이스에 저장될 레코드의 형식을 정의하는 스키마는 내부 스키마입니다.
> - **외부 스키마**(External Schema) : 사용자나 응용 프로그래머가 각 개인의 입장에서 필요로 하는 데이터베이스의 논리적 구조를 정의한 것
> - **개념 스키마**(Conceptual Schema) : 모든 응용 프로그램이나 사용자들이 필요로 하는 데이터를 종합한 조직 전체의 데이터베이스로, 개체 간의 관계와 제약 조건을 나타내고, 데이터베이스의 접근 권한, 보안 및 무결성 규칙에 관한 명세를 정의함

07 분산 처리 시스템에 관한 설명 중 옳지 않은 것은?

① 수평·계층 혼합형 분산 처리 시스템의 발전된 형태로서 클라이언트/서버 시스템이 있다.

② 시스템의 응답성과 신뢰성이 높다.

③ 유연성, 신뢰성, 확장성 등이 우수하다.

④ 시스템 구축 비용이 적게 든다.

> **전문가의 조언** 분산 처리 시스템은 시스템 구축 비용이 많이 들지만 처리 효율성이 좋아 생산성 대비 전체 비용이 절감됩니다.

08 다음 중 사무자동화의 사회적 배경 요인이 아닌 것은?

① 정보화 사회로의 변화

② 컴퓨터 및 통신 기술의 발달

③ 노동인구의 고령화 및 고학력화

④ 생산 부문의 합리화, 자동화에 부응한 기업 구조의 변화

> **전문가의 조언** 컴퓨터 및 통신 기술의 발달은 사무자동화의 기술적 배경 요인에 해당됩니다.

09 경영 정보(MIS)의 일반적인 구성 요소 중 MIS의 본부와 같은 역할을 하는 서브시스템은?

① 의사 결정 서브시스템

② 프로세스 서브시스템

③ 정보 통신 서브시스템

④ 인터넷 관리 서브시스템

전문가의 조언 MIS의 구성 요소 중 본부와 같은 역할을 하는 서브시스템은 의사 결정 시스템입니다.
- **프로세스 서브시스템** : 각종 정보의 자료 저장·검색 기능
- **통신 서브시스템** : 인터폰, 디스플레이, 미니 컴퓨터, 자동프로젝트 등 MIS 통신시설

10 공동 작업이나 공동 목표에 참여하는 다양한 작업 그룹을 지원 하는 응용 시스템은?

① 데이터베이스 관리 시스템

② 운영체제

③ 그룹웨어 시스템

④ 입출력 시스템

전문가의 조언 공동 작업이나 공동 목표에 참여하는 다양한 작업 그룹을 지원 하는 응용 시스템은 그룹웨어(Groupware)입니다.
- **데이터베이스 관리 시스템(DBMS)** : 사용자와 데이터베이스 사이에 위치하여 데이터베이스를 관리하고, 사용자의 요구에 따라 정보를 생성해 주는 소프트웨어를 의미함
- **운영체제(OS)** : 컴퓨터 자원을 효율적으로 관리해 주는 시스템 프로그램으로 사용자가 컴퓨터를 편리하고 효과적으로 사용할 수 있도록 환경을 제공하는 여러 프로그램의 모임

11 WYSIWYG에 대한 설명으로 옳은 것은?

① 출판물의 입력과 편집·인쇄 등의 전 과정을 컴퓨터화한 전자 편집 인쇄 시스템이다.

② 디지타이즈된 사진을 자유자재로 편집할 수 있는 환경을 말한다.

③ 전문지식이 없는 사람도 컴퓨터를 사용할 수 있도록 개발된 환경이다.

④ 사용자가 화면으로 보는 모습 그대로 인쇄되어 나오는 편집 환경이다.

전문가의 조언 위지윅(WYSIWYG)은 'What You See Is What You Get'의 약어로, 화면에 표현된 그대로를 출력 결과물로 얻을 수 있다는 것을 의미합니다.

12 다음 중 전자상거래와 가장 거리가 먼 것은?

① EDI

② CALS

③ Cyber Education

④ M-Commerce

전문가의 조언 가상 교육(Cyber Education)은 정보통신기술을 기반으로 한 사이버 공간에서 이루어지는 교육으로 전자상거래와는 관계가 없습니다.
- **EDI(Electronic Data Interchange, 전자문서 교환)** : 사무실과 사무실 또는 거래처 간에 상호 합의된 메시지를 컴퓨터를 통하여 상호 교환함으로써 거래업무에 따르는 문서처리 업무를 자동화하는 것
- **CALS(Commerce At Light Speed)** : 제품의 발주, 수주 및 구매 절차로부터 생산과 유통, 폐기까지 전 과정을 관리할 수 있는 정보체계로, EDI, BPR, ECR, 등이 개념에 포함됨
- **M-Commerce(Mobile Commerce)** : 스마트폰, 개인 정보 단말기 등의 휴대용 무선기기를 이용하여 콘텐츠를 제공하는 것은 물론 상거래 영역까지 무선 인터넷을 사용하여 비즈니스 서비스를 제공함

13 하나의 링크(Link)에 물리적으로 여러 장치가 연결되어 있는 형태를 의미하는 것은?

① 프로토콜(Protocol)

② 토폴로지(Topology)

③ 노드(Node)

④ 네트워크(Network)

전문가의 조언 하나의 링크(Link)에 물리적으로 여러 장치가 연결되어 있는 형태를 토폴로지(Topology)라고 합니다.
- **프로토콜(Protocol)** : 서로 다른 기기들 간의 데이터 교환을 원활하게 수행할 수 있도록 표준화시켜 놓은 통신 규약
- **노드(Node)** : 자료를 저장하는 데이터 부분과 다음 노드를 가리키는 포인터인 링크 부분으로 구성된 기억 공간
- **네트워크(Network)** : 두 대 이상의 컴퓨터를 전화선이나 케이블 등으로 연결하여 자원을 공유하는 것

14 데이터베이스 관리 시스템(DBMS)이 가지는 기능으로 옳지 않은 것은?

① 정의 기능

② 제어 기능

③ 탐색 기능

④ 조작 기능

전문가의 조언 데이터베이스 관리 시스템(DBMS)의 주요 기능 세 가지는 정의 기능, 조작 기능, 제어 기능입니다.

15 전자우편 시스템에서 전자메일을 송신하는데 사용되는 프로토콜은?

① HTTP

② POP3

③ SMTP

④ TELNET

전문가의 조언 전자메일을 송신하는데 사용되는 프로토콜은 SMTP, 수신하는데 사용되는 프로토콜은 POP3입니다.
- **HTTP(Hyper Text Transfer Protocol)** : 하이퍼텍스트 문서를 전송하기 위해 사용하는 프로토콜
- **텔넷(Telnet)** : 멀리 떨어져 있는 컴퓨터에 접속하여 자신의 컴퓨터처럼 사용할 수 있도록 해주는 서비스

16 원격지의 컴퓨터를 인터넷을 통해 접속하여 자신의 컴퓨터처럼 사용할 수 있는 원격 접속 서비스는?

① FTP
② TCP/IP
③ TELNET
④ Z-MODEM

전문가의 조언 원격지의 컴퓨터를 인터넷을 통해 접속하여 자신의 컴퓨터처럼 사용할 수 있는 원격 접속 서비스는 텔넷(Telnet)입니다.
• FTP(File Transfer Protocol) : 컴퓨터와 컴퓨터 또는 컴퓨터와 인터넷 사이에서 파일을 주고받을 수 있도록 하는 원격 파일 전송 프로토콜
• TCP/IP : 인터넷에 연결된 서로 다른 기종의 컴퓨터들이 원활하게 데이터를 주고받을 수 있도록 하는 표준 프로토콜
• 모뎀(MODEM) : 컴퓨터나 단말장치로부터 전송되는 디지털 데이터를 아날로그 회선에 적합한 아날로그 신호로 변환하는 변조(MOdulation) 과정과 그 반대의 복조(DEModulation) 과정을 수행함

17 방화벽, 침입탐지 시스템, 가상사설망 등의 보안 솔루션을 하나로 모은 통합 보안 관리 시스템은?

① ESM
② IDS
③ NAT
④ VPN

전문가의 조언 방화벽, 침입탐지 시스템, 가상사설망 등의 보안 솔루션을 하나로 모은 통합 보안 관리 시스템은 ESM(기업 보안 관리)입니다.
• IDS(Intrusion Detection System, 침입탐지시스템) : 방화벽과 같이 단순히 네트워크를 통한 외부 침입을 차단하는 단계를 넘어 외부 침입에 의해 방화벽이 해킹되면 침입사실을 탐지해 이에 대해 대응하기 위한 솔루션
• VPN(Virtual Private Network, 가상 사설 통신망) : 가상 사설 네트워크로서 인터넷 등 통신 사업자의 공중 네트워크와 암호화 기술을 이용하여 사용자가 마치 자신의 전용 회선을 사용하는 것처럼 해주는 보안 솔루션

18 인터럽트의 종류 중 프로그래머에 의해 발생하는 인터럽트로서 보통 입·출력의 수행, 기억장치의 할당 및 오퍼레이터와의 대화 등의 작업 수행 시 발생하는 것은?

① 입·출력 인터럽트
② 외부 인터럽트
③ 기계 검사 인터럽트
④ SVC 인터럽트

전문가의 조언 입·출력의 수행, 기억장치의 할당 및 오퍼레이터와의 대화 등의 작업 수행 시 발생하는 인터럽트는 SVC(SuperVisor Call) 인터럽트입니다.
• 외부 인터럽트 : 입·출력장치, 타이밍 장치, 전원 등 외부적인 요인에 의해 발생하는 인터럽트
• 기계 착오 인터럽트(Machine Check Interrupt) : 외부 인터럽트로, CPU의 기능적인 오류 동작이 있는 경우 발생함
• 입·출력 인터럽트(Input-Output Interrupt) : 외부 인터럽트로, 입·출력 데이터의 오류나 이상 현상이 있는 경우 발생함

19 MPEG 표준에서 오디오 표준 분류를 위한 규격은?

① MPEG-A
② MPEG-B
③ MPEG-C
④ MPEG-D

전문가의 조언 MPEG 표준에서 오디오 표준 분류를 위한 규격은 MPEG-D입니다.
• MPEG-A : 멀티미디어 어플리케이션 포맷(MAF)을 위한 표준
• MPEG-B : 시스템 표준 분류를 위한 표준
• MPEG-C : 비디오 표준 분류를 위한 표준

20 다음 중 팩시밀리의 기능 설명 중 잘못 연결된 것은?

① 자동 수신 – 송신측의 원격 조정으로 수신하는 경우
② 부분 전송 – 원고의 밑부분을 스킵(Skip)해서 보내는 경우
③ 자동 송신 – 수신측의 원격 조정으로 송신시키는 경우
④ 자동 절단 – 수신측 원고의 크기에 맞추어 송신측 기록지를 자동 절단하여 송신하는 경우

전문가의 조언 팩시밀리의 기능에는 자동 수신, 자동 송신, 자동 절단 등이 있습니다.

2과목 📎 사무경영관리 개론

21 다음 중 사무실 배치 원칙과 가장 거리가 먼 것은?

① 대실주의(큰방주의)는 사무실 배치에 있어서 가능한 독방을 늘인다.
② 사무의 성격이 유사한 부서는 가깝게 배치한다.
③ 내부 및 외부 민원 업무 등 대중과 관계가 많은 부서는 가급적 입구 근처에 배치한다.
④ 장래 확장에 대비하여 탄력성 있는 공간을 확보한다.

전문가의 조언 대실주의(큰방주의)는 사무실을 너무 세분화(독방)하는 것보다는 여러 과를 한 사무실에 배정하여 사용하는 것이 바람직하다고 생각하는 사무실 배정 방식입니다.

22 사무를 위한 작업의 구성 요소에 해당되지 않는 것은?

① 사무기기 조작
② 분류 및 정리
③ 인력 분배
④ 통신

전문가의 조언 • 인력 분배는 사무를 위한 작업의 구성 요소에 속하지 않습니다.
• 사무를 위한 작업의 구성 요소에는 사무기기 조작, 분류 및 정리, 의사소통(통신), 기록, 독해, 계산, 면담 등이 있습니다.

23 사무작업의 분산화 목적과 거리가 먼 것은?

① 작업 시간, 거리, 운반 등의 간격을 줄일 수 있다.

② 사무 작업자의 사기 저하를 방지할 수 있다.

③ 사무의 중요도에 따라 순조롭게 처리할 수 있다.

④ 사무원 관리가 용이하다.

`전문가의 조언` 사무작업의 분산화는 전사적 사무관리자 없이 사무가 발생한 부서별로 사무관리자를 두어 모든 작업을 처리하는 형태로, 사무원의 관리가 어렵습니다.

24 거래 상대방 간에 상호 합의된 메시지를 컴퓨터를 이용하여 상호 교환함으로써 거래업무에 따른 문서처리 업무를 자동화하는 것은?

① EDP   ② MIS

③ EDI   ④ MIPS

`전문가의 조언` 메시지를 컴퓨터를 이용하여 상호 교환함으로써 거래업무에 따른 문서처리 업무를 자동화하는 것을 EDI(Electronic Data Interchange)라고 합니다.

25 정보보안의 3요소가 아닌 것은?

① 기밀성   ② 구속성

③ 가용성   ④ 무결성

`전문가의 조언` 정보보안의 3요소는 '기밀성, 가용성, 무결성'입니다.

26 공공기록물 관리에 의거 전자기록물로 구성되어 있는 기록물철의 분류번호는 어떻게 관리하는가?

① 등록 정보로 관리   ② 접수 정보로 관리

③ 생산 정보로 관리   ④ 분류 정보로 관리

`전문가의 조언` 공공기록물 관리에 관한 법률상 기록물철을 작성한 경우에는 전자기록생산시스템으로 기록물철 분류번호를 부여하고 그 기록물철에 이를 표기하여야 하며, 중앙기록물관리기관의 장이 정하는 등록정보로 생산·관리하여야 합니다.

27 다음 중 EDI의 종류가 아닌 것은?

① 일괄처리 EDI   ② 대화형 EDI

③ 즉시응답 EDI   ④ 분산형 EDI

`전문가의 조언` EDI의 종류에는 일괄처리 방식, 대화형 방식, 즉시응답 방식이 있습니다.

28 사무조직화의 일반 원칙을 가장 적합하게 설명한 것은?

① 조직을 효율적으로 관리하기 위한 일련의 계통이 설정되어, 그 책임과 권한이 완전하게 행사되어야 한다.

② 할당된 직무는 충분히 많아야 하며, 책임이 상호간 중복되어야 한다.

③ 직원 각자의 책임과 권한의 균형을 도모하기 위하여 이중 위임을 활성화한다.

④ 한 사람의 관리자가 직접 감독할 수 있는 부하 직원의 수나 조직의 수는 관리자의 능력에 따라 제한이 없다.

`전문가의 조언` 사무 조직화의 일반 원칙으로 적합한 것은 ①번입니다.
• ②번은 책임 권한의 원칙, ③번은 권한 위임의 원칙, ④번은 통제방위의 적절화의 원칙에 위반됩니다.

29 현대 경영을 정보와의 싸움으로 보고 더욱 풍부하고 질이 좋은 정보를 보다 빨리 얻고 신속하게 이해하는 것만이 경쟁에서 승리할 수 있다고 강조한 인물은?

① 힉스   ② 래핑웰

③ 드럭커   ④ 맥도노우

`전문가의 조언` 더욱 풍부하고 질이 좋은 정보를 보다 빨리 얻고 신속하게 이해하는 것만이 경쟁에서 승리할 수 있다고 강조한 인물은 드럭커(Drucker)입니다.

30 사무량 측정 방법 중에서 무작위로 추출된 작업자나 기계에 대하여 임의의 시간 간격으로 관찰하여 시간 표준을 결정하는 방법은?

① 워크 샘플링법   ② 표준시간 자료법

③ 실적 기록법   ④ 주관적 판단법

`전문가의 조언` 무작위로 추출된 작업자나 기계에 대하여 임의의 시간 간격으로 관찰하여 시간 표준을 결정하는 방법을 워크 샘플링법이라고 합니다.
• **실적 기록법(CMU)** : 일정 단위의 사무량과 소요시간을 계속적으로 기록하고 통계적 분석을 통해 표준시간을 결정하는 것
• **경험적 측정법(주관적 판단법, 청취법)** : 담당자나 그 업무에 정통한 사람에게 문의한 후 사무량을 측정하는 방법으로 간단하지만 과학적인 논리가 부족함

31 문서 보존 시 변질 원인인 충해의 방지를 위하여 행하는 일이 아닌 것은?

① 습도유지   ② 온도유지

③ 방범실시   ④ 소독실시

`전문가의 조언` • 충해 방지와 방범은 아무 관련이 없습니다.
• 문서 보존 시 충해의 방지를 위해서는 적절한 온도와 습도를 유지하고, 소독을 실시해야 합니다.

32 사무계획 요소와 내용에 관한 설명 중 옳지 않은 것은?

① 예측(Forecast)은 경영 활동을 하기 위한 지표이다.

② 방침(Policy)은 목표를 달성하기 위한 원칙이다.

③ 스케줄(Schedule)은 해야 할 일에 대한 시간적 순서이다.

④ 프로그램(Program)은 목표를 달성하기 위한 행위의 계획이다.

전문가의 조언 • 예측은 계획 설정의 기초가 되는 것으로 정보의 수집과 분석을 통해 나타나며, 미래를 예지하려는 시도입니다.
• 경영 활동을 하기 위한 지표는 목표(Objective)입니다.

33 사무량을 측정하기에 부적당한 사무는?

① 일상적으로 일정한 처리 방법으로 반복되는 사무

② 상당기간 내용적으로 처리 방법이 균일하여 변동이 별로 없는 사무

③ 성과 또는 진행 상황을 수치화하여 일정 단위로 계산할 수 있는 사무

④ 조사 기획과 같은 비교적 판단 및 사고력이 요구되는 사무

전문가의 조언 판단 및 사고력이 요구되는 사무는 측정하는 사람마다 다를 수 있으므로 사무량을 정확히 측정하기 어렵습니다.

34 행정업무의 운영 및 혁신에 관한 규정 시행규칙 제6조(기안자 등의 표시) 제1항에 의하여 기안문 작성 시 발의자의 표시 기호로 옳은 것은?

① ◆   ② ◎

③ ★   ④ □

전문가의 조언 기안문의 해당 직위 또는 직급의 앞 또는 위에 발의자는 ★ 표시를, 보고자는 ⊙ 표시를 해야 합니다.

35 다음 중 폐기 대상 자료에 해당되지 않는 것은?

① 자료로서 가치가 떨어진 자료

② 열람빈도가 적어 복사본을 소장할 필요가 없는 자료

③ 판독불능 정도로 훼손된 자료

④ 자료 가치나 상태와 상관없이 일정기간이 지난 자료

전문가의 조언 일정기간이 지났다고 하여 무조건 폐기 대상이 되지는 않습니다.

36 사무 간소화의 의미를 가장 잘 설명한 것은?

① 사무시간의 양적 축소를 의미한다.

② 사무의 내용, 방법, 절차 등을 감소시키는 것을 뜻한다.

③ 사무자동화기기의 축소를 뜻한다.

④ 사무를 수행하는 인원의 감축을 의미한다.

전문가의 조언 사무 간소화는 사무의 내용, 방법, 절차 등을 감소시키는 것을 의미합니다.

37 다음 서식에 대한 행정업무의 운영 및 혁신에 관한 규정에서 괄호에 들어갈 항목으로 적합하지 않은 것은?

> 서식은 특별한 사유가 없으면 별도의 기안문과 시행문을 작성하지 아니하고 그 서식 자체를 기안문과 시행문으로 갈음할 수 있도록 ( ) 등의 항목을 넣어야 한다.

① 생산등록번호   ② 접수등록번호

③ 기안자   ④ 시행일

전문가의 조언 • 서식에 들어갈 항목에 기안자는 포함되지 않습니다.
• 서식에 들어갈 수 있는 항목에는 생산등록번호, 접수등록번호, 수신자, 시행일 및 접수일 등이 있습니다.

38 정보화 추진과 관련된 정책을 개발하고, 정보문화 조성, 정보격차 해소 등을 지원하려는 목적으로 만들어진 대한민국의 국가기관은?

① 한국지능정보사회진흥원

② 한국방송통신전파진흥원

③ 한국인터넷진흥원

④ 한국기초과학지원연구원

전문가의 조언 정보화 추진과 관련된 정책을 개발하고, 정보문화 조성, 정보격차 해소 등을 지원하는 기관은 한국지능정보사회진흥원입니다.
• **한국방송통신전파진흥원** : 전파의 효율적 관리와 방송 · 통신 · 전파의 진흥 및 인력양성을 위한 사업 등을 지원하는 기관
• **한국인터넷진흥원** : 인터넷 이용 촉진, 인터넷 정보보호, 해킹 · 바이러스 대응, 개인정보보호, 방송통신 국제협력 등을 효율적으로 추진하기 위해 설립한 기구
• **한국기초과학지원연구원** : 국가기초과학 진흥을 위해 국가연구장비 총괄관리와 분석과학기술 관련 연구개발, 연구지원 및 공동연구 수행을 목표로 설립된 기관

39 사무관리의 원칙에서 용이성을 옳게 설명한 것은?

① 사무관리를 더 쉽게 할 수 있도록 사무처리의 절차개선

② 의도하는 방향대로 정확하게 처리되고 관리

③ 업무수행을 제 때 처리하여 시기를 놓치지 않도록 관리

④ 사무처리에 소요되는 비용을 최소화하기 위한 관리활동

> **전문가의 조언** 용이성은 사무관리를 더 쉽게 할 수 있도록 사무처리의 절차를 개선하는 것을 의미합니다.
> • ②번은 정확성, ③번은 신속성, ④번은 경제성에 대한 설명입니다.

40 다음 중 사무의 본질은 무엇인가?

① 작업   ② 계획

③ 통제   ④ 지휘

> **전문가의 조언** • 사무의 본질은 관리에 필요한 정보를 만드는 '작업'입니다.
> • 작업에는 기록, 독해, 계산 의사소통, 분류 및 정리, 의논, 조작, 사고 및 판단 등이 있습니다.

3과목   프로그래밍 일반

41 Absolute Loader에서 각 기능별 수행 주체를 연결한 것으로 옳지 않은 것은?

① 기억장소 할당 – 프로그래머

② 연결 – 프로그래머

③ 재배치 – 어셈블러

④ 적재 – 컴파일러

> **전문가의 조언** 적재의 행위 주체는 로더입니다. 절대 로더(Absolute Loader)는 로더가 절대적으로 로더(적재)의 역할만 합니다.

42 컴파일 과정 중 원시 프로그램을 하나의 긴 스트링으로 보고 원시 프로그램을 문자 단위로 스캐닝하여 문법적으로 의미 있는 일련의 문자(토큰)들로 분할해 내는 작업은?

① 구문 분석   ② 원시 분석

③ 선행 처리   ④ 어휘 분석

> **전문가의 조언** 원시 프로그램을 문자 단위로 스캐닝하여 문법적으로 의미 있는 일련의 문자(토큰)들로 분할해 내는 작업은 어휘 분석입니다.
> • **구문 분석** : 주어진 문장이 정의된 문법 구조에 따라 정당하게 하나의 문장으로서 합법적으로 사용될 수 있는가를 확인하는 작업
> • **선행 처리** : 원시 프로그램을 컴파일러가 처리하기 전에 먼저 처리하여 확장된 원시 프로그램을 생성하는 것

43 BNF에 사용되는 기호 중 선택(택일)의 의미를 갖는 것은?

① ::=   ② 〈 〉

③ | ④ { }

> **전문가의 조언** BNF 표기법 기호 중 "택일"을 의미하는 것은 |입니다.
> • ::= : 정의
> • 〈 〉 : Non-Terminal 기호(재정의 대상)
> • { } : 반복

44 Parse Tree에 대한 설명으로 가장 거리가 먼 것은?

① 작성된 표현식이 BNF의 정의에 의해 바르게 작성되었는지를 확인하기 위해 만든 트리이다.

② 주어진 표현식에 대한 파스 트리가 존재한다면, 그 표현식은 BNF에 의해 작성될 수 없음을 의미한다.

③ 문법의 시작 기호로부터 적합한 생성 규칙을 적용할 때마다 가지치기가 이루어진다.

④ 파스 트리의 터미널 노드는 단말 기호들이 된다.

> **전문가의 조언** 주어진 표현식에 대한 파스 트리가 존재한다면, 그 표현식은 BNF에 의해 작성될 수 있음을 의미합니다.

45 촘스키가 분류한 문법 중 문맥 자유 문법(Context-Free Grammar)이라고도 하며, 프로그래밍 언어에서 구문을 분석하는 데 사용되는 계층 구조는?

① Type 0   ② Type 1

③ Type 2   ④ Type 3

> **전문가의 조언** 문맥 자유 문법이라고도 하며, 프로그래밍 언어에서 구문을 분석하는 데 사용되는 계층 구조는 Type 2입니다.
> • Type 0 : 형식에 아무런 제한이 없는 무제한 문법
> • Type 1 : 너무 복잡해 프로그래밍 언어에 적용하지 않음
> • Type 3 : 정규 문법이라고도 하며, 프로그래밍 언어의 어휘 구조를 표현하는 데 사용함

46 서브루틴 호출 처리 작업 시 복귀 주소를 저장하고 조회하는 용도에 적합한 자료 구조는?

① 데크   ② 큐

③ 스택   ④ 연결리스트

전문가의 조언 서브루틴 호출 처리 작업 시 복귀주소를 저장하고 조회하는 용도에 적합한 자료 구조는 스택입니다.
• **데크** : 삽입과 삭제가 양쪽 끝에서 모두 발생할 수 있는 자료 구조
• **큐** : 2개의 포인터를 사용하여 한쪽 끝에서 자료를 삽입하고, 반대쪽 끝에서 자료를 삭제하는 선입선출(FIFO; First-In, First-Out) 방식의 자료 구조
• **연결 리스트** : 자료들을 반드시 연속적으로 배열시키지는 않고 임의의 기억 공간에 기억시키되, 자료 항목의 순서에 따라 노드의 포인터 부분을 이용하여 서로 연결시킨 자료 구조

50 실행 가능한 프로그램을 보조기억장치에서 주기억장치로 읽어와서 실행될 수 있도록 하는 프로그램은?
① 링커 ② 로더
③ 컴파일러 ④ 프리프로세서

전문가의 조언 실행 가능한 프로그램을 주기억장치로 읽어와서 실행될 수 있도록 하는 프로그램은 로더(Loader)입니다.
• **링커** : 기계어로 된 여러 개의 모듈을 묶어서 로드 모듈을 작성하는 것
• **컴파일러** : 고급 언어로 작성된 프로그램을 기계어로 번역하는 프로그램으로, 목적 프로그램을 생성함
• **프리프로세서** : 원시 프로그램을 컴파일러가 처리하기 전에 먼저 처리하여 확장된 원시 프로그램을 생성하는 것으로, 선행 처리기라고도 함.

47 묵시적 순서 제어에 해당하는 것은?
① 일반 언어에서 문장 나열 순서대로 제어한다.
② 해당 언어에서 각 문장이나 연산의 순서를 프로그래머가 직접 변경한다.
③ 반복문을 사용해서 문장의 실행 순서를 변경한다.
④ 수식의 괄호를 사용해서 연산의 순서를 변경한다.

전문가의 조언 묵시적 순서 제어에 해당하는 것은 ①번입니다. ②, ③, ④번은 명시적 순서 제어에 해당합니다.

51 다음 그림과 같은 기억장소에서 16K를 요구하는 프로그램이 세 번째 공백인 50K의 작업 공간에 배치되는 기억장치 배치 전략은?

30K
16K
50K

① First Fit ② Worst Fit
③ Best Fit ④ Last Fit

전문가의 조언 16K 크기의 프로그램을 50K 작업 공간에 배치하는 전략은 입력된 프로그램을 수용할 수 있는 공간 중 가장 큰 공백에 할당하는 전략으로, Worst-Fit(최악 적합)에 해당합니다.
• 16K 크기의 프로그램을 30K 작업 공간에 배치하는 전략은 프로그램이나 데이터가 들어갈 수 있는 크기의 빈 영역 중에서 첫 번째 분할 영역에 배치시키는 방법으로, 최초 적합(First-Fit)에 해당합니다.
• 16K 크기의 프로그램을 16K 작업 공간에 배치하는 전략은 프로그램이나 데이터가 들어갈 수 있는 크기의 빈 영역 중에서 단편화를 가장 작게 남기는 분할 영역에 배치시키는 방법으로, 최적 적합(Best-Fit)에 해당합니다..

48 중위 표기법(Infix Notation)으로 표현된 산술식 "X=A+C/D"를 전위 표기법(Prefix Notation)으로 옳게 나타낸 것은?
① =X+A/CD ② =+/XACD
③ /CD+A=X ④ XACD/+=

전문가의 조언 전위(Prefix) 표기 방식은 중위 표기(Infix) 방식으로 표현된 수식에서 연산자를 해당 피연산자 두 개의 앞(왼쪽)으로 이동시킨 것입니다.
❶ 연산 우선순위에 따라 괄호로 묶습니다.
X = A + C / D → (X = (A + (C / D)))
❷ 연산자를 해당 괄호의 앞(왼쪽)으로 옮깁니다.
(X = (A + (C / D))) → = (X + (A / (C D)))
❸ 괄호를 제거합니다.
= X + A / C D

52 요소 선택과 삭제는 한쪽에서, 삽입은 다른 쪽에서 일어나도록 제한하는 것은?
① 스택 ② 트리
① 큐 ② 방향 그래프

전문가의 조언 요소 선택과 삭제는 한쪽에서, 삽입은 다른 쪽에서 일어나도록 제한하는 자료 구조는 큐(Queue)입니다.
• **스택** : 리스트의 한쪽 끝으로만 자료의 삽입, 삭제 작업이 이루어지는 자료 구조
• **트리** : 정점(Node, 노드)과 선분(Branch, 가지)을 이용하여 사이클을 이루지 않도록 구성한 그래프(Graph)의 특수한 형태
• **방향 그래프** : 정점과 간선의 두 집합으로 이루어진 그래프 중 간선의 방향성이 있는 그래프.

49 교착 상태의 발생 조건이 아닌 것은?
① 상호 배제 ② 환형 대기
③ 선점 ④ 점유와 대기

전문가의 조언 선점은 교착 상태의 발생 조건이 아닙니다. 교착 상태의 필요 충분 조건 4가지는 상호 배제, 점유와 대기, 환형 대기, 비선점입니다.

53 다음 코드에서 출력할 수 없는 것은?

```
int a[ ] = { 1, 5, 2, 3, 4 };
int* p = a;
int* p2 = a + 3;
```

① *(++p)   ② *p

③ *(++a)   ④ p2[-2]

전문가의 조언 지문에 사용된 코드의 의미는 다음과 같습니다.

```
❶ int a[ ] = { 1, 5, 2, 3, 4 };
❷ int* p = a;
❸ int* p2 = a + 3;
```

❶ 5개의 요소를 갖는 정수형 배열 a를 선언하고 초기화한다.

	[0]	[1]	[2]	[3]	[4]
a	1	5	2	3	4

❷ 정수형 포인터 변수 p를 선언하고 a의 주소로 초기화한다. 배열명은 배열의 시작 주소를 의미한다(다음 그림에서 지정한 주소는 임으로 정한 것이며, 이해를 돕기 위해 주소를 10진수로 표현함).

메모리

주소					
0000					
⋮	4Byte	4Byte	4Byte	4Byte	4Byte
a → 1000	1	5	2	3	4
	a[0]	a[1]	a[2]	a[3]	a[4]
p 1000 ⋮	1000	1004	1008	1012	1016
	p+0	p+1	p+2	p+3	p+4
9999					

[보기 ①, ②, ③의 값]

① *(++p) : (++p)가 가리키는 곳의 값을 의미합니다. p를 1 증가시킨 p+1의 값은 5입니다.

② *p : p가 가리키는 곳의 값을 의미합니다. p는 배열 a의 시작 주소이며, 배열의 첫 번째 요소의 값은 1입니다.

③ *(++a) : a는 배열의 이름으로, 배열의 시작 위치를 의미합니다. 그러므로 여기서 ++a는 배열의 시작 위치를 변경하려는 것인데, 초기에 선언된 배열의 위치는 변경할 수 없으므로 "++에는 값을 저장 및 변경할 수 있는 변수가 필요합니다."라는 오류 메시지가 표시됩니다.

❸ 정수형 포인터 변수 p2를 선언하고 a+3의 주소로 초기화한다.

메모리

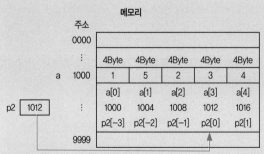

[보기 ④의 값]

④ p2[-2] : 포인터 변수 p2가 가리키는 곳을 기준으로 왼쪽 두 번째 값을 의미합니다. p2[-2]의 값은 5입니다.

54 형식 문법에서 Type 1 문법을 인식하는데 사용되는 인식기는?

① Finite Automata

② Push Down Automata

③ Linear Bounded Automata

④ Turing Machine

전문가의 조언 Type 1 문법을 인식하는데 사용되는 인식기는 선형 제한 오토마타(Linear Bounded Automata)입니다.
- Type 0 : 튜링 기계(Turing Machine)
- Type 2 : 푸시-다운 오토마타(Push-Down Automata)
- Type 3 : 유한 오토마타(Finite Automata)

55 C 언어의 변환 문자 형식 중 인수를 16진수 정수로 변환하는 것은?

① %d   ② %x

③ %c   ④ %f

전문가의 조언 C 언어의 변환 문자 형식 중 인수를 16진수 정수로 변환하는 것은 %x입니다.
- %d : 정수형 10진수로 변환
- %c : 한 문자 변환
- %f : 실수형 10진수로 변환

56 다음의 C 언어 연산자 기호 중에서 우선순위가 가장 먼저인 것은?

① &&   ② ||

③ =   ④ /

전문가의 조언 보기에 제시된 연산자를 우선순위가 가장 빠른 것에서 느린 것 순으로 나열하면 '산술 연산자(/) → 논리 연산자(&& → ||) → 대입 연산자(=)' 순입니다.

57 세마포어에 대한 설명 중 옳지 않은 것은?

① 세마포어에 대한 연산은 처리 중에 인터럽트 되어야 한다.

② E.J.Dijkstra가 제안한 방법이다.

③ 여러 개의 프로세스가 동시에 그 값을 수정하지 못한다.

④ 상호배제의 원리를 보장하는데 사용된다.

전문가의 조언 세마포어에 대한 연산은 처리중에 인터럽트되어서는 안 됩니다.

58 C 언어의 예약어가 아닌 것은?

① alert   ② goto

③ register   ④ static

전문가의 조언 alert는 JavaScript에서 알림 대화상자를 화면에 표시하는 메소드입니다.
• goto : 현재의 위치에서 임의의 문장으로 직접 이동하는 예약어
• register : 자동 변수로 선언된 변수 중에서 자주 사용하는 변수들을 레지스터라는 임시 기억장소에 따로 보관해 두는 레지스터 변수 선언 예약어
• static : 함수의 호출과 관계없이 항상 메모리에 남아 있는 정적 변수 선언 예약어

59 BNF 형식에 맞게 생성된 수는?

```
〈num〉 → 〈num〉〈dig〉 | 〈dig〉
〈dig〉 → 1 | 3 | 5 | 7 | 9
```

① 917   ② 985

③ 972   ④ 732

전문가의 조언 BNF 형식을 살펴보면 다음과 같습니다.

```
❶ 〈num〉 → 〈num〉〈dig〉 | 〈dig〉
❷ 〈dig〉 → 1 | 3 | 5 | 7 | 9
```

❶ 〈num〉은 '〈num〉〈dig〉'와 '〈dig〉' 중에서 선택하여 정의할 수 있습니다.
 • → : '::='와 같이 "정의"를 의미함
 • | : 선택
❷ 〈dig〉는 1, 3, 5, 7, 9 중에서 선택하여 정의할 수 있습니다.
※ 〈num〉이 처음에 '〈dig〉'를 선택하면 1, 3, 5, 7, 9 중 한자리 수로 표현되고, 〈num〉이 '〈num〉〈dig〉'을 선택한 후 계속해서 '〈num〉〈dig〉'를 선택하면 〈num〉이 생성하는 숫자는 끊임없이 늘어납니다. 예를 들어, 〈num〉이 '〈num〉〈dig〉'를 선택하고 〈dig〉가 7을 선택하면 '〈num〉7'이 되고, 〈num〉이 다시 '〈num〉〈dig〉'를 선택하고 〈dig〉가 1을 선택하면 '〈num〉17'이 되고, 〈num〉이 다시 '〈num〉〈dig〉'를 선택하고 〈dig〉가 9을 선택하면 '〈num〉917'이 되고, 이런 식으로 숫자가 계속 생성됩니다.

60 다음 C언어는 두 수의 비트별 AND, OR, XOR로 구하는 프로그램이다. 실행 결과는?

```
#include 〈stdio.h〉
int main( ) {
    int a = 7;
    int b = 3;
    int c = a+b;
    printf("%d", c%b);
}
```

① 1   ② 2

③ 3   ④ 4

전문가의 조언 지문에 사용된 코드의 의미는 다음과 같습니다.

```
include 〈stdio.h〉
int main( ) {
❶  int a = 7;
❷  int b = 3;
❸  int c = a+b;
❹  printf("%d", c%b);
}
```

❶ 정수형 변수 a를 선언하고, 초기값으로 7을 할당합니다.
❷ 정수형 변수 b를 선언하고, 초기값으로 3을 할당합니다.
❸ 정수형 변수 c를 선언하고, 초기값으로 a와 b를 더한 값 10을 할당합니다.
❹ c를 b로 나눈 나머지, 즉 10을 3으로 나눈 나머지 1을 정수형 10진수로 출력합니다.

4과목 정보 통신 개론

61 소인수분해 하기 어렵다는 사실을 기반으로 한 암호화 알고리즘은?

① RSA   ② DES

③ ARIA   ④ AES

전문가의 조언 큰 숫자를 소인수분해 하기 어렵다는 것에 기반하여 만들어진 암호화 알고리즘은 RSA(Rivest Shamir Adleman)입니다.
• DES : 1975년 미국 NBS에서 발표한 개인키 암호화 알고리즘으로, 블록 크기는 64비트이며, 키 길이는 56비트임
• ARIA : 2004년 국가정보원과 산학연협회가 개발한 블록 암호화 알고리즘으로, 블록 크기는 128비트이며, 키 길이에 따라 128, 192, 256으로 분류됨
• AES : 2001년 미국 표준 기술 연구소(NIST)에서 발표한 개인키 암호화 알고리즘으로, 블록 크기는 128비트이며, 키 길이에 따라 128, 192, 256으로 분류됨

62 아날로그 음성 데이터를 디지털 형태로 변환하여 전송하고, 디지털 형태를 원래의 아날로그 음성 데이터로 복원시키는 것은?

① CCU
② DSU
③ CODEC
④ DTE

63 발광다이오드(LED)에서 나오는 빛의 파장을 이용해 빠른 통신 속도를 구현하는 기술은?

① LAN
② MCC
③ Li-Fi
④ SAA

64 1200[baud]의 변조 속도를 갖는 전송 선로에서 신호 비트가 3bit이면, 전송 속도[bps]는?

① 1200
② 2400
③ 3600
④ 4800

65 다음 중 나이퀴스트(Nyquist) Sampling Theorem과 관련 있는 것은?

① 표본화
② 양자화
③ 부호화
④ 복호화

66 데이터 통신에서 양방향으로 동시에 송 · 수신이 가능한 전송 방식은?

① Simplex
② Half-Duplex
③ Full-Duplex
④ Single-Duplex

67 전송 효율을 최대한 높이려고 데이터 블록의 길이를 동적으로 변경시켜 전송하는 ARQ 방식은?

① Adaptive ARQ
② Stop-And-Wait ARQ
③ Selective ARQ
④ Go-back-N ARQ

68 프로토콜의 기본 요소 중 두 기기 간의 효율적이고 정확한 정보 전송을 위한 협조 사항과 오류 관리를 위한 제어 정보를 규정한 것은?

① 구문(Syntax)
② 의미(Semantics)
③ 시간(Timing)
④ 약속(Promise)

69 다른 시스템 간의 원활한 통신을 위해 ISO에서 7개의 계층으로 구분하여 제한한 통신 규약은 무엇인가?

① RSC
② SDLC
③ OSI
④ HDLC

전문가의 조언 다른 시스템 간의 원활한 통신을 위해 ISO에서 7개의 계층으로 구분하여 제한한 통신 규약은 OSI(Open System Interconnection)입니다.
• SDLC(Synchronous Data Link Control) : IBM 사에서 개발한 비트 방식의 프로토콜임
• HDLC(High-level Data Link Control) : 비트(Bit) 위주의 프로토콜로, 각 프레임에 데이터 흐름을 제어하고 오류를 보정할 수 있는 비트 열을 삽입하여 전송함

70 DNS 서버가 사용하는 TCP 포트 번호는?

① 11
② 26
③ 53
④ 104

전문가의 조언 DNS 서버가 사용하는 TCP 포트 번호는 53번입니다.

71 패킷 교환 방식에 대한 설명으로 틀린 것은?

① 교환기에서 패킷을 일시 저장 후 전송하는 축적교환 기술이다.
② 패킷처리 방식에 따라 데이터그램과 가상회선 방식이 있다.
③ 패킷 교환망에서 DTE와 DCE 간 인터페이스를 위한 프로토콜로 X.25가 있다.
④ 고정된 대역폭으로 데이터를 전송한다.

전문가의 조언 고정된 대역폭으로 데이터를 전송하는 방식은 회선 교환 방식입니다.

72 IEEE 802.15 규격의 범주에 속하며 사용자를 중심으로 작은 지역에서 주로 블루투스 헤드셋, 스마트 워치 등과 같은 개인화 장치들을 연결시키는 무선통신 규격은?

① WPAN
② VPN
③ WAN
④ WLAN

전문가의 조언 IEEE 802.15 규격의 범주에 속하며, 개인화 장치들을 연결시키는 무선통신 규격은 WPAN입니다.
• VPN : 가상 사설 네트워크로서 인터넷 등 통신 사업자의 공중 네트워크와 암호화 기술을 이용하여 사용자가 마치 자신의 전용 회선을 사용하는 것처럼 해주는 보안 솔루션임
• WAN : 국가와 국가 혹은 대륙과 대륙 등과 같이 멀리 떨어진 사이트들을 연결하여 구성하는 광대역 통신망
• WLAN : 무선 통신을 사용하여 근거리 통신망을 구성하는 무선 LAN임

73 통신망 간의 접속 장치 중 OSI 7계층의 네트워크 계층까지를 담당하면서 통신망의 경로 선택 등을 전담하는 장치는?

① 리피터(Repeater)
② 브리지(Bridge)
③ 라우터(Router)
④ 모뎀(Modem)

전문가의 조언 OSI 7계층의 네트워크 계층까지를 담당하면서 통신망의 경로 선택 등을 전담하는 장치는 라우터(Rounter)입니다.
• 리피터(Repeater) : 물리 계층의 장비로, 전송되는 신호를 재생해줌
• 브리지(Bridge) : 데이터 링크 계층의 장비로, 같은 프로토콜을 사용하는 LAN과 LAN을 연결하거나 LAN 안에서의 컴퓨터 그룹을 연결함
• 모뎀(Modem) : 컴퓨터나 단말장치로부터 전송되는 디지털 데이터를 아날로그 회선에 적합한 아날로그 신호로 변환하는 변조(MOdulation) 과정과 그 반대의 복조(DEModulation) 과정을 수행함

74 ATM 셀의 헤더 길이는 몇 [byte] 인가?

① 2
② 5
③ 48
④ 53

전문가의 조언 ATM(비동기 전송 모드)의 셀의 크기는 헤더 5Byte, 사용자 정보 48Byte로, 총 53Byte입니다.

75 다음은 잡음이 있는 통신 채널의 경우 통신 용량을 표시하는 식이다. 여기서 기호가 바르게 표현된 것은?

$$C = B \cdot \log_2 (1 + S/N)$$

① C : 신호 전력
② B : 대역폭
③ S : 잡음 전력
④ N : 통신 용량

전문가의 조언 통신 용량 식에서 C는 통신 용량, B는 대역폭, S는 신호 전력, N은 잡음 전력을 의미합니다.

76 FTP 프로토콜에서 사용하는 명령어에 대한 설명으로 옳지 않은 것은?

① ls : 현재 원격 디렉터리 내용을 화면에 출력한다.

② put : 파일을 로컬 시스템에서 원격 시스템으로 복사한다.

③ get : 파일을 원격 시스템에서 로컬 시스템으로 복사한다.

④ bin : 실행 파일을 전송하기 위한 준비를 한다.

전문가의 조언 FTP 프로토콜에서 사용하는 명령어 중 bin이라는 명령어는 없습니다. 또한 전송 모드와 관련된 명령어에는 ASCII 모드로 설정하는 ascii와 BINARY 모드로 설정하는 binary가 있습니다.

77 단일 송신자와 단일 수신자 간의 통신이므로, 단일 인터페이스를 사용하는 IPv6 주소 지정 방식은?

① 애니캐스트

② 유니캐스트

③ 멀티캐스트

④ 브로드캐스트

전문가의 조언 IPv6 주소 지정 방식 중 단일 송신자와 단일 수신자 간의 통신에 사용되는 방식은 유니캐스트(Unicast)입니다.
• **멀티캐스트(Multicast)** : 단일 송신자와 다중 수신자 간의 통신(1 대 다 통신에 사용)
• **애니캐스트(Anycast)** : 단일 송신자와 가장 가까이 있는 단일 수신자 간의 통신(1 대 1 통신에 사용)

78 LAN에서 데이터의 충돌을 막기 위해 송신 데이터가 없을 때에만 데이터를 송신하고, 다른 장비가 송신 중일 때에는 송신을 중단하며 일정 시간 간격을 두고 대기하였다가 다시 송신하는 방식은?

① TOKEN BUS

② TOKEN RING

③ CSMA/CD

④ CDMA

전문가의 조언 문제에 제시된 내용은 CSMA/CD 방식의 개념입니다.

79 각종 사물에 컴퓨터 칩과 통신 기능을 내장하여 인터넷에 연결하는 기술은?

① IoT

② PSDN

③ ISDN

④ FTTH

전문가의 조언 각종 사물에 컴퓨터 칩과 통신 기능을 내장하여 인터넷에 연결하는 기술은 IoT(Internet of Things, 사물 인터넷)입니다.
• **PSDN** : 디지털 데이터 전송에 사용하는 공중 데이터 교환망
• **ISDN** : 음성, 문자, 화상 등의 다양한 통신 서비스를 하나의 디지털 통신망을 근간으로 하여 종합적으로 제공할 수 있도록 통합한 종합정보통신망
• **FTTH** : 집안까지 광케이블을 연결하여 인터넷을 제공하는 서비스

80 IEEE 802 시리즈의 표준화 모델이 바르게 연결된 것은?

① IEEE 802.2 – 매체 접근 제어(MAC)

② IEEE 802.3 – 광섬유 LAN

③ IEEE 802.4 – 토큰 버스(Token Bus)

④ IEEE 802.5 – 논리 링크 제어(LLC)

전문가의 조언 IEEE 802 시리즈의 표준화 모델이 바르게 연결된 것은 ③번입니다.
• **IEEE 802.2** : 논리 링크 제어(LLC)
• **IEEE 802.3** : CSMA/CD 방식
• **IEEE 802.5** : 토큰 링 방식

1과목 사무자동화 시스템

01 사무자동화를 위한 과학적 사무 개선 절차로 옳은 것은?

① 문제 명확화 → 관련 사실 파악 → 개선안 마련 → 개선안 실시 → 결과 확인

② 관련 사실 파악 → 문제 명확화 → 개선안 마련 → 개선안 실시 → 결과 확인

③ 개선안 마련 → 개선안 실시 → 관련 사실 파악 → 문제 명확화 → 결과 확인

④ 개선안 마련 → 개선안 실시 → 문제 명확화 → 관련 사실 파악 → 결과 확인

> **전문가의 조언** 사무자동화를 위한 과학적 사무 개선 절차를 순서대로 나열하면 '문제 명확화 → 관련 사실 파악 → 개선안 마련 → 개선안 실시 → 결과 확인' 순입니다.

02 다음 중 인텔리전트 빌딩에서 요구되는 기본적인 기능과 가장 거리가 먼 것은?

① 정보통신 기능   ② 생산관리 기능

③ 정보처리 기능   ④ 빌딩 자동화 기능

> **전문가의 조언** 인텔리전트 빌딩의 기능에는 빌딩 자동화 기능, 정보처리 기능, 정보통신 기능, 환경 개선 기능 등이 있습니다.

03 여러 명의 사용자가 사용하는 시스템에서 컴퓨터가 사용자들의 프로그램을 번갈아가며 처리해 줌으로써 각 사용자가 각자 독립된 컴퓨터를 사용하는 것처럼 느끼게 되는 기능과 관련 있는 것은?

① Off-Line System   ② Time Sharing System

③ Dual System   ④ Batch File System

> **전문가의 조언** 컴퓨터가 사용자들의 프로그램을 번갈아가며 처리해 줌으로써 각 사용자가 각자 독립된 컴퓨터를 사용하는 느낌을 주는 시스템은 시분할 시스템(Time Sharing System)입니다.
> • 오프라인 시스템(Off-Line System) : 단말장치와 컴퓨터가 통신 회선으로 직접 연결되어 있지 않은 형태의 시스템으로, 중간에 사람 혹은 기록 매체가 개입됨
> • 듀얼 시스템(Dual System) : 두 개의 컴퓨터가 같은 업무를 동시에 처리하므로 한쪽 컴퓨터가 고장나면 다른 컴퓨터가 계속해서 업무를 처리하여 업무가 중단되는 것을 방지하는 시스템

04 자료 송 · 수신기기(시스템)가 아닌 것은?

① 팩시밀리   ② 전자우편

③ EDI   ④ 전자출판

> **전문가의 조언** 전자출판은 컴퓨터와 전자출판용 소프트웨어를 이용해서 출판 작업이 이루어지는 것을 의미하는 것으로, 자료 송 · 수신기기가 아닙니다.

05 다음 중 사무자동화의 정량적 효과가 아닌 것은?

① 수익성 향상을 위한 지원

② 사무자동화에 따른 전체 비용의 절감

③ 사무원들의 사기 진작에 따른 업무능률 향상

④ 재고, 설비, 금리 등에 대한 고정비, 간접비의 개선

> **전문가의 조언** ③번은 사무자동화의 정성적 효과에 해당합니다.

06 다음 중 EDI의 특징으로 옳지 않은 것은?

① EDI에 의해 전달되는 데이터는 구조화되어 있고 자체 처리가 가능한 표준 양식이다.

② 수신측 컴퓨터에 도달한 데이터는 변환 및 재입력이 필요 없다.

③ 거래 시간이 단축되고, 업무처리 오류가 감소되며 비용이 절감된다.

④ 팩시밀리와 우편 등에 의존하여 기업 간에 자료를 전송한다.

> **전문가의 조언** EDI는 기업 간에 상호 합의된 메시지를 컴퓨터를 통하여 상호 교환합니다.

07 IPv6에 대한 설명으로 가장 적합하지 않은 것은?

① IPv4의 주소 부족 문제를 해결하기 위해 개발되었다.

② 128비트의 길이를 갖는다.

③ 전송 방식으로 유니캐스트, 애니캐스트, 멀티캐스트가 있다.

④ 약 43억개의 주소를 이용할 수 있다.

> **전문가의 조언** • IPv6는 128비트이므로 2^{128}(43억[4])개의 주소를 이용할 수 있습니다.
> • 약 43억(2^{32})개의 주소를 이용할 수 있는 것은 IPv4입니다.

08 통신판매중개자가 자신의 정보처리시스템을 통하여 처리한 기록 중 표시·광고에 관한 기록의 보존 기준은?

① 6개월　　　　　② 1년

③ 3년　　　　　　④ 5년

전문가의 조언 표시·광고에 관한 기록의 보존 기준은 6개월입니다.

09 전자상거래와 전통적인 상거래에 대한 내용 중 전자상거래에 해당하는 것은?

① 판매 거점이 가상공간 속에서 일어난다.

② 기업 중심의 일방적인 마케팅이 일어난다.

③ 영업사원에 의하여 수요가 파악된다.

④ 주로 한정된 지역에서 영업이 일어난다.

전문가의 조언 전자상거래는 인터넷이라는 가상공간을 통해 소비자와 기업이 상품과 서비스를 사고파는 행위를 의미합니다.
· ②~④번은 전통적인 상거래에 대한 설명입니다.

10 데이터베이스(Database)의 목적과 가장 거리가 먼 것은?

① 데이터의 무결성　　② 데이터 중복의 최대화

③ 데이터의 공유　　　④ 데이터의 독립성

전문가의 조언 데이터베이스의 목적 중 하나는 데이터 중복의 최대화가 아니라 최소화입니다.

11 다음 중 자외선을 이용하여 기억된 내용을 지우고 다시 사용할 수 있는 ROM을 무엇이라 하는가?

① Mask ROM　　　② PROM

③ EPROM　　　　④ EEPROM

전문가의 조언 자외선을 이용하여 기억된 내용을 지우고 다시 사용할 수 있는 ROM은 EPROM입니다.
· Mask ROM : 제조 과정에서 미리 내용을 기억시킨 ROM으로, 사용자가 임의로 수정할 수 없음
· PROM : 특수 프로그램을 이용하여 한 번만 기록할 수 있으며, 이후엔 읽기만 가능한 ROM
· EEPROM : 전기적인 방법을 이용하여 기록된 내용을 여러 번 수정하거나 새로운 내용을 기록할 수 있는 ROM

12 관계형 데이터베이스에서 기본키(Primary Key)가 가져야 할 성질은?

① 공유성　　　　　② 중복성

③ 식별성　　　　　④ 연결성

전문가의 조언 기본키는 한 테이블에서 각각의 레코드를 유일하게 식별할 수 있는 속성입니다.

13 다음 중 워드프로세서의 기본 기능으로 가장 거리가 먼 것은?

① 데이터 처리 기능　　② 문서 인쇄 기능

③ 문서 보관 기능　　　④ 문서 편집 및 교정 기능

전문가의 조언 워드프로세서는 자료준비기기와 자료처리기기로 데이터 처리 기능도 있지만 워드프로세서의 기본 기능으로 보기는 어렵습니다.

14 정보처리 시스템의 변천 과정이 바르게 나열된 것은?

① 비집중처리 시스템 → 집중처리 시스템 → 분산처리 시스템

② 집중처리 시스템 → 비집중처리 시스템 → 분산처리 시스템

③ 분산처리 시스템 → 집중처리 시스템 → 비집중처리 시스템

④ 비집중처리 시스템 → 분산처리 시스템 → 집중처리 시스템

전문가의 조언 정보처리 시스템의 변천 과정을 순서대로 나열하면 '비집중처리 시스템 → 집중처리 시스템 → 분산처리 시스템' 순입니다.

15 다기능 전화기의 기능 중 수신자가 부재 시 행선지의 전화번호를 등록하여 전화가 걸려오면 등록된 전화번호로 전송되게 하는 기능은?

① 재다이얼　　　　② 부재 전송

③ 퀵 픽업　　　　④ 음성 호출

전문가의 조언 수신자가 부재 시 행선지의 전화번호를 등록하여 전화가 걸려오면 등록된 전화번호로 전송되게 하는 기능은 부재 전송입니다.

16 교착 상태의 발생 조건이 아닌 것은?

① 상호 배제   ② 환형 대기

③ 선점   ④ 점유와 대기

[전문가의 조언] 교착 상태의 필요 충분 조건 4가지는 상호 배제(Mutual Exclusion), 점유와 대기(Hold & Wait), 비선점(Non-preemptive), 환형 대기 (Circular Wait)입니다.

17 다음 중 원격지 컴퓨터 서버에 접속하는 방법으로 옳지 않은 것은?

① FTP를 이용하여 원격지의 서버에 접속한다.

② Telnet을 이용하여 원격지의 서버에 접속한다.

③ 전자우편 시스템을 이용하여 원격지의 서버에 접속한다.

④ Rlogin을 사용하여 서버에 접속한다.

[전문가의 조언] 전자우편을 발송하면 받는 사람(원격지)의 컴퓨터로 직접 전송되는 것이 아니라 메일 서버로 전송되고, 받는 사람이 메일 서버에 접속해야만 메일을 확인할 수 있습니다. 그러므로 전자우편은 원격지 컴퓨터 서버에 접속하는 방법과는 무관합니다.

18 사무자동화의 배경 요인 중 사회적 요인에 가장 거리가 먼 것은?

① 정보화 사회의 출현으로 사무실에서 처리해야 할 정보의 양의 증가하였다.

② 단순 노동보다는 지적 노동이 부각화되었다.

③ 생산 부문의 합리화, 자동화에 부응하여 오피스에 대한 관심의 증가로 인해 기업 구조가 변화하였다.

④ 이미지, 소리, 그래픽과 같은 멀티미디어 기술의 등장으로 다양한 형태의 정보처리가 가능하게 되었다.

[전문가의 조언] ④번은 사무자동화의 사회적 요인이 아닌 기술적 요인에 해당합니다.

19 데이터베이스 언어 중 DCL(Data Control Language)이 아닌 것은?

① GRANT   ② REVOKE

③ ALTER   ④ ROLLBACK

[전문가의 조언] ALTER는 데이터 정의어(DDL)입니다.

20 다음 중 데이터베이스의 장점으로 옳지 않은 것은?

① 데이터의 논리적, 물리적 독립성이 보장된다.

② 저장된 자료를 공동으로 이용할 수 있다.

③ 항상 최신의 데이터를 유지할 수 있다.

④ 시스템이 간소화 되고 전산화 비용이 감소한다.

[전문가의 조언] 데이터베이스는 시스템이 복잡하고 전산화 비용이 많이 듭니다.

2과목   사무경영관리 개론

21 문서의 결재에 관한 설명으로 가장 옳지 않은 것은?

① 결재권자의 서명란에는 서명 날짜를 함께 표시한다.

② 위임 전결하는 경우에는 전결하는 사람의 서명란에 "전결" 표시를 한 후 서명하여야 한다.

③ 대결하는 경우에는 대결하는 사람의 서명란에 "대결" 표시를 하고 서명하여야 한다.

④ 위임 전결 사항을 대결하는 경우에는 전결하는 사람의 서명란에 "대결" 표시를 하고 서명하여야 한다.

[전문가의 조언] 위임 전결 사항을 대결하는 경우에는 전결하는 사람의 서명란에 "전결" 표시를 하고 대결하는 사람의 서명란에 "대결" 표시를 한 후 서명하여야 합니다.

22 힉스(Hicks)의 사무 업무 내용에 의한 분류가 아닌 것은?

① 기록의 보존   ② 정보의 검색과 가공

③ 커뮤니케이션   ③ 기록과 보고서의 준비

[전문가의 조언] • 정보의 검색과 가공은 힉스의 사무 업무 내용에 의한 분류에 속하지 않습니다.
• 힉스에 의한 사무 범위에는 기록, 의사소통(커뮤니케이션), 보고서 준비, 기록물 파일링, 보존, 계산 등이 있습니다.

23 사무를 위한 작업이 아닌 것은?

① 기록　　　　　　　② 계산
③ 접근　　　　　　　④ 분류 및 정리

24 다음 중 Tickler System, Come up System이 속하는 사무 관리의 관리 수단 체제는?

① 사무조직　　　　　② 사무조정
③ 사무통제　　　　　④ 사무계획

25 사무작업에 관한 설명으로 옳은 것은?

① 사무작업 시 감독자는 전방에 위치하여 감독하되 사무원은 동일 방향으로 배치한다.
② 사무실에서 직선적 배치는 작업 경로 단순화 및 처리시간의 단축을 가져온다.
③ 내부 및 외부 민원 업무 등 대중과 관계가 많은 부서는 가급적 입구에서 먼 곳에 배치한다.
④ 사무실 배치에는 채광, 소음, 난방 등을 고려하고 전기 배선이나 수도 관리선 등은 고려하지 않는다.

26 산업안전보건기준에 관한 규칙상 용도별 조도 기준 중 틀린 것은?

① 초정밀 작업 : 750럭스 이상
② 정밀 작업 : 300럭스 이상
③ 보통 작업 : 200럭스 이상
④ 기타 작업 : 75럭스 이상

27 공공기록물 보존기간의 구분에 해당하지 않는 것은?

① 준영구 보존　　　　② 20년 보존
③ 5년 보존　　　　　④ 3년 보존

28 일반적인 비공개 기록물의 공개원칙 기준으로 옳은 것은?

① 생산연도 발생 후 10년이 경과하면 공개
② 생산연도 발생 후 30년이 경과하면 공개
③ 생산연도 종료 후 10년이 경과하면 공개
④ 생산연도 종료 후 30년이 경과하면 공개

29 컴퓨터 등 정보처리능력을 가진 장치에 의하여 전자적인 형태로 작성되어 송·수신되거나 저장된 문서 형식의 자료로서 표준화된 것을 의미하는 것은?

① 전자문서　　　　　② 표준문서
③ 통신정보　　　　　④ 전산정보

30 다음 괄호 안 내용으로 가장 적합한 것은?

> 행정기관 등에 송신한 전자문서는 그 전자문서의 송신 시점이 정보 시스템에 의하여 전자적으로 (　)된 때에 송신자가 발송한 것으로 본다.

① 입력　　　　　　　② 전송
③ 기록　　　　　　　④ 발송

31 2장 이상으로 이루어진 문서 중 문서의 순서 또는 연결 관계를 명백히 할 필요가 있는 문서에 하지 않아도 되는 것은?

① 접수번호　　　　　② 쪽 번호

③ 발급번호　　　　　④ 간인

전문가의 조언 2장 이상으로 이루어진 문서의 순서 또는 연결 관계를 명백히 해야 하는 경우 쪽 번호 또는 발급번호를 표시하거나 간인(間印) 등을 해야 합니다.

32 전화 회선을 이용하여 음성으로 된 각종 생활 정보를 제공하는 서비스는?

① Teletext　　　　　② ARS

③ FAX　　　　　　　④ Telex

전문가의 조언 전화 회선을 이용하여 음성으로 된 각종 생활 정보를 제공하는 서비스를 ARS(Automatic Response Service)라고 합니다.
- **텔레텍스트(Teletext)** : TV 전파의 빈틈을 이용하여 TV 방송과 함께 문자나 도형 정보를 제공하는 문자 다중 방송
- **팩시밀리(Facsimile)** : 문자, 도표, 사진 등의 정지화상을 화소로 분배하여 전기적 신호로 변환한 후 전기통신회선이나 전파로 전송하여 원래대로 복원 기록하는 전송기기로, 팩스(FAX)라고도 함
- **텔렉스(Telex)** : 문자, 숫자 및 기호 등의 정보를 텔렉스 교환기를 사용해서 전송하는 시스템

33 거래 상대방의 응용 시스템들이 질의와 응답으로 구성된 두 개 이상의 짧은 메시지를 한 번의 접속 상태에서 주고받는 EDI 방식은?

① 참여형 EDI　　　　② 대화형 EDI

③ 일괄 처리형 EDI　　④ 즉시 응답형 EDI

전문가의 조언 질의와 응답으로 구성된 두 개 이상의 짧은 메시지를 한 번의 접속 상태에서 주고받는 EDI 방식을 대화형 EDI라고 합니다.
- **일괄처리방식 EDI** : 가장 일반적인 방식으로, 부가가치 통신망(VAN)을 이용한 축적전송방식(전송된 데이터를 저장한 후 일괄 발송)을 사용함
- **즉시응답방식 EDI** : 거래 문서를 받은 즉시 신속한 응답이 요구될 때 사용하는 방식

34 사무통제의 수단과 가장 거리가 먼 것은?

① Tickler System　　　② Taylor System

③ Come Up System　　④ PERT

전문가의 조언 테일러 시스템(Taylor System)은 테일러에 의해 주장된 것으로 과학적 관리법을 의미합니다.
- **티클러제도(Tickler System)** : 자동독촉제도와 같은 형식이나 전담 부서 대신 티클러 파일을 이용함
- **자동독촉제도(Come-up System)** : 사무진행통제를 전담하는 부서에 처리해야 할 서류를 정리 및 보관하여 두었다가 처리할 시기에 사무 처리 담당자에게 자동으로 전달되도록 하는 제도
- **Pert/Time** : 명확한 목표를 가진 프로그램을 조직화하고, 진행 시간표를 작성하여 프로그램 진행사항을 추적하여 최단시간 내에 완성할 수 있는 방법을 찾는 매우 유용한 관리 도구

35 사무실을 포함한 주요 업무 시설의 물리적 보안 대책으로 가장 옳지 않은 것은?

① 적외선 감시 시스템　② 화재 감지기

③ 항온 항습기　　　　④ 안티바이러스 소프트웨어

전문가의 조언 안티바이러스 소프트웨어는 기술적 보안 대책에 해당합니다.

36 사무작업의 효율성을 높이기 위한 동작 연구의 목적이 아닌 것은?

① 필요한 동작은 쉽고 간편하게 개선한다.

② 불필요한 작업을 제거한다.

③ 스톱워치를 사용하여 동작에 필요한 표준시간을 산출한다.

④ 적절한 절차배정이 끝난 작업에 대한 방법을 표준화한다.

전문가의 조언 스톱워치를 사용하여 동작에 필요한 표준시간을 산출하는 것은 시간 연구의 목적입니다.

37 사무작업의 환경 조성을 위해 고려해야 할 요소가 아닌 것은?

① 조명을 표준 조도 기준에 맞춰 조정한다.

② 사무실의 책상 벽 등의 색채는 눈에 편안한 색을 사용한다.

③ 적절한 소음은 집중에 도움을 주므로 별도의 방음은 불필요하다.

④ 쾌적한 온도와 습도를 유지한다.

전문가의 조언 사무실에 알맞은 소음 허용 한도(55데시벨)가 유지되도록 적절한 방음 대책과 규칙이 필요합니다.

38 EDI에 관한 특징으로 가장 옳지 않은 것은?

① 거래 쌍방의 자주성과 독립성이 보장된다.

② 독립된 데이터베이스를 가진다.

③ 구조화되지 않은 데이터를 전송할 수 있다.

④ 서류없는 거래(Paperless Trade)가 가능하다.

전문가의 조언 EDI(전자문서 교환)에 사용되는 데이터는 구조화되어 있어야 합니다.

39 사무 표준화의 목적에 가장 부합되지 않는 것은?

① 사무원들을 감독 및 통제하고 사무용어 등의 표준화를 위하여

② 직원들 간의 공동 관심사에 대한 이해 촉진과 생산성 향상을 위하여

③ 직원들의 사기를 향상시키고 직원들을 능력별로 활용하기 위하여

④ 작업의 구성을 다양화하여 생산성을 향상시키기 위하여

전문가의 조언 작업의 구성을 다양화하기 위해 사무 표준화를 하는 것은 아닙니다.

40 다음 고객 관계 관리(CRM)의 기대 효과와 가장 거리가 먼 것은?

① 고객 관계 강화를 통한 수익성 증대

② 목표 마케팅 가능

③ 고객의 수익 기여도와 무관

④ 휴면 고객 활성화

전문가의 조언 고객 관계 관리(CRM)는 고객 관계 강화를 통한 수익성 증대를 기대할 수 있으므로 고객의 수익 기여도와 밀접한 관계가 있습니다.

3과목 📎 프로그래밍 일반

41 프로그래머가 프로그램 내에서 정의하고 이름을 줄 수 있는 자료 객체로, 하나의 값을 저장할 수 있는 기억장소의 이름이고 프로그램 수행 중에 변경될 수 있는 값을 의미하는 것은?

① 변수   ② 상수

③ 함수   ④ 라이브러리

전문가의 조언 프로그램 수행 중에 변경될 수 있는 값을 의미하는 것은 변수입니다.

· 상수(Constant) : 프로그램이 동작하는 동안 하나의 값과 이름을 갖는 자료로, 프로그램이 동작되는 동안 저장된 값이 절대 변하지 않음

42 객체지향 언어(Object-Oriented Programming Language)에서 하나 이상의 유사한 객체(Object)들을 묶어서 하나의 공통된 특성으로 표현한 것을 무엇이라 하는가?

① 클래스(Class)   ② 행위(Behavior)

③ 사건(Event)   ④ 메시지(Message)

전문가의 조언 하나 이상의 유사한 객체(Object)들을 묶어서 하나의 공통된 특성으로 표현한 것을 클래스(Class)라고 합니다.

· 메시지
– 객체들 간에 상호작용을 하는데 사용되는 수단으로 객체의 메소드(동작, 연산)를 일으키는 외부의 요구사항이다.
– 객체와 클래스(Class)가 정보를 교환하기 위한 통신 명령이다.

43 로더의 기능이 아닌 것은?

① 컴파일   ② 할당

③ 링킹   ④ 재배치

전문가의 조언 컴파일은 로더의 기능이 아닙니다.

· 할당(Allocation) : 실행 프로그램을 실행시키기 위해 기억장치 내에 옮겨 놓을 공간을 확보하는 기능

· 연결(Linking) : 부 프로그램 호출 시 그 부 프로그램이 할당된 기억장소의 시작 주소를 호출한 부분에 등록하여 연결하는 기능

· 재배치(Relocation) : 디스크 등의 보조기억장치에 저장된 프로그램이 사용하는 각 주소들을 할당된 기억장소의 실제 주소로 배치시키는 기능

· 적재(Loading) : 실행 프로그램을 할당된 기억 공간에 실제로 옮기는 기능

44 묵시적 순서 제어와 명시적 순서 제어에 대한 설명으로 틀린 것은?

① 괄호를 사용하여 연산 순서를 조절하는 것은 명시적 순서 제어이다.

② GOTO문으로 실행 순서를 변경하는 것은 명시적 순서 제어이다.

③ Break문을 사용하는 것은 묵시적 순서 제어이다.

④ 연산자들 간에 미리 정해진 연산 순서로 계산되는 것은 묵시적 순서 제어이다.

전문가의 조언 프로그래머가 직접 제어를 표현하지 않았을 경우, 그 언어에서 미리 정해진 순서에 의해 제어가 이루어지는 것을 묵시적 순서 제어라고 합니다. 이에 반하여 GOTO문, Break문, Continue문, 반복문 등으로 실행 순서를 직접 제어하는 것을 명시적 순서 제어라고 합니다.

45 C 언어에서 사용하는 기억 클래스에 해당하지 않는 것은?

① auto   ② static

③ register   ④ scope

> **전문가의 조언** scope는 C 언어에서 사용하는 기억 클래스가 아닙니다. C 언어의 4가지 기억 클래스에는 auto(자동), register(레지스터), static(정적), extern(외부)이 있습니다.

46 BNF 표기법 기호 중 "정의된다"를 의미하는 것은?

① ::=   ② |

③ !=   ④ { }

> **전문가의 조언** BNF 표기법 기호 중 "정의된다"를 의미하는 것은 ::=입니다.
> • | : 선택(택일)
> • { } : 반복

47 가상기억장치 관리에서 빈번하게 페이지 교체가 일어나서 시스템의 심각한 성능 저하를 초래하는 현상은?

① locality   ② segmentation

③ thrashing   ④ working set

> **전문가의 조언** 빈번하게 페이지 교체가 일어나서 시스템의 심각한 성능 저하를 초래하는 현상은 스래싱(Thrashing)입니다.
> • Locality : 프로세스가 실행되는 동안 주기억장치를 참조할 때 일부 페이지만 집중적으로 참조하는 성질이 있다는 이론임
> • Segmentation : 프로그램을 다양한 크기의 논리적인 단위로 나누는 것
> • Working Set : 프로세스가 일정 시간 동안 자주 참조하는 페이지들의 집합

48 C 언어에서 문자형 자료 선언 시 사용하는 것은?

① char   ② int

③ float   ④ double

> **전문가의 조언** C 언어에서 문자형 자료 선언 시 사용하는 예약어는 char입니다.
> • int : 정수형
> • float : 실수형
> • double : 배정도 실수형

49 HRN(Highest Response-ratio Next) 방식으로 스케줄링할 경우, 입력된 작업이 다음과 같을 때 가장 먼저 처리되는 작업은?

작업	대기 시간	서비스 시간
A	5	5
B	10	6
C	15	7
D	20	8

① A   ② B

③ C   ④ D

> **전문가의 조언** HRN 방식에서 우선순위를 구하는 계산식은 '(대기 시간+서비스 시간)/서비스 시간'이므로 계산 결과는 다음과 같습니다.
> • 작업 A : (5+5)/5 = 2
> • 작업 B : (10+6)/6 = 2.67
> • 작업 C : (15+7)/7 = 3.14
> • 작업 D : (20+8)/8 = 3.5
> 결과 값이 클수록 우선순위가 높습니다.

50 PCB(Process Control Block)의 포함 정보가 아닌 것은?

① 프로세스의 현재 상태

② 프로세스의 생성율 및 부재율

③ 프로세스의 고유 식별자

④ 프로세스의 우선 순위

> **전문가의 조언** 프로세스의 생성율 및 부재율은 PCB에 포함되는 정보가 아닙니다.

51 다음 중 선점 스케줄링 알고리즘이 아닌 것은?

① RR   ② SRT

③ HRN   ④ MQ

> **전문가의 조언** HRN은 비선점 스케줄링 알고리즘입니다.

52 Java에서 사용하는 접근 제어자의 종류가 아닌 것은?

① private   ② public

③ protected   ④ internal

> **전문가의 조언** internal은 Java에서 사용하는 접근 제어자가 아닙니다. Java에서 사용하는 접근 제어자에는 public, private, protected, default가 있습니다.

53 Type 3 문법 특징에 대한 설명이 아닌 것은?

① 토큰의 구조를 표현하는데 사용한다.

② 문맥 자유 문법에 제한을 둔 문법이다.

③ 정규 문법에 의해 생성되는 언어를 정규언어라 한다.

④ 생성 규칙으로 우선형, 좌선형과 혼합형의 3가지 종류가 있다.

전문가의 조언 Type 3 문법에 혼합형은 존재하지 않습니다.

54 운영체제의 목적으로 옳지 않은 것은?

① 처리 능력 향상
② 신뢰도 향상
③ 응답 시간 증가
④ 사용 가능도 향상

전문가의 조언 운영체제의 목적 중 하나는 응답 시간 증가가 아니라 응답 시간 단축입니다.

55 기억장치의 배치 전략 중 입력된 프로그램을 수용할 수 있는 공간 중 가장 작은 공간에 할당하는 방법은?

① First-Fit
② Best-Fit
③ Worst-Fit
④ Small-Fit

전문가의 조언 입력된 프로그램을 수용할 수 있는 공간 중 가장 작은 공간에 할당하는 방법은 Best-Fit(최적 적합)입니다.

56 구역성(locality)에 대한 설명으로 옳지 않은 것은?

① 스래싱을 방지하기 위한 워킹 셋 이론의 기반이 되었다.

② Denning 교수에 의해 구역성의 개념이 증명되었다.

③ 프로세스가 실행되는 동안 주기억장치를 참조할 때 일부 페이지만 집중적으로 참조하는 성질을 의미한다.

④ 공간 구역성이 이루어지는 기억장소는 Loop, Stack, Sub Routine에 사용되는 변수 등이다.

전문가의 조언 순환(Loop), 스택(Stack), 부프로그램(Sub Program)에 사용되는 변수는 시간 구역성의 예입니다.

57 메소드 명칭은 동일하지만 매개 변수 수와 데이터 타입 및 기능을 다르게 정의하는 개념은?

① 클래스
② 인스턴스
③ 추상화
④ 다형성

전문가의 조언 메소드 명칭은 동일하지만 매개 변수 수와 데이터 타입 및 기능을 다르게 정의하는 개념은 다형성입니다.
• 클래스 : 하나 이상의 유사한 객체(Object)들을 묶어서 하나의 공통된 특성으로 표현한 것
• 추상화 : 불필요한 부분을 생략하고 객체의 속성 중 가장 중요한 것에만 중점을 두어 개략화 하는 것, 즉 모델화하는 것

58 C 언어의 do ~ while문에 대한 설명 중 틀린 것은?

① 문의 조건이 거짓인 동안 루프처리를 반복한다.

② 문의 조건이 처음부터 거짓일 때도 문을 최소 한번은 실행한다.

③ 무조건 한 번은 실행하고 경우에 따라서는 여러 번 실행하는 처리에 사용하면 유용하다.

④ 문의 맨 마지막에 ";"이 필요하다.

전문가의 조언 do~while문은 조건이 참인 동안 루프 처리를 반복합니다.

59 이항(Binary) 연산자가 아닌 것은?

① XOR
② OR
③ AND
④ MOVE

전문가의 조언 MOVE는 연산할 때 필요한 항이 1개인 단항 연산자입니다.

60 C 언어에서 포인터를 사용하여 두 변수 a, b의 값을 교체하는 경우 빈 칸에 알맞은 코드는?

```
... 중략
int a=10, b=20, temp;
int *pa = &a;
int *pb = &b;
temp = *pa;
┌──────────┐
│          │
└──────────┘
*pa = temp;
... 중략
```

① b = &a;
② a = b;
③ *pb = *pa;
④ *pa = *pb;

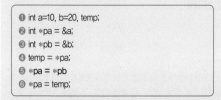

전문가의 조언 지문에 사용된 코드의 의미는 다음과 같습니다.

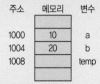

❶ int a=10, b=20, temp;
❷ int *pa = &a;
❸ int *pb = &b;
❹ temp = *pa;
❺ *pa = *pb
❻ *pa = temp;

❶ 정수형 변수 a, b, temp를 선언하면서, a에는 10, b에는 20을 저장합니다.

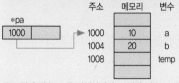

❷ 정수형 변수가 저장된 곳의 주소를 기억할 수 있는 포인터 변수 pa를 선언하면서, 포인터 변수 pa에 정수형 변수 a의 주소를 저장합니다.

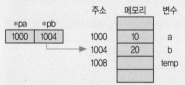

❸ 포인터 변수 pb를 선언하면서, 포인터 변수 pb에 정수형 변수 b의 주소를 저장합니다.

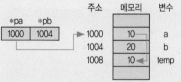

❹ 포인터 변수 pa가 가리키는 곳의 값을 temp에 저장합니다.

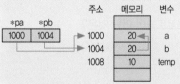

❺ 포인터 변수 pb가 가리키는 곳의 값을 pa가 가리키는 곳의 값으로 치환합니다.

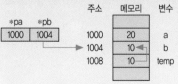

❻ temp에 저장된 값을 포인터 변수 pb가 가리키는 곳의 값으로 치환합니다.

주소	메모리	변수
1000	20	a
1004	10	b
1008	10	temp

*pa: 1000 *pb: 1004

4과목 정보 통신 개론

61 LAN의 토폴로지 형태로 가장 적절하지 않은 것은?

① Star Topology　　② Bus Topology
③ Ring Topology　　④ Square Topology

전문가의 조언 LAN은 망의 구성 형태에 따라서 성(Star)형, 버스(Bus)형, 링(Ring)형, 계층형(트리형)으로 분류할 수 있습니다.

62 아날로그 신호를 디지털 신호로 변환하는 PCM 부호화 단계로 옳은 것은?

① 양자화 → 부호화 → 표본화
② 표본화 → 양자화 → 부호화
③ 양자화 → 표본화 → 부호화
④ 표본화 → 부호화 → 양자화

전문가의 조언 펄스 코드 변조 순서는 '송신 측(표본화 → 양자화 → 부호화) → 수신 측(복호화 → 여과화)' 순입니다.

63 DPCM(Differential PCM)에 대한 설명으로 틀린 것은?

① 차동 PCM이라고도 한다.
② 양자화 시 예측기를 사용한다.
③ 실제 표본값과 추정 표본값과의 차이를 양자화 한다.
④ 가드밴드의 이용으로 채널의 이용률이 낮아진다.

전문가의 조언 가드밴드란 대역폭을 나누어 사용하는 각 채널들 간의 상호 간섭을 방지하기 위한 보호 대역으로 주파수 분할 다중화 방식에서 사용됩니다.

64 TCP 프로토콜의 기능이 아닌 것은?

① 데이터 전송
② 응용 프로그램 서비스 제공
③ 흐름 제어
④ 신뢰성 있는 전송 품질 서비스 제공

전문가의 조언 • 응용 프로그램 서비스는 응용 계층에서 제공하는 서비스로, 이와 관련된 프로토콜에는 TELNET, FTP, SMTP 등이 있습니다.
• TCP 프로토콜은 전송 계층에서 제공하는 프로토콜입니다.

65 프로토콜의 기본 요소 중 흐름 제어, 동기 제어 등의 각종 제어 절차에 관한 제어 정보를 정의하는 요소는?

① 구문(Syntax)　　　② 의미(Semantics)

③ 시간(Timing)　　　④ 다중화(Mutiplexing)

> **전문가의 조언** 흐름 제어, 동기 제어 등의 각종 제어 절차에 관한 제어 정보를 정의하는 요소는 의미(Semantics)입니다.
> • **구문(Syntax)** : 전송하고자 하는 데이터의 형식, 부호화, 신호 레벨 등을 규정함
> • **시간(Timing)** : 두 기기 간의 통신 속도, 메시지의 순서 제어 등을 규정함

66 전송 선로의 조건 중 선로의 감쇠량이 최소로 되는 경우는? (단, R : 선로의 저항, L : 선로의 인덕턴스, C : 선로의 커패시턴스, G : 선로의 누설 컨덕턴스)

① RL = GC　　　② LG = RG

③ LC = GR　　　④ LR = CR

> **전문가의 조언** 전송 선로의 조건 중 선로의 감쇠량이 최소로 되는 경우는 'LG = RG'인 경우입니다.

67 다음 중 IEEE 관련 MAN의 표준안으로 DQDB에 관한 것은?

① IEEE 802.1　　　② IEEE 802.3

③ IEEE 802.6　　　④ IEEE 802.8

> **전문가의 조언** MAN의 표준안으로 DQDB에 관한 IEEE 규격은 IEEE 802.6입니다.
> • **IEEE 802.1** : 전체의 구성, OSI 참조 모델과의 관계, 통신망 관리 등에 관한 규약
> • **IEEE 802.3** : CSMA/CD 방식의 매체 접근 제어 계층에 관한 규약

68 8진 PSK는 한 번에 몇 개의 신호 비트[Bit]를 전송할 수 있는가?

① 2　　　② 3

③ 4　　　④ 8

> **전문가의 조언** 8진 PSK란 8위상 편이 변조를 의미하는 것으로 한 번에 3Bit(2^3=8)를 전송할 수 있습니다.

69 1600[Baud]의 변조 속도로 4진 PSK 변조된 데이터 전송 속도는 몇 [bps]인가?

① 800　　　② 1600

③ 3200　　　④ 6400

> **전문가의 조언** 4진 PSK는 변조 시 상태 변화 수가 2Bit(2^2=4)입니다. 전송 속도(bps) = 변조 속도(Baud) × 변조 시 상태 변화 수이므로 1,600 × 2 = 3,200[bps]입니다.

70 IPv6 주소의 표현 예로 잘못된 것은?

① FF01::1

② 01DA : GG01 : 0000 : 0000 : 0000 : 00GG : FA21 : 3C5A

③ 1DA : FF01 : : FF : FA21 : 3C5A

④ ::1

> **전문가의 조언** ①, ④ '::'은 0이 연속되는 경우 연속된 0을 생략한 것으로, 올바른 표현입니다. 생략되기 전 주소 형태는 다음과 같습니다.
> – ① FF01:0000:0000:0000:0000:0000:0000:0001
> – ④ 0000:0000:0000:0000:0000:0000:0000:0001
> ② 16진수(0~10, A, B, C, D, E, F)로 표현해야 하는데, G가 사용되었으므로, 잘못된 표현입니다.
> ③ '1DA'는 '01DA'에서 앞에 오는 0이 생략된 것으로, 올바른 표현입니다.

71 이메일(E-mail)용 프로토콜이 아닌 것은?

① POP3　　　② SMTP

③ TFTP　　　④ IMAP

> **전문가의 조언** TFTP(Trivial File Transfer Protocol)는 파일 전송을 위한 프로토콜입니다.

72 LAN의 한 종류인 100Base-T 네트워크에서 사용되는 전송 매체는?

① Coaxial cable　　　② Optical cable

③ UTP cable　　　④ Microwave cable

> **전문가의 조언** 100 Base T에서 100은 전송 속도가 100Mbps, Base는 베이스밴드 방식, T는 전송 매체로 UTP(Unshielded Twisted Pair) 케이블을 사용함을 의미합니다.

73 다음 중 광섬유 케이블의 설명이 아닌 것은?

① 대역폭이 넓어 정보 전송 능력은 향상되나 동축 케이블보다 신호 감쇠 현상이 심하다.

② 전기적 잡음 영향을 받지 않기 때문에 신뢰성이 높다.

③ 광을 이용하여 전송하기 때문에 보안성이 뛰어나다.

④ 동축 케이블에 비해 무게와 크기면에서 이점을 갖는다.

전문가의 조언 광섬유 케이블은 감쇠율이 적어 리피터의 설치 간격이 넓습니다.

74 OSI 7계층에 해당하지 않는 것은?

① Application Layer

② Presentation Layer

③ Data Link Layer

④ Packet Access Layer

전문가의 조언 OSI 7계층을 1계층부터 순서대로 나열하면 '물리(Physical) 계층, 데이터 링크(Data Link) 계층, 네트워크(Network) 계층, 전송(Transport) 계층, 세션(Session) 계층, 표현(Presentation) 계층, 응용(Application) 계층'입니다.

75 ITU-T 권고안의 X 시리즈에서 패킷형 DTE와 DCE 간의 인터페이스는?

① X.21   ② X.22

③ X.24   ④ X.25

전문가의 조언 패킷형 DTE와 DCE 간의 인터페이스는 X.25입니다.
• X.20 : 비동기식 전송을 위한 DTE/DCE 접속 규격
• X.21 : 동기식 전송을 위한 DTE/DCE 접속 규격
• X.25 : 패킷 전송을 위한 DTE/DCE 접속 규격

76 다음 중 OSI 참조 모델의 가장 하위 계층은?

① 응용 계층   ② 표현 계층

③ 세션 계층   ④ 물리 계층

전문가의 조언 OSI 참조 모델의 가장 하위 계층은 물리 계층입니다.

77 광대역 종합 정보 통신망인 ATM 셀(Cell)의 구조로 옳은 것은?

① Header : 5 옥텟, Payload : 53 옥텟

② Header : 5 옥텟, Payload : 48 옥텟

③ Header : 2 옥텟, Payload : 64 옥텟

④ Header : 6 옥텟, Payload : 52 옥텟

전문가의 조언 ATM 셀은 헤드 5Byte, 페이로드(사용자 정보) 48Byte로 구성됩니다.

78 이동통신 시스템에서 이동체의 움직임에 따라 수신 주파수의 세기가 변하는 현상은?

① 동일 채널 간섭   ② 페이딩 현상

③ 열잡음 효과   ④ 도플러 효과

전문가의 조언 이동체의 움직임에 따라 수신 주파수의 세기가 변하는 현상은 도플러 효과입니다.

79 디지털 신호를 아날로그 신호로 변환시키는 방법 중 0과 1에 따라 진폭을 변화시키는 변조 방식은?

① ASK   ② FSK

③ PSK   ④ QAM

전문가의 조언 0과 1에 따라 진폭을 변화시키는 변조 방식은 ASK(진폭 편이 변조)입니다.
• 주파수 편이 변조(FSK; Frequency Shift Keying) : 2진수 0과 1을 서로 다른 주파수로 변조하는 방식
• 위상 편이 변조(PSK; Phase Shift Keying) : 2진수 0과 1을 서로 다른 위상을 갖는 신호로 변조하는 방식
• 직교 진폭 변조(QAM; Quadrature Amplitude Modulation) : 진폭과 위상을 상호 변환하여 신호를 얻는 변조 방식

80 가상 회선 패킷 교환 방식에 대한 설명으로 옳은 것은?

① 수신은 송신된 순서대로 패킷이 도착한다.

② 우회 경로로 패킷을 전달할 수 있어 신뢰성이 높다.

③ 비연결형 서비스 방식이다.

④ 먼저 전송했더라도 최적의 경로를 찾지 못하면 나중에 전송한 데이터보다 늦게 도착할 수 있다.

전문가의 조언 ②, ③, ④번은 데이터그램 패킷 교환 방식에 대한 설명입니다.

1과목 사무자동화 시스템

01 컴퓨터를 사용해 전화 통화를 관리하는 것은?

① VoIP
② CTI
③ 번호 이동
④ 로밍

> **전문가의 조언** 컴퓨터를 사용해 전화 통화를 관리하는 것은 CTI(Computer Telephony Integration)입니다.

02 E-mail과 관련된 프로토콜은?

① ICMP
② Telnet
③ FTP
④ MIME

> **전문가의 조언** 보기 중 E-mail과 관련된 프로토콜은 MIME입니다.
> • MIME(Multipurpose Internet Mail Extension) 웹 브라우저가 : 지원하지 않는 각종 멀티미디어 파일의 내용을 확인하고 실행시켜주는 프로토콜
> • ICMP(Internet Control Message Protocol) : 인터넷 계층에서 동작하는 인터넷 제어 메시지 프로토콜
> • 텔넷(Telnet) : 멀리 떨어져 있는 컴퓨터에 접속하여 자신의 컴퓨터처럼 사용할 수 있도록 해주는 서비스
> • FTP(File Transfer Protocol) : 컴퓨터와 컴퓨터 또는 컴퓨터와 인터넷 사이에서 파일을 주고받을 수 있도록 하는 원격 파일 전송 프로토콜

03 멀리 떨어져 있는 회의실을 통신회선으로 상호 연결하여 회의를 진행할 수 있는 시스템은?

① 원격회의 시스템
② 분산처리 시스템
③ 원격조정 시스템
④ 텔레텍스트

> **전문가의 조언** 멀리 떨어져 있는 회의실을 통신회선으로 상호 연결하여 회의를 진행할 수 있는 시스템은 원격회의 시스템입니다.

04 보조기억장치(하드디스크)의 일부를 주기억장치처럼 사용하는 메모리는?

① 캐시 메모리
② 플래시 메모리
③ 가상 메모리
④ 연관 메모리

> **전문가의 조언** 보조기억장치(하드디스크)의 일부를 주기억장치처럼 사용하는 메모리는 가상 메모리입니다.
> • 캐시 메모리(Cache Memory) : 컴퓨터의 성능을 높이기 위하여 명령어의 처리속도를 CPU와 같도록 할 목적으로 주기억장치와 CPU 사이에서 사용하는 기억장치로서, 용량은 주기억장치보다 작지만 속도는 CPU와 유사한 기억장치
> • 플래시 메모리(Flash Memory) : EEPROM의 일종으로 비휘발성 메모리이며, 스마트폰, 개인용 정보단말기, 디지털 카메라 등에 널리 사용됨
> • 연관 메모리(Associative Memory) : 주소를 참조하여 데이터를 읽어오는 방식이 아니라 저장된 내용의 일부를 이용하여 기억장치에 접근하여 데이터를 읽어오는 기억장치

05 사무자동화의 배경에 해당되지 않는 것은?

① 생산부문에 비해 사무부문의 생산성 증가가 크게 저조
② 사무부문 종사자의 증가와 사무근로자의 임금이 큰폭 상승
③ 사무정보기기의 가격 하락과 급속한 성능 향상
④ 서비스 산업의 비중은 증가했으나 정보 산업 비중이 크게 감소

> **전문가의 조언** 서비스 산업의 비중은 물론 정보 산업의 비중도 크게 증가하였으며 이것이 사무자동화 등장 배경 중 하나입니다.

06 데이터 중복을 최소화하고 데이터의 정확성을 최대화하기 위하여 관계형 DB를 분석하고 능률적인 형태로 변화하는 방법은?

① 정규화
② 일반화
③ 구체화
④ 분석화

> **전문가의 조언** 데이터 중복을 최소화하고 데이터의 정확성을 최대화하기 위하여 관계형 DB를 분석하고 능률적인 형태로 변화하는 방법은 정규화입니다.

07 계층형 데이터베이스에 대한 설명으로 가장 옳은 것은?

① 서로 관계있는 레코드들이 그물처럼 얽혀 있는 구조로 되어 있다.
② 각 레코드가 트리 구조 형식으로 구성된 모형이다.
③ 수학적 이론에 기초하여 테이블 형태로 표현된 모형이다.
④ 행과 열로 구성된 2차원 구조이다.

> **전문가의 조언** • 계층형 데이터베이스는 각 레코드가 트리 구조 형식으로 구성된 모형입니다.
> • ①번은 망형 데이터베이스, ③, ④번은 관계형 데이터베이스에 대한 설명입니다.

08 Master File의 변경 사항을 일시적으로 저장하고 있는 파일을 무엇이라 하는가?

① Work File
② History File
③ Program File
④ Transaction File

> **전문가의 조언** Master File의 변경 사항을 일시적으로 저장하고 있는 파일은 트랜잭션 파일(Transaction File)입니다.

09 다음 중 전자상거래와 가장 거리가 먼 것은?

① EDI
② CALS
③ Cyber Education
④ M-Commerce

전문가의 조언 가상 교육(Cyber Education)은 정보통신기술을 기반으로 한 사이버 공간에서 이루어지는 교육으로 전자상거래와는 관계가 없습니다.
• EDI(Electronic Data Interchange, 전자문서 교환) : 사무실과 사무실 또는 거래처 간에 상호 합의된 메시지를 컴퓨터를 통하여 상호교환함으로써 거래업무에 따르는 문서처리 업무를 자동화하는 것
• CALS(Commerce At Light Speed) : 제품의 발주, 수주 및 구매 절차로부터 생산과 유통, 폐기까지 전과정을 관리할 수 있는 정보체계로, EDI, BPR, ECR 등이 개념에 포함됨
• M-Commerce(Mobile Commerce) : 스마트폰, 개인 정보 단말기 등의 휴대용 무선기기를 이용하여 콘텐츠를 제공하는 것은 물론 상거래 영역까지 무선 인터넷을 사용하여 비즈니스 서비스를 제공함

10 전자우편을 엽서가 아닌 밀봉된 봉투에 넣어서 보낸다는 개념으로 IETF(Internet Engineering Task Force)에서 인터넷 초안으로 채택한 것은?

① PEM
② PGP
③ S/MIME
④ PGP/MOME

전문가의 조언 전자우편을 엽서가 아닌 밀봉된 봉투에 넣어서 보낸다는 개념으로 IETF(Internet Engineering Task Force)에서 인터넷 초안으로 채택한 것은 PEM입니다.

11 데이터베이스에 저장된 자료의 삽입, 삭제, 수정 등의 데이터 조작을 위해 사용되는 개념으로 가장 옳은 것은?

① DCL
② DDL
③ DML
④ DBMS

전문가의 조언 데이터베이스에 저장된 자료의 삽입, 삭제, 수정 등의 데이터 조작을 위해 사용되는 개념 DML입니다.
• 데이터 제어어(DCL) : 데이터 보안, 무결성, 데이터 회복, 병행 수행 제어 등을 정의하는데 사용되는 언어
• 데이터 정의어(DDL) : 데이터베이스 구조와 관계, 이름, 액세스 방법 등 데이터베이스를 구축하거나 수정할 목적으로 사용하는 언어
• DBMS(Database Management System, 데이터베이스 관리 시스템) : 사용자와 데이터베이스 사이에 위치하여 데이터베이스를 관리하고, 사용자의 요구에 따라 정보를 생성해 주는 소프트웨어를 말함

12 화상정보가 축적된 정보센터의 데이터베이스를 TV 수신기와 공중전화망에 연결해서 이용자가 화면을 보면서 상호대화 형태로 각종 정보검색을 할 수 있는 것은?

① HDTV
② Videotex
③ Teletext
④ CATV

전문가의 조언 문제에 제시된 내용은 비디오텍스(Videotex)의 개념입니다.

13 인터넷상에서 사이트에 접속하여 정보를 나열해 주는 프로그램은?

① 웹 에디터
② 워드프로세서
③ 알파넷
④ 웹 브라우저

전문가의 조언 인터넷상에서 사이트에 접속하여 정보를 나열해 주는 프로그램은 웹 브라우저입니다.

14 다음 중 응용 프로그램(Application Program)에 가장 가까운 것은?

① 성적 처리 프로그램
② 정렬/병합 프로그램
③ 제어 프로그램
④ 감시 프로그램

전문가의 조언 응용 프로그램은 사용자가 컴퓨터를 이용하여 특정 업무를 처리할 수 있게 개발된 프로그램으로, 성적 처리 프로그램이 여기에 해당됩니다.

15 다음 중 그룹웨어의 주요 기능으로 가장 옳지 않은 것은?

① 정보보유 기능
② 의사결정 기능
③ 기획 기능
④ 업무흐름 관리 기능

전문가의 조언 • 기획 기능은 그룹웨어의 기능이 아닙니다.
• 그룹웨어의 기능에는 기본 기능, 정보공유 기능, 커뮤니케이션, 의사결정 기능, 컴퓨터 회의, 워크플로우, 흐름관리 기능 등이 있습니다.

16 사무자동화 추진의 선결 과제로 적합하지 않은 것은?

① 추진 목표의 설정
② 한계선의 설정
③ 전사적 캠페인의 실시
④ 벤치마킹 실시

전문가의 조언 벤치마킹은 성과가 우수한 기업을 비교 분석하여 장점을 따라 배우는 것으로, 사무자동화 추진의 선결 과제로는 적합하지 않습니다.

17 다음 중 DBMS가 아닌 것은?

① Oracle
② MySQL
③ Linux
④ DB2

전문가의 조언 리눅스(Linux)는 유닉스(UNIX)에 기반을 둔 컴퓨터 운영체제입니다.

18 통합 사무자동화 시스템의 개념에 대한 설명으로 알맞지 않은 것은?

① OA기기 간의 통합은 기기의 공유와 데이터의 공유 등 OA 자원의 공유를 포함한다.

② OA의 통합화는 복합화된 OA에서 단순 OA로 분리시키는 방향을 의미한다.

③ OA의 통합화는 조직 내에서 개별적으로 진행되던 OA를 일관성 있게 통합함을 의미한다.

④ OA의 통합화는 OA기기의 통합화와 시스템의 통합화를 기반으로 한다.

> **전문가의 조언** 사무자동화(OA)의 통합화는 분리되어 있는 OA 시스템을 하나의 시스템으로 통합시키는 것을 의미합니다.

19 컴퓨터의 입·출력 제어방식에 해당하지 않는 것은?

① CPU에 의한 방식

② DMA 방식

③ 메모리에 의한 방식

④ 채널 제어기에 의한 방식

> **전문가의 조언** • 메모리에 의한 방식은 컴퓨터의 입·출력 제어방식이 아닙니다.
> • 컴퓨터의 입·출력 제어방식에는 'CPU에 의한 방식, DMA에 의한 방식, 채널 제어기에 의한 방식, 인터럽트에 의한 방식'이 있습니다. .

20 CPU의 명령에 따라 독립적으로 입·출력장치와 기억장치 간의 데이터를 주고받을 수 있는 것은?

① 채널

② 가상 메모리

③ 캐시 메모리

④ 버퍼 메모리

> **전문가의 조언** CPU의 명령에 따라 독립적으로 입·출력장치와 기억장치 간의 데이터를 주고받을 수 있는 것은 채널(Channel)입니다.
> • **캐시 메모리(Cache Memory)** : 컴퓨터의 성능을 높이기 위하여 명령어의 처리속도를 CPU와 같도록 할 목적으로 주기억장치와 CPU 사이에서 사용하는 기억장치로서, 용량은 주기억장치보다 작지만 속도는 CPU와 유사한 기억장치
> • **가상 메모리(Virtual Memory)** : 보조기억장치(하드디스크)의 일부를 주기억장치처럼 사용하는 메모리 기법으로, 주기억장치보다 큰 프로그램을 불러와 실행해야 할 때 유용하게 사용됨
> • **버퍼 메모리(Buffer Memory)** : 두 개의 장치가 데이터를 주고받을 때 두 장치 간의 속도 차이를 해결하기 위해 중간에 데이터를 임시로 저장해 두는 공간으로, 키보드 버퍼, 프린터 버퍼 등이 있음

2과목 사무경영관리 개론

21 다음 중 사무실 배치 원칙과 가장 거리가 먼 것은?

① 대실주의(큰방주의)는 사무실 배치에 있어서 가능한 독방을 늘인다.

② 사무의 성격이 유사한 부서는 가깝게 배치한다.

③ 내부 및 외부 민원 업무 등 대중과 관계가 많은 부서는 가급적 입구 근처에 배치한다.

④ 장래 확장에 대비하여 탄력성 있는 공간을 확보한다.

> **전문가의 조언** 대실주의(큰방주의)는 사무실을 너무 세분화(독방)하는 것보다는 여러 과를 한 사무실에 배정하여 사용하는 것이 바람직하다고 생각하는 사무실 배정 방식입니다.

22 다음 중 사무계획화를 가장 옳게 설명한 것은?

① 사무계획화는 기업의 모든 계층에 필요한 것은 아니고 특정한 계층인 경영진에서만 필요로 한 것이다.

② 사무계획화는 기업경영에 필요한 사무관리 목표를 정한 후, 그것을 효과적으로 수행할 수 있도록 하고자 함이다.

③ 사무계획화의 기본 내용은 사무인력을 예측하여 미리 예산을 확정하고자 하는 것이다.

④ 사무계획화의 기본 내용은 정보만을 지속적으로 가공하여 생산하는 것이다.

> **전문가의 조언** 사무계획화는 기업경영에 필요한 사무관리 목표를 정한 후, 그것을 효과적으로 수행할 수 있도록 필요한 활동의 방황과 지침, 절차 등을 수립하는 것입니다.

23 상시 작업하는 장소 중 보통 작업의 경우 조도 기준은 몇 럭스(lux)이상인가?

① 150

② 300

③ 500

④ 750

> **전문가의 조언** 보통 작업시의 조도 기준은 150럭스 이상입니다.
> • **일반 사무실 표준 조도** : 500 Lux
> • **초정밀 작업 시 최저 조도** : 750 Lux 이상
> • **정밀 작업 시 최저 조도** : 300 Lux 이상

24 "사무는 경영의 정보를 행동으로 결합시키는 과정"이라고 정의한 자는?

① 레핑웰(Leffingwell)　　② 리틀필드(Littlefield)

③ 테리(Terry)　　④ 포레스터(Forrester)

> **전문가의 조언** "사무는 경영의 정보를 행동으로 결합시키는 과정"이라고 정의한 학자는 포레스터(Forrester)입니다.
> • 레핑웰(Leffingwell) : 기업의 여러 부문의 기능이 사무라는 하나의 흐름에 의해 연결되어 통일된 하나의 경영활동이 됨
> • 리틀필드(Littlefield) : 사무상의 계획, 조직, 인사, 조정, 지휘, 통제와 같은 무형의 역할을 통해 조직의 목적을 달성하는 과정

25 듀이 십진분류법(DDC)에 의한 분류 중 900에 해당하는 것은?

① 철학　　② 사회과학

③ 기술과학　　④ 역사

> **전문가의 조언** 듀이 십진분류법(DDC)에 의한 분류 중 900에 해당하는 것은 역사, 지리, 인물입니다.
> • 철학은 100, 사회과학은 300, 기술과학은 600입니다.

26 문서의 결재에 관한 설명으로 가장 옳지 않은 것은?

① 결재권자의 서명란에는 서명 날짜를 함께 표시한다.

② 위임 전결하는 경우에는 전결하는 사람의 서명란에 "전결" 표시를 한 후 서명하여야 한다.

③ 대결하는 경우에는 대결하는 사람의 서명란에 "대결" 표시를 하고 서명하여야 한다.

④ 위임 전결 사항을 대결하는 경우에는 전결하는 사람의 서명란에 "대결" 표시를 하고 서명하여야 한다.

> **전문가의 조언** 위임 전결 사항을 대결하는 경우에는 전결하는 사람의 서명란에 "전결" 표시를 하고 대결하는 사람의 서명란에 "대결" 표시를 한 후 서명하여야 합니다.

27 사무를 위한 작업의 구성 요소에 해당되지 않는 것은?

① 계산　　② 분류 정리

③ 정보 예측　　④ 기록 또는 면담

> **전문가의 조언** • 정보 예측은 사무를 위한 작업의 대상이 아닙니다.
> • 사무를 위한 작업의 대상에는 기록(Writing), 독해(Read Check), 계산(Computing), 의사소통(Communication, 통신), 분류 및 정리(Classifying & Filing), 면담(Interviewing, Thinking), 사무기기 조작(Operating) 등 있습니다.

28 사무계획 수립 절차를 순서대로 바르게 나열한 것은?

① 대안 구상 → 전제의 설정 → 정보의 수집 → 최종안결정

② 대안 구상 → 정보의 수집 → 목표 설정 → 최종안결정

③ 정보의 수집 → 정보 분석 → 목표 설정 → 최종안결정

④ 목표 설정 → 정보 수집 분석 → 대안 구상 → 최종안 결정

> **전문가의 조언** 사무계획 수립 절차는 '목표 설정 → 정보 수집 및 분석 → 전제 설정 → 대안 구상 → 최종안 결정'입니다..

29 일반적인 비공개 기록물의 공개 원칙 기준으로 옳은 것은?

① 생산연도 발생 후 10년이 경과하면 공개

② 생산연도 발생 후 30년이 경과하면 공개

③ 생산연도 종료 후 10년이 경과하면 공개

④ 생산연도 종료 후 30년이 경과하면 공개

> **전문가의 조언** 일반적인 비공개 기록물은 생산연도 종료 후 30년이 경과하면 공개합니다.

30 "사무관리규정"에 따른 공문서의 분류에 해당하지 않는 것은?

① 법규문서　　② 비치문서

③ 일반문서　　④ 비밀문서

> **전문가의 조언** • 비밀문서는 "사무관리규정"에 따른 공문서가 아닙니다.
> • 사무관리규정에 따른 공문서의 분류에는 법규문서, 지시문서, 공고문서, 비치문서, 민원문서, 일반문서가 있습니다.

31 경영관리단계 중에서 가장 우선적으로 실시하여야 하는 것은?

① 조직화　　② 계획화

③ 통제화　　④ 조정화

> **전문가의 조언** 사무관리는 기본적으로 '계획화 → 조직화 → 통제화' 순으로 이루어집니다.

32 문서 처리의 원칙으로 볼 수 없는 것은?

① 즉일처리의 원칙　　② 책임처리의 원칙

③ 폐쇄처리의 원칙　　④ 법령적합의 원칙

> **전문가의 조언** • 폐쇄처리의 원칙은 문서 처리의 원칙이 아닙니다.
> • 문서처리의 기본 원칙에는 즉일처리의 원칙, 책임처리의 원칙, 법령적합의 원칙이 있습니다.

33 사무작업의 분산화 목적과 거리가 먼 것은?

① 작업 시간, 거리, 운반 등의 간격을 줄일 수 있다.

② 사무 작업자의 사기 저하를 방지할 수 있다.

③ 사무의 중요도에 따라 순조롭게 처리할 수 있다.

④ 사무원 관리가 용이하다.

전문가의 조언 사무작업의 분산화는 전사적 사무관리자 없이 사무가 발생한 부서별로 사무관리자를 두어 모든 작업을 처리하는 형태로, 사무원의 관리가 어렵습니다.

34 거래 상대방 간에 상호 합의된 메시지를 컴퓨터를 이용하여 상호 교환함으로써 거래업무에 따른 문서처리 업무를 자동화하는 것은?

① EDP
② MIS
③ EDI
④ MIPS

전문가의 조언 거래 상대방 간에 상호 합의된 메시지를 컴퓨터를 이용하여 상호 교환함으로써 거래업무에 따른 문서처리 업무를 자동화하는 것은 EDI입니다.

35 카드, 도면, 대장 등과 같이 주로 사람, 물품 또는 권리관계 등에 관한 사항의 관리나 확인 등에 수시로 사용되는 기록물은?

① 비치기록물
② 전자기록물
③ 서류기록물
④ 관용기록물

전문가의 조언 카드, 도면, 대장 등과 같이 주로 사람, 물품 또는 권리관계 등에 관한 사항의 관리나 확인 등에 수시로 사용되는 기록물은 비치기록물입니다.

• **전자기록물** : 정보처리능력을 가진 장치에 의하여 전자적인 형태로 작성하여 송·수신 또는 저장되는 기록정보자료

36 다음 중 워크 샘플링(Work sampling)법에 관한 설명은?

① 싸이클이 짧고 반복 작업에 적합하다.

② 책상에서 비용을 전부 측정할 수 있다.

③ 임의의 시간 간격으로 관측하여 시간적 구성비율을 통계적으로 추측하는 방법이다.

④ 과거의 실적에 준하여 기억을 더듬으며 업무마다 시간치를 측정하는 밥법이다.

전문가의 조언 워크 샘플링법은 말 그대로 일에 대한 샘플을 취하는 것입니다. 즉 임의의 시간 간격에서의 통계적 확률을 이용하는 방법입니다.

37 "코를 킁킁거리다"는 뜻으로 도청 공격을 의미하는 용어로 가장 옳은 것은?

① 스푸핑
② DoS
③ 스니핑
④ XSS

전문가의 조언 "코를 킁킁거리다"는 뜻으로 도청 공격을 의미하는 용어는 스니핑입니다.

• **스푸핑(Spoofing)** : 눈속임(Spoof)에서 파생된 것으로, 검증된 사람이 네트워크를 통해 데이터를 보낸 것처럼 데이터를 변조하여 접속을 시도하는 침입 형태

• **DoS(Denial of Service)** : 비정상 패킷을 다량으로 전송하여 회선을 마비시키는 서비스 거부 공격

• **XSS(Cross-site Scripting)** : 웹 게시판에 악성 스크립트가 담긴 글을 올리는 형태

38 다음 중 사무 표준화의 기대효과로 가장 옳지 않은 것은?

① 관리자는 사무원들을 감독하고 통제하기 용이하다.

② 공동이해 촉진과 통제의 강화로 인해 비용을 절감할 수 있다.

③ 정책, 규격, 방법, 절차 등에 다양성을 가져온다.

④ 직원들의 사기를 높여주며, 능력별로 활용할 수 있다.

전문가의 조언 사무 표준화를 통하여 사무업무 용어나 개념, 부서별 평가 기준 등과 같은 정책, 규격, 방법, 절차 등을 통일할 수 있습니다.

39 다음 중 페이욜(H. Fayol)이 주장한 관리의 고유 기능의 활동 범주에 속하지 않는 것은?

① Accounting
② Technical
③ Financial
④ Audit

전문가의 조언 • Audit는 페이욜이 주장한 관리의 활동 범주에 속하지 않습니다.

• 페이욜(H. Fayol)이 주장한 경영 활동에는 기술(Technical) 활동, 영업(Commercial) 활동, 재무(Financial) 활동, 보전(Security) 활동, 회계(Accounting) 활동, 관리(Managerial) 활동이 있습니다.

40 사무실 내 조명을 위한 방법 중 그 성격이 다른 하나는?

① 직접 조명
② 간접 조명
③ 반간접 조명
④ 자연 조명

전문가의 조언 • 보기에 제시된 조명 중 성격이 다른 하나는 자연 조명입니다.

• 조명은 자연 광선을 이용하는 자연 조명(채광)과 인공적으로 만들어낸 빛을 이용하는 인공 조명으로 나눕니다. 인공 조명에는 직접 조명, 간접 조명, 반간접 조명이 있습니다.

3과목 프로그래밍 일반

41 다음 중 운영체제(OS)의 성능 평가 기준이 아닌 것은?

① Throughput   ② Cost

③ Turn Around Time   ④ Reliability

전문가의 조언 Cost는 운영체제의 성능 평가 기준이 아닙니다.
- **처리 능력(Throughput)** : 일정 시간 내에 시스템이 처리하는 일의 양
- **반환 시간(Turn Around Time)** : 시스템에 작업을 의뢰한 시간부터 처리가 완료될 때까지 걸린 시간
- **사용 가능도(Availability)** : 시스템을 사용할 필요가 있을 때 즉시 사용 가능한 정도
- **신뢰도(Reliability)** : 시스템이 주어진 문제를 정확하게 해결하는 정도

42 프로그래머가 프로그램 내에서 정의하고 이름을 줄 수 있는 자료 객체로, 하나의 값을 저장할 수 있는 기억장소의 이름이고 프로그램 수행중에 변경될 수 있는 값을 의미하는 것은?

① 변수   ② 상수

③ 함수   ④ 라이브러리

전문가의 조언 프로그램 수행중에 변경될 수 있는 값을 의미하는 것은 변수입니다.
- **상수(Constant)**
  - 프로그램이 동작되는 동안 하나의 값과 이름을 갖는 자료이다.
  - 프로그램이 동작되는 동안 저장된 값이 절대 변하지 않는다.
  - 예 a = 5 ← a는 변수이고 5는 상수이다.

43 다음 중 비선점 스케줄링 알고리즘이 아닌 것은?

① FIFO   ② SJF

③ HRN   ④ SRT

전문가의 조언 SRT는 선점형 스케줄링입니다.
- **선점형 스케줄링의 종류** : Round Robin, SRT, 선점 우선 순위, 다단계 큐, 다단계 피드백 큐 등의 알고리즘
- **비선점형 스케줄링의 종류** : FCFS, SJF, 우선 순위, HRN, 기한부 등의 알고리즘

44 객체지향 언어(Object-Oriented Programming Language)에서 하나 이상의 유사한 객체(Object)들을 묶어서 하나의 공통된 특성으로 표현한 것을 무엇이라 하는가?

① 클래스(Class)   ② 행위(Behavior)

③ 사건(Event)   ④ 메시지(Message)

전문가의 조언 하나 이상의 유사한 객체(Object)들을 묶어서 하나의 공통된 특성으로 표현한 것은 클래스(Class)입니다.
- 메시지
  - 객체들 간에 상호작용을 하는데 사용되는 수단으로 객체의 메소드(동작, 연산)를 일으키는 외부의 요구사항이다.
  - 객체와 클래스(Class)가 정보를 교환하기 위한 통신 명령이다.

45 로더의 기능이 아닌 것은?

① 컴파일   ② 할당

③ 링킹   ④ 재배치

전문가의 조언 컴파일은 로더의 기능이 아닙니다.
- **할당(Allocation)** : 실행 프로그램을 실행시키기 위해 기억장치 내에 옮겨 놓을 공간을 확보하는 기능
- **연결(Linking)** : 부 프로그램 호출 시 그 부 프로그램이 할당된 기억 장소의 시작 주소를 호출한 부분에 등록하여 연결하는 기능
- **재배치(Relocation)** : 디스크 등의 보조기억장치에 저장된 프로그램이 사용하는 각 주소들을 할당된 기억 장소의 실제 주소로 배치시키는 기능
- **적재(Loading)** : 실행 프로그램을 할당된 기억 공간에 실제로 옮기는 기능

46 C 언어의 기억 클래스 종류가 아닌 것은?

① 자동(Automatic) 변수

② 동적(Dynamic) 변수

③ 레지스터(Register) 변수

④ 외부(External) 변수

전문가의 조언 동적 변수는 C 언어의 기억 클래스가 아닙니다. C 언어의 4가지 기억 클래스에는 자동 변수, 레지스터 변수, 정적 변수, 외부 변수가 있습니다.

47 실행 중인 프로세스가 일정 시간 동안에 참조하는 페이지의 집합을 의미하는 것은?

① Locality   ② Segment

③ Monitor   ④ Working Set

전문가의 조언 실행 중인 프로세스가 일정 시간 동안에 참조하는 페이지의 집합을 Working Set이라고 합니다.
- **Locality** : 프로세스가 실행되는 동안 주기억장치를 참조할 때 일부 페이지만 집중적으로 참조하는 성질이 있다는 이론임
- **Segmentation** : 프로그램을 다양한 크기의 논리적인 단위로 나누는 것

48 묵시적 순서 제어에 해당하는 것은?

① 일반 언어에서 문장 나열 순서대로 제어한다.

② 해당 언어에서 각 문장이나 연산의 순서를 프로그래머가 직접 변경한다.

③ 반복문을 사용해서 문장의 실행 순서를 변경한다.

④ 수식의 괄호를 사용해서 연산의 순서를 변경한다.

전문가의 조언 보기 중 묵시적 순서 제어에 해당하는 것은 ①번입니다. 프로그래머가 직접 제어를 표현하지 않았을 경우, 그 언어에서 미리 정해진 순서에 의해 제어가 이루어지는 순서 제어를 묵시적 순서 제어라고 합니다. 이에 반하여 goto문이나 반복문 등으로 실행 순서를 직접 제어하는 제어를 명시적 순서 제어라고 합니다.

49 중위 표기법(Infix Notation)으로 표현된 산술식 "X=A+C/D"를 전위 표기법(Prefix Notation)으로 옳게 나타낸 것은?

① =X+A/CD
② =+/XACD
③ /CD+A=X
④ XACD/+=

전문가의 조언 전위(Prefix) 표기 방식은 중위 표기(Infix) 방식으로 표현된 수식에서 연산자를 해당 피연산자 두 개의 앞(왼쪽)으로 이동시킨 것입니다.
❶ 연산 우선순위에 따라 괄호로 묶습니다.
$X=A+C/D \rightarrow (X=(A+(C/D)))$
❷ 연산자를 해당 괄호의 앞(왼쪽)으로 옮깁니다.
$(X=(A+(C/D))) \rightarrow =(X+(A/(CD)))$
❸ 괄호를 제거합니다.
$=X+A/CD$

50 C 언어에서 문자형 자료 선언 시 사용하는 것은?

① char
② int
③ float
④ double

전문가의 조언 C 언어에서 문자형 자료 선언 시 사용하는 것은 char입니다.
• int : 정수형
• float : 실수형
• double : 배정도 실수형

51 원시 프로그램을 컴파일러가 수행되는 기계에 대한 기계어로 번역하는 것이 아니라, 다른 기종에 대한 기계어로 번역하는 것은?

① Linker
② Cross-Compiler
③ Debugger
④ Preprocessor

전문가의 조언 원시 프로그램을 컴파일러가 수행되는 기계에 대한 기계어로 번역하는 것이 아니라, 다른 기종에 대한 기계어로 번역하는 것은 Cross-Compiler입니다.
• 링커(Linker) : 기계어로 된 여러 개의 모듈을 묶어서 로드 모듈을 작성하는 것
• 디버거(Debugger) : 프로그램 개발 과정에서 프로그램 안에 내재해 있는 논리적 오류를 발견하고 수정하는 프로그램
• 프리프로세서(Preprocessor) : 원시 프로그램을 컴파일러가 처리하기 전에 먼저 처리하여 확장된 원시 프로그램을 생성하는 것으로, 선행 처리기라고도 함

52 BNF 표기법 기호 중 "정의된다"를 의미하는 것은?

① ::=
② |
③ ⟨ ⟩
④ { }

전문가의 조언 BNF 표기법 기호 중 "정의된다"를 의미하는 것은 ::=입니다.
• | : 선택(택일)
• ⟨ ⟩ : Non-Terminal 기호(재정의 대상)
• { } : 반복

53 촘스키가 분류한 문법 중 프로그래밍 언어에서 구문을 분석하는데 사용하는 것은?

① Type 0
② Type 1
③ Type 2
④ Type 3

전문가의 조언 촘스키가 분류한 문법 중 프로그래밍 언어에서 구문을 분석하는데 사용하는 것은 Type 2입니다.
• Type 0 : 형식에 아무런 제한이 없는 무제한 문법
• Type 1 : 너무 복잡해 프로그래밍 언어에 적용하지 않음
• Type 3 : 정규 문법이라고도 하며, 프로그래밍 언어의 어휘 구조를 표현하는 데 사용함

54 (aa|b)*a의 정규표현으로 만들 수 있는 스트링이 아닌 것은?

① a
② aaa
③ ba
④ aba

전문가의 조언 (aa|b)*a의 정규표현으로 만들 수 있는 스트링이 아닌 것은 aba입니다.

55 HRN(Highest Response-ratio Next) 방식으로 스케줄링할 경우, 입력된 작업이 다음과 같을 때 가장 먼저 처리되는 작업은?

작업	대기 시간	서비스 시간
A	5	5
B	10	6
C	15	7
D	20	8

① A
② B
③ C
④ D

전문가의 조언 가장 먼저 처리되는 작업은 D입니다. HRN 방식에서 우선순위를 구하는 계산식은 '(대기시간+서비스 시간)/서비스 시간'이므로 계산 결과는 다음과 같습니다.
• A : (5+5)/5 = 2
• B : (10+6)/6 = 2.67
• C : (15+7)/7 = 3.14
• D : (20+8)/8 = 3.5
결과 값이 클수록 우선순위가 높습니다.

56 어휘 분석은 원시 프로그램을 하나의 긴 스트링으로 보고 원시 프로그램을 문자 단위로 스캐닝하여 문법적으로 의미 있는 일련의 문자들로 분할해 낸다. 이때 분할된 문법적인 단위는?

① TOKEN
② PATTERN
③ PARSE
④ ID

전문가의 조언 어휘 분석기에 의해 분할된 문법적인 단위를 TOKEN이라고 합니다.

57 다음 코드에서 출력할 수 없는 것은?

```
int a[ ] = { 1, 5, 2, 3, 4 };
int* p = a;
int* p2 = a + 3;
```

① *(++p) ② *p

③ *(++a) ④ p2[-2]

전문가의 조언 지문에 사용된 코드의 의미는 다음과 같습니다.

```
❶ int a[ ] = { 1, 5, 2, 3, 4 };
❷ int* p = a;
❸ int* p2 = a + 3;
```

❶ 5개의 요소를 갖는 정수형 배열 a를 선언하고 초기화한다.

	[0]	[1]	[2]	[3]	[4]
a	1	5	2	3	4

❷ 정수형 포인터 변수 p를 선언하고 a의 주소로 초기화한다. 배열명은 배열의 시작 주소를 의미한다(다음 그림에서 지정한 주소는 임의로 정한 것이며, 이해를 돕기 위해 주소를 10진수로 표현함).

메모리

주소						
0000						
⋮		4Byte	4Byte	4Byte	4Byte	4Byte
a 1000		1	5	2	3	4
		a[0]	a[1]	a[2]	a[3]	a[4]
p 1000	⋮	1000	1004	1008	1012	1016
		p+0	p+1	p+2	p+3	p+4
9999						

[보기 ①, ②, ③의 값]

① *(++p) : (++p)가 가리키는 곳의 값을 의미합니다. p를 1 증가시킨 p+1의 값은 5입니다.

② *p : p가 가리키는 곳의 값을 의미합니다. p는 배열 a의 시작 주소이며, 배열의 첫 번째 요소의 값은 1입니다.

③ *(++a) : a는 배열의 이름으로, 배열의 시작 위치를 의미합니다. 그러므로 여기서 ++a는 배열의 시작 위치를 변경하려는 것인데, 초기에 선언된 배열의 위치는 변경할 수 없으므로 "++에는 값을 저장 및 변경할 수 있는 변수가 필요합니다."라는 오류 메시지가 표시됩니다.

❸ 정수형 포인터 변수 p2를 선언하고 a+3의 주소로 초기화한다.

메모리

주소						
0000						
⋮		4Byte	4Byte	4Byte	4Byte	4Byte
a 1000		1	5	2	3	4
		a[0]	a[1]	a[2]	a[3]	a[4]
p2 1012	⋮	1000	1004	1008	1012	1016
		p2[-3]	p2[-2]	p2[-1]	p2[0]	p2[1]
9999						

[보기 ④의 값]

④ p2[-2] : 포인터 변수 p2가 가리키는 곳을 기준으로 왼쪽 두 번째 값을 의미합니다. p2[-2]의 값은 5입니다.

58 컴파일 단계 중 원시 프로그램을 토큰으로 분리하는 단계는?

① 어휘 분석 단계

② 구문 분석 단계

③ 중간코드 생성 단계

④ 최적화 단계

전문가의 조언 컴파일 단계 중 원시 프로그램을 토큰으로 분리하는 단계는 어휘 분석 단계입니다.
- **어휘 분석** : 번역의 가장 기본적인 단계로서 나열된 문자들을 기초적인 구성 요소인 식별자, 구분 문자, 연산 기호, 핵심어, 주석 등으로 그룹화하는 단계

59 페이지 교체 알고리즘 중 현 시점에서 가장 오랫동안 사용하지 않은 페이지를 교체하는 기법은?

① SCR ② FIFO

③ LFU ④ LRU

전문가의 조언 페이지 교체 알고리즘 중 현 시점에서 가장 오랫동안 사용하지 않은 페이지를 교체하는 기법은 LRU입니다.
- **FIFO(First In First Out)** : 각 페이지가 주기억장치에 적재될 때마다 그때의 시간을 기억시켜 가장 먼저 들어와서 가장 오래 있었던 페이지를 교체하는 기법
- **LRU(Least Recently Used)** : 현 시점에서 가장 오랫동안 사용하지 않은 페이지를 교체하는 기법

60 교착 상태의 발생 조건이 아닌 것은?

① 상호 배제 ② 환형 대기

③ 선점 ④ 점유와 대기

전문가의 조언 선점은 교착 상태의 발생 조건이 아닙니다. 교착 상태의 필요 충분 조건 4가지는 상호 배제, 점유와 대기, 환형 대기, 비선점입니다.

4과목 정보 통신 개론

61 OSI 참조 모델의 응용 계층에 해당하는 프로토콜이 아닌 것은?

① HTTP
② SMTP
③ FTP
④ ICMP

전문가의 조언 ICMP(Internet Control Message Protocol)는 인터넷 계층에서 동작하는 인터넷 제어 메시지 프로토콜입니다.

62 정보 통신망 구조 중에서 중앙에 컴퓨터가 있고 그 주위에 분산된 터미널을 연결시키는 형태의 통신망 구조는?

① 성형 통신망
② 트리형 통신망
③ 링형 통신망
④ 버스형 통신망

전문가의 조언 중앙에 컴퓨터가 있고 그 주위에 분산된 터미널을 연결시키는 형태의 통신망 구조는 성형 통신망입니다.
• **링(Ring)형** : 컴퓨터와 단말장치들을 서로 이웃하는 것끼리 포인트 투 포인트(Point-to-Point) 방식으로 연결시킨 형태
• **버스(Bus)형** : 한 개의 통신 회선에 여러 대의 단말장치가 연결되어 있는 형태
• **계층(Tree)형** : 중앙 컴퓨터와 일정 지역의 단말장치까지는 하나의 통신 회선으로 연결시키고, 이웃하는 단말장치는 일정 지역 내에 설치된 중간 단말장치로부터 다시 연결시키는 형태

63 대역폭이 W인 채널을 통해 잡음 N이 섞인 신호 S를 전송할 때, 샤논의 정리에 의한 채널 용량(bps) 산출식은?

① $Wlog_2(1+S/N)$
② $Wlog_e(S+N)$
③ $log_2(W \times N \times S)$
④ $log_e(1+W \times N/S)$

전문가의 조언 대역폭이 W인 채널을 통해 잡음 N이 섞인 신호 S를 전송할 때, 샤논의 정리에 의한 채널 용량(bps) 산출식은 $Wlog_2(1+S/N)$입니다.

64 LAN의 네트워크 형태(Topology)에 따른 분류가 아닌 것은?

① BUS형
② STAR형
③ PACKET형
④ RING형

전문가의 조언 LAN은 망의 구성 형태에 따라서 성(Star)형, 버스(Bus)형, 링(Ring)형, 계층형(트리형)으로 분류할 수 있습니다.

65 반송파의 진폭과 위상을 변화시켜 정보를 전달하는 디지털 변조 방식은?

① QAM
② FM
③ FSK
④ PSK

전문가의 조언 반송파의 진폭과 위상을 변화시켜 정보를 전달하는 디지털 변조 방식은 QAM입니다.
• **FM** : 변조 파형에 따라 주파수를 변조하는 방식
• **FSK** : 2진수 0과 1을 서로 다른 주파수로 변조하는 방식
• **PSK** : 2진수 0과 1을 서로 다른 위상을 갖는 신호로 변조하는 방식

66 아날로그 신호를 디지털 신호로 변환하는 PCM 부호화 단계로 옳은 것은?

① 양자화 → 부호화 → 표본화
② 표본화 → 양자화 → 부호화
③ 양자화 → 표본화 → 부호화
④ 표본화 → 부호화 → 양자화

전문가의 조언 PCM 부호화 단계는 '표본화 → 양자화 → 부호화' 순입니다.

67 서로 다른 기기들 간의 데이터 교환을 원활하게 수행할 수 있도록 표준화시켜 놓은 통신 규약을 무엇이라 하는가?

① 클라이언트
② 터미널
③ 링크
④ 프로토콜

전문가의 조언 서로 다른 기기들 간의 데이터 교환을 원활하게 수행할 수 있도록 표준화시켜 놓은 통신 규약을 프로토콜이라고 합니다.

68 라우팅 프로토콜 중 Distance Vector 방식이 아닌 것은?

① RIP
② BGP
③ EIGRP
④ OSPF

전문가의 조언 OSPF는 링크 상태(Link State) 방식의 라우팅 프로토콜입니다. 거리 벡터(Distance Vector) 방식의 라우팅 프로토콜에는 RIP, EIGRP, BGP 등이 있습니다.

69 회선 교환(Circuit Switching) 방식의 특징에 해당하는 것은?

① 고정된 대역폭 전송 방식이다.

② 축적 후 전송 방식에 해당한다.

③ 패킷을 이용한 전송 방식이다.

④ 전송에 실패한 패킷에 대해서 재전송 요구가 가능하다.

전문가의 조언 회선 교환 방식의 특징에 해당하는 것은 ①번입니다. ②번은 축적 교환 방식(메시지 교환 방식, 패킷 교환 방식)의 특징이고, ③, ④번은 패킷 교환 방식의 특징입니다.

70 한 문자가 전송될 때마다 스타트(Start) 비트와 스톱(Stop) 비트를 전송하는 방식은?

① 비트제어 방식

② 동기 방식

③ 비동기 방식

④ 다중화 방식

전문가의 조언 한 문자가 전송될 때마다 스타트(Start) 비트와 스톱(Stop) 비트를 전송하는 방식은 비동기식 전송입니다.

• **동기 방식** : 미리 정해진 수만큼의 문자열을 한 블록(프레임)으로 만들어 일시에 전송하는 방식

71 이동통신 시스템에서 이동체의 움직임에 따라 수신 주파수의 세기가 변하는 현상은?

① 동일 채널 간섭

② 페이딩 현상

③ 열잡음 효과

④ 도플러 효과

전문가의 조언 이동통신 시스템에서 이동체의 움직임에 따라 수신 주파수의 세기가 변하는 현상은 도플러 효과입니다.

72 무선 네트워크 기술인 블루투스(Bluetooth)에 대한 표준 규격은?

① IEEE 801.9

② IEEE 802.15.1

③ IEEE 802.10

④ IEEE 802.5.1

전문가의 조언 무선 네트워크 기술인 블루투스(Bluetooth)에 대한 표준 규격은 IEEE 802.15.1입니다.

73 전송 속도가 9,600[bps]인 데이터를 8진 PSK로 변조하여 전송할 때 변조 속도는 몇 [Baud]인가?

① 1,600

② 2,400

③ 3,200

④ 4,800

전문가의 조언 • 8진 PSK로 변조한다는 것은 한 번에 8개의 서로 다른 데이터를 보낸다는 의미이고, 8개의 데이터라면 한 번에 2진수 3Bit로 표현할 수 있습니다. 그러므로 변조 시 상태 변화 수는 3Bit입니다

• 변조 속도(Baud) = 전송 속도(bps) / 변조 시 상태 변화 수 = 9,600 / 3 = 3,200[Baud]입니다.

74 OSI 7계층 중 시스템 간의 통신을 돕기 위해 하나의 통일된 구문 형식으로 변환시키는 기능을 수행하는 계층은?

① 물리 계층

② 네트워크 계층

③ 표현 계층

④ 데이터 링크 계층

전문가의 조언 시스템 간의 통신을 돕기 위해 하나의 통일된 구문 형식으로 변환시키는 기능을 수행하는 계층은 표현 계층입니다.

• **물리 계층** : 전송에 필요한 장치 간의 실제 접속과 절단 등 기계적, 전기적, 기능적, 절차적 특성을 정의함

• **네트워크 계층** : 개방 시스템들 간의 네트워크 연결을 관리하는 기능과 데이터의 교환 및 중계 기능을 함

• **데이터 링크 계층** : 두 개의 인접한 개방 시스템들 간에 신뢰성 있고 효율적인 정보 전송을 할 수 있도록 함

75 반송파로 사용하는 정현파의 위상에 정보를 싣는 변조 방식은?

① ASK

② FSK

③ PSK

④ PCM

전문가의 조언 반송파로 사용하는 정현파의 위상에 정보를 싣는 변조 방식은 PSK입니다.

• **ASK** : 2진수 0과 1을 서로 다른 진폭으로 변조하는 방식

• **FSK** : 2진수 0과 1을 서로 다른 주파수로 변조하는 방식

• **PCM** : 화상, 음성, 동영상 비디오, 가상현실 등과 같이 연속적인 시간과 진폭을 가진 아날로그 데이터를 디지털 신호로 변환하는 것

76 LAN을 구성하는 매체로서 광섬유 케이블의 일반적인 특성에 대한 설명으로 틀린 것은?

① 광대역, 저 손실 및 잡음에 강하다.

② 동축 케이블에 비해 감쇠 현상이 크다.

③ 성형 및 링형의 형태에서도 사용이 가능하다.

④ 전자기적인 전자파의 간섭이 없다.

전문가의 조언 광섬유 케이블은 동축 케이블에 비해 감쇠율이 적습니다.

77 전송 제어 문자의 내용을 기술한 것 중 옳지 않은 것은?

① STX : 본문의 개시 및 헤딩의 종료를 표시한다.

② EOT : 블록의 종료를 표시한다.

③ ACK : 수신된 메시지에 대한 긍정 응답을 알린다.

④ DLE : 전송 제어 문자 앞에 삽입하여 전송 제어 문자임을 알린다.

전문가의 조언 EOT(End Of Transmission)는 전송 종료 및 데이터 링크의 해제를 의미하는 전송 제어 문자입니다. 블록의 종료를 의미하는 전송 제어 문자는 ETB(End of Transmission Block)입니다.

78 OSI 7계층에 해당하지 않는 것은?

① Application Layer

② Presentation Layer

③ Data Link Layer

④ Network Access Layer

전문가의 조언 Network Access Layer는 OSI 7계층에 해당하지 않습니다.

79 16진 PSK의 오류 확률은 BPSK 오류 확률의 몇 배인가?

① 3   ② 4

③ 8   ④ 12

전문가의 조언 16(2^4)진 PSK는 BPSK(2^1)에 비해 4배 많은 데이터를 전송하므로 오류 발생 확률도 4배 많아집니다.

80 192.168.1.111/27의 IP 주소 범위에 포함되어 있는 네트워크 및 브로드캐스트 주소는?

① 192.168.1.94 / 192.168.1.127

② 192.168.1.96 / 192.168.1.127

③ 192.168.1.97 / 192.168.1.255

④ 192.168.1.95 / 192.168.1.255

전문가의 조언 192.168.1.111은 C 클래스(192~223으로 시작)에 속한 주소로, C 클래스의 기본 서브넷 마스크는 255.255.255.0입니다. 이를 2진수로 표현하면 11111111 11111111 11111111 00000000으로, 1의 개수가 24입니다. 문제에 주어진 IP주소 뒤의 27은 C 클래스의 기본 서브넷 마스크 24보다 3비트가 많은 것으로, 이 3비트를 이용해 네트워크의 개수와 네트워크 안에 포함된 호스트의 개수를 계산합니다.

• 네트워크 개수 = 8($2^{추가된 비트 수}$)
• 호스트 개수 = 256/네트워크 개수 = 256/8 = 32
• 다음 표와 같이 32개의 호스트를 갖는 8개의 네트워크로 나눌 수 있으며, 이 중 네 번째 네트워크에 192.168.1.111가 포함되어 있습니다.
• 네트워크별로 첫 번째 주소는 네트워크 주소이고, 마지막 주소는 브로드캐스트 주소입니다.

네트워크	네트워크 주소	브로드캐스트 주소
1	192.168.1.0	192.168.1.31
2	192.168.1.32	192.168.1.63
3	192.168.1.64	192.168.1.95
4	192.168.1.96	192.168.1.127
5	192.168.1.128	192.168.1.159
6	192.168.1.160	192.168.1.191
7	192.168.1.192	192.168.1.223
8	192.168.1.224	192.168.1.255

1과목 사무자동화 시스템

01 어떤 응용 프로그램을 사용하는지에 관계없이 데이터베이스를 자유롭게 사용하기 위해 만든 응용 프로그램의 표준 방법을 의미하는 것은?

① ODBC ② GUI

③ Interface ④ O/S

> **전문가의 조언** 데이터베이스를 자유롭게 사용하기 위해 만든 응용 프로그램의 표준 방법은 ODBC입니다.

02 휴대용 무선기기를 이용하여 콘텐츠를 제공하고 상거래 영역까지 무선 인터넷을 사용하여 비즈니스 서비스를 제공하는 것은?

① Virtual Communication

② M-Commerce

③ Collaboration Platforms

④ Information Brokerage

> **전문가의 조언** 휴대용 무선기기를 이용하여 콘텐츠를 제공하는 것은 M-Commerce입니다.

03 자신의 컴퓨터에 전자메일을 선택적으로 내려 받을 수 있도록 할 때 사용하는 프로토콜은?

① FTP ② HTTP

③ SNMP ④ POP3

> **전문가의 조언** 전자우편을 보낼 때는 SMTP, 받을 때는 POP3 프로토콜을 사용합니다.
> • SNMP(Simple Network Management Protocol) : TCP/IP의 네트워크 관리 프로토콜로, 라우터나 허브 등 네트워크 기기의 네트워크 정보를 네트워크 관리 시스템에 보내는 데 사용되는 표준 통신 규약
> • FTP(File Transfer Protocol) : 컴퓨터와 컴퓨터 또는 컴퓨터와 인터넷 사이에서 파일을 주고받을 수 있도록 하는 원격 파일 전송 프로토콜

04 원격 근무를 위해서 필요한 시스템에 해당하는 것들끼리 묶은 것은?

① 화상회의 시스템, 팩시밀리, 원격 프로그램

② VOD, 텔레텍스트, 원격 프로그램

③ 마이크로 필름, 팩시밀리, VOD

④ 화상회의 시스템, CAI, 마이크로 필름

> **전문가의 조언** 원격 근무를 위해 필요한 시스템에는 화상회의 시스템(VCS; Video Conference System), 팩시밀리(Facsimile), 원격 프로그램 등이 있습니다.

05 CPU와 입·출력장치 사이에 존재하여 시스템의 전체적인 속도를 향상시키는 장치는?

① 가상 메모리 ② 연관 메모리

③ 버퍼 메모리 ④ 플래시 메모리

> **전문가의 조언** CPU와 입·출력장치 사이에 존재하며, 시스템의 전체적인 속도를 향상시키는 장치는 버퍼 메모리입니다.
> • 가상 메모리(Virtual Memory) : 보조기억장치(하드디스크)의 일부를 주기억장치처럼 사용하는 메모리 기법으로, 주기억장치보다 큰 프로그램을 불러와 실행해야 할 때 유용하게 사용됨
> • 연관 메모리(Associative Memory) : 주소를 참조하여 데이터를 읽어오는 방식이 아니라 저장된 내용의 일부를 이용하여 기억장치에 접근하여 데이터를 읽어오는 기억장치
> • 플래시 메모리(Flash Memory) : EEPROM의 일종으로 비휘발성 메모리이며, 스마트 폰, 개인용 정보단말기, 디지털 카메라 등에 널리 사용됨

06 사무자동화의 궁극적인 기대 효과가 아닌 것은?

① 생산성의 개선 ② 조직의 최적화

③ 의사소통의 원활 ④ 경쟁력의 증대

> **전문가의 조언** 사무자동화의 기대 효과에는 생산성 향상(개선), 조직의 최적화, 경쟁력 증대가 있습니다.

07 사무자동화의 특징으로 가장 거리가 먼 것은?

① 사무의 생산성 향상

② 사무처리 시간의 단축

③ 정형적인 업무의 자동화

④ 인건비, 관리비 증가

> **전문가의 조언** 사무자동화를 도입하면 인건비나 관리비가 이전에 비해 감소합니다.

08 서로 다른 종류의 데이터 저장장치를 같은 데이터 서버에 연결하여 총괄적으로 관리해주는 네트워크로 가장 옳은 것은?

① BcN ② LAN

③ SAN ④ NMS

> **전문가의 조언** 서로 다른 종류의 데이터 저장장치를 같은 데이터 서버에 연결하여 총괄적으로 관리해주는 네트워크 SAN입니다.
> • BcN(Broadband Convergence Network) : 광대역 통합망으로 유무선 통합은 물론 통신방송 융합 환경에 능동적으로 대처할 수 있도록 만든 통신망
> • LAN(Local Area Network, 근거리 통신망) : 자원 공유를 목적으로 회사, 학교, 연구소 등의 구내에 사용하는 통신망
> • NMS(Network Management System, 네트워크 관리 시스템) : 네트워크상의 모든 장비들을 관리할 수 있는 중앙 감시 시스템

09 팩시밀리의 특징으로 옳지 않은 것은?

① 원하는 시간에 원하는 정보 전송이 가능하다.

② 동일 내용을 한 번에 한 명의 수신자에게만 보낼 수 있다.

③ 일반 전화회선을 이용하여 즉시 전송 가능하다.

④ 종이원고의 내용을 원격지에서 충실하게 기록 재생할 수 있다.

> **전문가의 조언** 팩시밀리는 동일 내용을 한 번에 여러 명의 수신자에게 보낼 수 있습니다.

10 다음 중 전자상거래에 관한 특징으로 틀린 것은?

① 소비자는 상품을 선택할 기회가 적다.

② 운송비가 절감되고 상품 조사가 용이하다.

③ 생산자는 소자본 창업이 가능하다.

④ 근로자는 시공간을 초월하여 업무를 수행할 수 있다.

> **전문가의 조언** 전자상거래는 인터넷이라는 가상 공간을 통해 상품을 사고파는 행위로 물리적, 시간적, 공간적 제약을 받지 않으므로 소비자는 상품을 선택할 기회가 많습니다.

11 사무자동화의 기본 요소가 아닌 것은?

① 제도   ② 사람

③ 장비   ④ 효율성

> **전문가의 조언** 사무자동화의 기본 요소 4가지는 철학, 장비, 제도, 사람입니다.

12 사무자동화 추진 단계의 순서로 옳은 것은?

① 분석 → 계획 → 운용

② 계획 → 운용 → 분석

③ 계획 → 분석 → 운용

④ 분석 → 운용 → 계획

> **전문가의 조언** 사무자동화는 '분석 → 계획 → 운용' 순으로 추진합니다.

13 문자나 그림, 설계도면을 읽어 디지털 신호로 변환시켜 컴퓨터 내부로 입력하는 장치로서 Tablet과 Stylus Pen으로 구성된 장치는?

① CRT(Cathode Ray Tube)

② 디지타이저(Digitizer)

③ 도트 매트릭스 프린터(Dot Matrix Printer)

④ LCD(Liquid Crystal Display)

> **전문가의 조언** 문자나 그림, 설계도면을 읽어 디지털 신호로 변환시켜 컴퓨터 내부로 입력하는 장치는 디지타이저(Digitizer)입니다.
> • **CRT(Cathode Ray Tube)** : 진공관 안쪽의 형광면을 전자총으로 자극하여, 전기신호를 눈으로 볼 수 있는 광학 신호로 변환하여 표시하는 장치
> • **도트 매트릭스 프린터(Dot Matrix Printer)** : 프린터 헤드의 핀으로 잉크 리본에 충격을 가하여 인쇄하는 프린터
> • **LCD(Liquid Crystal Display)** : 두 장의 얇은 유리판에 액상 결정(Liquid Crystal)을 넣고, 전압을 가하여 화면을 보여주는 장치

14 문자와 그림 정보를 미리 도트 형태로 단말장치에 전송하는 비디오텍스트 방식은?

① 간접 도트 전송 방식   ② 알파 모자이크 방식

③ 알파 지오메트릭 방식   ④ 알파 포토그래픽 방식

> **전문가의 조언** 문자와 그림 정보를 미리 도트 형태로 단말장치에 전송하는 비디오텍스 방식은 알파 포토그래픽 방식입니다.
> • **알파 모자이크 방식** : 도형 정보를 미리 정해진 모자이크 패턴의 조합으로 표현하며, 수신 단말기에서는 내부의 문자 발생기에 의해 정해진 모자이크 패턴으로 그림을 표시함
> • **알파 지오메트릭 방식** : 문자 정보는 알파 모자이크 방식과 동일하지만 그래픽 정보는 점, 선, 원, 다각형 등을 결합하여 표시함

15 전자우편 시스템에서 같은 내용을 여러 사람에게 보내는 기능은?

① 첨부 기능   ② 온라인 기능

③ 동보 기능   ④ 오프라인 기능

> **전문가의 조언** 같은 내용을 여러 사람에게 보내는 기능은 동보 기능입니다.

16 충격식에 해당하는 프린터는?

① 도트 매트릭스   ② 레이저

③ 열전사   ④ 잉크젯

> **전문가의 조언** 도트 매트릭스 프린터는 충격식 프린터, 레이저, 열전사, 잉크젯 프린터는 비충격식 프린터입니다.

17 프로그램의 실행 중 인터럽트(Interrupt)가 발생할 경우에 현재의 프로그램 상태가 저장되어 있는 레지스터를 무엇이라 하는가?

① PSW   ② PC
③ PCW   ④ ACC

전문가의 조언   현재의 프로그램 상태가 저장되어 있는 레지스터는 PSW (Program Status Word)입니다.
• 프로그램 카운터(PC; Program Counter) : 다음 번에 실행할 명령어의 번지를 기억하는 레지스터
• 누산기(AC; Accumulator) : 연산된 결과를 일시적으로 저장하는 레지스터

18 데이터베이스 관리 시스템(DBMS)이 가지는 기능으로 옳지 않은 것은?

① 정의 기능   ② 탐색 기능
③ 조작 기능   ④ 제어 기능

전문가의 조언   데이터베이스 관리 시스템(DBMS)의 기능에는 정의 기능, 조작 기능, 제어 기능이 있습니다.

19 데이터베이스의 모형에 속하지 않는 것은?

① 관계형 데이터베이스
② 정규형 데이터베이스
③ 계층형 데이터베이스
④ 네트워크형 데이터베이스

전문가의 조언   데이터베이스 모형에는 계층형, 망형(네트워크), 관계형, 객체 지향형 데이터베이스가 있습니다.

20 객체 지향형 데이터베이스 시스템에서 특정 데이터 구조와 메소드(Method)들로 구성된 객체들의 모임은?

① 애트리뷰트(Attribute)
② 클래스(Class)
③ 릴레이션(Relation)
④ 튜플(Tuple)

전문가의 조언   특정 데이터 구조와 메소드(Method)들로 구성된 객체들의 모임은 클래스(Class)입니다.
• 애트리뷰트(Attribute) : 테이블의 열을 구성하는 것으로 항목(Field)이라고 함
• 릴레이션(Relation) : 데이터들을 행과 열로 표현한 테이블
• 튜플(Tuple) : 테이블의 행을 구성하는 것으로 개체(레코드)라고 함

2과목   사무경영관리 개론

21 경영정보 시스템의 기능별 분류로서 적절하지 않은 것은?

① 운영통제정보 시스템
② 회계정보 시스템
③ 생산정보 시스템
④ 마케팅정보 시스템

전문가의 조언   • 운영통제정보 시스템은 경영정보 시스템의 기능별 분류에 속하지 않습니다.
• 경영정보 시스템의 기능별 분류에는 생산정보 시스템, 마케팅정보 시스템, 회계정보 시스템, 재무정보 시스템이 있습니다.

22 공공기록물 보존기간의 구분에 해당하지 않는 것은?

① 20년 보존   ② 영구 보존
③ 10년 보존   ④ 5년 보존

전문가의 조언   공공기록물 보존기간은 영구, 준영구, 30년, 10년, 5년, 3년, 1년으로 구분됩니다.

23 비공개 기록물의 공개 여부 시점은?

① 생산 종료 후 10년
② 생산 종료 후 30년
③ 보존기간 종료 후 10년
④ 보존기간 종료 후 30년

전문가의 조언   비공개 기록물은 '공공기록물 관리에 관한 법률'에 따라 생산 종료 후 30년이 지나면 모두 공개하는 것을 원칙으로 합니다.

24 산업안전보건기준에 관한 규칙상 용도별 조도 기준 중 틀린 것은?

① 초정밀 작업 : 750럭스 이상
② 정밀 작업 : 300럭스 이상
③ 보통 작업 : 200럭스 이상
④ 기타 작업 : 75럭스 이상

전문가의 조언   보통 작업시의 조도 기준은 200럭스 이상이 아니라 150럭스 이상입니다.

정답 17.① 18.② 19.② 20.② 21.① 22.① 23.② 24.③

25 컴퓨터 등 정보처리능력을 가진 장치에 의하여 전자적인 형태로 작성되어 송수신되거나 저장된 문서형식의 자료로서 표준화된 것을 의미하는 것은?

① 전자문서 ② 표준문서

③ 통신정보 ④ 전산정보

> **전문가의 조언** 전자적인 형태로 작성되어 송수신되거나 저장된 문서형식의 자료로서 표준화된 것을 전자문서라고 합니다.

26 정보보안의 3요소가 아닌 것은?

① 기밀성 ② 구속성

③ 가용성 ④ 무결성

> **전문가의 조언** 정보보안의 3요소는 '기밀성, 가용성, 무결성'입니다.

27 공공기록물 관리에 의거 전자기록물로 구성되어 있는 기록물철의 분류번호는 어떻게 관리하는가?

① 해당 전자기록물철의 등록 정보로 관리

② 해당 전자기록물철의 접수 정보로 관리

③ 해당 전자기록물철의 생산 정보로 관리

④ 해당 전자기록물철의 분류 정보로 관리

> **전문가의 조언** 공공기록물 관리에 관한 법률상 기록물철을 작성한 경우에는 전자기록생산시스템으로 기록물철 분류번호를 부여하고 그 기록물철에 이를 표기하여야 하며, 중앙기록물관리기관의 장이 정하는 등록 정보를 생산·관리 하여야 합니다.

28 거래 상대방의 응용 시스템들이 질의와 응답으로 구성된 두 개 이상의 짧은 메시지를 한 번의 접속 상태에서 주고받는 EDI 방식은?

① 참여형 EDI ② 대화형 EDI

③ 일괄 처리형 EDI ④ 즉시 응답형 EDI

> **전문가의 조언** 두 개 이상의 짧은 메시지를 한 번의 접속 상태에서 주고받는 EDI 방식은 대화형 EDI입니다.
> • **일괄처리 EDI** : 가장 일반적인 방식으로, 부가가치 통신망(VAN)을 이용한 축적 전송 방식(전송된 데이터를 저장한 후 일괄 발송)을 사용함
> • **즉시응답 EDI** : 거래 문서를 받은 즉시 신속한 응답이 요구될 때 사용하는 방식

29 공동저작물의 저작재산권을 행사할 수 있는 경우는?

① 저작재산권자 일부의 합의

② 저작재산권자 전원의 합의

③ 저작재산권자 1/3의 합의

④ 저작재산권자 2/3의 합의

> **전문가의 조언** 공동저작물은 2인 이상이 공동으로 창작한 저작물로서 각자가 이바지한 부분을 분리하여 이용할 수 없는 것을 말합니다. 그러므로 공동저작물은 저작재산권자의 전원의 합의를 통해서만 저작재산권의 행사가 가능합니다.

30 다음 중 사무실 배치 원칙과 가장 거리가 먼 것은?

① 대실주의(큰방주의)는 사무실 배치에 있어서 가능한 독방을 늘인다.

② 사무의 성격이 유사한 부서는 가깝게 배치한다.

③ 내부 및 외부 민원 업무 등 대중과 관계가 많은 부서는 가급적 입구근처에 배치한다.

④ 장래 확장에 대비하여 탄력성 있는 공간을 확보한다.

> **전문가의 조언** 대실주의(큰방주의)는 사무실을 너무 세분화(독방)하는 것보다는 여러 과를 한 사무실에 배정하여 사용하는 것이 바람직하다고 생각하는 사무실 배정 방식입니다.

31 정부에서 국가기관 등의 국가정보화 추진과 관련된 정책의 개발과 건강한 정보문화 조성 및 정보격차 해소 등을 지원하기 위하여 설립한 기구는?

① 한국정보보호센터

② 한국지능정보사회진흥원

③ 국가전산망진흥협회

④ 한국소프트웨어산업협회

> **전문가의 조언** 국가기관 등의 국가정보화 추진과 관련된 정책의 개발 등을 지원하기 위해 설립한 기구는 한국지능정보사회진흥원입니다.

32 저작권의 발생 시점으로 옳은 것은?

① 저작물을 입법예고한 때부터

② 저작물을 공표한 때부터

③ 저작물을 창작한 때부터

④ 저작물을 등록한 때부터

> **전문가의 조언** 저작권은 저작물이 창작된 때부터 발생됩니다.

33 다음 괄호 안 내용으로 가장 적합한 것은?

> 행정기관 등에 송신한 전자문서는 그 전자문서의 송신 시점이 정보 시스템에 의하여 전자적으로 (   )된 때에 송신자가 발송한 것으로 본다.

① 입력
② 전송
③ 기록
④ 발송

전문가의 조언 전자문서가 발송된 때를 묻는 문제입니다. 전자문서의 발송은 송신자가 송신한 후 수신자의 컴퓨터에 전자적으로 기록된 때를 의미합니다.

34 다음 중 사무 표준화의 기대효과로 가장 옳지 않은 것은?

① 관리자는 사무원들을 감독하고 통제하기 용이하다.
② 공동이해 촉진과 통제의 강화로 인해 비용을 절감할 수 있다.
③ 정책, 규격, 방법, 절차 등에 다양성을 가져온다.
④ 직원들의 사기를 높여주며, 능력별로 활용할 수 있다.

전문가의 조언 사무 표준화를 통하여 사무 업무 용어나 개념, 부서별 평가 기준 등과 같은 정책, 규격, 방법, 절차 등을 통일할 수 있습니다.

35 다음 중 페이욜(H. Fayol)이 주장한 관리의 고유 기능의 활동 범주에 속하지 않는 것은?

① Accounting
② Technical
③ Financial
④ Audit

전문가의 조언 • Audit는 관리의 활동 범주에 속하지 않습니다.
• 페이욜(H. Fayol)이 주장한 경영 활동에는 기술(Technical) 활동, 영업(Commercial) 활동, 재무(Financial) 활동, 보전(Security) 활동, 회계(Accounting) 활동, 관리(Managerial) 활동이 있습니다.

36 의사 결정 시스템의 특성이 아닌 것은?

① 다양한 데이터를 획득하여 의사 결정에 필요한 정보처리를 할 수 있도록 설계되어야 한다.
② 그래픽을 이용하여 정보처리 결과를 보여주고 출력하는 기능이 있어야 한다.
③ 의사 결정자와 시스템 간의 대화식 정보처리가 가능하도록 설계되어야 한다.
④ 의사 결정 과정 중에 발생한 환경의 변화는 제외하고 유연하게 설계되어야 한다.

전문가의 조언 의사 결정 시스템은 의사 결정이 이루어지는 과정 중에 발생하는 환경의 변화를 반영할 수 있도록 유연하게 설계되어야 합니다.

37 산업보건기준에 관한 규칙상 사업주가 근로자를 안전하게 통행할 수 있도록 통로에 하여야 하는 채광 또는 조명 기준은?

① 50럭스 이상의 채광 또는 조명 시설
② 75럭스 이상의 채광 또는 조명 시설
③ 150럭스 이상의 채광 또는 조명 시설
④ 300럭스 이상의 채광 또는 조명 시설

전문가의 조언 단순히 통로를 통행하는 것은 기타 작업으로 분류할 수 있으며, 기타 작업 시 최저 조도는 75Lux 이상입니다.

38 사무조직의 형태 중 라인 조직의 장점으로 가장 적합하지 않은 것은?

① 전문화의 결여
② 단순하고 이해하기 쉬움
③ 결정과 집행의 신속
④ 책임소재의 명확

전문가의 조언 전문화의 결여는 라인 조직의 단점입니다.

39 다음 중 사무관리의 원칙과 가장 관계없는 것은?

① 용이성
② 주관성
③ 정확성
④ 신속성

전문가의 조언 사무관리의 원칙에는 용이성, 정확성, 신속성, 경제성이 있습니다.

40 사무를 위한 작업이 아닌 것은?

① 기록
② 계산
③ 접근
④ 분류 및 정리

전문가의 조언 • 접근(Access)은 사무를 위한 작업이 아닙니다.
• 사무를 위한 작업에는 기록(Writing), 독해(Read Check), 계산(Computing), 의사소통(Communication, 통신), 분류 및 정리(Classifying & Filing), 면담(Interviewing, Thinking), 사무기기 조작(Operating) 등이 있습니다.

3과목 프로그래밍 일반

41 컴파일러에 의해 수행되는 자료 타입 강제변환으로, 혼합형 산술 계산 시 시스템에 의해 자동으로 형 변환이 수행되는 타입 자동 변환을 무엇이라고 하는가?

① 명시적 형 변환　　② 구조적 형 변환

③ 수학적 형 변환　　④ 묵시적 형 변환

> **전문가의 조언** 데이터 형식을 변환하는 형 변환에는 자동 형 변환과 강제 형 변환이 있습니다. 자동 형 변환은 시스템에 의해 자동으로 형 변환이 수행되는 것으로 묵시적 형 변환이라고도 합니다. 강제 형 변환은 프로그래머의 요청에 의해 형 변환이 수행되는 것으로 명시적 형 변환이라고도 합니다.

42 (aa|b)*a의 정규표현으로 만들 수 있는 스트링이 아닌 것은?

① a　　　　　　　② aaa

③ ba　　　　　　④ aba

> **전문가의 조언** (aa|b)*a의 정규표현으로 만들 수 있는 스트링에는 a, aaa, ba가 있습니다.

43 C 언어에서 공용체를 정의하는 키워드는?

① struct　　　　② union

③ enum　　　　④ public

> **전문가의 조언** struct는 구조체, union은 공용체, enum은 열거형을 정의하는 키워드입니다.

44 다음 C 코드를 수행한 결과로 나올 수 없는 결과는?

```c
#include <stdio.h>
int main( ) {
    int a = 10, b = 5;
    if (a == b)
        printf("a == b\n");
    if (a != b)
        printf("a is not equal to b\n");
    if (a > b)
        printf("a > b\n");
    if (a < b)
        printf("a < b\n");
    if (a >= b)
        printf("a >= b\n");
}
```

① a >= b　　　　② a > b

③ a is not equal to b　　④ a < b

> **전문가의 조언** 코드를 수행한 결과로 나올 수 없는 결과는 a < b입니다. 지문에 사용된 코드의 의미는 다음과 같습니다.
>
> ```c
> #include <stdio.h>
> int main( ) {
> ❶  int a = 10, b = 5;
> ❷  if (a == b)
>        printf("a == b\n");
> ❸  if (a != b)
>        printf("a is not equal to b\n");
> ❹  if (a > b)
>        printf("a > b\n");
> ❺  if (a < b)
>        printf("a < b\n");
> ❻  if (a >= b)
>        printf("a >= b\n");
> }
> ```
>
> ❶ 정수형 변수 a를 10으로, b를 5로 초기화합니다.
> ❷ a와 b가 같으면 **a == b**를 출력한 후 커서를 다음 줄 처음으로 이동합니다.
> ❸ a와 b가 같지 않으면 **a is not equal to b**를 출력한 후 커서를 다음 줄 처음으로 이동합니다.
> ❹ a가 b보다 크면 **a > b**를 출력한 후 커서를 다음 줄 처음으로 이동합니다.
> ❺ a가 b보다 작으면 **a < b**를 출력한 후 커서를 다음 줄 처음으로 이동합니다.
> ❻ a가 b보다 크거나 같으면 **a >= b**를 출력한 후 커서를 다음 줄 앞으로 이동합니다.

45 다음 중 C언어에서 사용되는 예약어가 아닌 것은?

① register　　　② virtual

③ switch　　　　④ extern

> **전문가의 조언** C 언어에서 사용되는 예약어에는 register, extern, switch, enum, else, goto, break 등이 있습니다.

46 다음 중위 표기식을 후위 표기식으로 나타낸 것은?

> A * (B − C)

① A B C * −　　　② A B C − *

③ A * B C −　　　④ A B − C *

> **전문가의 조언** 중위(Infix) 표기법을 후위(Postfix) 표기법으로 변경하는 과정 및 결과는 다음과 같습니다.
> ❶ 연산 우선순위에 따라 괄호로 묶습니다.
>   (A * (B − C))
> ❷ 연산자를 해당 괄호의 뒤(오른쪽)로 옮깁니다.
>   (A * (B − C)) → (A (B C) −) *
> ❸ 괄호를 제거합니다.
>   A B C − *

47 다음 C 코드의 수행 결과로 나타나는 값은?

```
#include <stdio.h>
int main( ) {
    int a = 65;
    int *p = &a;
    printf("%d", (*p)++);
}
```

① 65   ② 66

③ A   ④ B

전문가의 조언 코드의 수행 결과로 나타나는 값은 66입니다. 지문에 사용된 코드의 의미는 다음과 같습니다.

```
#include <stdio.h>
int main( ) {
❶ int a = 65;
❷ int *p = &a;
❸ printf("%d", (*p)++);}
}
```

❶ 정수형 변수 a를 선언하고, 초기값으로 65를 할당합니다.
❷ 정수형 변수가 저장된 곳의 주소를 기억할 수 있는 포인터 변수 p를 선언 하면서, 포인터 변수 p에 정수형 변수 a의 주소를 저장합니다(여기서 지정 한 주소는 임의로 정한 것이며, 이해를 돕기 위해 주소를 실제 표현되는 16 진수가 아니라 10진수로 표현했습니다.).

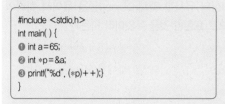

❸ p가 가리키는 곳의 값 65를 정수형 10진수로 출력합니다. (*p)++는 후치 증가 연산이므로 p가 가리키는 곳의 값(*p)인 65가 정수형 10진수로 출력 된 후 1이 증가됩니다(66).

48 Java에서 하위 클래스에서 상위 클래스를 참조하기 위해 사 용하는 명령어는?

① Extends

② Static

③ Super

④ Method

전문가의 조언 Extends는 상위 클래스의 속성과 메소드를 사용할 수 있도록 상위 클래스를 하위 클래스에 상속시키는 명령어이고, Super는 하위 클래스에 서 상속받은 상위 클래스의 속성과 메소드를 참조하는 명령어입니다.

49 다음 중 운영체제(OS)의 성능 평가 기준이 아닌 것은?

① Throughput

② Cost

③ Turn Around Time

④ Reliability

전문가의 조언 Cost(비용)은 운영체제의 성능 평가 기준이 아닙니다. 운영체 제의 성능 평가 항목은 처리 능력(Throughput), 반환 시간(Turn Around Time), 신뢰성(Reliability), 사용 가능도(Availability)입니다.

50 다음 중 컴파일러(Compiler) 언어에 속하는 것은?

① Pascal   ② Python

③ JavaScript   ④ PHP

전문가의 조언 보기 중 컴파일러 언어는 Pascal입니다. Python, JavaScript, PHP는 인터프린터 언어입니다.

51 바인딩 시간 중 언어 구현 시간에 확정되는 것은?

① 변수에 대한 기억장소

② 자료 구조

③ 프로그램 구조

④ 실수의 유효 자릿수

전문가의 조언 언어 구현 시간에는 정수의 자릿수, 실수의 유효 자릿수, 숫 자의 기계 내 표기법 등이 확정됩니다.

52 프로그래머가 프로그램 내에서 정의하고 이름을 줄 수 있는 자료 객체로, 하나의 값을 저장할 수 있는 기억장소의 이름 이고 프로그램 수행중에 변경될 수 있는 값을 의미하는 것 은?

① 변수   ② 상수

③ 함수   ④ 라이브러리

전문가의 조언 프로그램 수행 중에 변경될 수 있는 값을 의미하는 것은 변수 입니다.
• 상수(Constant) : 프로그램이 동작되는 동안 하나의 값과 이름을 갖는 자료 로, 프로그램이 동작되는 동안 저장된 값이 절대 변하지 않음

53 다음 중 비선점 스케줄링 알고리즘이 아닌 것은?

① FIFO　　　　　　　② SJF

③ HRN　　　　　　　④ SRT

> **전문가의 조언** SRT는 선점 스케줄링입니다.

54 BNF 형식에 맞게 생성된 수는?

> ⟨num⟩ → ⟨num⟩⟨dig⟩ | ⟨dig⟩
>
> ⟨dig⟩ → 1 | 3 | 5 | 7 | 9

① 917　　　　　　　　② 985

③ 972　　　　　　　　④ 732

> **전문가의 조언** 보기 중 지문의 BNF 형식에 맞게 생성된 수는 917입니다. BNF 형식을 살펴보면 다음과 같습니다.
>
> > ❶ ⟨num⟩ → ⟨num⟩⟨dig⟩ | ⟨dig⟩
> > ❷ ⟨dig⟩ → 1 | 3 | 5 | 7 | 9
>
> ❶ ⟨num⟩은 '⟨num⟩⟨dig⟩'와 '⟨dig⟩' 중에서 선택하여 정의할 수 있습니다.
> • → : '::='와 같이 "정의"를 의미함
> • | : 선택
> ❷ ⟨dig⟩는 1, 3, 5, 7, 9 중에서 선택하여 정의할 수 있습니다.
> ※ ⟨num⟩이 처음에 '⟨dig⟩'를 선택하면 1, 3, 5, 7, 9 중 한 자리 수로 표현되고, ⟨num⟩이 '⟨num⟩⟨dig⟩'를 선택한 후 계속해서 '⟨num⟩⟨dig⟩'를 선택하면 ⟨num⟩이 생성하는 숫자는 끊임없이 늘어납니다. 예를 들어, ⟨num⟩이 '⟨num⟩⟨dig⟩'를 선택하고 ⟨dig⟩가 7을 선택하면 '⟨num⟩7'이 되고, ⟨num⟩이 다시 '⟨num⟩⟨dig⟩'를 선택하고 ⟨dig⟩가 1을 선택하면 '⟨num⟩17'이 되고, ⟨num⟩이 다시 '⟨num⟩⟨dig⟩'를 선택하고 ⟨dig⟩가 9를 선택하면 '⟨num⟩917' 이 되고, 이런 식으로 숫자가 계속 생성됩니다.

55 C 언어에서 나머지를 구하기 위한 연산자는?

① %　　　　　　　　② @

③ #　　　　　　　　④ !

> **전문가의 조언** 나머지를 구하기 위한 연산자는 %입니다.

56 어휘 분석의 주된 역할은 원시 프로그램을 하나의 긴 스트링으로 보고 문자 단위로 스캐닝하여 문법적으로 의미있는 일련의 문자들로 분할해 내는 것이다. 이때 분할된 문법적인 단위는?

① PATTERN　　　　　② TREE

③ TOKEN　　　　　　④ PARSE

> **전문가의 조언** 어휘 분석기에 의해 분할된 문법적인 단위를 TOKEN이라고 합니다.

57 BNF 표기법 중 "택일"을 의미하는 것은?

① ⟨ ⟩　　　　　　　　② |

③ ::=　　　　　　　　④ { }

> **전문가의 조언** BNF 표기법 기호 중 "택일"을 의미하는 것은 |입니다.
> • ::= : 정의
> • ⟨ ⟩ : Non-Terminal 기호(재정의 대상)
> • { } : 반복

58 객체지향 언어(Object-Oriented Programming Language) 에서 하나 이상의 유사한 객체(Object)들을 묶어서 하나의 공통된 특성으로 표현한 것을 무엇이라 하는가?

① 클래스(Class)　　　② 행위(Behavior)

③ 사건(Event)　　　　④ 메시지(Message)

> **전문가의 조언** 하나 이상의 유사한 객체(Object)들을 묶어서 하나의 공통된 특성으로 표현한 것을 클래스(Class)라고 합니다.
> • 메시지
> – 객체들 간에 상호작용을 하는데 사용되는 수단으로 객체의 메소드(동작, 연산)를 일으키는 외부의 요구사항이다.
> – 객체와 클래스(Class)가 정보를 교환하기 위한 통신 명령이다.

59 운영체제에 대한 설명으로 옳지 않은 것은?

① 사용자와 시스템 간의 인터페이스로서 동작하는 하드웨어 장치이다.

② 프로세서, 기억장치, 입출력장치, 파일 및 정보 등의 자원을 관리한다.

③ 시스템의 오류를 검사하고 복구한다.

④ 다중 사용자와 다중 응용 프로그램 환경 하에서 자원의 현재 상태를 파악하고, 자원 분배를 위한 스케줄링을 담당한다.

> **전문가의 조언** 운영체제는 사용자와 시스템 간의 인터페이스로서 동작하는 소프트웨어입니다.

60 시간 구역성과 관련이 없는 것은?

① 순환(loop)

② 배열 순회(array traversal)

③ 부 프로그램(sub program)

④ 집계(totaling)

> **전문가의 조언** 배열 순회는 공간 구역성의 예입니다.

4과목 정보 통신 개론

61 가상 회선 패킷 교환 방식에 대한 설명으로 옳은 것은?

① 수신은 송신된 순서대로 패킷이 도착한다.

② 우회 경로로 패킷을 전달할 수 있어 신뢰성이 높다.

③ 비연결형 서비스 방식이다.

④ 먼저 전송했더라도 최적의 경로를 찾지 못하면 나중에 전송한 데이터보다 늦게 도착할 수 있다.

> **전문가의 조언** ②, ③, ④번은 데이터그램 패킷 교환 방식에 대한 설명입니다.

62 다음 중 데이터 회선 종단장치와 관련이 없는 것은?

① DCE   ② DTE

③ MODEM   ④ DSU

> **전문가의 조언** 보기 중 DTE(단말장치)를 제외한 나머지가 모두 신호 변환장치입니다.

63 X.25 프로토콜의 3개 계층에 해당하지 않는 것은?

① 트랜스포트 계층   ② 프레임 계층

③ 패킷 계층   ④ 물리 계층

> **전문가의 조언** X.25 프로토콜은 물리 계층, 프레임(링크) 계층, 패킷 계층으로 구분됩니다.

64 LAN의 토폴로지 형태로 가장 적절하지 않은 것은?

① Star Topology   ② Bus Topology

③ Ring Topology   ④ Square Topology

> **전문가의 조언** 망의 구성 형태로는 성형(Star), 링형(Ring), 버스형(Bus), 계층형(Tree), 망형(Mesh) 등이 있습니다.

65 반송파로 사용되는 정현파의 주파수에 정보를 실어 보내는 디지털 변조 방식은?

① FM   ② DM

③ PSK   ④ FSK

> **전문가의 조언** 정현파의 주파수에 정보를 실어 보내는 디지털 변조 방식은 FSK입니다.
> • **FM** : 변조 파형에 따라 주파수를 변조하는 방식
> • **PSK** : 2진수 0과 1을 서로 다른 위상을 갖는 신호로 변조하는 방식

66 변조 속도가 1600[baud]이고 디비트(Dibit)를 사용한다면 전송 속도(bps)는?

① 1600   ② 3200

③ 4800   ④ 6400

> **전문가의 조언** 비트(Dibit)는 변조 시 상태 변화 수가 2Bit입니다. 전송 속도(bps) = 변조 속도(Baud) × 변조 시 상태 변화 수이므로 1,600 × 2 = 3,200[bps]입니다.

67 전송할 데이터가 있는 단말장치에만 타임 슬롯을 할당함으로써 전송 효율을 높일 수 있는 방식은?

① 위상 다중화

② 광대역 다중화

③ 통계적 시분할 다중화

④ 주파수 분할 다중화

> **전문가의 조언** 전송할 데이터가 있는 단말장치에만 타임 슬롯을 할당하는 방식은 통계적 시분할 다중화 방식입니다.
> • **주파수 분할 다중화** : 통신 회선의 주파수를 여러 개로 분할하여 여러 대의 단말장치가 동시에 사용할 수 있도록 한 다중화 방식

68 발광다이오드(LED)에서 나오는 빛의 파장을 이용해 빠른 통신 속도를 구현하는 기술은?

① LAN   ② MCC

③ Li-Fi   ④ SAA

> **전문가의 조언** 발광다이오드(LED)에서 나오는 빛의 파장을 이용해 빠른 통신 속도를 구현하는 기술은 Li-Fi입니다.

69 라우팅 프로토콜 중 Distance Vector 방식이 아닌 것은?

① RIP
② BGP
③ EIGRP
④ OSPF

전문가의 조언 거리 벡터(Distance Vector) 방식의 라우팅 프로토콜에는 RIP, EIGRP, BGP 등이 있고, 링크 상태(Link State) 방식의 라우팅 프로토콜에는 OSPF가 있습니다.

70 두 개의 채널 사이에 보호대역(Guard Band)을 사용하여 인접한 채널 간의 간섭을 막는 다중화 방식은?

① 시분할 다중화 방식
② 주파수 분할 다중화 방식
③ 코드 분할 다중화 방식
④ 공간 분할 다중화 방식

전문가의 조언 보호대역(Guard Band)을 사용하는 다중화 방식은 주파수 분할 다중화 방식입니다.

71 HDLC에 대한 설명으로 틀린 것은?

① 문자 방식의 프로토콜이다.
② 오류 제어를 위해 Go-back-N ARQ 방식을 사용할 수 있다.
③ 사용하는 문자 코드와 상관이 없으며 비트 삽입에 의해 투명한 데이터의 전송을 보장한다.
④ 반이중과 전이중 통신을 지원한다.

전문가의 조언 HDLC는 비트 방식의 프로토콜입니다.

72 오류가 검출되면 자동적으로 송신 스테이션에게 재전송을 요청하는 ARQ 기법의 형태가 아닌 것은?

① Stop-and-Wait ARQ
② Go-back-N ARQ
③ Responsive-send ARQ
④ Selective-Repeat ARQ

전문가의 조언 Receive Ready ARQ는 ARQ 방식의 종류가 아닙니다.

73 ITU-T 권고안의 X 시리즈에서 패킷형 DTE와 DCE 간의 인터페이스는?

① X.21
② X.22
③ X.24
④ X.25

전문가의 조언 패킷형 DTE와 DCE 간의 인터페이스는 X.25입니다.
• X.20 : 비동기식 전송을 위한 DTE/DCE 접속 규격
• X.21 : 동기식 전송을 위한 DTE/DCE 접속 규격
• X.25 : 패킷 전송을 위한 DTE/DCE 접속 규격

74 TCP 전송 계층 프로토콜을 사용하여 통신하는 데 이용되는 소켓을 무엇이라 하는가?

① 스트림 소켓
② 데이터그램 소켓
③ raw 소켓
④ 리시빙 소켓

전문가의 조언 TCP 전송 계층 프로토콜을 사용하여 통신하는 데 이용되는 소켓을 스트림 소켓이라고 합니다.

75 DNS 서버가 사용하는 TCP 포트 번호는?

① 11
② 26
③ 53
④ 104

전문가의 조언 DNS 서버가 사용하는 TCP 포트 번호는 53번입니다.

76 데이터 통신에서 양방향으로 동시에 송·수신이 가능한 전송 방식은?

① Simplex
② Half-Duplex
③ Full-Duplex
④ Single-Duplex

전문가의 조언 양방향으로 동시에 송·수신이 가능한 전송 방식은 Full-Duplex입니다.
• 단방향 통신(Simplex) : 한쪽 방향으로만 전송이 가능한 방식
• 반이중 통신(Half-Duplex) : 양방향 전송이 가능하지만 동시에 양쪽 방향에서 전송할 수 없는 방식

77 OSI 7계층 참조 모델 중 데이터 링크 계층의 주요 기능에 해당되지 않는 것은?

① 순서 제어　　　　② 경로 설정

③ 에러 제어　　　　④ 흐름 제어

전문가의 조언　경로 설정은 네트워크 계층의 기능입니다.

78 IPv6의 특징으로 틀린 것은?

① IPv6 주소의 길이는 256비트이다.

② 암호화와 인증 옵션 기능을 제공한다.

③ 프로토콜의 확장을 허용하도록 설계되었다.

④ 흐름 레이블(Flow Label)이라는 항목이 추가되었다.

전문가의 조언　IPv6 주소의 길이는 128비트입니다.

79 데이터 전송에서 1차원 Parity에 대한 설명으로 가장 적합한 것은?

① 수신된 데이터에서 전송 오류를 무시한다.

② 수신된 데이터에서 전송 오류의 검출을 수행한다.

③ 수신된 데이터에서 전송 오류의 정정을 수행한다.

④ 수신된 데이터에서 전송 오류의 암호화를 수행한다.

전문가의 조언　1차원 Parity, 즉 패리티 체크 방식은 데이터 열에 1비트의 검사 비트를 추가하여 오류를 검출하는 방식입니다.

80 IP 주소 체계에서 B 클래스의 주소 범위는?

① 0.0.0.0 ~ 127.255.255.255

② 128.0.0.0 ~ 191.255.255.255

③ 192.0.0.0 ~ 223.255.255.255

④ 224.0.0.0 ~ 239.255.255.255

전문가의 조언　IP 주소 체계에서 B 클래스는 128~191로 시작합니다.
- A 클래스 : 0~127로 시작
- C 클래스 : 192~223으로 시작

1과목 사무자동화 시스템

01 특정 기업 간의 CALS 및 EDI를 통한 수주, 구매, 조달 및 납품 등과 관련된 기업 간의 전자상거래를 의미하는 용어로 가장 적합한 것은?

① B2C
② B2B
③ C2C
④ C2G

전문가의 조언 기업 간의 전자상거래를 의미하는 용어는 B2B(기업과 기업)입니다.
• B2C(기업과 소비자) : 소비자를 대상으로 하는 서비스업으로 소비자에게 유·무형의 재화를 제공, 판매 및 중개하는 기업과 개인 간의 전자상거래
• C2C(소비자와 소비자) : 소비자 간의 일대일 거래가 이뤄지는 것을 뜻하며, 소비자가 상품 구매자인 동시에 공급자가 됨

02 자기 디스크의 구성 요소에 대한 설명으로 가장 거리가 먼 것은?

① 트랙은 회전축을 중심으로 데이터가 기록되는 동심원이다.
② 실린더는 여러 장의 디스크판에서 같은 위치에 있는 트랙의 모임으로 트랙의 수와 실린더의 수는 동일하다.
③ Search Time은 읽기/쓰기 헤드가 지정된 트랙에 도달하는 데 걸리는 시간이다.
④ Transmission Time은 읽은 데이터를 주기억장치로 보내는 데 걸리는 시간이다.

전문가의 조언 • Search Time은 읽기/쓰기 헤드가 지정된 트랙(실린더)을 찾은 후 원판이 회전하여 원하는 섹터에 도달해 읽기/쓰기가 시작될 때까지의 시간입니다.
• ③번의 내용은 탐색 시간(Seek Time)에 대한 설명입니다.

03 컴퓨터 시스템에 사용되는 메모리에 대한 설명으로 가장 거리가 먼 것은?

① RAM은 일반적으로 주기억 메모리(Main Memory)로 사용되며, 휘발성이 없다.
② 캐시 메모리는 CPU와 기억장치 간의 속도 차를 해소하기 위한 메모리이다.
③ 가상 메모리는 보조기억장치의 일부를 주기억장치처럼 사용하기 위한 메모리이다.
④ 버퍼 메모리는 2개의 장치가 데이터를 주고 받을 때 두 장치 간의 속도 차를 해소하기 위한 장치이다.

전문가의 조언 램(RAM)은 전원이 꺼지면 기억된 내용이 모두 사라지는 휘발성 메모리입니다.

04 주로 중간관리자와 지식 노동자에게 복잡하고 일상적이지 않은 결정들에 대한 컴퓨터 기반 지원을 제공하는 시스템은?

① 임원 대시보드
② 전사적 자원 관리 시스템
③ 관리 정보 시스템
④ 비즈니스 인텔리전스

전문가의 조언 복잡하고 일상적이지 않은 결정들에 대한 컴퓨터 기반 지원을 제공하는 시스템은 비즈니스 인텔리전스입니다.

05 E-Mail과 관련된 프로토콜이 아닌 것은?

① IMAP
② POP3
③ FTP
④ SMTP

전문가의 조언 FTP는 컴퓨터와 컴퓨터 또는 컴퓨터와 인터넷 사이에서 파일을 주고받을 수 있도록 하는 원격 파일 전송 프로토콜입니다.
• IMAP : 로컬 서버에서 프로그램을 이용하여 전자우편을 액세스하기 위한 표준 프로토콜
• POP3 : 메일 서버에 도착한 메일을 사용자 컴퓨터로 가져오는 프로토콜
• SMTP : 작성한 메일을 다른 사람의 계정이 있는 곳으로 전송해주는 프로토콜

06 다양한 형태의 데이터베이스 자원을 통합 및 가공하여 의사 결정 지원을 목적으로 특별히 설계한 주제 중심의 정보 저장소는?

① 데이터 마이닝
② 데이터 마트
③ OLAP
④ 데이터웨어 하우징

전문가의 조언 다양한 형태의 데이터베이스 자원을 통합 및 가공하여 의사 결정 지원을 목적으로 설계한 주제 중심의 정보 저장소는 데이터웨어 하우징입니다.
• 데이터 마이닝(Data Mining) : 데이터웨어 하우스에서 수집되고 분석된 자료를 사용자에게 제공하기 위한 분류 및 기술
• 데이터 마트(Data Mart) : 조직 내 부서 혹은 전략적 비즈니스 유닛(Strategic Business Unit)의 최종 사용자들의 목적에 맞게 설계된 것으로, 데이터웨어 하우스와 사용자 사이의 중간층에 위치함

07 사무자동화를 추진하는데 있어 먼저 적용할 특정 부문을 선정하여 사무자동화를 추진해가는 접근 방식은?

① 공통 과제형 접근방식
② 계층적 접근방식
③ 부문 전개 접근방식
④ 업무별 접근방식

전문가의 조언 먼저 적용할 특정 부문을 선정하여 사무자동화를 추진해가는 접근방식은 부문 전개 접근방식입니다.
• 공통 과제형 접근방식 : 문서보안, 사무환경 개선 등과 같은 각 부문의 공통 과제를 대상으로 사무자동화를 추진하는 방식
• 계층별 접근방식 : 업무의 계층, 직위(최고/중간/하위 관리층, 실무층)에 따라 사무자동화를 추진하는 방식
• 업무별 접근방식 : 개선이 필요한 사무업무부터 시작하여 완료까지, 일련의 흐름을 대상으로 사무자동화를 추진하는 방식

08 의사결정에 필요한 정보를 데이터베이스로부터 검색하여 필요한 분석을 하고 보기 쉬운 형태로 편집, 출력해 주는 시스템의 개념에 해당하는 용어로 가장 옳은 것은?

① CALS   ② DSS

③ MIS   ④ PERTS

(전문가의 조언) 의사결정에 필요한 정보를 데이터베이스로부터 검색하여 필요한 분석을 하고 보기 쉬운 형태로 편집, 출력해주는 시스템은 의사결정 지원 시스템(DSS)입니다.
- **CALS(Commerce At Light Speed)** : 제품의 발주, 수주 및 구매 절차로부터 생산과 유통, 폐기까지 전과정을 관리할 수 있는 정보체계로, EDI, BPR, ECR 등이 개념에 포함됨
- **MIS(경영 정보 시스템)** : 기업 내·외부의 비즈니스, 데이터를 수집해서 가공하고 기업을 관리하는 모든 계층 사람들의 의사결정에 필요한 정보를 제공해주는 시스템

09 사무자동화 시스템을 평가하는 방법에 속하지 않는 것은?

① 직무별 비교법   ② 정성적 평가법

③ 투자 효율 산정법   ④ 상대적 평가법

(전문가의 조언) 사무자동화 시스템의 평가 방법에는 투자 효율 산정법, 상대적 평가법, 정성적 평가법이 있습니다.

10 관계 데이터베이스에서 릴레이션은 참조할 수 없는 외래키 값을 가질 수 없음을 의미하는 제약 조건은?

① 개체 무결성   ② 참조 무결성

③ E-R 모델링   ④ 해싱

(전문가의 조언) 릴레이션은 참조할 수 없는 외래키 값을 가질 수 없음을 의미하는 것은 참조 무결성 제약 조건입니다.
- **개체 무결성** : 기본 테이블의 기본키를 구성하는 어떤 속성도 Null 값이나 중복값을 가질 수 없다는 규정

11 다음 중 전자 결제(Electronic Pay) 시스템의 요건으로 가장 옳지 않은 것은?

① 사용자 프라이버시와 익명성을 보장한다.

② 안전한 결제를 위해 소액 결제는 방지한다.

③ 안전하고도 다양한 대금 지불 방법을 지원한다.

④ 거래 당사자의 신용확인을 위한 기반을 조성한다.

(전문가의 조언) 전자 결제 시스템은 컴퓨터를 비롯한 각종 통신장치 및 단말장치를 통신회선으로 연결하여 고객이 직접 거래하고 결제하는 전자금융 서비스로, 결재 금액의 크기에 상관없이 안전하게 결제할 수 있도록 보안 프로그램이 설치되어야 합니다.

12 다음 중 정보의 축소, 확대, 검색이 자유롭고 COM 시스템, CAR 시스템 등에서 사용되는 기억매체는?

① 마이크로필름   ② 광디스크

③ 자기 디스크   ④ 감광지

(전문가의 조언) 정보의 축소, 확대, 검색이 자유롭고 COM 시스템, CAR 시스템 등에서 사용되는 기억매체는 마이크로필름입니다.

13 사무자동화 기능 중 모든 기능을 합리적으로 결합시켜 업무 처리를 신속, 정확하게 하는 것은?

① 문서화 기능   ② 통신 기능

③ 자동화 기능   ④ 정보 활용 기능

(전문가의 조언) 모든 기능을 합리적으로 결합시켜 업무처리를 신속, 정확하게 하는 것은 자동화 기능입니다.
- **문서화(Documentation) 기능** : 문서 작성, 편집, 검색, 보관, 전송, 축적 등의 문서관리
- **통신(Communication) 기능** : 회의, 대화, 통신 등으로 정보교류 원활화
- **정보(Information) 활용 기능** : 문자 정보, 음성 정보, 화상 정보 등의 정보를 효율적으로 활용

14 엑셀 등 스프레드시트에서 수식 자체는 변경하지 않고서 수식 안에 있는 셀에 대한 참조를 변경하려는 경우 가장 적당한 함수는?

① Match 함수   ② Lookup 함수

③ Row 함수   ④ Indirect 함수

(전문가의 조언) 수식 자체는 변경하지 않고서 수식 안에 있는 셀에 대한 참조를 변경하려는 경우 가장 적당한 함수는 Indirect 함수입니다.

15 관계형 데이터베이스에서 기본키(Primary Key)가 가져야 할 성질은?

① 공유성   ② 중복성

③ 식별성   ④ 연결성

(전문가의 조언) 기본키는 한 테이블에서 각각의 레코드를 유일하게 식별할 수 있는 속성입니다.

16 집중 처리 시스템의 특징으로 가장 옳은 것은?

① 확장성이 우수하다.

② 전사적 관리가 용이하다.

③ 시스템 전체의 융통성이 높다.

④ 조직 요구에 대한 대응이 용이하다.

(전문가의 조언) 집중 처리 시스템은 전사적 관리가 용이합니다.
- ①, ③, ④번의 내용은 분산 처리 시스템에 대한 설명입니다.

17 데이터를 복수 또는 분할 저장하여 병렬로 데이터를 읽는 보조기억장치 또는 그 방법으로 디스크의 고장에 대비하여 데이터의 안정성을 높이는 기술은?

① SASD
② DASD
③ RAID
④ NAC

전문가의 조언 RAID는 여러 개의 하드디스크를 병렬로 연결하여 마치 하나의 하드디스크처럼 관리하는 것으로, 데이터의 입출력 속도 및 안정성을 높이는 기술입니다.

18 백화점, 전시장, 공항, 철도역과 같은 곳에 설치되어 각종 행사안내나 상품정보, 시설물 이용 방법, 관광정보 등을 제공하는 무인 단말기는?

① CTI
② KIOSK
③ RFID
④ ATM

전문가의 조언 각종 행사 안내나 상품 정보, 시설물 이용 방법, 관광 정보 등을 제공하는 무인 단말기는 키오스크(KIOSK)입니다.
- ATM(비동기 전송 모드) : 교환전화 등에 쓰이는 회선 교환과 패킷 교환의 장점을 결합한 교환 및 다중화 기술
- CTI(Computer Telephony Integration) : 컴퓨터와 전화를 통합하여 정보처리와 통신을 연결하는 기술

19 자동화의 체계 중 사무관리의 자동화가 아닌 것은?

① 물건 생산과 유통의 자동화
② 정보의 작성과 정보처리의 자동화
③ 자금의 운용과 유통의 자동화
④ 프로그램의 작성 자동화

전문가의 조언 사무관리 자동화는 자동화 기술을 사무관리 전반에 적용하는 것으로, 프로그램의 작성 자동화는 해당되지 않습니다. 프로그램은 자동화해야 할 사무가 아니라 사무관리 자동화 기술을 위해 필요한 것이기 때문입니다.

20 데이터베이스 설계 과정에서 응용 프로그램이 프로그래밍되는 단계로 가장 적절한 것은?

① 개념 설계 단계
② 논리 설계 단계
③ 구축 단계
④ 물리 설계 단계

전문가의 조언 데이터베이스 설계 과정에서 응용 프로그램이 프로그래밍 되는 단계는 구축 단계입니다.

2과목 사무경영관리 개론

21 문서 기안 시 발의자와 보고자의 표시를 생략할 수 있는 문서가 아닌 것은?

① 회의록
② 각종 증명 발급
③ 수신자에게 전달된 전자문서
④ 검토나 결정이 필요하지 아니한 문서

전문가의 조언 수신자에게 전달된 전자문서는 문서 기안 시 발의자와 보고자의 표시를 생략할 수 있는 문서가 아닙니다.

22 의사 결정 시스템의 특성이 아닌 것은?

① 다양한 데이터를 획득하여 의사 결정에 필요한 정보처리를 할 수 있도록 설계되어야 한다.
② 그래픽을 이용하여 정보처리 결과를 보여주고 출력하는 기능이 있어야 한다.
③ 의사 결정자와 시스템 간의 대화식 정보처리가 가능하도록 설계되어야 한다.
④ 의사 결정 과정 중에 발생한 환경의 변화는 제외하고 유연하게 설계되어야 한다.

전문가의 조언 의사 결정 시스템은 의사 결정이 이루어지는 과정 중에 발생하는 환경의 변화를 반영할 수 있도록 유연하게 설계되어야 합니다.

23 EDI의 표준을 크게 나누고자 할 때 가장 적합한 방식은?

① 수치코드 표준, 통신 표준
② 양식 표준, 통신 표준
③ 수치코드 표준, 문자코드 표준
④ 문서 표준, 수치코드 표준

전문가의 조언 EDI의 표준은 크게 양식 표준과 통신 표준으로 구분합니다.

24 듀이 십진분류법(DDC)에서 기술과학에 해당하는 코드는?

① 200
② 400
③ 600
④ 800

전문가의 조언 듀이 십진분류법(DDC)에서 기술과학에 해당하는 코드는 600입니다.

25 일반 직원들이 사용하는 사무실의 배치에서 대실(大室)주의의 이점으로 가장 옳지 않은 것은?

① 실내 공간의 이용도를 높일 수 있다.

② 상관의 감독을 어렵게 하며 그 범위를 좁힐 수 있다.

③ 사무의 흐름을 직선화하는데 편리하며 직원 상호간 친밀도를 높인다.

④ 부서별로 직원 상호 간에 행동상의 비교가 이루어져 자유 통제가 쉽다.

전문가의 조언 • 큰방주의는 사무실을 여러 개로 세분화하지 않고 여러 과를 한 사무실에 배정하여 사용하는 것을 의미합니다.
• 한 사무실에 여러 과가 배정되므로 상관의 감독이 용이하며, 관리 범위를 넓힐 수 있습니다.

26 다음 중 Tickler System, Come up System이 속하는 사무관리의 관리 수단 체제는?

① 사무조직   ② 사무조정
③ 사무통제   ④ 사무계획

전문가의 조언 티클러 제도(Tickler System), 자동독촉제도(Come up System)가 속하는 사무 관리의 관리 수단 체제는 '사무통제'입니다.

27 다음 설명에 가장 부합하는 원칙은?

조직 구성원의 능력이나 사정 등을 고려하지 않고 해야 할 일(to work ought to be done)을 중심으로 조직을 구성해야 한다.

① 개인의 원칙   ② 책임과 권한의 원칙
③ 기능화의 원칙   ④ 관리 한계의 원칙

전문가의 조언 해야 할 일을 중심으로 조직을 구성하는 것은 기능화의 원칙에 해당합니다.
• 책임 권한의 원칙 : 책임과 권한을 명확히 하고 일치시켜야 함
• 통제방위의 적절화(관리 한계)의 원칙 : 한 사람의 관리자가 직접 감독할 수 있는 부하 직원의 수나 조직의 수는 관리자의 능력에 따라 적절히 조정해야 함

28 행정기관의 장으로부터 사무의 내용에 따라 결재권을 위임받은 자가 행하는 결재는?

① 선결   ② 전결
③ 후결   ④ 간인

전문가의 조언 행정기관의 장으로부터 사무의 내용에 따라 결재권을 위임받은 자가 행하는 결재는 전결입니다.
• 선람(선결) : 일반적인 결재 형태로, 결재권자의 결재를 의미함
• 간인 : 두 장 이상으로 이루어진 문서 앞장의 뒷면과 뒷장의 앞면에 걸쳐 찍는 도장을 말함

29 행정기관에서 사무관리 방법상 필요에 따라 나누는 자료의 종류로 옳은 것은?

① 행정간행물, 행정자료, 일반자료

② 행정간행물, 행정자료, 사무내규자료

③ 행정간행물, 법률고시자료, 일반자료

④ 행정간행물, 회사규정자료, 일반자료

전문가의 조언 행정기관에서 사무관리 방법상 필요에 따라 나누는 자료에는 행정간행물, 행정자료, 일반자료가 있습니다.

30 공동저작물의 저작재산권을 행사할 수 있는 경우는?

① 저작재산권자 일부의 합의

② 저작재산권자 전원의 합의

③ 저작재산권자 1/3의 합의

④ 저작재산권자 2/3의 합의

전문가의 조언 공동저작물은 2인 이상이 공동으로 창작한 저작물로서 각자가 이바지한 부분을 분리하여 이용할 수 없는 것을 말합니다. 그러므로 공동저작물은 저작재산권자의 전원의 합의를 통해서만 저작재산권의 행사가 가능합니다.

31 다음 고객 관계 관리(CRM)의 기대 효과와 가장 거리가 먼 것은?

① 고객 관계 강화를 통한 수익성 증대

② 목표 마케팅 가능

③ 고객의 수익 기여도와 무관

④ 휴면 고객 활성화

전문가의 조언 고객 관계 관리(CRM)는 고객 관계 강화를 통한 수익성 증대를 기대할 수 있으므로 고객의 수익 기여도와 밀접한 관계가 있습니다.

32 사무실을 포함한 주요 업무 시설의 물리적 보안 대책으로 가장 옳지 않은 것은?

① 출입이 인가되지 않은 외부인 등의 접근을 차단하기 위하여 센서(Sensor)를 이용한 근접 탐지 시스템, 적외선 감시 시스템 등을 활용한다.

② 화재에 대비하기 위한 각종 화재 감지기를 설치 운용한다.

③ 계절 변화에 따른 온·습도 영향을 줄이기 위하여 주요 전산 시스템이 설치된 곳에 항온 항습기를 설치한다.

④ 불법 소프트웨어 침입을 감시하고 대처하기 위한 안티바이러스 소프트웨어를 설치한다.

전문가의 조언 ④번은 기술적 보안 대책에 해당합니다.

33 다음 중 MIS(경영정보 시스템)에 대한 설명으로 가장 거리가 먼 것은?

① MIS는 기업의 전략, 계획, 조정, 관리, 운영 등의 결정을 보조하는 특징을 갖고 있다.

② MIS는 창조적이고 지적인 공학적 설계와 관계없이 단순 프로그래밍을 통한 업무 전산화를 말한다.

③ MIS의 전문성은 기업의 업무를 분석하고 기업경영을 진단하는 능력이다.

④ MIS는 분석과 진단에 의해 기업업무의 정보요구가 정의되어야 하고, 정의된 정보를 효율적으로 처리할 수 있는 시스템을 개발하고 관리하는 특징을 갖고 있다.

> **전문가의 조언** MIS는 업무 전산화가 아니라 의사결정에 필요한 정보를 제공해 주는 시스템입니다.

34 정신적, 육체적 난이도를 평가하여 각종 직무 간 상대적 서열을 결정하는 절차는?

① 직무분석 ② 인사고과
③ 인사관리 ④ 직무평가

> **전문가의 조언** 정신적, 육체적 난이도를 평가하여 각종 직무 간 상대적 서열을 결정하는 절차는 직무평가입니다.

35 EDIFACT의 구성 요소에서 3가지 기본 요소가 아닌 것은?

① 문법과 구문규칙
② 데이터 엘리먼트 디렉토리
③ 표준 메시지
④ 코드집

> **전문가의 조언** EDIFACT의 기본 요소에는 문법과 구문규칙, 데이터 엘리먼트 디렉터리, 표준 메시지가 있습니다.

36 정부에서 국가기관 등의 국가정보화 추진과 관련된 정책의 개발과 건강한 정보문화 조성 및 정보격차 해소 등을 지원하기 위하여 설립한 기구는?

① 한국정보보호센터
② 한국지능정보사회진흥원
③ 국가전산망진흥협회
④ 한국소프트웨어산업협회

> **전문가의 조언** 국가기관 등의 국가정보화 추진과 관련된 정책의 개발 등을 지원하기 위해 설립한 기구는 한국지능정보사회진흥원입니다.

37 산업안전보건기준에 관한 규칙상 용도별 조도 기준 중 틀린 것은?

① 초정밀 작업 : 750럭스 이상
② 정밀 작업 : 300럭스 이상
③ 보통 작업 : 200럭스 이상
④ 기타 작업 : 75럭스 이상

> **전문가의 조언** 보통 작업시의 조도 기준은 200럭스 이상이 아니라 150럭스 이상입니다.

38 휴대용 무선기기를 이용하여 콘텐츠를 제공하고 상거래 영역까지 무선 인터넷을 사용하여 비즈니스 서비스를 제공하는 것은?

① M−Commerce
② Virtual Communication
③ Collaboration Platforms
④ Information Brokerage

> **전문가의 조언** 휴대용 무선기기를 이용하여 콘텐츠를 제공하고 상거래 영역까지 무선 인터넷을 사용하여 비즈니스 서비스를 제공하는 것은 M−Commerce(Mobile Commerce)입니다.

39 실제의 실험이 불가능하거나 시간적, 경제적 어려움이 많은 경우 또는 해석적인 방법으로 해답을 구할 수 없는 경우에 대한 가상 모의실험을 의미하는 것은?

① Conversion ② Simulation
③ Preparation ④ Debugging

> **전문가의 조언** 실제의 실험이 불가능한 경우에 대한 가상 모의실험을 시뮬레이션(Simulation)이라고 합니다.

40 다음 중 사무계획화를 가장 옳게 설명한 것은?

① 사무계획화는 기업의 모든 계층에 필요한 것은 아니고 특정한 계층인 경영진에서만 필요로 한 것이다.

② 사무계획화는 기업경영에 필요한 사무관리 목표를 정한 후, 그것을 효과적으로 수행할 수 있도록 하고자 함이다.

③ 사무계획화의 기본 내용은 사무인력을 예측하여 미리 예산을 확정하고자 하는 것이다.

④ 사무계획화의 기본 내용은 정보만을 지속적으로 가공하여 생산하는 것이다.

> **전문가의 조언** 사무계획화를 가장 옳게 설명한 것은 ②번입니다.

3과목 프로그래밍 일반

41 기계어에 대한 설명으로 옳지 않은 것은?

① 2진수 0과 1만 사용하여 명령어와 데이터를 나타낸다.

② 컴퓨터가 직접 이해할 수 있어 실행 속도가 빠르다.

③ 전문적인 지식이 없으면 이해하기 힘들다.

④ 모든 기계에서 공통으로 사용 가능하여 호환성이 높다.

(전문가의 조언) 기계어는 기계마다 서로 다른 기계어를 사용하기 때문에 호환성이 없습니다.

42 기억 장치의 한 장소를 추상화한 것으로 프로그램이 동작하는 동안 값이 수시로 변할 수 있는 것은?

① 상수

② 변수

③ 주석

④ 디버거

(전문가의 조언) 프로그램 수행 중에 변경될 수 있는 값을 의미하는 것은 변수입니다.

• **상수(Constant)** : 프로그램이 동작되는 동안 하나의 값과 이름을 갖는 자료로, 프로그램이 동작되는 동안 저장된 값이 절대 변하지 않음

43 시스템 프로그래밍 언어로 사용하기에 가장 적당한 것은?

① COBOL

② C

③ BASIC

④ FORTRAN

(전문가의 조언) 보기 중 시스템 프로그래밍 언어로 사용하기에 가장 적당한 것은 C 언어입니다.

• **COBOL** : 대표적인 사무용 자료처리 언어
• **BASIC** : 교육용 언어로, 초보자를 위한 간단한 대화형 언어
• **FORTRAN** : 수학, 과학, 공학 등과 같은 수리 계산 분야에 널리 사용됨

44 변수의 형이 결정되는 바인딩 시간은?

① 실행 시간

② 번역 시간

③ 언어 정의 시간

④ 언어 구현 시간

(전문가의 조언) 자료 구조의 형과 크기, 변수의 형, 레코드 각 항목들의 형 등은 번역 시간에 확정됩니다.

45 "A+B*C-D"를 후위(Postfix) 표기법으로 표현한 것은?

① A B C * D - +

② A B + C * D -

③ A B C + * D -

④ A B C * + D -

(전문가의 조언) 중위(Infix) 표기법을 후위(Postfix) 표기법으로 변경하는 과정 및 결과는 다음과 같습니다.

❶ 연산 우선순위에 따라 괄호로 묶습니다.

$((A+(B*C))-D)$

❷ 연산자를 해당 괄호의 뒤(오른쪽)로 옮깁니다.

$((A+(B*C))-D) \rightarrow ((A(BC)*)+D)-$

❸ 괄호를 제거합니다.

A B C * + D -

46 사용자가 작성한 소스코드를 실행하면서 오류 등을 찾기 위한 프로그램의 명칭으로 가장 옳은 것은?

① Emulator

② Linkage Editor

③ SPI

④ Debugger

(전문가의 조언) 프로그램 개발 과정에서 프로그램 안에 내재해 있는 논리적 오류를 발견하고 수정하는 작업을 디버깅이라 하며, 이 때 사용하는 프로그램(소프트웨어)을 디버거라고 합니다.

47 Java에서 하위 클래스에서 상위 클래스를 참조하기 위해 사용하는 명령어는?

① extends

② static

③ super

④ method

(전문가의 조언) extends는 상위 클래스의 속성과 메소드를 사용할 수 있도록 상위 클래스를 하위 클래스에 상속시키는 명령어입니다.

48 로더의 기능 중 실행 프로그램을 실행시키기 위해 기억장치 내에 옮겨 놓을 공간을 확보하는 기능은?

① 적재

② 재배치

③ 연결

④ 할당

(전문가의 조언) 실행 프로그램을 실행시키기 위해 기억장치 내에 옮겨 놓을 공간을 확보하는 기능은 할당입니다.

• **연결(Linking)** : 부 프로그램 호출 시 그 부 프로그램이 할당된 기억장소의 시작 주소를 호출한 부분에 등록하여 연결하는 기능
• **재배치(Relocation)** : 디스크 등의 보조기억장치에 저장된 프로그램이 사용하는 각 주소들을 할당된 기억장소의 실제 주소로 배치시키는 기능
• **적재(Loading)** : 실행 프로그램을 할당된 기억 공간에 실제로 옮기는 기능

49 Java에서 사용하는 접근 제어자의 종류가 아닌 것은?

① private   ② default

③ public   ④ internal

전문가의 조언 접근 제어자는 클래스 및 메소드, 변수의 접근을 제한하기 위해 사용되는 것으로, Java에서 사용하는 접근 제어자에는 public, private, protected, default가 있습니다.
- **public** : 모든 클래스에서 접근 가능
- **private** : 클래스 내에서만 접근 가능
- **protected** : 동일 패키지 안에 있는 클래스 또는 자신을 상속받은 클래스에서 접근 가능
- **default** : 아무것도 선언하지 않은 상태로, 동일 패키지 안에 있는 클래스에서만 접근 가능

50 다음이 C 프로그램 문장에서 토큰의 개수는?

> a[index]=1+2;

① 3   ② 4

③ 6   ④ 9

전문가의 조언 토큰은 프로그램 실행 시 원시 프로그램을 문자 단위로 스캐닝 하여 문법적으로 의미 있는 일련의 문자들로 분할된 단위로, 종류에는 예약어, 연산자, 구두점 기호, 식별자, 상수 등이 있습니다. 지문의 문장을 토큰 단위로 나누면 a, [, index,], =, 1, +, 2, ; 으로 총 9개입니다.

51 특수 형태의 토큰에 해당되지 않는 것은?

① 지정어   ② 연산자

③ 상수   ④ 구분자

전문가의 조언 토큰은 일반 형태와 특수 형태로 나뉘는데, 상수는 일반 형태의 토큰입니다.

52 C 언어에서 비트 연산자가 아닌 것은?

① &   ② !

③ <<   ④ ~

전문가의 조언 !는 비트 연산자가 아니라 논리 연산자입니다.

53 C 언어의 FOR문, COBOL 언어의 PERFORM문에 해당하는 것은?

① 반복문   ② 종료문

③ 입출력문   ④ 선언문

전문가의 조언 C 언어의 FOR문, COBOL 언어의 PERFORM문은 일정 횟수를 반복시키는 반복문입니다.

54 C 언어에서 사용하는 기억클래스에 해당하지 않은 것은?

① Static   ② Register

③ Internal   ④ Auto

전문가의 조언 C 언어의 4가지 기억 클래스에는 auto(자동), register(레지스터), static(정적), extern(외부)이 있습니다.

55 운영체제의 목적으로 옳지 않은 것은?

① 처리 능력 향상

② 신뢰도 향상

③ 응답 시간 증가

④ 사용 가능도 향상

전문가의 조언 운영체제의 목적 중 하나는 응답 시간 증가가 아니라 응답 시간 단축입니다.

56 반복을 나타내는 구문은?

① A::α1|α2|α3

② A::={α}

③ A::=α

④ A::(α1|α2)β

전문가의 조언 반복을 나타내는 것은 { }입니다.
- ::= : BNF 표기법에서의 정의
- (|) : EBNF 표기법에서의 선택(택일)
- | : BNF 표기법에서의 선택(택일)

57 번역 프로그램에 의해 번역된 여러 개의 목적 프로그램과 프로그램에서 사용되는 내장 함수들을 하나로 모아서 실행 가능하도록 프로그램을 생성하는 기능을 하는 것은?

① 워킹 셋　　　　　　　② 링커

③ 디버거　　　　　　　④ 인터프리터

(전문가의 조언) 문제에 제시된 내용은 링커의 기능입니다.
• 디버거 : 프로그램 개발 과정에서 프로그램 안에 내재해 있는 논리적 오류를 발견하고 수정하는 작업을 수행하는 프로그램
• 인터프리터 : 원시 프로그램을 줄 단위로 번역하여 바로 실행해 주는 프로그램

58 다음 그림과 같은 기억장소에서 15K를 요구하는 프로그램이 50K 공백의 작업 공간에 배치될 경우, 적용된 기억장치 배치 전략은?

운영체제
사용중인 공간
30K 공백
사용중인 공간
16K 공백
사용중인 공간
50K 공백
사용중인 공간

① Second Fit　　　　　② Worst Fit

③ Best Fit　　　　　　④ First Fit

(전문가의 조언) 15K 프로세스를 50K 작업 공간에 배치하였다면 단편화를 가장 많이 남기는 분할 영역에 배치시킨 것으로 최악 적합(Worst Fit)이 적용된 것입니다.

59 묵시적 순서 제어에 해당하는 것은?

① 일반 언어에서 문장 나열 순서대로 제어한다.

② 해당 언어에서 각 문장이나 연산의 순서를 프로그래머가 직접 변경한다.

③ 반복문을 사용해서 문장의 실행 순서를 변경한다.

④ 수식의 괄호를 사용해서 연산의 순서를 변경한다.

(전문가의 조언) 프로그래머가 직접 제어를 표현하지 않았을 경우, 그 언어에서 미리 정해진 순서에 의해 제어가 이루어지는 순서 제어를 묵시적 순서 제어라고 합니다. 이에 반하여 goto문이나 반복문 등으로 실행 순서를 직접 제어하는 제어를 명시적 순서 제어라고 합니다.

60 C 언어의 특징으로 옳지 않은 것은?

① 이식성이 뛰어나 컴퓨터 기종에 관계없이 프로그램을 작성할 수 있다.

② UNIX 운영체제를 구성하는 시스템 프로그램이다.

③ 기호 코드(Mnemonic Code)라고도 한다.

④ 포인터에 의한 번지 연산 등 다양한 연산 기능을 가진다.

(전문가의 조언) 기호 코드(Mnemonic Code)라고도 불리는 것은 어셈블러어입니다.

4과목　정보 통신 개론

61 데이터 전송을 수행하는 경우, 전달 방향이 교대로 바뀌어 전송되는 교번식 통신 방식으로 무전기에 사용되는 것은?

① 반이중 통신

② 전이중 통신

③ 단방향 통신

④ 실시간 통신

(전문가의 조언) 전달 방향이 교대로 바뀌어 전송되는 교번식 통신 방식은 반이중 통신입니다.
• 단방향 통신(Simplex) : 한쪽 방향으로만 전송이 가능한 방식
• 전이중 통신(Full-Duplex) : 양방향으로 동시에 송 · 수신이 가능한 방식

62 다음 중 서비스에 따른 정보통신의 분류에 해당되지 않는 것은?

① 음성전화 통신

② 화상 및 영상 통신

③ 멀티미디어 통신

④ 광케이블 통신

(전문가의 조언) 정보통신을 서비스, 즉 정보의 표현 형태에 따라 분류하면 음성 통신, 데이터 통신, 영상 통신, 멀티미디어 통신으로 분류할 수 있습니다.

63 통신 소프트웨어의 세 가지 기본 구성요소로 옳은 것은?

① 데이 송 · 수신, 통신 하드웨어 제어, 이용자 인터페이스 제어

② 데이터 입 · 출력 제어, 데이터 처리, 데이터 분배

③ 네트워크 제어, 전송 부호 관리, 이용자 인터페이스제어

④ 데이터 입 · 출력 제어, 데이터 전송 제어, 통신 회선 제어

전문가의 조언 통신 소프트웨어의 세 가지 기본 구성요소로 옳은 것은 ①번입니다.

64 패킷망에서 데이터의 양이 적고, 융통성이 요구되는 경우에 가장 적합한 교환방식은?

① 회선 다중통신(Circuit Multiplexing)

② 가상 회선(Virtual Cicuit)

③ 메시지 교환(Message Switching)

④ 데이터그램(Datagram)

전문가의 조언 데이터의 양이 적고, 융통성이 요구되는 경우에 가장 적합한 교환 방식은 데이터그램 패킷 교환 방식입니다.

65 OSI 7계층 모델에서 기계적, 전기적, 절차적 특성을 정의한 계층은?

① 전송 계층

② 데이터링크 계층

③ 물리 계층

④ 표현 계층

전문가의 조언 기계적, 전기적, 절차적 특성을 정의한 계층은 물리 계층입니다.
• **전송 계층** : 논리적 안정과 균일한 데이터 전송 서비스를 제공함으로써 종단 시스템(End-to-End) 간에 투명한 데이터 전송을 가능하게 함
• **데이터링크 계층** : 두 개의 인접한 개방 시스템들 간에 신뢰성 있고 효율적인 정보 전송을 할 수 있도록 함
• **표현 계층** : 응용 계층으로부터 받은 데이터를 세션 계층에 보내기 전에 통신에 적당한 형태로 변환하고, 세션 계층에서 받은 데이터는 응용 계층에 맞게 변환하는 기능을 함

66 TCP 프로토콜에 대한 설명으로 틀린 것은?

① 신뢰성 있는 전송 프로토콜이다.

② 전이중 서비스를 제공한다.

③ 비 연결형 프로토콜이다.

④ 스트림 데이터 서비스를 제공한다.

전문가의 조언 TCP 프로토콜은 연결형 프로토콜입니다.

67 회선교환방식에 대한 설명 중 맞는 것은?

① 축적 교환 방식이라고도 한다.

② 전송에 실패한 패킷에 대해 재전송 요구가 가능하다.

③ 여러 노드가 동시에 가상 회선을 가질 수 있다.

④ 고정적인 대역폭을 갖는다.

전문가의 조언 ① 축적 교환 방식은 메시지 교환 방식과 패킷 교환 방식입니다.
② 패킷 교환 방식의 특징입니다.
③ 가상 회선은 패킷 교환 방식의 한 종류입니다.

68 ARQ 방식 중 데이터 프레임을 연속적으로 전송해 나가다가 NAK를 수신하게 되면, 오류가 발생한 프레임 이후에 전송된 모든 데이터 프레임을 재전송하는 것은?

① Go-back-N ARQ

② Selective-Repeat ARQ

③ Window-Control ARQ

④ Adaptive ARQ

전문가의 조언 PCM(펄스 코드 변조) 순서는 '송신 측(표본화 → 양자화 → 부호화) → 수신 측(복호화 → 여과화)' 순입니다.

69 반송파의 위상과 진폭을 동시에 변조하는 방식은?

① ASK　　② PSK

③ FSK　　④ QAM

전문가의 조언 반송파의 위상과 진폭을 동시에 변조하는 방식은 QAM입니다.
• **ASK** : 2진수 0과 1을 서로 다른 진폭으로 변조하는 방식
• **FSK** : 2진수 0과 1을 서로 다른 주파수로 변조하는 방식
• **PSK** : 2진수 0과 1을 서로 다른 위상을 갖는 신호로 변조하는 방식

70 16진 QAM의 대역폭 효율은?

① 3 bps/Hz

② 4 bps/Hz

③ 5 bps/Hz

④ 6 bps/Hz

전문가의 조언 전송 대역폭 효율이 몇 [bps/Hz]인지를 묻는 것은 1Hz 내에 몇 비트를 전송할 수 있는지를 묻는 것과 같습니다. 16진 QAM은 진폭과 위상을 상호 변환하여 1Hz에 16진, 즉 4Bit($2^4 = 16$)를 전송할 수 있습니다. 그러므로 전송 대역폭 효율은 4[bps/Hz]입니다.

71 OSI-7 계층의 네트워크 계층에서 사용하는 기본 데이터 단위는?

① 세그먼트 　　　　② 패킷

③ 워드 　　　　　　④ 레코드

전문가의 조언 네트워크 계층에서 사용하는 기본 데이터 단위는 패킷입니다.
- 물리 계층 : 비트
- 데이터 링크 계층 : 프레임
- 네트워크 계층 : 패킷
- 전송 계층 : 세그먼트
- 세션, 표현, 응용 계층 : 메시지

72 라우팅 프로토콜 중 Distance Vector 방식이 아닌 것은?

① RIP 　　　　　　② BGP

③ EIGRP 　　　　 ④ OSPF

전문가의 조언 거리 벡터(Distance Vector) 방식의 라우팅 프로토콜에는 RIP, EIGRP, BGP 등이 있고 링크 상태(Link State) 방식의 라우팅 프로토콜에는 OSPF가 있습니다.

73 TCP/IP Protocol에서 IP Layer에 해당하는 것은?

① HTTP 　　　　　② ICMP

③ SMTP 　　　　　④ UDP

전문가의 조언 IP 계층의 주요 프로토콜에는 IP, ICMP, IGMP, ARP, RARP 등이 있습니다.

74 광섬유 케이블의 설명으로 틀린 것은?

① 동축 케이블보다 더 넓은 대역폭을 지원한다.

② 전송속도가 UTP 케이블보다 빠르다.

③ 동축 케이블에 비해 전자기적 잡음에 약하다.

④ 동축 케이블에 비해 전송손실이 적다.

전문가의 조언 광섬유 케이블의 원료인 유리는 절연성이 좋아 전자 유도의 영향을 받지 않으므로 전자기적 잡음에 강합니다.

75 아날로그 데이터를 디지털 신호로 변환하는 대표적인 PCM(Pulse Code Modulation) 변조 방식의 과정은?

① 표본화 → 양자화 → 부호화 → 복호화

② 표본화 → 부호화 → 복호화 → 양자화

③ 표본화 → 부호화 → 양자화 → 복호화

④ 표본화 → 복호화 → 부호화 → 양자화

전문가의 조언 PCM(펄스 코드 변조) 순서는 '송신 측(표본화 → 양자화 → 부호화) → 수신 측(복호화 → 여과화)' 순입니다.

76 화상정보가 축적된 정보센터의 데이터베이스를 TV 수신기와 공중전화망에 연결해서 이용자가 화면을 보면서 상호대화 형태로 각종 정보검색을 할 수 있는 것은?

① Teletext 　　　　② Videotex

③ HDTV 　　　　　④ CATV

전문가의 조언 문제에 제시된 내용은 Videotex의 개념입니다.
- 텔레텍스트(Teletext) : TV 전파의 빈틈을 이용하여 TV 방송과 함께 문자나 도형 정보를 제공하는 문자 다중 방송
- HDTV : 기존의 TV 주사선을 늘리고 주파수 대역폭을 확대하여 선명한 화상과 양질의 음성을 제공하는 TV
- CATV : 원래 난시청 해소를 목적으로 설치했던 공동시청 안테나를 이용하여 수신한 TV 신호를 일정한 전송로를 통하여 사용자에게 제공함

77 다음 중 무선 랜(Wireless LAN)의 표준 규격으로 옳은 것은?

① IEEE 802.1 　　　② IEEE 802.3

③ IEEE 802.11 　　 ④ IEEE 802.15

전문가의 조언 무선 랜의 표준 규격은 IEEE 802.11입니다.
- 802.1 : 전체의 구성, OSI 참조 모델과의 관계, 통신망 관리 등에 관한 규약
- 802.3 : CSMA/CD 방식의 매체 접근 제어 계층에 관한 규약
- 802.15 : WPAN/블루투스에 관한 규약

78 컴퓨터의 물리적 자원들이 한 건물 내에 산재해 있을 때 정보자원의 공유를 가능하게 해 주는 통신망으로 가장 적합한 것은?

① LAN
② VAN
③ WAN
④ ISDN

전문가의 조언 한 건물 내의 정보 자원을 공유할 때 가장 적합한 통신망은 LAN입니다.
- VAN : 공중 통신 사업자로부터 통신 회선을 임대하여 하나의 사설망을 구축하고 이를 통해 정보의 축적, 가공, 변환 처리 등 가치를 첨가한 후 불특정 다수를 대상으로 서비스를 제공하는 통신망
- WAN : 국가와 국가 혹은 대륙과 대륙 등과 같이 멀리 떨어진 사이트들을 연결하여 구성하는 광대역 통신망
- ISDN : 음성 문자 화상 등의 다양한 통신 서비스를 하나의 디지털, 통신망을 근간으로 하여 종합적으로 제공할 수 있도록 통합한 종합정보통신망

79 다음 중 데이터 통신 장비 또는 장치에 속하지 않는 것은?

① MODEM
② AVR
③ NIC
④ DSU

전문가의 조언 AVR(자동 전압 조정기)는 출력 전압을 일정하게 자동으로 유지시키는 장비로 데이터 통신과 직접적인 관계가 없습니다.

80 ATM 셀의 헤더 길이는 몇 [byte] 인가?

① 2
② 5
③ 48
④ 53

전문가의 조언 ATM 셀은 헤더 5Byte, 페이로드(사용자 정보) 48Byte로 구성됩니다.

1과목 사무자동화 시스템

01 Windows 시스템 상에서 일본어, 중국어 등 문자수가 많은 언어를 입력하기 위해 필요한 소프트웨어는?

① OLE
② IME
③ OCX
④ Active X

> **전문가의 조언** Windows 시스템 상에서 일본어, 중국어 등 문자수가 많은 언어를 입력하기 위해 필요한 소프트웨어는 IME(Input Method Editor)입니다.

02 다음 중 팩시밀리에서 사진, 문자, 그림 등을 정해진 방식으로 다수의 화소로 분해하는 과정은?

① 반사
② 변조
③ 주사
④ 동기

> **전문가의 조언** 사진, 문자, 그림 등을 정해진 방식으로 다수의 화소로 분해하는 과정은 주사(Scan)입니다.

03 블루레이 디스크(Blu-ray Disc)에 대한 설명으로 옳지 않은 것은?

① 고선명 비디오를 위한 디지털 데이터를 저장할 수 있다.
② DVD 디스크에 비해 훨씬 짧은 파장을 갖는 레이저를 사용한다.
③ DVD와 같은 크기인데도 더 많은 데이터를 저장할 수 있다.
④ 단층 기록면을 갖는 블루레이 디스크는 최대 10GB까지 데이터를 기록할 수 있다.

> **전문가의 조언** 단층 기록면을 갖는 블루레이(Blu-ray) 디스크는 최대 25GB까지 데이터를 기록할 수 있습니다.

04 다음 중 MIS(경영정보 시스템)에 대한 설명으로 가장 거리가 먼 것은?

① MIS는 기업의 전략, 계획, 조정, 관리, 운영 등의 결정을 보조하는 특징을 갖고 있다.
② MIS는 창조적이고 지적인 공학적 설계와 관계없이 단순 프로그래밍을 통한 업무 전산화를 말한다.
③ MIS의 전문성은 기업의 업무를 분석하고 기업경영을 진단하는 능력이다.
④ MIS는 분석과 진단에 의해 기업업무의 정보요구가 정의되어야 하고, 정의된 정보를 효율적으로 처리할 수 있는 시스템을 개발하고 관리하는 특징을 갖고 있다.

> **전문가의 조언** MIS는 업무 전산화가 아니라 의사결정에 필요한 정보를 제공해 주는 시스템입니다.

05 어떤 응용 프로그램을 사용하는지에 관계없이 데이터베이스를 자유롭게 사용하기 위해 만든 응용 프로그램의 표준 방법을 의미하는 것은?

① ODBC
② GUI
③ Interface
④ O/S

> **전문가의 조언** 데이터베이스를 자유롭게 사용하기 위해 만든 응용 프로그램의 표준 방법은 ODBC입니다.

06 사무자동화의 궁극적인 기대 효과가 아닌 것은?

① 생산성의 개선
② 조직의 최적화
③ 의사소통의 원활
④ 경쟁력의 증대

> **전문가의 조언** 사무자동화의 기대 효과에는 생산성 향상(개선), 조직의 최적화, 경쟁력 증대가 있습니다.

07 다음 중 일괄처리(Batch Processing)에 적합한 것은?

① 항공기 예약 업무
② 수도요금 계산업무
③ 증권매매 업무
④ 공장 자동제어 업무

> **전문가의 조언** 일괄 처리는 일정량 또는 일정 기간 동안 데이터를 모아서 한꺼번에 처리하는 방식으로 월급, 수도, 전기 요금 계산 등에 사용됩니다.
> • ①, ③, ④번은 데이터 발생 또는 데이터 처리 요구가 있는 즉시 처리하는 실시간 처리에 적합합니다.

08 사무자동화 수행방식 중 하향식(Top-Down) 접근방식의 특징에 해당하는 것은?

① 경영자가 요구하는 최적의 시스템을 구축할 수 있는 방식이다.

② 기업의 최하위 단위부터 자동화하여 그 효과를 점차 증대시키는 방식이다.

③ 점진적인 사무자동화의 추진으로 기본 조직에 거부 반응이 최소화된다.

④ 시행 착오가 빈번하여 전체적인 추진 시행에 어려움이 크다.

전문가의 조언 하향식(Top-Down) 접근방식의 특징에 해당하는 것은 ①번입니다.
• ②, ③, ④번은 상향식(Bottom-Up) 접근방식의 특징입니다.

09 다음 중 원격 회의 시스템에 대한 설명으로 가장 옳지 않은 것은?

① 멀리 떨어진 지역의 회의실을 화상과 음성통신 기술을 통해 연결하여 화면을 보면서 회의하는 시스템이다.

② 원격 회의 시스템은 약자로 VCS라고도 한다.

③ 대부분 음성 및 영상을 Simplex 전송 방식을 사용한다.

④ 물리적 이동에 따르는 시간과 경비를 줄일 수 있다.

전문가의 조언 원격 회의 시스템은 대부분 음성 및 영상을 Full Duplex(양방향) 방식으로 전송합니다.

10 프로그램의 실행 중 인터럽트(Interrupt)가 발생할 경우에 현재의 프로그램 상태가 저장되어 있는 레지스터를 무엇이라 하는가?

① PSW   ② PC

③ PCW   ④ ACC

전문가의 조언 현재의 프로그램 상태가 저장되어 있는 레지스터는 PSW (Program Status Word)입니다.
• 프로그램 카운터(PC; Program Counter) : 다음 번에 실행할 명령어의 번지를 기억하는 레지스터
• 누산기(AC; Accumulator) : 연산된 결과를 일시적으로 저장하는 레지스터

11 다음 중 출력장치에 해당하지 않는 것은?

① Printer   ② Plotter

③ CRT   ④ Digitizer

전문가의 조언 디지타이저(Digitizer)는 입력장치입니다.

12 기억 기능을 가진 반도체들을 여러 개 묶어서 HDD처럼 사용할 수 있도록 개발된 제품으로 HDD에 비해 액세스 시간이 빠른 저장장치는?

① ODD   ② SATA

③ SSD   ④ SCSI

전문가의 조언 기억 기능을 가진 반도체들을 여러 개 묶어서 HDD처럼 사용할 수 있도록 개발된 저장장치는 SSD(Solid State Drive)입니다.

13 데이터베이스 시스템의 트랜잭션의 속성은 ACID로 정의한다. ACID에 각각 해당하는 용어로 가장 옳지 않은 항목은?

① A : Atomicity   ② C : Circumstance

③ I : Isolation   ④ D : Durability

전문가의 조언 ACID에서 C는 Consistency(일관성)을 의미합니다.

14 휴대용 무선기기를 이용하여 콘텐츠를 제공하고 상거래 영역까지 무선 인터넷을 사용하여 비즈니스 서비스를 제공하는 것은?

① M-Commerce

② Virtual Communication

③ Collaboration Platforms

④ Information Brokerage

전문가의 조언 휴대용 무선기기를 이용하여 콘텐츠를 제공하고 상거래 영역까지 무선 인터넷을 사용하여 비즈니스 서비스를 제공하는 것은 M-Commerce(Mobile Commerce)입니다.

15 다음 중 데이터베이스 시스템에 대한 설명으로 옳지 않은 것은?

① 하나의 데이터를 여러 분야에서 공통적으로 사용할 수 있다.

② 파일 시스템에 비해 상대적으로 파일 수정이 용이하다.

③ 데이터 중복이나 분산에 의한 오버헤드(Overhead)를 줄일 수 있다.

④ 파일이 파괴되었을 때 복구가 빠르고 완벽하다.

전문가의 조언 데이터베이스 시스템은 시스템이 복잡하므로 파일이 파괴되었을 때 회복 및 복구가 어렵습니다.

16 인터넷 사용자의 컴퓨터에 잠입하여 내부 문서, 스프레드시트, 그림(사진) 파일 등을 암호화시킨 후 해독 프로그램 또는 방법을 알려주겠다며 금품을 요구하는 악성 프로그램은?

① 랜섬웨어　　　　　　② 비트락커
③ 크립토그래피　　　　④ 스테가노그래피

> **전문가의 조언** 파일 등을 암호화시킨 후 해독 프로그램 또는 방법을 알려주겠다며 금품을 요구하는 악성 프로그램은 랜섬웨어(Ransomware)입니다.
> • 비트락커(BitLocker) : MS사의 운영체제인 Windows 등에 포함된 디스크 암호화 기능
> • 크립토그래피(Cryptography, 암호학) : 정보 보안을 위하여 평문을 제3자가 이해하기 어려운 형식으로 변환하거나 암호문을 판독 가능한 형식으로 변환하는 원리나 방법 등을 다루는 기술
> • 스테가노그래피(Steganography) : 정보를 영상이나 오디오 파일 등에 은닉하여 그 정보의 존재 자체를 감추는 보안 기술

17 데이터베이스 시스템을 원활하게 수행하도록 데이터베이스의 전체적인 관리 운영에 대한 최고의 책임을 지는 개인 또는 집단을 의미하는 것은?

① DBU　　　　　　　② DBMS
③ DBA　　　　　　　④ DRM

> **전문가의 조언** 데이터베이스의 전체적인 관리 운영에 대한 최고의 책임을 지는 개인 또는 집단을 데이터베이스 관리자(DBA; Database Administrator)라고 합니다.

18 다음 중 캐시 메모리(Cache Memory)의 설명으로 옳은 것은?

① 컴퓨터의 처리 속도를 빠르게 하기 위한 임시 메모리이다.
② 많은 데이터를 보조기억장치에서 한 번에 가져온다.
③ 보조기억장치의 용량에 해당하는 기억장소를 가진 것처럼 큰 프로그램을 작성할 수 있도록 한다.
④ 데이터 영구저장을 위해서 사용되는 보조기억장치이다.

> **전문가의 조언** 캐시 메모리는 컴퓨터의 처리 속도를 빠르게 하기 위한 임시 메모리입니다.

19 다음 중 그룹웨어의 기능과 거리가 먼 것은?

① 의사결정 기능　　　② 이미지 편집 기능
③ 정보공유 기능　　　④ 업무흐름 관리 기능

> **전문가의 조언** • 이미지 편집 기능은 그룹웨어의 기능에 속하지 않습니다.
> • 그룹웨어의 기능에는 정보공유 기능, 커뮤니케이션, 의사결정 기능, 컴퓨터 회의, 워크플로우, 업무흐름 관리 기능 등이 있습니다.

20 자신의 컴퓨터에 전자메일을 선택적으로 내려 받을 수 있도록 할 때 사용하는 프로토콜은?

① FTP　　　　　　　② HTTP
③ SNMP　　　　　　④ POP3

> **전문가의 조언** 전자우편을 보낼 때는 SMTP, 받을 때는 POP3 프로토콜을 사용합니다.
> • SNMP(Simple Network Management Protocol) : TCP/IP의 네트워크 관리 프로토콜로, 라우터나 허브 등 네트워크 기기의 네트워크 정보를 네트워크 관리 시스템에 보내는 데 사용되는 표준 통신 규약
> • FTP(File Transfer Protocol) : 컴퓨터와 컴퓨터 또는 컴퓨터와 인터넷 사이에서 파일을 주고받을 수 있도록 하는 원격 파일 전송 프로토콜

2과목　사무경영관리 개론

21 경영정보 시스템의 기능별 분류로서 적절하지 않은 것은?

① 운영통제정보 시스템　　② 회계정보 시스템
③ 생산정보 시스템　　　　④ 마케팅정보 시스템

> **전문가의 조언** • 운영통제정보 시스템은 경영정보 시스템의 기능별 분류에 속하지 않습니다.
> • 경영정보 시스템의 기능별 분류에는 생산정보 시스템, 마케팅정보 시스템, 회계정보 시스템, 재무정보 시스템이 있습니다.

22 현대 과학적 사무관리의 3S가 아닌 것은?

① 표준화(Standardization)
② 신속화(Speedization)
③ 간소화(Simplification)
④ 전문화(Specialization)

> **전문가의 조언** 과학적 사무관리의 3S는 표준화(Standardization), 간소화(Simplification), 전문화(Specialization)입니다.

23 사무조직화의 기본적인 원칙이 아닌 것은?

① 목적의 원칙　　　　② 책임권한의 원칙
③ 의무확대의 원칙　　④ 기능화의 원칙

> **전문가의 조언** • 의무확대의 원칙은 사무조직화의 기본 원칙에 속하지 않습니다.
> • 사무조직화의 일반 원칙에는 목적의 원칙, 기능화의 원칙, 책임·권한의 원칙, 명령 통일의 일원화의 원칙, 권한 위임(위양)의 원칙, 통제 범위의 적절화(관리 한계)의 원칙, 계선과 참모의 원칙, 전문화의 원칙이 있습니다.

24 문서 기안 시 발의자와 보고자의 표시를 생략할 수 있는 문서가 아닌 것은?

① 검토나 결정이 필요하지 아니한 문서

② 회의록

③ 각종 증명 발급

④ 수신자에게 전달된 전자문서

전문가의 조언 수신자에게 전달된 전자문서는 문서 기안 시 발의자와 보고자의 표시를 생략할 수 있는 문서가 아닙니다.

25 문서 보존의 일반 원칙과 가장 관계없는 것은?

① 보존할 문서는 가능한 한 줄인다.

② 규정에 따라 보존 문서의 정리 및 폐기를 주기적으로 수행한다.

③ 문서보존규정을 제정하고 이를 준수한다.

④ 훼손되어 활용이 불가능한 문서도 영구보존해야 한다.

전문가의 조언 훼손되어 활용이 불가능한 문서는 폐기합니다.

26 길브레스(Gilbreth)의 "동작의 경제원칙"을 가장 잘 나타내고 있는 것은?

① 발로할 수 있는 일은 오른손을 사용한다.

② 왼손으로 할 수 있는 작업이라도 오른손을 사용한다.

③ 가능한 한 양손이 동시에 작업을 시작하되 끝날 때는 각각 끝나도록 한다.

④ 이 원칙은 생산 작업뿐만 아니라 사무작업에도 응용할 수 있다.

전문가의 조언 길브레스(Gilbreth)의 "동작의 경제원칙"을 가장 잘 나타내고 있는 것은 ④번입니다.
① 가능한 곳에서는 손을 쓰는 대신 발을 사용하고, 동시에 손도 유효하게 사용해야 합니다.
② 왼손으로 할 수 있는 일은 왼손을 사용해야 합니다.
③ 양손의 동작은 동시에 시작하고 동시에 끝나야 합니다.

27 전자문서의 도달시기에 대하여 가장 적합하게 설명한 것은?

① 도달시기에 대한 특별한 규정이 없다.

② 수신자의 컴퓨터 파일에 기록된 때부터 그 수신자에게 전달된 것으로 본다.

③ 전자서명을 작성한 때부터 그 수신자에게 전달된 것으로 본다.

④ 인증기관의 확인을 받은 때부터 그 수신자에게 전달된 것으로 본다.

전문가의 조언 전자문서는 수신자의 컴퓨터 파일에 기록된 때부터 그 수신자에게 전달된 것으로 봅니다.

28 PERT 기법의 장점으로 가장 옳지 않은 것은?

① 계획공정(network)을 작성하여 분석하므로 간트 도표에 비해 작업계획을 수립하기 쉽다.

② 계획공정의 문제점을 명확히 종합적으로 파악할 수 있다.

③ 인원이나 특수 설비처럼 제한된 자원을 주공정과 상관없이 개별적으로 배치할 수 있다.

④ 관계자 전원이 참가하게 되므로 의사소통이나 정보교환이 용이하다.

전문가의 조언 PERT 기법은 결정된 주공정에 따라 진행되는 것으로, 주공정과 상관없는 일에 개별적으로 시간이나 인원을 배치할 수 없습니다.

29 실제의 실험이 불가능하거나 시간적, 경제적 어려움이 많은 경우 또는 해석적인 방법으로 해답을 구할 수 없는 경우에 대한 가상 모의실험을 의미하는 것은?

① Conversion

② Simulation

③ Preparation

④ Debugging

전문가의 조언 실제의 실험이 불가능한 경우에 대한 가상 모의실험을 시뮬레이션(Simulation)이라고 합니다.

30 "사무는 경영의 정보를 행동으로 결합시키는 과정"이라고 정의한 자는?

① 레핑웰(Leffingwell)

② 리틀필드(Littlefield)

③ 테리(Terry)

④ 포레스터(Forrester)

전문가의 조언 "사무는 경영의 정보를 행동으로 결합시키는 과정"이라고 정의한 학자는 포레스터(Forrester)입니다.
• 레핑웰(Leffingwell) : 기업의 여러 부문의 기능이 사무라는 하나의 흐름에 의해 연결되어 통일된 하나의 경영활동이 됨
• 리틀필드(Littlefield) : 사무상의 계획, 조직, 인사, 조정, 지휘, 통제와 같은 무형의 역할을 통해 조직의 목적을 달성하는 과정

31 정보통신망의 내부 또는 정보통신망 간의 상호 접속에 제공되는 정보통신기기 간 통신 신호의 순서 및 절차 등에 관한 약속을 무엇이라고 하는가?

① 프로그램

② 프로토콜

③ 프로토타입

④ 프로메타

전문가의 조언 프로토콜(Protocol)은 서로 다른 기기들 간의 데이터 교환을 원활하게 수행할 수 있도록 표준화시켜 놓은 통신 규약을 의미합니다.

32 저작권법에 제2조(정의) 내에 명시된 독립적으로 창작된 컴퓨터 프로그램 저작물과 다른 컴퓨터 프로그램과의 호환에 필요한 정보를 얻기 위하여 컴퓨터 프로그램 저작물 코드를 복제 또는 변환하는 것을 무엇이라 하는가?

① 프로그램 순공학   ② 프로그램 코드 분석

③ 프로그램 역공학   ④ 프로그램 코드 역분석

> **전문가의 조언** 컴퓨터 프로그램 저작물 코드를 복제 또는 변환하는 것을 프로그램 코드 역분석이라고 합니다.

33 사무실을 포함한 주요 업무 시설의 물리적 보안 대책으로 가장 옳지 않은 것은?

① 출입이 인가되지 않은 외부인 등의 접근을 차단하기 위하여 센서(Sensor)를 이용한 근접 탐지 시스템, 적외선 감시 시스템 등을 활용한다.

② 화재에 대비하기 위한 각종 화재 감지기를 설치 운용한다.

③ 계절 변화에 따른 온·습도 영향을 줄이기 위하여 주요 전산 시스템이 설치된 곳에 항온 항습기를 설치한다.

④ 불법 소프트웨어 침입을 감시하고 대처하기 위한 안티바이러스 소프트웨어를 설치한다.

> **전문가의 조언** ④번은 기술적 보안 대책에 해당합니다.

34 다음 중 사무관리와 정보관리의 관계를 올바르게 설명한 것은?

① 사무관리는 기업체 정보처리와 통제를 담당한다.

② 사무관리는 정보관리를 포함한다.

③ 정보관리는 의사결정에 필요한 광범위한 정보를 대상으로 한다.

④ 정보관리의 목적은 지정된 데이터를 지정된 기일 및 방법으로 작성하는 것이다.

> **전문가의 조언** 정보관리는 의사결정에 필요한 광범위한 정보를 대상으로 합니다.
> ① 기업체의 정보처리와 통제를 담당하는 것은 정보관리입니다.
> ② 관리 범위에 있어서 정보관리는 넓고 사무관리는 좁습니다.
> ④ 지정된 데이터를 지정된 기일 및 방법으로 작성하는 것은 사무관리의 목적입니다.

35 EDI에 관한 특징으로 가장 옳지 않은 것은?

① 거래 쌍방의 자주성과 독립성이 보장된다.

② 독립된 데이터베이스를 가진다.

③ 구조화되지 않은 데이터를 전송할 수 있다.

④ 서류없는 거래(paperless trade)가 가능하다.

> **전문가의 조언** EDI(전자문서 교환)에 사용되는 데이터는 구조화되어 있어야 합니다.

36 방문자와 고객들이 웹 사이트를 방문하여 생성되는 정보로 웹 사이트에서 사용자 활동의 자취를 만들어 내는 데이터는?

① 하이퍼스트림 데이터   ② 메타스트림 데이터

③ 클릭스트림 데이터   ④ 링크스트림 데이터

> **전문가의 조언** 방문자와 고객들이 웹 사이트를 방문하여 생성되는 정보로 웹 사이트에서 사용자 활동의 자취를 만들어 내는 데이터는 클릭스트림 데이터입니다.

37 행정업무의 운영 및 혁신에 관한 규정에서 결재 받은 문서를 수정하는 방법으로 옳은 것은?

① 흰색 수정펜을 사용하여 수정하고 기입한 후 수정한 사람 본인이 서명 날인한다.

② 원안의 글자를 식별할 수 있도록 해당 글자의 중앙에 가로로 두 선을 그어 삭제하거나 수정하고 수정행위를 한 사람이 서명 날인한다.

③ 원안의 글자를 식별할 수 있도록 해당 글자의 중앙에 가로로 한 줄을 그어 삭제하거나 수정하고 부서장이 서명 날인한다.

④ 흰색 수정펜을 사용하여 수정하고 기입한 후 부서장이 서명 날인한다.

> **전문가의 조언** 행정업무의 운영 및 혁신에 관한 규정 상 결재 받은 문서를 수정하는 경우에는 원안의 글자를 알 수 있도록 해당 글자의 중앙에 가로로 두 선을 그어 삭제하거나 수정하고, 삭제, 수정한 사람이 그 곳에 서명이나 날인을 하여야 합니다.

38 의사 결정 시스템의 특성이 아닌 것은?

① 다양한 데이터를 획득하여 의사 결정에 필요한 정보처리를 할 수 있도록 설계되어야 한다.

② 그래픽을 이용하여 정보처리 결과를 보여주고 출력하는 기능이 있어야 한다.

③ 의사 결정자와 시스템 간의 대화식 정보처리가 가능하도록 설계되어야 한다.

④ 의사 결정 과정 중에 발생한 환경의 변화는 제외하고 유연하게 설계되어야 한다.

> **전문가의 조언** 의사 결정 시스템은 의사 결정이 이루어지는 과정 중에 발생하는 환경의 변화를 반영할 수 있도록 유연하게 설계되어야 합니다.

39 반복성의 유무에 의한 사무의 분류 중 거의 매일 똑같이 반복해서 발생하는 사무는?

① 본래사무

② 상례사무

③ 지원사무

④ 예외사무

40 산업안전보건기준에 관한 규칙에 의거 상시 작업에 종사하도록 하는 장소 중 정밀 작업의 경우 조도 기준은 몇 럭스(lux) 이상인가?

① 150

② 300

③ 500

④ 750

3과목 프로그래밍 일반

41 프로그래밍 언어에서 예약어란?

① 프로그래머가 미리 설정한 변수

② 데이터를 저장할 수 있는 이름이 부여된 기억 장소

③ 시스템이 알고 있는 특수한 기능을 수행하도록 이미 용도가 정해져 있는 단어

④ 프로그램이 수행되는 동안 변하지 않는 값을 나타내는 단어

42 로더의 기능 중 실행 프로그램을 실행시키기 위해 기억장치 내에 옮겨 놓을 공간을 확보하는 기능은?

① 연결

② 재배치

③ 적재

④ 할당

43 C 언어에서 사용하는 이스케이프 시퀀스에 대한 의미가 옳지 않은 것은?

① \n : new page

② \r : carriage return

③ \b : backspace

④ \t : tab

44 프로그램 언어의 문장구조 중 성격이 다른 하나는?

① while(expression) statement;

② for(expression-1; expression-2; expression-3) statement;

③ if(expression) statement-1; else statement-2;

④ do {statement;} while(expression);

45 C 언어의 특징으로 옳지 않은 것은?

① 기호 코드(Mnemonic Code)라고도 한다.

② 이식성이 뛰어나 컴퓨터 기종에 관계없이 프로그램을 작성할 수 있다.

③ UNIX 운영체제를 구성하는 시스템 프로그램이다.

④ 포인터에 의한 번지 연산 등 다양한 연산 기능을 가진다.

46 다음 중 객체지향 언어가 아닌 것은?

① JAVA ② ADA

③ C++.NET ④ GWBASIC

전문가의 조언 GWBASIC는 순서를 따르는 절차지향 언어입니다.

47 다음 C언어는 두 수의 비트별 AND, OR, XOR로 구하는 프로그램이다. 실행 결과는?

```
int main(void)
{
    int a=3, b=6;
    int c, d, e;
    c=a & b;
    d=a | b;
    e=a ^ b;
    printf("%d %d %d\n", c, d, e);
}
```

① 2 2 5 ② 2 7 5

③ 5 2 2 ④ 5 7 2

전문가의 조언 사용된 코드의 의미는 다음과 같습니다.

```
int main(void)
{
  ❶ int a=3, b=6;
  ❷ int c, d, e;
  ❸ c=a & b;
  ❹ d=a | b;
  ❺ e=a ^ b;
  ❻ printf("%d %d %d\n", c, d, e);
}
```

❶ 정수형 변수 a를 3으로, b를 6으로 초기화합니다.
❷ 정수형 변수 c, d, e를 선언합니다.
❸ a(3)와 b(6)를 AND 연산을 한 후 그 결과를 c에 치환합니다.

```
      0 0 1 1 (3)
AND   0 1 1 0 (6)
      0 0 1 0 (2)
```

❹ a(3)와 b(6)를 OR 연산을 한 후 그 결과를 d에 치환합니다.

```
      0 0 1 1 (3)
OR    0 1 1 0 (6)
      0 1 1 1 (7)
```

❺ a(3)와 b(6)를 XOR 연산을 한 후 그 결과를 e에 치환합니다.

```
      0 0 1 1 (3)
XOR   0 1 1 0 (6)
      0 1 0 1 (5)
```

❻ c(2), d(7), e(5)의 값을 정수형 10진수로 출력한 후 커서를 다음 줄 앞으로 이동합니다.

48 주석(Comment)의 제거, 상수 정의 치환, 매크로 확장 등 컴파일러가 처리하기 전에 먼저 처리하여 확장된 원시 프로그램을 생성하는 것은?

① Cross Compiler ② Loader

③ Preprocessor ④ Linker

전문가의 조언 컴파일러가 처리하기 전에 먼저 처리하여 확장된 원시 프로그램을 생성하는 것은 Preprocessor(전처리기)입니다.
• Loader : 실행 가능한 프로그램을 주기억장치로 읽어와서 실행될 수 있도록 하는 프로그램
• Linker : 재배치 형태의 기계어로 된 여러 개의 모듈을 묶어서 로드 모듈을 작성하는 것
• Cross Compiler : 원시 프로그램을 컴파일러가 수행되고 있는 컴퓨터의 기계어로 번역하는 것이 아니라, 다른 기종에 맞는 기계어로 번역하는 프로그램

49 정적 바인딩이 발생하는 시간이 아닌 것은?

① 프로그램 호출 시간 ② 번역 시간

③ 링크 시간 ④ 언어 정의 시간

전문가의 조언 프로그램 호출 시간에 이루어지는 바인딩을 동적 바인딩이라고 합니다.

50 컴파일 단계 중 원시 프로그램을 토큰으로 분리하는 단계는?

① 어휘 분석 단계 ② 구문 분석 단계

③ 중간코드 생성 단계 ④ 최적화 단계

전문가의 조언 원시 프로그램을 토큰으로 분리하는 단계는 어휘 분석 단계입니다.
• 구문 분석 단계 : 주어진 문장이 정의된 문법 구조에 따라 정당하게 하나의 문장으로서 합법적으로 사용될 수 있는가를 확인하는 단계

51 운영체제에서 두 개 이상의 프로세스가 동시에 접근하여 사용할 수 없는 자원은?

① cluster resource ② critical resource

③ exit resource ④ input resource

전문가의 조언 두 개 이상의 프로세스가 동시에 접근하여 사용할 수 없는 자원을 임계 자원(critical resource)이라고 합니다.

52 프로그램 수행 시 묵시적(Implicit) 순서 제어 구조에 속하는 것은?

① 수식의 괄호를 사용하여 연산 순서 조절

② 반복문을 사용하는 순서 제어

③ GOTO문으로 실행 순서 변경

④ 수식에서 괄호가 없으면 연산 우선순위에 의해 계산

(전문가의 조언) 프로그래머가 직접 제어를 표현하지 않을 경우, 그 언어에서 미리 정해진 순서에 의해 제어가 이루어지는 것을 묵시적 순서 제어라고 합니다. 반면에 goto문이나 반복문 등으로 실행 순서를 명시하여 제어하는 제어를 명시적 순서 제어라고 합니다.

53 프로그램 수행 순서로 옳은 것은?

① 원시프로그램 → 목적프로그램 → 컴파일러 → 링커 → 로더

② 원시프로그램 → 로더 → 목적프로그램 → 링커 → 컴파일러

③ 원시프로그램 → 컴파일러 → 목적프로그램 → 로더 → 링커

④ 원시프로그램 → 컴파일러 → 목적프로그램 → 링커 → 로더

(전문가의 조언) 프로그램 수행 순서로 옳은 것은 ④번입니다.

54 객체지향 개념에서 이미 정의되어 있는 상위 클래스의 메소드를 비롯한 모든 속성을 하위 클래스가 물려받는 것을 무엇이라고 하는가?

① Abstraction　　② Method

③ Inheritance　　④ Message

(전문가의 조언) 상위 클래스의 모든 속성을 하위 클래스가 물려받는 것을 상속(Inheritance)이라고 합니다.
• Abstraction(추상화) : 불필요한 부분을 생략하고 객체의 속성 중 가장 중요한 것에만 중점을 두어 개략화 하는 것, 즉 모델화하는 것
• Method : 객체가 메시지를 받아 실행해야 할 구체적인 연산 또는 명령문의 집합
• Message : 객체들 간에 상호작용을 하는데 사용되는 수단으로 객체의 메소드(동작, 연산)를 일으키는 외부의 요구사항

55 컴파일러 구조에서 원시 프로그램에 대한 문장 에러를 검사하는 단계는?

① 어휘 분석 단계　　② 의미 분석 단계

③ 중간코드 생성 단계　　④ 구문 분석 단계

(전문가의 조언) 원시 프로그램에 대한 문장 에러를 검사하는 단계는 구문 분석 단계입니다.
• 어휘 분석 : 번역의 가장 기본적인 단계로서 나열된 문자들을 기초적인 구성 요소들인 식별자, 구분 문자, 연산 기호, 핵심어, 주석 등으로 그룹화하는 단계

56 C 언어에서 사용하는 데이터 유형이 아닌 것은?

① long　　② integer

③ float　　④ double

(전문가의 조언) C 언어에서 정수형 자료를 선언할 때 사용하는 예약어는 'integer'가 아니라 'int'입니다.

57 다음 그림과 같은 기억장소에서 15K를 요구하는 프로그램이 50K 공백의 작업 공간에 배치될 경우, 사용된 기억장치 배치 전략은?

운영체제
사용중인 공간
30K 공백
사용중인 공간
16K 공백
사용중인 공간
50K 공백
사용중인 공간

① First Fit Strategy　　② Worst Fit Strategy

③ Best Fit Strategy　　④ Big Fit Strategy

(전문가의 조언) 15K 프로그램을 50K 작업 공간에 배치하였다면 단편화를 가장 많이 남기는 분할 영역에 배치시킨 것으로 최악 적합(Worst Fit)이 적용된 것입니다.

58 C 언어에서 문자열 출력 함수는?

① main( )
② gets( )
③ puts( )
④ getchar( )

> **전문가의 조언** C 언어에서 문자열 출력 함수는 puts( )입니다.
> • gets( ) : 문자열 입력 함수
> • getchar( ) : 한 문자 입력 함수

59 다음 중위식을 후위식으로 옳게 표현한 것은?

A – (D * K)

① – D A * K
② A D K * –
③ A – D * K
④ A * D –

> **전문가의 조언** 중위(Infix) 표기법을 후위(Postfix) 표기법으로 변경하는 과정 및 결과는 다음과 같습니다.
> ❶ 연산 우선순위에 따라 괄호로 묶습니다.
>   (A – (D * K))
> ❷ 연산자를 해당 괄호의 뒤(오른쪽)로 옮깁니다.
>   (A – (D * K)) → (A (D K) *) –
> ❸ 괄호를 제거합니다.
>   A D K * –

60 페이지 교체 알고리즘 중 현 시점에서 가장 오랫동안 사용하지 않은 페이지를 교체하는 기법은?

① SCR
② FIFO
③ LFU
④ LRU

> **전문가의 조언** 현 시점에서 가장 오랫동안 사용하지 않은 페이지를 교체하는 기법은 LRU(Least Recently Used)입니다.
> • FIFO : 각 페이지가 주기억장치에 적재될 때마다 그때의 시간을 기억시켜 가장 먼저 들어와서 가장 오래되었던 페이지를 교체하는 기법
> • LFU : 사용 빈도가 가장 적은 페이지를 교체하는 기법

4과목 📎 정보 통신 개론

61 통신 프로토콜의 기본적인 구성 요소가 아닌 것은?

① 구문
② 문법
③ 의미
④ 타이밍

> **전문가의 조언** 문법은 프로토콜의 구성 요소가 아닙니다. 통신 프로토콜의 기본적인 구성 요소에는 구문(Syntax), 의미(Semantics), 타이밍(Timing)이 있습니다.

62 패킷 교환 방식에 관한 설명으로 적합하지 않은 것은?

① 가상회선 방식과 데이터그램 방식이 있다.
② 아날로그 데이터 전송에 최적화되어 있다.
③ 속도, 프로토콜 및 코드 변환이 가능하다.
④ 장애 발생 시 대체 경로 선택이 가능하다

> **전문가의 조언** 패킷 교환 방식은 음성(아날로그) 전송보다는 데이터(디지털) 전송에 더 적합합니다.

63 데이터를 양쪽 방향으로 모두 전송할 수 있으나 동시에 양쪽 방향에서 전송할 수 없는 통신 방식은?

① 단방향 통신(Simplex)
② 반이중 통신(Half-Duplex)
③ 이중 통신(Duplex)
④ 역방향 통신(Reverse)

> **전문가의 조언** 데이터를 양쪽 방향으로 모두 전송할 수 있으나 동시에 양쪽 방향에서 전송할 수 없는 통신 방식은 반이중 통신입니다.
> • 단방향 통신(Simplex) : 한쪽 방향으로만 전송이 가능한 방식
> • 전이중 통신(Full-Duplex) : 양방향으로 동시에 송 · 수신이 가능한 방식

64 데이터 통신에서 오류가 검출되면 자동으로 송신 스테이션에게 재전송을 요청하는 ARQ 방식의 종류가 아닌 것은?

① Stop-and-Wait ARQ
② Control-Data ARQ
③ Go-back-N ARQ
④ Selective-Repeat ARQ

> **전문가의 조언** Control-Data ARQ는 ARQ 방식의 종류가 아닙니다.

65 ATM 셀의 헤더 길이는 몇 [byte] 인가?

① 2
② 5
③ 48
④ 53

> **전문가의 조언** ATM 셀은 헤더 5Byte, 페이로드(사용자 정보) 48Byte로 구성됩니다.

66 신호대 잡음비가 15이고, 대역폭이 1200[Hz]라고 하면 통신용량(bps)은?

① 1200　　　　　　　② 2400

③ 4800　　　　　　　④ 9600

> **전문가의 조언** 문제에 주어진 신호대 잡음비와 대역폭을 샤논의 정의인 '$C=W\log_2(1+S/N)$'에 적용하면 다음과 같습니다.
> $C = 1200 \cdot \log_2(1+15)$
> $= 1200 \cdot \log_2(16)$
> $= 1200 \cdot 4$
> $= 4800$

67 TCP/IP 관련 응용 계층의 프로토콜이 아닌 것은?

① FTP　　　　　　　② TELNET

③ SMTP　　　　　　④ UDP

> **전문가의 조언** UDP는 전송 계층과 관련된 프로토콜입니다.

68 광섬유 케이블의 기본 동작 원리는 무엇에 의해 이루어지는가?

① 산란　　　　　　　② 흡수

③ 전반사　　　　　　④ 분산

> **전문가의 조언** 광섬유 케이블의 기본 동작 원리는 전반사입니다.

69 주파수 분할 다중화(FDM) 방식에서 보호대역(Guard Band)이 필요한 이유는?

① 신호의 세기를 크게 하기 위하여

② 주파수 대역폭을 넓히기 위하여

③ 채널의 신호를 혼합하기 위하여

④ 채널 간의 간섭을 막기 위하여

> **전문가의 조언** 주파수 분할 다중화(FDM) 방식에서 보호대역(Guard Band)은 채널 간의 간섭을 막기 위해 사용합니다.

70 X.25에서 사용하는 레벨 2의 프로토콜은?

① SDLC　　　　　　② LAP-B

③ CSMA/CD　　　　④ BISYNC

> **전문가의 조언** X.25 프로토콜은 물리, 프레임(데이터링크), 패킷 계층으로 구성됩니다. 레벨 2의 프로토콜, 즉 프레임(데이터링크) 계층의 프로토콜로는 HDLC 프로토콜을 변형한 LAP-B가 사용됩니다.

71 에러가 발생되지 않는 이상적인 통신로(무잡음 이산 채널)의 채널 용량은? (단, C : 채널용량, n개의 기호들은 동일 확률을 가지고 있다.)

① $C = \log_2(n-2)$　　　② $C = \log_2 n$

③ $C = (n-1)\log_2 n$　　④ $C = \log_2$

> **전문가의 조언** 문제의 조건에 대역폭에 대한 조건이 없으므로 샤논의 정의 중 잡음이 없는 경우에서 대역폭을 제외하여 ②번과 같이 적용하면 됩니다.

72 한 문자가 전송될 때마다 스타트(start) 비트와 스톱(stop) 비트를 전송하는 방식은?

① 비트제어 방식　　　② 동기 방식

③ 비동기 방식　　　　④ 다중화 방식

> **전문가의 조언** 한 문자가 전송될 때마다 스타트(start) 비트와 스톱(stop) 비트를 전송하는 방식은 비동기 방식입니다.
> • 동기 방식 : 미리 정해진 수만큼의 문자열을 한 블록(프레임)으로 만들어 일시에 전송하는 방식

73 기간 통신 사업자의 회선을 임차하여 부가 가치를 부여한 음성이나 데이터 정보를 제공하여 주는 서비스망은?

① LAN　　　　　　　② VAN

③ ISDN　　　　　　　④ PSDN

> **전문가의 조언** 기간 통신 사업자의 회선을 임차하여 부가 가치를 부여한 음성이나 데이터 정보를 제공하여 주는 서비스망은 VAN입니다.
> • LAN : 광대역 통신망과는 달리 학교, 회사, 연구소 등 한 건물이나 일정 지역 내에서 컴퓨터나 단말기들을 고속 전송 회선으로 연결하여 프로그램 파일 또는 주변장치를 공유할 수 있도록 한 네트워크 형태
> • ISDN : 음성, 문자, 화상 등의 다양한 통신 서비스를 하나의 디지털 통신망을 근간으로 하여 종합적으로 제공할 수 있도록 통합한 종합정보통신망
> • PSDN : 디지털 데이터 전송에 사용하는 공중 데이터 교환망

74 발광다이오드(LED)에서 나오는 빛의 파장을 이용해 빠른 통신 속도를 구현하는 기술은?

① LAN   ② MCC
③ Li-Fi   ④ SAA

전문가의 조언 발광다이오드(LED)에서 나오는 빛의 파장을 이용해 빠른 통신 속도를 구현하는 기술은 Li-Fi입니다.

75 전송하려는 부호어들의 최소 해밍 거리가 7일 때, 수신시 정정할 수 있는 최대 오류의 수는?

① 1   ② 2
③ 3   ④ 4

전문가의 조언 정정할 수 있는 최대 오류의 수는 다음의 공식을 이용해 계산할 수 있습니다.
dmin >= 2tc + 1
※ dmin : 최소 해밍 거리, tc : 정정 가능 오류 수
7 >= 2tc + 1
7 - 1 >= 2tc
6 >= 2tc
6/2 >= tc
∴ tc <= 3 이므로 최대 오류의 수는 3입니다.

76 에러 제어 방식 중 CRC(Cyclic Redundancy Check)에 대한 설명으로 옳은 것은?

① 한 블록의 데이터 끝에 하나의 비트를 추가하여 에러를 검출하는 방법이다.
② 에러 검출뿐만 아니라 에러 정정까지도 가능한 방법이다.
③ 프레임 단위로 오류 검출을 위한 코드를 계산하여 프레임 끝에 부착하는데 이를 "FCS"라 한다.
④ 에러 검출을 위해 해밍 코드(Hamming code)를 사용한다.

전문가의 조언 다른 보기가 잘못된 이유를 살펴보세요.
①번은 패리티 검사 방식에 대한 설명입니다.
②번은 해밍 코드에 대한 설명입니다.
④번은 전진오류수정(FEC)에 대한 설명입니다

77 OSI 7 계층에서 각 계층의 프로토콜 데이터 유닛(PDU)을 잘못 나타낸 것은?

① 데이터 링크 계층 – 프레임(Frame)
② 네트워크 계층 – 블록(Block)
③ 전송 계층 – 세그먼트(Segment)
④ 세션 계층 – 메시지(Message)

전문가의 조언 네트워크 계층에서의 데이터 유닛(PDU)은 패킷(packet)입니다.

78 아날로그 데이터를 디지털 신호로 변환하는 PCM(Pulse Code Modulation) 방식의 진행순서를 바르게 나타낸 것은?

① 표본화 → 부호화 → 양자화 → 여과 → 복호화
② 표본화 → 양자화 → 부호화 → 복호화 → 여과
③ 표본화 → 부호화 → 양자화 → 복호화 → 여과
④ 표본화 → 양자화 → 여과 → 부호화 → 복호화

전문가의 조언 PCM(펄스 코드 변조) 순서는 '송신 측(표본화 → 양자화 → 부호화) → 수신 측(복호화 → 여과화)' 순입니다.

79 IEEE 802.15 기술은 WPAN(무선 개인 영역 네트워크)을 의미한다. WPAN 영역에 해당하지 않는 것은?

① WiFi   ② Bluetooth
③ ZigBee   ④ UWB

전문가의 조언 WPAN 영역에는 Blutooth, ZigBee, UWB 등이 있습니다.

80 라우팅(Routing) 프로토콜이 아닌 것은?

① BGP   ② OSPF
③ SMTP   ④ RIP

전문가의 조언 SMTP는 작성한 메일을 다른 사람의 계정으로 전송해주는 프로토콜로 라우팅 프로토콜이 아닙니다.

1과목 사무자동화 시스템

01 정보화시대의 자동화의 분류 중 설명이 가장 바르게 표현된 것은?

① 사무자동화 : POS 시스템을 기본으로 한 스토어 컨트롤러로 구성

② 빌딩자동화 : 가전기기운용, 방범 방재 및 비디오폰 기능의 구성

③ 공장자동화 : 부분적인 자동화, 단위기계의 완전자동화, 생산 라인의 자동화 시스템

④ 점포자동화 : 각종 설비를 원격 제어, 감시하는 시스템

> **전문가의 조언** 정보화시대의 자동화의 분류 중 설명이 가장 바르게 표현된 것은 ③번입니다.
> • **사무자동화(OA)** : 컴퓨터 기술, 통신 기술, 시스템 과학 및 행동 과학을 융화시켜 통합한 정보시스템
> • **빌딩자동화(BA)** : 건물 내의 각종 설비를 원격 제어하거나 감시하는 시스템
> • **점포자동화(SA)** : POS 시스템에 의한 유통의 자동화 구축 시스템

02 다음 중 입력장치에 해당하지 않는 것은?

① Plotter ② Scanner
③ Mouse ④ Keyboard

> **전문가의 조언** 플로터(Plotter)는 용지의 크기에 제한 없이 고해상도 출력이 가능한 그래픽 출력장치입니다.

03 사무자동화 시스템의 목적에 가장 거리가 먼 것은?

① 처리의 투명화
② 사무원의 건강 검진
③ 처리의 신속화와 정확화
④ 욕구의 다양화에 대처

> **전문가의 조언** 사무자동화는 사무 부문의 생산성을 향상시키기 위해 사무실의 기능을 자동화하는 것으로, 사무원의 건강 검진은 사무자동화 시스템의 목적과는 거리가 멉니다.

04 데이터베이스 자체를 생성(CREATE)하거나 변경(ALTER)하는 목적으로 사용하는 언어는?

① DML ② DBMS
③ DCL ④ DDL

> **전문가의 조언** 데이터베이스 자체를 생성(CREATE)하거나 변경(ALTER)하는 목적으로 사용하는 언어는 데이터 정의어(DDL)입니다.
> • **데이터 조작어(DML)** : 사용자가 응용 프로그램을 통하여 데이터베이스에 저장된 데이터를 실질적으로 처리하는 데 사용되는 언어
> • **DBMS(Database Management System, 데이터베이스 관리 시스템)** : 사용자와 데이터베이스 사이에 위치하여 데이터베이스를 관리하고, 사용자의 요구에 따라 정보를 생성해 주는 소프트웨어
> • **데이터 제어어(DCL)** : 데이터 보안, 무결성, 데이터 회복, 병행 수행 제어 등을 정의하는데 사용되는 언어

05 다음 중 사무자동화의 사회적 배경 요인이 아닌 것은?

① 컴퓨터 및 통신 기술의 발달
② 정보화 사회로의 변화
③ 생산 부문의 합리화, 자동화에 부응한 기업 구조의 변화
④ 노동인구의 고령화 및 고학력화

> **전문가의 조언** 컴퓨터 및 통신 기술의 발달은 사무자동화의 기술적 배경 요인에 해당됩니다.

06 자료의 기억 용량에 관한 단위가 가장 큰 것은?

① MB ② TB
③ KB ④ GB

> **전문가의 조언** 보기로 제시된 기억 용량 단위를 큰 것에서 작은 것 순으로 나열하면 'TB → GB → KB → MB'입니다.

07 다음 중 중앙처리장치 내에 존재하는 레지스터가 아닌 것은?

① Instruction Register ② Accumulator
③ Program Counter ④ Multiplexer

> **전문가의 조언** Multiplexer(다중화기)는 하나의 통신 회선에 여러 개의 단말장치가 동시에 접속하여 사용할 수 있도록 하는 장치입니다.

08 사무자동화의 접근방법으로 가장 거리가 먼 것은?

① 전사적 접근방식 ② 공통 과제형 접근방식
③ 기기 도입형 접근방식 ④ 기술 통합형 접근방식

> **전문가의 조언** • 기술 통합형 접근방식은 사무자동화의 접근방법에 속하지 않습니다.
> • 사무자동화의 접근방법에는 전사적 접근방식, 부문(분) 전개 접근방식, 공통 과제형 접근방식, 기기 도입형 접근방식, 계층별 접근방식, 업무별 접근방식 등이 있습니다.

09 다음 중 그룹웨어의 주요 기능으로 가장 옳지 않은 것은?

① 의사결정 기능　　　　② 업무흐름 관리 기능

③ 이미지 편집 기능　　　④ 정보공유 기능

> **전문가의 조언** • 이미지 편집 기능은 그룹웨어의 기능에 속하지 않습니다.
> • 그룹웨어의 기능에는 정보공유 기능, 커뮤니케이션, 의사결정 기능, 컴퓨터 회의, 워크플로우, 업무흐름 관리 기능 등이 있습니다.

10 데이터베이스 관리 시스템(DBMS)이 가지는 기능으로 옳지 않은 것은?

① 정의 기능　　　　　② 제어 기능

③ 탐색 기능　　　　　④ 조작 기능

> **전문가의 조언** 데이터베이스 관리 시스템(DBMS)의 기능 3가지는 정의 기능, 조작 기능, 제어 기능입니다.

11 다음 중 사무자동화의 기본 성공 요소가 아닌 것은?

① 철학　　　　　　　② 장비

③ 제도　　　　　　　④ 행동과학

> **전문가의 조언** 사무자동화의 기본 요소 4가지는 철학, 장비, 제도, 사람입니다.

12 다음이 설명하는 용어는?

> 데이터의 생성 양, 주기, 형식 등이 기존 데이터에 비해 매우 크기 때문에, 종래의 방법으로는 수집·저장·검색·분석이 어려운 방대한 데이터를 의미한다.

① 빅 데이터

② 데이터 마트

③ 데이터 웨어하우스

④ 네트워크 데이터베이스

> **전문가의 조언** 종래의 방법으로는 수집·저장·검색·분석이 어려운 방대한 데이터를 빅 데이터(Big Data)라고 합니다.
> • **데이터 웨어하우스(Data Warehouse)** : 조직이나 기업체의 중심이 되는 주요 업무 시스템에서 추출되어 새로이 생성된 데이터베이스로서 의사결정지원 시스템을 지원하는 주체적, 통합적, 시간적 데이터의 집합체
> • **데이터 마트(Data Mart)** : 조직 내 부서 또는 전략적 비즈니스 유닛 등 특정 사용자들의 목적에 맞게 설계된 비교적 작은 규모의 데이터 웨어하우스를 의미함
> • **네트워크 데이터베이스** : 그래프 구조를 이용해서 데이터 상호관계를 계층적으로 정의한 DB 구조

13 다음 중 자료저장을 위한 기기 또는 매체와 가장 관계가 먼 것은?

① Microfilm　　　　　② SSD

③ LTO　　　　　　　④ PS/2

> **전문가의 조언** PS/2 포트는 PS/2용 마우스와 키보드 연결에 사용되는 6핀으로 구성된 포트입니다.

14 블록 암호화 알고리즘의 일종으로 대칭키 암호이며, 평문을 64비트로 나누어 56비트 암호키(Key)를 사용하는 것은?

① VPN　　　　　　　② AES

③ DES　　　　　　　④ ARIA

> **전문가의 조언** 평문을 64비트로 나누어 56비트 암호키(Key)를 사용하는 것은 DES(Data Encryption Standard)입니다.
> • **VPN(Virtual Private Network)** : 가상 사설 네트워크로서 인터넷 등 통신 사업자의 공중 네트워크와 암호화 기술을 이용하여 사용자가 마치 자신의 전용 회선을 사용하는 것처럼 해주는 보안 솔루션
> • **AES(Advanced Encryption Standard)** : 2001년 미국 표준 기술 연구소(NIST)에서 발표한 개인키 암호화 알고리즘
> • **ARIA(Academy, Research Institute, Agency)** : 2004년 국가정보원과 산학연협회가 개발한 블록 암호화 알고리즘

15 데이터베이스의 구조에 대한 정의와 이에 대한 제약 조건 등을 기술한 것을 무엇이라 하는가?

① 스키마　　　　　　② 도메인

③ 엔티티　　　　　　④ 데이터베이스 언어

> **전문가의 조언** 데이터베이스의 구조에 대한 정의와 이에 대한 제약 조건 등을 기술한 것을 스키마(Schema)라고 합니다.
> • **개체(Entity)** : 데이터베이스에서 표현하고자 하는 것으로, 사람이 생각하는 개념이나 정보의 단위 같은 현실 세계의 대상체를 일컬음
> • **도메인(Domain)** : 하나의 애트리뷰트가 가질 수 있는 원자값들의 집합

16 다음 중 은행창구 업무 및 항공권 예약 업무와 같이 데이터 발생 즉시 처리하는 시스템은?

① 일괄 처리 시스템　　　② 오프라인 시스템

③ 분산 자료 시스템　　　④ 실시간 처리 시스템

> **전문가의 조언** 데이터 발생 즉시 처리하는 시스템은 실시간 처리 시스템(Real Time Processing System)입니다.
> • **일괄 처리 시스템(Batch Processing System)** : 일정량 또는 일정 기간 동안 데이터를 모아서 한꺼번에 처리하는 방식으로, 월급 계산, 수도/전기 요금 계산 등에 사용함
> • **분산 처리 시스템(Distributed Processing System)** : 여러 개의 컴퓨터(프로세서)를 통신 회선으로 연결하여 하나의 작업을 처리하는 방식

17 사무자동화 수행방식 중 상향식(Bottom Up) 접근방식의 특징에 해당하는 것은?

① 요구되는 사무자동화 시스템을 단기간에 구축할 수 있다.

② 조직의 전체적인 참여의식이나 의식 개혁이 희박하여 조직 전체로의 확산이 어렵다.

③ 기존 조직으로부터의 반발이 크고 전체 조직을 총괄하는 상설기구가 필요하다.

④ 최고 경영자에게 필요한 정보를 즉시 제공할 수 있어서 실효성이 크다.

18 사무자동화 추진 단계의 순서로 옳은 것은?

① 계획 → 운용 → 분석
② 분석 → 운용 → 계획
③ 분석 → 계획 → 운용
④ 계획 → 분석 → 운용

19 입출력장치를 제어하는 I/O 프로세서가 입출력이 완료된 것을 CPU에게 알려 줄 때 어떤 기능을 사용하는가?

① Blocking
② Interrupt
③ System Call
④ Deadlock

20 조직 내 모든 부서와 전 기능을 하나의 IT 시스템으로 통합하고 직원들이 기업 활동에 필요한 정보를 전사적인 차원에서 수집 및 분석하여 이를 토대로 의사결정을 할 수 있게 하는 시스템은?

① ERP
② SCM
③ CRM
④ SaaS

2과목 사무경영관리 개론

21 사무통제를 위한 관리 도구로 "최단시간 내에 완성할 수 있는 방법을 찾는 기법으로 프로그램 진행사항을 추적하는 매우 유용한 관리 도구"에 해당하는 것은?

① PROCEDURE
② GANTT
③ FLOWCHART
④ PERT

22 다음 중 사무관리 관리층 또는 사무관리자의 역할이 틀린 것은?

① 최고 경영층 – 회사설립 목적의 설정
② 중간 관리층 – 예산의 편성 및 기획
③ 하위 관리층 – 사무 진행 계획 수립
④ 사무 관리자 – 부하직원 통제

23 의사 결정 시스템의 특성이 아닌 것은?

① 다양한 데이터를 획득하여 의사 결정에 필요한 정보처리를 할 수 있도록 설계되어야 한다.

② 그래픽을 이용하여 정보처리 결과를 보여주고 출력하는 기능이 있어야 한다.

③ 의사 결정자와 시스템 간의 대화식 정보처리가 가능하도록 설계되어야 한다.

④ 의사 결정 과정 중에 발생한 환경의 변화는 제외하고 유연하게 설계되어야 한다.

24 다음 (　)에 가장 적합한 내용을 순서대로 나열한 것은?

> 법규문서는 (　)에 의하여 작성하고, (　)를 사용한다.

① 시행문 형식, 일자별 일련번호
② 시행문 형식, 누년 일련번호
③ 조문 형식, 일자별 일련번호
④ 조문 형식, 누년 일련번호

25 "경영체는 인체요, 사무는 신경계통"이라고 주장한 학자의 이름은?

① 레핑웰　　　　　② 달링톤
③ 로빈슨　　　　　④ 피터슨

전문가의 조언 "경영체는 인체요, 사무는 신경계통"이라고 주장한 학자는 달링톤입니다.
• 레핑웰(Leffingwell) : 기업의 여러 부문의 기능이 사무라는 하나의 흐름에 의해 연결되어 통일된 하나의 경영활동이 됨

26 사무실 배치의 목표와 거리가 먼 것은?

① 집무능률의 향상에 이바지될 수 있어야 할 것
② 행정 또는 경영관리의 기능적 수행을 용이하도록 할 것
③ 직원의 노동, 위생조건이 충족되도록 할 것
④ 내 · 외부 환경의 변화에 적응되지 않도록 할 것

전문가의 조언 내 · 외부 환경의 변화에 적응되도록 사무실이 배치되어야 합니다.

27 정보 보안의 3요소가 아닌 것은?

① 기밀성　　　　　② 구속성
③ 가용성　　　　　④ 무결성

전문가의 조언 정보 보안의 3요소는 '기밀성, 가용성, 무결성'입니다.

28 다음 중 사무관리의 원칙과 가장 관계없는 것은?

① 용이성　　　　　② 주관성
③ 정확성　　　　　④ 신속성

전문가의 조언 사무관리의 원칙에는 용이성, 정확성, 신속성, 경제성이 있습니다.

29 EDI의 표준을 크게 나누고자 할 때 가장 적합한 방식은?

① 수치코드 표준, 통신 표준
② 양식 표준, 통신 표준
③ 수치코드 표준, 문자코드 표준
④ 문서 표준, 수치코드 표준

전문가의 조언 EDI의 표준은 크게 양식 표준과 통신 표준으로 구분합니다.

30 서식 설계에 관한 일반 원칙으로 가장 옳지 않은 것은?

① 서식은 글씨의 크기, 항목 간의 간격 등을 균형 있게 조절하여야 한다.
② 서식에는 불필요하거나 활용도가 낮은 항목을 넣어서는 아니 된다.
③ 서식에는 가능하면 행정기관의 로고 등을 표시한다.
④ 서식은 특별한 사유가 없어도 별도의 기안문과 시행문을 작성한다.

전문가의 조언 행정업무의 효율적 운영에 관한 규정에 따르면 서식은 특별한 사유가 있는 경우를 제외하고는 별도의 기안문 및 시행문을 작성하지 않도록 규정하고 있습니다.

31 사무작업의 효율성을 높이기 위한 동작 연구의 목적이 아닌 것은?

① 필요한 동작은 쉽고 간편하게 개선한다.
② 불필요한 작업을 제거한다.
③ 스톱워치를 사용하여 동작에 필요한 표준시간을 산출한다.
④ 적절한 절차배정이 끝난 작업에 대한 방법을 표준화한다.

전문가의 조언 스톱워치를 사용하여 동작에 필요한 표준시간을 산출하는 것은 시간 연구의 목적입니다.

32 사무조직화의 일반 원칙에 가장 부합하지 않는 것은?

① 명령계통의 다원화　　② 합리적인 책임 할당
③ 권한의 위임　　　　　④ 통솔범위의 적정화

전문가의 조언 사무조직화의 일반원칙 중 하나는 명령계통의 다원화가 아니라 명령계통의 일원화입니다.

33 문서의 결재에 관한 설명으로 가장 옳지 않은 것은?

① 결재권자의 서명란에는 서명 날짜를 함께 표시한다.
② 위임 전결하는 경우에는 전결하는 사람의 서명란에 "전결" 표시를 한 후 서명하여야 한다.
③ 대결하는 경우에는 대결하는 사람의 서명란에 "대결" 표시를 하고 서명하여야 한다.
④ 위임 전결 사항을 대결하는 경우에는 전결하는 사람의 서명란에 "대결" 표시를 하고 서명하여야 한다.

전문가의 조언 위임 전결 사항을 대결하는 경우에는 전결하는 사람의 서명란에 "전결" 표시를 하고 대결하는 사람의 서명란에 "대결" 표시를 한 후 서명하여야 합니다.

34 다음 중 정보통신망을 구축하는 효과가 아닌 것은?

① 경제적 효과 ② 신뢰성 향상

③ 처리 능력 향상 ④ 프로토콜의 다양화

전문가의 조언 정보통신망 구축의 효과 중 하나는 프로토콜의 다양화가 아니라 프로토콜의 표준화입니다.

35 다음 설명에 가장 부합하는 원칙은?

> 조직 구성원의 능력이나 사정 등을 고려하지 않고 해야 할 일(to work ought to be done)을 중심으로 조직을 구성해야 한다.

① 개인의 원칙 ② 책임과 권한의 원칙

③ 기능화의 원칙 ④ 관리 한계의 원칙

전문가의 조언 해야 할 일을 중심으로 조직을 구성하는 것은 기능화의 원칙에 해당합니다.
- **책임 권한의 원칙** : 책임과 권한을 명확히 하고 일치시켜야 함
- **통제방위의 적절화(관리 한계)의 원칙** : 한 사람의 관리자가 직접 감독할 수 있는 부하 직원의 수나 조직의 수는 관리자의 능력에 따라 적절히 조정해야 함

36 공공기록물 관리에 의거 전자기록물로 구성되어 있는 기록물철의 분류번호는 어떻게 관리하는가?

① 해당 전자기록물철의 등록 정보로 관리

② 해당 전자기록물철의 접수 정보로 관리

③ 해당 전자기록물철의 생산 정보로 관리

④ 해당 전자기록물철의 분류 정보로 관리

전문가의 조언 공공기록물 관리에 관한 법률 상 기록물철을 작성한 경우에는 전자기록생산시스템으로 기록물철 분류번호를 부여하고 그 기록물철에 이를 표기하여야 하며, 중앙기록물관리기관의 장이 정하는 등록 정보를 생산·관리하여야 합니다.

37 사무조직을 설계하는 사무관리자의 조직 원칙과 가장 거리가 먼 것은?

① 목적의 원칙 ② 기능화의 원칙

③ 집중화의 원칙 ④ 책임·권한의 원칙

전문가의 조언 · 집중화의 원칙은 사무관리자의 조직 원칙에 속하지 않습니다.
· 사무조직화의 일반 원칙에는 목적의 원칙, 기능화의 원칙, 책임·권한의 원칙, 명령 통일의 일원화의 원칙, 권한 위임(위양)의 원칙, 통제 범위의 적절화(관리 한계)의 원칙, 계선과 참모의 원칙, 전문화의 원칙이 있습니다.

38 다음 중 그 목적상 필요한 범위에서 공표된 프로그램을 복제 또는 배포할 수 있는 경우는? (단, 복제된 부분이 차지하는 비중 및 복제된 부수 등에 비추어 프로그램의 저작재산권자의 이익을 부당하게 해치는 경우는 예외로 한다.)

① 초·중·고등학교 및 사설 교육기관에서 교육을 담당하는 자가 수업과정에 제공할 목적으로 복제 또는 배포하는 경우

② 가정과 같은 한정된 장소에서 개인 영리 목적으로 복제하는 경우

③ 컴퓨터의 유지·보수를 위하여 그 컴퓨터를 이용하는 과정에서 프로그램을 영구적으로 복제하는 경우

④ 재판 또는 수사를 위하여 복제하는 경우

전문가의 조언 재판 또는 수사를 위해서는 공표된 프로그램을 복제 또는 배포할 수 있습니다.
① 수업과정에 제공할 목적이라 하더라도 사설 교육기관의 경우에는 복제 또는 배포할 수 없습니다.
② 가정과 같은 한정된 장소에서 복제하더라도 영리를 목적으로 하는 경우에는 제외됩니다.
③ 컴퓨터의 유지·보수를 위하여 그 컴퓨터를 이용하는 과정에서는 컴퓨터 프로그램을 일시적으로 복제할 수 있습니다.

39 듀이 십진분류법(DDC)에서 기술과학에 해당하는 코드는?

① 200 ② 400

③ 600 ④ 800

전문가의 조언 듀이 십진분류법(DDC)에서 기술과학에 해당하는 코드는 600입니다.

40 다음 사무처리 방식에 대한 설명으로 가장 옳은 것은?

① 개별처리 방식은 다수의 사무원이 자료수집에서 작성까지의 모든 사무처리를 하는 방식이다.

② 로트처리 방식은 여럿이 분담하여 사무처리를 하는 방식으로 각 사무원이 각자 맡은 사무를 처리한다.

③ 유동작업 방식은 임의로 사무기계 및 사무원을 배치하여 사무처리를 행하는 방식이다.

④ 자동화 방식은 컴퓨터 및 사무기기를 사용하여 사무를 수동적으로 처리하는 방식이다.

전문가의 조언 사무처리 방식에 대한 설명으로 가장 옳은 것은 ②번입니다.
① 개별처리 방식은 다수가 아닌 한 명의 사무원이 모든 사무처리를 수행하는 방식입니다.
③ 유동작업 방식은 사무를 임의로 처리하는 것이 아니라 처리 순서에 맞게 사무공정을 진행하는 방식입니다.
④ 자동화 방식은 사무자동화기기를 사용하여 수동이 아닌 자동으로 사무처리를 처리하는 방식입니다.

3과목 프로그래밍 일반

41 C 언어에서 사용하는 이스케이프 시퀀스에 대한 의미가 옳지 않은 것은?

① \r : carriage return ② \t : tab

③ \n : new title ④ \b : backspace

[전문가의 조언] \n은 뉴 라인(New Line)을 의미합니다.

42 프로그램 문서화의 목적으로 거리가 먼 것은?

① 프로그램 개발팀에서 운용팀으로 인계 인수를 쉽게 할 수 있다.

② 사고 발생 시 책임 구분을 명확히 할 수 있다.

③ 프로그램 개발 중 추가 변경에 따른 혼란을 감소시킬 수 있다.

④ 프로그램 개발 후 유지 보수가 용이하다.

[전문가의 조언] 프로그램 문서화란 프로그램 개발과 유지보수의 전과정을 문서로 만들어 두는 것으로, 문서화는 사고 발생 시 책임을 명확히 구분하기 위해서 하는 것은 아닙니다.

43 실행 중인 프로세스가 일정 시간 동안에 참조하는 페이지의 집합을 의미하는 것은?

① Locality ② Segment

③ Monitor ④ Working Set

[전문가의 조언] 실행 중인 프로세스가 일정 시간 동안에 참조하는 페이지의 집합을 의미하는 것은 Working Set입니다.

• Locality : 프로세스가 실행되는 동안 주기억장치를 참조할 때 일부 페이지만 집중적으로 참조하는 성질이 있다는 이론임

• Segment : 주기억장치에 한 번에 읽어 들일 수 없는 큰 프로그램을 작은 프로그램으로 나누었을 때의 각 부분

44 프로그램 개발 과정에서 프로그램 안에 내재해 있는 논리적 오류를 발견하고 수정하는 작업은?

① Loading ② Debugging

③ Linking ④ Hashing

[전문가의 조언] 프로그램 개발 과정에서 프로그램 안에 내재해 있는 논리적 오류를 발견하고 수정하는 작업을 디버깅이라고 하고, 이때 사용하는 소프트웨어를 디버거라고 합니다.

45 수식 구문의 표기법 중 연산자를 피연산자 사이에 표기하는 방법으로서 일반적으로 가장 많이 사용하는 표기법은?

① PREFIX NOTATION ② POSTFIX NOTATION

③ INFIX NOTATION ④ FIRST NOTATION

[전문가의 조언] 수식의 표기법은 연산자가 어디에 있는지만 확인하면 됩니다. '+AB'처럼 연산자가 두 개의 피연산자 앞에 있으면 전위(Prefix), 'A+B'처럼 연산자가 피연산자 사이에 있으면 중위(Infix), 'AB+'처럼 연산자가 피연산자 뒤에 있으면 후위(Postfix) 표기법입니다.

46 C 언어의 기억 클래스에 해당하지 않는 것은?

① 내부 변수(Internal Variable)

② 자동 변수(Automatic Variable)

③ 레지스터 변수(Resister Variable)

④ 정적 변수(Static Variable)

[전문가의 조언] C 언어의 기억 클래스에는 자동(Auto) 변수, 정적(Static) 변수, 레지스터(Register) 변수, 외부(Extern) 변수가 있습니다.

47 주석(Comment)의 제거, 상수 정의 치환, 매크로 확장 등 컴파일러가 처리하기 전에 먼저 처리하여 확장된 원시 프로그램을 생성하는 것은?

① Preprocessor ② Linker

③ Loader ④ Cross Compiler

[전문가의 조언] 문제에 제시된 내용은 Preprocessor의 개념입니다.

• Linker : 기계어로 된 여러 개의 모듈을 묶어서 로드 모듈을 작성하는 것

• Loader : 실행 가능한 프로그램을 주기억장치로 읽어와서 실행될 수 있도록 하는 프로그램

• Cross Compiler : 원시 프로그램을 컴파일러가 수행되고 있는 컴퓨터의 기계어로 번역하는 것이 아니라, 다른 기종에 맞는 기계어로 번역하는 프로그램

48 UNIX 운영체제에서 커널(Kernel)에 대한 설명으로 옳지 않은 것은?

① UNIX의 가장 핵심적인 부분이다.

② 프로세스 관리, 기억장치 관리 등의 기능을 수행한다.

③ 하드웨어를 보호하고 프로그램과 하드웨어 간의 인터페이스 역할을 담당한다.

④ 사용자의 명령어를 인식하여 프로그램을 호출하고 명령을 수행하는 명령어 해석기이다.

[전문가의 조언] 명령어 해석은 커널이 아니라 쉘의 기능입니다.

49 프로그램이 동작하는 동안 고정되어 있는 값 또는 공간을 의미하는 것은?

① Variable　　　　② Record

③ Constant　　　　④ Pointer

50 상향식 파싱 기법에 해당하지 않는 것은?

① 파스 트리의 리프, 즉 입력 스트링으로부터 위쪽으로 파스 트리를 만들어 가는 방식

② Shift Reduce 파싱이라고도 함

③ 입력 문자열에 대해 루트에서 왼쪽 우선순으로 트리의 노드를 만들어 감

④ 주어진 스트링의 시작이 심볼로 축약될 수 있으면 올바른 문장이고, 그렇지 않으면 틀린 문장으로 간주하는 방법

51 C 언어의 포인터 형(Pointer Type)에 대한 설명으로 틀린 것은?

① 포인터 변수는 기억장소의 번지를 기억하는 동적변수이다.

② 포인터는 가리키는 자료형이 일치할 때 대입하는 규칙이 있다.

③ 보통 변수의 번지를 참조하려면 번지 연산자 #을 변수 앞에 쓴다.

④ 실행문에서 간접 연산자 *를 사용하여 포인터 변수가 지시하고 있는 내용을 참조한다.

52 C 언어에서 포인터를 사용하여 두 변수 a, b의 값을 교체하는 경우 빈 칸에 알맞은 코드는?

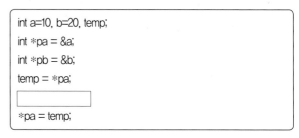

```
int a=10, b=20, temp;
int *pa = &a;
int *pb = &b;
temp = *pa;
□□□□□□
*pa = temp;
```

① b = &a;　　　　② a = b;

③ *pb = *pa;　　　④ *pa = *pb;

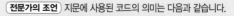
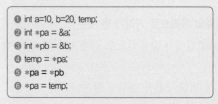
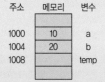
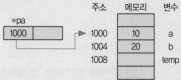
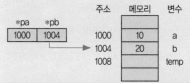
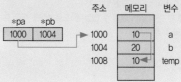
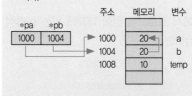

⑥ temp에 저장된 값을 포인터 변수 pb가 가리키는 곳의 값으로 치환합니다.

주소	메모리	변수
1000	20	a
1004	10	b
1008	10	temp

*pa: 1000 *pb: 1004

---

53 EBNF에서 [ ]를 사용하는 이유는?

① 선택 사항 표현
② 블록(Block) 표현
③ 생략 가능한 것 표현
④ 반복되는 부분 표현

전문가의 조언 EBNF [ ] 선택 사항을 표현할 때 사용합니다.

---

54 객체지향 언어에서 공통된 속성과 행위를 갖는 객체들의 집합을 의미하는 것은?

① 멀티스레딩
② 클래스
③ 메소드
④ 캡슐화

전문가의 조언 공통된 속성과 행위를 갖는 객체들의 집합은 클래스입니다.
• 메소드 : 객체가 메시지를 받아 실행해야 할 구체적인 연산 또는 명령문의 집합
• 캡슐화 : 데이터와 데이터를 처리하는 함수를 하나로 묶는 것

---

55 매개 변수 전달 방법 중 실매개 변수들의 주소를 대응되는 형식 매개 변수들에게 보내어 기억장소를 공유시키는 전달 방식은?

① 값에 의한 전달
② 결과에 의한 전달
③ 참조에 의한 전달
④ 이름에 의한 전달

전문가의 조언 문제에 제시된 내용은 참조에 의한 전달 방식에 대한 설명입니다.
• 값에 의한 호출 : 주프로그램의 매개 변수(Parameter)가 부프로그램으로 넘어갈 때 실제값(변수 자체)이 전달되는 방식
• 이름에 의한 호출 : 주프로그램의 매개 변수(Parameter)가 부프로그램으로 넘어갈 때 변수의 이름이 전달되는 방식

---

56 다음 그림과 같은 기억장소에서 15K를 요구하는 프로그램이 두 번째 공백인 16K의 작업 공간에 배치하는 기억장치 배치 전략은?

운영체제
사용중인 공간
30K 공백
사용중인 공간
16K 공백
사용중인 공간
50K 공백
사용중인 공간

① First Fit Strategy
② Best Fit Strategy
③ Worst Fit Strategy
④ Big Fit Strategy

전문가의 조언 15K 프로세스를 16K 작업 공간에 배치하였다면 단편화를 가장 작게 남기는 분할 영역에 배치시킨 것으로 최적 적합(Best-Fit)이 적용된 것입니다.

---

57 운영체제의 성능 평가 항목으로 거리가 먼 것은?

① 사용 가능도
② 반환 시간
③ 처리 능력
④ 비용

전문가의 조언 운영체제의 성능 평가 항목은 처리 능력, 반환 시간, 신뢰성, 사용 가능도입니다.

---

58 프로시저들 사이에 어떤 정보를 교환하고, 이들 간의 특별한 제어를 허용할 수 있는 현상은?

① Reference
② Exception
③ Monitor
④ Side Effect

전문가의 조언 문제에 제시된 내용은 예외(Exception)의 개념입니다.

---

59 정적 바인딩이 이루어지는 시간이 아닌 것은?

① 언어 정의 시간
② 언어 구현 시간
③ 링크 시간
④ 프로그램 호출 시간

전문가의 조언 프로그램 호출 시간에 이루어지는 바인딩을 동적 바인딩이라고 합니다.

---

60 서브루틴 호출 처리 작업 시 복귀주소를 저장하고 조회하는 용도에 적합한 자료 구조는?

① 데크
② 큐
③ 스택
④ 연결리스트

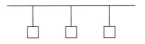

4과목 정보 통신 개론

61 LAN에서 데이터의 충돌을 막기 위해 송신 데이터가 없을 때에만 데이터를 송신하고, 다른 장비가 송신 중일 때에는 송신을 중단하며 일정시간 간격을 두고 대기하였다가 다시 송신하는 방식은?

① TOKEN BUS
② TOKEN RING
③ CSMA/CD
④ CDMA

62 다음 중 교환 방식에 관한 설명으로 틀린 것은?

① 회선 교환 방식은 회선에 융통성이 요구되거나 메시지가 짧은 경우에 적합하다.
② 데이터그램 패킷 교환 방식은 부하가 적거나 간헐적인 통신의 경우에 적합하다.
③ 패킷 교환 방식은 코드 및 속도 변환이 가능하다.
④ 가상회선 패킷 교환 방식은 패킷 도착 순서가 고정적이다.

63 그림의 네트워크 형상(Topology) 구조는?

① Bus 형
② Token Ring 형
③ Star 형
④ Peer to Peer 형

64 광섬유의 특징에 대한 설명 중 잘못된 것은?

① 아주 빠른 전송 속도를 가지고 있다.
② 넓은 대역폭을 가지며 외부 간섭의 영향을 받는다.
③ 매우 낮은 전송 에러율을 가지고 있다.
④ 네트워크 보안성이 높다.

65 전송 효율을 최대한 높이려고 데이터 블록의 길이를 동적으로 변경시켜 전송하는 ARQ 방식은?

① Adaptive ARQ
② Stop-And-Wait ARQ
③ Selective ARQ
④ Go-back-N ARQ

66 수신단에서 디지털 전송 신호로부터 데이터 비트를 복원하는 장치는?

① Allocation
② Transformer
③ Mesh
④ Decoder

67 통신 속도가 50보오(baud)인 전송부호의 최단펄스의 시간 길이는 몇 초인가?

① 1   ② 0.02

③ 0.5   ④ 5

전문가의 조언 • 1개의 신호가 변조되는 시간을 T라고 할 때 변조 속도 baud = 1 / T입니다.
• 변조 속도가 50baud이므로 50 = 1 / T
• T = 1 / 50 = 0.02

68 광대역 종합 정보 통신망인 ATM 셀(Cell)의 구조로 옳은 것은?

① Header : 5 옥텟, Payload : 53 옥텟

② Header : 5 옥텟, Payload : 48 옥텟

③ Header : 2 옥텟, Payload : 64 옥텟

④ Header : 6 옥텟, Payload : 52 옥텟

전문가의 조언 옥테드(Octet)와 Byte는 같은 개념입니다. 즉 ATM 셀은 헤드 5Byte, 페이로드(사용자 정보) 48Byte로 구성됩니다.

69 나이퀴스트 채널 용량 산출 공식(C)으로 옳은 것은? (단, 잡음이 없는 채널로 가정, S/N : 신호대잡음비, M : 진수, B : 대역폭)

① $C = B\log_2(S/N)(bps)$

② $C = B\log_2(M+1)(bps)$

③ $C = 2B\log_2(10+S/N)(bps)$

④ $C = 2B\log_2 M(bps)$

전문가의 조언 나이퀴스트 채널 용량 산출 공식(C)으로 옳은 것은 ④번입니다.

70 연속된 8개의 0 문자열의 동기화 문제를 해결하기 위해 0 문자열 속에 위반(violation)이라는 신호 변화를 강제로 주는 부호화 기법은?

① NRZ-I   ② B8ZS

③ NRZ-L   ④ MANCHESTER

전문가의 조언 문제에 제시된 내용은 B8ZS의 개념입니다.

71 8진 PSK의 오류 확률은 2진 PSK 오류 확률의 몇 배인가?

① 3   ② 6

③ 9   ④ 12

전문가의 조언 $8(2^3)$진 PSK는 $2(2^1)$진 PSK에 비해 3배 많은 데이터를 전송하므로 오류 발생 확률도 3배 많아집니다.

72 HDLC에서 사용되는 프레임의 종류에 해당하지 않는 것은?

① 정보 프레임   ② 감독 프레임

③ 무번호 프레임   ④ 제어 프레임

전문가의 조언 제어 프레임은 HDLC에서 사용되는 프레임의 종류가 아닙니다. HDLC에서 사용되는 프레임은 정보 프레임, 감독 프레임, 비(무)번호 프레임입니다.

73 프로토콜(Protocol)에 대한 설명으로 옳은 것은?

① 시스템 간 정확하고 효율적인 정보 전송을 위한 일련의 절차나 규범의 집합이다.

② 아날로그 신호를 디지털 신호로 변환하는 방법이다.

③ 자체적으로 오류를 정정하는 오류제어 방식이다.

④ 통신회선 및 채널 등의 정보를 운반하는 매체를 모델화 한 것이다.

전문가의 조언 ②번은 디지털 변조에 대한 설명이며, ③번은 전진(순방향) 오류 수정(FEC)에 대한 설명입니다.

74 Shannon의 표본화 정리에 의하면 보내려는 신호 성분 중 최고 주파수의 최소 몇 배 이상으로 표본을 행하면 원 신호를 충실하게 재현시킬 수 있는가?

① 1   ② 2

③ 4   ④ 8

전문가의 조언 Shannon의 표본화 정리에 의하면 보내려는 신호 성분 중 최고 주파수의 최소 2배 이상으로 표본을 행하면 원 신호를 충실하게 재현시킬 수 있습니다.

75 변조 속도가 1600(Baud)이고 트리비트(Tribit)를 사용한다면 전송속도(bps)는?

① 1600　　　　　② 3200

③ 4800　　　　　④ 6400

> **전문가의 조언** 트리비트(Tribit)는 변조 시 상태 변화 수가 3Bit입니다. 전송 속도(bps) = 변조 속도(Baud) × 변조 시 상태 변화 수이므로 1,600 × 3 = 4,800[bps]입니다.

76 ITU-T 권고안의 X 시리즈에서 패킷형 DTE와 DCE간의 인터페이스는?

① X.21　　　　　② X.22

③ X.24　　　　　④ X.25

> **전문가의 조언** 패킷형 DTE와 DCE 간의 인터페이스는 X.25입니다.
> • X.20 : 비동기식 전송을 위한 DTE/DCE 접속 규격
> • X.21 : 동기식 전송을 위한 DTE/DCE 접속 규격
> • X.25 : 패킷 전송을 위한 DTE/DCE 접속 규격

77 MHS(Message Handing System)에 대한 설명으로 바르지 않은 것은?

① MS는 메시지를 축적하는 사서함 기능을 갖는다.

② 사용자 간의 메시지를 송수신 하는 기능을 갖는다.

③ MHS는 UA, MTA, MS 등으로 구성된다.

④ 신호변환 및 정보처리가 가능하다.

> **전문가의 조언** MHS는 메시지 전송과 관련된 기능 외에 신호변환이나 정보 처리 기능은 제공되지 않습니다.

78 전송 장애의 주요 형태가 아닌 것은?

① 신호 감쇠　　　② 지연 왜곡

③ 잡음　　　　　④ 변복조

> **전문가의 조언** 변조는 디지털 데이터를 아날로그 신호로 변환하는 과정이고 복조는 아날로그 신호를 디지털 데이터로 변환하는 과정입니다. 변복조는 신호의 변환 과정이지 전송 장애의 주요 형태가 아닙니다.

79 다음 중 뉴미디어의 특징과 가장 거리가 먼 것은?

① 고속성　　　　② 상호작용성

③ 쌍방향성　　　④ 획일성

> **전문가의 조언** 뉴미디어의 특징 중 하나는 정보 형태의 획일화가 아니라 다양화, 다채널화입니다.

80 L2 스위치의 기본 기능이 아닌 것은?

① Address Learning　　② Filtering

③ Forwarding　　　　④ Routing

> **전문가의 조언** L2 스위치란 OSI 7계층 중 2계층인 데이터링크 계층의 기능을 구현하는 중계기입니다. Routing(경로선택)은 3계층의 기능으로 L3 스위치의 기능에 속합니다.

1과목 사무자동화 시스템

01 사무자동화의 특징으로 가장 거리가 먼 것은?

① 사무의 생산성 향상
② 사무처리 시간의 단축
③ 인건비, 관리비 증가
④ 정형적인 업무의 자동화

> **전문가의 조언** 사무자동화를 도입하면 인건비나 관리비가 이전에 비해 감소합니다.

02 다음 중 3단계 스키마에 속하지 않는 것은?

① 내부 스키마
② 외부 스키마
③ 개념 스키마
④ 관계 스키마

> **전문가의 조언** 3단계 스키마에는 내부 스키마, 외부 스키마, 개념 스키마가 있습니다.

03 CPU와 메모리 간의 속도차를 개선하기 위하여 사용되는 메모리는?

① 캐시 메모리(Cache Memory)
② 플래시 메모리(Flash Memory)
③ 가상 메모리(Virtual Memory)
④ 연관 메모리(Associate Memory))

> **전문가의 조언** CPU와 메모리 간의 속도차를 개선하기 위해 캐시 메모리를 사용합니다.
> • **플래시 메모리(Flash Memory)** : EEPROM의 일종으로 비휘발성 메모리이며, MP3 플레이어, 개인용 정보단말기, 휴대전화, 디지털 카메라 등에 널리 사용됨
> • **가상 메모리(Virtual Memory)** : 보조기억장치(하드디스크)의 일부를 주기억장치처럼 사용하는 메모리 기법으로, 주기억장치보다 큰 프로그램을 불러와 실행해야 할 때 유용하게 사용됨
> • **연관 메모리(Associative Memory)** : 주소를 참조하여 데이터를 읽어오는 방식이 아니라 저장된 내용의 일부를 이용하여 기억장치에 접근하여 데이터를 읽어오는 기억장치

04 객체 지향형 데이터베이스 시스템에서 특정 데이터 구조와 메소드(Method)들로 구성된 객체들의 모임은?

① 애트리뷰트(Attribute)
② 클래스(Class)
③ 릴레이션(Relation)
④ 튜플(Tuple)

> **전문가의 조언** 특정 데이터 구조와 메소드(Method)들로 구성된 객체들의 모임은 클래스(Class)입니다.
> • **속성(Attribute)** : 테이블의 열을 구성하는 것으로 항목(Field)이라고 함
> • **릴레이션(Relation)** : 데이터들을 행과 열로 표현한 테이블
> • **튜플(Tuple)** : 테이블의 행을 구성하는 것으로 개체(레코드)라고 함

05 전자우편(E-mail) 보낼 때와 받을 때 사용하는 프로토콜로만 나열된 것은?

① FTP, HTTP
② SMTP, HTTP
③ FTP, POP3
④ SMTP, POP3

> **전문가의 조언** 전자우편(E-mail)을 보낼 때는 SMTP를, 받을 때는 POP3를 사용합니다.

06 팩시밀리의 특징으로 옳지 않은 것은?

① 원하는 시간에 원하는 정보 전송이 가능하다.
② 동일 내용을 한 번에 한 명의 수신자에게만 보낼 수 있다.
③ 일반 전화회선을 이용하여 즉시 전송 가능하다.
④ 종이원고의 내용을 원격지에서 충실하게 기록 재생할 수 있다.

> **전문가의 조언** 팩시밀리는 동일 내용을 한 번에 여러 명의 수신자에게 보낼 수 있습니다.

07 다음 중 전자상거래에 관한 특징으로 틀린 것은?

① 소비자는 상품을 선택할 기회가 적다.
② 운송비가 절감되고 상품 조사가 용이하다.
③ 생산자는 소자본 창업이 가능하다.
④ 근로자는 시공간을 초월하여 업무를 수행할 수 있다.

> **전문가의 조언** 전자상거래는 인터넷이라는 가상공간을 통해 상품을 사고파는 행위로 물리적, 시간적, 공간적 제약을 받지 않으므로 소비자는 상품을 선택할 기회가 많습니다.

08 그룹웨어(Groupware)에 대한 설명으로 가장 거리가 먼 것은?

① 신속하고 정확한 의사결정을 지원하는 시스템이다.
② 컴퓨터 지원 협동 작업을 가능하게 하는 하드웨어 및 소프트웨어 시스템이다.
③ 공동 작업이나 공동 목표에 참여하는 다양한 작업 그룹을 지원한다.
④ 클라이언트를 사용자 단말기로 하고 서버를 호스트 컴퓨터로 하는 네트워크 시스템이다.

> **전문가의 조언** ④번은 단순히 클라이언트/서버 시스템의 구성을 설명한 것입니다.

09 다음 중 어떤 데이터를 기억장치로부터 읽거나 기억시킬 때 소요되는 시간은?

① Access Time ② Search Time
③ Read Time ④ Seek Time

> **전문가의 조언** 어떤 데이터를 기억장치로부터 읽거나 기억시킬 때 소요되는 시간은 Access Time입니다.
> • Search Time(지연 시간) : 읽기/쓰기 헤드가 지정된 트랙(실린더)을 찾은 후 원판이 회전하여 원하는 섹터의 읽기/쓰기가 시작될 때까지의 시간
> • Seek Time(탐색 시간) : 읽기/쓰기 헤드가 지정된 트랙(실린더)에 도달하는 데 걸리는 시간

10 데이터베이스 자체를 생성(CREATE)하거나 변경(ALTER)하는 목적으로 사용하는 언어는?

① DDL ② DML
③ DBMS ④ DCL

> **전문가의 조언** 데이터베이스 자체를 생성(CREATE)하거나 변경(ALTER)하는 목적으로 사용하는 언어는 DDL(데이터 정의어)입니다.
> • 데이터 조작어(DML) : 사용자가 응용 프로그램을 통하여 데이터베이스에 저장된 데이터를 실질적으로 처리하는 데 사용되는 언어
> • DBMS(Database Management System, 데이터베이스 관리 시스템) : 사용자와 데이터베이스 사이에 위치하여 데이터베이스를 관리하고, 사용자의 요구에 따라 정보를 생성해 주는 소프트웨어
> • 데이터 제어어(DCL) : 데이터 보안, 무결성, 데이터 회복, 병행 수행 제어 등을 정의하는데 사용되는 언어

11 사무자동화 추진을 위한 하향식(Top-Down) 접근방식의 특징으로 옳은 것은?

① 사무자동화 도입을 조직의 하부 단위 업무로부터 점차 상층부로 확대 실시한다.
② 시행착오로 인한 전체적인 비용이 증가되는 경우가 발생할 수 있다.
③ 최고 경영자에게 필요한 정보를 즉시 제공할 수 있어서 실효성이 크다.
④ 조직의 전체적인 참여의식이나 의식 개혁이 희박하여 조직 전체로의 확산이 어렵다.

> **전문가의 조언** 하향식(Top-Down) 접근방식의 특징에 해당하는 것은 ③번입니다.
> • ①, ②, ④번은 상향식(Bottom-Up) 접근방식의 특징입니다.

12 종래의 자료 처리 기술로는 다루기 어렵고 데이터의 양이 많으면서도 그 구조가 불명확한 모든 사무 업무에 대하여 컴퓨터 기술, 통신 기술, 시스템 공학, 행동 과학 등을 적용한 학문으로 사무자동화를 정의한 인물은?

① Vincent Lum ② Michael D. Zisman
③ Bill Gates ④ Steve Jobs

> **전문가의 조언** 문제에 제시된 내용을 정의한 학자는 Michael D. Zisman입니다.

13 다음 중 CALS의 개념에 포함되지 않는 것은?

① MPC(Multimedia Personal Computer)
② ECR(Efficient Consumer Response)
③ EDI(Electronic Data Interchange)
④ BPR(Business Process Reengineeing)

> **전문가의 조언** CALS(Commerce At Light Speed)는 제품의 발주, 수주 및 구매 절차로부터 생산과 유통, 폐기까지 전 과정을 관리할 수 있는 정보체계로 EDI(전자문서교환), BPR(업무재설계), ECR(효율적소비자대응) 등이 개념에 포함됩니다.

14 사무자동화 시스템의 주요 기능이 아닌 것은?

① 집중처리 기능 ② 정보 활용 기능
③ 업무의 자동화 기능 ④ 문서화 기능

> **전문가의 조언** • 집중처리 기능은 사무자동화 시스템의 주요 기능에 속하지 않습니다.
> • 사무자동화 시스템의 주요 기능에는 문서화 기능, 통신 기능, 정보 활용 기능, 업무의 자동화 기능 등이 있습니다.

15 사무자동화로 기대되는 정성적 효과가 아닌 것은?

① 의사결정을 신속히 할 수 있다.
② 업무처리시간을 단축할 수 있다.
③ 정보획득 시간이 길어진다.
④ 개인의 업무처리 능력이 향상된다.

> **전문가의 조언** 사무자동화를 구현하면 정보를 찾는데 걸리는 정보 획득 시간이 길어지는 것이 아니라 짧아집니다.

16 분산 처리 시스템에 관한 설명 중 옳지 않은 것은?

① 대규모 처리에 대한 적응력이 높으며, 확장성이 좋다.
② 수평·계층 혼합형 분산 처리 시스템의 발전된 형태로서 클라이언트/서버 시스템이 있다.
③ 분산 처리 시스템은 시스템의 응답성과 신뢰성이 높다.
④ 하드웨어, 소프트웨어, 데이터 등이 서로 호환성이 없을 경우에도 시스템 구축이 용이하다.

> **전문가의 조언** 분산 처리 시스템은 시스템 설계가 복잡하기 때문에 하드웨어, 소프트웨어, 데이터 등이 서로 호환성이 없을 경우에는 시스템 구축이 어렵습니다.

17 조직 내 모든 부서와 전 기능을 하나의 IT 시스템으로 통합하고 직원들이 기업 활동에 필요한 정보를 전사적인 차원에서 수집 및 분석하여 이를 토대로 의사결정을 할 수 있게 하는 시스템은?

① SCM
② SaaS
③ ERP
④ CRM

전문가의 조언 기업 활동에 필요한 정보를 전사적인 차원에서 수집 및 분석하여 이를 토대로 의사결정을 할 수 있게 하는 시스템은 ERP(Enterprise Resource Planning, 전사적 자원 관리)입니다.
- SCM(Supply Chain Management, 공급망 관리) : 기업 간 또는 기업 내부에서 제품이나 부품의 생산자로부터 사용자에 이르는 공급 체인을 효율화해서 불필요한 시간과 비용을 절감하려는 관리 기법
- CRM(Customer Relationship Management, 고객 관계 관리) : 기업이 고객 관계를 관리해 나가기 위해 필요한 방법론이나 소프트웨어 등을 가리키는 용어
- SaaS(Software as a Service, 서비스형 소프트웨어) : 소프트웨어의 여러 기능 중에서 사용자가 필요로 하는 서비스만 이용할 수 있도록 한 소프트웨어

18 다음 중 처리 속도의 단위가 아닌 것은?

① LPM
② CPS
③ PPM
④ DPI

전문가의 조언 DPI(Dot Per Inch)는 1인치에 출력되는 점(Dot)의 수로, 출력물의 인쇄 품질(해상도)을 나타내는 단위입니다.
- CPS(Character Per Second) : 1초에 출력되는 글자 수, 도트 매트릭스 및 시리얼 프린터의 속도 단위
- LPM(Line Per Minute) : 1분에 출력되는 줄(Line) 수, 라인 프린터의 속도 단위
- PPM(Page Per Minute) : 1분에 출력되는 페이지 수, 잉크젯 및 레이저 프린터의 속도 단위

19 데이터베이스의 모형에 속하지 않는 것은?

① 정규형 데이터베이스
② 네트워크형 데이터베이스
③ 계층형 데이터베이스
④ 관계형 데이터베이스

전문가의 조언 데이터베이스의 모형에는 계층형, 망형(네트워크), 관계형, 객체 지향형 데이터베이스가 있습니다.

20 인터넷 사용자의 컴퓨터에 잠입하여 내부 문서, 스프레드시트, 그림(사진) 파일 등을 암호화시킨 후 해독 프로그램 또는 방법을 알려주겠다며 금품을 요구하는 악성 프로그램은?

① 크립토그래피
② 랜섬웨어
③ 스테가노그래피
④ 비트락커

전문가의 조언 파일 등을 암호화시킨 후 해독 프로그램 또는 방법을 알려주겠다며 금품을 요구하는 악성 프로그램은 랜섬웨어(Ransomware)입니다.

2과목 **사무경영관리 개론**

21 산업안전보건기준에 관한 규칙상 안전하게 통행할 수 있는 통로의 조명 기준은?

① 75럭스 이상
② 100럭스 이상
③ 300럭스 이상
④ 500럭스 이상

전문가의 조언 단순히 통로를 통행하는 것은 기타 작업으로 분류할 수 있으며, 기타 작업 시 최저 조도는 75Lux 이상입니다.
- 일반 사무실 표준 조도 : 500 Lux
- 정밀 작업 시 최저 조도 : 300 Lux 이상

22 안소프(Ansoff)가 분류한 기업의 의사 결정 유형이 아닌 것은?

① 관리적 의사결정(Administrative)
② 전략적 의사결정(Strategic)
③ 운영적 의사결정(Operating)
④ 혁신적 의사결정(Innovative)

전문가의 조언 안소프가 분류한 의사결정의 유형에는 전략적·관리적(전술적)·업무적(운영적) 의사결정이 있습니다.

23 사무실 내 조명을 위한 방법 중 그 성격이 다른 하나는?

① 직접 조명
② 간접 조명
③ 반간접 조명
④ 자연 조명

전문가의 조언 · 조명은 자연 광선을 이용하는 자연 조명(채광)과 인공적으로 만들어낸 빛을 이용하는 인공 조명으로 나뉩니다.
- 인공 조명에는 직접 조명, 간접 조명, 반간접 조명이 있습니다.

24 다음은 정보보안의 무엇에 대한 용어인가?

정보가 법정에서 증거로 사용될 수 있도록 컴퓨터 저장매체에 남아 있거나 추출 가능한 데이터를 과학적 수집, 조사, 인증, 보전 및 분석하는 것을 말한다.

① 컴퓨터 포렌식스
② 트랩도어
③ 프로토콜
④ 웜바이러스

전문가의 조언 컴퓨터 저장매체에 남아 있거나 추출 가능한 데이터를 과학적 수집, 조사, 인증, 보전 및 분석하는 것을 컴퓨터 포렌식스라고 합니다.

25 계획을 세우고 이를 달성하기 위하여 인간, 기계, 자료, 방법 등을 조정하는 모든 활동은?

① 조직
② 관리
③ 행동
④ 통제

전문가의 조언 계획을 세우고 이를 달성하기 위하여 인간, 기계, 자료, 방법 등을 조정하는 모든 활동은 관리입니다.

26 자료관리를 위한 일반적인 데이터베이스 시스템과는 다르게 빅데이터는 분석이 난해한 대규모의 데이터를 의미한다. 빅데이터의 3가지 특징인 3V와 가장 거리가 먼 것은?

① Vacant
② Variety
③ Velocity
④ Volume

전문가의 조언 빅데이터의 3가지 특징은 Volume(양), Variety(다양성), Velocity(속도)입니다.

27 효과적이고 효율적인 사무계획이 되기 위한 요건이 아닌 것은?

① 타당성 및 합리성
② 권한의 집중화 및 강제성
③ 탄력성 및 신축성
④ 용이성 및 실현 가능성

전문가의 조언 사무계획은 기업경영에 필요한 사무관리의 목표를 정한 후 그 목표를 효과적으로 수행할 수 있도록 필요한 활동의 방향과 지침, 절차 등을 수립하는 것으로, 권한의 집중화 및 강제성은 요건에 해당하지 않습니다.

28 일반 직원들이 사용하는 사무실의 배치에서 대실(大室)주의의 이점으로 가장 옳지 않은 것은?

① 실내 공간의 이용도를 높일 수 있다.
② 상관의 감독을 어렵게 하며 그 범위를 좁힐 수 있다.
③ 사무의 흐름을 직선화하는데 편리하며 직원 상호간 친밀도를 높인다.
④ 부서별로 직원 상호 간에 행동상의 비교가 이루어져 자유 통제가 쉽다.

전문가의 조언 • 큰방주의는 사무실을 여러 개로 세분화하지 않고 여러 과를 한 사무실에 배정하여 사용하는 것을 의미합니다.
• 한 사무실에 여러 과가 배정되므로 상관의 감독이 용이하며, 관리 범위를 넓힐 수 있습니다.

29 다음 중 사무관리의 시스템적 접근 방법으로 가장 타당하지 않은 것은?

① 관리정보시스템
② 사이버네틱스 사고방법
③ 사무시스템, 기계시스템, 자료처리시스템, 통신기구 등을 포함
④ 사무 실체의 작업적 방법

전문가의 조언 사무 실체의 작업적 방법은 사무의 실체를 과정, 절차로 규정하는 것으로, 사무관리의 절차적 접근 방법에 해당합니다.

30 사무량 측정 방법 중에서 무작위로 추출된 작업자나 기계에 대하여 임의의 시간 간격으로 관찰하여 시간 표준을 결정하는 방법은?

① 워크 샘플링법
② 표준시간 자료법
③ 실적 기록법
④ 주관적 판단법

전문가의 조언 임의의 시간 간격으로 관찰하여 시간 표준을 결정하는 사무량 측정 방법은 워크 샘플링법(Work Sampling)입니다.
• 실적 기록법(CMU) : 일정 단위의 사무량과 소요 시간을 계속적으로 기록하고 통계적 분석을 통해 표준시간을 결정하는 것
• 경험적 측정법(주관적 판단법, 청취법) : 담당자나 그 업무에 정통한 사람에게 문의한 후 사무량을 측정하는 방법으로 간단하지만 과학적인 논리가 부족함

31 행정업무의 운영 및 혁신에 관한 규정에 의거 행정기관에서 공무상 작성하거나 시행하는 문서와 행정기관이 접수한 모든 문서를 지칭하는 것은?

① 공문서
② 전자문서
③ 사문서
④ 이미지문서

전문가의 조언 행정기관에서 공무상 작성하거나 시행하는 문서와 행정기관이 접수한 모든 문서를 공문서라고 합니다.

32 행정업무의 운영 및 혁신에 관한 규정에서 결재 받은 문서를 수정하는 방법으로 옳은 것은?

① 흰색 수정펜을 사용하여 수정하고 기입한 후 수정한 사람 본인이 서명 날인한다.
② 원안의 글자를 식별할 수 있도록 해당 글자의 중앙에 가로로 두 선을 그어 삭제하거나 수정하고 수정행위를 한 사람이 서명 날인한다.
③ 원안의 글자를 식별할 수 있도록 해당 글자의 중앙에 가로로 한 줄을 그어 삭제하거나 수정하고 부서장이 서명 날인한다.
④ 흰색 수정펜을 사용하여 수정하고 기입한 후 부서장이 서명 날인한다.

전문가의 조언 결재 받은 문서를 수정하는 방법으로 옳은 것은 ②번입니다.

33 다음 중 Tickler System, Come up System이 속하는 사무 관리의 관리 수단 체제는?

① 사무조직　　　　② 사무조정
③ 사무통제　　　　④ 사무계획

전문가의 조언 티클러 제도(Tickler System), 자동독촉제도(Come up System)가 속하는 사무 관리의 관리 수단 체제는 '사무통제'입니다.

34 문서의 보관관리 유형 중 집중관리의 장점이 아닌 것은?

① 부서별 문서보관 · 보존에 따른 여러 설비가 필요치 않게 되어 경비 및 공간이 절약된다.
② 통일적으로 한 장소에서 관리하기 때문에 종합된 정보를 제공 받을 수 있다.
③ 문서 관리 및 업무의 조정과 통제가 용이하다.
④ 자료를 열람하고 이용하기 위한 방법과 절차가 매우 용이하다.

전문가의 조언 문서의 보관관리 유형 중 집중관리는 문서 전담관리 부서에서 모든 문서를 보관하고 관리하는 것으로, 분실의 우려가 적고 어느 부서든지 이용이 가능한 장점이 있는 반면 자료의 열람 시 이용 절차가 복잡하고 시간이 오래 걸린다는 단점이 있습니다.

35 정보통신망 이용촉진 및 정보보호 등에 관한 법령에 의해 다음 중 정보통신서비스 제공자의 책무에 해당하지 않은 것은?

① 이용자의 개인정보를 보호하여야 한다.
② 건전하고 안전한 정보이용통신서비스를 제공하여야 한다.
③ 이용자의 권익보호와 정보이용능력의 향상에 이바지하여야 한다.
④ 건전한 정보사회가 정착되도록 노력하여야 한다.

전문가의 조언 ④번은 이용자의 책무에 해당합니다.

36 사무 계획화의 내용과 가장 거리가 먼 것은?

① 자발성이나 창조성 유도
② 사무 작업의 내용 파악
③ 필요 정보 확정 및 사무량 예측
④ 사무 처리 방식의 결정

전문가의 조언 사무 계획의 내용에는 사무 작업의 내용 파악, 필요 정보의 확정 및 사무량의 예측, 사무처리 방침의 결정이 있습니다.

37 저작권법에 의한 프로그램 보호 관리에서 컴퓨터 프로그램 저작물의 정의로 옳은 것은?

① 특정한 결과를 얻기 위하여 컴퓨터 등 정보처리 능력을 가진 장치 내에서 직접 또는 간접으로 사용되는 일련의 지시 · 명령으로 표현된 창작물
② 저작물이나 부호 · 문자 · 음성 · 영상 그 밖의 형태의 자료의 집합물
③ 소재의 선택 · 배열 또는 구성에 창작성이 있는 편집물
④ 소재를 체계적으로 배열 또는 구성한 편집물로서 개별적으로 그 소재에 접근하거나 그 소재를 검색할 수 있는 창작물

전문가의 조언 컴퓨터 프로그램 저작물의 정의로 옳은 것은 ①번입니다.

38 다음 중 사무작업의 효율화 연구에 해당되지 않는 것은?

① 작업 연구　　　　② 공간 연구
③ 시간 연구　　　　④ 공정 연구

전문가의 조언 · 공간 연구는 사무작업의 효율화 연구에 해당되지 않습니다.
· 사무작업의 효율을 꾀하기 위해 수행하는 사무분석에는 사무공정분석과 사무작업분석이 있으며 사무작업분석에는 시간 연구와 동작 연구가 포함됩니다.

39 사무관리의 개념에 대한 설명으로 가장 옳지 않은 것은?

① 헨리(Henry)는 사무관리를 눈에 보이지 않는 힘으로 기업의 목적 달성을 위하여 지휘, 통제하는 행위로 정의했다.
② 사무실의 사무작업을 효과적으로 수행하여 기업의 목표를 달성하도록 관리하는 것이다.
③ 조직의 운영에 필요한 유용한 정보를 효율적으로 관리하는 것을 의미한다.
④ 사무관리에서 가장 중점을 두는 것은 능률이다.

전문가의 조언 ①번은 헨리(Henry)가 아니라 테리(Terry)가 정의한 사무관리의 개념입니다.

40 사무개선의 목표로 옳지 않은 것은?

① 용이성　　　　② 신속성
③ 다양성　　　　④ 경제성

전문가의 조언 · 사무를 개선하기 위해서는 조직의 운영에 필요한 유용한 정보를 효율적으로 관리해야 합니다.
· 효율적인 사무 관리를 위한 원칙에는 용이성, 정확성, 신속성, 경제성이 있습니다.

41 묵시적 제어에 관한 설명으로 가장 적절한 것은?

① 수치 자료에 대한 제어를 의미한다.

② 미리 지정된 순서를 프로그래머가 직접 변경한다.

③ 문서 자료에 대한 제어를 의미한다.

④ 프로그래머가 직접 제어하지 않는 경우 미리 정해진 순서대로 제어한다.

전문가의 조언 프로그래머가 직접 제어를 표현하지 않았을 경우, 그 언어에서 미리 정해진 순서에 의해 제어가 이루어지는 것을 묵시적 순서 제어라 합니다. 이에 반해 goto문이나 반복문 등으로 실행 순서를 제어하는 것을 명시적 순서 제어라고 합니다.

42 운영체제에 대한 설명으로 옳지 않은 것은?

① 사용자와 시스템 간의 인터페이스로서 동작하는 하드웨어 장치이다.

② 프로세서, 기억장치, 입출력장치, 파일 및 정보 등의 자원을 관리한다.

③ 시스템의 오류를 검사하고 복구한다.

④ 다중 사용자와 다중 응용 프로그램 환경 하에서 자원의 현재 상태를 파악하고, 자원 분배를 위한 스케줄링을 담당한다.

전문가의 조언 운영체제는 사용자와 시스템 간의 인터페이스로서 동작하는 소프트웨어입니다.

43 원시 프로그램을 컴파일러가 수행되는 기계에 대한 기계어로 번역하는 것이 아니라, 다른 기종에 대한 기계어로 번역하는 것은?

① Linker ② Cross-Compiler

③ Debugger ④ Preprocessor

전문가의 조언 문제에 제시된 내용은 Cross-Compiler의 개념입니다.
• Linker : 기계어로 된 여러 개의 모듈을 묶어서 로드 모듈을 작성하는 것
• Debugger : 프로그램 개발 과정에서 프로그램 안에 내재해 있는 논리적 오류를 발견하고 수정하는 프로그램
• Preprocessor : 원시 프로그램을 컴파일러가 처리하기 전에 먼저 처리하여 확장된 원시 프로그램을 생성하는 것으로, 선행 처리기라고도 함

44 BNF 표기법 기호 중 "정의된다"를 의미하는 것은?

① ::= ② | ③ ⟨ ⟩ ④ { }

전문가의 조언 BNF 표기법 기호 중 "정의된다"를 의미하는 것은 ::=입니다.
• | : 선택(택일)
• ⟨ ⟩ : Non-Terminal 기호(재정의 대상)
• { } : 반복

45 프로그래밍 언어의 해독 순서로 옳은 것은?

① 컴파일러 → 로더 → 링커

② 로더 → 링커 → 컴파일러

③ 링커 → 컴파일러 → 로더

④ 컴파일러 → 링커 → 로더

전문가의 조언 프로그래밍 언어의 해독 순서는 '컴파일러 → 링커 → 로더' 순입니다.

46 C 언어에서 사용하는 기억 클래스에 해당하지 않은 것은?

① internal ② static

③ register ④ auto

전문가의 조언 C 언어의 4가지 기억 클래스에는 auto(자동), register(레지스터), static(정적), extern(외부)이 있습니다.

47 기계어에 대한 설명으로 옳지 않은 것은?

① 컴퓨터가 직접 이해할 수 있는 언어이다.

② 기종마다 기계어가 다르므로 언어의 호환성은 낮다.

③ 0과 1의 2진수 형태로 표현되며 수행 시간이 빠르다.

④ 프로그램 작성이 용이하고 이해하기 쉽다.

전문가의 조언 기계어는 전문적인 지식이 없으면 이해하기 어렵기 때문에 프로그램의 작성 및 유지보수가 어렵습니다.

48 언어의 번역과 바인딩 관점에서 나머지 언어와 성격이 다른 언어는?

① ALGOL ② FORTRAN

③ LISP ④ COBOL

전문가의 조언 LISP는 인터프리터 언어, 나머지는 컴파일러 언어입니다.

49 Infix 표기법에 관한 설명으로 틀린 것은?

① 산술, 논리 및 비교연산 등에 주로 사용된다.

② 연산자는 피연산자 다음에 쓰여지는 표기법이다.

③ 프로그램 언어에서 가장 일반적인 표현 방법이다.

④ 이항 연산자에 적합한 표기법이다.

전문가의 조언 Infix 표기법에서 연산자는 2개의 피연산자 사이에 위치합니다. 수식의 표기법은 연산자가 어디에 있는지만 확인하면 됩니다. '+AB'처럼 연산자가 두 개의 피연산자 앞에 있으면 전위(Prefix), 'A+B'처럼 연산자가 피연산자 사이에 있으면 중위(Infix), 'AB+'처럼 연산자가 피연산자 뒤에 있으면 후위(Postfix) 표기법입니다.

50 작성된 표현식이 BNF의 정의에 의해 바르게 작성되었는지를 확인하기 위해 만들어진 Tree는 무엇인가?

① Parse Tree

② Binary Search Tree

③ Binary Tree

④ Skewed Tree

전문가의 조언 문제에 제시된 내용은 Parse Tree의 개념입니다.

51 C언어에서 정수가 2Byte로 표현되고, "int a[2][3]"로 선언된 배열의 첫 번째 자료가 1000 번지에 저장되었다. 이때 a[1][1] 원소가 저장된 주소는?

① 1002

② 1004

③ 1006

④ 1008

전문가의 조언 C언어에서는 배열 위치가 0부터 시작하므로, "int a[2][3]"로 정수형 배열을 선언하면 다음과 같은 2행 3열의 배열이 시작 위치인 1000번지부터 2Byte씩 할당되어 선언됩니다.

	1000	1002	1004	← 번지
배열	a[0][0]	a[0][1]	a[0][2]	
	a[1][0]	a[1][1]	a[1][2]	
	1006	1008	1010	← 번지

52 JAVA 언어에 대한 특징이 아닌 것은?

① 다중 상속을 받을 수 없다.

② 다른 컴퓨터의 환경에 이식이 쉽다.

③ 캡슐화로 구조화 할 수 있다.

④ 재사용성이 높다.

전문가의 조언 JAVA 언어는 다중 상속을 받을 수 있습니다.

• **다중 상속(Multiple inheritance)** : 하나 이상의 상위 클래스로부터 메소드나 속성 등을 상속받을 수 있는 것

53 프로그램의 오류 수정 작업을 위해 사용되는 소프트웨어를 무엇이라고 하는가?

① 디버거

② 링커

③ 모니터

④ 매크로

전문가의 조언 프로그램 개발 과정에서 프로그램 안에 내재해 있는 논리적 오류를 발견하고 수정하는 작업을 디버깅이라고 하고 이때 사용하는 소프트웨어를 디버거라고 합니다.

54 C언어에서 사용하는 키워드로 틀린 것은?

① auto

② typedef

③ const

④ dynamic

전문가의 조언 C언어에 dynamic이라는 키워드는 없습니다.

55 매개 변수 전달 방법 중 실매개 변수 주소를 대응되는 형식 매개 변수에 전달하는 방식은?

① 주소에 의한 호출(call by reference)

② 값에 의한 호출(call by value)

③ 이름에 의한 호출(call by name)

④ 매개 변수에 의한 전달(call by parameter)

전문가의 조언 실매개 변수 주소를 대응되는 형식매개 변수에 전달하는 방식은 주소에 의한 호출(call by reference) 방법입니다.

• **값에 의한 호출** : 주프로그램의 매개 변수(Parameter)가 부프로그램으로 넘어갈 때 실제값(변수 자체)이 전달되는 방식

• **이름에 의한 호출** : 주프로그램의 매개 변수(Parameter)가 부프로그램으로 넘어갈 때 변수의 이름이 전달되는 방식

56 로더의 기능 중 실행 프로그램을 실행시키기 위해 기억장치 내에 옮겨 놓을 공간을 확보하는 기능은?

① 연결

② 재배치

③ 적재

④ 할당

전문가의 조언 실행 프로그램을 실행시키기 위해 기억장치 내에 옮겨 놓을 공간을 확보하는 기능은 할당입니다.

• **연결(Linking)** : 부 프로그램 호출 시 그 부 프로그램이 할당된 기억 장소의 시작 주소를 호출한 부분에 등록하여 연결하는 기능

• **재배치(Relocation)** : 디스크 등의 보조기억장치에 저장된 프로그램이 사용하는 각 주소들을 할당된 기억 장소의 실제 주소로 배치시키는 기능

• **적재(Loading)** : 실행 프로그램을 할당된 기억 공간에 실제로 옮기는 기능

57 단항 연산자 연산에 해당하는 것은?

① OR　　　　　　　　② XOR

③ NOT　　　　　　　④ AND

(전문가의 조언) NOT는 단항 연산자이고, 나머지는 이항 연산자입니다.

58 아래의 정규 문법으로 생성되는 문장은?

> 정규문법　G : 1. S –> aS | aB
> 　　　　　　 2. C –> a | aC
> 　　　　　　 3. B –> bC

① aaab　　　　　　② abc

③ abaa　　　　　　④ baba

(전문가의 조언) 지문에 제시된 정규 문법으로 생성되는 문장은 abaa입니다.

59 파스 트리에서 불필요한 자료를 제거하고 코드 생성 단계에서 필요한 정보만을 갖도록 표현한 트리는?

① 구문 트리　　　　② 구조 트리

③ 루트 트리　　　　④ 분석 트리

(전문가의 조언) 문제에 제시된 내용은 구문 트리의 개념입니다.

60 페이지 교체 알고리즘 중 현 시점에서 가장 오랫동안 사용하지 않은 페이지를 교체하는 기법은?

① SCR　　　　　　　② FIFO

③ LFU　　　　　　　④ LRU

(전문가의 조언) 현 시점에서 가장 오랫동안 사용하지 않은 페이지를 교체하는 기법은 LRU입니다.
- FIFO(First In First Out) : 각 페이지가 주기억장치에 적재될 때마다 그때의 시간을 기억시켜 가장 먼저 들어와서 가장 오래 있었던 페이지를 교체하는 기법
- LRU(Least Recently Used) : 현 시점에서 가장 오랫동안 사용하지 않은 페이지를 교체하는 기법
- LFU(Least Frequently Used) : 사용 빈도가 가장 적은 페이지를 교체하는 기법

4과목　정보 통신 개론

61 ITU-T 권고안의 X 시리즈에서 패킷형 DTE와 DCE 간의 인터페이스는?

① X.21　　　　　　② X.22

③ X.24　　　　　　④ X.25

(전문가의 조언) 문제에 제시된 내용은 CSMA/CD 방식의 개념입니다.

62 MHS(Message Handing System)에 대한 설명으로 바르지 않은 것은?

① MS는 메시지를 축적하는 사서함 기능을 갖는다.

② 사용자 간의 메시지를 송·수신 하는 기능을 갖는다.

③ MHS는 UA, MTA, MS 등으로 구성된다.

④ 신호 변환 및 정보 처리가 가능하다.

(전문가의 조언) MHS는 메시지 전송과 관련된 기능 외에 신호변환이나 정보 처리 기능은 제공되지 않습니다.

63 전송 장애의 주요 형태가 아닌 것은?

① 신호 감쇠　　　　② 지연 왜곡

③ 잡음　　　　　　④ 변복조

(전문가의 조언) 변조는 디지털 데이터를 아날로그 신호로 변환하는 과정이고 복조는 아날로그 신호를 디지털 데이터로 변환하는 과정입니다. 변복조는 신호의 변환 과정이지 전송 장애의 주요 형태가 아닙니다.

64 다음 중 뉴미디어의 특징과 가장 거리가 먼 것은?

① 고속성　　　　　② 상호작용성

③ 쌍방향성　　　　④ 획일성

(전문가의 조언) 뉴미디어의 특징 중 하나는 정보 형태의 획일화가 아니라 다양화, 다채널화입니다.

65 L2 스위치의 기본 기능이 아닌 것은?

① Address Learning　　② Filtering

③ Forwarding　　④ Routing

전문가의 조언 L2 스위치란 OSI 7계층 중 2계층인 데이터링크 계층의 기능을 구현하는 중계기입니다. Routing(경로선택)은 3계층의 기능으로 L3 스위치의 기능에 속합니다.

66 1200[baud]의 변조 속도를 갖는 전송 선로에서 신호 비트가 3bit이면, 전송 속도[bps]는?

① 1200　　② 2400

③ 3600　　④ 4800

전문가의 조언 신호 비트, 즉 변조 시 상태 변화 수가 3Bit이므로, 전송 속도(bps) = 변조 속도(Baud) × 변조 시 상태 변화 수 = 1,200 × 3 = 3,600[bps]입니다.

67 대역폭 W인 채널을 통해 잡음 N이 섞인 신호 S를 전송할 때, 샤논의 정리에 의한 채널 용량(bps) 산출식은?

① $Wlog_2(1+S/N)$　　② $Wlog_e(S+N)$

③ $log_2(W \times N \times S)$　　④ $log_e(1+W \times N/S)$

전문가의 조언 문제에서 요구하는 채널 용량(bps) 산출식은 $Wlog_2(1+S/N)$입니다.

68 광섬유의 구조 손실에 해당하지 않는 것은?

① 다중 모드 손실　　② 불균등 손실

③ 코어 손실　　④ 마이크로밴딩 손실

전문가의 조언 다중 모드는 손실이 아니라 광섬유 케이블의 전파 모드입니다.

69 HDLC(High-level Data Link Control) 동작 모드에 해당하지 않는 것은?

① 정규 응답 모드(NRM)

② 비동기 응답 모드(ARM)

③ 비동기 균형 모드(ABM)

④ 동기 균형 모드(SBM)

전문가의 조언 HDLC 동작 모드에는 정규 응답 모드(NRM), 비동기 응답 모드(ARM), 비동기 균형 모드(ABM)가 있습니다.

70 불균형적인 멀티 포인트 링크 구성에서 회선 제어 방식 중 주 스테이션에서 각 부 스테이션에게 데이터 전송을 요청하는 방식은?

① 셀렉션 방식　　② 대화모드 방식

③ 폴링 방식　　④ 회선쟁탈 방식

전문가의 조언 문제에 제시된 내용은 폴링의 개념입니다.

71 다중화 기법 중 FDM 방식에서 신호들의 전기적 중복 현상을 예방하기 위해서 인접하는 Sub-Channel들 사이에 위치하는 것은?

① Terminal　　② Frequency Band

③ Guard Band　　④ Polling

전문가의 조언 FDM 방식에서 신호들의 전기적 중복 현상을 예방하기 위해서 인접하는 Sub-Channel들 사이에 위치하는 것은 Guard Band(보호대역)입니다.

72 8진 PSK 변조를 사용하는 모뎀의 데이터 전송 속도가 4800bps 일 때 변조 속도(baud)는?

① 600　　② 1600

③ 2400　　④ 4800

전문가의 조언 • 8진 PSK 변조란 진폭과 위상을 상호 변환하여 한 번에 8개의 서로 다른 데이터를 보낸다는 의미로, 8개의 데이터라면 한 번에 2진수 3bit로 표현할 수 있습니다.

• 변조 속도(baud) = 전송 속도(bps) / 변조 시 상태 변화 수 = 4,800 / 3 = 1,600[baud]입니다.

73 LAN의 네트워크 형태(Topology)에 따른 분류가 아닌 것은?

① BUS형　　　　　　② STAR형

③ PACKET형　　　　④ RING형

전문가의 조언 LAN은 망의 구성 형태에 따라서 성(Star)형, 버스(Bus)형, 링(Ring)형, 계층형(트리형)으로 분류할 수 있습니다.

74 HDLC 프레임의 구조가 순서대로 옳은 것은?

① 플래그 → 주소부 → 제어부 → 정보부 → FCS → 플래그

② 플래그 → 제어부 → FCS → 정보부 → 주소부 → 플래그

③ 플래그 → 주소부 → 정보부 → FCS → 제어부 → 플래그

④ 플래그 → 제어부 → FCS → 주소부 → 정보부 → 플래그

전문가의 조언 HDLC 프레임의 구조가 순서대로 옳은 것은 ①번입니다.

75 회선 교환 방식에 대한 설명으로 거리가 먼 것은?

① 속도나 코드 변환이 용이하다.

② 점대점 방식의 전송 구조를 갖는다.

③ 접속에는 긴 시간이 소요되나 전송 지연은 거의 없다.

④ 고정적인 대역폭을 갖는다.

전문가의 조언 속도나 코드 변환이 용이한 것은 패킷 교환 방식입니다.

76 데이터 전송을 수행하는 경우, 전달 방향이 교대로 바뀌어 전송되는 교번식 통신 방식으로 무전기에 사용되는 것은?

① 반이중 통신　　　② 전이중 통신

③ 단방향 통신　　　④ 실시간 통신

전문가의 조언 전달 방향이 교대로 바뀌어 전송되는 것은 반이중 통신입니다.
• **단방향 통신** : 한쪽 방향으로만 전송이 가능한 방식
• **전이중 통신** : 동시에 양방향 전송이 가능한 방식

77 다음 중 서비스에 따른 정보통신의 분류에 해당되지 않는 것은?

① 음성전화 통신　　② 화상 및 영상 통신

③ 멀티미디어 통신　④ 광케이블 통신

전문가의 조언 정보통신을 서비스, 즉 정보의 표현 형태에 따라 분류하면 음성 통신, 데이터 통신, 영상 통신, 멀티미디어 통신으로 분류할 수 있습니다.

78 통신 소프트웨어의 세 가지 기본 구성요소로 옳은 것은?

① 데이터 송·수신, 통신 하드웨어 제어, 이용자 인터페이스 제어

② 데이터 입·출력 제어, 데이터 처리, 데이터 분배

③ 네트워크 제어, 전송 부호 관리, 이용자 인터페이스 제어

④ 데이터 입·출력 제어, 데이터 전송 제어, 통신 회선 제어

전문가의 조언 통신 소프트웨어의 세 가지 기본 구성요소는 데이터 송·수신, 통신 하드웨어 제어, 이용자 인터페이스 제어입니다.

79 다음 중 데이터 단말기의 제어 기능과 가장 거리가 먼 것은?

① 입·출력 제어　　② 다중화 제어

③ 송수신 제어　　　④ 에러 제어

전문가의 조언 다중화 제어는 단말기의 제어 기능이 아닙니다. 단말장치의 전송 제어 기능에는 입출력 제어, 회선 제어, 송수신 제어, 오류 제어 기능이 있습니다.

80 OSI 7계층 모델에서 기계적, 전기적, 절차적 특성을 정의한 계층은?

① 전송 계층　　　　② 데이터링크 계층

③ 물리 계층　　　　④ 표현 계층

전문가의 조언 기계적, 전기적, 절차적 특성을 정의한 계층은 물리 계층입니다.
• **데이터 링크 계층** : 두 개의 인접한 개방 시스템들 간에 신뢰성 있고 효율적인 정보 전송을 할 수 있도록 함
• **전송(트랜스포트) 계층** : 논리적 안정과 균일한 데이터 전송 서비스를 제공함으로써 종단 시스템(End-to-End) 간에 투명한 데이터 전송을 가능하게 함
• **표현(프레젠테이션) 계층** : 응용 계층으로부터 받은 데이터를 세션 계층에 보내기 전에 통신에 적당한 형태로 변환하고, 세션 계층에서 받은 데이터는 응용 계층에 맞게 변환하는 기능을 함

1과목 사무자동화 시스템

01 모니터 등의 디스플레이나 프린터의 해상도 단위이며 1 inch당 몇 개의 dot(점)가 들어가는지를 말하는 것은?

① DPI
② BPS
③ PPT
④ LPM

> **전문가의 조언** 디스플레이나 프린터의 해상도 단위는 DPI(Dot Per Inch)입니다.
> • BPS(Bit Per Second) : 초당 전송되는 비트 수
> • PPT(Parts Per Trillion) : 1조분의 1을 의미하는 농도 측정 단위
> • LPM(Line Per Minute) : 1분에 출력되는 줄(Line) 수

02 전자우편 보안을 위해 사용되는 PGP에서 제공하지 않는 기능은?

① 부인 방지
② 기밀성
③ 무결성
④ 인증

> **전문가의 조언** 보기에 제시된 기능이 모두 PGP의 기능이므로, 답이 없어 전항 정답으로 처리된 문제입니다.

03 데이터 중복을 최소화하고 데이터의 정확성을 최대화하기 위하여 관계형 DB를 분석하고 능률적인 형태로 변화하는 방법은?

① 정규화
② 일반화
③ 구체화
④ 분석화

> **전문가의 조언** 데이터 중복을 최소화하고 데이터의 정확성을 최대화하기 위하여 관계형 DB를 분석하고 능률적인 형태로 변화하는 방법은 정규화입니다.

04 사무자동화의 특징이 아닌 것은?

① 사무생산성 향상
② 정형적인 업무의 자동화
③ 사무처리의 비용 절감
④ 인간과 종이를 대체하는 업무

> **전문가의 조언** 사무자동화는 인간을 대신하는 것이 아니라 인간이 하는 일을 보다 효율적으로 할 수 있도록 도와 주는 것입니다.

05 전자상거래의 구성 요소로 적절하지 못한 것은?

① 정보통신 네트워크
② 멀티미디어기술
③ 미니 컴퓨터
④ 전자문서 교환

> **전문가의 조언** 전자상거래의 구성 요소에는 정보통신 네트워크, 통합 데이터베이스, 전자문서 교환, 멀티미디어 기술이 있습니다.

06 전자상거래의 유형 중 조달, 행정, 인증 등과 관련된 기업과 정부 간의 정자상거래는?

① B2C
② B2G
③ C2C
④ C2G

> **전문가의 조언** 기업과 정부 간의 전자상거래는 B2G입니다
> • B2C(기업과 소비자) : 소비자를 대상으로 하는 서비스업으로 소비자에게 유·무형의 재화를 제공, 판매 및 중개하는 기업과 개인 간의 전자상거래
> • C2C(소비자와 소비자) : 소비자 간의 일대일 거래가 이뤄지는 것을 뜻하며, 소비자가 상품 구매자인 동시에 공급자가 됨

07 동영상 압축 및 복원 알고리즘에 이용되는 것은?

① JPEG
② MPEG
③ MIDI
④ VGA

> **전문가의 조언** 동영상 압축 및 복원 알고리즘에 이용되는 것은 MPEG, 정지 영상 압축 및 복원 알고리즘에 이용되는 것은 JPEG입니다.

08 디스플레이 해상도가 가장 높은 것은?

① CGA
② XGA
③ EGA
④ VGA

> **전문가의 조언** 보기로 제시된 디스플레이 해상도를 높은 것에서 낮은 것 순으로 나열하면 'XGA → VGA → EGA → CGA'입니다.

09 컴퓨터의 성능을 높이기 위하여 명령어의 처리 속도를 CPU와 대등하게 할 목적으로 기억장치와 CPU 사이에 위치하는 기억장치는?

① 버퍼 메모리
② 연관 메모리
③ 캐시 메모리
④ 플래시 메모리

전문가의 조언 처리 속도를 CPU와 대등하게 할 목적으로 기억장치와 CPU 사이에 위치하는 기억장치는 캐시 메모리입니다.
• **버퍼 메모리(Buffer Memory)** : 두 개의 장치가 데이터를 주고받을 때 두 장치 간의 속도 차이를 해결하기 위해 중간에 데이터를 임시로 저장해 두는 공간으로, 키보드 버퍼, 프린터 버퍼 등이 있음. 캐시 메모리도 일종의 버퍼임
• **연관 메모리(Associative Memory)** : 주소를 참조하여 데이터를 읽어오는 방식이 아니라 저장된 내용의 일부를 이용하여 기억장치에 접근하여 데이터를 읽어오는 기억장치
• **플래시 메모리(Flash Memory)** : EEPROM의 일종으로 비휘발성 메모리이며, MP3 플레이어, 개인용 정보단말기, 휴대전화, 디지털 카메라 등에 널리 사용됨

10 데이터베이스 시스템에서 스키마의 3단계에 해당하지 않는 것은?

① 내부 스키마
② 외부 스키마
③ 전체 스키마
④ 개념 스키마

전문가의 조언 3단계 스키마에는 내부 스키마, 외부 스키마, 개념 스키마가 있습니다.

11 백화점, 전시장, 공항, 철도역과 같은 곳에 설치되어 각종 행사안내나 상품정보, 시설물 이용 방법, 관광정보 등을 제공하는 무인 단말기는?

① CTI
② KIOSK
③ RFID
④ ATM

전문가의 조언 각종 행사 안내나 상품 정보, 시설물 이용 방법, 관광 정보 등을 제공하는 무인 단말기는 키오스크(KIOSK)입니다.
• **CTI(Computer Telephony Integration)** : 컴퓨터와 전화를 통합하여 정보처리와 통신을 연결하는 기술
• **RFID(Radio Frequency IDentification)** : 사물에 전자 태그를 부착하고 무선 통신을 이용하여 사물의정보 및 주변 정보를 감지하는 센서 기술
• **ATM(비동기 전송 모드)** : 교환전화 등에 쓰이는 회선 교환과 패킷 교환의 장점을 결합한 교환 및 다중화 기술

12 데이터베이스 설계 순서에서 가장 먼저 수행해야 하는 것은?

① 개념적 설계
② 논리적 설계
③ 물리적 설계
④ 요구사항 분석

전문가의 조언 데이터베이스 설계 순서에서 가장 먼저 수행해야 하는 것은 요구사항 분석입니다.

13 다음 중 기억장치 용량 단위가 가장 큰 것은?

① KB
② MB
③ PB
④ TB

전문가의 조언 보기로 제시된 기억장치 용량 단위를 큰 것에서 작은 것 순으로 나열하면 'PB → TB → MB → KB'입니다.

14 사무자동화(OA)를 위한 응용 소프트웨어가 아닌 것은?

① 스프레드시트
② 워드프로세서
③ 컴파일러
④ 프레젠테이션

전문가의 조언 컴파일러는 언어 번역 프로그램으로 시스템 소프트웨어에 해당됩니다.

15 헤드(Head)가 15개, 면당 917개의 트랙(Track), 트랙당 17섹터(Sector)인 디스크의 실린더 수는?

① 17
② 255
③ 917
④ 15589

전문가의 조언 실린더는 여러 장의 디스크 판에서 같은 위치에 있는 트랙의 모임으로, 한 면에 있는 트랙의 수와 실린더의 수는 동일합니다.

16 개인용 컴퓨터, 팩시밀리, 텔렉스 등 통신수단에 관계없이 상대방의 통신수단별 번호만 알면 국내외 어디서나 메시지를 교환할 수 있는 시스템은?

① EDI
② WCDMA
③ MHS
④ 인트라넷

전문가의 조언 통신수단에 관계없이 상대방의 통신수단별 번호만 알면 국내외 어디서나 메시지를 교환할 수 있는 시스템은 MHS입니다.

17 서로 다른 종류의 데이터 저장장치를 같은 데이터 서버에 연결하여 총괄적으로 관리해주는 네트워크로 가장 옳은 것은?

① BcN
② LAN
③ SAN
④ NMS

전문가의 조언 서로 다른 종류의 데이터 저장장치를 같은 데이터 서버에 연결하여 총괄적으로 관리해주는 네트워크는 SAN입니다.
• **BcN** : 광대역 통합망으로 유무선 통합은 물론 통신방송 융합 환경에 능동적으로 대처할 수 있도록 만든 통신망
• **LAN** : 자원 공유를 목적으로 회사, 학교, 연구소 등의 구내에서 사용하는 통신망
• **NMS** : 네트워크상의 모든 장비들을 관리할 수 있는 중앙 감시 시스템

18 파일 전송을 위한 프로토콜은?

① SSL   ② FTP

③ HTTP   ④ HTML

전문가의 조언 FTP(File Transfer Protocol)는 컴퓨터와 컴퓨터 또는 컴퓨터와 인터넷 사이에서 파일을 주고받을 수 있도록 하는 원격 파일 전송 프로토콜입니다.
- SSL : TCP/IP 계층과 응용 계층 사이에 위치하여 인증, 암호화, 무결성을 보장하는 프로토콜
- HTTP : 하이퍼텍스트 문서를 전송하기 위해 사용하는 프로토콜
- HTML : 인터넷 표준 문서인 하이퍼텍스트 문서를 만들기 위해 사용되는 언어

19 계층 구조가 아닌 단순한 표(Table)을 이용하여 데이터 상호관계를 정의하는 DB(Data Base) 구조는?

① 관계형 데이터베이스   ② 사용자 데이터베이스

③ 링형 데이터베이스   ④ 망형 데이터베이스

전문가의 조언 단순한 표(Table)를 이용하여 데이터 상호관계를 정의하는 DB(Data Base) 구조는 관계형 데이터베이스입니다.

20 POS 단말장치와 연관이 적은 것은?

① 바코드   ② 스캐너

③ CAR   ④ OCR

전문가의 조언 CAR는 컴퓨터를 이용하여 마이크로필름에 저장된 내용을 자동 검색하는 장치로, POS 단말장치와는 연관이 없습니다.

2과목 사무경영관리 개론

21 사무실내 소음을 막기 위한 방법으로 가장 옳지 않은 것은?

① 소음이 많이 발생하는 사무기기는 칸막이를 설치하여 소음을 줄인다.

② 사무실내 바닥은 탄력성이 있는 재료를 사용하여 소음을 줄인다.

③ 천장이나 벽 등에 방음재, 흡음재를 사용하여 소음을 줄인다.

④ 기계를 놓은 책상 바로 밑에 음의 공명작용을 막기 위하여 속이 비어있는 서랍을 설치한다.

전문가의 조언
- 서랍과 같이 속이 비어있는 물체는 음의 공명작용, 즉 울림현상을 높이는 원인이 되므로 소음이 발생하는 기계 아래쪽에 배치해서는 안 됩니다.
- 소음이 발생하는 기계 아래쪽에는 속이 채워져 있는 물체를 배치해야 합니다.

22 사무의 성격에 대한 설명으로 가장 적합하지 않은 것은?

① 가정에서 세금을 계산하는 것은 일종의 사무이다.

② 사무는 조직체를 전제로 한다.

③ 사무는 조직의 경영업무를 위한 수단이다.

④ 사무는 표준화된 절차를 따라야 한다.

전문가의 조언 사무는 회사나 공공 기관 같은 곳에서 조직의 목표 달성을 위해 의사결정에 필요한 다양한 정보의 수집, 기록, 처리, 전달, 보관, 관리 등의 모든 작업을 의미하는 것으로 가정에서 세금을 계산하는 것은 사무라고 할 수 없습니다.

23 현대 경영을 정보와의 싸움으로 보고 더욱 풍부하고 질이 좋은 정보를 보다 빨리 얻고 신속하게 이해하는 것만이 경쟁에서 승리할 수 있다고 강조한 인물은?

① 힉스   ② 래핑웰

③ 드럭커   ④ 맥도노우

전문가의 조언 현대 경영을 정보와의 싸움으로 보고 더욱 풍부하고 질이 좋은 정보를 보다 빨리 얻고 신속하게 이해하는 것만이 경쟁에서 승리할 수 있다고 강조한 인물은 드럭커입니다.

24 다음 설명에 가장 부합하는 원칙은?

> 조직 구성원의 능력이나 사정 등을 고려하지 않고 해야 할 일(to work ought to be done)을 중심으로 조직을 구성해야 한다.

① 개인의 원칙   ② 책임과 권한의 원칙

③ 기능화의 원칙   ④ 관리 한계의 원칙

전문가의 조언 해야 할 일을 중심으로 조직을 구성하는 것은 기능화의 원칙에 해당합니다.
- 책임 권한의 원칙 : 책임과 권한을 명확히 하고 일치시켜야 함
- 통제방위의 적절화(관리 한계)의 원칙 : 한 사람의 관리자가 직접 감독할 수 있는 부하 직원의 수나 조직의 수는 관리자의 능력에 따라 적절히 조정해야 함

25 소요시간 예측이 어려운 경우 최단 시간 내에 완성할 수 있게 하는 프로젝트 일정 방법은?

① PERT   ② 간트 도표

③ 일정표   ④ 회귀기법

전문가의 조언 소요시간 예측이 어려운 경우 최단 시간 내에 완성할 수 있게 하는 프로젝트 일정 방법은 PERT입니다.

26 행정기관 등에 송신한 전자문서는 언제 송신자가 발송한 것으로 보는가?

① 그 전자문서의 발신시점이 정보시스템에 의하여 전자적으로 결재된 때

② 그 전자문서의 송신시점이 정보시스템에 의하여 전자적으로 결재된 때

③ 그 전자문서의 발신시점이 정보시스템에 의하여 전자적으로 기록된 때

④ 그 전자문서의 송신시점이 정보시스템에 의하여 전자적으로 기록된 때

[전문가의 조언] 행정기관 등에 송신한 전자문서는 그 전자문서가 정보시스템에 의하여 전자적으로 기록된 때를 송신자가 발송한 것으로 봅니다.

27 경영관리단계 중에서 가장 우선적으로 실시하여야 하는 것은?

① 조직화   ② 계획화

③ 통제화   ④ 조정화

[전문가의 조언] 사무관리는 기본적으로 '계획화 → 조직화 → 통제화' 순으로 이루어집니다.

28 EDI에 관한 특징으로 가장 옳지 않은 것은?

① 거래 쌍방의 자주성과 독립성이 보장된다.

② 독립된 데이터베이스를 가진다.

③ 구조화되지 않은 데이터를 전송할 수 있다.

④ 서류없는 거래(paperless trade)가 가능하다.

[전문가의 조언] EDI(전자문서 교환)에 사용되는 데이터는 구조화되어 있어야 합니다.

29 서류를 처리해야 할 날짜별로 철해 두었다가, 처리해야 할 날짜가 되면 그 서류를 찾아 처리하는 방법은?

① 자동독촉제도(Come up System)

② 카드색인제도(Tickler System)

③ 보고제도(Report System)

④ 간트도표(Gantt chart)

[전문가의 조언] 서류를 처리해야 할 날짜별로 철해 두었다가, 처리해야 할 날짜가 되면 그 서류를 찾아 처리하는 방법은 카드색인제도(Tickler System)입니다.

30 사무 표준화의 목적에 가장 부합되지 않는 것은?

① 사무원들을 감독 및 통제하고 사무용어 등의 표준화를 위하여

② 직원들 간의 공동 관심사에 대한 이해 촉진과 생산성 향상을 위하여

③ 직원들의 사기를 향상시키고 직원들을 능력별로 활용하기 위하여

④ 작업의 구성을 다양화하여 생산성을 향상시키기 위하여

[전문가의 조언] 작업의 구성을 다양화하기 위해 사무 표준화를 하는 것은 아닙니다.

31 사무작업의 효율성을 높이는 동작 분석 방법에서 18개의 미시적인 동작 요소로서 사무동작 연구의 분석 단위는?

① Sampling   ② Symbol

③ Therblig   ④ Ranking

[전문가의 조언] 18개의 미시적인 동작요소로서 사무동작 연구의 분석 단위는 Therblig(서브릭)입니다.

32 상시 작업하는 장소 중 보통 작업의 경우 조도 기준은 몇 럭스(lux)이상인가?

① 150   ② 300

③ 500   ④ 750

[전문가의 조언] 보통 작업 시의 조도 기준은 150럭스 이상입니다.
- 일반 사무실 표준 조도 : 500 Lux
- 초정밀 작업 시 최저 조도 : 750 Lux 이상
- 정밀 작업 시 최저 조도 : 300 Lux 이상

33 사무작업의 표준 시간에 관한 설명으로 가장 적합한 것은?

① 가장 빨리 일할 수 있는 작업 시간

② 정규 작업 시간에 여유 시간을 더한 것

③ 최대 시간으로 최대의 효과를 내는 시간

④ 종업원의 작업 능력에 따른 평균 시간

[전문가의 조언] 사무작업의 표준 시간은 정해진 1단위의 작업을 정상의 속도로 수행하는데 필요한 시간으로, 정규 작업 시간에 여유 시간을 더한 것을 의미합니다.

34 행정기관의 장으로부터 사무의 내용에 따라 결재권을 위임받은 자가 행하는 결재는?

① 선결　　　　　　② 전결
③ 후결　　　　　　④ 간인

[전문가의 조언] 행정기관의 장으로부터 사무의 내용에 따라 결재권을 위임받은 자가 행하는 결재는 전결입니다.
• 선람(선결) : 일반적인 결재 형태로, 결재권자의 결재를 의미함
• 간인 : 두 장 이상으로 이루어진 문서 앞장의 뒷면과 뒷장의 앞면에 걸쳐 찍는 도장을 말함

35 사무를 위한 작업이 아닌 것은?

① 기록　　　　　　② 계산
③ 접근　　　　　　④ 분류 및 정리

[전문가의 조언] 접근(Access)은 사무를 위한 작업이 아닙니다. 사무를 위한 작업에는 기록(Writing), 독해(Read Check), 계산(Computing), 의사소통(Communication, 통신), 분류 및 정리(Classifying & Filing), 면담(Interviewing, Thinking), 사무기기 조작(Operating) 등이 있습니다.

36 재난, 재해, 테러 등 예기치 못한 위기의 발생으로 주요 사무 업무 중단위험이 발생할 경우 최대한 빠른 시간 내에 핵심 업무를 복구하여 기업 경영의 연속성을 유지할 수 있는 경영 기법은?

① BCM(Business Continuity Management)
② CDP(Certificate in Data Processing)
③ GNP(Gross National Product)
④ GDP(Gross Domestic Product)

[전문가의 조언] 주요 사무 업무 중단위험이 발생할 경우 최대한 빠른 시간 내에 핵심 업무를 복구하여 기업 경영의 연속성을 유지할 수 있는 경영기법은 BCM(Business Continuity Management)입니다.

37 생체인식을 위한 보안 수단이 아닌 것은?

① 패스워드　　　　② 지문
③ 홍채　　　　　　④ 손금

[전문가의 조언] • 패스워드는 생체인식을 위한 보안 수단이 아닙니다.
• 생체 인식이란 인간의 신체적인 특성, 즉 지문, 얼굴의 형태, 눈의 홍채, 정맥 등을 측정하고 분석하여 사용자를 인증하는 방식입니다.

38 기안문에서 발의자와 보고자의 표시가 옳게 짝지어진 것은?

① 발의자 : ⊙ 보고자 : ★
② 발의자 : ★ 보고자 : ⊙
③ 발의자 : ◎ 보고자 : ●
④ 발의자 : ● 보고자 : ◎

[전문가의 조언] 기안문의 해당 직위 또는 직급의 앞 또는 위에 발의자는 ★ 표시를, 보고자는 ⊙ 표시를 해야 합니다.

39 정보통신망 이용촉진 및 정보보호 등에 관한 법률에 의해 다음 중 정보통신서비스 제공자의 책무에 해당하지 않은 것은?

① 이용자의 개인정보를 보호하여야 한다.
② 건전하고 안전한 정보이용통신서비스를 제공하여야 한다.
③ 이용자의 권익보호와 정보이용능력의 향상에 이바지하여야 한다.
④ 건전한 정보사회가 정착되도록 노력하여야 한다.

[전문가의 조언] ④번은 이용자의 책무에 해당합니다.

40 전자데이터교환(EDI) 시스템의 직접적인 구성 요소와 가장 거리가 먼 것은?

① EDI 소프트웨어　　② EDI 네트워크
③ EDI 데이터베이스　　④ EDI 하드웨어

[전문가의 조언] • EDI 데이터베이스는 EDI의 구성 요소에 해당하지 않습니다.
• EDI의 구성 요소에는 EDI 표준, 사용자 시스템(응용 · 변환 · 통신 소프트웨어, 하드웨어), EDI 네트워크가 있습니다.

3과목　프로그래밍 일반

41 단항 연산자 연산에 해당하는 것은?

① AND　　　　　　② NOT
③ XOR　　　　　　④ OR

[전문가의 조언] NOT는 단항 연산자이고, 나머지는 이항 연산자입니다.

42 C 언어에서 문자열 출력 시 사용하는 함수는?

① gets( ) ② getchar( )

③ puts( ) ④ putchar( )

43 BNF 형식에 맞게 생성된 수는?

⟨num⟩ → ⟨num⟩⟨dig⟩ | ⟨dig⟩

⟨dig⟩ → 1|3|5|7|9

① 917 ② 985

③ 972 ④ 732

44 다음과 같은 기억장소에서 15K를 요구하는 프로그램이 50K 공백의 작업 공간에 배치될 경우, 사용된 기억장치 배치 전략은?

OPERATING SYSTEM
Used Space
30KB 공간
Used Space
16KB 공간
Used Space
50KB 공간
Used Space

① First Fit ② Best Fit

③ Worst Fit ④ Top Fit

45 HRN(Highest Response-ratio Next) 방식으로 스케줄링할 경우, 입력된 작업이 다음과 같을 때 가장 먼저 처리되는 작업은?

작업	대기 시간	서비스 시간
A	5	5
B	10	6
C	15	7
D	20	8

① A ② B

③ C ④ D

46 어휘 분석 단계에서 주로 행해지는 작업은?

① 토큰 생성 ② 기억장소 할당

③ 구문 분석 ④ 파싱

47 다음 중 선점 스케줄링 알고리즘이 아닌 것은?

① RR(Round Robin)

② SRT(Shortest Remaining Time)

③ HRN(Highest Response-ratio Next)

④ MQ(Multi-level Queue)

48 객체지향 언어에서 공통된 속성과 연산(행위)을 갖는 객체의 집합으로, 객체의 일반적인 타입을 의미하는 것은?

① 추상화 ② 인스턴스

③ 메시지 ④ 클래스

49 운영체제의 목적으로 거리가 먼 것은?

① 처리량 향상　　　② 신뢰도 향상

③ 응답 시간 단축　　④ 반환 시간 증대

전문가의 조언 운영체제의 목적 중 하나는 반환 시간 증대가 아니라 반환 시간 단축입니다.

50 수명 시간 동안 고정된 하나의 값과 이름을 가지며, 프로그램이 동작하는 동안 절대로 값이 변하지 않는 것은?

① 상수　　　② 변수

③ 포인터　　④ 블록

전문가의 조언 수명 시간 동안 고정된 하나의 값과 이름을 가지며, 프로그램이 동작하는 동안 절대로 값이 변하지 않는 것은 상수입니다.
• 변수 : 프로그래머가 프로그램 내에서 정의하고 이름을 줄 수 있는 자료 객체로, 수행 중에 값이 변경될 수 있음

51 소프트웨어 설계에서 사용되는 대표적인 추상화 메커니즘이 아닌 것은?

① 구조 추상화　　② 자료 추상화

③ 제어 추상화　　④ 기능 추상화

전문가의 조언 소프트웨어 설계에 사용되는 대표적인 추상화 기법에는 제어 추상화, 기능 추상화, 자료 추상화가 있습니다.

52 C 언어에서 나머지를 구하기 위한 연산자는?

① %　　　② @

③ #　　　④ !

전문가의 조언 C 언어에서 나머지를 구하는 연산자는 %입니다.

53 가상기억장치 관리에서 빈번하게 페이지 교체가 일어나서 시스템의 심각한 성능저하를 초래하는 현상은?

① locality　　　② segmentation

③ thrashing　　　④ working set

전문가의 조언 가상기억장치 관리에서 빈번하게 페이지 교체가 일어나서 시스템의 심각한 성능 저하를 초래하는 현상은 스래싱(Thrashing)입니다.
• Locality : 프로세스가 실행되는 동안 주기억장치를 참조할 때 일부 페이지만 집중적으로 참조하는 성질이 있다는 이론임
• Segmentation : 프로그램을 다양한 크기의 논리적인 단위로 나누는 것

54 Type 3 문법 특징에 대한 설명이 아닌 것은?

① 토큰의 구조를 표현하는데 사용한다.

② 문맥 자유문법에 제한을 둔 문법이다.

③ 정규 문법에 의해 생성되는 언어를 정규언어라 한다.

④ 생성 규칙으로 우선형, 좌선형과 혼합형의 3가지 종류가 있다.

전문가의 조언 Type 3 문법에 혼합형은 존재하지 않습니다.

55 구역성(locality)에 대한 설명으로 옳지 않은 것은?

① 스래싱을 방지하기 위한 워킹 셋 이론의 기반이 되었다.

② Denning 교수에 의해 구역성의 개념이 증명되었다.

③ 프로세스가 실행되는 동안 주기억장치를 참조할 때 일부 페이지만 집중적으로 참조하는 성질을 의미한다.

④ 공간 구역성이 이루어지는 기억장소는 Loop, Stack, Sub Routine에 사용되는 변수 등이다.

전문가의 조언 순환(Loop), 스택(Stack), 부프로그램(Sub Program)에 사용되는 변수는 시간 구역성의 예입니다.

56 바인딩 시간 중 언어구현 시간에 확정되는 것은?

① 변수에 대한 기억장소　　② 자료 구조

③ 프로그램 구조　　　　　④ 실수의 유효 자릿수

전문가의 조언 언어구현 시간에 확정되는 것은 정수의 자릿수, 실수의 유효 자릿수, 숫자의 기계 내 표기법 등입니다.

57 중위 표기법으로 표현된 수식 "A + B * C − D"를 후위 표기법으로 옳게 표현한 것은?

① A B C * D − +
② A B C + * D −
③ A B C * + D −
④ A B + C * D −

> **전문가의 조언** 후위(Postfix) 표기 방식은 중위 표기 방식으로 표현된 수식에서 연산자를 해당 피연산자 두 개의 뒤(오른쪽)로 이동시킨 것입니다.
> ❶ 연산 우선순위에 따라 괄호로 묶습니다.
> $((A+(B*C))-D)$
> ❷ 연산자를 해당 괄호의 뒤(오른쪽)로 옮깁니다.
> $((A+(B*C))-D) \rightarrow ((A(BC)*)+D)-$
> ❸ 필요 없는 괄호를 제거합니다.
> A B C * + D −

58 로더의 기능이 아닌 것은?

① 번역
② 할당
③ 연결
④ 재배치

> **전문가의 조언** 번역(Compile)은 컴파일러의 기능입니다. 로더의 4가지 기능에는 할당(Allocation), 링킹(Linking), 로딩(Loading), 재배치(Relocation)가 있습니다.

59 다음 문장은 몇 개의 토큰으로 분리될 수 있는가?

k = 4 + c;

① 3
② 4
③ 5
④ 6

> **전문가의 조언** 토큰은 원시 프로그램을 문자 단위로 스캐닝 하여 문법적으로 의미 있는 문자들로 분할한 단위로, 종류에는 예약어, 연산자, 구두점 기호, 식별자, 상수 등이 있습니다. 문제에 제시된 문장을 토큰으로 분리하면 k, =, 4, +, c, ;으로 총 6개로 분리됩니다.

60 공간 구역성과 거리가 먼 것은?

① 배열 순회
② 같은 영역에 있는 변수 참조
③ 서브 루틴
④ 순차적 코드의 실행

> **전문가의 조언** 공간 구역성이란 프로세스가 실행 시 일정 위치의 페이지를 집중적으로 접근하는 현상으로 배열 순례, 순차적 코드의 실행, 같은 영역의 변수 참조 등이 여기에 해당됩니다. 서브 루틴이 시간 구역성에 해당되므로 서브 루틴에 사용되는 변수도 Main 프로그램 측면에서 보면 시간 구역성에 해당됩니다

4과목 — 정보 통신 개론

61 패킷 교환 방식에 대한 설명으로 틀린 것은?

① 교환기에서 패킷을 일시 저장 후 전송하는 축적교환 기술이다.
② 패킷처리 방식에 따라 데이터그램과 가상회선 방식이 있다.
③ 패킷 교환망에서 DTE와 DCE 간 인터페이스를 위한 프로토콜로 X.25가 있다.
④ 고정된 대역폭으로 데이터를 전송한다.

> **전문가의 조언** 고정된 대역폭으로 데이터를 전송하는 방식은 회선 교환 방식입니다.

62 TCP 헤더의 플래그 비트에 해당되지 않는 것은?

① URG
② ENQ
③ SYN
④ FIN

> **전문가의 조언** TCP 헤더의 플래그 비트에는 URG, ACK, PSH, RST, SYN, FIN이 있습니다.

63 단일 기관에 의해 소유된 근접 거리 내에서 다양한 컴퓨터 물리 자원들이 상호간에 정보자원의 공유를 가능하게 하며 다양한 형태의 통신망으로 구성이 가능한 것은?

① LAN
② VAN
③ WAN
④ ATM

> **전문가의 조언** 근접 거리 내의 다양한 컴퓨터 자원들을 상호간에 공유할 수 있도록 구성하는 통신망은 LAN입니다.
> • VAN : 공중 통신 사업자로부터 통신 회선을 임대하여 하나의 사설망을 구축하고 이를 통해 정보의 축적, 가공, 변환 처리 등 가치를 첨가한 후 불특정 다수를 대상으로 서비스를 제공하는 통신망
> • WAN : 국가와 국가 혹은 대륙과 대륙 등과 같이 멀리 떨어진 사이트들을 연결하여 구성하는 광대역 통신망
> • ATM(비동기 전송 모드) : 교환전화 등에 쓰이는 회선 교환과 패킷 교환의 장점을 결합한 교환 및 다중화 기술

64 변조 속도가 1600(Baud)이고 트리비트(Tribit)를 사용한다면 전송속도(bps)는?

① 1600
② 3200
③ 4800
④ 6400

> **전문가의 조언** 트리비트(Tribit)는 변조 시 상태 변화 수가 3Bit입니다. 전송 속도(bps) = 변조 속도(Baud) × 변조 시 상태 변화 수이므로 1,600 × 3 = 4,800[bps]입니다.

---

65 반송파의 진폭과 위상을 변화시켜 정보를 전달하는 디지털 변조방식은?

① QAM　　　　　　② FM

③ FSK　　　　　　④ PSK

> **전문가의 조언** 반송파의 진폭과 위상을 변화시켜 정보를 전달하는 디지털 변조 방식은 QAM입니다.
> • FM : 변조 파형에 따라 주파수를 변조하는 방식
> • FSK : 2진수 0과 1을 서로 다른 주파수로 변조하는 방식
> • PSK : 2진수 0과 1을 서로 다른 위상을 갖는 신호로 변조하는 방식

66 데이터 프레임을 연속적으로 전송 중 NAK를 수신하면 오류가 발생한 프레임 이후에 전송된 모든 데이터 프레임을 재전송하는 오류 제어 방식은?

① Go-back-N ARQ

② Selective-Repeat ARQ

③ Stop-and-Wait ARQ

④ Forward Error Connection

> **전문가의 조언** NAK를 수신하면 오류가 발생한 프레임 이후에 전송된 모든 데이터 프레임을 재전송하는 오류 제어 방식은 Go-back-N ARQ입니다.
> • Stop-and-Wait ARQ : 송신 측에서 한 개의 블록을 전송한 후 수신 측으로부터 응답을 기다리는 방식
> • 연속 ARQ : 전송 효율을 최대로 하기 위해 데이터 블록의 길이를 채널의 상태에 따라 그때그때 동적으로 변경하는 방식

67 데이터 통신에서 양방향으로 동시에 송·수신이 가능한 전송 방식은?

① Simplex　　　　② Half-Duplex

③ Full-Duplex　　④ Single-Duplex

> **전문가의 조언** 데이터 통신에서 양방향으로 동시에 송·수신이 가능한 전송 방식은 Full-Duplex입니다.
> • 단방향 통신 : 한쪽 방향으로만 전송이 가능한 방식
> • 반이중 통신 : 양방향 전송이 가능하지만 동시에 양쪽 방향에서 전송할 수 없는 방식

68 HDLC의 프레임 구조에 포함되지 않는 것은?

① 스타트 필드(Start Field)

② 플래그 필드(Flag Field)

③ 주소 필드(Address Field)

④ 제어 필드(Control Field)

> **전문가의 조언** HDLC의 프레임 구조에 포함되지 않는 것은 스타트 필드(Start Field)입니다.
> • 플래그(Flag) : 프레임의 시작과 끝을 나타내는 고유한 비트 패턴(01111110)
> • 주소부(Address Field) : 송·수신국을 식별하기 위해 사용
> • 제어부(Control Field) : 프레임의 종류를 식별하기 위해 사용. 제어부의 첫 번째, 두 번째 비트를 사용하여 구별함

69 통신 속도가 50[Baud]일 때 최단 부호 펄스의 시간[sec]은?

① 2　　　　　　　② 1

③ 0.5　　　　　　④ 0.02

> **전문가의 조언** 통신 속도가 50[Baud]라는 것은 1초에 50번의 신호 변화(펄스)가 있다는 것으로 최단 부호 펄스의 시간, 즉 한 신호 변화에 걸린 시간은 1/50 = 0.02[Sec]입니다.

70 ITU-T에서 1976년에 패킷 교환망을 위한 표준으로 처음 권고한 프로토콜은?

① X.25　　　　　　② I.9577

③ CONP　　　　　④ CLNP

> **전문가의 조언** ITU-T에서 1976년에 패킷 교환망을 위한 표준으로 처음 권고한 프로토콜은 X.25입니다.

71 인터넷과 같은 상거래 이용 시 신용카드 거래체계를 안전하게 거래할 수 있도록 보장해주는 보안 프로토콜은?

① UDP　　　　　　② SET

③ SMTP　　　　　④ ICMP

> **전문가의 조언** 인터넷과 같은 상거래 은 SET입니다. 인터넷과 같은 상거래 이용 시 신용카드 거래체계를 안전하게 거래할 수 있도록 보장해주는 보안 프로토콜은 SET입니다.
> • UDP : 데이터 전송 전에 연결을 설정하지 않는 비연결형 서비스를 제공하는 프로토콜
> • SMTP : 전자 우편을 전송하는 프로토콜
> • ICMP : IP와 조합하여 통신중에 발생하는 오류의 처리와 전송 경로 변경 등을 위한 제어 메시지를 관리하는 프로토콜

72 IEEE 802 시리즈의 표준화 모델이 바르게 연결된 것은?

① IEEE 802.2 - 매체접근 제어(MAC)

② IEEE 802.3 - 광섬유 LAN

③ IEEE 802.4 - 토큰 버스(Token Bus)

④ IEEE 802.5 - 논리링크 제어(LLC)

> **전문가의 조언** IEEE 802 모델이 바르게 연결된 것은 ③번입니다.
> ① IEEE 802.2 : 논리 링크 제어(LLC) 계층
> ② IEEE 802.3 : CSMA/CD 방식의 매체 접근 제어 계층
> ④ IEEE 802.5 : 토큰 링 방식의 매체 접근 제어 계층

73 둘 이상의 서로 다른 네트워크에 접속하여 서로 간에 데이터를 주고 받을 수 있도록 경로 선택, 혼잡 제어, 패킷 폐기 기능을 수행하는 것은?

① Hub
② Repeater
③ Router
④ Bridge

> **전문가의 조언** 데이터를 주고받을 수 있도록 경로 선택, 혼잡 제어, 패킷 폐기 기능을 수행하는 것은 Router입니다.
> • **허브(Hub)** : 한 사무실이나 가까운 거리의 컴퓨터들을 연결하는 장치로, 각 회선을 통합적으로 관리하며, 신호 증폭 기능을 하는 리피터의 역할도 포함함. 물리 계층에서 사용
> • **리피터(Repeater)** : 전송되는 신호가 전송 선로의 특성 및 외부 충격 등의 요인으로 인해 원래의 형태와 다르게 왜곡되거나 약해질 경우 원래의 신호 형태로 재생하여 다시 전송하는 역할을 수행함. 물리 계층에서 사용
> • **브리지(Bridge)** : LAN과 LAN을 연결하거나 LAN 안에서의 컴퓨터 그룹(세그먼트)을 연결하는 기능을 수행함. 데이터링크 계층까지 사용

74 아날로그 데이터를 디지털 신호로 변환하는 대표적인 PCM(Pulse Code Modulation) 변조 방식의 과정은?

① 표본화 → 양자화 → 부호화 → 복호화
② 표본화 → 부호화 → 복호화 → 양자화
③ 표본화 → 부호화 → 양자화 → 복호화
④ 표본화 → 복호화 → 부호화 → 양자화

> **전문가의 조언** PCM(Pulse Code Modulation) 변조 방식의 과정은 '표본화 → 양자화 → 부호화 → 복호화'입니다.

75 아날로그 음성 데이터를 디지털 형태로 변환하여 전송하고, 디지털 형태를 원래의 아날로그 음성 데이터로 복원시키는 것은?

① CCU
② DSU
③ CODEC
④ DTE

> **전문가의 조언** 아날로그 음성 데이터를 디지털 형태로 변환하여 전송하고, 디지털 형태를 원래의 아날로그 음성 데이터로 복원시키는 것은 CODEC입니다.
> • **코덱(CODEC)** : 아날로그 데이터를 디지털 통신 회선에 적합한 디지털 신호로 변환(COder)하거나 그 반대의 과정(DECoder)을 수행함

76 반송파로 사용하는 정현파의 위상에 정보를 싣는 변조 방식은?

① ASK
② DM
③ PSK
④ ADPCM

> **전문가의 조언** 반송파로 사용하는 정현파의 위상에 정보를 싣는 변조 방식은 PSK입니다.

77 LAN의 토폴로지 형태에 해당하지 않는 것은?

① Star형
② Bus형
③ Ring형
④ Square형

> **전문가의 조언** Square란 LAN의 망 구성 모양은 없습니다. LAN은 망의 구성 형태에 따라서 성(Star)형, 버스(Bus)형, 링(Ring)형, 계층형(트리형), 망형으로 분류할 수 있습니다.

78 DNS 서버가 사용하는 TCP 포트 번호는?

① 11
② 26
③ 53
④ 104

> **전문가의 조언** DNS 서버가 사용하는 TCP 포트 번호는 53입니다.

79 회선 교환 방식에 대한 설명으로 거리가 먼 것은?

① 속도나 코드 변환이 용이하다.
② 점대점 방식의 전송 구조를 갖는다.
③ 접속에는 긴 시간이 소요되나 전송 지연은 거의 없다.
④ 고정적인 대역폭을 갖는다.

> **전문가의 조언** 속도나 코드 변환이 용이한 것은 패킷 교환 방식입니다.

80 OSI 7계층 중 종점 호스트 사이의 데이터 전송을 다루는 계층으로 종점 간의 연결 관리, 오류 제어와 흐름 제어 등을 수행하는 계층은?

① 응용 계층
② 전송 계층
③ 프레젠테이션 계층
④ 물리 계층

> **전문가의 조언** 종점 호스트 사이의 데이터 전송을 다루는 계층으로 종점 간의 연결 관리, 오류 제어와 흐름 제어 등을 수행하는 계층은 전송 계층입니다.

1과목 사무자동화 시스템

01 전자우편을 엽서가 아닌 밀봉된 봉투에 넣어서 보낸다는 개념으로 IETF(Internet Engineering Task Force)에서 인터넷 초안으로 채택한 것은?

① PEM
② PGP
③ S/MIME
④ PGP/MOME

> **전문가의 조언** IETF에서 인터넷 초안으로 채택한 것은 PEM입니다.
> • **PGP** : 공개키 암호화 방식을 사용하여 전자우편을 암호화하는 것
> • **S/MIME** : 전자우편에서 인증, 메시지 무결성, 송신처의 부인방지, 데이터 보안과 같은 보안 서비스를 제공함
> • **PGP/MIME** : 기존에 전자우편 보안을 위해 널리 이용되던 PGP 보안 모듈을 기반으로 한 전자우편 보안 시스템으로써 PGP가 제공하는 암호 기법과 전자우편 시스템을 통합한 시스템

02 데이터를 복수 또는 분할 저장하여 병렬로 데이터를 읽는 보조기억장치 또는 그 방법으로 디스크의 고장에 대비하여 데이터의 안정성을 높이는 기술은?

① SASD
② DASD
③ RAID
④ NAC

> **전문가의 조언** 데이터를 복수 또는 분할 저장하여 병렬로 데이터를 읽는 보조기억장치 또는 그 방법을 RAID라고 합니다.

03 사용자가 한번만 기록할 수 있으며 한번 기록된 것은 다시 지울 수 없는 형태의 기록장치는?

① DVD-RW
② CD-R
③ CD-RW
④ DVD+RW

> **전문가의 조언** CD와 DVD의 규격 중 R은 Recordable의 약자로 한 번만 기록할 수 있는 것을 의미하고, RW는 ReWritable의 약자로 기록과 삭제를 반복할 수 있는 것을 의미합니다.

04 다음 ( )에 알맞은 용어는?

> 객체지향형 데이터베이스 시스템에서 특정 데이터 구조와 메소드(Method)들로 구성된 객체들의 모임을 ( )라 부른다.

① 튜플(Tuple)
② 애트리뷰트(Attribute)
③ 클래스(Class)
④ 릴레이션(Relation)

> **전문가의 조언** 객체지향형 데이터베이스 시스템에서 특정 데이터 구조와 메소드(Method)들로 구성된 객체들의 모임을 클래스(Class)라 부릅니다.
> • **튜플(Tuple)** : 테이블의 행을 구성하는 것으로 개체(레코드)라고 함
> • **속성(Attribute)** : 테이블의 열을 구성하는 것으로 항목(Field)이라고 함
> • **릴레이션(Relation)** : 데이터들을 행과 열로 표현한 테이블

05 사무자동화 추진의 선결 과제가 아닌 것은?

① 사무환경 정비
② 데이터베이스 정비
③ 사무관리제도의 개혁
④ 조직 및 체계의 재정비

> **전문가의 조언** 데이터베이스 정비는 사무자동화 추진을 위한 선결 과제가 아니라 사무자동화 추진 시 해야 하는 작업입니다.

06 프로그램을 실행하는 도중 예기치 않은 상황이 발생할 경우, 현재 실행 중인 작업을 즉시 중단하고 발생된 상황을 우선 처리한 후 실행 중이던 작업으로 복귀하는 것은?

① Deadlock
② Interrupt
③ Blocking
④ System Call

> **전문가의 조언** 문제에 제시된 내용은 인터럽트(Interrupt)의 개념입니다.

07 정보의 송수신을 원활하게 하기 위하여 정보를 일시적으로 저장하여 처리 속도의 차를 수정하는 방식은?

① Streaming
② Buffering
③ Caching
④ Mapping

> **전문가의 조언** 정보를 일시적으로 저장하여 처리 속도의 차를 수정하는 방식은 버퍼링(Buffering)입니다.

08 전자우편(E-mail) 받을 때 사용하는 프로토콜은?

① HTTP
② SMTP
③ FTP
④ POP3

> **전문가의 조언** 전자우편을 보낼 때는 SMTP, 받을 때는 POP3 프로토콜을 사용합니다.
> • **HTTP(HyperText Transfer Protocol)** : 월드 와이드 웹(WWW)에서 HTML 문서를 송수신 하기 위한 표준 프로토콜
> • **FTP(File Transfer Protocol)** : 컴퓨터와 컴퓨터 또는 컴퓨터와 인터넷 사이에서 파일을 주고받을 수 있도록 하는 원격 파일 전송 프로토콜

09 팩시밀리의 특징으로 틀린 것은?

① 일반 전화회선을 이용하여 즉시 전송 가능하다.

② 종이 원고의 내용을 원격지에서 충실하게 기록 재생할 수 있다.

③ 원하는 시간에 원하는 정보 전송이 가능하다.

④ 동일 내용을 한 번에 한 명의 수신자에게만 보낼 수 있다.

> 전문가의 조언 팩시밀리는 동일 내용을 한 번에 여러 명의 수신자에게 보낼 수 있습니다.

10 다음 중 사무자동화 응용 프로그램의 종류가 아닌 것은?

① Spreadsheet ② DBMS

③ Windows ④ Word-processor

> 전문가의 조언 Windows는 MS 사에서 만든 운영체제(OS)이고, 운영체제는 시스템 소프트웨어에 해당합니다.

11 새로운 제품이나 서비스를 창조해내기 위해 다른 웹 사이트들의 콘텐츠를 조합하여 새로운 웹 서비스를 만들어 내는 것은?

① 위키 ② 블로그

③ 소셜 태깅 ④ 매시업

> 전문가의 조언 새로운 제품이나 서비스를 창조해내기 위해 다른 웹 사이트들의 콘텐츠를 조합하여 새로운 웹 서비스를 만들어 내는 것은 매시업(Mashup)입니다.

12 컴퓨터와 전화를 통합시켜 기존의 분리된 전화 업무와 컴퓨터 업무를 하나로 처리할 수 있도록 구성된 기술은?

① EIS ② DSS

③ SIS ④ CTI

> 전문가의 조언 컴퓨터와 전화를 통합시켜 기존의 분리된 전화 업무와 컴퓨터 업무를 하나로 처리할 수 있도록 구성된 기술은 CTI입니다.
> • EIS(중역정보 시스템) : 최고경영자 또는 관리자의 의사결정을 지원하는 시스템
> • DSS(의사결정 지원 시스템) : 의사결정에 필요한 정보를 데이터베이스로부터 검색하여 필요한 분석을 행하고 보기 쉬운 형태로 편집, 출력하는 시스템
> • SIS(전략 정보 시스템) : 기업이 경쟁 우위를 확보하기 위한 목적으로 이용하는 정보 시스템

13 다음 저장기기에 대한 설명으로 옳은 것은?

① CD-ROM은 주로 주기억장치로 이용된다.

② 하나의 CD-ROM은 수십 기가의 데이터를 저장할 수 있다.

③ 광 디스크의 용량은 650MB 뿐이다.

④ CD-ROM은 등선속도(CLV) 방식을 이용한다.

> 전문가의 조언 CD-ROM은 등선속도(CLV) 방식을 이용합니다.
> ① CD-ROM은 보조기억장치로 이용됩니다.
> ②, ③ CD-ROM은 약 650MB, DVD는 약 4.7~17GB, Blu-ray는 약 25GB~50GB의 데이터를 저장할 수 있습니다.

14 데이터베이스 모형 중 다음과 관련 있는 것은?

> • 표(Table) 형태로 저장한다.
> • 다른 데이터베이스로 변환이 용이하다.
> • 간결하고 보기가 편리하다.

① 관계 모형 ② 계층 모형

③ 망 모형 ④ 트리 모형

> 전문가의 조언 표(Table) 형태로 저장하고, 다른 데이터베이스로 변환이 용이한 것은 관계형(Relational) 데이터베이스입니다.
> • 계층형(Hierarchical) 데이터베이스 : 트리 구조를 이용해서 데이터 상호관계를 계층적으로 정의한 DB 구조
> • 망형(Network, 네트워크) 데이터베이스 : 그래프 구조를 이용해서 데이터 상호관계를 계층적으로 정의한 DB 구조

15 "전자상거래 등에서의 소비자보호에 관한 법률"에 따라 통신판매업자의 변경 신고 시 해당 변경사항이 발생한 날로부터 며칠 이내에 신고서를 제출해야 하는가?

① 5일 ② 10일

③ 15일 ④ 20일

> 전문가의 조언 통신 판매업자의 변경 신고 시 해당 변경사항이 발생한 날로부터 15일 이내에 신고서를 제출해야 합니다.

16 다음 중 DRAM의 설명으로 틀린 것은?

① 비휘발성 기억소자이다.

② Refresh 작업이 필요하다.

③ 전력소모가 적다.

④ SRAM보다 처리속도가 느리다.

> 전문가의 조언 DRAM은 전원이 공급되어도 일정시간이 지나면 전하가 방전되어 주기적인 재충전(Refresh)이 필요한 휘발성 기억소자입니다.

17 관계 데이터베이스에서 릴레이션은 참조할 수 없는 외래키 값을 가질 수 없음을 의미하는 제약 조건은?

① 개체 무결성　　　　② 참조 무결성

③ E-R 모델링　　　　④ 해싱

> **전문가의 조언** • 관계 데이터베이스에서 릴레이션은 참조할 수 없는 외래키 값을 가질 수 없음을 의미하는 제약 조건은 참조 무결성입니다.
> • **개체 무결성** : 기본키는 NULL 값을 가질 수 없는 규정

18 사무자동화의 환경 개선이 주는 효과로 옳은 것은?

① 사무기기의 고장 시간의 증가

② 정확성 및 생산성의 저하

③ 권태감 등의 감소로 작업자의 사기 고취

④ 사무자동화 기기 위주의 배려로 작업 능률 향상

> **전문가의 조언** 사무자동화의 환경 개선이 주는 효과로 옳은 것은 ③번입니다.
> ① 사무기기의 고장 시간이 감소합니다.
> ② 정확성 및 생산성이 증가합니다.
> ④ 사무자동화는 사무자동화기기가 아니라 사람 위주의 배려로 인해 작업 능률이 향상됩니다.

19 "전자상거래 등에서의 소비자보호에 관한 법률"에 따른 전자상거래 시 전자적 대금지급 관련자와 상관없는 자는?

① 전자결제수단의 발행자

② 전자결제서비스 제공자

③ 전자결제서비스 책임자

④ 전자결제서비스의 이행을 보조하는 자

> **전문가의 조언** 전자상거래 시 전자적 대금지급 관련자는 전자결제수단의 발행자, 전자결제서비스 제공자, 전자결제서비스의 이행을 보조하거나 중개하는 자입니다.

20 사무자동화의 기본 요소가 아닌 것은?

① 제도　　　　② 사람

③ 장비　　　　④ 효율성

> **전문가의 조언** 사무자동화의 기본 요소 4가지는 철학, 장비, 제도, 사람입니다.

2과목　사무경영관리 개론

21 사무관리의 기능에 대한 설명으로 옳은 것은?

① 계획화는 경영활동을 합리적으로 수행하기 위하여 활동목표 및 실시과정에 가장 유리하게 도달할 수 있도록 사후에 결정짓는 것을 말한다.

② 조직화는 직무가 능률적으로 달성될 수 있도록 인적자원을 적재적소 배치, 물적요소의 명확화, 그리고 이들을 유기적으로 결합하여 직무가 능률적으로 달성될 수 있도록 하는 관리 활동이다.

③ 동기화는 경영조직의 횡적조직과 계층별 조직에 있어서 업무수행에 필요한 이해나 견해가 대립된 활동과 노력을 결합하고 동일화해서 조화를 기하는 기능이다.

④ 조정화는 기준과 지시에 따라 실행되고 있는가를 확인 대조하면서 오류를 범하지 않도록 사전에 방지하는 기능이다.

> **전문가의 조언** 사무관리의 기능에 대한 설명으로 옳은 것은 ②번입니다.
> ① 계획화는 사무관리 중 가장 먼저 수행되는 기능으로 사후에 결정짓는 것이 아니라 사전에 결정짓는 것입니다.
> ③번은 조정화에 대한 설명입니다.
> ④번은 통제화에 대한 설명입니다.

22 행정기관에서 사무관리 방법상 필요에 따라 나누는 자료의 종류로 옳은 것은?

① 행정간행물, 행정자료, 일반자료

② 행정간행물, 행정자료, 사무내규자료

③ 행정간행물, 법률고시자료, 일반자료

④ 행정간행물, 회사규정자료, 일반자료

> **전문가의 조언** 행정기관에서 사무관리 방법상 필요에 따라 나누는 자료의 종류는 행정간행물, 행정자료, 일반자료입니다.

23 다음 중 정보통신망을 구축하는 효과가 아닌 것은?

① 경제적 효과　　　　② 신뢰성 향상

③ 처리 능력 향상　　　　④ 프로토콜의 다양화

> **전문가의 조언** 정보통신망 구축의 효과 중 하나는 프로토콜의 다양화가 아니라 프로토콜의 표준화입니다.

---

24 사무의 기능별 사무분류 중 경영자나 간부 등이 수행하는 결재, 관리자의 계획, 입안, 견적 등과 같이 전문적인 지식 등을 요구하는 사무를 무엇이라 하는가?

① 판단 사무   ② 작업 사무

③ 서기 사무   ④ 잡무

> **전문가의 조언** 경영자나 간부 등이 수행하는 결재, 관리자의 계획, 입안, 견적 등과 같이 전문적인 지식 등을 요구하는 사무는 판단 사무입니다.
> • **작업 사무(서기 사무, 단순 사무)** : 생산, 판매, 구매 등의 직접 활동, 인사, 재무 등의 간접 활동에서의 운영에 필요한 사무
> • **잡무(서비스)** : 운반, 청소, 포장 등과 같이 특별한 지식이나 경험을 요하지 않는 사무로, 판단 사무나 작업 사무에 부수된 사무

25 사무량을 측정하는 방법으로 소요시간을 측정하여 여기서 얻은 수치로써 표준시간을 계정하는 방법은?

① Stop Watch법

② Work Sampling법

③ Standard Data법

④ Predetermined Time Standard법

> **전문가의 조언** 소요시간을 측정하여 여기서 얻은 수치로써 표준 시간을 계정하는 방법은 스톱워치(Stop Watch)입니다.
> • **워크 샘플링법(Work Sampling)** : 시간 연구법의 하나로, 임의의 시간 간격으로 관측하여 시간적 구성 비율을 통계적으로 추측하는 방법
> • **요소 시간 측정법(PTS, 기정시간 표시법)** : 기본적인 공통 동작 또는 동작 요소에 대하여 미리 표준 시간을 설정하여 놓고 이 자료를 이용하여 특정 작업에 대한 표준 시간을 결정하는 방법

26 사무관리에 관한 설명으로 적절하지 않은 것은?

① 조직 운영에 필요한 유용한 정보를 효율적으로 관리하는 것을 의미한다.

② 기능에는 연결 기능, 정보 기능, 관리 기능이 있다.

③ 의사결정에 필요한 정보를 신속, 정확하게 제공하는 것을 목적으로 한다.

④ 사무작업을 능률화하기 위한 제반 관리 활동이다.

> **전문가의 조언** 의사결정에 필요한 정보를 신속, 정확하게 제공하는 것을 목적으로 하는 것은 정보관리입니다.

27 기안문 구성시 본문의 내용이 표의 중간까지만 작성된 경우 어디에 "이하 빈칸"을 표시하여야 하는가?

① 마지막으로 작성된 장의 맨 하단

② 마지막으로 작성된 장의 아래 여백

③ 마지막으로 작성된 칸

④ 마지막으로 작성된 칸의 다음 칸

> **전문가의 조언** 기안문 구성 시 본문의 내용이 표의 중간까지만 작성된 경우 마지막으로 작성된 칸의 다음 칸에 "이하 빈칸"을 표시합니다.

28 다음 중 사무관리와 정보관리의 관계를 올바르게 설명한 것은?

① 사무관리는 기업체 정보처리와 통제를 담당한다.

② 사무관리는 정보관리를 포함한다.

③ 정보관리는 의사결정에 필요한 광범위한 정보를 대상으로 한다.

④ 정보관리의 목적은 지정된 데이터를 지정된 기일 및 방법으로 작성하는 것이다.

> **전문가의 조언** 정보관리는 의사결정에 필요한 광범위한 정보를 대상으로 합니다.
> ① 기업체의 정보처리와 통제를 담당하는 것은 정보관리입니다.
> ② 관리 범위에 있어서 정보관리는 넓고 사무관리는 좁습니다.
> ④ 지정된 데이터를 지정된 기일 및 방법으로 작성하는 것은 사무관리의 목적입니다.

29 다음은 문서관리의 기본원칙 중 무엇에 관한 것인가?

> 문서 사무처리에 있어서 여러 가지 수단이나 방법 중에 가장 합리적인 것을 선정하여 적용한다.

① 간소화   ② 전문화

③ 자동화   ④ 표준화

> **전문가의 조언** 문서 사무처리에 있어서 여러 가지 수단이나 방법 중에 가장 합리적인 것을 선정하여 적용하는 것은 표준화에 해당합니다.

30 길브레스(Gilbreth)의 "동작의 경제원칙"을 가장 잘 나타내고 있는 것은?

① 발로 할 수 있는 일은 오른손을 사용한다.

② 왼손으로 할 수 있는 작업이라도 오른손을 사용한다.

③ 가능한 한 양손이 동시에 작업을 시작하되 끝날 때는 각각 끝나도록 한다.

④ 이 원칙은 생산작업 뿐만 아니라 사무작업에도 응용할 수 있다.

전문가의 조언 길브레스(Gilbreth)의 "동작의 경제원칙"은 생산작업 뿐만 아니라 사무작업에도 응용할 수 있습니다.
① 가능한 곳에서는 손을 쓰는 대신 발을 사용하고, 동시에 손도 유효하게 사용해야 합니다.
② 왼손으로 할 수 있는 일은 왼손을 사용해야 합니다.
③ 양손의 동작은 동시에 시작하고 동시에 끝나야 합니다.

31 사무계획을 함으로써 얻어지는 효과로 가장 적합한 것은?

① 사무원의 여유 시간이 단축됨에 따라 사무 업무가 중복된다.

② 중요한 업무를 중요하지 않은 업무보다 선행하여 처리한다.

③ 관리자보다 작업자가 행동 방침을 결정하게 되어 능률적인 작업을 한다.

④ 업무량이 늘어나게 되어 고용 증대 효과가 발생한다.

전문가의 조언 사무계획을 함으로써 얻어지는 효과로 가장 적합한 것은 ② 번입니다.
① 사무 계획을 수행함에 따라 사무 업무가 중복되지 않습니다.
③ 관리자가 행동 방침을 결정하며, 작업자는 방침에 따라 수행합니다.
④ 사무량을 평준화함으로써 혼란과 낭비를 제거할 수 있으므로 업무량 증가 및 고용 증대는 발생하지 않습니다.

32 공동저작물의 저작재산권을 행사할 수 있는 경우는?

① 저작재산권자 일부의 합의

② 저작재산권자 전원의 합의

③ 저작재산권자 1/3의 합의

④ 저작재산권자 2/3의 합의

전문가의 조언 공동저작물은 2인 이상이 공동으로 창작한 저작물로서 각자가 이바지한 부분을 분리하여 이용할 수 없는 것을 말합니다. 그러므로 공동저작물은 저작재산권자의 전원의 합의를 통해서만 저작재산권의 행사가 가능합니다.

33 사무표준화의 목적 또는 효과와 가장 거리가 먼 것은?

① 직원들을 더욱 철저하게 감독, 통제할 수 있다.

② 사무원들의 공동 관심사에 대한 이해가 촉진된다.

③ 사무원들을 능력별로 활용할 수 있다.

④ 스텝 조직과 라인 조직의 업무 구분을 없앨 수 있다.

전문가의 조언 스텝 조직과 라인 조직의 업무 구분을 없애기 위해 사무 표준화를 하는 것은 아닙니다.

34 산업안전보건기준에 관한 규칙에 따른 사업주가 근로자의 안전한 통행을 위해 통로에 시설해야 하는 조명 기준은?

① 50lux 이상   ② 75lux 이상

③ 90lux 이상   ④ 150lux 이상

전문가의 조언 근로자의 안전을 위해 설치하는 조명과 같은 기타 작업 시 조도는 75Lux 이상입니다.

35 다음 자료에서 6월 사무관리의 원가절감 목표 달성도는 몇 %인가?

> • 처음의 사무 원가 : 300만원
> • 목표 원가 : 250만원
> • 5월의 실제 원가 : 280만원
> • 6월의 실제 원가 : 270만원

① 20%   ② 40%

③ 60%   ④ 80%

전문가의 조언 6월 사무관리의 원가절감 목표 달성도는 60%입니다.
• 초기의 원가 절감액 = 원가 − 목표원가 = 300 − 250 = 50만원
• 6월의 원가 절감액 = 원가 − 6월 실제 원가 = 300 − 270 = 30만원
• 달성도는 (6월의 원가 절감액/초기의 원가 절감액) × 100% = (30 / 50) × 100% = 60%입니다.

36 사무조직의 형태 중 라인 조직의 장점으로 가장 적합하지 않은 것은?

① 전문화의 결여

② 단순하고 이해하기 쉬움

③ 결정과 집행의 신속

④ 책임소재의 명확

전문화의 결여는 라인 조직의 단점입니다.

37 서로 다른 조직 간에 약속된 포맷을 사용하여 상업적 또는 행정상의 거래를 컴퓨터와 컴퓨터 간에 행하는 것은?

① EDPS   ② INTERNET

③ MIS   ④ EDI

서로 다른 조직 간에 약속된 포맷을 사용하여 상업적 또는 행정상의 거래를 컴퓨터와 컴퓨터 간에 행하는 것은 EDI입니다.

38 문서의 보관관리 유형 중 집중관리의 장점이 아닌 것은?

① 부서별 문서보관·보존에 따른 여러 설비가 필요치 않게 되어 경비 및 공간이 절약된다.

② 통일적으로 한 장소에서 관리하기 때문에 종합된 정보를 제공 받을 수 있다.

③ 문서 관리 및 업무의 조정과 통제가 용이하다.

④ 자료를 열람하고 이용하기 위한 방법과 절차가 매우 용이하다.

문서의 보관관리 유형 중 집중관리는 문서 전담관리 부서에서 모든 문서를 보관하고 관리하는 것으로, 분실의 우려가 적고 어느 부서든지 이용이 가능한 장점이 있는 반면 자료의 열람 시 이용 절차가 복잡하고 시간이 오래 걸린다는 단점이 있습니다.

39 사무의 의의와 종류에 대한 설명으로 틀린 것은?

① 사무는 조직의 목적을 수행하는 수단이다.

② 행정목적을 직접 수행하는 것은 본래사무이다.

③ 본래사무는 참모부분이 담당하는 참모사무이다.

④ 사무는 본래사무와 지원사무로 구분하기도 한다.

• 본래사무는 각 부문 본래의 업무를 처리하기 위한 사무로, 각 담당부서에서 수행해야 합니다.
• 참모부분이 담당하는 것은 지원사무입니다.

40 사무실 배치를 할 때 고려해야 할 사항으로 옳지 않은 것은?

① 통일된 사무용 기구를 사용한다.

② 채광은 우측에서 잡히도록 한다.

③ 자주 사용하는 사무용품은 그것을 사용하는 사무원 가까이에 배치한다.

④ 업무에 알맞은 면적을 확보한다.

사무실에서 채광은 좌측에서 잡히도록 해야 합니다.

3과목 📎 프로그래밍 일반

41 스래싱(thrashing) 현상을 방지하기 위한 방법이 아닌 것은?

① 다중 프로그래밍의 정도를 적정 수준으로 유지한다.

② 워킹 셋을 사용하지 않는다.

③ 페이지 부재 빈도를 조절하여 사용한다.

④ 부족한 자원을 증설하고, 일부 프로세스를 중단시킨다.

스래싱을 방지하기 위해 워킹 셋을 사용합니다.

42 컴파일 과정 중 원시 프로그램을 하나의 긴 스트링으로 보고 원시 프로그램을 문자 단위로 스캐닝하여 문법적으로 의미 있는 일련의 문자(토큰)들로 분할해 내는 작업은?

① 구문 분석   ② 원시 분석

③ 선행 처리   ④ 어휘 분석

원시 프로그램을 문자 단위로 스캐닝하여 문법적으로 의미 있는 일련의 문자(토큰)들로 분할해 내는 작업은 어휘 분석입니다.
• **구문 분석** : 주어진 문장이 정의된 문법 구조에 따라 정당하게 하나의 문장으로서 합법적으로 사용될 수 있는가를 확인하는 단계

43 아래 코드의 실행 결과는?

```
#include <stdio.h>
int main(void) {
    int code=65;
    int *p=&code;
    printf("%c", (*p)++);}
```

① A   ② B

③ 65   ④ 66

> **전문가의 조언** 지문에 사용된 코드의 의미는 다음과 같습니다.
>
> ```
> #include <stdio.h>
> int main(void) {
> ❶ int code=65;
> ❷ int *p=&code;
> ❸ printf("%c", (*p)++);}
> ```
>
> ❶ 정수형 변수 code를 선언하고, 초기값으로 65를 할당합니다.
> ❷ 정수형 변수가 저장된 곳의 주소를 기억할 수 있는 포인터 변수 p를 선언하면서, 포인터 변수 p에 정수형 변수 code의 주소를 저장합니다.
>
>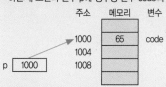
>
> ❸ p가 가리키는 곳의 값 65를 문자(A)로 출력합니다. (*p)++는 후치 증가 연산이므로 p가 가리키는 곳의 값(*p)인 65가 문자로 출력된 후 1이 증가됩니다(66).
> ※ 숫자를 문자로 출력하면 숫자에 해당하는 아스키코드가 출력됩니다. 아스키코드에서 65 = A, 66 = B, … 90 = Z 입니다.

44 시간 구역성과 관련이 없는 것은?

① 순환(loop)
② 배열 순회(array traversal)
③ 부 프로그램(sub program)
④ 집계(totaling)

> **전문가의 조언** 배열 순회는 공간 구역성의 예입니다.

45 UNIX 운영체제에서 커널에 대한 설명으로 틀린 것은?

① 컴퓨터가 부팅될 때, 주기억장치에 적재된 후 상주하면서 실행된다.
② 프로세스 관리, 기억장치 관리 등의 기능을 수행한다.
③ 하드웨어를 보호하고 프로그램과 하드웨어 간의 인터페이스 역할을 담당한다.
④ 사용자의 명령어를 인식하여 프로그램을 호출하고 명령을 수행하는 명령어 해석기이다.

> **전문가의 조언** 명령어 해석은 커널이 아니라 쉘의 기능입니다.

46 (aa|b)*a의 정규표현으로 만들 수 있는 스트링이 아닌 것은?

① a   ② aaa

③ ba   ④ aba

> **전문가의 조언** (aa|b)*a의 정규표현으로 만들 수 있는 스트링이 아닌 것은 aba입니다.

47 다음 중 Java에서 사용하는 기본형 타입은?

① 배열형   ② 논리형

③ 클래스형   ④ 인터페이스형

> **전문가의 조언** Java에서 사용하는 기본형 타입에는 문자형, 정수형, 실수형, 논리형이 있습니다.

48 C언어에서 공용체를 정의하는 키워드는?

① struct   ② union

③ enum   ④ public

> **전문가의 조언** struct는 구조체, union은 공용체, enum은 열거형을 정의하는 키워드입니다.

49 다음 중 단항 연산자는?

① COMPLEMENT   ② AND

③ OR   ④ XOR

> **전문가의 조언** COMPLEMENT는 단항 연산자이고, 나머지는 이항 연산자입니다.

50 UNIX 명령어에서 현재 작업 중인 디렉터리 경로를 보여주는 명령어는?

① dir   ② cat

③ pwd   ④ write

전문가의 조언 디렉터리 경로를 보여주는 명령어는 pwd입니다.
· dir : 파일 목록을 표시하는 DOS 명령어
· cat : 파일 내용을 화면에 표시하는 UNIX 명령어

51 프로그래밍 언어의 번역 순서에 따른 관련 모듈(번역기)을 올바르게 나열한 것은?

① 컴파일러 → 링커 → 로더

② 링커 → 컴파일러 → 로더

③ 로더 → 링커 → 컴파일러

④ 컴파일러 → 로더 → 링커

전문가의 조언 프로그래밍 언어는 컴파일러 → 링커 → 로더 순으로 번역됩니다.

52 BNF 표기법에서 정의를 나타내는 기호는?

① 〉〉=   ② 〈〈=

③ #=   ④ ::=

전문가의 조언 정의를 나타내는 기호는 ::=입니다.

53 C언어에서 정수형 자료 선언 시 사용하는 것은?

① char   ② float

③ double   ④ int

전문가의 조언 int는 정수형 자료 선언 시 사용됩니다.
· char : 문자형
· float : 실수형
· double : 배정도 실수형

54 C언어에서 이스케이프 시퀀스(Escape Sequence)에 대한 설명으로 틀린 것은?

① \n : null character   ② \r : carriage return

③ \f : form feed   ④ \b : backspace

전문가의 조언 \n은 뉴 라인(New Line)을 의미합니다.

55 "A+B*C−D"를 후위(Postfix) 표기법으로 표현한 것은?

① A B C * D − +   ② A B + C * D −

③ A B C + * D −   ④ A B C * + D −

전문가의 조언 중위(Infix) 표기법을 후위(Postfix) 표기법으로 변경하는 과정 및 결과는 다음과 같습니다.
❶ 연산 우선순위에 따라 괄호로 묶습니다.
  ((A + (B * C)) − D)
❷ 연산자를 해당 괄호의 뒤(오른쪽)로 옮깁니다.
  ((A + (B * C)) − D)
❸ 괄호를 제거합니다.
  A B C * + D −

56 반복을 나타내는 구문은?

① A∷α1|α2|α3   ② A∷={α}

③ A∷=α   ④ A∷(α1|α2)β

전문가의 조언 EBNF 심벌에서 반복을 나타내는 기호는 { }입니다. 즉 보기에서는 반복을 나타내는 구문은 A∷={α}입니다.
· ∷= : 정의
· (|) : 선택(택일)
· { } : 반복

57 실행 중인 프로세스가 일정 시간 동안에 참조하는 페이지의 집합을 의미하는 것은?

① LOCALITY   ② SEGMENT

③ MONITOR   ④ WORKING SET

전문가의 조언 실행 중인 프로세스가 일정 시간 동안에 참조하는 페이지의 집합을 Working Set이라고 합니다.
· Locality : 프로세스가 실행되는 동안 주기억장치를 참조할 때 일부 페이지만 집중적으로 참조하는 성질이 있다는 이론임
· Segment : 주기억장치에 한 번에 읽어 들일 수 없는 큰 프로그램을 작은 프로그램으로 나누었을 때의 각 부분

58 객체지향 언어에서 객체를 생성하기 위한 자료형은?

① 클래스(class)　　② 메시지(message)

③ 행위(behavior)　　④ 사건(event)

전문가의 조언 객체를 생성하기 위한 자료형은 클래스(class)입니다.
- 메시지(message) : 객체들 간에 상호작용을 하는데 사용되는 수단으로 객체의 메소드(동작, 연산)를 일으키는 외부의 요구사항
- 이벤트(event) : 시스템에 어떤 일이 발생한 것을 말함

59 정적 바인딩이 이루어지는 시간이 아닌 것은?

① 언어 정의 시간　　② 언어 구현 시간

③ 링크 시간　　④ 프로그램 호출 시간

전문가의 조언 프로그램 호출 시간에 이루어지는 바인딩을 동적 바인딩이라고 합니다.

60 페이지 교체 알고리즘 중 현 시점에서 가장 오랫동안 사용하지 않은 페이지를 교체하는 기법은?

① SCR　　② FIFO

③ LFU　　④ LRU

전문가의 조언 현 시점에서 가장 오랫동안 사용하지 않은 페이지를 교체하는 기법은 LRU입니다.
- FIFO(First In First Out) : 각 페이지가 주기억장치에 적재될 때마다 그때의 시간을 기억시켜 가장 먼저 들어와서 가장 오래 있었던 페이지를 교체하는 기법
- LFU(Least Frequently Used) : 사용 빈도가 가장 적은 페이지를 교체하는 기법

4과목 정보 통신 개론

61 서로 다른 기기들 간의 데이터 교환을 원활하게 수행할 수 있도록 표준화시켜 놓은 통신 규약을 무엇이라 하는가?

① 클라이언트　　② 터미널

③ 링크　　④ 프로토콜

전문가의 조언 서로 다른 기기들 간의 데이터 교환을 원활하게 수행할 수 있도록 표준화시켜 놓은 통신 규약을 프로토콜이라고 합니다.

62 위상 변화를 작게 하면서 반송파의 진폭도 바꿔 정보 전송률을 높이려는 변조 방식은?

① ASK　　② FSK

③ PSK　　④ QAM

전문가의 조언 위상 변화를 작게 하면서 반송파의 진폭도 바꿔 정보 전송률을 높이려는 변조 방식은 QAM입니다.
- 진폭 편이 변조(ASK, Amplitude Shift Keying) : 2진수 0과 1을 서로 다른 진폭의 신호로 변조하는 방식
- 주파수 편이 변조(FSK, Frequency Shift Keying) : 2진수 0과 1을 서로 다른 주파수로 변조하는 방식
- 위상 편이 변조(PSK, Phase Shift Keying) : 2진수 0과 1을 서로 다른 위상을 갖는 신호로 변조하는 방식

63 Shannon의 표본화 정리에 의하면 보내려는 신호 성분 중 최고 주파수의 최소 몇 배 이상으로 표본을 행하면 원 신호를 충실하게 재현시킬 수 있는가?

① 1　　② 2

③ 4　　④ 8

전문가의 조언 최고 주파수의 최소 2배 이상으로 표본을 행하면 원 신호를 충실하게 재현시킬 수 있습니다.

64 ARQ(Automatic Repeat reQuest) 방식에 해당하지 않는 것은?

① Stop and Wait ARQ

② Adaptive ARQ

③ Receive Ready ARQ

④ Go back N ARQ

전문가의 조언 ARQ 방식 중 Receive Ready ARQ라는 것은 없습니다.

65 ATM 셀의 헤더 길이는 몇 byte인가?

① 2　　② 5

③ 8　　④ 10

전문가의 조언 ATM 셀은 헤드 5Byte, 페이로드(사용자 정보) 48Byte로 구성됩니다.

66 Link State 방식의 라우팅 프로토콜은?

① RIP
② RIP V2
③ IGRP
④ OSPF

전문가의 조언 Link State 방식이란 라우팅 정보에 변화가 생길 경우, 변화된 정보만 네트워크 내의 모든 라우터에게 알리는 방식으로 OSPF가 대표적입니다.

67 가상 회선 패킷 교환 방식에 대한 설명으로 옳은 것은?

① 수신은 송신된 순서대로 패킷이 도착한다.
② 우회 경로로 패킷을 전달할 수 있어 신뢰성이 높다.
③ 비연결형 서비스 방식이다.
④ 먼저 전송했더라도 최적의 경로를 찾지 못하면 나중에 전송한 데이터보다 늦게 도착할 수 있다.

전문가의 조언 가상 회선 패킷 교환 방식에 대한 설명으로 옳은 것은 ①번입니다. ②, ③, ④번은 데이터그램 패킷 교환 방식에 대한 설명입니다.

68 전송 효율을 최대한 높이려고 데이터 블록의 길이를 동적으로 변경시켜 전송하는 ARQ 방식은?

① Adaptive ARQ
② Stop-And-Wait ARQ
③ Positive ARQ
④ Distrbuted ARQ

전문가의 조언 전송 효율을 최대한 높이려고 데이터 블록의 길이를 동적으로 변경시켜 전송하는 ARQ 방식은 Adaptive ARQ입니다.
• Stop-and-Wait ARQ : 송신 측에서 한 개의 블록을 전송한 후 수신 측으로부터 응답을 기다리는 방식

69 발광다이오드(LED)에서 나오는 빛의 파장을 이용해 빠른 통신 속도를 구현하는 기술은?

① LAN
② MCC
③ Li-Fi
④ SAA

전문가의 조언 발광다이오드(LED)에서 나오는 빛의 파장을 이용해 빠른 통신 속도를 구현하는 기술은 Li-Fi입니다.

70 OSI 7계층 모델에서 기계적, 전기적, 절차적 특성을 정의한 계층은?

① 전송 계층
② 데이터링크 계층
③ 물리 계층
④ 표현 계층

전문가의 조언 기계적, 전기적, 절차적 특성을 정의한 계층은 물리 계층입니다.
• 데이터 링크 계층(Data Link Layer) : 두 개의 인접한 개방 시스템들 간에 신뢰성 있고 효율적인 정보 전송을 할 수 있도록 함
• 전송 계층(Transport Layer) : 논리적 안정과 균일한 데이터 전송 서비스를 제공함으로써 종단 시스템(End-to-End) 간에 투명한 데이터 전송을 가능하게 함
• 표현 계층(Presentation Layer) : 코드 변환, 데이터 암호화, 데이터 압축, 구문 검색, 정보 형식(포맷) 변환, 문맥 관리 기능을 함

71 다음 내용이 설명하고 있는 LAN의 매체 접근 제어방식은?

• 버스 또는 트리 토폴로지에서 가장 많이 사용된다.
• 전송하고자 하는 스테이션이 전송 매체의 상태를 감지하다가 유휴(idle) 상태인 경우 데이터를 전송하고, 전송이 끝난 후에도 계속 매체의 상태를 감지하여 다른 스테이션과의 충돌 발생 여부를 감시한다.

① CSMA/CD
② Token bus
③ Token ring
④ Slotted ring

전문가의 조언 문제의 지문은 CSMA/CD에 대한 설명입니다.

72 PCM 방식의 데이터 전송 순서로 맞는 것은?

① 표본화 → 부호화 → 양자화 → 복호화
② 표본화 → 양자화 → 부호화 → 복호화
③ 양자화 → 표본화 → 부호화 → 복호화
④ 양자화 → 표본화 → 복호화 → 부호화

전문가의 조언 PCM 방식의 데이터 전송 순서는 표본화 → 양자화 → 부호화 → 복호화 순입니다.

73 광섬유 케이블의 설명으로 틀린 것은?

① 동축 케이블보다 더 넓은 대역폭을 지원한다.

② 전송속도가 UTP 케이블보다 빠르다.

③ 동축 케이블에 비해 전자기적 잡음에 약하다.

④ 동축 케이블에 비해 전송손실이 적다.

전문가의 조언 광섬유 케이블의 원료인 유리는 절연성이 좋아 전자 유도의 영향을 받지 않으므로 전자기적 잡음에 강합니다.

74 다중접속 방식이 아닌 것은?

① FDMA
② TDMA
③ CDMA
④ XXUMA

전문가의 조언 XXUMA는 다중 접속 방식이 아닙니다.
- FDMA(Frequency Division Multiple Access) : 주파수 대역을 일정 간격으로 분할하는 방식
- TDMA(Time Division Multiple Access) : 사용 시간을 분할하는 방식
- CDMA(Code Division Multiple Access) : 주파수나 시간을 모두 공유하면서 각 데이터에 특별한 코드를 부여하는 방식

75 단일 송신자와 단일 수신자간의 통신이므로, 단일 인터페이스를 사용하는 IPv6 주소 지정 방식은?

① 애니캐스트
② 유니캐스트
③ 멀티캐스트
④ 브로드캐스트

전문가의 조언 단일 송신자와 단일 수신자 간의 통신이므로, 단일 인터페이스를 사용하는 IPv6 주소 지정 방식은 유니캐스트입니다.
- 멀티캐스트(Multicast) : 단일 송신자와 다중 수신자 간의 통신(1 대 다 통신에 사용)
- 애니캐스트(Anycast) : 단일 송신자와 가장 가까이 있는 단일 수신자 간의 통신(1 대 1 통신에 사용)

76 IP 주소 체계에서 B클래스의 주소 범위는?

① 0.0.0.0-127.255.255.255

② 128.0.0.0-191.255.255.255

③ 192.0.0.0-223.255.255.255

④ 224.0.0.0-239.255.255.255

전문가의 조언 IP 주소 체계에서 B클래스의 주소 범위는 128.0.0.0 ~ 191.255.255.255입니다.
- A 클래스 : 0~127로 시작
- C 클래스 : 192~223으로 시작

77 TCP 전송 계층 프로토콜을 사용하여 통신하는 데 이용되는 소켓을 무엇이라 하는가?

① 스트림 소켓
② 데이터그램 소켓
③ raw 소켓
④ 리시빙 소켓

전문가의 조언 TCP 전송 계층 프로토콜을 사용하여 통신하는 데 이용되는 소켓을 스트림 소켓이라고 합니다.

78 HDLC 프레임의 구조가 순서대로 옳은 것은?

① 플래그 → 주소부 → 제어부 → 정보부 → FCS → 플래그

② 플래그 → 제어부 → FCS → 정보부 → 주소부 → 플래그

③ 플래그 → 주소부 → 정보부 → FCS → 제어부 → 플래그

④ 플래그 → 제어부 → FCS → 주소부 → 정보부 → 플래그

전문가의 조언 HDLC 프레임의 구조는 플래그 → 주소부 → 제어부 → 정보부 → FCS → 플래그 순입니다.

79 FM에서 변조지수가 10, 변조신호의 최고 주파수를 4kHz라 할 때 소요 대역폭(kHz)은?

① 8
② 40
③ 88
④ 400

전문가의 조언 소요 대역폭(KHz) = 2 × (변조지수 + 1) × 최고 주파수
= 2 × (10 + 1) × 4kHz
= 88kHz

80 800baud의 변조속도로 4상 위상 변조된 데이터의 신호 속도(bps)는?

① 100
② 1200
③ 1600
④ 3200

전문가의 조언 데이터 신호 속도(Bps)는 '변조 속도(Baud) × 변조 시 상태 변화 비트 수'이고 4상 위상이란 한 신호에 2비트($2^2 = 4$)를 전송하므로 상태 변화 비트 수는 2가 됩니다.
- 신호 속도(bps) = 800 × 2 = 1600

1과목 사무자동화 시스템

01 다음 중 전자상거래에 관한 특징이 아닌 것은?

① 생산자는 소자본 창업이 가능하다.

② 근로자는 시공간을 초월하여 업무를 수행할 수 있다.

③ 소비자는 상품을 선택할 기회가 적다.

④ 운송비가 절감되고 상품 조사가 용이하다.

전문가의 조언 전자상거래는 인터넷이라는 가상공간을 통해 상품을 사고파는 행위로 물리적, 시간적, 공간적 제약을 받지 않으므로 소비자는 상품을 선택할 기회가 많습니다.

02 사무자동화(OA)의 접근방법의 유형에 속하지 않는 것은?

① 부분 전개 접근방법

② 업무별 접근방법

③ 사원별 접근방법

④ 계층별 접근방법

전문가의 조언 • 사원별 접근방법은 사무자동화의 접근방법에 속하지 않습니다.

• 사무자동화의 접근방법에는 전사적 접근방법, 부문(분) 전개 접근방법, 공통 과제형 접근방법, 기기 도입형 접근방법, 계층별 접근방법, 업무별 접근방법 등이 있습니다.

03 컴퓨터의 처리 속도 단위 중 피코초(ps)에 해당하는 수치를 10의 지수승 형태로 가장 올바르게 표현한 것은?

① 10^{-9}

② 10^{-12}

③ 10^{-15}

④ 10^{-18}

전문가의 조언 피코초(ps)는 10^{-12}입니다.

• 10^{-9}는 ns(나노초), 10^{-15}는 fs(펨토초), 10^{-18}는 as(아토초)입니다.

04 Windows 시스템 상에서 일본어, 중국어 등 문자수가 많은 언어를 입력하기 위해 필요한 소프트웨어는?

① OLE

② OCX

③ IME

④ Active X

전문가의 조언 Windows 시스템 상에서 일본어, 중국어 등 문자수가 많은 언어를 입력하기 위해 필요한 소프트웨어는 IME입니다.

05 "의사결정 지원을 위한 주제 지향적이고 통합적이며, 시계열적(Historical)이고 비휘발적인 데이터의 집합"을 의미하는 것은?

① OLTP

② Middleware

③ Data Warehouse

④ Groupware

전문가의 조언 의사결정 지원을 위한 주제 지향적이고 통합적인 데이터 집합체를 데이터 웨어하우스(Data Warehouse)라고 합니다.

• OLTP : 일반적으로 은행이나 항공사, 우편주문, 슈퍼마켓, 제조업체 등 많은 산업체에서 데이터 입력이나 거래조회 등의 업무를 쉽게 관리해주는 프로그램

• 미들웨어(MiddleWare) : 분산 환경에서 구성원들을 연결하고 구성원들 간의 차이를 극복하도록 범용으로 개발된 소프트웨어

• 그룹웨어(Groupware) : 여러 사람이 공통의 업무를 수행하는 데 있어 공동으로 사용할 수 있는 프로그램

06 기업의 내부, 외부의 비즈니스, 데이터를 수집·가공하고 관리자들에게 필요한 때에 요구하는 정보를 곧바로 제공할 수 있는 시스템은?

① SIS

② MIS

③ POS

④ DSS

전문가의 조언 문제에 제시된 내용은 경영 정보 시스템(MIS)의 개념입니다.

• 전략정보 시스템(SIS; Strategic Information System) : 기업의 전략을 실현하여 경쟁우위를 확보하기 위한 목적으로 사용되는 정보 시스템

• POS(Point Of Sales) 시스템 : 상품에 대한 정보를 담고 있는 바코드를 스캔하여 판독하는 순간 판매가격을 보여주는 것은 물론 재고, 매출액 등 상품 판매에 관한 모든 자료가 자동으로 표시되는 시스템

• 의사결정 지원 시스템(DSS; Decision Support System) : 의사결정에 필요한 정보를 데이터베이스로부터 검색하여 필요한 분석을 행하고 보기 쉬운 형태로 편집, 출력하는 시스템

07 자신의 컴퓨터에 전자메일을 선택적으로 내려 받을 수 있도록 할 때 사용하는 프로토콜은?

① POP3

② FTP

③ SNMP

④ HTTP

전문가의 조언 전자우편을 보낼 때는 SMTP, 받을 때는 POP3 프로토콜을 사용합니다.

• FTP(File Transfer Protocol) : 컴퓨터와 컴퓨터 또는 컴퓨터와 인터넷 사이에서 파일을 주고받을 수 있도록 하는 원격 파일 전송 프로토콜

• SNMP(Simple Network Management Protocol) : TCP/IP의 네트워크 관리 프로토콜로, 라우터나 허브 등 네트워크 기기의 네트워크 정보를 네트워크 관리 시스템에 보내는 데 사용되는 표준 통신 규약

• HTTP(HyperText Transfer Protocol) : 월드 와이드 웹(WWW)에서 HTML 문서를 송수신 하기 위한 표준 프로토콜

08 엑셀 등 스프레드시트에서 수식 자체는 변경하지 않고서 수식 안에 있는 셀에 대한 참조를 변경하려는 경우 가장 적당한 함수는?

① Match 함수　　　② Lookup 함수
③ Row 함수　　　　④ Indirect 함수

전문가의 조언 수식 자체는 변경하지 않고서 수식 안에 있는 셀에 대한 참조를 변경하려는 경우 사용하는 함수는 Indirect 함수입니다.
• MATCH(찾을값, 범위, 옵션) : '범위'에서 '찾을값'과 같은 데이터를 찾아 '옵션'을 적용하여 그 위치를 일련번호로 표시함
• LOOKUP(찾을값, 범위1, 범위2) : '범위1'에서 '찾을값'과 같은 데이터를 찾은 후 같은 행의 '범위2'에 있는 데이터를 입력함
• ROW(범위) : 지정된 '범위'의 행 번호를 반환함

09 다음이 SQL문의 의미로 옳은 것은?

SQL〉 select hk, nm from ipsi;

① 테이블 ipsi에 항목 hk, nm의 값을 삽입하라.
② 테이블 ipsi에 항목 hk, nm의 모든 값을 추출하라.
③ 테이블 ipsi에 항목 hk, nm의 값을 삭제하라.
④ 테이블 ipsi에 두 항목 hk, nm의 값으로 변경하라.

전문가의 조언 SQL문의 의미로 옳은 것은 ②번입니다.
• select hk, nm : 'hk'와 'nm' 필드를 추출합니다.
• from ipsi : 'ipsi' 테이블의 자료를 검색합니다.

10 정보 통신망 구조 중에서 중앙에 컴퓨터가 있고 그 주위에 분산된 터미널을 연결시키는 형태의 통신망 구조는?

① 성형 통신망　　　② 트리형 통신망
③ 링형 통신망　　　④ 버스형 통신망

전문가의 조언 중앙에 컴퓨터가 있고 그 주위에 분산된 터미널을 연결시키는 형태의 통신망 구조는 성(Star)형입니다.
• 계층(Tree)형 : 중앙 컴퓨터와 일정 지역의 단말장치까지는 하나의 통신 회선으로 연결시키고, 이웃하는 단말장치는 일정 지역 내에 설치된 중간 단말장치로부터 다시 연결시키는 형태
• 링(Ring)형 : 컴퓨터와 단말장치들을 서로 이웃하는 것끼리 포인트 투 포인트(Point-to-Point) 방식으로 연결시킨 형태
• 버스(Bus)형 : 한 개의 통신 회선에 여러 대의 단말장치가 연결되어 있는 형태

11 다음 중 비충격식(Non-Impact) 프린터가 아닌 것은?

① 잉크젯 프린터　　② 레이져 프린터
③ 열전사 프린터　　④ 도트 매트릭스 프린터

전문가의 조언 도트 매트릭스 프린터는 충격식 프린터입니다.

12 컴퓨터 시스템의 운영체제(O/S)에서 제어 프로그램(Control Programs)의 주된 기능으로 가장 거리가 먼 것은?

① Job Management
② Accounting Management
③ Data Management
④ Resource Management

전문가의 조언 제어 프로그램의 기능에는 작업 관리(Job Management), 데이터 관리(Data Management), 자원 관리(Resource Management) 등이 있습니다.

13 사무자동화 시스템의 평가 방법 중 설문조사 등을 통해 간접적으로 평가하는 방법은?

① 투자 효율 산정법　② 정성적 평가법
③ 상대적 평가법　　④ 절대적 평가법

전문가의 조언 설문조사 등을 통해 간접적으로 평가하는 방법은 정성적 평가법입니다.

14 HDD와 같은 S-ATA 인터페이스를 사용하고 기계적 부품이 아닌 반도체를 기반으로 제작되어 기존 하드디스크를 대체할 수 있는 저장장치는?

① Blu-ray　　　　② SSD
③ WORM　　　　④ RAM

전문가의 조언 반도체를 기반으로 제작되어 기존 하드디스크를 대체할 수 있는 저장장치는 SSD(Solid State Drive)입니다.
• Blu-ray : 고선명(HD) 비디오를 위한 디지털 데이터를 저장할 수 있도록 소니가 주도한 광 기록방식의 저장매체
• WORM(Write Once Read Many) : 한 번 기록이 가능한 일반 공시디를 의미하는 것으로 한 번 기록한 후 여러 번 읽을 수 있음
• RAM(Random Access Memory) : 자유롭게 읽고 쓸 수 있는 기억장치로 CPU가 사용중인 프로그램이나 데이터가 저장되어 있음

15 다음 중 데이터베이스 언어가 아닌 것은?

① 데이터 조작어(DML)
② 데이터 정의어(DDL)
③ 호스트(Host) 언어
④ 질의어(Query Language)

전문가의 조언 데이터베이스 언어에는 데이터 조작어(DML), 데이터 정의어(DDL), 데이터 제어어(DCL)가 있고, 이 언어는 모두 질의어(Query Language)입니다.

16 컴퓨터 시스템에서 중앙처리장치와 각각의 입·출력장치가 서로 독립적으로 작동하는 것으로, 처리할 데이터를 디스크에 저장하고 이것을 다른 장치가 이용하도록 하는 것은?

① Spooling　　　　　② Multiplexer

③ Buffering　　　　　④ DASD

> **전문가의 조언** 처리할 데이터를 디스크에 저장하고 이것을 다른 장치가 이용하도록 하는 것을 스풀링(Spooling)이라고 합니다.

17 사무자동화 추진 단계의 순서로 옳은 것은?

① 분석 → 계획 → 운용　　② 계획 → 운용 → 분석

③ 계획 → 분석 → 운용　　④ 분석 → 운용 → 계획

> **전문가의 조언** 사무자동화 추진 단계는 '분석 → 계획 → 운용' 순입니다.

18 WYSIWYG에 대한 설명으로 옳은 것은?

① 출판물의 입력과 편집·인쇄 등의 전 과정을 컴퓨터화한 전자 편집 인쇄 시스템이다.

② 디지타이즈된 사진을 자유자재로 편집할 수 있는 환경을 말한다.

③ 전문지식이 없는 사람도 컴퓨터를 사용할 수 있도록 개발된 환경이다.

④ 사용자가 화면으로 보는 모습 그대로 인쇄되어 나오는 편집 환경이다.

> **전문가의 조언** 위지윅(WYSIWYG)은 'What You See Is What You Get'의 약어로, 화면에 표현된 그대로를 출력 결과물로 얻을 수 있다는 것을 의미합니다.

19 그룹웨어를 "공동으로 일을 하는 사람들 사이를 지원하거나 공유 환경 인터페이스를 제공하는 컴퓨터 지원시스템"으로 정의한 사람은?

① 엘리스(Ellis)

② 존슨-렌쯔(Johnson-Lenz)

③ 잉글바트(Doug Englebart)

④ 콜맨(David Coleman)

> **전문가의 조언** 문제에 제시된 내용과 같이 그룹웨어를 정의한 사람은 엘리스(Ellis)입니다.

20 멀티미디어 압축 기술에 해당하지 않는 파일 형식은?

① GIF　　　　　　② PNG

③ MPEG　　　　　④ DXF

> **전문가의 조언** DXF(Drawing eXchange Format)는 서로 다른 CAD(컴퓨터 지원 설계) 프로그램 간에 설계도면 파일 교환을 위한 파일 형식입니다.
> • GIF : 인터넷 표준 그래픽 형식으로, 8비트 컬러를 사용하여 256(2^8)가지로 색의 표현이 제한되지만 애니메이션도 표현할 수 있음
> • PNG : 웹에서 최상의 이미지를 표현하기 위해 제정한 그래픽 형식
> • MPEG : 동영상 전문가 그룹에서 제정한 동영상 압축 기술에 대한 국제 표준 규격

2과목　사무경영관리 개론

21 사무통제를 위한 관리 기술 중 사무표준을 사용하여 매일 발생하는 사무를 능률적으로 처리하는 것을 목적으로 하는 관리 활동은?

① 사무 품질관리　　　　② 사무 공정관리

③ 사무 외주관리　　　　④ 사무 원가관리

> **전문가의 조언** 문제에 제시된 내용은 사무 공정관리의 개념입니다.

22 문서의 결재에 관한 설명으로 가장 옳지 않은 것은?

① 결재권자의 서명란에는 서명 날짜를 함께 표시한다.

② 위임 전결하는 경우에는 전결하는 사람의 서명란에 "전결" 표시를 한 후 서명하여야 한다.

③ 대결하는 경우에는 대결하는 사람의 서명란에 "대결" 표시를 하고 서명하여야 한다.

④ 위임 전결 사항을 대결하는 경우에는 전결하는 사람의 서명란에 "대결" 표시를 하고 서명하여야 한다.

> **전문가의 조언** 위임 전결 사항을 대결하는 경우에는 전결하는 사람의 서명란에 "전결" 표시를 하고 대결하는 사람의 서명란에 "대결" 표시를 한 후 서명하여야 합니다.

23 다음 고객 관계 관리(CRM)의 기대 효과와 가장 거리가 먼 것은?

① 고객 관계 강화를 통한 수익성 증대

② 목표 마케팅 가능

③ 고객의 수익 기여도와 무관

④ 휴면 고객 활성화

> **전문가의 조언** 고객 관계 관리(CRM)는 고객 관계 강화를 통한 수익성 증대를 기대할 수 있으므로 고객의 수익 기여도와 밀접한 관계가 있습니다.

24 사무량을 측정하기에 부적당한 사무는?

① 일상적으로 일정한 처리 방법으로 반복되는 사무

② 상당기간 내용적으로 처리 방법이 균일하여 변동이 별로 없는 사무

③ 성과 또는 진행 상황을 수치화하여 일정 단위로 계산할 수 있는 사무

④ 조사 기획과 같은 비교적 판단 및 사고력이 요구되는 사무

전문가의 조언 판단 및 사고력이 요구되는 사무는 측정하는 사람마다 다를 수 있으므로 사무량을 정확히 측정하기 어렵습니다.

25 DDC(Dewey Decimal Classification)에 의한 분류 중 연결이 틀린 것은?

① 100 : 철학   ② 200 : 기술

③ 300 : 사회과학   ④ 500 : 자연과학

전문가의 조언 듀이(Dewey) 십진 분류법(DDC)에서 200은 종교를 나타냅니다.

26 카드, 도면, 대장 등과 같이 주로 사람, 물품 또는 권리 관계 등에 관한 사항의 관리나 확인 등에 수시로 사용되는 기록물은?

① 관용기록물   ② 비치기록물

③ 서류기록물   ④ 전자기록물

전문가의 조언 주로 사람, 물품 또는 권리 관계 등에 관한 사항의 관리나 확인 등에 수시로 사용되는 기록물은 비치기록물입니다.
• **전자기록물** : 정보처리능력을 가진 장치에 의하여 전자적인 형태로 작성하여 송·수신 또는 저장되는 기록정보자료

27 경영 전략에 따른 의사결정에 대한 안소프(Ansoff)의 주장과 가장 관계없는 것은?

① 의사결정에는 상품의 시장 선택이 포함된다.

② 의사결정에는 경쟁상의 이점이 포함된다.

③ 의사결정에는 성장 벡터가 포함된다.

④ 의사결정에는 환경 변화 정보가 포함된다.

전문가의 조언 • 환경 변화 정보는 안소프의 주장과 관계 없습니다.
• 경영 전략에 따른 의사결정에 대한 안소프(Ansoff)의 주장에는 제품시장 분야, 성장 벡터, 경쟁상의 이점, 시너지(Synergy)가 있습니다.

28 EDI 네트워크 중 직접 방식 네트워크에 해당되는 것은?

① 각 거래 상대방들과 보안 관리가 힘들다.

② 흔히 VAN으로 알려져 있다.

③ 가장 발전된 형태가 일 대 다중 접속 방식이다.

④ 송신자와 사용자 간의 통신 시간대를 조정할 수 있다.

전문가의 조언 EDI 네트워크 중 직접 방식 네트워크란 거래 당사자 간에 전화선을 이용해 일 대 일로 직접 연결하는 방식으로, VAN을 이용하는 간접 방식에 비해 보안에 취약합니다.

29 계획화(Planning)의 내용과 거리가 먼 것은?

① 목표 또는 목적의 설정

② 자금의 조달과 원천의 결정

③ 실시 가능한 대체안 중 최선안 선택

④ 업무 처리 결과에 대한 분석

전문가의 조언 사무 계획화는 기업 경영에 필요한 사무 관리의 목표를 정한 후 그 목표를 효과적으로 수행할 수 있도록 필요한 활동의 방향과 지침, 절차 등을 수립하는 것입니다. 그러므로 업무처리 결과에 대한 분석은 사무 계획화에 해당되지 않습니다.

30 사무실 배치의 일반적인 목표라고 할 수 없는 것은?

① 사무 작업의 흐름이 효율적으로 수행되도록 한다.

② 사무실의 경제성을 높이고 사무 원가가 절감될 수 있도록 고려한다.

③ 사무원의 근로 의욕을 높일 수 있는 근무 환경을 만들어야 한다.

④ 업무의 성격이 표현되지 않도록 한다.

전문가의 조언 사무실 배치는 사무 작업 시 능률을 향상시키기 위하여 부서나 사무기기 등의 배치 문제를 다루는 것으로, 업무의 성격이 잘 표현되도록 해야 합니다.

31 EDI에 대한 설명 중 가장 옳은 것은?

① EDI는 주로 일반 소비자와의 거래에 이용된다.

② 송신 측에서는 문서 발송 비용이 증가된다.

③ EDI는 거래 서식을 표준 양식에 맞추어 거래하는 방식이다.

④ 수신 측에서는 문서 재입력 비용이 증가된다.

전문가의 조언 EDI는 거래 서식을 표준양식에 맞추어 거래하는 방식입니다.
① EDI는 사무실과 사무실 또는 거래처 간에 상호 합의된 메시지를 컴퓨터를 통하여 상호 교환함으로써 거래 업무에 따르는 문서 처리 업무를 자동화하는 것으로 주로 조직 간에 사용됩니다.
② EDI를 사용하면 송·수신 측에서 비용이 절감됩니다.
④ 사용되는 데이터는 수신한 컴퓨터가 직접 처리하기 때문에 변환과 재입력이 필요 없습니다.

32 문서 보존의 일반 원칙과 가장 관계없는 것은?

① 보존할 문서는 가능한 한 줄인다.

② 규정에 따라 보존 문서의 정리 및 폐기를 주기적으로 수행한다.

③ 문서 보존 규정을 제정하고 이를 준수한다.

④ 훼손되어 활용이 불가능한 문서도 영구보존해야 한다.

33 쾌적한 사무실 공기를 유지하기 위한 포름알데히드의 관리 기준은?

① 0.01ppm 이하　　　② 0.1ppm 이하

③ 0.5ppm 이하　　　④ 1ppm 이하

34 힉스(Hicks)의 사무 업무 내용에 의한 분류가 아닌 것은?

① 기록의 보존　　　② 정보의 검색과 가공

③ 커뮤니케이션　　　④ 기록과 보고서의 준비

35 현대적(과학적) 사무관리의 3S에 해당하지 않는 것은?

① Standardization　　　② Simplification

③ Simulation　　　④ Specialization

36 사무를 위한 작업의 구성 요소와 가장 관계 없는 것은?

① 계산　　　② 분류 정리

③ 정보 예측　　　④ 기록 또는 면담

37 다음 중 Tickler System, Come up System이 속하는 사무 관리의 관리 수단 체제는?

① 사무조직　　　② 사무조정

③ 사무통제　　　④ 사무계획

38 정보 보안의 3요소가 아닌 것은?

① 기밀성　　　② 무결성

③ 가용성　　　④ 책임성

39 사무실을 포함한 주요 업무 시설의 물리적 보안 대책으로 가장 옳지 않은 것은?

① 출입이 인가되지 않은 외부인 등의 접근을 차단하기 위하여 센서(Sensor)를 이용한 근접 탐지 시스템, 적외선 감시 시스템 등을 활용한다.

② 화재에 대비하기 위한 각종 화재 감지기를 설치 운용한다.

③ 계절 변화에 따른 온·습도 영향을 줄이기 위하여 주요 전산 시스템이 설치된 곳에 항온 항습기를 설치한다.

④ 불법 소프트웨어 침입을 감시하고 대처하기 위한 안티 바이러스 소프트웨어를 설치한다.

40 사무 분류의 원칙 중 대분류에서 중분류, 중분류에서 소분류 다시 소분류에서 세분류 등과 같이 단계를 세분화하는 방법은?

① 총합의 원칙   ② 점진의 원칙

③ 근접의 원칙   ④ 일관성의 원칙

> **전문가의 조언** 단계를 점진적으로 세분화하는 사무 분류의 원칙은 점진의 원칙입니다.

3과목 프로그래밍 일반

41 실행 가능한 목적 파일을 통합해서 실행하기 위해 메인 메모리에 적재하는 기능을 하는 것은?

① 링커   ② 로더

③ 컴파일러   ④ 프리프로세서

> **전문가의 조언** 실행 가능한 프로그램을 보조기억장치에서 주기억장치로 읽어 와서 실행될 수 있도록 하는 프로그램은 로더입니다.
> • **링커** : 독자적으로 번역된 여러 개의 목적 프로그램과 프로그램에서 사용되는 내장 함수들을 하나로 모아서 컴퓨터에서 실행될 수 있는 형태의 프로그램을 생성하는 프로그램
> • **컴파일러** : 고급 언어로 작성된 프로그램을 기계어로 번역하는 프로그램
> • **프리프로세서** : 원시 프로그램을 컴파일러가 처리하기 전에 먼저 처리하여 확장된 원시 프로그램을 생성하는 것으로, 선행 처리기라고도 함

42 클래스 간 계층 관계에 근거하고 클래스 간 속성과 연산을 공유하는 객체지향 언어의 특징은?

① 다형성   ② 객체

③ 추상화   ④ 상속성

> **전문가의 조언** 문제에 제시된 내용은 상속성의 개념입니다.
> • **추상화(Abstraction)** : 불필요한 부분을 생략하고 객체의 속성 중 가장 중요한 것에만 중점을 두어 개략화 하는 것, 즉 모델화하는 것
> • **다형성(Polymorphism)** : 메시지에 의해 객체가 연산을 수행하게 될 때, 하나의 메시지에 대해 각 객체가 가지고 있는 고유한 방법으로 응답할 수 있는 능력

43 변수의 형이 결정되는 바인딩 시간은?

① 실행 시간   ② 번역 시간

③ 언어 정의 시간   ④ 언어 구현 시간

> **전문가의 조언** 자료 구조의 형과 크기, 변수의 형, 레코드 각 항목들의 형 등은 번역 시간에 확정됩니다.

44 C 언어에서 다음과 같이 수행될 때, while 문은 몇 번 수행되는가?

```
sum = 0
i = 1;
while(sum<20)
{
    sum = sum + i;
    i = i + 1;
}
```

① 1   ② 3

③ 6   ④ 20

> **전문가의 조언** 문제의 명령을 수행하면 while 문의 몸체는 총 6번 수행됩니다. 반복문 실행에 따른 변수의 변화는 아래와 같습니다.
>
> | 반복횟수 | sum | i |
> |---|---|---|
> | 1 | 0 | 1 |
> | 2 | 1 | 2 |
> | 3 | 3 | 3 |
> | 4 | 6 | 4 |
> | 5 | 10 | 5 |
> | 6 | 15 | 6 |
> | 반복실행 안됨 | 21 | 7 |
>
> ※ sum이 20보다 작은 동안이므로 총 6회 수행됩니다.
> ※ sum이 15가 되었을 때 20보다 작다는 조건에 맞으므로 한 번 더 수행하여 sum은 21이 되고, i는 7이 되었을 때 반복문을 종료합니다.

45 컴파일러 자동화도구의 설명에서 괄호 안에 가장 적합한 내용은?

> • 토큰에 대한 표현을 입력으로 받아 기술된 형태의 토큰을 찾아내는 ( )를 만든다.
> • 생성된 ( )는 입력 프로그램에서 토큰을 구분해 내는 일을 한다.

① Parser Generator

② Lexical Analyzer Generator

③ Code Generator

④ Code Simulator

> **전문가의 조언** 지문의 괄호 안에 가장 적합한 내용은 어휘 분석기 생성기(Lexical Analyzer Generator)입니다.

46 중위 표기의 수식 "A * (B − C)"를 후위 표기로 나타낸 것은?

① A B C * −　　　② A B C − *

③ A * B C −　　　④ A B − C *

> **전문가의 조언** 후위(Postfix) 표기 방식은 중위 표기 방식으로 표현된 수식에서 연산자를 해당 피연산자 두 개의 뒤(오른쪽)로 이동시킨 것입니다.
> ❶ 연산 우선순위에 따라 괄호로 묶습니다.
> (A * (B − C))
> ❷ 연산자를 해당 괄호의 뒤(오른쪽)로 옮깁니다.
> (A * (B − C)) → (A (B C) −) *
> ❸ 괄호를 제거합니다.
> A B C − *

47 주석(Comment)의 제거, 상수 정의 치환, 매크로 확장 등 컴파일러가 처리하기 전에 먼저 처리하여 확장된 원시 프로그램을 생성하는 것은?

① Preprocessor

② Linker

③ Loader

④ Cross Compiler

> **전문가의 조언** 문제에 제시된 내용은 Preprocessor의 역할입니다.
> • Linker : 기계어로 된 여러 개의 모듈을 묶어서 로드 모듈을 작성하는 것
> • Loader : 실행 가능한 프로그램을 주기억장치로 읽어와서 실행될 수 있도록 하는 프로그램
> • Cross Compiler : 원시 프로그램을 컴파일러가 수행되고 있는 컴퓨터의 기계어로 번역하는 것이 아니라, 다른 기종에 맞는 기계어로 번역하는 프로그램

48 어휘 분석의 주된 역할은 원시 프로그램을 하나의 긴 스트링으로 보고 문자 단위로 스캐닝하여 문법적으로 의미 있는 일련의 문자들로 분할해 내는 것이다. 이때 분할된 문법적인 단위를 무엇이라고 하는가?

① Token　　　② Parser

③ BNF　　　④ Pattern

> **전문가의 조언** 문제에 제시된 내용은 토큰의 의미입니다.

49 다음 수식(Expression)을 EBNF로 맞게 표현한 것은?

> ⟨expression⟩ ::= ⟨expression⟩ + ⟨expression⟩ |
> 　　　　　　　　⟨expression⟩ − ⟨expression⟩ |
> 　　　　　　　　⟨expression⟩ * ⟨expression⟩ |
> 　　　　　　　　⟨expression⟩ / ⟨expression⟩

① ⟨expression⟩ ::=⟨expression⟩ (+ | − | * | /)⟨expression⟩

② ⟨expression⟩ =⟨expression⟩ [+ | − | * | /]⟨expression⟩

③ ⟨expression⟩ ::⟨expression⟩ {+ | − | * | /}⟨expression⟩

④ ⟨expression⟩ ::= expression [+ | − | * | /] expression

> **전문가의 조언** BNF의 선택은 '|'이고, EBNF의 선택은 '(|)'입니다. 지문을 EBNF로 변경하면 +, −, *, / 이 4가지 선택 사항을 괄호 ( )로 묶어 ①번과 같이 작성하면 됩니다.

50 C 언어 함수 중 한 문자를 입력받을 때 사용하는 함수로 가장 적절한 것은?

① getchar( )　　　② inputs( )

③ puts( )　　　④ putchar( )

> **전문가의 조언** C 언어에서 한 문자를 입력받을 때 사용하는 함수는 getchar( )입니다.
> • putchar( ) : 한 문자 출력 함수
> • puts( ) : 문자열 출력 함수

51 C 언어에서 문자형 자료 선언 시 사용하는 것은?

① char　　　② int

③ float　　　④ double

> **전문가의 조언** C 언어에서 문자형 자료 선언 시 사용하는 것은 char입니다.
> • int : 정수형
> • float : 실수형
> • double : 배정도 실수형

52 교착상태의 필요조건에 해당하지 않는 것은?

① Mutual Execlusion　　　② Hold and Wait

③ Circular Wait　　　④ Preemption

> **전문가의 조언** 교착 상태의 필요조건 4가지는 상호 배제(Mutual Exclusion), 점유와 대기(Hold and Wait), 비선점(Non−preemptive), 환형 대기(Circular Wait)입니다.

53 C 언어에서 사용하는 이스케이프 시퀀스에 대한 의미가 옳지 않은 것은?

① \r : carriage return

② \t : tab

③ \n : new title

④ \b : backspace

[전문가의 조언] \n은 뉴 라인(New Line)을 의미합니다.

54 C 언에서 배열(Array)에 관한 설명으로 틀린 것은?

① 배열의 각 요소를 변수처럼 사용한다.

② 배열의 첨자(Index)는 1부터 시작한다.

③ 배열 요소는 배열명에 첨자를 붙여 표현한다.

④ 배열은 일차원뿐만 아니라 다차원 배열도 만들 수 있다.

[전문가의 조언] C 언어의 배열 첨자는 0부터 시작합니다.

55 운영체제의 목적으로 옳지 않은 것은?

① 처리 능력 향상

② 신뢰도 향상

③ 응답 시간 증가

④ 사용 가능도 향상

[전문가의 조언] 운영체제의 목적 중 하나는 응답 시간 증가가 아니라 응답 시간 단축입니다.

56 객체지향 기법에서 객체가 메시지를 받아 실행해야 할 구체적인 연산을 정의한 것은?

① 메소드   ② 클래스

③ 속성   ④ 인스턴스

[전문가의 조언] 문제에 제시된 내용은 메소드의 개념입니다.

57 프로시저들 사이에 어떤 정보를 교환하고, 이들 간의 특별한 제어를 허용할 수 있는 현상은?

① Reference   ② Exception

③ Monitor   ④ Side Effect

[전문가의 조언] 문제에 제시된 내용은 예외(Exception)의 개념입니다.

58 다음 그림과 같은 기억장소에서 15K를 요구하는 프로그램이 50K 공백의 작업 공간에 배치될 경우, 사용된 기억장치 배치 전략은?

운영체제
사용중인 공간
30K 공백
사용중인 공간
16K 공백
사용중인 공간
50K 공백
사용중인 공간

① First Fit Strategy   ② Worst Fit Strategy

③ Best Fit Strategy   ④ Big Fit Strategy

[전문가의 조언] 15K 프로그램을 50K 작업 공간에 배치하였다면 단편화를 가장 많이 남기는 분할 영역에 배치시킨 것으로 최악 적합(Worst Fit)이 적용된 것입니다.

59 파스 트리에서 불필요한 자료를 제거하고 코드 생성 단계에서 필요한 정보만을 갖도록 표현한 트리는?

① 구문 트리   ② 구조 트리

③ 루트 트리   ④ 분석 트리

[전문가의 조언] 문제에 제시된 내용은 구문 트리의 기능입니다.
• **파스 트리(Parse Tree)** : 작성된 표현식이 BNF의 정의에 의해 바르게 작성되었는지를 확인하기 위해 만들어진 Tree

60 형식 문법에서 Type 1 문법을 인식하는데 사용되는 인식기는?

① Finite Automata

② Push Down Automata

③ Linear Bounded Automata

④ Turing Machine

> **전문가의 조언** 형식 문법에서 Type 1 문법을 인식하는데 사용되는 인식기는 선형 제한 오토마타(Linear Bounded Automata)입니다.
> • **Type 0** : 튜링 기계(Turing Machine)
> • **Type 2** : 푸시-다운 오토마타(Push-Down Automata)
> • **Type 3** : 유한 오토마타(Finite Automata)

4과목 정보 통신 개론

61 Start-Stop 전송 방식이라고 하며 데이터 전송 시 한 번에 한 캐릭터씩 전송하는 방식은?

① 동기식 전송 방식　　② 비동기식 전송 방식

③ 혼합형 전송 방식　　④ 비혼합형 전송 방식

> **전문가의 조언** Start-Stop 전송 방식이라고 하며 데이터 전송 시 한 번에 한 캐릭터씩 전송하는 방식은 비동기식 전송 방식입니다.
> • **동기식 전송** : 미리 정해진 수만큼의 문자열을 한 블록(프레임)으로 만들어 일시에 전송하는 방식

62 프로토콜(Protocol)에 대한 설명으로 옳은 것은?

① 시스템 간 정확하고 효율적인 정보 전송을 위한 일련의 절차나 규범의 집합이다.

② 아날로그 신호를 디지털 신호로 변환하는 방법이다.

③ 자체적으로 오류를 정정하는 오류제어 방식이다.

④ 통신회선 및 채널 등의 정보를 운반하는 매체를 모델화한 것이다.

> **전문가의 조언** 프로토콜에 대한 설명으로 옳은 것은 ①번입니다. ②번은 디지털 변조에 대한 설명이며, ③번은 전진(순방향) 오류 수정(FEC)에 대한 설명입니다.

63 데이터 전송 시 에러 검출용으로 사용되는 것은?

① 플래그(Flag) 비트

② 패리티 체크(Parity Check) 비트

③ 시프트(Shift) 비트

④ 시작 및 정지 비트

> **전문가의 조언** 데이터 전송 시 에러 검출용으로 사용되는 것은 패리티 체크(Parity Check) 비트입니다.
> • **플래그(Flag) 비트** : 비트 위주의 동기식 전송에서 프레임의 시작과 끝을 나타내기 위해 사용됨
> • **시작 및 정지 비트** : 비동기식 전송에서 문자의 시작과 끝을 나타내기 위해 사용됨

64 IEEE 802.6으로 공표된 분산형 예약 방식의 프로토콜은?

① SCCM　　　　　　② DQDB

③ QAM　　　　　　④ LAN

> **전문가의 조언** IEEE 802.6으로 공표된 분산형 예약 방식의 프로토콜은 DQDB입니다.

65 변조 속도가 1600[baud]이고, 쿼드비트를 사용하여 전송할 경우 전송 속도[bps]는?

① 2400　　　　　　② 3200

③ 4800　　　　　　④ 6400

> **전문가의 조언** 쿼드비트(Quadbit)는 변조 시 상태 변화 수가 4Bit입니다. 전송 속도(bps) = 변조 속도(Baud) × 변조 시 상태 변화 수이므로 1,600 × 4 = 6,400[bps]입니다.

66 TCP는 OSI 7계층 중 어느 계층에 해당하는가?

① 응용 계층　　　　② 전송 계층

③ 세션 계층　　　　④ 물리 계층

> **전문가의 조언** TCP는 OSI 참조 모델의 전송 계층에, IP는 네트워크 계층에 해당합니다.

67 기간 통신 사업자의 회선을 임차하여 부가 가치를 부여한 음성이나 데이터 정보를 제공하여 주는 서비스망은?

① LAN
② VAN
③ ISDN
④ PSDN

전문가의 조언 문제에 제시된 내용은 VAN의 개념입니다.
- **LAN** : 광대역 통신망과는 달리 학교, 회사, 연구소 등 한 건물이나 일정 지역 내에서 컴퓨터나 단말기들을 고속 전송 회선으로 연결하여 프로그램 파일 또는 주변장치를 공유할 수 있도록 한 네트워크 형태
- **ISDN** : 음성, 문자, 화상 등의 다양한 통신 서비스를 하나의 디지털 통신망을 근간으로 하여 종합적으로 제공할 수 있도록 통합한 종합정보통신망
- **PSDN** : 디지털 데이터 전송에 사용하는 공중 데이터 교환망

68 패킷 교환 방식에 관한 설명으로 적합하지 않은 것은?

① 가상 회선 방식과 데이터그램 방식이 있다.
② 아날로그 데이터 전송에 최적화되어 있다.
③ 패킷에 대한 우선순위를 부여할 수 있다.
④ 장애 발생 시 대체 경로 선택이 가능하다.

전문가의 조언 패킷 교환 방식은 음성(아날로그) 전송 보다는 데이터(디지털) 전송에 더 적합합니다.

69 여러 개의 터미널 신호를 하나의 통신 회선을 통해 전송할 수 있도록 하는 장치는?

① 변복조장치
② 멀티플렉서
③ 전자교환기
④ 디멀티플렉서

전문가의 조언 문제에 제시된 내용은 멀티플렉서의 개념입니다.

70 다음 중 한 번에 2개의 비트를 전송할 수 있는 신호 레벨을 가지고 있을 때 채널 용량은 얼마인가? (단, 대역폭은 3100Hz이고, 채널 상에 잡음은 없는 것으로 가정한다.)

① 3100bps
② 6200bps
③ 9300bps
④ 12400bps

전문가의 조언 채널 용량 구하는 공식 중 Nyquist의 정의에 주어진 조건을 대입하여 계산해 보겠습니다.
- 채널 용량(C) = $2B\log_2(M)$
- 신호 레벨(M) = 4(2비트이므로 2^2 = 4)
- 대역폭(B) = 3100
- ∴ C = $2 \times 3100 \times \log_2(4) = 2 \times 3100 \times 2 = 12400$

71 전송 시간을 일정한 간격의 시간 슬롯(Time Slot)으로 나누고, 이를 주기적으로 각 채널에 할당하는 다중화 방식은?

① 주파수 분할 다중화
② 파장 분할 다중화
③ 동기식 시분할 다중화
④ 회선 분할 다중화

전문가의 조언 문제에 제시된 내용은 동기식 시분할 다중화의 특징입니다.
- **주파수 분할 다중화** : 통신 회선의 주파수를 여러 개로 분할하여 여러 대의 단말장치가 동시에 사용할 수 있도록 한 것
- **파장 분할 다중화** : 빛의 파장을 여러 개로 분할하여 여러 대의 단말장치가 동시에 사용할 수 있도록 한 것

72 TCP/IP Protocol에서 IP Layer에 해당하는 것은?

① HTTP
② ICMP
③ SMTP
④ UDP

전문가의 조언 IP 계층의 주요 프로토콜에는 IP, ICMP, IGMP, ARP, RARP 등이 있습니다.

73 물리 주소를 이용하여 논리 주소로 변환시켜 주는 프로토콜은?

① RARP
② HTTP
③ UTP
④ RTPL

전문가의 조언 문제에 제시된 내용은 RARP의 기능입니다.
- **ARP(Address Resolution Protocol)** : 주소 분석 프로토콜이라 하며, 호스트의 IP 주소를 호스트와 연결된 네트워크 접속장치의 물리적 주소(MAC Address)로 바꿈

74 디지털 변조에서 디지털 데이터를 아날로그 신호로 변환시키는 키잉(Keying) 방식에 해당하지 않는 것은?

① 스펙트럼 편이 키잉
② 진폭 편이 키잉
③ 주파수 편이 키잉
④ 위상 편이 키잉

전문가의 조언 디지털 변조 방식에는 진폭 편이 변조, 주파수 편이 변조, 위상 편이 변조, 직교 진폭 변조 방식이 있습니다.
- **진폭 편이 변조(ASK; Amplitude Shift Keying)** : 2진수 0과 1을 서로 다른 진폭의 신호로 변조하는 방식
- **주파수 편이 변조(FSK; Frequency Shift Keying)** : 2진수 0과 1을 서로 다른 주파수로 변조하는 방식
- **위상 편이 변조(PSK; Phase Shift Keying)** : 2진수 0과 1을 서로 다른 위상을 갖는 신호로 변조하는 방식

75 전송하려는 부호어들의 최소 해밍 거리가 6일 때 수신 시 정정할 수 있는 최대 오류의 수는?

① 1　　　　　　　　② 2

③ 3　　　　　　　　④ 6

[전문가의 조언] 최소 해밍 거리가 6일 때 정정할 수 있는 최대 오류의 수는 2입니다. 정정할 수 있는 최대 오류의 수는 다음의 공식을 이용해 계산할 수 있습니다.
tc $\le$ (dmin − 1) / 2
※ tc : 정정 가능 오류 수, dmin : 최소 해밍 거리
tc $\le$ (6 − 1) / 2
tc $\le$ 2.5
∴ tc는 2.5를 넘을 수 없으므로 최대 오류의 수는 2입니다.

76 LAN의 네트워크 형태(Topology)에 따른 분류가 아닌 것은?

① BUS형　　　　　　② STAR형

③ PACKET형　　　　④ RING형

[전문가의 조언] LAN은 망의 구성 형태에 따라서 성(Star)형, 버스(Bus)형, 링(Ring)형, 계층형(트리형)으로 분류할 수 있습니다.

77 ITU-T 권고안의 X 시리즈에서 패킷형 DTE와 DCE 간의 인터페이스는?

① X.21　　　　　　　② X.22

③ X.24　　　　　　　④ X.25

[전문가의 조언] ITU-T 권고안의 X 시리즈에서 패킷형 DTE와 DCE 간의 인터페이스는 X.25입니다.
• X.20 : 비동기식 전송을 위한 DTE/DCE 접속 규격
• X.21 : 동기식 전송을 위한 DTE/DCE 접속 규격
• X.25 : 패킷 전송을 위한 DTE/DCE 접속 규격

78 다음 설명에 해당하는 것은?

• 단말장치의 모뎀 연결
• EIA가 정의한 표준
• DTE와 DCE 사이의 전기적 기계적 인터페이스

① IEEE 802　　　　　② RS-232C

③ U.25　　　　　　　④ V.24

[전문가의 조언] 데이터 단말장치는 DTE이고 모뎀, 즉 데이터 회선종단장치는 DCE입니다. DTE와 DCE 사이의 전기적, 기계적 인터페이스(접속 규격)로 가장 많이 이용하는 것은 RS-232C 방식입니다.

79 16진 QAM 변조기에서 레벨 변환기에 2개의 입력 신호가 들어가면 레벨 변환기 출력에는 몇 개의 신호가 나오는가?

① 2개　　　　　　　② 4개

③ 8개　　　　　　　④ 16개

[전문가의 조언] QAM은 2개의 입력 신호를 L 레벨 신호로 변환하는 2-to-L 레벨 변환기를 사용합니다. 레벨 신호는 QAM에 의해 변환되는 위상과 진폭의 수를 표현할 수 있는 비트 수로, 16진 QAM은 레벨 신호가 4(16 = 2^4)입니다. 즉 16진 QAM은 2-to-4 레벨 변환기를 사용해 2개의 입력 신호를 4개의 출력 신호로 변환합니다.

80 HDLC에 대한 설명으로 틀린 것은?

① 문자 방식의 프로토콜이다.

② 오류 제어를 위해 Go-back-N ARQ 방식을 사용할 수 있다.

③ 사용하는 문자 코드와 상관이 없으며 비트 삽입에 의해 투명한 데이터의 전송을 보장한다.

④ 반이중과 전이중 통신을 지원한다.

[전문가의 조언] HDLC는 비트 방식의 프로토콜입니다.

1과목 사무자동화 시스템

01 그래픽 정보는 점, 선, 원, 다각형과 같은 기하학 요소의 조합으로 표시하는 비디오텍스 방식은?

① 알파 모자이크 방식

② 알파 지오메트릭 방식

③ 알파 포토그래픽 방식

④ 알파 블렌딩 방식

> **전문가의 조언** 그래픽 정보를 기하학 요소의 조합으로 표시하는 비디오텍스 방식은 알파 지오메트릭 방식입니다.
> • **알파 모자이크 방식** : 도형 정보를 미리 정해진 모자이크 패턴의 조합으로 표현하며, 수신 단말기에서는 내부의 문자 발생기에 의해 정해진 모자이크 패턴으로 그림을 표시함
> • **알파 포토그래픽 방식** : 팩스와 같은 원리로 문자와 그래픽 정보를 점의 형태로 분해하여 단말장치에 전송함

02 주로 중간 관리자와 지식 노동자에게 복잡하고 일상적이지 않은 결정들에 대한 컴퓨터 기반 지원을 제공하는 시스템은?

① 비즈니스 인텔리전스

② 관리 정보 시스템

③ 임원 대시보드

④ 전사적 자원 관리 시스템

> **전문가의 조언** 복잡하고 일상적이지 않은 결정들에 대한 컴퓨터 기반 지원을 제공하는 시스템은 비즈니스 인텔리전스입니다.

03 DBMS에서 사용자가 응용 프로그램을 통하여 저장된 데이터를 실질적으로 SELECT, UPDATE 등의 질의어를 사용하여 처리하는 언어의 개념은?

① 데이터 독립어   ② 데이터 정의어

③ 데이터 조작어   ④ 데이터 제어어

> **전문가의 조언** SELECT, UPDATE 등의 질의어를 사용하여 처리하는 언어는 데이터 조작어(DML)입니다.
> • **데이터 정의어(DDL)** : 데이터베이스를 생성하거나 수정하는데 사용되는 언어로, CREATE, ALTER, DROP 등이 있음
> • **데이터 제어어(DCL)** : 데이터 보안, 무결성, 데이터 회복, 병행 수행 제어 등을 정의하는데 사용되는 언어로, COMMIT, ROLLBACK, GRANT, REVOKE 등이 있음

04 자기 디스크의 구성 요소에 대한 설명으로 가장 거리가 먼 것은?

① 트랙은 회전축을 중심으로 데이터가 기록되는 동심원이다.

② 실린더는 여러 장의 디스크판에서 같은 위치에 있는 트랙의 모임으로 트랙의 수와 실린더의 수는 동일하다.

③ Search Time은 읽기/쓰기 헤드가 지정된 트랙에 도달하는 데 걸리는 시간이다.

④ Transmission Time은 읽은 데이터를 주기억장치로 보내는 데 걸리는 시간이다.

> **전문가의 조언** • Search Time은 읽기/쓰기 헤드가 지정된 트랙(실린더)을 찾은 후 원판이 회전하여 원하는 섹터에 도달해 읽기/쓰기가 시작될 때까지의 시간입니다.
> • ③번의 내용은 탐색 시간(Seek Time)에 대한 설명입니다.

05 다음 중 화상 미디어의 압축 관련 기술이 아닌 것은?

① MPEG   ② WAV

③ H.261   ④ JPEG

> **전문가의 조언** • WAV는 소리 파일입니다.
> • MPEG는 동영상 압축 기술, JPEG는 정지영상 압축 기술, H.261은 비디오 압축 기술입니다.

06 그룹웨어 시스템의 특징에 관한 사항으로 옳지 않은 것은?

① 공동 작업이나 공동 목표에 참여하는 다양한 작업 그룹을 지원한다.

② 신속하고 정확한 의사결정을 지원하는 시스템이다.

③ 개인 작업만의 생산성 향상을 주목적으로 하고 있다.

④ 클라이언트/서버 환경에서 많이 구현된다.

> **전문가의 조언** 그룹웨어는 공동 작업이나 공동 목표에 참여하는 다양한 작업 그룹을 지원하는 것으로, 개인 작업이 아닌 공동 작업의 생산성 향상을 주목적으로 하고 있습니다.

07 인터넷을 통한 전자상거래(EC)의 효과로 옳지 않은 것은?

① 잠재 고객의 확보와 물리적 제약 극복

② 소비자의 다양한 정보와 선택의 다양화

③ 완벽한 기밀성과 익명성의 보장

④ 구매자의 비용절감

> **전문가의 조언** 전자상거래가 발전할수록 보안 기술도 발달하여 많은 부분이 개선되고 있지만 기밀성과 익명성을 완벽하게 보장하지는 못하고 있습니다.

08 고선명(HD) 비디오를 위한 디지털 데이터를 저장할 수 있도록 소니가 주도한 광 기록방식의 저장매체는?

① DVD
② Blu-ray Disc
③ HD-DVD
④ CD

> **전문가의 조언** 고선명(HD) 비디오 저장을 위해 소니가 주도한 광 기록방식의 저장매체는 Blu-ray Disc입니다.
> • **CD** : 두께 1.2mm, 지름 12cm의 크기에 약 650MB의 정보를 저장하는 저장매체로, 사용자는 읽기만 가능함
> • **DVD** : 4.7~17GB의 정보를 저장하는 대용량 저장매체로, CD와 크기는 같지만 양면을 모두 사용할 수 있음
> • **HD DVD** : 도시바 사에서 고선명(HD) 비디오 저장을 위해 개발한 대용량(20~32GB) 저장매체

09 다음 중 인텔리전트 빌딩에서 요구되는 기본적인 기능과 가장 거리가 먼 것은?

① 정보통신 기능
② 생산관리 기능
③ 정보처리 기능
④ 빌딩 자동화 기능

> **전문가의 조언** 인텔리전트 빌딩의 기능에는 빌딩 자동화 기능, 정보처리 기능, 정보통신 기능, 환경 개선 기능 등이 있습니다.

10 다음 중 3단계 스키마에 속하지 않는 것은?

① 외부 스키마
② 관계 스키마
③ 내부 스키마
④ 개념 스키마

> **전문가의 조언** 3단계 스키마에는 내부 스키마, 외부 스키마, 개념 스키마가 있습니다.

11 집중 처리 시스템의 과도한 처리 집중에 따른 문제점이 아닌 것은?

① 통신관리상의 문제점
② 운용상의 문제점
③ 시스템 사용상의 문제점
④ 사용자 응용 업무 개발 시 문제점

> **전문가의 조언** 집중 처리 시스템은 중앙에 설치되어 있는 하나의 컴퓨터 시스템에서 모든 작업을 수행하므로 통신관리상의 문제점이 발생하지 않습니다.

12 다음 중 EDI 국제 표준은?

① UN/EDIFACT
② TDCC
③ UCS
④ WINS

> **전문가의 조언** EDI 국제 표준은 UN/EDIFACT입니다.

13 일정한 전압을 유지시켜 주면서 순간 정전(Power Failure)에 대비하여 배터리 장치를 갖추어 정전이 되어도 일정 시간동안 전압을 보내주는 장치는?

① AVR
② ADAPTER
③ MODEM
④ UPS

> **전문가의 조언** 정전이 되어도 일정 시간동안 전압을 보내주는 장치는 UPS(무정전 전원 공급장치)입니다.
> • **AVR(Automatic Voltage Regulator, 자동 전압 조절기)** : 입력 전압의 변동에 관계없이 항상 일정한 출력 전압을 유지시켜 주는 장치

14 문자나 그림, 설계도면을 읽어 디지털 신호로 변환시켜 컴퓨터 내부로 입력하는 장치로서 Tablet과 Stylus Pen으로 구성된 장치는?

① CRT(Cathode Ray Tube)
② 디지타이저(Digitizer)
③ 도트 매트릭스 프린터(Dot Matrix Printer)
④ LCD(Liquid Crystal Display)

> **전문가의 조언** 문자나 그림, 설계도면을 읽어 디지털 신호로 변환시켜 컴퓨터 내부로 입력하는 장치는 디지타이저(Digitizer)입니다.
> • **CRT(Cathode Ray Tube)** : 진공관 안쪽의 형광면을 전자총으로 자극하여, 전기 신호를 눈으로 볼 수 있는 광학 신호로 변환하여 표시하는 장치
> • **도트 매트릭스 프린터(Dot Matrix Printer)** : 프린터 헤드의 핀으로 잉크 리본에 충격을 가하여 인쇄하는 프린터
> • **LCD(Liquid Crystal Display)** : 두 장의 얇은 유리판에 액상 결정(Liquid Crystal)을 넣고, 전압을 가하여 화면을 보여주는 장치

15 기억 기능을 가진 반도체들을 여러 개 묶어서 HDD처럼 사용할 수 있도록 개발된 제품으로 HDD에 비해 액세스 시간이 빠른 저장장치는?

① ODD
② SATA
③ SSD
④ SCSI

> **전문가의 조언** 기억 기능을 가진 반도체들을 여러 개 묶어서 HDD처럼 사용할 수 있도록 개발된 저장장치는 SSD(Solid State Drive)입니다.

16 사무자동화 수행방식 중 하향식(Top-Down) 접근방식의 특징에 해당하는 것은?

① 경영자가 요구하는 최적의 시스템을 구축할 수 있는 방식이다.

② 기업의 최하위 단위부터 자동화하여 그 효과를 점차 증대시키는 방식이다.

③ 점진적인 사무자동화의 추진으로 기본 조직에 거부 반응이 최소화된다.

④ 시행 착오가 빈번하여 전체적인 추진 시행에 어려움이 크다.

전문가의 조언 하향식(Top-Down) 접근방식의 특징에 해당하는 것은 ①번입니다.
• ②, ③, ④번은 상향식(Bottom-Up) 접근방식의 특징입니다.

17 사무자동화의 배경 요인 중 사회적 요인에 가장 거리가 먼 것은?

① 정보화 사회의 출현으로 사무실에서 처리해야 할 정보의 양의 증가하였다.

② 단순 노동보다는 지적 노동이 부각화되었다.

③ 생산 부문의 합리화, 자동화에 부응하여 오피스에 대한 관심의 증가로 인해 기업 구조가 변화하였다.

④ 이미지, 소리, 그래픽과 같은 멀티미디어 기술의 등장으로 다양한 형태의 정보처리가 가능하게 되었다.

전문가의 조언 ④번은 사무자동화의 사회적 요인이 아닌 기술적 요인에 해당합니다.

18 방화벽, 침입탐지 시스템, 가상사설망 등의 보안 솔루션을 하나로 모은 통합 보안 관리 시스템은?

① NAT ② VPN ③ ESM ④ IDS

전문가의 조언 방화벽, 침입탐지 시스템, 가상사설망 등의 보안 솔루션을 하나로 모은 통합 보안 관리 시스템은 ESM(기업 보안 관리)입니다.

19 통신판매 중개자가 자신의 정보처리 시스템을 통하여 처리한 기록 중 소비자의 불만 또는 분쟁처리에 관한 기록의 보존 기준은?

① 6개월 ② 1년 ③ 3년 ④ 5년

전문가의 조언 소비자의 불만 또는 분쟁처리에 관한 기록의 보존 기준은 3년입니다.

20 컴퓨터가 명령을 입력받을 준비가 되어있음을 사용자에게 알리는 신호를 무엇이라고 하는가?

① Access ② Inquiry ③ Prompt ④ Advance

전문가의 조언 명령모드에서 'C:₩_' 처럼 커서가 깜박거리며 명령받을 준비가 되어있음을 나타내는 것을 프롬프트(Prompt)라고 합니다.

2과목 사무경영관리 개론

21 사무조직화의 일반 원칙에 가장 부합하지 않는 것은?

① 명령계통의 다원화 ② 합리적인 책임 할당 ③ 권한의 위임 ④ 통솔범위의 적정화

전문가의 조언 사무조직화의 일반원칙 중 하나는 명령계통의 다원화가 아니라 명령계통의 일원화입니다.

22 정보관리를 수행하기 위해 필요한 기본적인 요건을 결정하는 것으로 의사결정자가 요구하는 정보의 확정, 사무량 및 처리 방침을 결정하는 기능은?

① 정보통제 ② 정보처리 ③ 정보제공 ④ 정보계획

전문가의 조언 의사결정자가 요구하는 정보의 확정, 사무량 및 처리 방침을 결정하는 기능은 정보계획입니다.

23 사무 간소화의 의미를 가장 잘 설명한 것은?

① 사무시간의 양적 축소를 의미한다.

② 사무의 내용, 방법, 절차 등을 감소시키는 것을 뜻한다.

③ 사무자동화기기의 축소를 뜻한다.

④ 사무를 수행하는 인원의 감축을 의미한다.

전문가의 조언 사무 간소화는 사무의 내용, 방법, 절차 등을 감소시키는 것을 의미합니다.

24 다음 중 전산망의 효과가 아닌 것은?

① 신뢰성 향상　　　② 경제적 효과

③ 처리 능력 향상　　④ 프로토콜의 단순화

전문가의 조언 프로토콜의 단순화나 프로토콜의 다양화는 전산망을 통해 얻을 수 있는 효과가 아닙니다.

25 다음 중 MIS(경영 정보 시스템)에 대한 설명으로 가장 거리가 먼 것은?

① MIS는 기업의 전략, 계획, 조정, 관리, 운영 등의 결정을 보조하는 특징을 갖고 있다.

② MIS는 창조적이고 지적인 공학적 설계와 관계없이 단순 프로그래밍을 통한 업무 전산화를 말한다.

③ MIS의 전문성은 기업의 업무를 분석하고 기업경영을 진단하는 능력이다.

④ MIS는 분석과 진단에 의해 기업업무의 정보요구가 정의되어야 하고, 정의된 정보를 효율적으로 처리할 수 있는 시스템을 개발하고 관리하는 특징을 갖고 있다.

전문가의 조언 MIS는 업무 전산화가 아니라 의사결정에 필요한 정보를 제공해 주는 시스템입니다.

26 다음이 설명하는 원칙은?

> 사무조직은 비합리적 사람중심이 아니라 목적달성을 위해 해야 할 업무중심의 조직이 마련되어야 한다.

① 위양의 원칙　　　② 통솔범위의 원칙

③ 전문화의 원칙　　④ 기능화의 원칙

전문가의 조언 사무조직은 목적달성을 위해 해야 할 업무중심의 조직이 마련되어야 한다는 것은 기능화의 원칙에 해당합니다.

27 전산망의 내부 또는 전산망 기기 상호 간의 통신을 확보할 수 있는 논리적 계층 구조의 집합체는?

① 전산기구조　　　② 통신규약

③ 이용약관　　　　④ 접속허가

전문가의 조언 전산망의 내부 또는 전산망 기기 상호 간의 통신을 확보할 수 있는 논리적 계층 구조의 집합체를 통신규약이라고 합니다.

28 자료보관기기를 옳게 나열한 것은?

① 마이크로필름, 디스켓, 디스크

② 하이퍼미디어, 테이프, 팩시밀리

③ 패키지, 레이저프린터, 워드프로세서

④ 브라우저, 모뎀, 인터넷

전문가의 조언 자료보관기기를 옳게 나열한 것은 ①번입니다.
• 자료를 보관하는 기기에는 마이크로필름, 디스켓(플로피디스크), 디스크(자기 디스크, 광 디스크), 자기 테이프 등이 있습니다.
• 팩시밀리, 인터넷 등은 자료전송기기이고, 워드프로세서는 자료처리기기에 해당됩니다.

29 해킹, 컴퓨터바이러스, 논리폭탄, 메일폭탄, 서비스 거부 또는 고출력 전자기파 등의 방법으로 정보통신망 또는 이와 관련된 정보시스템을 공격하는 행위를 하여 발생한 사태를 의미하는 것은?

① 보안규정　　　　② 침해사고

③ 즉시복구　　　　④ 침해예방

전문가의 조언 해킹, 컴퓨터바이러스 등의 방법으로 정보통신망 등을 공격하는 행위를 하여 발생한 사태를 침해사고라고 합니다.

30 사무실내의 책상배치 방식 중 점유면적이 적으며 직무상 의사소통이 원활한 배치 방식은?

① 대향식 배열　　　② 동향식 배열

③ 좌우 대칭식 배열　④ S자형 배열

전문가의 조언 사무실내의 책상배치 방식 중 점유면적이 적으며 직무상 의사소통이 원활한 배치 방식은 대향식 배열입니다.

31 사무량 측정 방법 중 기록 양식과 기입 방법만 정확하게 관리된다면 매우 우수한 측정 방법에 해당하는 것은?

① 표준시간 자료법　　② 워크샘플링법

③ 시간 연구법　　　　④ 실적 기록법

전문가의 조언 실적 기록법은 일정단위의 사무량과 소요시간을 계속적으로 기록한 후 통계적 분석을 사용하여 표준시간을 결정하는 방법으로 기록 양식과 기입 방법만 정확하게 관리된다면 매우 우수한 측정 방법입니다.

32 과학적 사무관리의 목표로 가장 거리가 먼 것은?

① 인원의 감축　　　　② 생산성 증대

③ 사무작업의 능률 향상　④ 사무비용의 절감

> **전문가의 조언** • 인원의 감축은 과학적 사무관리의 목표에 해당하지 않습니다.
> • 과학적 사무관리의 목표에는 생산성 증대(향상), 능률 증대(향상), 낭비 배제 등이 있으며, 비용 절감은 낭비 배제에 속합니다.

33 EDI에 관한 설명으로 가장 옳지 않은 것은?

① UN/ECE는 표준 형식 및 표준 메시지 개발과 등록을 책임진다.

② EDIFACT는 행정기관, 상업, 운송업체 간의 전자적 데이터 교환을 위해 만든 국제 연합 규칙이다.

③ ISO는 구문과 데이터 요소 목록의 개발을 책임진다.

④ EDI 표준은 크게 저장 표준과 통신 표준으로 나눌 수 있다.

> **전문가의 조언** EDI 표준은 크게 양식 표준과 통신 표준으로 나눌 수 있습니다.

34 자료 관리에 대한 설명으로 가장 적합하지 않은 것은?

① 각종 공문서만을 효율적으로 관리하는 것이다.

② 필요한 자료를 계획적으로 수집, 분류하는 것이다.

③ 자료를 필요로 하는 곳에 신속하게 전달하는 것이다.

④ 자료의 대출, 전시, 복사, 번역 서비스 등을 행하는 것이다.

> **전문가의 조언** 공문서는 자료에서 제외되므로, 자료 관리는 공문서를 제외한 문서들을 효율적으로 관리하는 것입니다.

35 거래 상대방의 응용 시스템들이 질의와 응답으로 구성된 두 개 이상의 짧은 메시지를 한 번의 접속 상태에서 주고받는 EDI 방식은?

① 참여형 EDI　　　② 대화형 EDI

③ 일괄 처리형 EDI　④ 즉시 응답형 EDI

> **전문가의 조언** 두 개 이상의 짧은 메시지를 한 번의 접속 상태에서 주고받는 EDI 방식은 대화형 EDI입니다.
> • **일괄처리 EDI** : 가장 일반적인 방식으로, 부가가치 통신망(VAN)을 이용한 축적 전송 방식(전송된 데이터를 저장한 후 일괄 발송)을 사용함
> • **즉시응답 EDI** : 거래 문서를 받은 즉시 신속한 응답이 요구될 때 사용하는 방식

36 행정업무의 운영 및 혁신에 관한 규정에서 결재 받은 문서를 수정하는 방법으로 옳은 것은?

① 흰색 수정펜을 사용하여 수정하고 기입한 후 수정한 사람 본인이 서명 날인한다.

② 원안의 글자를 식별할 수 있도록 해당 글자의 중앙에 가로로 두 선을 그어 삭제하거나 수정하고 수정행위를 한 사람이 서명 날인한다.

③ 원안의 글자를 식별할 수 있도록 해당 글자의 중앙에 가로로 한 줄을 그어 삭제하거나 수정하고 부서장이 서명 날인한다.

④ 흰색 수정펜을 사용하여 수정하고 기입한 후 부서장이 서명 날인한다.

> **전문가의 조언** 행정업무의 운영 및 혁신에 관한 규정 상 결재 받은 문서를 수정하는 경우에는 원안의 글자를 알 수 있도록 해당 글자의 중앙에 가로로 두 선을 그어 삭제하거나 수정하고, 삭제, 수정한 사람이 그 곳에 서명이나 날인을 하여야 합니다.

37 정신적, 육체적 난이도를 평가하여 각종 직무 간 상대적 서열을 결정하는 절차는?

① 직무분석　　② 인사고과

③ 인사관리　　④ 직무평가

> **전문가의 조언** 정신적, 육체적 난이도를 평가하여 각종 직무 간 상대적 서열을 결정하는 절차를 직무평가라고 합니다.

38 사무통제의 방법 중 조사·검사·조회 혹은 평가 등을 말하는 것으로 무질서하게 행해지는 산발적인 체크 정도나 일정한 규칙에 기초한 표본 조사는?

① 감사　　② 집중화

③ 예산　　④ 절차

> **전문가의 조언** 조사·검사·조회 혹은 평가 등을 의미하는 사무통제 방법은 감사입니다.

39 경영 기능별 경영 정보 시스템에 해당되지 않는 것은?

① 생산정보 시스템　② 마케팅정보 시스템

③ 인사정보 시스템　④ 거래처리 시스템

> **전문가의 조언** 거래처리 시스템은 경영 기능별 경영 정보 시스템에 해당되지 않습니다.
> • 경영 정보 시스템의 기능별 분류에는 인적자원(인사)정보 시스템, 생산정보 시스템, 마케팅정보 시스템, 회계정보 시스템, 재무정보 시스템이 있습니다.

40 반복성의 유무에 의한 사무의 분류 중 거의 매일 똑같이 반복해서 발생하는 사무는?

① 본래사무　　　　② 상례사무
③ 지원사무　　　　④ 예외사무

전문가의 조언 거의 매일 똑같이 반복해서 발생하는 사무는 상례사무입니다.

3과목 📎 프로그래밍 일반

41 다중 프로그래밍 시스템이나 가상기억장치를 사용하는 시스템에서 너무 자주 페이지 교체가 일어나서 시스템의 심각한 성능저하를 초래하는 현상을 무엇이라고 하는가?

① Interrupt　　　　② Deadlock
③ Thrashing　　　　④ Working Set

전문가의 조언 문제에 제시된 내용은 Thrashing(스래싱)의 개념입니다.
· Interrupt : 프로그램을 실행하는 도중에 예기치 않은 상황이 발생할 경우, 현재 실행중인 작업을 즉시 중단하고 발생된 상황을 우선 처리한 후 실행중이던 작업으로 복귀하여 계속 처리하는 것
· Deadlock : 상호 배제에 의해 나타나는 문제점으로, 둘 이상의 프로세스들이 자원을 점유한 상태에서 서로 다른 프로세스가 점유하고 있는 자원을 요구하며 무한정 기다리는 현상
· Working Set : 프로세스가 일정 시간 동안 자주 참조하는 페이지들의 집합

42 프로그래밍 언어에서 수명 시간 동안 고정된 하나의 값과 이름을 가진 자료로서 프로그램이 동작하는 동안 값이 절대로 바뀌지 않는 것을 의미하는 것은?

① Constant　　　　② Variable
③ Reserved work　　④ Annotation

전문가의 조언 문제에 제시된 내용은 Constant(상수)의 개념입니다.
· 변수(Variable) : 프로그래머가 프로그램 내에서 정의하고 이름을 줄 수 있는 자료 객체로, 프로그램 수 행중에 변경될 수 있는 값임

---

43 원시 프로그램을 컴파일러가 수행되고 있는 컴퓨터의 기계어로 번역하는 것이 아니라 다른 기종에 맞는 기계어로 번역하는 것은?

① Cross Compiler　　② Preprocessor
③ Linker　　　　　④ Debugger

전문가의 조언 문제에 제시된 내용은 Cross Compiler의 기능입니다.
· Preprocessor : 원시 프로그램을 컴파일러가 처리하기 전에 먼저 처리하여 확장된 원시 프로그램을 생성하는 것으로, 선행 처리기라고도 함
· Linker : 기계어로 된 여러 개의 모듈을 묶어서 로드 모듈을 작성하는 것
· Debugger : 프로그램 개발 과정에서 프로그램 안에 내재해 있는 논리적 오류를 발견하고 수정하는 프로그램

44 어휘 분석의 주된 역할은 원시 프로그램을 하나의 긴 스트링으로 보고 원시 프로그램을 문자 단위로 스캐닝 하여 문법적으로 의미 있는 일련의 문자들로 분할해 내는 것을 말한다. 이때 분할된 문법적인 단위를 무엇이라고 하는가?

① 토큰　　　　　　② 오토마타
③ BNF　　　　　　④ 모듈

전문가의 조언 문제에 제시된 내용은 토큰의 의미입니다.

45 (A+B) * (C−D)를 전위(Prefix) 표기법으로 변환한 것은?

① AB+CD−*　　　　② *+AB−CD
③ +*−ABCD　　　　④ +−AB*CD

전문가의 조언 전위(Prefix) 표기 방식은 중위 표기(Infix) 방식으로 표현된 수식의 연산자를 해당 피연산자 두 개의 앞(왼쪽)으로 이동시키면 됩니다.
❶ 연산 우선순위에 따라 괄호로 묶습니다.
　((A+B) * (C−D))
❷ 연산자를 해당 괄호의 앞(왼쪽)으로 옮깁니다.
　((A+B) * (C−D)) → *(+(AB)−(CD))
❸ 괄호를 제거합니다.
　*+AB−CD

46 동적 바인딩에 해당하지 않는 것은?

① 프로그램 호출 시간
② 언어 정의 시간
③ 실행 시간 중 객체 사용 시점
④ 모듈의 기동 시간

전문가의 조언 언어 정의 시간은 정적 바인딩에 해당합니다.

47 운영체제의 성능 평가 요소로 거리가 먼 것은?

① 반환시간 ② 신뢰도

③ 비용 ④ 처리 능력

전문가의 조언 운영체제의 성능 평가 항목은 처리 능력, 반환 시간, 신뢰성, 사용 가능도입니다.

48 C 언어에서 정수형 변수를 선언할 때 사용하는 것은?

① Char ② Int

③ Float ④ Double

전문가의 조언 C 언어에서 정수형 변수를 선언할 때 사용하는 것은 int입니다.
- char : 문자형
- float : 실수형
- double : 배정도 실수형

49 고급 언어로 작성된 프로그램을 구문 분석하여 파서에 의하여 생성되는 결과물로 각각의 문장을 문법 구조에 따라 트리 형태로 구성한 것은?

① 구조 트리 ② 어휘 트리

③ 파스 트리 ④ 중간 트리

전문가의 조언 문제에 제시된 내용은 파스 트리의 기능입니다.

50 주기억장치 배치 전략에서 입력된 프로그램을 수용할 수 있는 공간 중 가장 큰 공백에 할당하는 전략은?

① Large-Fit ② Worst-Fit

③ Best-Fit ④ First-Fit

전문가의 조언 입력된 프로그램을 수용할 수 있는 공간 중 가장 큰 공백에 할당하는 전략은 Worst-Fit(최악 적합)입니다.
- **최초 적합(First-Fit)** : 프로그램이나 데이터가 들어갈 수 있는 크기의 빈 영역 중에서 첫 번째 분할 영역에 배치시키는 방법
- **최적 적합(Best-Fit)** : 프로그램이나 데이터가 들어갈 수 있는 크기의 빈 영역 중에서 단편화를 가장 작게 남기는 분할 영역에 배치시키는 방법

51 객체지향 기법에서 객체가 메시지를 받아 실행해야 할 구체적인 연산을 정의한 것은?

① 클래스 ② 속성

③ 메소드 ④ 인스턴스

전문가의 조언 문제에 제시된 내용은 메소드의 개념입니다.
- **클래스** : 하나 이상의 유사한 객체들을 묶어서 하나의 공통된 특성으로 표현한 것

52 프로그래밍 언어의 해독 순서로 옳은 것은?

① 컴파일러 → 로더 → 링커

② 로더 → 링커 → 컴파일러

③ 링커 → 컴파일러 → 로더

④ 컴파일러 → 링커 → 로더

전문가의 조언 프로그래밍 언어의 해독 순서는 '컴파일러 → 링커 → 로더' 순입니다.

53 로더의 기능 중 실행 프로그램을 실행시키기 위해 기억장치 내에 옮겨 놓을 공간을 확보하는 기능은?

① 연결 ② 재배치

③ 적재 ④ 할당

전문가의 조언 문제에 제시된 내용은 로더의 기능 중 할당에 대한 내용입니다.
- **연결(Linking)** : 부 프로그램 호출 시 그 부 프로그램이 할당된 기억 장소의 시작 주소를 호출한 부분에 등록하여 연결하는 기능
- **재배치(Relocation)** : 디스크 등의 보조기억장치에 저장된 프로그램이 사용하는 각 주소들을 할당된 기억 장소의 실제 주소로 배치시키는 기능
- **적재(Loading)** : 실행 프로그램을 할당된 기억 공간에 실제로 옮기는 기능

54 C 언어에서 사용하는 기억 클래스에 해당하지 않는 것은?

① Static ② Register

③ Internal ④ Auto

전문가의 조언 C 언어의 4가지 기억 클래스에는 auto(자동), register(레지스터), static(정적), extern(외부)이 있습니다.

55 다음 C 프로그램에서 최종적으로 출력되는 n, t의 값을 순서대로 나열하면?

```
void main(void)
{
    int n = 0, t = 0;
    do
    {
        t += n;
        printf("n=%2d, t=%2d\n", n++, t);
    }
    while(n<10);
}
```

① 10, 55
② 9, 45
③ 10, 45
④ 9, 55

전문가의 조언 최종적으로 출력되는 n, t의 값은 9, 45입니다. 지문에 사용된 코드의 의미는 다음과 같습니다.

```
void main(void)
{
❶  int n = 0, t = 0;
❷  do
    {
❸      t += n;
❹      printf("n=%2d, t=%2d\n", n++, t);
    }
❺  while(n<10);
}
```

❶ 정수형 변수 n과 t를 선언한 후 0으로 초기화합니다.
❷ do~while 반복문의 시작점입니다. ❸~❹ 사이의 문장을 반복하여 수행합니다.
❸ 't = t + n;'과 동일합니다. n의 값을 t에 누적시킵니다.
❹ 'n++'와 t를 정수형 10진수로 출력한 후 커서를 다음 줄 맨 처음으로 이동합니다.
  – printf( ) : 표준 출력 함수
  – %2d : 두 자리의 정수형 10진수로 출력
  – \n : 커서를 다음 줄 맨 처음으로 이동
  – n++ : 'n = n + 1'과 동일한데, 변수 뒤에 연산자가 있는 후위 연산이므로 먼저 변수를 명령문에 사용한 다음 변수의 값을 증가시킵니다. 즉, n의 값을 출력한 후 1을 증가시킵니다.
❺ n이 10보다 작은 동안 ❸~❹ 사이의 문장을 반복하여 수행합니다.
반복문 실행에 따른 변수의 변화는 아래와 같습니다.

반복횟수	n	t	출력
	0	0	
1		0	n=0, t=0
2	1	1	n=1, t=1
3	2	3	n=2, t=3
4	3	6	n=3, t=6
5	4	10	n=4, t=10
6	5	15	n=5, t=15
7	6	21	n=6, t=21
8	7	28	n=7, t=28
9	8	36	n=8, t=36
10	9	45	n=9, t=45
11	10		

56 C++ 객체지향 프로그래밍에서 method의 사용 예시를 가장 옳게 표현한 것은?

① myClass . CountNumber( );
② myClass : CountNumber( );
③ myClass –> : CountNumber( );
④ void CountNumber( );

전문가의 조언 C++ 객체지향 프로그래밍에서 클래스의 메소드를 사용하려면 다음과 같이 클래스와 메소드를 점(.)으로 연결하여 작성하면 됩니다.

클래스명. 메소드명

57 BNF 표기법 기호 중 "정의된다"를 의미하는 것은?

① ::=
② |
③ 〈 〉
④ { }

전문가의 조언 BNF 표기법 기호 중 '정의된다'를 의미하는 것은 ::=입니다.
• | : 선택(택일)
• 〈 〉 : Non-Terminal 기호(재정의 대상)
• { } : 반복

58 아래의 정규 문법으로 생성되는 문장은?

정규문법 G : 1. S → aS | aB
　　　　　　 2. C → a | aC
　　　　　　 3. B → bC

① aaab
② abc
③ abaa
④ baba

전문가의 조언 지문의 정규 문법으로 생성되는 문장은 abaa입니다.

59 Java에서 하위 클래스에서 상위 클래스를 참조하기 위해 사용하는 명령어는?

① Extends
② Static
③ Super
④ Method

전문가의 조언 Java에서 하위 클래스에서 상위 클래스를 참조하기 위해 사용하는 명령어는 Super입니다.

60 세마포어(Semaphore)에서 지원하지 않는 연산은?

① Initialize
② Decrement
③ Construct
④ Increment

전문가의 조언 세마포어는 initialize, decrement, increment, 세 가지 연산만을 지원합니다.

4과목　**정보 통신 개론**

61 HDLC에서 사용되는 프레임의 종류에 해당하지 않는 것은?

① 정보 프레임
② 감독 프레임
③ 무번호 프레임
④ 제어 프레임

전문가의 조언 프레임의 종류에는 정보 프레임, 감독 프레임, 비(무)번호 프레임이 있습니다.

62 반송파로 사용되는 정현파의 진폭에 정보를 싣는 변조 방식은?

① ASK
② FSK
③ PSK
④ WDPCM

전문가의 조언 문제에 제시된 내용은 ASK의 개념입니다.
• 주파수 편이 변조(FSK, Frequency Shift Keying) : 2진수 0과 1을 서로 다른 주파수로 변조하는 방식
• 위상 편이 변조(PSK, Phase Shift Keying) : 2진수 0과 1을 서로 다른 위상을 갖는 신호로 변조하는 방식

63 8진 PSK에서 반송파간의 위상차는?

① π
② $\pi/2$
③ $\pi/4$
④ $\pi/8$

전문가의 조언 반송파 간의 위상차는 $2\pi/M$으로 M은 위상을 의미합니다. 8진 PSK의 위상은 8이므로 반송파 간의 위상차는 $2\pi/8 = \pi/4$가 됩니다.

64 무선 네트워크 기술인 블루투스(Bluetooth)에 대한 표준규격은?

① IEEE 801.9
② IEEE 802.15.1
③ IEEE 802.10
④ IEEE 802.5.1

전문가의 조언 무선 네트워크 기술인 블루투스(Bluetooth)에 대한 표준 규격은 IEEE 802.15.1입니다.

65 한 문자가 전송될 때마다 스타트(Start) 비트와 스톱(Stop) 비트를 전송하는 방식은?

① 비트제어방식
② 동기방식
③ 비동기방식
④ 다중화방식

전문가의 조언 한 문자가 전송될 때마다 스타트(Start) 비트와 스톱(Stop) 비트를 전송하는 방식은 비동기 방식입니다.
• 동기 방식 : 미리 정해진 수만큼의 문자열을 한 블록(프레임)으로 만들어 일시에 전송하는 방식

66 광섬유 케이블에서 클래딩(Cladding)의 주 역할은?

① 광신호를 전반사   ② 광신호를 회절

③ 광신호를 흡수   ④ 광신호를 전송

> **전문가의 조언** 클래드(Clad) 혹은 클래딩(Cladding)은 광 신호가 전송되는 코어(Core)보다 약간 낮은 굴절률을 가지므로 코어의 빛이 외부로 빠져나가지 못하게 합니다. 즉 광 신호는 클래드에 부딪혀 반사되는 과정을 반복하면서 전송됩니다.

67 데이터그램(Datagram) 방식에 대한 설명 중 맞는 것은?

① 수신지의 마지막노드에서는 송신지에서 송신한 순서대로 패킷이 도착한다.

② 모든 패킷은 설정된 경로에 따라 전송된다.

③ 미리 설정된 경로상의 각 노도는 패킷에 대한 경로를 알고 있으므로 경로설정과 관련된 결정을 수행할 필요가 없다.

④ 네트워크 운용에 있어서 보다 높은 유연성을 제공한다.

> **전문가의 조언** 데이터그램 방식에 대한 설명으로 옳은 것은 ④번입니다.
> ①, ②, ③번은 가상 회선 방식의 특징입니다.

68 변조 속도가 1600(Baud)이고 트리비트(Tribit)를 사용하는 경우 전송속도(bps)는?

① 800   ② 1600

③ 4800   ④ 12800

> **전문가의 조언** 트리비트(Tribit)는 변조 시 상태 변화 수가 3Bit입니다. 전송 속도(bps) = 변조 속도(Baud) × 변조 시 상태 변화 수이므로 1,600 × 3 = 4,800[bps]입니다.

69 전송하려는 부호어들의 최소 해밍 거리가 7일 때, 수신시 정정할 수 있는 최대 오류의 수는?

① 1   ② 2

③ 3   ④ 4

> **전문가의 조언** 최소 해밍 거리가 7일 때 정정할 수 있는 최대 오류의 수는 3 입니다. 정정할 수 있는 최대 오류의 수는 다음의 공식을 이용해 계산할 수 있습니다.
> tc <= (dmin − 1)/2 ※ tc : 정정 가능 오류 수, dmin : 최소 해밍 거리
> tc <= (7−1)/2 → tc <= 3
> ∴ tc <= 3 이므로 최대 오류의 수는 3입니다.

70 점대점 링크를 통하여 인터넷 접속에 사용되는 IEFT의 표준 프로토콜은?

① HDLC   ② LLC

③ SLIP   ④ PPP

> **전문가의 조언** 점대점 링크를 통하여 인터넷 접속에 사용되는 IEFT의 표준 프로토콜은 PPP입니다.

71 라우팅 프로토콜 중 Distance Vector 방식이 아닌 것은?

① RIP   ② BGP

③ EIGRP   ④ OSPF

> **전문가의 조언** 거리 벡터(Distance Vector) 방식의 라우팅 프로토콜에는 RIP, EIGRP, BGP 등이 있고 링크 상태(Link State) 방식의 라우팅 프로토콜에는 OSPF가 있습니다.

72 ATM 셀의 헤더 길이는 몇 [byte] 인가?

① 2   ② 5

③ 48   ④ 53

> **전문가의 조언** ATM 셀은 헤드 5Byte, 페이로드(사용자 정보) 48Byte로 구성됩니다.

73 송신측에서 1개의 프레임을 전송한 후 수신측에서 오류의 발생을 점검하여 ACK 또는 NAK 신호를 보내올 때까지 대기하는 방식은?

① 선택적 ARQ   ② 적응적 ARQ

③ 연속적 ARQ   ④ 정지&대기 ARQ

> **전문가의 조언** 문제에 제시된 내용은 정지&대기 ARQ의 동작 원리입니다.
> • **선택적 재전송(Selective Repeat) ARQ** : 여러 블록을 연속적으로 전송하고, 수신 측에서 부정 응답(NAK)을 보내오면 송신 측이 오류가 발생한 블록만을 재전송함
> • **적응적(Adaptive) ARQ** : 전송 효율을 최대로 하기 위해 데이터 블록의 길이를 채널의 상태에 따라 그때그때 동적으로 변경하는 방식
> • **연속(Continuous) ARQ** : 정지-대기 ARQ가 갖는 오버헤드를 줄이기 위해 연속적으로 데이터 블록을 보내는 방식으로, 수신 측에서는 부정 응답(NAK)만을 송신함

74 LAN의 토폴로지 형태로 적절하지 않는 것은?

① Star형
② Bus형
③ Ring형
④ Square형

전문가의 조언 LAN은 망의 구성 형태에 따라서 성형, 버스형, 링형, 계층형(트리형), 망형으로 분류할 수 있습니다.

75 HDLC 프레임 구조에 포함되지 않는 것은?

① 플래그(Flag) 필드
② 제어(Control) 필드
③ 주소(Address) 필드
④ 시작(Start) 필드

전문가의 조언 시작(Start) 필드는 HDLC 프레임 구조에 포함되지 않습니다.

76 8진 PSK 변조를 사용하는 모뎀의 데이터 전송속도가 4800bps 일 때 변조 속도(baud)는?

① 600
② 1600
③ 2400
④ 4800

전문가의 조언 • 8진 PSK 변조란 진폭과 위상을 상호 변환하여 한 번에 8개의 서로 다른 데이터를 보낸다는 의미로, 8개의 데이터라면 한 번에 2진수 3Bit로 표현할 수 있습니다.
• 변조 속도(baud) = 전송 속도(bps) / 변조 시 상태 변화 수 = 4,800 / 3 = 1,600[baud]입니다.

77 펄스 변조에서 아날로그 정보신호의 크기에 따라 펄스 반송파의 폭을 변화시키는 변조 방식은?

① PWM
② AM
③ PPM
④ PCM

전문가의 조언 문제에 제시된 내용은 PWM(펄스 폭 변조) 방식의 개념입니다.
• AM 변조 : 파형에 따라 진폭을 변조하는 방식
• PPM : 펄스의 위상을 변화시키는 변조 방식
• PCM : 화상, 음성, 동영상 비디오, 가상 현실 등과 같이 연속적인 시간과 진폭을 가진 아날로그 데이터를 디지털 신호로 변조하는 방식

78 아날로그 데이터를 디지털 신호로 변환하는 PCM 방식의 진행 순서로 옳은 것은?

① 표본화 → 부호화 → 양자화 → 여과 → 복호화
② 표본화 → 양자화 → 부호화 → 복호화 → 여과
③ 표본화 → 부호화 → 양자화 → 복호화 → 여과
④ 표본화 → 양자화 → 여과 → 부호화 → 복호화

전문가의 조언 PCM 방식의 진행 순서로 옳은 것은 ②번입니다.

79 UDP 프로토콜에 대한 설명으로 틀린 것은?

① 비연결형 전송
② 적은 오버헤드
③ 빠른 전송
④ 신뢰성 있는 데이터 전송 보장

전문가의 조언 신뢰성 있는 데이터 전송을 보장하는 것은 TCP의 특징입니다.

80 패킷 교환 방식에 대한 설명으로 틀린 것은?

① 메시지 교환 방식과 같이 축적 교환 방식의 일종이다.
② 트래픽 용량이 적은 경우에 유리하다.
③ 전송할 수 있는 패킷의 길이가 제한되어 있다.
④ 데이터그램과 가상회선방식이 있다.

전문가의 조언 패킷 교환 방식은 트래픽 용량이 큰 경우, 즉 데이터 교환이 많은 경우 유리합니다.

1과목 사무자동화 시스템

01 사용자 PC를 인질로 삼아 시스템을 잠그거나 데이터를 암호화해 사용할 수 없도록 한 뒤 금전을 요구하는 악성 프로그램으로 가장 옳은 것은?

① 스파이웨어
② 랜섬웨어
③ 비트락커
④ 카스퍼스키

> **전문가의 조언** 데이터를 암호화해 사용할 수 없도록 한 뒤 금전을 요구하는 악성 프로그램은 랜섬웨어(Ransomware)입니다.

02 특정 기업 간의 CALS 및 EDI를 통한 수주, 구매, 조달 및 납품 등과 관련된 기업 간의 전자상거래를 의미하는 용어로 가장 적합한 것은?

① B2C
② B2B
③ C2C
④ C2G

> **전문가의 조언** 기업 간의 전자상거래를 의미하는 용어는 B2B(기업과 기업)입니다.
> • **B2C(기업과 소비자)** : 소비자를 대상으로 하는 서비스업으로 소비자에게 유·무형의 재화를 제공, 판매 및 중개하는 기업과 개인 간의 전자상거래
> • **C2C(소비자와 소비자)** : 소비자 간의 일대일 거래가 이뤄지는 것을 뜻하며, 소비자가 상품 구매자인 동시에 공급자가 됨

03 모니터나 프린터의 해상도를 나타내는 DPI 개념은?

① Dot Per Indicator
② Dot Per CenImeter
③ Dot Per Inch
④ Dot Per Impression

> **전문가의 조언** DPI(Dot Per Inch)는 1인치에 출력되는 점(Dot)의 수로, 출력물의 인쇄 품질(해상도)을 나타내는 단위를 의미합니다.

04 위협으로부터 보호하기 위한 물리적인 수단에 의해 이루어지는 보안은?

① 네트워크 보안
② 물리적 보안
③ 시스템 보안
④ 화학적 보안

> **전문가의 조언** 위협으로부터 보호하기 위한 물리적인 수단에 의해 이루어지는 보안은 물리적 보안입니다.

05 다음 사무자동화 관련 주변장치에서 자료기억 또는 저장장치가 아닌 것은?

① 자기 디스크 장치
② 자기 테이프 장치
③ 자기 문자 판독 장치
④ 자기 드럼 장치

> **전문가의 조언** 자기 문자 판독 장치(MCR; Magnetic Character Reader)는 자기 문자를 인식하여 컴퓨터로 읽어 들이는 입력장치입니다.
> • **자기 디스크** : 자성 물질을 입힌 금속 원판을 여러 장 겹쳐서 만든 저장매체로, 하드디스크, 집 디스크, 플로피디스크 등이 있음
> • **자기 테이프** : 주소의 개념이 없고, 처음부터 차례대로 처리하는 순차 처리(SASD)만 할 수 있는 저장매체
> • **자기 드럼** : 금속제의 원통 표면에 자성물질을 입혀 회전시킴으로써 정보를 기록하는 저장매체

06 데이터베이스의 장점으로 옳지 않은 것은?

① 데이터 중복 최소화
② 단말기를 통해 요구된 내용을 일괄 처리
③ 데이터의 물리적, 논리적 독립성 유지
④ 데이터 보안을 유지하여 데이터의 손실 방지

> **전문가의 조언** 데이터베이스는 단말기를 통해 요구된 내용을 실시간으로 처리합니다.

07 CPU와 입·출력장치와의 속도차를 줄이기 위해 사용하는 기법은?

① Breaking
② Buffering
③ Streaming
④ Anti-Aliasing

> **전문가의 조언** CPU와 입·출력장치와의 속도차를 줄이기 위해 사용하는 기법은 버퍼링(Buffering)입니다.

08 문자와 그림 정보를 미리 도트 형태로 단말장치에 전송하는 비디오텍스트 방식은?

① 간접 도트 전송 방식
② 알파 모자이크 방식
③ 알파 지오메트릭 방식
④ 알파 포토그래픽 방식

> **전문가의 조언** 문자와 그림 정보를 미리 도트 형태로 단말장치에 전송하는 비디오텍스트 방식은 알파 포토그래픽 방식입니다.
> • **알파 모자이크 방식** : 도형 정보를 미리 정해진 모자이크 패턴의 조합으로 표현하며, 수신 단말기에서는 내부의 문자 발생기에 의해 정해진 모자이크 패턴으로 그림을 표시함
> • **알파 지오메트릭 방식** : 문자 정보는 알파 모자이크 방식과 동일하지만 그래픽 정보는 점, 선, 원, 다각형 등을 결합하여 표시함

09 응용 소프트웨어의 종류로만 짝지어진 것은?

① MS-Excel, 프리미어 프로, 포토샵

② MS-Word, MS-Access, 컴파일러

③ MS-Word, SQL, 인터프리터

④ AutoCAD, Java, 어셈블러

전문가의 조언 응용 소프트웨어의 종류로만 짝지어진 것은 ①번입니다.
• 컴파일러, 인터프리터, 어셈블러는 언어 번역 프로그램으로 시스템 소프트웨어에 해당됩니다.

10 공개키 알고리즘을 통한 암호화 및 전자서명을 제공하기 위한 보안 시스템 환경을 의미하는 것은?

① PGP ② PKI
③ PSP ④ PKG

전문가의 조언 공개키 알고리즘을 통한 암호화 및 전자서명을 제공하기 위한 보안 시스템 환경을 PKI(Public Key Infrastructure, 공개키 암호화 기법)라고 합니다.

11 집중 처리 시스템의 특징으로 가장 옳은 것은?

① 확장성이 우수하다.

② 전사적 관리가 용이하다.

③ 시스템 전체의 융통성이 높다.

④ 조직 요구에 대한 대응이 용이하다.

전문가의 조언 집중 처리 시스템은 전사적 관리가 용이합니다.
• ①, ③, ④번의 내용은 분산 처리 시스템에 대한 설명입니다.

12 관계 대수 연산자와 기호가 잘못 짝지어진 것은?

① 셀렉션 : σ ② 프로젝션 : π
③ 개명 : ρ ④ 조인 : χ

전문가의 조언 조인의 기호는 ⋈입니다.

13 사무자동화 기능 중 모든 기능을 합리적으로 결합시켜 업무 처리를 신속, 정확하게 하는 것은?

① 문서화 기능 ② 통신 기능
③ 자동화 기능 ④ 정보활용 기능

전문가의 조언 모든 기능을 합리적으로 결합시켜 업무처리를 신속, 정확하게 하는 것은 자동화 기능입니다.
• **문서화(Documentation) 기능** : 문서 작성, 편집, 검색, 보관, 전송, 축적 등의 문서관리
• **통신(Communication) 기능** : 회의, 대화, 통신 등으로 정보교류 원활화
• **정보(Information) 활용 기능** : 문자 정보, 음성 정보, 화상 정보 등의 정보를 효율적으로 활용

14 데이터의 생성 양, 주기, 형식 등이 기존 데이터에 비해 매우 크기 때문에, 종래의 방법으로는 수집 · 저장 · 검색 · 분석이 어려운 방대한 데이터를 의미하는 개념은?

① 빅 데이터

② 데이터 마트

③ 데이터 웨어하우스

④ 네트워크 데이터베이스

전문가의 조언 종래의 방법으로는 수집 · 저장 · 검색 · 분석이 어려운 방대한 데이터를 빅 데이터(Big Data)라고 합니다.
• **데이터 마트(Data Mart)** : 조직 내 부서 또는 전략적 비즈니스 유닛 등 특정 사용자들의 목적에 맞게 계된 비교적 작은 규모의 데이터 웨어하우스를 의미함
• **데이터 웨어하우스(Data Warehouse)** : 조직이나 기업체의 중심이 되는 주요 업무 시스템에서 추출되어 새로이 생성된 데이터베이스로서 의사결정지원 시스템을 지원하는 주체적, 통합적, 시간적 데이터의 집합체
• **네트워크 데이터베이스** : 그래프 구조를 이용해서 데이터 상호관계를 계층적으로 정의한 DB 구조

15 다음 사무자동화 수행 방식 중 하향식 접근 방식에 관한 것은?

① 단기간에 구축할 수 있으며 최고 경영자가 요구하는 최적의 시스템을 구축한다.

② 기존 조직의 거부감이 상대적으로 적어 자연스럽게 도입된 기기의 활용이 가능하다.

③ 사무자동화 도입을 조직의 하부 단위 업무로부터 점차 상층부로 확대 실시한다.

④ 사무 개선으로 시작하는 예가 많으며 단계적으로 고도의 자동화 수준으로 확대해 간다.

전문가의 조언 하향식 접근 방식에 관한 것은 ①번입니다.
• ②, ③, ④번은 상향식 접근 방식에 대한 설명입니다.

16 문자, 도표, 사진 등의 정지화상을 화소로 분배하여 전기적 신호로 변환한 후 전기통신회선이나 전파로 전송하여 원래대로 복원, 기록하는 전송기기는?

① 팩시밀리　　　　② 스캐너
③ 프린터　　　　　④ 복사기

> **전문가의 조언** 정지화상을 화소로 분배하여 전기적 신호로 변환한 후 전기통신회선 등으로 전송하여 원래대로 복원, 기록하는 전송기기는 팩시밀리입니다(Facsimile)니다.
> - 스캐너(Scanner) : 그림이나 사진, 도면 등의 영상(Image) 정보에 빛을 쪼인 후 반사되는 빛의 차이를 감지(Scan)하여 디지털 그래픽 정보로 변환해 주는 장치
> - 프린터(Printer) : 컴퓨터로 만든 결과물을 종이에 출력해 주는 장치

17 다음 중 CALS의 개념에 포함되지 않는 것은?

① EDI(Electronic Data Interchange)
② BPR(Business Process Reengineeing)
③ ECR(Efficient Consumer Response)
④ MPC(Multimedia Personal Computer)

> **전문가의 조언** CALS(Commerce At Light Speed)는 제품의 발주, 수주 및 구매 절차로부터 생산과 유통, 폐기까지 전 과정을 관리할 수 있는 정보체계로 EDI(전자문서교환), BPR(업무재설계), ECR(효율적소비자대응) 등이 개념에 포함됩니다.

18 백화점이나 전시장 또는 공항이나 철도역 같은 곳에 설치되어 각종 행사절차나 상품정보, 시설물의 이용방법, 인근지역에 대한 관광 정보 등을 제공하는 무인정보 단말기는?

① CTI　　　　　② RF 단말기
③ KIOSK　　　④ ATM

> **전문가의 조언** 각종 행사 안내나 상품 정보, 시설물 이용 방법, 관광 정보 등을 제공하는 무인 단말기는 키오스크(KIOSK)입니다.
> - CTI(Computer Telephony Integration) : 컴퓨터와 전화를 통합하여 정보처리와 통신을 연결하는 기술
> - ATM(비동기 전송 모드) : 교환전화 등에 쓰이는 회선 교환과 패킷 교환의 장점을 결합한 교환 및 다중화 기술

19 다음 중 자료저장 기기로서 종이에 인쇄된 정보를 축소 촬영한 필름에 저장하는 기기는?

① CAR(Computer Assisted Retrieval)
② COM(Computer Output Microfilm)
③ 광디스크
④ CD-ROM

> **전문가의 조언** 종이에 인쇄된 정보를 축소 촬영한 필름에 저장하는 기기는 COM(Computer Output Microfilm)입니다.

20 그룹웨어의 기능과 가장 거리가 먼 것은?

① 의사결정 기능　　② 이미지 편집 기능
③ 정보공유 기능　　④ 업무흐름 관리 기능

> **전문가의 조언** • 이미지 편집 기능은 그룹웨어의 기능에 속하지 않습니다.
> - 그룹웨어의 기능에는 정보공유 기능, 커뮤니케이션, 의사결정 기능, 컴퓨터 회의, 워크플로우, 업무흐름 관리 기능 등이 있습니다.

2과목 　사무경영관리 개론

21 EDI 소프트웨어의 종류가 아닌 것은?

① 연계 소프트웨어
② 형식 변환 소프트웨어
③ 통신 소프트웨어
④ 데이터 압축 소프트웨어

> **전문가의 조언** • 데이터 압축 소프트웨어는 EDI 소프트웨어의 종류가 아닙니다.
> - EDI 소프트웨어에는 업무와 연계된 응용 소프트웨어, 변환 소프트웨어, 통신 소프트웨어가 있습니다.

22 사무계획 수립 절차에 속하지 않는 것은?

① 시정조치
② 정보의 수집
③ 최종안의 선택
④ 사무의 목적 및 목표의 명확화

> **전문가의 조언** • 시정조치는 사무계획 수립 절차에 속하지 않습니다.
> - 사무계획 수립 절차는 '목표 설정 → 정보 수집 및 분석 → 전제 설정 → 대안 구상 → 최종안 결정' 순입니다.

23 EDIFACT의 구성 요소에서 3가지 기본 요소가 아닌 것은?

① 문법과 구문규칙

② 데이터 엘리먼트 디렉토리

③ 표준 메시지

④ 코드집

전문가의 조언 EDIFACT의 기본 요소 3가지는 문법과 구문규칙, 데이터 엘리먼트 디렉터리, 표준 메시지입니다.

24 자료 관리에 대한 설명으로 가장 옳지 않은 것은?

① 자료의 자연 증가를 통제할 수 있다.

② 자료 처리에 따르는 경비를 절감할 수 있다.

③ 자료를 서식화할 수 있다.

④ 자료를 필요로 하는 곳에 신속하게 전달할 수 있다.

전문가의 조언 자료 관리를 통해 자료의 자연 증가를 통제할 수 있고 자료의 이동 과정을 신속하게 파악할 수 있으며, 자료의 작성, 수정에 따른 경비를 절약할 수 있습니다.

25 정보통신망의 내부 또는 정보통신망 간의 상호 접속에 제공되는 정보통신기기 간 통신 신호의 순서 및 절차 등에 관한 약속을 무엇이라고 하는가?

① 프로그램

② 프로토콜

③ 프로토타입

④ 프로메타

전문가의 조언 프로토콜(Protocol)은 서로 다른 기기들 간의 데이터 교환을 원활하게 수행할 수 있도록 표준화시켜 놓은 통신 규약을 의미합니다.

26 다음 중 전산망의 효과가 아닌 것은?

① 경제적 효과

② 신뢰성 향상

③ 처리능력 향상

④ 프로토콜의 다양화

전문가의 조언 프로토콜의 다양화는 전산망을 통해 얻을 수 있는 효과가 아닙니다.

27 사무 표준의 구비 조건으로 틀린 것은?

① 사무 표준은 정확해야 한다.

② 사무작업내용과 근무조건을 분석하기 전에 만들어야 한다.

③ 주기적으로 재검토하여 수정해야 한다.

④ 실제 적용에 무리가 없고 당사자인 사무원들이 받아들일 수 있어야 한다.

전문가의 조언 사무 표준은 사무작업내용과 근무조건을 분석한 후에 만들어야 합니다.

28 경영 정보 시스템의 특징으로 가장 거리가 먼 것은?

① 기업의 전략, 계획, 조정, 관리, 운영 등의 결정을 보조하는 특징을 가짐

② 전문성은 기업의 업무를 분석하고 기업 경영을 진단하는 능력

③ 분석과 진단에 의해 기업 업무의 정보 요구가 정의되고, 효율성은 저해될 수 있는 특징

④ 의사결정지원을 보다 적절하게 할 수 있는 특징

전문가의 조언 경영 정보 시스템을 이용하면 기업 운영의 효율성을 개선하여 생산성을 향상시킵니다.

29 정보통신망에서 개인정보의 안전성 확보에 필요한 기술적 조치에 해당하는 것은?

① 개인정보의 안전한 취급을 위한 내부관리계획의 수립 및 시행

② 개인정보의 안전한 보관을 위한 잠금장치 등 물리적 접근 방지 조치

③ 침해사고방지를 위한 보안 프로그램의 설치 및 운영

④ 개인정보보호를 위한 정기적인 자체 감사 실시

전문가의 조언 제시된 보기 중 정보통신망에서 개인정보의 안전성 확보에 필요한 기술적 조치와 관련된 것은 보안 프로그램의 설치 및 운영입니다.

30 사무와 관련된 설명으로 가장 적합하지 않은 것은?

① 사무관리는 관리비용의 절감, 관리의 용이성을 증대시켜 경영의 생산성을 이루려 한다.

② 사무작업에는 기록, 계산, 통신, 회의, 분류, 정리 등의 작업이 포함된다.

③ 집에서 가계부를 작성하는 것도 일종의 사무라 할 수 있다.

④ 사무실은 사무원이 사무작업을 능률적으로 관리하도록 설치된 곳이다.

전문가의 조언 · 사무는 회사나 공공 기관 같은 곳에서 조직의 목표 달성을 위해 수행하는 것으로, 의사결정에 필요한 다양한 정보의 수집, 기록, 처리, 전달, 보관, 관리 등의 모든 작업을 의미합니다.
· 집에서 가계부를 쓰는 것은 사무라고 할 수 없습니다.

31 사무 간소화의 대상이 되는 작업과 가장 거리가 먼 것은?

① 사무처리 소요시간이 타 작업과 비교하여 상대적으로 긴 작업

② 사무처리 비용이 타 작업과 비교하여 상대적으로 많이 소요되는 작업

③ 정보의 상호 전달, 자료의 배분 등이 잘 안되는 1회성 작업

④ 업무의 반복, 불평등한 업무량 등으로 불평불만이 제기되는 작업

전문가의 조언 사무 간소화는 절차 작업 시간 등을 단축하는 것으로 1회성 작업은 사무 간소화의 대상에 해당하지 않습니다.

32 정보관리에 관한 설명으로 가장 옳지 않은 것은?

① 정보관리의 목적은 정보를 신속, 정확, 편리하게 제공함에 있다.

② 정보관리의 활동 범위는 사무관리보다 광범위하다고 볼 수 있다.

③ 정보관리의 범위는 정보통제 기능과 정보처리 기능에 한한다.

④ 정보관리단계는 정보수요파악, 수집계획수립, 정보가공, 정보평가 및 활용 순이다.

전문가의 조언 정보통제 기능과 정보처리 기능으로 범위가 제한되는 것은 정보관리가 아니라 사무관리입니다.

33 다음은 정보보안의 무엇에 대한 용어인가?

> 정보가 법정에서 증거로 사용될 수 있도록 컴퓨터 저장매체에 남아 있거나 추출 가능한 데이터를 과학적 수집, 조사, 인증, 보전 및 분석하는 것을 말한다.

① 컴퓨터 포렌식스　　② 트랩도어

③ 프로토콜　　　　　　④ 웜바이러스

전문가의 조언 컴퓨터 저장매체에 남아 있거나 추출 가능한 데이터를 과학적 수집, 조사, 인증, 보전 및 분석하는 것을 컴퓨터 포렌식스라고 합니다.

34 다음 중 사무실 배치 원칙과 가장 거리가 먼 것은?

① 대실주의(큰방주의)는 사무실 배치에 있어서 가능한 독방을 늘인다.

② 사무의 성격이 유사한 부서는 가깝게 배치한다.

③ 내부 및 외부 민원 업무 등 대중과 관계가 많은 부서는 가급적 입구 근처에 배치한다.

④ 장래 확장에 대비하여 탄력성 있는 공간을 확보한다.

전문가의 조언 대실주의(큰방주의)는 사무실을 너무 세분화(독방)하는 것보다는 여러 과를 한 사무실에 배정하여 사용하는 것이 바람직하다고 생각하는 사무실 배정 방식입니다.

35 행정업무의 운영 및 혁신에 관한 규정에 의거 행정기관에서 공무상 작성하거나 시행하는 문서와 행정기관이 접수한 모든 문서를 지칭하는 것은?

① 공문서　　　　　　② 전자문서

③ 사문서　　　　　　④ 이미지문서

전문가의 조언 행정기관에서 공무상 작성하거나 시행하는 문서와 행정기관이 접수한 모든 문서를 공문서라고 합니다.

36 사무통제의 수단과 가장 거리가 먼 것은?

① Tickler System ② Taylor System

③ Come Up System ④ PERT

> **전문가의 조언** 테일러 시스템(Taylor System)은 테일러에 의해 주장된 것으로 과학적 관리법을 의미합니다.
> • **티클러제도(Tickler System)** : 자동독촉제도와 같은 형식이나 전담 부서 대신 티클러 파일을 이용함
> • **자동독촉제도(Come-up System)** : 사무진행통제를 전담하는 부서에 처리해야 할 서류를 정리 및 보관하여 두었다가 처리할 시기에 사무 처리 담당자에게 자동으로 전달되도록 하는 제도
> • **Pert/Time** : 명확한 목표를 가진 프로그램을 조직화하고, 진행 시간표를 작성하여 프로그램 진행사항을 추적하여 최단시간 내에 완성할 수 있는 방법을 찾는 매우 유용한 관리 도구

37 정보보안의 3대 원칙이 아닌 것은?

① 기밀성 ② 가용성

③ 무결성 ④ 효율성

> **전문가의 조언** 정보보안의 3대 목표에는 기밀성, 무결성, 가용성이 있습니다.

38 정부에서 국가기관 등의 국가정보화 추진과 관련된 정책의 개발과 건강한 정보문화 조성 및 정보격차 해소 등을 지원하기 위하여 설립한 기구는?

① 한국정보보호센터 ② 한국정보화진흥원

③ 국가전산망진흥협회 ④ 한국지능정보사회진흥원

> **전문가의 조언** 국가기관 등의 국가정보화 추진과 관련된 정책의 개발 등을 지원하기 위해 설립한 기구는 한국정보화진흥원입니다.

39 사무분석의 기법 중 사무공정 분석에 관한 내용이 아닌 것은?

① 결재권한의 합리화

② 사무작업 시간의 적정화

③ 사무서식의 분석 및 개선

④ 사무흐름의 표준화

> **전문가의 조언** 사무작업 시간의 적정화는 사무공정 분석이 아니라 사무작업 분석에 관한 내용입니다.

40 사무작업의 효율성을 높이기 위한 동작 연구의 목적이 아닌 것은?

① 필요한 동작은 쉽고 간편하게 개선한다.

② 불필요한 작업을 제거한다.

③ 스톱워치를 사용하여 동작에 필요한 표준시간을 산출한다.

④ 적절한 절차배정이 끝난 작업에 대한 방법을 표준화한다.

> **전문가의 조언** 스톱워치를 사용하여 동작에 필요한 표준시간을 산출하는 것은 시간 연구의 목적입니다.

3과목 프로그래밍 일반

41 BNF 표기법 중 "반복"을 의미하는 것은?

① 〈 〉 ② |

③ ::= ④ { }

> **전문가의 조언** BNF 표기법 중 '반복'을 의미하는 것은 { }입니다.
> • ::= : 정의
> • | : 선택(택일)
> • 〈 〉 : Non-Terminal 기호(재정의 대상)

42 운영체제의 커널(Kernel)의 기능으로 옳지 않은 것은?

① 명령어 해석 ② 프로세스 간의 통신

③ 파일 관리 ④ 입 · 출력 관리

> **전문가의 조언** 명령어 해석은 커널이 아니라 쉘의 기능입니다.

43 C 언어에서 문자열 입력 함수는?

① puts( ) ② gostring( )

③ gets( ) ④ putchar( )

> **전문가의 조언** C 언어에서 문자열 입력 함수는 gets( )입니다.
> • putchar( ) : 한 문자 출력 함수
> • puts( ) : 문자열 출력 함수

44 다음 C 언어 코드의 결과 값은?

```
int resultx(int *i)
{
    *i += 5;
    return 4;
}
void main ( ) {
    int k = 2;
    k = k + resultx(&k);
    printf("%d",k);
}
```

① 6
② 7
③ 11
④ 15

코드의 결과 값은 11입니다. 지문에 사용된 코드의 의미는 다음과 같습니다. 코드는 번호 순서로 실행됩니다.

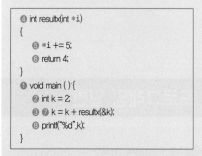

❶ C 언어는 항상 main( ) 함수부터 실행합니다.
❷ 정수형 변수 k를 선언하고, 초기값으로 2를 할당합니다.
❸ 변수 k의 주소를 인수로 하여 resultx 함수를 호출합니다. 다음 그림과 같이 저장되어 있다면 'resultx(1000)'과 같은 의미입니다(변수가 할당된 메모리 주소는 임의로 정한 것이며, 이해를 돕기 위해 10진수로 표현했습니다.).

❹ ❸번에서 'resultx(&k)'라고 했으므로 i는 k의 주소를 받습니다. 이제 정수형 포인터 변수 i는 k 변수의 주소를 가리킵니다.

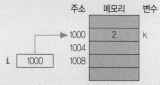

❺ *i += 5는 *i = *i + 5와 같습니다. i가 가리키는 곳의 값, 즉 k의 값 2에 5를 더해 그곳에 저장하므로 7이 됩니다.

❻ 호출한 곳, 즉 여기서는 main( ) 함수로 값을 돌려주기 위해 사용하는 명령입니다. return 문을 만나면 가지고 갈 값을 챙겨 함수를 종료하고 호출한 곳으로 돌아갑니다. 4를 가지고 ❼번으로 이동합니다.
❼ ❻번에서 돌려받은 4와 k의 값 7을 더한 11을 k에 저장합니다.
❽ k에 저장된 값 11을 10진수로 출력합니다.

45 C 언어에서 사용하는 자료형이 아닌 것은?

① Long
② Integer
③ Float
④ Double

C 언어에서 정수형 자료를 선언할 때 사용하는 예약어는 'integer'가 아니라 'int'입니다.

46 객체지향 개념에서 이미 정의되어 있는 상위 클래스(슈퍼 클래스 혹은 부모 클래스)의 메소드를 비롯한 모든 속성을 하위 클래스가 물려받는 것을 무엇이라고 하는가?

① Abstraction
② Method
③ Inheritance
④ Message

문제에 제시된 내용은 Inheritance(상속성)의 개념입니다.
• **Abstraction(추상화)** : 불필요한 부분을 생략하고 객체의 속성 중 가장 중요한 것에만 중점을 두어 개략화 하는 것, 즉 모델화하는 것
• **Method** : 객체가 메시지를 받아 실행해야 할 구체적인 연산 또는 명령문의 집합
• **Message** : 객체들 간에 상호작용을 하는데 사용되는 수단으로 객체의 메소드(동작, 연산)를 일으키는 외부의 요구사항

47 수식 "A+(B*C)"를 Postfix 표기법으로 옳게 나타낸 것은?

① A B C + *
② + A * B C
③ A + B * C
④ A B C * +

중위(Infix) 표기법을 후위(Postfix) 표기법으로 변경하는 과정은 다음과 같습니다.
❶ 연산 우선순위에 따라 괄호로 묶습니다.
(A + (B * C))
❷ 연산자를 해당 괄호의 뒤(오른쪽)로 옮깁니다.

❸ 괄호를 제거합니다.
A B C * +

48 주어진 BNF를 이용하여 고급 언어로 작성된 프로그램을 구문 분석하여 문장을 문법 구조에 따라 트리 형태로 작성한 것은?

① Parse Tree ② Menu Tree

③ Guide Tree ④ Dump Tree

> **전문가의 조언** 문제에 제시된 내용은 Parse Tree(파스 트리)의 개념입니다.

49 프로그램 개발 과정에서 프로그램 안에 내재해 있는 논리적 오류를 발견하고 수정하는 작업을 무엇이라고 하는가?

① 링킹(Linking) ② 바인딩(Binding)

③ 로딩(Loading) ④ 디버깅(Debugging)

> **전문가의 조언** 프로그램 개발 과정에서 프로그램 안에 내재해 있는 논리적 오류를 발견하고 수정하는 작업을 디버깅이라고 하고, 이때 사용하는 소프트웨어를 디버거라고 합니다.
> • **링킹(Linking)** : 기계어로 된 여러 개의 모듈을 묶어서 로드 모듈을 작성하는 것
> • **로딩(Loading)** : 실행 가능한 프로그램을 주기억장치로 읽어와서 실행될 수 있도록 하는 것

50 현재 실행 중인 프로세스의 남은 시간과 큐에 새로 도착한 프로세스의 실행 시간을 비교하여, 가장 짧은 실행 시간을 요구하는 프로세스에게 CPU를 할당하는 스케줄링 기법은?

① FIFO ② HRN

③ RR ④ SRT

> **전문가의 조언** 문제에 제시된 내용은 SRT의 동작 원리입니다.
> • **FCFS(First-Come First-Service) = FIFO(First In First Out)** : 준비상태 큐에 도착한 순서에 따라 차례로 CPU를 할당하는 기법
> • **HRN(Hightest Responseratio Next)** : 실행 시간이 긴 프로세스에 불리한 SJF 기법을 보완하기 위한 것으로, 대기 시간과 서비스(실행) 시간을 이용하는 기법. 우선순위 계산 공식은 '(대기 시간 + 서비스 시간)/서비스 시간'
> • **RR(Round Robin)** : 시분할 시스템(Time Sharing System)을 위해 고안된 방식으로, FCFS 알고리즘을 선점 형태로 변형한 기법

51 프로그램 실행 이전에 정의한 속성이 결정되는 것은?

① 컴파일 바인딩 ② 정적 바인딩

③ 동적 바인딩 ④ 확정 바인딩

> **전문가의 조언** 정적 바인딩은 프로그램 실행 이전에 일어나는 바인딩이고, 동적 바인딩은 실행 시간에 이루어지는 바인딩입니다.

52 재배치 형태의 기계어로 된 여러 개의 프로그램을 묶어서 로드 모듈을 작성하는 것은?

① Cross Compiler ② Linkage Editor

③ Operating System ④ Preprocessor

> **전문가의 조언** 문제에 제시된 내용은 Linkage Editor의 기능입니다.
> • **Cross Compiler** : 원시 프로그램을 컴파일러가 수행되고 있는 컴퓨터의 기계어로 번역하는 것이 아니라, 다른 기종에 맞는 기계어로 번역하는 프로그램
> • **Operating System** : 컴퓨터 자원을 효율적으로 관리해 주는 시스템 프로그램으로 사용자가 컴퓨터를 편리하고 효과적으로 사용할 수 있도록 환경을 제공하는 여러 프로그램의 모임
> • **Preprocessor** : 원시 프로그램을 컴파일러가 처리하기 전에 먼저 처리하여 확장된 원시 프로그램을 생성하는 것으로, 선행 처리기라고도 함

53 C 언어의 FOR문, COBOL 언어의 PERFORM문에 해당하는 것은?

① 반복문 ② 종료문

③ 입·출력문 ④ 선언문

> **전문가의 조언** C 언어의 FOR문, COBOL 언어의 PERFORM문은 일정 횟수를 반복시키는 반복문입니다.

54 언어의 구문 요소 중 프로그램의 판독성을 향상시키고 프로그램 문서화의 주요 요소로서 프로그램 수행에는 영향을 주지 않는 것은?

① Comment ② Identifier

③ Key Word ④ Reserved Word

> **전문가의 조언** 문제에 제시된 내용은 Comment의 의미입니다.
> • **핵심어(Key Word)** : 특별한 의미를 갖고 고정된 부분으로 사용되는 식별자
> • **예약어(Reserved Word)** : 시스템이 알고 있는 특수한 기능을 수행하도록 이미 용도가 정해져 있는 단어로서, 변수 이름이나 다른 목적으로 사용할 수 없는 핵심어

55 컴파일러 구조에서 원시 프로그램에 대한 문장 에러를 검사하는 단계는?

① 어휘 분석 단계 ② 의미 분석 단계

③ 중간코드 생성 단계 ④ 구문 분석 단계

> **전문가의 조언** 원시 프로그램에 대한 문장 에러를 검사하는 단계는 구문 분석 단계입니다.
> • **어휘 분석** : 번역의 가장 기본적인 단계로서 나열된 문자들을 기초적인 구성 요소들인 식별자, 구분 문자, 연산 기호, 핵심어, 주석 등으로 그룹화하는 단계

56 다음 그림과 같은 기억장소에서 15K를 요구하는 프로그램이 두 번째 공백인 16K의 작업 공간에 배치하는 기억장치 배치 전략은?

운영체제
사용중인 공간
30K 공백
사용중인 공간
16K 공백
사용중인 공간
50K 공백
사용중인 공간

① First Fit Strategy   ② Best Fit Strategy
③ Worst Fit Strategy   ④ Big Fit Strategy

전문가의 조언 15K 프로세스를 16K 작업 공간에 배치하였다면 단편화를 가장 작게 남기는 분할 영역에 배치시킨 것으로 최적 적합(Best-Fit)이 적용된 것입니다.

57 단항 연산자 연산에 해당하는 것은?

① OR   ② XOR
③ NOT   ④ AND

전문가의 조언 NOT는 단항 연산자이고, 나머지는 이항 연산자입니다.

58 최근의 사용 여부를 확인하기 위해서 각 페이지마다 2개의 비트, 즉 참조 비트와 변형 비트가 사용되는 페이지 교체 알고리즘은?

① STACK   ② NUR
③ FIFO   ④ OPT

전문가의 조언 문제에 제시된 내용은 NUR의 특징입니다.
• OPT(OPTimal replacement, 최적 교체) : 가장 오랫동안 사용하지 않을 페이지를 교체하는 기법
• FIFO(First In First Out) : 각 페이지가 주기억장치에 적재될 때마다 그때의 시간을 기억시켜 가장 먼저 들어와서 가장 오래 있었던 페이지를 교체하는 기법

59 BNF에서 사용되는 심볼 중 "정의"의 의미를 갖는 것은?

① ::=   ② #
③ | ④ &

전문가의 조언 BNF에서 사용되는 심볼 중 '정의'의 의미를 갖는 것은 ::=입니다.

60 로더의 기능이 아닌 것은?

① Allocation   ② Compile
③ Linking   ④ Relocation

전문가의 조언 번역(Compile)은 컴파일러의 기능입니다. 로더의 4가지 기능에는 할당(Allocation), 링킹(Linking), 로딩(Loading), 재배치(Relocation)가 있습니다.

4과목   정보 통신 개론

61 64진 QAM의 전송 대역폭 효율은 몇 bps/Hz인가?

① 2   ② 5
③ 6   ④ 7

전문가의 조언 전송 대역폭 효율이 몇 [bps/Hz]인지를 묻는 것은 1Hz 내에서 몇 비트를 전송할 수 있는지를 묻는 것과 같습니다. 64진 QAM은 진폭과 위상을 상호 변환하여 1Hz 내에서 64진, 즉 64가지로 표현될 수 있는데, 이는 1Hz 내에서 1초에 전송할 수 있는 최대 비트의 수가 6Bit($2^6 = 64$)라는 의미입니다.

62 수신단에서 패리티 체크(Parity Check)를 하는 주된 목적은?

① 기억 장치의 용량 검사
② 전송된 부호의 오류 검사
③ 전송된 데이터의 용량 검사
④ 검출된 오류를 정정

전문가의 조언 수신 단에서 패리티 체크(Parity Check)를 하는 주된 목적은 전송된 부호의 오류를 검사하기 위해서입니다.

63 광섬유 케이블은 빛의 어떤 현상을 이용하는 것인가?

① 산란   ② 직진
③ 전반사   ④ 굴절

전문가의 조언 광섬유 케이블은 빛의 전반사 원리를 이용합니다.

64 수신 측에 두 개 이상의 안테나를 설치했을 때 이들 안테나에서 동시에 다중 경로 페이딩이 발생하지 않는다는 원리를 이용해 페이딩을 방지하는 다이버시티 기술은?

① 공간 다이버시티　　　② 시간 다이버시티

③ 지연 다이버시티　　　④ 측파 다이버시티

전문가의 조언　문제에 제시된 내용은 공간 다이버시티의 특징입니다.
- 시간 다이버시티 : 동일한 정보를 시간 차이를 두어 반복적으로 보낸 후 수신된 신호 중 좀 더 양호한 신호를 선택하는 방법
- 측파(편파) 다이버시티 : 2개의 측파(수직측파, 수평측파)를 따로 수신하는 방법

65 에러가 발생되지 않는 이상적인 통신로(무잡음 이산 채널)의 채널 용량은? (단, C : 채널 용량, n개의 기호들은 동일 확률을 가지고 있다.)

① $C = \log_2(n-2)$　　　② $C = \log_2 n$

③ $C = (n-1)\log_2 n$　　　④ $C = \log_2 \dfrac{1}{n}$

전문가의 조언　문제의 조건에 대역폭에 대한 조건이 없으므로 샤논의 정의 중 ②과 같이 잡음이 없는 경우에서 대역폭을 제외한 정의를 적용하면 됩니다.

66 패킷 교환 방식에 대한 설명으로 틀린 것은?

① 대화형 데이터 통신에 적합하도록 개발된 교환 방식이다.

② 패킷 교환은 저장−전달 방식을 사용한다.

③ 데이터 그램과 가상 회선 방식으로 구분된다.

④ 데이터 그램 방식은 패킷이 전송되기 전에 논리적인 연결 설정이 이루어져야 한다.

전문가의 조언　패킷이 전송되기 전에 논리적인 연결 설정이 이루어져야 하는 방식은 가상 회선 방식입니다.

67 펄스코드 변조 방식(PCM)의 송신측 변조 과정은?

① 입력신호 → 부호화 → 양자화 → 표본화

② 입력신호 → 양자화 → 표본화 → 부호화

③ 입력신호 → 표본화 → 양자화 → 부호화

④ 입력신호 → 부호화 → 표본화 → 양자화

전문가의 조언　펄스 코드 변조(PCM) 순서는 '송신측(표본화 → 양자화 → 부호화) → 수신측(복호화 → 여과화)' 순입니다.

68 OSI 참조 모델의 응용 계층에 해당하는 프로토콜이 아닌 것은?

① HTTP　　　② SMTP

③ FTP　　　④ ICMP

전문가의 조언　ICMP(Internet Control Message Protocol)는 인터넷 계층에서 동작하는 인터넷 제어 메시지 프로토콜입니다.

69 X.25 프로토콜의 패킷 계층에서 하나의 전송 링크를 통하여 여러 개의 논리적 연결을 제공하는 기능은?

① 흐름제어　　　② 에러제어

③ 다중화　　　④ 리셋과 리스타트

전문가의 조언　하나의 전송 링크를 통하여 여러 개의 논리적 연결을 제공하는 기능은 다중화입니다. 다중화라는 용어는 특정 프로토콜에 한정된 것이 아니라 정보통신 전반에 걸쳐 통용됩니다.

70 OSI-7 계층의 네트워크 계층에서 사용하는 기본 데이터 단위는?

① 세그먼트　　　② 패킷

③ 워드　　　④ 레코드

전문가의 조언　네트워크 계층에서 사용하는 기본 데이터 단위는 패킷입니다.
- 물리 계층 : 비트
- 데이터 링크 계층 : 프레임
- 네트워크 계층 : 패킷
- 전송 계층 : 세그먼트
- 세션, 표현, 응용 계층 : 메시지

71 PSK에서 반송파 간의 위상차는? (단, M은 진수이다.)

① $\dfrac{\pi}{M}$　　　② $\dfrac{2\pi}{M}$

③ $\dfrac{\pi}{2M}$　　　④ $\dfrac{2\pi}{3M}$

전문가의 조언　반송파 간의 위상차는 $\dfrac{2\pi}{M}$으로 M은 위상을 의미합니다.

72 대역폭이 4KHz인 음성 신호를 PCM 형태의 디지털 신호로 변환하여 전송할 경우 신호의 전송 속도(Kbps)는? (단, 양자화 레벨은 8비트)

① 4　　　② 8

③ 32　　　④ 64

전문가의 조언
- 샤논의 표본화 이론에 의해 대역폭이 4KHz인 음성 신호는 4KHz × 2 = 8KHz로 변환됩니다.
- 양자화 레벨이 8비트이므로 전송 시 전송 속도는 8,000 × 8Bit = 64Kbps가 됩니다.

73 공중 데이터망에서의 패킷 형태를 위한 DTE와 DCE의 인터페이스 규격을 포함하고 있는 ITU-T 권고안은 어느 것인가?

① V.23　　　　　② V.25

③ Z.24　　　　　④ X.25

전문가의 조언 문제에 제시된 내용은 X.25의 개념입니다.

74 다중화 기법 중 FDM 방식에서 신호들의 전기적 중복 현상을 예방하기 위해서 인접하는 Sub-Channel들 사이에 위치하는 것은?

① Terminal　　　② Frequency Band

③ Guard Band　　④ Polling

전문가의 조언 문제에 제시된 내용은 Guard Band의 역할입니다.

75 HDLC 전송제어에서 사용하는 동작 모드가 아닌 것은?

① 정규 응답 모드(NRM)

② 초기모드(IM)

③ 비동기 평형 모드(ABM)

④ 비동기 응답 모드(ARM)

전문가의 조언 HDLC 데이터 전송 모드에는 표준(정규) 응답 모드, 비동기 응답 모드, 비동기 균형(평형) 모드가 있습니다.

76 HDLC 전송 프레임에서 시작 플래그 다음에 전송되는 필드는?

① 제어부　　　　② 주소부

③ 정보부　　　　④ FCS

전문가의 조언 프레임은 '플래그 → 주소부 → 제어부 → 정보부 → FCS → 플래그' 순으로 구성됩니다.

77 발광다이오드(LED)에서 나오는 빛의 파장을 이용해 광대역 통신망보다 빠른 통신 속도를 구현하는 기술은?

① LAN　　　　　② MCC

③ Li-Fi　　　　④ SAA

전문가의 조언 문제에 제시된 내용은 Li-Fi의 개념입니다.

78 이동통신망에서 통화중인 이동국이 현재의 셀에서 벗어나 다른 셀로 진입하는 경우, 셀이 바뀌어도 중단 없이 통화를 계속할 수 있게 해주는 것은?

① 핸드오프(Hand Off)

② 다이버시티(Diversity)

③ 셀 분할(Cell Splitting)

④ 로밍(Roaming)

전문가의 조언 문제에 제시된 내용은 핸드오프(Hand Off)의 개념입니다

• 로밍(Roaming) 서비스
　– 가입자가 자신의 홈 교환국을 벗어나 타 교환국에 있어도 서비스를 받을 수 있는 것을 의미함
　– 로밍은 한 사업자의 교환국 사이에서뿐만 아니라 사업자 간, 국가 간에도 가능함
• 다이버시티(Diversity) : 전파가 여러 장애물로 인해 2개 이상의 경로를 통해 수신 측에 도달하는 다중 경로 페이딩의 영향을 최소화하기 위해 좀 더 강한 신호를 선택하는 방법

79 샤논의 채널 용량 공식을 사용해서 주어진 채널의 데이터 전송률을 계산할 때, C = B이면 무엇을 의미하는가? (단, C : 통신 용량, B : 대역폭)

① 신호가 잡음보다 약하다.

② 신호가 잡음보다 강하다.

③ 신호와 잡음이 같다.

④ 이 채널로는 데이터 전송이 불가능하다.

전문가의 조언 샤논의 정의 'C = $Blog_2(1+S/N)$'에서 'C = B'가 되려면 '$log_2(1+S/N)$'이 소거되어야 합니다. S는 신호이고 N은 잡음인데, 이 둘이 같은 경우 '$log_2(1+1) = log_2 2 = 1$'이 되므로 'C = B'가 성립하게 됩니다.

80 8진 PSK의 오류 확률은 2진 PSK 오류 확률의 몇 배인가?

① 3　　　　　② 6

③ 9　　　　　④ 12

전문가의 조언 8(2^3)진 PSK는 2(2^1)진 PSK에 비해 3배 많은 데이터를 전송하므로 오류 발생 확률도 3배 많아집니다.

1과목 사무자동화 시스템

01 블록 암호화 알고리즘의 일종으로 대칭키 암호이며, 평문을 64비트로 나누어 56비트 암호키(Key)를 사용하는 것은?

① DES
② AES
③ ARIA
④ RC6

> **전문가의 조언** 평문을 64비트로 나누어 56비트 암호키(Key)를 사용하는 것은 DES(Data Encryption Standard)입니다.
> • AES(Advanced Encryption Standard) : 2001년 미국 표준 기술 연구소(NIST)에서 발표한 개인키 암호화 알고리즘
> • ARIA(Academy, Research Institute, Agency) : 2004년 국가정보원과 산학연협회가 개발한 블록 암호화 알고리즘

02 1인 미디어, 1인 커뮤니티, 정보 공유 등을 포괄하는 개념으로 참가자 상호간의 친구관계를 넓힐 것을 목적으로 개설된 커뮤니티형 서비스를 총칭하는 용어는?

① MHEG
② SMS
③ SNS
④ MHS

> **전문가의 조언** 참가자 상호간의 친구관계를 넓힐 것을 목적으로 개설된 커뮤니티형 서비스를 총칭하는 용어는 SNS(Social Network Service, 소셜 네트워크 서비스)입니다.

03 다음 설명에 가장 부합하는 것은?

> • 기업경영에 필요한 모든 자원의 흐름을 언제든지 정확히 추출하여 기업에서 소요되는 자원의 효율적인 배치와 평가를 목적으로 함
> • 전 부문에 걸쳐있는 경영자원을 최적화된 방법으로 통합하는 통합 정보 시스템이라 할 수 있음

① ERP
② MIS
③ EDI
④ CRM

> **전문가의 조언** 기업경영에 필요한 모든 자원의 흐름을 언제든지 정확히 추출하여 기업에서 소요되는 자원의 효율적인 배치와 평가를 목적으로 하는 것은 ERP(Enterprise Resource Planning, 전사적 자원 관리)입니다.
> • MIS(경영 정보 시스템, Management Information System) : 기업 내·외부의 비즈니스, 데이터를 수집해서 가공하고 기업을 관리하는 모든 계층 사람들의 의사결정에 필요한 정보를 제공해주는 시스템
> • EDI(전자 문서 교환, Electronic Data Interchange) : 사무실과 사무실 또는 거래처 간에 상호 합의된 메시지를 컴퓨터를 통하여 상호 교환함으로써 거래 업무에 따르는 문서처리 업무를 자동화하는 것
> • CRM(고객관계관리, Customer Relationship Management) : 기업이 고객과 관련된 내·외부 자료를 분석 통합해 고객 중심의 자원을 극대화하고 이를 토대로 고객 특성에 맞게 마케팅 활동을 계획·지원·평가하는 것

04 다음 중 팩시밀리에서 사진, 문자, 그림 등을 정해진 방식으로 다수의 화소로 분해하는 과정은?

① 반사
② 변조
③ 주사
④ 동기

> **전문가의 조언** 사진, 문자, 그림 등을 정해진 방식으로 다수의 화소로 분해하는 과정은 주사(Scan)입니다.

05 분산 처리 시스템이 지닌 장점과 가장 거리가 먼 것은?

① 신뢰성 증진
② 생산성 증대
③ 비용의 저렴
④ 시스템 설비 추가 불가

> **전문가의 조언** ③ 분산 처리 시스템은 처리 효율성이 좋아 생산성 대비 전체 비용이 절감되지만 초기 설치 비용이 많이 들기 때문에 단순히 "비용의 저렴"이라고 쓰인 보기는 오해의 소지가 있어 오답으로 처리되었습니다.
> ④ 분산 처리 시스템은 설비 추가가 용이합니다.

06 데이터베이스의 구조에 대한 정의와 이에 대한 제약 조건 등을 기술한 것은?

① 도메인
② 스키마
③ 카티션 프로덕트
④ 엔티티

> **전문가의 조언** 데이터베이스의 구조에 대한 정의와 이에 대한 제약 조건 등을 기술한 것을 스키마(Schema)라고 합니다.
> • 도메인(Domain) : 하나의 애트리뷰트가 가질 수 있는 원자값들의 집합
> • 개체(Entity) : 데이터베이스에서 표현하고자 하는 것으로, 사람이 생각하는 개념이나 정보의 단위 같은 현실 세계의 대상체를 일컬음

07 다음 중 DASD 방식의 저장장치가 아닌 것은?

① Floppy Disk
② CD-ROM
③ Hard Disk
④ Magnetic Tape

> **전문가의 조언** 자기 테이프(Magnetic Tape)는 SASD 방식의 저장장치입니다.

08 윈도우즈 응용 프로그램에서 다양한 데이터베이스 관리 시스템(DBMS)에 접근하여 사용할 수 있도록 개발한 표준 개방형 응용 프로그램 인터페이스 규격은?

① SQL　　　　　　　② ACCESS
③ API　　　　　　　④ ODBC

> **전문가의 조언** 윈도우즈 응용 프로그램에서 DBMS에 접근하여 사용할 수 있도록 개발한 표준 개방형 응용 프로그램 인터페이스 규격은 ODBC입니다.

09 다음 중 사무자동화의 기대 효과와 가장 거리가 먼 것은?

① 조직의 최적화
② 생산성의 개선
③ 부수적 기능(Shadow Function)의 증가
④ 적시성(Timing)의 증가

> **전문가의 조언** • 부수적 기능이란 전화를 걸 때 잘못된 전화번호를 누르거나 통화 중 들리는 신호음과 같이 어떤 작업을 수행하는데 있어 예측할 수 없는 기능을 의미합니다.
> • 사무자동화 시스템은 이러한 부수적 기능을 감소시킵니다.

10 인터넷 망을 전용선처럼 사용할 수 있도록 특수 통신체계와 암호화 기법을 제공하는 서비스는?

① NAT　　　　　　　② IPSEC
③ VPN　　　　　　　④ VLAN

> **전문가의 조언** 인터넷 망을 전용선처럼 사용할 수 있도록 특수 통신체계와 암호화 기법을 제공하는 서비스는 VPN(가상사설망)입니다.

11 다음 중 그룹웨어(Groupware)의 특징으로 가장 옳지 않은 것은?

① 통신망을 이용한다.
② 구성원들 간에 정보를 주고 받으면서 생산성을 높이는 데 주안점을 둔다.
③ 정보를 공유하여 신속한 결정을 내릴 수 있도록 지원한다.
④ 기업과 소비자 간의 판매 서비스 교환에 중점을 둔다.

> **전문가의 조언** 그룹웨어는 공동 작업이나 공동 목표에 참여하는 다양한 작업 그룹을 지원하는 도구로, 기업과 소비자 간에 전자상거래를 지원하지는 않습니다.

12 다음 중 전자 메일 서버 구축을 지원하는 서버 프로그램으로 마이크로소프트사가 개발한 것은?

① Apache Tomcat　　　② Exchange Server
③ AOL Server　　　　　④ Sendmail

> **전문가의 조언** 마이크로소프트사가 개발한 전자 메일 서버 구축을 지원하는 서버 프로그램은 Exchange Server입니다.

13 텔레텍스트(Teletext)에 대한 설명으로 가장 옳은 것은?

① 전화망 또는 공중 데이터 통신망을 통해서 일반 가정의 TV 수신기를 정보센터의 컴퓨터와 결합하여 이용자의 요구에 대응하는 문자, 도형 등의 화상 정보로 TV 화면상에 제공하는 서비스
② 텔레비전 방송의 전파 틈을 이용하여 뉴스나 일기예보, 흥행안내 등을 문자, 도형 정보로 비쳐주는 방송 시스템
③ 기존의 텔렉스에 워드프로세서 기능을 추가하여 문서의 편집, 저장 등의 처리기능을 가진 단말기의 문서 통신 서비스
④ 단문 메시지 서비스라고도 한다.

> **전문가의 조언** 텔레텍스트(Teletext)에 대한 설명으로 가장 옳은 것은 ②번입니다.
> • ①번은 비디오텍스(Videotex), ③번은 텔레텍스(Teletex), ④번은 SMS(Short Message Service)에 대한 설명입니다.

14 사무자동화 발전에 영향을 준 경제, 사회적 요인에 관한 설명 중 가장 옳지 않은 것은?

① 최대의 이익을 추구하기 위하여 정보의 최대 활용이 요구되는 경제 환경의 변화
② 생상부문의 합리화, 자동화에 부응하여 오피스에 대한 관심의 증가로 인한 기업의 구조적 변화
③ 다품종 소량생산으로 변화되고 오피스의 처리 능력도 소수 정밀화가 요구되는 사회 풍토의 변화
④ 고학력화, 고령화로 인한 인구수, 연령분포, 교육년수의 변화

> **전문가의 조언** ①~④번 내용은 모두 사회적 요인에 관한 설명이어서 모두 정답으로 처리되었습니다.

15 인터넷에서 개인과 개인이 직접 연결되어 파일을 공유하는 것을 의미하는 것은?

① peer to person　　　② peer to peer
③ person to peer　　　④ person to person

> **전문가의 조언** 인터넷에서 개인과 개인이 직접 연결되어 파일을 공유하는 것을 peer to peer라고 합니다.

16 캐시(Cache) 기억장치에 대한 설명으로 가장 옳지 않은 것은?

① 저용량 고속의 반도체 기억장치이다.

② 기억용량이 커질수록 액세스 시간이 짧아진다.

③ CPU는 캐시에서 수행한 명령과 자료를 얻는다.

④ 프로그램의 수행 시간을 단축하는 데 사용된다.

전문가의 조언 캐시 기억장치는 기억용량이 커질수록 액세스 시간이 길어집니다.

17 다음 중 입력장치에 해당하지 않는 것은?

① Plotter　　　　　② Mouse

③ Keyboard　　　　④ Scanner

전문가의 조언 플로터(Plotter)는 용지의 크기에 제한 없이 고해상도 출력이 가능한 그래픽 출력장치입니다.

18 다음 중 일괄처리(Batch Processing)에 가장 적합한 것은?

① 항공기 예약 업무

② 수도요금 계산업무

③ 증권매매 업무

④ 공장 자동제어 업무

전문가의 조언 일괄처리는 일정량 또는 일정기간 동안 데이터를 모아서 한꺼번에 처리하는 방식으로 월급, 수도, 전기 요금 계산 등에 사용됩니다.
• ①, ③, ④번은 데이터 발생 또는 데이터 처리 요구가 있는 즉시 처리하는 실시간 처리에 적합한 업무입니다.

19 운영체제에 관한 설명 중 가장 옳지 않은 것은?

① 프로세서, 메모리, 입출력장치 등의 하드웨어 자원을 관리한다.

② 컴퓨터(PC)나 스마트폰과 같은 하드웨어 장치와 사용자 사이의 인터페이스 역할을 한다.

③ 응용 프로그램들은 운영체제가 제공하는 기능에 의존하여 시스템 자원에 접근한다.

④ 응용 프로그램의 유지 보수를 담당하기 때문에 응용 소프트웨어라고도 한다.

전문가의 조언 운영체제는 응용 프로그램의 유지 보수에는 관여하지 않습니다. 그리고 운영체제는 시스템 소프트웨어에 해당합니다.

20 데이터베이스(Database)의 목적과 가장 거리가 먼 것은?

① 데이터의 무결성

② 데이터 중복의 최대화

③ 데이터의 공유

④ 데이터의 독립성

전문가의 조언 데이터베이스의 목적 중 하나는 데이터 중복의 최대화가 아니라 최소화입니다.

2과목　사무경영관리 개론

21 공고문서의 효력 발생 시기를 구체적으로 밝히지 않은 경우, 효력 발생 시기는?

① 문서가 접수된 때

② 문서가 발신된 때

③ 고시 또는 공고 등이 있는 날부터

④ 고시 또는 공고 등이 있는 날부터 5일이 경과한 때

전문가의 조언 공고문서는 효력 발생 시기를 구체적으로 밝히지 않은 경우 고시 또는 공고가 있는 날부터 5일이 경과한 때부터 효력이 발생합니다.

22 듀이 십진분류법(DDC)에 의한 분류 중 600에 해당하는 것은?

① 총서, 전집　　　② 철학

③ 기술과학　　　　④ 사회과학

전문가의 조언 듀이 십진분류법(DDC)에 의한 분류 중 600에 해당하는 것은 기술과학입니다.
• 총서, 전집은 000, 철학은 100, 사회과학은 300입니다.

23 사무계획화의 효과에 대한 설명으로 가장 옳지 않은 것은?

① 사무원의 여유시간 단축

② 최소한의 노력으로 최대한의 효과 기대

③ 사무자원의 적재적소 배치

④ 정확한 소요예산의 결정

전문가의 조언 사무계획화를 통해 사무원의 여유시간이 증가됩니다.

24 "사무는 경영의 정보를 행동으로 결합시키는 과정"이라고 정의한 자는?

① 레핑웰(Leffingwell)　　② 리틀필드(Littlefield)

③ 테리(Terry)　　④ 포레스터(Forrester)

> **전문가의 조언** "사무는 경영의 정보를 행동으로 결합시키는 과정"이라고 정의한 학자는 포레스터(Forrester)입니다.
> • **레핑웰(Leffingwell)** : 기업의 여러 부문의 기능이 사무라는 하나의 흐름에 의해 연결되어 통일된 하나의 경영활동이 됨
> • **리틀필드(Littlefield)** : 사무상의 계획, 조직, 인사, 조정, 지휘, 통제와 같은 무형의 역할을 통해 조직의 목적을 달성하는 과정

25 사무 간소화 단계에서 사무량 측정 대상으로 가장 옳지 않은 것은?

① 업무의 구성이 동일한 사무

② 사무량이 적은 잡다한 사무

③ 일상적으로 일정한 처리 방법으로 반복되는 사무

④ 내용적으로 처리 방법이 균일하여 변동이 별로 없는 사무

> **전문가의 조언** 사무량이 적은 잡다한 사무는 사무량을 측정하기에 부적합한 대상입니다.

26 산업안전보건기준에 관한 규칙상 용도별 조도 기준 중 틀린 것은?

① 초정밀 작업 : 750럭스 이상

② 정밀 작업 : 300럭스 이상

③ 보통 작업 : 200럭스 이상

④ 기타 작업 : 75럭스 이상

> **전문가의 조언** 보통 작업시의 조도 기준은 200럭스 이상이 아니라 150럭스 이상입니다.

27 행정업무의 운영 및 혁신에 관한 규정에서 행정기관에서 공무상 작성하거나 시행하는 문서와 행정기관이 접수한 모든 문서는?

① 공문서　　② 사문서

③ 비밀문서　　④ 속기문서

> **전문가의 조언** 행정기관에서 공무상 작성하거나 시행하는 문서와 행정기관이 접수한 모든 문서를 공문서라고 합니다.

28 사무환경관리에서 사무실 배치 원칙에 대한 설명으로 옳지 않은 것은?

① 사무실 배치는 각 사무실의 실내 배치를 우선 고려하고 실, 국, 과 등의 단독 사무실과 일반사무실, 회의실 등을 배치한다.

② 건물 내의 모양, 기둥, 계단, 승강기, 식당, 화장실 등을 참고하면서 배치한다.

③ 실, 국, 과의 편제와 수, 관리자의 직급 및 수와 조직인원 및 분장업무 등을 감안하여 배치한다.

④ 업무의 내용과 서류의 접수, 전달, 보관 및 업무상 관련이 깊은 실, 국, 과의 상호 관계, 조직의 발전성을 고려하여 배치한다.

> **전문가의 조언** 실, 국, 과 등의 단독 사무실과 일반 사무실, 회의실 등을 우선 배치한 후 사무실의 실내 배치를 수행합니다.

29 EDI에 관한 설명으로 틀린 것은?

① 사무실과 사무실 또는 거래처 간에 상호 합의된 메시지를 컴퓨터를 통하여 상호 교환함으로써 거래업무에 따르는 문서처리 업무를 자동화하는 것을 의미한다.

② EDI의 데이터 형식, 용어, 규약 등의 국제적 표준을 정하는 기구는 OSI이다.

③ 사무작업에서 종이로 이루어진 문서를 전자식으로 대체할 때 사용하는 데이터 교환 방식이다.

④ 서로 다른 조직 간에 표준화된 양식을 사용하여 상업적 또는 행정상의 거래를 통신표준에 따라 컴퓨터 간에 교환하는 전자식 데이터 교환 시스템이다.

> **전문가의 조언** EDI의 데이터 형식, 용어, 규약 등의 국제적 표준을 정하는 국제 기구는 ISO입니다.

30 사무자동화의 한 방법으로서 사무 진행의 통제를 전담하는 부서가 처리해야 할 서류를 정리, 보관하여 두었다가 처리해야 할 시기에 사무처리 담당자에게 전달해서 처리하도록 하는 제도를 무엇이라 하는가?

① 티클러 시스템(Tickler System)

② 보고제도

③ 간트 도표(Gantt Chart)

④ 자동독촉제도(Come Up System)

> **전문가의 조언** 문제에 제시된 내용은 자동독촉제도(Come Up System)의 특징입니다.
> • **티클러제도(Tickler System)** : 자동독촉제도와 같은 형식이나 전담 부서 대신 티클러 파일을 이용함
> • **간트 도표(차트)** : 각 작업들이 언제 시작되고 종료되는지에 대한 작업 일정을 막대 도표를 이용하여 표시하는 일정표

31 다음 중 사무 표준화의 대상이 아닌 것은?

① 정책(Policy) ② 재료(Materials)

③ 방법(Methods) ④ 보안(Security)

전문가의 조언 • 보안(Security)은 사무 표준화의 대상이 아닙니다.
• 사무 표준화의 대상에는 정책, 사무설비(비품), 재료, 장표 · 기록 · 절차, 사무 기계, 인사, 물리적 · 심리적 요소, 방법 등이 있습니다.

32 서식 용지의 규격 중 A4용지의 크기는? (단, 가로×세로 크기이며 단위는 mm이다.)

① 210×297 ② 182×257

③ 257×364 ④ 105×148

전문가의 조언 A4용지의 크기는 210×297mm입니다.

33 다음 중 안소프(Ansoff)에 의한 기업의 의사결정에 포함되지 않는 것은?

① 경쟁적 의사결정 ② 전략적 의사결정

③ 관리적 의사결정 ④ 업무적 의사결정

전문가의 조언 안소프가 분류한 의사결정 유형에는 전략적 의사결정, 관리적 의사결정, 업무적 의사결정이 있습니다.

34 사무관리 표준화를 위한 문서의 구성 요소에서 문서번호를 부여할 때 구성 요소가 아닌 것은?

① 기관기호 ② 분류번호

③ 문서등록번호 ④ 접수번호

전문가의 조언 개정 전의 사무관리규정에는 문서번호가 기관번호, 분류번호, 문서 등록번호로 구성되어 있었지만 개정된 이후에는 기관번호와 일련번호로만 구성되도록 변경되었습니다. 변경된 사무관리규정을 기준으로 했을 때는 답이 없는 문제이므로 이 문제가 처음 출제되었던 2008년에 시험 주관처인 한국산업인력공단에 문의하여 "사무관리규정이 개정된 이후에도 일반 사용자들은 기존 양식을 사용하므로 사무관리규정을 교과목처럼 적용하면 안 된다"는 답변을 받았습니다. 즉 문서번호는 기관번호, 분류번호, 문서 등록번호로 구성된다는 의미입니다.

35 사무량 측정 방법 중에서 무작위로 추출된 작업자나 기계에 대하여 임의의 시간 간격으로 관찰하여 시간 표준을 결정하는 방법은?

① 워크 샘플링법 ② 표준시간 자료법

③ 실적 기록법 ④ 주관적 판단법

전문가의 조언 무작위로 추출된 작업자나 기계에 대하여 임의의 시간 간격으로 관찰하여 시간 표준을 결정하는 방법을 워크 샘플링법이라고 합니다.
• 실적 기록법(CMU) : 일정 단위의 사무량과 소요시간을 계속적으로 기록하고 통계적 분석을 통해 표준시간을 결정하는 것
• 경험적 측정법(주관적 판단법, 청취법) : 담당자나 그 업무에 정통한 사람에게 문의한 후 사무량을 측정하는 방법으로 간단하지만 과학적인 논리가 부족함

36 저작권의 발생 시점으로 옳은 것은?

① 저작물을 입법예고한 때부터

② 저작물을 공표한 때부터

③ 저작물을 창작한 때부터

④ 저작물을 등록한 때부터

전문가의 조언 저작권은 저작물이 창작된 때부터 발생합니다.

37 휴대용 무선기기를 이용하여 콘텐츠를 제공하고 상거래 영역까지 무선 인터넷을 사용하여 비즈니스 서비스를 제공하는 것은?

① M-Commerce

② Virtual Communicaties

③ Collaboration Platforms

④ Information Brokerage

전문가의 조언 휴대용 무선기기를 이용하여 콘텐츠를 제공하고 상거래 영역까지 무선 인터넷을 사용하여 비즈니스 서비스를 제공하는 것은 M-Commerce(Mobile Commerce)입니다.

38 산업안전보건기준에 관한 규칙에 의거 "적정공기"의 최저 산소 농도는?

① 10퍼센트 ② 15퍼센트

③ 18퍼센트 ④ 25퍼센트

전문가의 조언 적정 공기의 최저 산소 농도는 18퍼센트입니다.

39 서식 설계에 관한 일반 원칙으로 가장 옳지 않은 것은?

① 서식은 글씨의 크기, 항목 간의 간격 등을 균형 있게 조절하여야 한다.

② 서식에는 불필요하거나 활용도가 낮은 항목을 넣어서는 아니 된다.

③ 서식에는 가능하면 행정기관의 로고 등을 표시한다.

④ 서식은 특별한 사유가 없어도 별도의 기안문과 시행문을 작성한다.

전문가의 조언 행정업무의 운영 및 혁신에 관한 규정에 따르면 서식은 특별한 사유가 있는 경우를 제외하고는 별도의 기안문 및 시행문을 작성하지 않도록 규정하고 있습니다.

40 다음 중 EDI의 직접적인 구성 요소와 가장 거리가 먼 것은?

① 표준화 　　　　　 ② 통신 네트워크

③ 운영체제 　　　　 ④ 변환 소프트웨어

전문가의 조언 • 운영체제는 EDI의 직접적인 구성 요소가 아닙니다.
• EDI의 구성 요소에는 EDI 표준, 사용자 시스템(응용 · 변환 · 통신 소프트웨어, 하드웨어), EDI 네트워크가 있습니다.

3과목　프로그래밍 일반

41 C 언어에서 강제적으로 데이터 형 변환을 하는 연산자는?

① auto 연산자 　　　 ② case 연산자

③ cast 연산자 　　　 ④ conversion 연산자

전문가의 조언 C 언어에서 강제적으로 데이터 형 변환을 하는 연산자는 cast 연산자입니다.

42 고급 언어로 작성된 프로그램을 구문 분석하여 그 문장의 구조를 트리로 표현한 것으로 루트, 중간, 단말 노드로 구성되는 트리는?

① 구문 트리 　　　　 ② 파스 트리

③ 어휘 트리 　　　　 ④ 문법 트리

전문가의 조언 문제에 제시된 내용은 파스 트리의 기능입니다.

---

43 다음 C 언어를 수행할 때 산출되는 값은?

```
main( )
{
int x = 3, y = 4, z = 0, rs;
rs = x || y && z;
printf("rs = %d", rs);
}
```

① 0 　　　　　　　　 ② 3

③ 4 　　　　　　　　 ④ 1

전문가의 조언 코드를 수행할 때 산출되는 값은 1입니다. 사용된 코드의 의미는 다음과 같습니다.

```
main( )
{
❶ int x = 3, y = 4, z = 0, rs;
❷ rs = x || y && z;
❸ printf("rs = %d", rs);
}
```

❶ 정수형 변수 x, y, z, rs를 선언한 후 x를 3, y를 4, z를 0으로 초기화 합니다.

❷ 논리 연산자의 우선순위는 &&(and) → ||(or) 순입니다.

　rs = x || y && z;
　　　　　　①
　　　②

① y && z → 4 && 0 : 논리 연산자에서 0은 거짓, 0이 아닌 값은 참이므로, '4 && 0'은 '참 && 거짓'을 의미합니다. &&(and) 연산자는 두 값이 모두 참일 때만 참이므로 결과는 거짓입니다.

② rs = x || ① → rs = 3 || 거짓 : ||(or) 연산자는 두 값 중 하나라도 참이면 참이므로 결과는 참입니다. 참은 1로 저장되므로 rs에는 1이 저장됩니다.

❸ "rs ="과 rs에 저장된 값 1을 10진수로 출력합니다.

44 CPU를 점유하고 있는 프로세스를 교체하기 위해 이전 프로세스의 상태를 보관하고 새로 진입하는 프로세스의 상태를 적재하는 작업은?

① Context Switching 　　 ② Scheduling

③ argument 　　　　　　 ④ Throughput

전문가의 조언 문제에 제시된 내용은 Context Switching(문맥 교환)의 의미입니다.

45 토큰들의 문법적 오류를 검사하고, 오류가 없으면 파스 트리를 생성하는 컴파일 단계는?

① 어휘 분석 단계 　　　 ② 구문 분석 단계

③ 중간코드 생성 단계 　 ④ 최적화 단계

전문가의 조언 문제에 제시된 내용은 구문 분석 단계에 대한 설명입니다.

• 어휘 분석 단계 : 번역의 가장 기본적인 단계로서 나열된 문자들을 기초적인 구성 요소들인 식별자, 구분 문자, 연산 기호, 핵심어, 주석 등으로 그룹화하는 단계

---

46 실행중인 프로세스가 일정 시간 동안에 자주 참조하는 페이지들의 집합을 의미하는 것은?

① LOCALITY
② WORKING SET
③ SEGMENT
④ MONITOR

> **전문가의 조언** 문제에 제시된 내용은 Working Set의 의미입니다.
> • Locality : 프로세스가 실행되는 동안 주기억장치를 참조할 때 일부 페이지만 집중적으로 참조하는 성질이 있다는 이론임
> • Segment : 주기억장치에 한 번에 읽어 들일 수 없는 큰 프로그램을 작은 프로그램으로 나누었을 때의 각 부분

47 중위 표기의 수식 "A * (B − C)"를 전위 표기로 나타낸 것은?

① * A − B C
② A B C − *
③ A * B C −
④ A B − C *

> **전문가의 조언** 전위(Prefix) 표기 방식은 중위(Infix) 표기 방식으로 표현된 수식에서 연산자를 해당 피연산자 두 개의 앞(왼쪽)으로 이동시킨 것입니다.
> ❶ 연산 우선순위에 따라 괄호로 묶습니다.
> A * (B − C) → (A * (B − C))
> ❷ 연산자를 해당 괄호의 앞(왼쪽)으로 옮깁니다.
> (A * (B − C)) → * (A − (B C))
> ❸ 괄호를 제거합니다.
> * A − B C

48 Chomsky 문법 중 생성 규칙에 제한이 없는 문법은?

① Type 0
② Type 1
③ Type 2
④ Type 4

> **전문가의 조언** 문제에 제시된 내용은 Type 0 문법의 특징입니다.
> • Type 1 : 너무 복잡해 프로그래밍 언어에 적용하지 않음
> • Type 3 : 정규 문법이라고도 하며, 프로그래밍 언어의 어휘 구조를 표현하는 데 사용함

49 운영체제의 기능으로 옳지 않은 것은?

① 자원의 효율적 관리
② 작업의 연속적 관리를 위한 스케줄 관리
③ 여러 사용자 간의 자원 공유
④ 원시 프로그램에 대한 기계어 번역

> **전문가의 조언** 원시 프로그램을 기계어로 번역하는 것은 컴파일러 같은 언어 번역 프로그램의 기능입니다.

50 럼바우의 객체지향 분석 기법에서 정보 모델링이라고도 하며, 시스템에서 요구되는 객체를 찾아내어 속성과 연산 식별 및 객체들 간의 관계를 규정하여 객체 다이어그램으로 표시하는 모델링은?

① 기능 모델링
② 정적 모델링
③ 동적 모델링
④ 객체 모델링

> **전문가의 조언** 문제에 제시된 내용은 객체 모델링의 특징입니다.
> • 동적 모델링(Dynamic Modeling) : 상태 다이어그램(상태도)을 이용하여 시간의 흐름에 따른 객체들 사이의 제어 흐름, 상호 작용, 동작 순서 등의 동적인 행위를 표현하는 모델링
> • 기능 모델링(Functional Modeling) : 자료 흐름도(DFD)를 이용하여 다수의 프로세스들 간의 자료 흐름을 중심으로 처리 과정을 표현한 모델링

51 재배치 형태의 기계어로 된 여러 개의 모듈을 묶어서 로드 모듈을 작성하는 것은?

① 로더(Loader)
② 어셈블러(Assembler)
③ 프리프로세서(Preprocessor)
④ 링키지 에디터(Linkage Editor)

> **전문가의 조언** 문제에 제시된 내용은 링키지 에디터의 기능입니다.
> • 로더(Loader) : 실행 가능한 프로그램을 주기억장치로 읽어와서 실행될 수 있도록 하는 프로그램
> • 어셈블러(Assembler) : 어셈블리어를 기계로 번역하는 프로그램
> • 프리프로세서(Preprocessor) : 원시 프로그램을 컴파일러가 처리하기 전에 먼저 처리하여 확장된 원시 프로그램을 생성하는 것으로, 선행 처리기라고도 함

52 C 언어에서 비트 연산자가 아닌 것은?

① &
② !
③ <<
④ ~

> **전문가의 조언** !는 비트 연산자가 아니라 논리 연산자입니다.

53 기억장치의 관리 전략 중 배치 전략(Placement)에 해당하지 않는 것은?

① First fit
② Best fit
③ Worst fit
④ Last fit

> **전문가의 조언** 기억장치 배치 전략에는 First Fit(최초 적합), Best Fit(최적 적합), Worst Fit(최악 적합)이 있습니다.

54 객체지향 개념에서 이미 정의되어 있는 상위 클래스의 메소드를 비롯한 모든 속성을 하위 클래스가 물려받는 것을 무엇이라고 하는가?

① Abstraction　　　　② Method

③ Inheritance　　　　④ Message

55 명시적 순서 제어에 해당되지 않는 것은?

① 해당 언어에서 각 문장이나 연산의 순서를 프로그래머가 직접 변경

② GOTO문이나 반복문을 사용해서 문장의 실행 순서를 변경

③ 수식의 괄호를 사용해서 연산의 순서를 변경

④ 수식에서 연산자 우선순위에 의한 수식 계산

56 매개 변수 전달 방법 중 실매개 변수들의 주소를 대응되는 형식 매개 변수들에게 보내어 기억장소를 공유시키는 전달 방식은?

① 값에 의한 전달　　　　② 결과에 의한 전달

③ 참조에 의한 전달　　　　④ 이름에 의한 전달

57 EBNF에서 선택적 구조를 나타내는 데 쓰이는 기호는?

① { }　　　　② 〈 〉

③ [ ]　　　　④ ::=

58 컴파일러에 의해 수행되는 자료 타입 강제변환으로, 혼합형 산술 계산 시 시스템에 의해 자동으로 형 변환이 수행되는 타입 자동 변환을 무엇이라고 하는가?

① 명시적 형 변환　　　　② 구조적 형 변환

③ 수학적 형 변환　　　　④ 묵시적 형 변환

59 다음 문장은 몇 개의 토큰으로 분리할 수 있는가?

k = 5 + c;

① 3　　　　② 4

③ 5　　　　④ 6

60 컴파일러 언어에서 다른 기종의 기계어로 번역하는 번역기는?

① Linker　　　　② Cross-complier

③ Debugger　　　　④ Preprocessor

4과목　정보 통신 개론

61 Hamming Distance가 9일 때 정정 가능한 에러 개수는?

① 2　　　　② 4

③ 6　　　　④ 8

62 이동통신망에서 발생하는 페이딩 중 고층 건물, 철탑 등 인공구조물에 의하여 발생하는 페이딩은?

① Long term fading

② Short term fading

③ Radio fading

④ Mid term fading

전문가의 조언 문제에 제시된 내용은 Short Term Fading의 특징입니다.
- **이동통신망에서 발생하는 페이딩**
  - Long Term Fading : 산, 언덕과 같은 지형의 굴곡에 의해 발생
  - Short Term Fading : 고층 건물, 인공탑과 같은 인공 구조물에 의해 발생
  - Racian Fading : 직접 도달하는 직접파와 간섭에 의해 반사되어 도달하는 반사파가 동시에 존재할 때 발생

63 OSI-7 Layer에서 다음 기능을 수행하는 계층은?

> 경로 선택, 트래픽 제어, 패킷 정보 전송, 중계기능;

① 네트워크 계층 　　　② 표현 계층

③ 응용 계층 　　　④ 세션 계층

전문가의 조언 지문에 제시된 내용은 네트워크 계층의 기능입니다.
- **세션 계층(Session Layer)** : 송 · 수신측 간의 관련성을 유지하고 대화 제어를 담당하는 계층임
- **표현 계층(Presentation Layer)** : 코드 변환, 데이터 암호화, 데이터 압축, 구문 검색, 정보 형식(포맷) 변환, 문맥 관리 기능을 함
- **응용 계층(Application Layer)** : 사용자(응용 프로그램)가 OSI 환경에 접근할 수 있도록 서비스를 제공함

64 X.25에서 사용하는 레벨 2의 프로토콜은?

① SDLC 　　　② LAP-B

③ CSMA/CD 　　　④ BISYNC

전문가의 조언 X.25 프로토콜은 물리, 프레임(데이터링크), 패킷 계층으로 구성됩니다. 레벨 2의 프로토콜, 즉 프레임(데이터링크) 계층의 프로토콜로는 HDLC 프로토콜을 변형한 LAP-B가 사용됩니다.

65 반송파의 진폭과 위상을 동시에 변조하는 방식은?

① AM 　　　② FSK

③ PSK 　　　④ QAM

전문가의 조언 반송파의 진폭과 위상을 동시에 변조하는 방식은 QAM입니다.

66 오류가 검출되면 자동적으로 송신 스테이션에게 재전송을 요청하는 ARQ 기법의 형태가 아닌 것은?

① Stop-and-Wait ARQ

② Go-back-N ARQ

③ Responsive-send ARQ

④ Selective-Repeat ARQ

전문가의 조언 Responsive-send ARQ는 ARQ의 종류가 아닙니다.

67 IPv6에 대한 설명으로 가장 적합하지 않은 것은?

① 전송 방식으로 브로드캐스트, 유니캐스트, 멀티캐스트가 있다.

② 128비트의 길이를 갖는다.

③ 패킷은 기본 헤더와 페이로드로 구성된다.

④ IPv6 주소에서 0으로만 구성된 섹션은 0을 모두 생략하고 두 개의 콜론으로 대체할 수 있으며, 주소당 한 번만 허용된다.

전문가의 조언 IPv6의 전송 방식에는 유니 캐스트, 멀티 캐스트, 애니 캐스트가 있습니다.

68 시간 폭과 진폭이 일정한 펄스의 위치를 입력신호에 따라 변화시키는 변조 방식은?

① PDM 　　　② PSM

③ PAM 　　　④ PPM

전문가의 조언 문제에 제시된 내용은 펄스 위상(위치) 변조(PPM)의 특징입니다.

69 회선 교환 방식에 대한 설명으로 틀린 것은?

① 대역폭 설정이 융통적이고 통신 회선을 가장 효율적으로 이용할 수 있는 교환 방식이다.

② 데이터량이 많을 때와 파일 전송과 같이 긴 메시지 전송에 적합하다.

③ PSTN이 회선 교환 방식에 해당된다.

④ 전용 전송로를 제공해 주는 교환 방식이다.

전문가의 조언 ①번은 패킷 교환 방식의 특징입니다.

70 16진 QAM의 대역폭 효율은?

① 3 bps/Hz 　② 4 bps/Hz

③ 5 bps/Hz 　④ 6 bps/Hz

전문가의 조언 전송 대역폭 효율이 몇 [bps/Hz]인지를 묻는 것은 1Hz 내에 몇 비트를 전송할 수 있는지를 묻는 것과 같습니다. 16진 QAM은 진폭과 위상을 상호 변환하여 1Hz에 16진, 즉 4Bit($2^4 = 16$)를 전송할 수 있습니다. 그러므로 전송 대역폭 효율은 4[bps/Hz]입니다.

71 데이터를 양쪽 방향으로 모두 전송할 수 있으나 동시에 양쪽 방향에서 전송할 수 없는 통신 방식은?

① 단방향 통신(Simplex)

② 반이중 통신(Half-Duplex)

③ 이중 통신(Duplex)

④ 역방향 통신(Reverse)

전문가의 조언 문제에 제시된 내용은 반이중 통신의 특징입니다
• **단방향 통신** : 한쪽 방향으로만 전송이 가능한 방식
• **전이중 통신** : 동시에 양방향 전송이 가능한 방식

72 ITU-T 권고안 시리즈 중 공중 데이터 통신망에 관한 사항을 규정한 것은?

① I 시리즈 　② Q 시리즈

③ V 시리즈 　④ X 시리즈

전문가의 조언 ITU-T에서는 공중 데이터 통신망에 관한 사항은 X 시리즈로 규정하고 있습니다.
• **V 시리즈** : 공중 전화 교환망(PSTN)을 통한 DTE/DCE 접속 규격

73 두 개의 채널 사이에 보호대역(Guard Band)을 사용하여 인접한 채널 간의 간섭을 막는 다중화 방식은?

① 시분할 다중화 방식

② 주파수 분할 다중화 방식

③ 코드 분할 다중화 방식

④ 공간 분할 다중화 방식

전문가의 조언 문제에 제시된 내용은 주파수 분할 다중화기의 특징입니다.
• **시분할 다중화 방식** : 통신 회선의 대역폭을 일정한 시간 폭(Time Slot)으로 나누어 여러 대의 단말장치가 동시에 사용할 수 있도록 한 다중화 방식
• **코드 분할 다중화 방식** : 여러 사용자가 시간과 주파수를 공유하면서 서로 다른 코드를 부여한 신호를 확산하여 보내고 수신 측에서는 동일한 코드로 확산된 데이터만을 골라 원래 신호로 재생하는 방식

74 불균형적인 멀티 포인트 링크 구성에서 회선 제어 방식 중 주 스테이션에서 각 부 스테이션에게 데이터 전송을 요청하는 방식은?

① 셀렉션 방식 　② 대화모드 방식

③ 폴링 방식 　④ 회선쟁탈 방식

전문가의 조언 문제에 제시된 내용은 폴링 방식의 특징입니다.
• **셀렉션(Selection)** : 주컴퓨터가 단말기로 전송할 데이터가 있는 경우 그 단말기가 받을 준비가 되었는가를 묻고, 준비가 되어 있다면 주컴퓨터에서 단말기로 데이터를 전송하는 방식

75 데이터 전송에서 오류 검출 기법에 해당하지 않는 것은?

① Parity Check

② Packet Check

③ Block Sum Check

④ Cyclic Redundancy Check

전문가의 조언 오류 검출 방식에는 블록 합 검사 방식(Block Sum Check), 패리티 검사(수직 패리티 검사, 수평 패리티 검사), 순환 중복(잉여) 검사(CRC; Cyclic Redundancy Check), 궤환 전송 방식, 자동 연속 방식, 해밍 코드 방식, 상승 코드(부호) 방식 등이 있습니다.

76 프로토콜의 기본적인 요소가 아닌 것은?

① 처리(Process) 　② 구문(Syntax)

③ 의미(Semantics) 　④ 순서(Timing)

전문가의 조언 프로토콜의 기본적인 요소에는 구문, 의미, 순서(시간)가 있습니다.

77 OSI 7계층에서 기계적, 전기적, 기능적, 절차적 특성을 갖는 구조화 되지 않은 비트 스트림을 전송하는 계층은?

① 물리 계층 　② 세션 계층

③ 응용 계층 　④ 네트워크 계층

전문가의 조언 문제에 제시된 내용은 물리 계층의 특징입니다.
• **네트워크 계층** : 개방 시스템들 간의 네트워크 연결을 관리하는 기능과 데이터의 교환 및 중계 기능을 함
• **세션 계층** : 송·수신측 간의 관련성을 유지하고 대화 제어를 담당하는 계층임
• **응용 계층** : 사용자(응용 프로그램)가 OSI 환경에 접근할 수 있도록 서비스를 제공함

78 비패킷형 단말이 패킷 교환망을 이용할 수 있도록 패킷의 조립과 분해 기능을 제공해주는 것은?

① Frame bursting

② Terminal

③ PAD

④ hop

[전문가의 조언] 문제에 제시된 내용은 PAD의 기능입니다.

79 연속된 8개의 0 문자열의 동기화 문제를 해결하기 위해 0 문자열 속에 위반(violation)이라는 신호 변화를 강제로 주는 부호화 기법은?

① NRZ-I

② B8ZS

③ NRZ-L

④ MANCHESTER

[전문가의 조언] 문제에 제시된 내용은 B8ZS의 특징입니다.

80 LAN에서 데이터의 충돌을 막기 위해 송신 데이터가 없을 때에만 데이터를 송신하고, 다른 장비가 송신 중일 때에는 송신을 중단하며 일정시간 간격을 두고 대기하였다가 다시 송신하는 방식은?

① TOKEN BUS

② TOKEN RING

③ CSMA/CD

④ CDMA

[전문가의 조언] 문제에 제시된 내용은 CSMA/CD 방식의 개념입니다.

어? 목차에 표시된 것과 회차가 다르네요~

memo

나는 시험에 나오는 것만 공부한다!
이제 시나공으로 한 번에 정복하세요!

기초 이론부터 완벽하게 공부해서 안전하게 합격하고 싶어요!

기본서
(필기/실기)

필요한 내용만 간추려 빠르고 쉽게 공부하고 싶어요!

Quick & Easy
퀵이지(필기/실기)

이론은 공부했지만 어떻게 적용되는지 문제풀이를 통해 감각을 익히고 싶어요!

총정리
(필기/실기)

이론은 완벽해요! 기출문제로 마무리하고 싶어요!

기출문제집
(필기/실기)

■ 특 징 ■

자세하고 친절한 이론으로 기초를 쌓은 후 바로 문제풀이를 통해 정리한다.

■ 구 성 ■

본권
기출문제
토막강의

실기 _____
채점 프로그램
• 워드프로세서
• 컴퓨터활용능력
• ITQ

■ 출 간 종 목 ■

컴퓨터활용능력1급 필기/실기
컴퓨터활용능력2급 필기/실기
워드프로세서 필기/실기
정보처리기사 필기/실기
정보처리산업기사 필기/실기
정보처리기능사 필기/실기
사무자동화산업기사 실기
ITQ 엑셀/한글/파워포인트
GTQ 1급/2급

■ 특 징 ■

큰 판형, 쉬운 설명으로 시험에 꼭 나오는 알짜만 골라 학습한다.

■ 구 성 ■

본권
기출문제
토막강의

■ 출 간 종 목 ■

컴퓨터활용능력1급 필기
컴퓨터활용능력2급 필기
정보처리기사 실기

■ 특 징 ■

간단하게 이론을 정리한 후 충분한 문제풀이를 통해 실전 감각을 향상시킨다.

■ 구 성 ■

핵심요약
기출문제
모의고사
토막강의

실기 _____
• 채점 프로그램
• 기출문제
• 모의고사

■ 출 간 종 목 ■

컴퓨터활용능력1급 필기/실기
컴퓨터활용능력2급 필기/실기
사무자동화산업기사 필기

■ 특 징 ■

최신 기출문제를 반복 학습하며 최종 마무리한다.

■ 구 성 ■

핵심요약(PDF)
기출문제(15회)
토막강의

실기 _____
기출문제(10회)

■ 출 간 종 목 ■

컴퓨터활용능력1급 필기/실기
컴퓨터활용능력2급 필기/실기
정보처리기사 필기